POSCH

# Vernehmungs- und Aussagepsychologie für Polizeistudium und -praxis

# Vernehmungs- und Aussagepsychologie für Polizeistudium und -praxis

Von

Prof. Dr. Lena Posch
Hochschule in der Akademie der Polizei Hamburg

BOORBERG

Bibliografische Information der Deutschen Nationalbibliothek |
Die Deutsche Nationalbibliothek verzeichnet diese Publikation in der Deutschen Nationalbibliografie; detaillierte bibliografische Daten sind im Internet über www.dnb.de abrufbar.

ISBN 978-3-415-07268-8



Titelfoto: © Photographee.eu – stock.adobe.com | Satz: abavo GmbH, Nebelhornstraße 8, 86807 Buchloe | Druck und Bindung: Laupp & Göbel GmbH, Robert-Bosch-Straße 42, 72810 Gomaringen

Richard Boorberg Verlag GmbH & Co KG | Scharrstraße 2 | 70563 Stuttgart
Stuttgart | München | Hannover | Berlin | Weimar | Dresden
www.boorberg.de

# Inhaltsverzeichnis

# Abbildungsverzeichnis

# Tabellenverzeichnis

# Vorwort

Aufgrund der hohen Bedeutsamkeit qualitativ hochwertiger Vernehmungen und resultierender Aussagen von Opferzeug:innen, Kindern und Beschuldigten sowohl für die betroffenen Personen als auch die Sicherstellung eines fairen Ermittlungsverfahrens und nicht zuletzt oftmals den Ausgang eines Strafverfahrens ist eine wissenschaftlich fundierte Vernehmungspraxis (und entsprechende Lehre) von hoher Relevanz (vgl. in Bezug auf Beschuldigte das sehr treffende Positionspapier von May et al., 2022).

Ziel dieses Buches ist, (angehenden) Polizeibeamt:innen für Vernehmungen von (Opfer-)zeug:innen und Beschuldigten relevante psychologische Forschungsbefunde darzustellen und (nach aktuellem Forschungsstand) geeignete und weniger geeignete Vernehmungstechniken herauszustellen und voneinander abzugrenzen. Dabei wurde immer versucht einen Praxisbezug herzustellen, z. T. unter Darbietung von Fall- und Transkriptbeispielen (diese sind selbstverständlich vollständig anonymisiert, etwaige darin enthaltene Namen wurden ausgetauscht). Zudem werden am Ende der Kapitel zusammenfassend die daraus folgenden Implikationen für die Vernehmung dargestellt.

Vernehmungsbeamt:innen werden in ihrer Vernehmungspraxis auf unterschiedlichste Aussagepersonen mit sehr verschiedenen personalen, motivationalen und sozialen Voraussetzungen treffen und müssen in jedem Fall individuell reagieren. Keinesfalls können hier pauschale Hinweise gegeben werden. Es gibt jedoch einige Grundsätze, die generell zur Anwendung kommen sollten – wie ein ergebnisoffenes Vorgehen, eine unvoreingenommene Haltung und ein respektvoller, nicht vorverurteilender Umgang mit allen Aussagepersonen. Aufgrund der besonderen Vulnerabilität bestimmter Gruppen, wie z.B. Opfern einer Straftat, Kindern, Menschen mit Intelligenzminderungen oder psychischen Erkrankungen, sind darüber hinaus möglicherweise Besonderheiten zu beachten und in der Vernehmung besonders zu berücksichtigen (z.B. eine erhöhte Suggestibilität bei Menschen mit einer Intelligenzminderung und das Erfordernis eines entsprechend angepassten Befragungsverhaltens) – insbesondere um eine möglichst hohe Aussagequalität zu erhalten, keine falschen Schlüsse zu ziehen und im Hinblick auf Beschuldigte ein faires Ermittlungsverfahren zu gewährleisten und das Risiko eines falschen Geständnisses zu minimieren. Es wird deshalb auf verschiedene Personengruppen als Aussagepersonen eingegangen (z.B. Opferzeug:innen, Kinder, Jugendliche, Personen mit intellektuellen oder psychischen Beeinträchtigungen).

Für die Vernehmung spielen vielfältige sozial-, kommunikations-, kognitions- und aussagepsychologische sowie je nach Gegenüber auch entwicklungs-, persönlichkeits- und klinisch-psychologische Aspekte eine Rolle – sie alle erschöpfend und umfassend hier darzustellen würde den Rahmen eines solchen Buches sprengen, weshalb versucht wurde, vernehmungsrelevante Grundlagen prägnant und verständlich darzustellen.

Abschließend sei angemerkt, dass eine wissenschaftlich fundierte Lehre und Ausbildung im Bereich der Vernehmung nicht ausreichend ist, damit diese auch tatsächlich in der Praxis umgesetzt wird. Entsprechende Studien verweisen beispielsweise darauf, dass – selbst darin geschulte – Ermittlungsbeamt:innen überwiegend Frageformen verwenden, die dem Erinnerungsabruf abträglich sind (Launay & Py, 2015 für ein Review). Dies deutet darauf hin, dass das Frageverhalten, das einmal „on the job" erlernt wurde (z.B. das Stellen von überwiegend geschlossenen Fragen) relativ änderungsresistent ist (Launay & Py, 2015). Es ist also im Gebiet der Vernehmung entscheidend, das vermittelte Wissen bereits *vor* dessen Anwendung in der Praxis einzuüben und dann in der Praxis fortlaufend durch Trainings, Supervision und Feedback fortzuentwickeln (vgl. dazu Sticher, 2016; Sticher & Schicht, 2019), bevor sich also ein ungünstiger Befragungsstil „einschleift", der dann nicht mehr modifiziert wird. So kann ein Buch wie das vorliegende letztlich nur *ein* Baustein in der Professionalisierung polizeilicher Vernehmungen sein.

Auf dem Weg der Entstehung dieses Buches haben mich verschiedene Personen maßgeblich unterstützt, bei denen ich mich an dieser Stelle herzlich bedanken möchte: Frauke Waghals danke ich für ihre Hilfe bei Literaturrecherchen und Korrekturlesen. Selina Hans danke ich sehr herzlich für Literaturrecherchen und -aufbereitungen, das Erstellen von Grafiken, Unterstützung bei der Erstellung des Glossars und ihre Korrekturanmerkungen. Bei Johanna Paping möchte ich mich für ihre hohe Einsatzbereitschaft in der Abschlussphase der Manuskripterstellung bedanken, für die Literaturprüfung und die Erstellung des Literaturverzeichnisses und eine Vielzahl an finalen Korrekturarbeiten. Meinem Kollegen Benjamin Sklarek sei herzlich gedankt für seine differenzierte Rückmeldung und Kommentare zum Manuskript. Dr. Franziska Falkenhagen und Ingeborg Rosch gilt mein herzlicher Dank für ihre hilfreichen Anmerkungen und Anregungen zu einzelnen Kapiteln. Mein ganz besonderer Dank gilt darüber hinaus Prof. Dr. Peter Wetzels, der sich trotz seiner hohen beruflichen Eingebundenheit die Zeit für eine kritische Durchsicht des Manuskripts genommen und dieses durch wertvolle Hinweise und Verbesserungsvorschläge bereichert hat. Dies weiß ich sehr zu schätzen! Privat gilt mein ganz persönlicher Dank meinem Mann Ole, der mich bei der Bewältigung der großen Herausforderung, die ein solches Buch inmitten der Pandemie mit drei kleinen Kindern bedeutet, auf vielfältigste Weise unterstützt hat.

*Vorbemerkung zur gendergerechten Sprache*

Es wurde so weit wie (ohne deutliche Verkomplizierung der Sätze) möglich versucht eine genderneutrale Ausdrucksweise zu wählen. Um jedoch bei einem so umfangreichen Text auch die Lesbarkeit nicht aus dem Blick zu verlieren, wurde an Stellen wo dies nicht ohne Nennung beider Formen möglich war, entweder die weibliche oder die männliche Form genutzt, die dann stellvertretend für alle Geschlechter steht. Bei den Ausführungen zu den Opfern von Sexualdelikten wurde in solchen Fällen dann die weibliche Form für die Opfer, die männliche für die Beschuldigten gewählt. Dies geschah lediglich vor dem Hintergrund, dass dies die Verteilung im polizeilichen Hellfeld widerspiegelt, keinesfalls ist dies in irgendeiner Form wertend gemeint. Auch hier beziehen sich die Ausführungen dann auf alle Geschlechter. Dies ist sicher nur eine pragmatische, keinesfalls aber zufriedenstellende Lösung, wofür ich im Vorfeld um Nachsicht bitte.

L. Posch, Hamburg im September 2022

# 1. Einführung: Ziele der Vernehmung und Relevanz psychologischer Aspekte

Vernehmungen gehören zum „Kerngeschäft" (kriminal-)polizeilicher Ermittlungstätigkeit. Der Bundesgerichtshof definiert eine Vernehmung folgendermaßen: „Zum Begriff der Vernehmung im Sinne der Strafprozessordnung gehört, dass der Vernehmende der Auskunftsperson in amtlicher Funktion gegenübertritt und in dieser Eigenschaft von ihr Auskunft verlangt" (BGH, 1996). Das primäre Ziel der Vernehmung besteht darin, Beweise im Rahmen des Ermittlungsverfahrens zu erheben und den Sachverhalt der Straftat umfassend aufzuklären (vgl. Greuel, 2008).

Zeug:innenaussagen spielen als Personalbeweis trotz fortschreitender Kriminaltechnik eine immense Rolle im Ermittlungs- und Strafverfahren (Hallenberger & Wagner, 2003). Da unsere Wahrnehmung aber nicht wie ein Kameraobjektiv funktioniert und unser Gedächtnisabruf nicht wie das Abspielen eines aufgezeichneten Videos, sondern zwischen Wahrnehmung und Abruf eines Ereignisses vielfältige Möglichkeiten einer Verfälschung bestehen, sind Zeug:innenaussagen sehr fehleranfällig. Dies zeigte nicht zuletzt noch einmal eindrücklich eine aktuelle Auswertung aller erfolgreichen Wiederaufnahmeverfahren bzw. Fehlurteile in Deutschland, aufgrund derer die betroffenen Personen fälschlicherweise zwischen 1990 und 2016 inhaftiert waren – in 17 von 29 Fällen (= 49 %) war eine Fehlidentifikation von Augenzeug:innen die Ursache (Taubert et al., 2020).

Störfaktoren in der Wahrnehmungssituation und der späteren Konsolidierungs- und Speicherphase können zwar durch die Ermittler:innen nicht geändert werden, sie haben aber Einfluss auf die Abrufsituation in der späteren Vernehmung (vgl. Brockmann & Chedor, 1999). Daher ist es wichtig, die möglichen Fehlerquellen und Verfälschungsmechanismen zu kennen, um Zeug:innenaussagen besser einschätzen zu können und zudem mögliche Fehlerquellen in der Vernehmungssituation (= Abruf) zu vermeiden bzw. Zeug:innen bestmöglich zu einem unverfälschten und umfangreichen Abruf zu verhelfen. Denn bei dem Produkt der Vernehmung (also der entstandenen Aussage) handelt es sich nicht zuletzt um eine kommunikative Rekonstruktion eines Sachverhalts, die durch die subjektiven Wahrnehmungs- und Interpretationsprozesse aller beteiligter Kommunikationspartner:innen (Zeug:innen/Beschuldigte und Vernehmende) geprägt ist, sodass sie niemals ein objektives Abbild der Realität sein kann (vgl. Greuel, 2008). Vielmehr wird die Aussage „zum einen von den Wahrnehmungs-, Erinnerungs-

und Rekonstruktionsleistungen des Zeugen, zum anderen von den kommunikativen Techniken des Vernehmenden bestimmt“ (Greuel, 2008, S. 222).

Ein fundiertes Wissen über Wahrnehmungs- und Gedächtnisprozesse und deren Störanfälligkeit, sozialpsychologische Einflussfaktoren in der Vernehmungssituation sowie psychologisch günstige Vernehmungs- und Fragetechniken, auch in Bezug auf besonders vulnerable Personengruppen (z.B. Kinder oder Personen mit Intelligenzminderungen), ist für Polizeibeamt:innen deshalb von hoher Relevanz. Denn die Qualität der Aussage und damit ihre Gerichtsverwertbarkeit ergeben sich unmittelbar aus der Qualität der geführten Vernehmung (Greuel, 2008). In Bezug auf Zeug:innenaussagen ist insbesondere die Qualität der **ersten** Vernehmung bzw. der Erstaussage und deren genaue Aufzeichnung für den weiteren Ermittlungsverlauf von elementarer Bedeutung (Milne & Bull, 2014). Spätere Abweichungen beeinträchtigen die Verwertbarkeit der Aussage und können die Konstanz und damit die Glaubhaftigkeit der Aussage infrage stellen.

Auch haben sowohl die polizeilichen Zeug:innen- als auch Beschuldigtenvernehmungen einen bedeutsamen Einfluss auf das weitere Strafverfahren. Dies ergibt sich nicht zuletzt dadurch, dass sich nachfolgende Entscheidungen im weiteren Verfahrensverlauf darauf stützen (z.B. ob und wie weiter ermittelt, ob Anklage erhoben oder eingestellt wird etc.), die Vernehmungsprotokolle zur Vorbereitung der (meist erst Jahre später stattfindenden) mündlichen Hauptverhandlung genutzt werden, zur Rekonstruktion des Sachverhalts beitragen und Staatsanwaltschaft und Gericht einen ersten Eindruck der vernommenen Person (z.B. der Kooperationsbereitschaft) und der Glaubhaftigkeit ihrer Aussage vermitteln (Capus et al., 2014). Das Ziel sollte also immer der Erhalt einer möglichst genauen, unbeeinflussten und vollständigen Aussage sein. Um eine solche zu erzielen, ist es die primäre Aufgabe der Vernehmenden, die Aussageperson sowohl motivational als auch kognitiv in die Lage zu versetzen, die in ihrem Gedächtnis gespeicherten Inhalte bestmöglich abzurufen. Zwar kann dabei keine völlig fehlerfreie Aussage erwartet werden. Vernehmende sollten jedoch über die notwendigen Kenntnisse verfügen, die allgemeinen Kompetenzen von Zeug:innen insofern einschätzen zu können, als dass sie völlig unplausible von realistischen Schilderungen/Erinnerungsleistungen unterscheiden können.

Eine gelingende Vernehmung erfordert zwei Kompetenzbereiche der Vernehmenden in Bezug auf die Gestaltung und das Ergebnis der Vernehmung, zum einen kommunikative und soziale Kompetenz, zum anderen kognitive und analytische (Milne & Bull, 2003a) bzw. fachliche Kompetenz (Sticher, 2016). Die soziale Kompetenz wird nicht zuletzt dadurch unter Beweis gestellt, dass es gelingt, sich auf verschiedene Aussagepersonen einzustellen, angemessene Sprache zu wählen, der Aussageperson (unabhängig von persönlicher Einstellung) mit Respekt zu begegnen (was auch bedeutet, das eigene nonverbale Verhalten unter Kontrolle zu haben), Empathie zu zeigen und durch Gesprächsmanagement und -techniken eine vertrauensvolle Gesprächsatmosphäre und Arbeitsbeziehung herzustellen (vgl. Milne & Bull, 2003a; Sticher, 2016). Zur kognitiven und analytischen Kompetenz gehört ein fundiertes Wissen über die Entstehung menschlicher Gefühle und Verhaltensweisen, z.B. um nicht nur zu hören, was die vernommene Person sagt, sondern auch dahinter liegende Aspekte wie die Dynamik des geschilderten Ereignisses sowie die Aussageperson und deren motivationale Bedingungen in Gänze zu verstehen und dabei auch Einflussfaktoren auf den eigenen „ersten Eindruck" einer Person zu reflektieren (vgl. Milne & Bull, 2003a).

# 2. Wahrnehmungs- und gedächtnispsychologische Grundlagen

## 2.1 Von der Wahrnehmung zur Erinnerung: Informationsverarbeitung und Gedächtnis

Wenn Zeug:innen etwas beobachten oder erleben, laufen zwischen der Wahrnehmung des Ereignisses und dem Abruf in der Vernehmung verschiedene Prozesse ab, die jeweils fehleranfällig sind und deshalb nachfolgend erläutert werden sollen. Ziel ist, ein Verständnis der menschlichen Informationsverarbeitung und Gedächtnisprozesse zu vermitteln, um dadurch Fehler und Verzerrungen besser einschätzen und in der Vernehmung vermeiden zu können. Um ein Ereignis zu erinnern und in der Vernehmungssituation abrufen zu können, müssen die eintreffenden Informationen im Gehirn ankommen, d.h. im Kurzzeit- oder Arbeitsgedächtnis encodiert (kurzfristig gespeichert und verarbeitet), ins Langzeitgedächtnis befördert (konsolidiert) und dort dauerhaft abgelegt (gespeichert) und zu einem späteren Zeitpunkt, z.B. in der Vernehmung, wieder aufgefunden (d.h. abgerufen) werden (vgl. Myers, 2014).

Nach dem einflussreichen und viel zitierten Mehrspeichermodell nach Atkinson und Shiffrin (1968)[1] verläuft das Entstehen unserer Erinnerungen dreistufig: Zunächst werden (z.B. visuell oder akustisch) eintreffende Reizinformationen aus der Umwelt kurzfristig und flüchtig im sensorischen Gedächtnis (Ultrakurzzeitgedächtnis) aufgezeichnet. Dabei gibt es einen eigenen sensorischen Speicher für jede Sinnesmodalität (z.B. der ikonische Speicher für visuelle Informationen, der echoische für akustische Reize etc.). Dieser verfügt über eine begrenzte Kapazität und die Speicherzeit ist sehr kurz (250 Millisekunden bis 4 Sekunden) (Solso, 2005).

Ein Teil der Informationsverarbeitung läuft automatisch ab, d.h. beiläufige Informationen, wie Raum, Zeit, Häufigkeit von Ereignissen sowie uns bekannte oder erlernte Aspekte, werden ohne gerichtete Aufmerksamkeit im Langzeitgedächtnis gespeichert. Ein anderer Teil der Verarbeitung (z.B. von Bildern) erfolgt bewusst, d.h. es ist nach Eintreffen der Reizinformationen im sensorischen Gedächtnis ein Mindestmaß an Aufmerksamkeit notwendig, ansonsten zerfällt die Information unwiederbringlich. Letztlich gelan-

1 Das sehr bekannte Gedächtnismodell wurde inzwischen in einigen Aspekten modifiziert und erweitert (vgl. Abb. 1).

gen also vor allem für uns persönlich relevante Informationen, nämlich die, auf die wir unsere Aufmerksamkeit richten, zur Weiterverarbeitung ins Kurzzeitgedächtnis (vgl. Myers, 2014). Das heißt also, Zeug:innen nehmen nie die Ereignissituation in ihrer Gänze wahr, da wir uns bei allen eintreffenden Reizinformationen nicht auf alle gleichermaßen konzentrieren (d.h. Aufmerksamkeit auf sie richten) können. Vielmehr hängt unser Aufmerksamkeitsfokus z.B. von der Neuheit oder Salienz des Reizes (z.B. lauter Ton oder schnelle Bewegung), Interesse, aktuellen Zielen oder auch der Assoziation mit Bedrohung/Gefahr ab (vgl. Summerfield & Egner, 2009). Nur jene Aspekte eines Ereignisses, auf die Aufmerksamkeit gerichtet war, werden wir später möglicherweise erinnern können. Bei der Encodierung spielt auch eine Rolle, inwiefern ein Bedeutungszusammenhang hergestellt werden kann, d.h. Informationen, die an Bekanntes anknüpfen, werden besonders gut erinnert (vgl. Myers, 2014). Auch Reize, auf die nicht bewusst geachtet (auf die keine Aufmerksamkeit gerichtet) wurde, können jedoch eine subtile (unbewusste) Wirkung entfalten und die Wahrnehmung beeinflussen (vgl. Myers, 2014), z.B. beim Priming Effekt (Priming = Voraktivierung, d.h. ein erster Reiz beeinflusst die Wahrnehmung eines darauffolgenden, vgl. Solso, 2005). Das bedeutet auch, dass wir oftmals unbewusst geprimed werden und sich dies auf die Interpretation nachfolgender Informationen oder Ereignisse auswirken kann. In Bezug auf Augenzeug:innen kann dies beispielsweise bedeuten, dass eine passagere Beobachtung oder Information einen Einfluss auf ihre Wahrnehmung des späteren Ereignisses gehabt haben kann, ohne dass die Zeug:innen dies selbst benennen können.

Das Kurzzeitgedächtnis (das aktivierte Gedächtnis oder Arbeitsgedächtnis) hält einige der Informationen, auf die Aufmerksamkeit gerichtet wurde, für

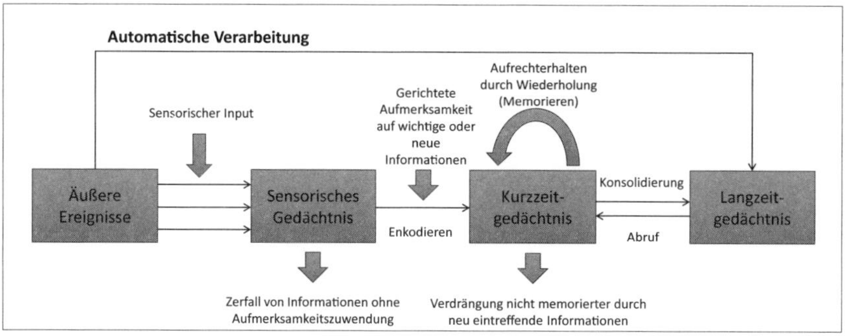


**Abbildung 1:** Erweitertes Drei-Stufen-Modell der Informationsaufnahme und -verarbeitung des Gedächtnisses nach Atkinson & Shiffrin (1968; geringfügig mod. nach Myers, 2014, S. 330)

kurze Zeit fest (10 bis 60 Sekunden; Solso, 2005). Diese werden dann entweder abgespeichert oder vergessen. Doch auch seine Kapazität ist begrenzt, dort können etwa sieben (+/– zwei) Informationseinheiten (z.B. Ziffern, Buchstaben, kurze Wörter) gespeichert und fehlerfrei erinnert werden (Myers, 2014). Damit Informationen aus dem Kurzzeitgedächtnis in das Langzeitgedächtnis gelangen, ist nach Atkinson und Shiffrin (1968) ein „Memorieren" (*rehearsal*) notwendig, das heißt, eine begrenzte Menge an Informationen wird so lange im Kurzzeitgedächtnis aufrechterhalten, bis sie ins Langzeitgedächtnis übertragen (d.h. konsolidiert) wurden.

Der Speicher des Langzeitgedächtnisses ist unbegrenzt, d.h. dort können prinzipiell unendlich viele Informationen aufgenommen und bis zu einer lebenslangen Dauer gespeichert bleiben. Dennoch unterliegen wir normalen Erinnerungsverlusten, die sich z. B. dadurch bemerkbar machen, dass wir lang zurückliegende Ereignisse nicht mehr in allen Details und Lebendigkeit erinnern oder auch, dass wir Dinge „vergessen" haben. Dies kann ein Abrufproblem sein (d.h. es fehlt der entsprechende Schlüsselreiz) oder aber neue Erfahrungen blockieren den Abruf alter Gedächtnisspuren (sog. Interferenz) oder die physischen Gedächtnisspuren zerfallen über die Zeit in ihrer Stärke („Spurenzerfallhypothese"), z.B. wenn sie nicht genutzt werden (Anderson, 2013; Myers, 2014; Solso, 2005).

Nach der „Vergessenskurve" (originär nach Ebbinghaus, 1885) verläuft dieser Prozess jedoch unterschiedlich schnell, je nachdem, ob der Inhalt eine

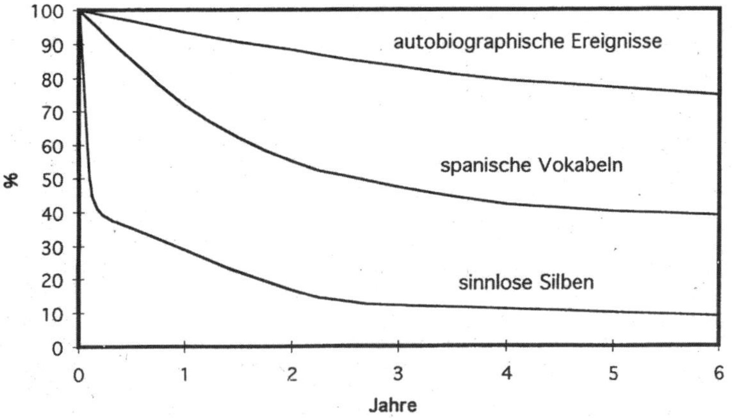


**Abbildung 2:** Vergessenskurven unterschiedlichen Sinngehalts (aus Greuel et al., 1998, S. 30)

(persönliche) Bedeutung hat. Während der Informationsverlust bei erlernten sinnlosen Silben (d.h. keine Bedeutung) am schnellsten verläuft und diese später am wenigsten erinnert werden können, werden spanische Vokabeln (die einen inhaltlichen Sinn haben) deutlich weniger schnell vergessen und besser erinnert. Am flachsten verläuft die Kurve bei selbst erlebten, autobiografischen Erinnerungen – über diese werden (Opfer-)Zeug:innen auch Jahre später noch berichten können, wenn auch nicht mehr in allen Details. In Bezug auf Augenzeug:innen, die unerwartet und beiläufig etwas wahrnehmen, das für sie zum Ereigniszeitpunkt keinerlei Bedeutung hat und wozu sie später Angaben machen sollen, gehen Greuel et al. (1998) davon aus, dass die Vergessenskurve zwischen der von sinnlosen Silben und der von spanischen Vokabeln (die immerhin intentional gelernt wurden, d.h. auf die – im Gegensatz zu einer beiläufigen Wahrnehmung – Aufmerksamkeit gerichtet wurde) liegt. Das heißt also, dass in Abhängigkeit des zeitlichen Abstands zum Ereignis mit einem relativ großen Informationsverlust zu rechnen ist, weshalb in solchen Fällen von den Augenzeug:innen wenig erinnert werden wird.

## 2.2 Aufbau des Langzeitgedächtnisses

Das Gedächtnis umfasst die „Fähigkeit, Informationen und Erfahrungen über mehr oder minder lange Zeiträume zu speichern, sie zu ordnen und zu einem späteren Zeitpunkt wieder abzurufen“ (Zimbardo & Gerrig, 2004, S. 293). Um zu verstehen, wie Erinnerungen abgespeichert werden und warum z.B. Teile des Gedächtnisses verloren gehen können, während andere erhalten bleiben (z.B. bei einer Amnesie) muss man sich den Aufbau des Gedächtnisses vergegenwärtigen, das in verschiedene Subsysteme untergliedert ist. Die Struktur des Langzeitgedächtnisses wird auf erster Ebene in das deklarative und non-deklarative Gedächtnis unterteilt. Im deklarativen (expliziten) Gedächtnis, dessen Inhalte durch bewusstes Abrufen erinnert werden, befindet sich das semantische Gedächtnis (Faktenwissen, Gelerntes, Allgemeinwissen) und das episodische Gedächtnis (autobiografisches Gedächtnis), wo selbst erlebte Ereignisse abgespeichert werden (Myers, 2014). Das autobiografische Gedächtnis ist bei der Vernehmung von Zeug:innen von hoher Relevanz, da es um Ereignisse mit einem Bezug zum eigenen Lebenskontext geht (vgl. Greuel et al., 1998).

Das non-deklarative (implizite) Gedächtnis wiederum speichert Informationen unbewusst, sodass auch der Abruf unbewusst bzw. unabhängig von bewusster Erinnerung erfolgt (vgl. Myers, 2014). Die dort gespeicherten Infor-

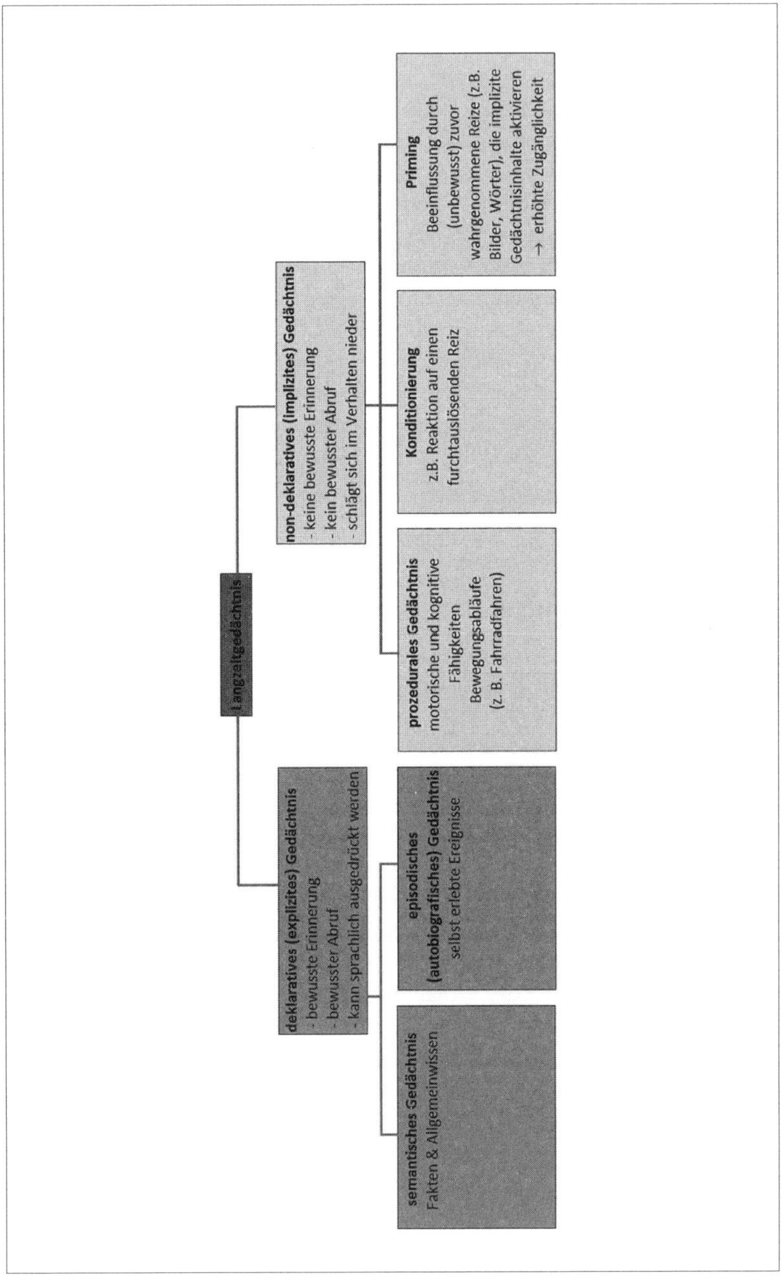


**Abbildung 3:** Struktur des Langzeitgedächtnisses (mod. nach Diekelmann, 2018; Myers, 2005; 2014)

mationen spiegeln sich im Verhalten einer Person wider (z.B. motorische Fähigkeiten, prozedurales Wissen, *wie* man etwas tut). Auch für Priming und Konditionierungsprozesse spielt es eine wichtige Rolle. Diese Unterteilung äußert sich z.B. darin, dass explizite Erinnerungen verloren gegangen sein (z.B. im Rahmen einer Amnesie), implizite Erinnerungen und Fähigkeiten aber erhalten geblieben sein können (vgl. Anderson, 2013; Myers, 2014).

## 2.3 Der Abruf von Erinnerungen

Bei der Vernehmung handelt es sich um eine Abrufsituation – Zeug:innen oder Beschuldigte sollen ihre gespeicherten Informationen zum Sachverhalt möglichst umfangreich, detailliert und genau erinnern. Da dies insbesondere dann gelingt, wenn die Vernehmenden sie dabei bestmöglich unterstützen (ihnen also beim Abruf ihrer Erinnerungen helfen), ist es wichtig, die dabei ablaufenden Prozesse zu kennen. Psychologische Vernehmungs-/Befragungstechniken wie das Kognitive Interview (vgl. Kap. 4.5) zielen explizit darauf ab, den Abruf durch gezielte Abrufhilfen zu unterstützen.

Für den Abruf von Erinnerungen, die in einem Netz von Assoziationen gespeichert sind, brauchen wir einen damit verknüpften Hinweisreiz, um sie sozusagen „wiederzufinden" und wieder ins Bewusstsein zu rufen, d.h. es müssen Assoziationsketten aktiviert und diejenigen Stränge identifiziert werden, die zur Erinnerung führen. Dies kann bewusst, aber auch unbewusst geschehen (z.B. wenn im Rahmen des Priming auf Basis von Vorerfahrungen spezielle Assoziationen aktiviert werden) (vgl. Myers, 2014).

Wie gut der bewusste Abruf von Erinnerungen gelingt, wird durch verschiedene Faktoren beeinflusst, z.B. durch die eigene Aufmerksamkeit, die Qualität der Abrufreize (retrieval cues), die auf irgendeine Weise mit dem zu erinnernden Ereignis assoziiert sind, die assoziative Stärke zwischen „Cue" und gesuchter Erinnerung, die Abrufstrategie, oder die Passung von Encodier- und Abrufsituation (Myers, 2014). Mit letzterer sind die Assoziationen gemeint, die während des Encodierens der Ereigniserinnerung gebildet werden – dabei kann es sich z.B. um einen Geruch oder Geschmack oder ein bestimmtes Lied als Abrufreiz handeln, die die Erinnerung an ein damit in Verbindung stehendes Ereignis auslösen.

Hilfreich beim Abruf ist zudem ein Zurückversetzen in den Kontext der Encodierung, d.h. den Erlebniszeitpunkt des Ereignisses (sog. Effekt des Encodierkontexts oder Encodierspezifität) (vgl. Anderson, 2013; Myers, 2014) – eine Maßnahme, die auch für eine Vernehmung gut genutzt werden kann (vgl. die Technik „mentale Wiederherstellung des Wahrnehmungskontexts" als Bestandteil des Kognitiven Interviews in Kap. 4.5). Die Alltagswirksamkeit dieser „Abrufstrategie" ist sicherlich den meisten von uns in irgendeiner Form deutlich geworden, z.B. wenn man an einen Ort zurückkommt, an dem man etwas erlebt hat und plötzlich damit verknüpfte Erinnerungen auf einen einströmen. Auch erinnert man sich besser (kann Erinnerungen besser abrufen), wenn man sich in einem ähnlichen emotionalen Zustand oder Stimmung befindet wie zum Erlebniszeitpunkt (also des Encodierens der entsprechenden Informationen) – d.h. auch die emotionale Stimmung oder der innere Zustand kann als Abrufhilfe dienen (sog. zustandsabhängiges Gedächtnis, vgl. Myers, 2014, S. 347).

## 2.4 Wahrnehmungs- und Gedächtnisverfälschungen

### 2.4.1 Beeinflussungsfaktoren in der Wahrnehmungssituation

Bereits in der Wahrnehmungssituation, bspw. der Beobachtung oder des Selbsterlebens eines Überfalls, einer Schlägerei oder eines Verkehrsunfalls, werden Faktoren wirksam, die die Wahrnehmungsfähigkeit beeinflussen können.

Zu den **personenbezogenen (internen) Faktoren**, die sich auf die Wahrnehmungsfähigkeit zum Ereigniszeitpunkt ausgewirkt haben können, zählen zum einen sensorische Beeinträchtigungen (z.B. schlechte Seh- oder Hörfähigkeit, Rot-Grün-Blindheit) und zum anderen Faktoren, die den Zustand der Aussageperson betreffen, z.B. Müdigkeit, Alkohol- oder Drogeneinfluss (z.B. Wang et al., 2021), Medikamenteneinnahme (oder Entzug) (vgl. Heubrock, 2010), die seelische Verfassung (z.B. Angst, Stress) (z.B. Valentine & Mesout, 2009) sowie psychopathologische Einflüsse (z.B. floride Psychose, vgl. Kap. 11.1). So ist ggf. das Erfragen solcher Aspekte wichtig, um sich ein Bild von der Wahrnehmungsfähigkeit und möglichen Beeinträchtigungen zum Tatzeitpunkt zu machen – nicht, um den Schilderungen der Aussageperson weniger Glauben zu schenken, sondern um mögliche Störeinflüsse angemessen zu berücksichtigen. So kann bei Brillenträger:innen als Augenzeug:innen der banale Umstand, ob eine kurzsichtige Person während des Ereignisses ihre Brille trug (und beispielsweise überhaupt auf der anderen Straßenseite etwas beobachtet haben kann) wichtig zu erfragen sein. Bei wichtigen Ereignissen sollte ggf. die Situation nachgestellt werden, um einschätzen zu können, ob die Aussageperson, die z.B. angab, zum Tatzeitpunkt ihre Brille nicht getragen zu haben, einen Menschen überhaupt erkannt bzw. eine bestimmte Wahrnehmung gemacht haben kann.

Auch hat die emotionale Stimmung zum Ereigniszeitpunkt nicht nur Einfluss auf den Abruf von Erinnerungen (z.B. indem in schlechter Stimmung insbesondere negative Ereignisse erinnert werden, vgl. Myers, 2014), sondern auch darauf, wie wir das Verhalten anderer Menschen interpretieren (z.B. Forgas et al., 1984).

Als **situations- und umgebungsabhängige (externe) Faktoren**, die sich auf die Wahrnehmung der Aussageperson ausgewirkt haben können, sind z.B. physikalische Einflüsse, wie ungünstige Lichtverhältnisse zur Tatzeit, räumliche Distanz zum Tatgeschehen sowie akustische Reize (allgemeiner Geräuschpegel/Hintergrundgeräusche) oder die Anwesenheit einer Menschenmenge (vgl. Buckhout, 1975) zu nennen. Buckhout schilderte bereits 1975 ein eindrückliches Beispiel, bei dem ein Polizeibeamter ausgesagt hatte, er habe den Schwarzen[2] Angeklagten gesehen, der das Opfer erschoss, als beide in einem Eingang in ca. 40 Meter Entfernung standen. Durch eine Begehung des Tatorts zur gleichen Tageszeit und zusätzliche Lichtmessungen des Einfallswinkels im Hauseingang stellte sich heraus, dass dieser so schlecht beleuchtet war, dass man kaum die Silhouette einer Person in dem Eingang erkennen konnte, geschweige denn eine konkrete Person hätte identifizieren können.

Unsere Wahrnehmung hängt aber nicht nur von der individuellen Wahrnehmungsfähigkeit und den objektiven Merkmalen des Ereignisses (den sensorischen Informationen) ab, sondern ist vielmehr auch ein stark subjektiver Prozess, d.h. bei der Wahrnehmung einer Person oder eines Ereignisses werden bei jedem Menschen eigene subjektive Wahrnehmungsfilter wirksam, wir nehmen alles durch unsere persönliche „Brille" wahr. Diese persönliche Brille ist unser Wahrnehmungsset – die „mentale Prädisposition, etwas Bestimmtes zu sehen und nicht etwas anderes" (Myers, 2014, S. 242). Das individuelle Wahrnehmungsset entsteht auf Basis unserer Vorstellungen und Schemata[3], die wiederum aus unseren Erfahrungen gebildet werden, und beeinflusst maßgeblich die Organisation und Interpretation neuer oder zweideutiger (sowohl visueller als auch akustischer) Informationen (Myers, 2014). Das heißt, die Art, wie Informationen aufgenommen werden, wird zum einen durch die Strukturierung des sensorischen Systems und des Gehirns beeinflusst, vor allem aber auch von den Erfahrungen, die bestimmten Reizen ursprünglich eine Bedeutung verliehen haben,

2 Gemäß Empfehlung für eine diskriminierungssensible Sprache wird „Schwarz" hier groß geschrieben (Glossar für diskriminierungssensible Sprache | Amnesty International; 12.05.2022).

3 Mit Schemata werden in der Sozialpsychologie kognitive Strukturen bezeichnet, die auf Basis von Erfahrungen Wissen über Objekte, Menschen oder Ereignisse enthalten. Sie stellen dadurch sozusagen Erwartungen dar, wie jemand einer bestimmten Gruppe ist oder wie bestimmte Ereignisse ablaufen (z.B. schemabasierte Vorstellung einer Vergewaltigung) (vgl. Pendry, 2014).

sodass Assoziationsketten im Gehirn entstanden sind, die die Umweltreize entsprechend interpretieren (Solso, 2005).

Weitere Beispiele für Einflussfaktoren auf die individuelle Wahrnehmung sind:

- ***Erwartungen und Vorwissen*** – diese scheinen insbesondere dann unsere Wahrnehmung zu beeinflussen, wenn die sensorischen Reize schwach und das Wahrnehmungsobjekt dadurch uneindeutig ist, unsere Erwartungen/Vorwissen aber zuverlässig erscheinen (vgl. z.B. de Lange et al., 2018)
- ***Einstellungen und Vorurteile*** – z.B. indem implizite Vorurteile die Wahrnehmung der über den Gesichtsausdruck transportierten Emotionen anderer beeinflussen. Beispielsweise führten implizite Vorurteile von weißen US-Amerikaner:innen gegenüber Schwarzen dazu, dass sie eher geneigt waren, Ärger/bedrohlichen Affekt in Gesichtern von Schwarzen, nicht aber denen von Weißen wahrzunehmen. Die Wahrnehmung von Emotionen beim Gegenüber wird also durch Vorurteile beeinflusst und dadurch schon sehr früh in der zwischenmenschlichen Interaktion wirksam (Hugenberg & Bodenhausen, 2003). Auch führten entsprechende Vorurteile dazu, dass nach einem Priming mit Schwarzen Gesichtern ein Gegenstand eher als Waffe fehlidentifiziert wurde als nach einem Priming mit einem weißen Gesicht (Payne, 2001).
- ***(konkrete) Vorinformationen*** – diese können die Wahrnehmung beeinflussen, z.B. ob wir überhaupt etwas wahrnehmen und aufgrund des Wissens, dass gleich etwas passieren wird, unsere Aufmerksamkeit darauf richten oder auch *wie* wir ein Ereignis oder eine Auseinandersetzung oder jemanden wahrnehmen (z.B. wenn wir Vorinformationen erhalten, dass jemand aggressiv ist, z.B. Jones et al., 2002).
- ***Der Kontext, in dem jemand eine Wahrnehmung macht*** – wir nutzen nicht nur Kontextinformationen für die Mustererkennung oder den Satzkontext für die Erkennung von Wörtern (vgl. Anderson, 2013), sondern auch den Kontext der sozialen Situation bei der Wahrnehmung eines Ereignisses. So wird beispielsweise ein Mann mit einem kleinen Mädchen im Gebüsch im Rahmen einer Fahndung nach einem Täter, der ein Mädchen entführt hat, sehr wahrscheinlich anders wahrgenommen als auf einem Spielplatz.

Begünstigt wird diese Subjektivität der Wahrnehmung weiter durch deren Selektivität. Wir richten unsere Aufmerksamkeit nur auf einen Bruchteil der Reizinformationen der Umwelt (**selektive Aufmerksamkeit**). Die Vielzahl an Reizen, die in jeder Sekunde auf uns einströmen, würde unsere Verarbeitungskapazität ansonsten überfordern (es wird geschätzt, dass über die fünf menschlichen Sinne pro Sekunde 11 000 000 Bits Informationen aufgenommen werden, von denen nur 40 bewusst verarbeitet werden, vgl. Myers, 2014). Das, worauf die Aufmerksamkeit (z.B. von Zeug:innen) gerichtet wird, hängt wiederum stark von dem Reiz selbst (wie distinkt, neu ist er) und zudem von persönlichen Interessen, Wissen, Vorerfahrungen, Vorurteilen etc. der Wahrnehmenden ab (Milne & Bull, 2003a) (→ Wahrnehmungsset). Ein prominentes vernehmungsrelevantes Beispiel für die selektive Aufmerksamkeit ist der sog. Waffenfokus-Effekt (s.u.).

**Folgen der selektiven Wahrnehmung für die Vernehmung:**

- Die Aussageperson weiß in der Situation, in der sie das Ereignis wahrnimmt (also eine Beobachtung, z.B. eines Verkehrsunfalls, eines Übergriffs o.Ä.) in der Regel nicht, dass und welche Information später wichtig ist oder dass sie dazu später von der Polizei als Zeuge/Zeugin befragt wird.
- Das, worauf eine Person in der Ereignissituation ihre Aufmerksamkeit richtet, erfolgt individuell (und zwar bewusst oder unbewusst).
- Das heißt: keine Aussageperson erinnert alle Details oder Aspekte eines Ereignisses, sondern jede erinnert andere, sodass verschiedene Berichte über das gleiche Ereignis entstehen (gleichwohl es Kernaspekte geben *kann*, die von allen Zeug:innen geschildert werden).
- Wenn Zeug:innen angeben, etwas nicht zu wissen (obwohl sie doch dabei waren) muss das nicht immer ein Abrufproblem sein (dem man ggf. mit geeigneten Abrufhilfen und Fragetechniken, wie dem Kognitiven Interview begegnen kann), sondern kann auch die Folge mangelnder Aufmerksamkeit zum Ereigniszeitpunkt sein – es ist dann keine Erinnerung im Gedächtnis abgelegt worden (Milne & Bull, 2003a).
- Dass sich die Schilderungen verschiedener Zeug:innen zum Sachverhalt unterscheiden, ist somit durchaus zu erwarten – wenn sie sich zu sehr gleichen, kann dies eher ein Hinweis auf vorherige Gespräche oder Absprachen sein.
- Um abzuschätzen, wie viel die Zeug:innen überhaupt wahrgenommen haben (bzw. wie groß ihre Wahrnehmungsbereitschaft und verfügbare Aufmerksamkeit überhaupt war), kann es hilfreich sein Kontrollfragen zu stellen wie: Was tat die Person zum Zeitpunkt der Wahrnehmung? Von woher kam sie? Wo wollte sie hin? Was hatte sie eigentlich vor? Woran dachte sie gerade? War sie abgelenkt?

### 2.4.2 Der Einfluss von Stress auf die Encodierung, Konsolidierung und den Abruf von Erinnerungen

Die Einflüsse von Stress und hoher emotionaler Erregung bzw. Angst auf die Wahrnehmungs- und Gedächtnisleistung spielt eine große Rolle bei der Beurteilung von Zeug:innenaussagen, da in diesem Zusammenhang erlebte oder beobachtete Ereignisse (z.B. durch massive Bedrohung oder Gewalteinwirkung) ebensolche auslösen können.

Stress kann definiert werden als Erregung durch aversive Situationen oder Ereignisse (Kim & Diamond, 2002), die sich wiederum dadurch auszeichnen, dass sie entweder neuartig/unbekannt, unvorhersehbar, unkontrollierbar oder aber bedrohlich sind (Dickerson & Kemeny, 2004; Marin et al., 2019). Das Erleben von Stress führt zu einer Reihe physiologischer Reaktionen, u.a. im Rahmen einer unmittelbaren, schnellen ersten Stressantwort (Aktivierung des sympathischen Nervensystems) zur Ausschüttung von Adrenalin und Noradrenalin sowie im Rahmen einer langsameren, zweiten Stressantwort (Aktivierung der Hypothalamus-Hypophysen-Nebennieren-Achse) zu der des in den Nebennieren produzierten „Stresshormons" Cortisol. Die Wirkung von Stress auf die Gedächtnisleistung muss auf Basis entsprechender Befunde[4] differenziert betrachtet werden und ist – analog der Wirkweise des Noradrenalins und Cortisols im Gehirn – abhängig vom Zeitpunkt der Stresswirkung und der Art der Gedächtnisleistung (Encodierung und Konsolidierung oder Abruf) (Gagnon & Wagner, 2016; Sommer & Gamer, 2018). Dadurch können sie für die Gedächtnisfunktionen entweder zu- oder abträglich sein. Vereinfacht dargestellt führt Stress im Rahmen einer ersten, unmittelbaren Stressantwort (innerhalb der ersten Sekunden und Minuten nach Konfrontation mit dem Stress auslösenden Ereignis) zu einer schnellen automatisierten Reaktion der Amygdala (Teil des limbischen Systems im Gehirn). Die Auswirkung von Stress beginnt bereits auf Wahrnehmungsebene, indem dieser durch die frühe Amygdala-Aktivität und das verstärkt ausgeschüttete Noradrenalin zu einer genaueren Wahrnehmung und besonderen Fokussierung auf den bedrohlichen Reiz führt: Die Aufmerksamkeit erfolgt nicht mehr bewusst zielgerichtet, sondern automatisiert auf die Stress-auslösenden Reize bezogen, was zu einer Einengung der Wahrnehmung, gleichzeitig aber auch zu einer tieferen Verarbeitung dieser Reize führt (Kim et al., 2013; Sommer & Gamer, 2018). Besonders zentrale Aspekte der Situation werden also besonders stark wahrgenommen (und später auch erinnert) – allerdings auf Kosten peripherer bzw. weniger (emotional) bedeutsamer Aspekte. Auf Ebene der Encodierung führen die aktivierte Amygdala und das Noradrenalin zu einer erhöhten Aktivität des Hippocampus, einem zentral an der Bildung von Erinnerungen beteiligten Gehirnareal (Bildung von Engrammen bzw. Gedächt-

4 Die physiologischen Auswirkungen von Stress auf Prozesse im Gehirn und die Gedächtnisleistung werden klassischerweise im Rahmen von experimentellen Laborstudien untersucht, z.B. über die Auswirkungen einer kontrollierten Manipulation des Cortisol- und Adrenalinspiegels oder aber die Induktion von Stress bei den Versuchspersonen, der aber aus ethischen Gründen ein völlig anderer ist als in der Realsituation, wenn z.B. jemand Zeuge/Zeugin eines schweren Unfalls oder Opfer eines Sexualdelikts wird (vgl. Sommer & Gamer, 2018).

nisspuren). Die Encodierung der relevanten, fokussierten Information wird befördert, die der peripheren Informationen dagegen erschwert (Gagnon & Wagner, 2016; Sommer & Gamer, 2018; vgl. auch Marin et al., 2019).

**Beispiel**

**Auswirkungen fokussierter bzw. eingeengter Aufmerksamkeit: Der „Waffeneffekt"**

Ein ggf. vernehmungspsychologisch relevantes Phänomen ist der sogenannte „Waffenfokus" oder „Waffeneffekt" (s. dazu Carlson et al., 2016; Fawcett et al., 2013; 2016; Kocab & Sporer, 2016; Steblay, 1992). Dieser beschreibt den Umstand, dass Zeug:innen, die mit einer Waffe (Messer, Pistole etc.) bedroht wurden, später selten eine genaue Täterbeschreibung abgeben können, die Waffe jedoch gut beschreiben können. Dies wird auf die Aufmerksamkeitsverteilung in Kombination mit dem erhöhten Stress zum Ereigniszeitpunkt zurückgeführt, denn die Aufmerksamkeit ist auf das unmittelbare Objekt der Bedrohung gerichtet und weniger auf das Gesicht und das Erscheinungsbild der Person (Sporer et al., 2014), wobei der Effekt deutlicher beim freien Erinnern bzw. dem Abgeben einer Täterbeschreibung und weniger im Gegenüberstellungsverfahren zutage tritt (Milne & Bull, 2003a; Fawcett et al., 2016; vgl. auch Kocab & Sporer, 2016 für eine Metaanalyse). Auch hängt das Auftreten und die Größe des Effekts u.a. von Charakteristiken der Zeug:innen und des Szenarios, in dem die Waffenbedrohung stattfindet (Täter:in, Umgebungsbedingungen) ab (vgl. Fawcett et al., 2016 für ein Review). So variiert die Größe des Effekts bspw. aufgrund von Erwartungseffekten (z.B. fällt er kleiner aus, wenn die Umgebung oder die Täter:innen eher eine Waffe „erwarten lassen", wohingegen er größer ist, wenn er atypisch für kulturelle Stereotype ist und die Waffe etwa von einer Frau gehalten wird; im Ganzen Fawcett et al., 2016).

Diese zeitlich begrenzte fokussierte Aufmerksamkeitsausrichtung auf persönlich bedeutsame, Angst oder Stress auslösende Aspekte eines Ereignisses und das resultierende spezifische „Erinnerungsprofil" (gute Erinnerungsfähigkeit an zentrale, schlechte an periphere Details) wird auch **„Tunnelgedächtnis"** genannt (z.B. Berntsen, 2002; Safer et al., 1998).

Im weiteren Verlauf erfolgt im Rahmen einer zweiten Stressantwort (ca. innerhalb 40 Minuten nach Konfrontation mit dem Stressor) insbesondere die Ausschüttung von Cortisol, das u.a. die Konsolidierung encodierter Informationen verstärkt und im Rahmen der dritten Stressantwort (Beginn ca. eine Stunde nach Konfrontation mit dem Stress auslösenden Ereignis) durch seine Wirkung dazu beiträgt, dass das Gehirn vom Gedächtnisbildungs- in einen Gedächtnisspeichermodus übergeht (Gagnon & Wagner, 2016; Sommer & Gamer, 2018). Dadurch wird die Encodierung neuer (nachfolgender) Informationen erschwert und die Störung der Konsolidierung der „relevanten" Information des Stress auslösenden Ereignisses durch Interferenz vermieden. Dieser Abschottungsprozess des Gehirns zur Sicherung der Konsolidierung und langfristigen Speicherung der Stress auslösenden bzw. priorisierten Informationen führt dazu, dass Ereignisse, die während dieses Zeitraums (Beginn etwa eine Stunde nach dem Stressauslöser für mehrere Stunden) encodiert werden, später schlechter erinnert werden können (de Quervain et al., 2017; Gagnon & Wagner, 2016; Sommer & Gamer, 2018). Es findet also eine Priorisierung der emotional bedeutsamen, Stress auslösenden Informationen sowohl bei der Wahrnehmung als auch der Encodierung und Konsolidierung statt.

Vereinfacht könnte man also sagen, dass das Stress auslösende Ereignis in seinen relevanten Aspekten besonders gut und langfristig erinnert wird, die Encodierung und Erinnerung nachfolgender Ereignisse bzw. deren Details jedoch behindert. So kann es beispielsweise sein, dass ein Opfer eines schweren (sexuellen) Übergriffs den Tathergang gut erinnert und beschreiben kann, jedoch nicht mehr weiß, was es danach gemacht hat, wie es nach Hause gekommen ist, mit wem es gesprochen hat etc.

Ein erneutes Auftreten von hohem Stress während der Konsolidierung der Information des ursprünglichen stressreichen Ereignisses kann wiederum dazu führen, dass diese behindert wird (Sommer & Gamer, 2018), sodass das Ereignis selbst dann weniger gut oder weniger detailreich erinnert wird.

Studien an Personen, die (potenziell) traumatische Ereignisse (z.B. sexuellen Missbrauch in der Kindheit, Vergewaltigung, Kriegserlebnisse) erlebt haben, weisen die experimentellen Befunde bestätigend auch darauf hin, dass solche Ereignisse i.d.R. besonders langlebig und detailreich erinnert werden können (z.B. Alexander et al., 2005; Manzanero et al., 2020; Peace et al., 2008). Beispielsweise fanden Alexander et al. (2005) in einer prospektiven Studie an Opfern dokumentierten sexuellen Missbrauchs ($N = 217$), dass deren Erinnerungen 12 bis 21 Jahre nach dessen Beendigung eine hohe Genauigkeit und Richtigkeit aufwiesen. Die Teilnehmer:innen konnten sich – unabhängig davon, ob sie eine posttraumatische Belastungsstörung (PTBS) entwickelt hatten oder nicht – sehr gut an das traumatische Ereignis erinnern. Die Schwere der PTBS-Symptome war dabei sogar positiv mit der Erinnerungsgenauigkeit assoziiert. Auch in Bezug auf die Erinnerungen von $N = 13$ Augenzeug:innen eines Schussvorfalls, bei dem eine Person getötet und zwei weitere verletzt wurden, fanden Yuille und Cutshall (1986) sehr genaue und richtige Angaben (auch bei einer weiteren Befragung 5 Monate später). Sie kamen zu dem Schluss, dass der hohe Stress, dem die Augenzeug:innen während des Vorfalls ausgesetzt worden waren, sich nicht negativ auf ihre Erinnerungsfähigkeit ausgewirkt hatte. In eine ähnliche Richtung weisen auch die Befunde zu den sog. „Blitzlichterinnerungen“ (flashbulb memories; Brown & Kulik, 1977):

Demnach behalten Personen bei der Kenntnisnahme hoch emotional erlebter, traumatischer Ereignisse (bei Brown und Kulik ging es ursprünglich um die Kenntnisnahme der Ermordung des Präsidenten Kennedy) sowohl das Ereignis als auch den Kontext, in dem sie davon erfahren haben, sehr detailreich, bildhaft und lebendig in Erinnerung. Diese lebendigen und detailreichen Erinnerungsberichte auch Jahre später sind allerdings nicht gleichzusetzen mit einer korrekten Erinnerung – vielmehr kann die hohe Lebendigkeit und Leichtigkeit des Abrufs zu einer Überschätzung der eigenen Sicherheit bezüglich der Erinnerung führen (Sommer & Gamer, 2018; Volbert, 2004).

Auf der anderen Seite wird allerdings davon ausgegangen, dass sich die stressbedingte Cortisolausschüttung dosisabhängig auch negativ auf den Konsolidierungsprozess und die Erinnerungsfähigkeit auswirken kann, indem eine massive Ausschüttung aufgrund akuten unkontrollierbaren Stresses (z.B. im Rahmen eines traumatischen Ereignisses) die Konsolidierung stören und den normalerweise stattfindenden neuronalen Informationsfluss behindern kann (Fast & Markowich, 2004; Gagnon & Wagner, 2016; Heubrock, 2010), insbesondere in Hirnstrukturen mit hoher Dichte an Glucocorticoid-Rezeptoren (wie dem Hippocampus), an die das Cortisol (= Glucocorticoid) bindet (Gagnon & Wagner, 2016; Heubrock, 2010; Kim & Diamond, 2002).

Relativ unzweifelhaft scheinen die negativen Auswirkungen von Stress auf den Abruf von Erinnerungen zu sein (Gagnon & Wagner, 2016; Marin et al., 2019; Schwabe et al., 2012; Sommer & Gamer, 2018). So können Wahrnehmungen, die unter massivem Stress oder hoher Erregung gemacht werden, z. T. auch zeitnah zum Ereignis, nicht zuverlässig reproduziert werden, da die damit verbundene hohe Cortisolausschüttung den Abruf von Gedächtnisinhalten blockieren kann (Saimeh, 2014; Tollenaar et al., 2008). Dies betrifft sowohl Wissensinhalte aus dem deklarativen Gedächtnis (z.B. Abruf-Blockade in der Prüfungssituation bei hohem Stress aufgrund von Prüfungsangst), als auch das autobiografische Gedächtnis, also Erinnerungen an eigene Erlebnisse (Saimeh, 2014). Aber auch das Berichten über ein traumatisches Ereignis, wie z.B. im Rahmen einer Vernehmung, kann enormen Stress auslösen, da die mit der Erinnerung assoziierten Emotionen ebenfalls reaktiviert werden (Sommer & Gamer, 2018), sodass der Abruf erschwert werden kann und Zeug:innen ggf. angeben, nur wenig zu erinnern. Stress, der durch die Vernehmung selbst induziert wird, kann ebenfalls den Abruf der gesuchten Erinnerungen erschweren, sich also kontraproduktiv auf das Vernehmungsziel auswirken.

Ein Problem ist, dass der Stress nicht nur dazu führt, dass weniger erinnert bzw. abgerufen werden kann, sondern auch dazu, Erinnerungslücken schematypisch aufzufüllen (d.h. gemäß den allgemeinen Schemata, die wir zu solchen Ereignissen im Kopf haben; Sommer & Gamer, 2018). Es entstehen also auch mehr Erinnerungsfehler. Wodurch und in welchem Ausmaß Stress in einer Ereignissituation letztlich ausgelöst wird, ist individuell sehr verschiedenen. Dies korreliert nicht notwendigerweise einfach nur mit der Schwere des Delikts bzw. Ereignisses oder dem Ausmaß der eigenen Involviertheit (z.B. ob man nur Beobachter:in oder selbst von dem Ereignis betroffen ist). Vielmehr kann das individuelle Erleben der Schwere eines Delikts sehr unterschiedlich ausfallen und ist auch abhängig von Vorerfahrungen (z.B. kann das Beobachten eines Übergriffs, der einem selbst erlebten Ereignis ähnelt, einen Trigger darstellen, der zu einem vergleichbaren Stressniveau führt, wie bei eigenem Erleben, sodass die Beeinträchtigung der Informationsverarbeitung ähnlich sein kann) (vgl. Heubrock, 2010). Entscheidend scheint zu sein, ob durch das potenziell Stress auslösende Ereignis hinreichende Mengen an Cortisol ausgeschüttet werden, welches dann den Abruf der Erinnerung blockiert (Gagnon & Wagner, 2016).

Für das Erleben von Stress oder das Ausmaß, wie stressvoll etwas erlebt wird, spielt insbesondere auch die subjektive Wahrnehmung der eigenen Kontrollmöglichkeit, die man über ein aversives Ereignis hat, eine bedeutsame Rolle (Fox & Dwyer, 2000), was wiederum auch die individuelle Ausprägung stress-induzierter physiologischer Reaktionen mitbestimmt (Kim & Diamond, 2002).

### 2.4.3 Der Einfluss von Alkohol auf die Gedächtnisleistung

Da Straftaten oftmals unter **Alkoholeinfluss** geschehen und Opferzeug:innen nicht selten zum Ereigniszeitpunkt alkoholisiert sind (Crossland et al., 2016; Flowe et al., 2018), aber auch Augenzeug:innen zum Zeitpunkt der Wahrnehmung eines Ereignisses alkoholisiert sein können, ist die Wirkung einer akuten Alkoholintoxikation bezüglich der Erinnerungsleistung eine wichtige Frage bei der Einschätzung derartiger Zeug:innenaussagen (und auch der Angaben der Beschuldigten). Generell weisen Studien darauf hin, dass schon moderate Mengen Alkohol die Gedächtnisleistung beeinträchtigen (z.B. Saults et al., 2007; Wetherill & Fromme, 2011). Eine aktuelle Metaanalyse über zehn Studien konnte zeigen, dass eine akute Alkoholintoxikation zum Zeitpunkt der Encodierung die Anzahl richtig erinnerter Details reduziert, jedoch nicht die Anzahl falsch erinnerter Details verändert (Jores et al., 2019), sodass Aussagen, die sich auf das Ereignis beziehen, ggf. im Umfang und Detailreichtum reduziert ausfallen (und weniger vollständig sind als die nüchterner Zeug:innen), nicht jedoch befürchtet werden muss, dass Alkoholintoxikierte mehr falsche Angaben machen und ihre Aussage deshalb weniger zuverlässig ist (Jores et al., 2019). Die Blutalkoholkonzentration (BAK) moderierte das Ausmaß, indem bereits eine mittlere BAK (0.03–0.09 %) die Erinnerungsleistung an richtige Informationen signifikant verringerte, die Verringerung der Leistung jedoch noch höher bei hoher BAK (≥ 0.1 %) ausfiel. Die Beeinträchtigung der Erinnerungsleistung nimmt also mit steigender Dosis zu (Jores et al., 2019).

Die Reduzierung der erinnerten Details der Alkoholisierten betraf sowohl den Zeitpunkt während der Intoxikation (d.h. bei Befragung unmittelbar nach dem Ereignis) als auch eine verzögerte Testung, wenn die Personen wieder nüchtern waren. Auch wenn die Vernehmung akut intoxikierter Zeug:innen möglicherweise anspruchsvoller ist als die Nüchterner, erscheint es vor dem Hintergrund natürlicher Erinnerungsverluste bei einer zeitverzögerten Befragung und dem daraus resultierenden Verlust wertvoller Informationen (Karlén et al., 2017) sinnvoll, akut intoxikierte Zeug:innen unmittelbar zu vernehmen und nicht erst ausnüchtern zu lassen. Zu diesem Schluss kommen auch Schreiber Compo et al. (2017), die bezüglich des Einflusses von (moderater) Alkoholintoxikation zum Encodierungszeitpunkt zeigen konnten, dass der Abruf von Erinnerungen zu einem zugehörigen Ereignis bei unmittelbarer Befragung (also noch in intoxikiertem Zustand) sogar besser gelang (d.h. mehr Details erinnert wurden) als nach Ausnüchterung eine Woche später (Schreiber Compo et al., 2017).

Eine unmittelbare Befragung intoxikierter Zeug:innen direkt nach dem Ereignis kann zudem positive Effekte auf die Konsolidierung der Informationen haben (z.B. Karlén et al., 2017), sodass ggf. eine mehrfache Befragung – sowohl zeitnah zum Ereignis (noch intoxikiert) sowie zeitlich verzögert in nüchternem Zustand – die vollständigste Aussage erbringt (Jores at al., 2019). Das gilt allerdings nur unter der Voraussetzung, dass diese nicht suggestiv und nur in Form von freien Berichten und offenen Fragen erfolgt (Jores et al., 2019). Auch wird immer die konkrete Ausprägung der Intoxikation zu berücksichtigen und die Situation bei Volltrunkenheit anders zu bewerten sein, als dies Studien indizieren, die sich aus ethischen Gesichtspunkten in der Regel auf Versuchspersonen mit niedrigeren BAK beziehen, als diese in der Praxis anzutreffen sind (vgl. Flowe et al., 2016; Jores et al., 2019).

Während bezüglich der Art der erinnerten Information in Einzelstudien z. T. keine differenziellen Effekte für zentrale und periphere Details gefunden wurden, sondern sowohl periphere als auch zentrale Details von Personen unter Alkoholeinfluss schlechter erinnert wurden (z.B. van Oorsouw & Merckelbach, 2012), ergab die Metaanalyse keinen Unterschied bezüglich korrekt erinnerter zentraler Details. Personen unter Alkoholeinfluss erinnerten lediglich signifikant weniger periphere Details (Jores et al., 2019). Dies steht im Einklang mit der sogenannten Alcohol Myopia Theorie (Steele & Josephs, 1990, vgl. Jores et al., 2019), nach der die Wirkung des Alkohols bei Intoxikation dazu führt, dass die Person ihre Aufmerksamkeit auf zentrale, hervorstechende Merkmale richtet bzw. verengt. Im Hinblick auf das Befragungsformat zeigte sich eine solche Reduktion erinnerter Details sowohl bei Antworten im freien Bericht als auch im „cued recall" (d.h. einem durch Hinweisreize oder gezielte Strategien unterstützter Abruf), bei Letzterem fiel der Effekt jedoch größer aus (Jores et al., 2019).

Bei hoher BAK (z.B. 0.1–0.27 %) und insbesondere, wenn diese schnell stark ansteigt, sind darüber hinaus alkoholbedingte „Blackouts" (anterograde Amnesien) möglich, wo entweder ein ganzes Ereignis oder aber (was die verbreitetere Form ist, White et al., 2004) Teile des Ereignisses, das unter Alkoholeinfluss stattfand, nicht mehr erinnert werden können (zum Ganzen Flowe et al., 2020; Wetherill & Fromme, 2016 für ein Review). Der Alkohol stört die Konsolidierung neuer Informationen in den entsprechenden Gehirnarealen (z.B. Hippocampus) und behindert dadurch deren Übermittlung vom Kurzzeit- ins Langzeitgedächtnis (Flowe et al., 2020; White, 2003).

**Können (Opfer-)zeug:innen, die zum Tatzeitpunkt alkoholisiert waren, (zuverlässige) Angaben über das Ereignis machen?**

Experimentelle Befunde zu dieser Frage deuten darauf hin, dass zumindest in Bezug auf die untersuchten Alkoholkonzentrationen (BAK bis 0.08) zwar mit einer Verringerung berichteter Details (und einer höheren Rate an „Ich weiß nicht"-Antworten) zu rechnen ist, die Aussage also weniger detailreich ausfällt, die Angaben aber ebenso zuverlässig sind wie die unalkoholisierter Personen. Je mehr die Dosis ansteigt, desto weniger Details erinnern Personen. Zudem fiel die Zuverlässigkeit der Angaben sowohl bei alkoholisierten als auch nicht alkoholisierten Personen für die peripheren Details geringer aus als für die zentralen (z.B. Flowe et al., 2016). Bei höheren BAKs sind alkoholinduzierte Blackouts möglich, die dazu führen, dass eine ganze Zeitspanne oder aber Teile eines Ereignisses nicht mehr erinnert werden können (z.B. White et al., 2004).

**Das Wichtigste in Kürze**

**Implikationen für die Vernehmung:**

- Eine (moderate) Alkoholintoxikation zum Tatzeitpunkt bedeutet nicht, dass eine Person keine zuverlässige Aussage machen kann: Zwar erinnern die Personen dann weniger Details, sodass die Aussage unvollständiger ausfallen wird (insbesondere hinsichtlich nebensächlicher Aspekte), die Anzahl falsch erinnerter Details verändert sich jedoch nicht. Alkohol scheint also nicht dazu zu führen, dass sie die „fehlenden" Informationen hinzufabulieren.

- Bei (moderater) Intoxikation ist eine unmittelbare Vernehmung einem zeitlichen Aufschub, bis die Person ausgenüchtert ist, vorzuziehen.
- Wahrnehmungen, die unter Stress gemacht wurden bzw. emotional hoch bedeutsam sind, können in der Regel in ihren zentralen Aspekten besonders detailreich und langfristig erinnert werden, wohingegen nebensächliche oder neutrale Aspekte des Ereignisses schlechter erinnert werden.
- Stress behindert den Abruf von Informationen aus dem Langzeitgedächtnis, d.h. im Rahmen einer Vernehmung kann sich sowohl die Reaktivierung der mit dem Tatereignis assoziierten Emotionen als auch durch die Vernehmung selbst ausgelöster Stress (z.B. Angst vor dem unbekannten Ereignis oder davor etwas Falsches zu sagen) negativ auf die Erinnerungsfähigkeit auswirken.

### 2.4.4 Gedächtnisverfälschungen und Abruf

Die Erinnerungsgüte autobiografischer Erinnerungen folgt dem Polyanna-Prinzip, nach dem – insbesondere länger zurückliegende – positive Ereignisse besser erinnert werden als negative. Dies wird insbesondere mit dem Erleben von Angst und der dadurch resultierenden Interferenz erklärt sowie damit, dass an positive Ereignisse häufiger gedacht und die Erinnerung an sie häufiger wiederholt, während das Denken an negative eher vermieden wird (Greuel et al., 1998).

Eine bedeutsame Quelle von Gedächtnisverfälschungen, die unbewusst verläuft, ist der Umstand, dass unser **Gedächtnis konstruktiv arbeitet** und aus den wahrgenommenen und gespeicherten Informationen Schlussfolgerungen zieht (Milne & Bull, 2003a). Dies kann dazu führen, dass wir meinen, etwas gesehen zu haben, wovon wir allerdings nur Teile oder Ausschnitte registriert haben, woraufhin „der Rest“ von unserem Gedächtnis z.B. auf Basis von Vorerfahrungen oder kognitiven Skripts[5] zu einem Gesamtereignis ergänzt wurde[6]. So kann es beispielsweise passieren, dass Zeug:innen, die den Zusammenstoß zweier Autos hören, sich daraufhin umdrehen und die ineinander gekrachten zerbeulten Autos sehen, im

5 Skripts sind Wissensstrukturen über „typische“ Ereignisabläufe/Routineaktivitäten in bestimmten Situationen (z.B. Bower et al., 1979; Schank & Abelson, 1977). Beispielsweise verfügen wir über ein „Skript“ über einen Abflug am Flughafen (d.h. die Abfolge Check-in, Kofferabgabe, Passieren der Sicherheitskontrolle, Aufsuchen des Abflug-Gates, Boarding etc.).

6 Analog einer optischen Täuschung, bei der visuelle Reizkonfigurationen auf Basis von Vorerfahrung vom Gehirn (fehl-)interpretiert werden und das Gehirn eine vom eigentlichen Reiz abweichende Wahrnehmung konstruiert (vgl. Myers, 2014).

Nachhinein dazu vernommen angeben, den Zusammenstoß beobachtet zu haben. Möglicherweise hat ihr Gehirn das, was vor dem Zusammenstoß passiert ist, auf Basis von Wissen, vorherigen Bildern aus Filmen, logischen Schlussfolgerungen etc. ergänzt und die „Lücken" geschlossen, was bei den Zeug:innen zu einer hohen subjektiven Sicherheit führen kann, dies auch tatsächlich gesehen zu haben. Aus Vorerfahrungen gebildete kognitive Skripts wiederum dienen der effizienten Informationsverarbeitung, indem z.B. nur neue, über das vorhandene Skript für bestimmte Alltagssituationen hinausgehende Details abgespeichert werden. Wenn das Skript aber nicht zum Ereignis passt, können die Erinnerungen daran verfälscht werden, wenn Lücken der Erinnerungen auf der Grundlage des Skripts ergänzt oder aber ein Skript benutzt wird, das gar nicht auf eigener Erfahrung beruht, sondern beispielsweise auf Fernsehinhalten (Milne & Bull, 2003a), etwa darüber, wie eine Vergewaltigung oder ein Drogengeschäft der organisierten Kriminalität abläuft. Wenn mit zunehmendem Zeitintervall die Erinnerung an ein Ereignis nachlässt, werden insbesondere schema-inkonsistente Details vergessen und verstärkt auf kognitive Schemata (Skripte) zurückgegriffen, sodass stereotype Erinnerungsfehler zunehmen (Kleider et al., 2008).

Auch können in der Abrufsituation selbst (z.B. der Vernehmung) Fehlerquellen wirksam werden (z.B. in Form von Suggestionseffekten, vgl. folgendes Kap. 2.4.5). Darüber hinaus finden sogenannte Rekonsolidierungsprozesse statt (z.B. Hardt et al., 2010), d.h. Erinnerungen werden bei jedem Abruf leicht modifiziert und erneut (vom Original abweichend) abgespeichert – ein Umstand, der für die Vernehmung eine hohe Relevanz besitzt, da Zeug:innen meist ihre Geschichte schon im Vorfeld anderen berichtet haben. Auch dabei können sich bereits vor der ersten polizeilichen Vernehmung Gedächtnisverfälschungen eingeschlichen haben, die den Zeug:innen selbst aber nicht bewusst sind.

### 2.4.5 Suggestionseffekte

#### 2.4.5.1 Die Wirkung nachträglicher Falschinformationen: Der Falschinformationseffekt

Ein weiteres in der rechtspsychologischen Forschung gut erforschtes Phänomen[7], das weitreichende Konsequenzen für eine Vernehmung hat, ist der sogenannte **„Falschinformationseffekt"**. Dieser beschreibt die verzerrende Wirkung nachträglicher (d.h. zwischen dem Encodieren und dem Abruf) (fal-

7 Hier sind insbesondere die Arbeiten der amerikanischen Gedächtnispsychologin Elizabeth L. Loftus (und Kolleg:innen) zu nennen.

scher) Informationen auf die Erinnerung an ein (tatsächlich erlebtes) Ereignis (Volbert, 2020). Beim Falschinformationseffekt handelt es sich um einen Suggestionseffekt, der zu Veränderungen der Aussage führen kann (Volbert, 2008b). Exemplarisch sei an einen Augenzeugen gedacht, der einen Übergriff beobachtet hat, bei dem die Täterin eine braune Lederjacke getragen hat. Wird er nun in der Vernehmung beiläufig mit der Aussage einer anderen Zeugin konfrontiert, z.B. durch den Fragevorhalt, wie groß die Täterin mit der schwarzen Lederjacke gewesen sei, könnte der Falschinformationseffekt in der Form auftreten, dass er, wenn er im weiteren Vernehmungsverlauf nach einer Personenbeschreibung gefragt wird, von einer schwarzen Jacke berichtet. Da der Falschinformationseffekt unbewusst abläuft (Myers, 2014), kann er dies nicht mehr von seiner ursprünglichen Wahrnehmung separieren – vielmehr können Zeug:innen vollkommen überzeugt von der Richtigkeit ihrer eigenen Angaben über falsche Details berichten, die sie nicht gesehen haben oder nicht einmal gesehen haben können (Loftus, 2019). Volbert und Pieters (1996) konnten (in Bezug auf Kinder) zeigen, dass der Falschinformationseffekt nicht nur nebensächliche Details, sondern auch zentrale Aspekte einer Aussage betreffen kann.

**Beispiele**

**Beispiele klassicher Experimente zum Falschinformationseffekt**

Die Pionierin auf dem Gebiet der Konstruktion und Rekonstruktion von Erinnerungen sowie der Wirkung von Falschinformationen und der Entstehung von Pseudoerinnerungen, die amerikanische Psychologin Elizabeth Loftus, hat seit den 70er-Jahren in vielen Experimenten erforscht, wie Zeug:innen ihre Erinnerungen konstruieren und rekonstruieren. Die Wirkung des Falschinformationseffekts wurde auf verschiedenen Ebenen untersucht, insbesondere der Einfluss bestimmter Merkmale der Befragung und konkreter Formulierungen auf eine Zeugenaussage. Es konnte gezeigt werden, dass bereits geringe Veränderungen der Wortwahl zu unterschiedlichen „Erinnerungen" (Antworten) führen können.

**Experiment zu Effekten von Frageformulierungen (Loftus & Palmer, 1974)**

Ein klassisches Experiment, das die Relevanz der Wortwahl bei der Befragung zur Einschätzung der Geschwindigkeit zweier Fahrzeuge im Rahmen eines Verkehrsunfalls verdeutlicht, stammt von Loftus und Palmer (1974):

In dieser Studie sahen 150 Versuchspersonen zunächst eine Videoaufnahme eines Verkehrsunfalls, bei dem zwei Fahrzeuge zusammenstießen. Anschließend wurden sie zu verschiedenen Details dieses Unfalls befragt. Die Manipulation bestand dabei in der Formulierung einer Frage nach der Geschwindigkeit der Fahrzeuge kurz vor dem Zusammenstoß:

Wie schnell waren die Autos, …

Gruppe 1: … als sie **aufeinander trafen**? (Engl.: „hit")

Gruppe 2: … als sie **ineinander krachten**? (Engl.: „smashed into")

Gruppe 1 schätzte die Geschwindigkeit signifikant niedriger ein als Gruppe 2, was damit erklärt werden kann, dass das Wort „hit" andere Assoziationen auslöst als „smashed into", nämlich, dass sich die Autos langsam aufeinander zu bewegten.

Nach einer Woche wurden die Versuchspersonen gefragt, ob sie (im Video nicht vorhandene) Scherben am Unfallort gesehen hätten. Auch hier zeigten sich signifikante Unterschiede in den Untersuchungsbedingungen: 16 % der Versuchspersonen, bei denen das Verb „smashed" in der Frageformulierung integriert war, gaben an, zerbrochenes Glas gesehen zu haben. Dies war bei der Gruppe 1 („hit") nur bei 7 % der Befragten der Fall (Kontrollgruppe: 6 %). Der Falschinformationseffekt wirkte sich also nicht nur in der Befragung unmittelbar danach aus, sondern entfaltete seine Wirkung auch noch zeitverzögert, indem die Personen, die mit der Formulierung „ineinander krachen" befragt worden waren, den Unfall als schwerwiegender erinnerten als die andere Gruppe.

**Experiment zu Effekten von Befragungsarten (Loftus, 1975)**

In diesem Experiment wurde 150 Proband:innen ein Film gezeigt (Fast-Zusammenstoß eines Kraftfahrzeugs mit einem Kinderwagen, der von einem Mann geschoben wird, aus der Perspektive des Fahrers). Dann wurden sie in drei Gruppen aufgeteilt.

Gruppe 1: Erhielt keine suggestiven Fragen, nur 40 „Füllfragen" zu im Video dargebotenen Aspekten (keine Beeinflussung)

Gruppe 2: Erhielt 40 Füllfragen und 5 direkte Fragen nach im Film nicht-existenten Objekten (mögliche Beeinflussung), z.B. *„Haben Sie den Schulbus gesehen?"* (es war aber kein Schulbus enthalten)

Gruppe 3: Erhielt 40 Füllfragen und 5 Schlüsselfragen nach Einzelheiten, die nicht passiert sind (falsche Voraussetzungen), z.B. *„Haben Sie die Kinder in den Schulbus steigen sehen?"* (es gab aber ja keinen Bus im Video, d.h. es wird eine falsche Voraussetzung beiläufig in die Frage, die scheinbar auf etwas anderes abzielt, integriert; größte Beeinflussung).

Eine Woche später wurden die Versuchspersonen (ohne den Film nochmals anzuschauen) mit den 5 direkten Fragen zu den nicht-existenten Objekten gefragt (z.B. *„Haben Sie einen Schulbus gesehen?" „Haben Sie eine Frau gesehen, die den Kinderwagen schob"* – es war aber ein Mann, etc.).

In der Beantwortung der Frage zeigten sich signifikante Unterschiede zwischen den Gruppen: Gruppe 1 bejahte nur zu 8 % die tatsächlich nicht existenten Objekte gesehen zu haben, Gruppe 2 zu 16 %, Gruppe 3 zu 29 %. Mit zunehmender Beeinflussung in der ersten Befragung direkt nach dem Ansehen des Films nahm also der Anteil falscher Angaben und falsch erinnerter Details zu.

Potenzielle Quellen solcher nachträglich präsentierten falschen Informationen sind vielfältig: Sie können durch Gespräche mit anderen Personen (z.B. wenn sich Zeug:innen desselben Ereignisses austauschen oder Unbeteiligte den Augenzeug:innen im Vorfeld Fragen gestellt haben, die falsche Informationen als Voraussetzung präsentiert haben), durch Medienberichte oder soziale Medien oder aber in der Vernehmung selbst durch ungünstige/suggestive Befragungstechniken entstehen (vgl. Kap. 4).

Besonders „gefährlich" ist es, wenn Zeug:innen mit nur wenig Erinnerung an ein Ereignis in die Vernehmung starten und im Zuge wiederholter suggestiver Befragungen zunehmend mehr Details „erinnern" (Loftus, 2005). Dies kann bis zur Entstehung von Pseudoerinnerungen führen (vgl. Kap. 2.4.5.2). Durch die vielfältigen Möglichkeiten alles in sozialen Medien direkt zu „posten" und für alle zugänglich hochzuladen, kann für Zeug:innen die Situation entstehen, dass sie nicht mehr trennen können, ob sie etwas tatsächlich selbst zum Ereigniszeitpunkt gesehen haben oder ob sie einen Teil der Informationen irgendwo gelesen, gehört oder in Form von gepostetem Material gesehen haben.

Dies beschreibt einen weiteren Aspekt falscher Erinnerungen, die sogenannte **Quellenamnesie**, d.h. man ordnet ein Erlebnis, etwas Vorgestelltes, Gehörtes oder Gesehenes, einer falschen Quelle zu (z.B. hält man etwas, das man nur von jemandem gehört oder sich vorgestellt hat, für selbst erlebt). Dies wird auch Quellen-Fehlattribution genannt (Myers, 2014).

Neben jungen Kindern (im Vorschulalter; vgl. Kap. 7.1.6) haben im Zuge von kognitiven Alterungsprozessen auch ältere Erwachsene besondere Schwierigkeiten, die Quelle einer Information korrekt zu erinnern, so dass sie anfälliger für Quellenverwechslungsfehler und resultierende Erinnerungsverfälschungen sind als jüngere Erwachsene (Schacter et al., 1997).

**Experiment zu Befragung, Falschinformation und Quellenmonitoring (Crombag et al., 1996)**

In einer viel zitierten Studie untersuchten Crombag et al. (1996), ob es gelingt, (überdurchschnittlich gebildete) Personen glaubend zu machen, ein Ereignis selbst gesehen zu haben, über das sie lediglich mediale Berichte gehört oder gelesen haben konnten. Dazu befragten sie per Fragebogen 193 Studierende/Uni-Dozent:innen 10 Monate, nachdem am 4. Oktober 1992 eine Boeing 747 in ein 11-stöckiges Apartmentgebäude in Amsterdam gestürzt war, zu diesem Ereignis. Das Ereignis war medial sehr präsent und es existierten Filmaufnahmen der Stunden nach dem Flugzeugabsturz (z.B. wie die Feuerwehr das entstandene Feuer löschte oder Menschen aus dem eingestürzten Gebäude gerettet wurden). Es gab jedoch keine Filmaufnahmen der Kollision des Flugzeugs mit dem Wohnhaus und nur sehr vereinzelte Personen hatten diesen Moment tatsächlich gesehen (Crombag et al., 1996).

Dennoch bejahten über die Hälfte der Befragten (55 %) die Schlüsselfrage *„Did you see the television film of the moment the plane hit the apartment building?"* [Haben Sie im Fernsehen den Film des Moments, in dem das Flugzeug in das Apartmentgebäude eingeschlagen ist, gesehen?; eigene Übersetzung] (durch die Nutzung des bestimmten Artikels „the" wird impliziert, dass es ein solches Video gibt und dies im Fernsehen ausgestrahlt wurde, so dass man es theoretisch also gesehen haben kann).

Diejenigen, die die Schlüsselfrage bejaht hatten, wurden dann zu weiteren Details befragt, z.B. wie lange es nach dem Zusammenprall gedauert habe, bis das Feuer ausgebrochen ist. Hierzu machten 82 % Angaben (59 % kreuzten an, das Feuer sei sofort ausgebrochen, 23 % es habe ein bisschen gedauert) – nur 18 % gaben an, sie könnten sich nicht erinnern.

Die Autoren folgern, dass es relativ einfach sei, selbst gebildete Menschen davon zu überzeugen, dass sie etwas gesehen haben, was sie gar nicht selbst gesehen haben können und sie sogar Angaben zu Details darüber machen zu lassen. Sie erklären dies mit dem nicht geglückten Quellen-Monitoring, d.h. die Zeug:innen halten durch die Falschinformation („der Film") ihre „Erinnerungen" für selbst gesehen. Zudem erklären sich Crombag et al. (1996) den Effekt durch nachträgliche Visualisierungen, die dann für real gehalten werden. Möglich sind auch Quellenverwechslungen mit Kinofilmen (dass man eine Vorstellung darüber hat, wie so ein Zusammenstoß aussehen könnte) und logisches Schlussfolgern („wenn ein Flugzeug in ein Haus stürzt, wird es sicherlich sofort gebrannt haben"). Auch wird durch die platzierte Falschinformation „der" Film eine Erwartungshaltung transportiert, dass man ihn gesehen haben könnte (und bei einem medial so präsenten Ereignis auch gesehen haben sollte).

Personen, die akut Cannabis intoxikiert sind, sind besonders anfällig für die Wirkung von Falschinformationen, suggestiven Fragen und die Generierung falscher Erinnerungen (Kloft et al., 2020). Eine Woche später, d.h. nach Abklingen der Intoxikation, zeigten sich solche Effekte nicht mehr, sodass bezüglich des Zeitpunkts polizeilicher Vernehmungen von Beschuldigten,

Opfer- oder Augenzeug:innen, auch wenn diese generell möglichst zeitnah zum Ereignis stattfinden sollten, zu empfehlen ist, das Abklingen der Cannabis-Wirkung abzuwarten, um das Risiko falscher Erinnerungen und Aussageverfälschungen zu reduzieren (Kloft et al., 2020).

Erinnerungsverzerrungen durch den Falschinformationseffekt sind zudem wahrscheinlicher, wenn diese mit dem Tatmotiv (situationsbedingt oder in der Person der Täterin liegend) übereinstimmen, welches die Augenzeug:innen der Täterin zuschreiben. Dahingegen werden schemainkonsistente Falschinformationen (welche also nicht mit dem selbst zugeschriebenen Tatmotiv übereinstimmen) eher als Falschinformation erkannt (Hellmann & Memon, 2016). Das heißt also, ist eine Person überzeugt, eine Täterin begehe die Tat aus einem in ihrer Persönlichkeit liegenden Motiv heraus (z.B. einer generellen Aggressionsneigung), ist sie anfälliger für Falschinformationseffekte, die die negative Einschätzung stützen (z.B. gesehen zu haben, wie eine Täterin jemanden mit einem Messer bedroht hat, obwohl keines zu sehen war). Sind die Augenzeug:innen wiederum der Meinung, eine Täterin[8] habe aus situativen Gründen gehandelt, z.B. äußerem Zwang oder Notwehr, gaben sie im entsprechenden Experiment eher an, gesehen zu haben, dass sie von einem der Opfer mit einem Messer bedroht wurde (Hellmann & Memon, 2016).

Nachdem es in den 1980er-Jahren eine Debatte über die Erklärungen des Falschinformationseffekts gab, ob also die originäre Erinnerung „gelöscht" bzw. durch die neuere Falschinformation überschrieben wird (z.B. Loftus & Loftus, 1980), der Falschinformationseffekt insbesondere dann wirksam wird, wenn jemand keine Information encodiert hat, d.h. die Erinnerungslücke durch die nachträgliche falsche Information „gefüllt wird" oder aber beide Erinnerungen parallel weiter bestehen, jedoch der Abruf der Ursprungsinformation behindert wird (Bowers & Bekerian, 1984; vgl. dazu Loftus, 2005) oder der Falschinformationseffekt eine Folge spezifischer Antworttendenzen ist (McCloskey & Zaragoza, 1985), werden heute als Erklärungen, wie der Falschinformationseffekt wirkt, verschiedene Wege angenommen. Es ist möglich, dass die Person a) das „richtige" Detail nie encodiert hat, b) die Erinnerung daran verblasst ist, c) die Person zwischen der originalen und der Falschinformation abwägt und sich dann für letztere entscheidet oder aber d) die ursprüngliche Erinnerung wird beim intensiven Nachdenken über die nachträgliche Information geschwächt (Loftus, 2019).

Explizite Warnungen über den Umstand, dass Falschinformationseffekte in der Zukunft auftreten können, können dazu beitragen, den Falschinforma-

8 In diesem Experiment von Hellmann und Memon (2016) wurde den Versuchspersonen ($N = 209$) eine Videosequenz gezeigt, in der eine Frau (Täterin) vier Männer tötet. Im Anschluss erhielten sie Informationen über die Motive der Täterin – je nach Experimentalbedingung entweder persönlichkeitsbezogen oder situationsbedingt.

tionseffekt zu reduzieren. Wenn er bereits seine Wirkung entfaltet hat (d.h. nachträglich) funktioniert dies hingegen nur unter bestimmten Bedingungen, z.B. wenn die Falschinformation nicht so leicht abrufbar ist. Bei mehrfach präsentierten (und dadurch leicht zugänglichen) Falschinformationen helfen nachträgliche Warnungen nicht (Loftus, 2005).

**Implikationen des Falschinformationseffekts für die Vernehmung: Wie kann man ihn vermeiden oder reduzieren?**

**Suggestionsfreie und ergebnisoffene Befragung:**

- Nutzung offener Fragen und neutraler Formulierungen
- Darauf achten, dass nur Details genannt werden, die eine Person selbst berichtet hat, keine Vorhalte (auch nicht in den Fragen), die aus anderen Zeugenaussagen stammen
- Insbesondere werden beiläufig in Fragen präsentierte falsche Informationen später fälschlicherweise in die Aussage integriert, wenn danach gefragt wird!
- Kein Erwartungsdruck
- Kein Signalisieren der Meinung oder Hypothesen der Polizei zum Vorfall
- Zulassen und Akzeptieren von *„Ich weiß nicht"*-Alternativen (nicht immer wieder nachfragen)
- Kein Drängen zu einer möglichst eindeutigen Aussage
- Zeug:innen (am Ereignisort) sofort separieren, auf dem Revier nicht gemeinsam warten lassen
- Bei medial sehr präsenten Ereignissen: Möglichst zeitnah vernehmen
- Zeug:innen fragen, ob und welche Informationen sie aus den Medien schon erhalten haben (*„Haben Sie über den Vorfall schon etwas gelesen oder im Fernsehen gesehen?"*)

  → Beeinflussungen einkalkulieren
- Ggf. mögliche weitere Einflüsse im Behaltensintervall mit den Zeug:innen eruieren (*„Gab es Gespräche mit anderen?"*)

  → Auch hier Fehlerquellen ermitteln
- Explizite Warnungen über mögliche Fehlinformationen nach der Wahrnehmung

  → Damit Zeug:innen ihre Erinnerung prüfen können (*„Manchmal kann es sein, dass man etwas, das man selbst gesehen hat mit dem, was andere einem berichtet haben, vermischt – können Sie bitte noch mal ganz genau überlegen, was Sie selbst gesehen haben?"*)
- Die Zeug:innen explizit auffordern, nur das zu berichten, was sie selbst gesehen haben und nicht alles, was sie über das Ereignis wissen (z.B. ergänzt durch Berichte anderer) – dies muss in der Aussage klar zu differenzieren sein

### 2.4.5.2 Pseudoerinnerungen

In der rechtspsychologischen Forschung konnte durch Experimente gezeigt werden, dass durch die suggestive Darbietung von Falschinformationen (in Kombination mit einer (wiederholten) suggestiven Befragung und der Aufforderung, sich gedanklich damit zu beschäftigen und das Ereignis mental zu visualisieren) „Erinnerungen" an Ereignisse, die nicht stattgefunden haben, induziert werden können (sog. Pseudo- oder Scheinerinnerungen, engl. false memories; z.B. Brewin & Andrews, 2017; Laney & Loftus, 2013 für ein Review). Dies ist z. B. vor dem Hintergrund möglicher im Rahmen „erinnerungsaufdeckender" Psychotherapien (s. dazu Schemmel & Volbert, 2021) oder wiederholter, auf einer Erwartungshaltung basierender suggestiver Befragung von Kindern entstehender Scheinerinnerungen an vermeintlichen sexuellen Missbrauch, die in der Vergangenheit bereits zu aufwändigen und folgenschweren Ermittlungs- und Gerichtsprozessen geführt haben (Köhnken, 2003), von hoher praktischer Relevanz.

Beispielsweise induzierten Loftus und Pickrell (1995) 24 Proband:innen eine „Erinnerung", dass sie als Kind in einem Einkaufszentrum (*shopping mall*) verloren gegangen waren. Dazu wurde den Forscherinnen im Vorfeld von nahestehenden Verwandten der Versuchspersonen sowohl drei tatsächlich im Alter zwischen 4 und 6 Jahren erlebte Ereignisse der Versuchsperson berichtet sowie Informationen über einen plausiblen Shopping-Trip im damaligen Alter in einer Mall (z.B. mit wem die Versuchsperson damals normalerweise einkaufen ging, wo, in welche Geschäfte), aus denen die Rahmenhandlung für die induzierte Geschichte konstruiert werden konnte. Diese wurden mit den Elementen der induzierten Geschichte (im Geschäft für längere Zeit verloren gegangen, weinen, Hilfe durch eine ältere Dame und dann wieder mit der Familie vereint werden) verknüpft. Den Versuchspersonen wurde ein Heft, in dem die insgesamt vier Ereignisse präsentiert wurden (drei erlebte sowie das nicht erlebte), die angeblich alle von den Verwandten berichtet worden waren, mit der Aufforderung zugeschickt, diese zu lesen und ihre Erinnerungen zu jedem Ereignis aufzuschreiben. In den darauffolgenden Interviews „erinnerten" 25 % der Proband:innen die konstruierte Geschichte über das Verlorengehen in der Shopping-Mall im Alter von 5 Jahren vollständig oder teilweise (im Vergleich zu 68 % der tatsächlich erlebten Ereignisse, die ebenfalls nicht vollständig erinnert wurden).

Wade et al. (2002) nutzten in einem ähnlichen Experiment eine Fotomontage eines Heißluftballonsflugs der 20 erwachsenen Versuchspersonen, der angeblich in ihrer Kindheit stattgefunden habe (es wurde ein Kinderfoto in ein Foto eines fliegenden Heißluftballons integriert) und befragten sie in drei Interviews u.a. mit Fragen, die die bildliche Vorstellung anregen sollten. Bei 50 % der Versuchspersonen führte dies zu vollständigen oder partiellen „falschen" Erinnerungen an dieses nicht erlebte Ereignis.

In einer neueren Studie wurden Proband:innen sogar falsche Erinnerungen an selbst begangene Delikte „eingepflanzt" (Diebstahl, Körperverletzung oder Körperverletzung mit einer Waffe) (Shaw & Porter, 2015) – ein Umstand, der insbesondere vor dem Hintergrund falscher Geständnisse eine hohe Relevanz besitzt (vgl. Kap. 8.6). So hatten 70 % ($n = 21$)[9] der Versuchspersonen der entsprechenden Experimentalbedingung nach drei suggestiven Interviews falsche Erinnerungen an eine in der Jugend begangene Straftat, die zu einem Polizeikontakt geführt haben sollte, gebildet. Diese falsche Erinnerung war ähnlich wie die an andere falsche, nicht kriminelle und wahre Erinnerungen, sie beinhaltete ebenfalls multisensorische Komponenten (Shaw & Porter, 2015).

In der Summe zeigen diese Experimente, dass es bei einem gewissen Teil von Personen gelingt, mit suggestiven Techniken (Vorgabe, es sei etwas passiert, z.B. unter der fälschlichen Angabe, ein Verwandter habe dies berichtet; ein Foto, das suggeriert, das Ereignis habe stattgefunden oder aber eine hoch suggestive Befragung) vermeintliche Erinnerungen zu konstruieren, über die die Personen Angaben machen.

**Wie entstehen solche Pseudoerinnerungen?**

Unter anderem aufgrund unterschiedlicher Arten der suggerierten Ereignisse, Methoden und Intensität der Induktion einer Erinnerung, verschiedener Auswertungsmethoden/Kodierschemata sowie der Frage, wie Pseudoerinnerungen operationalisiert werden (z.B. ob auch partielle Erinnerungen miteinbezogen werden) (Scoboria et al., 2017) sind die Befunde der einzelnen Studien bezüglich der konkreten Rate suggestiv induzierter Scheinerinnerungen sehr heterogen und weisen eine große Spannbreite auf (Brewin & Andrews, 2017; Scoboria et al., 2017). Auf Basis einer Analyse von 423 Transkripten aus acht veröffentlichten Einzelstudien anhand eines einheitlichen Kodierschemas kamen Scoboria et al. (2017) zu dem Ergebnis, dass 30 % der erwachsenen Versuchspersonen eine Scheinerinnerung entwickelt hatten (darunter 9 % partielle Scheinerinnerungen[10]). Eine Rate von

9 In einer kritischen Stellungnahme zu dieser sehr hohen Rate kamen Wade et al. (2018) nach einer Reanalyse von Shaw und Porter's (2015) Daten anhand von zwei anderen Kodierschemata zu einer deutlich niedrigeren (aber im Einklang mit der Forschungslage in diesem Gebiet stehenden, z.B. Scoboria et al., 2017) Rate von 26 bis 30 %. Ähnliche Befunde erzielten auch Laney und Takarangi (2013) bezüglich der Erzeugung falscher Erinnerungen an selbst begangene aggressive Handlungen (z.B. jemandem ein blaues Auge schlagen).

10 „Partielle Scheinerinnerungen" bedeutete in dem hier verwendeten Kodierschema, dass eine moderate Akzeptanz des suggerierten Ereignisses und irgendeine Form der Bildhaftigkeit und Elaboration vorlag (Scoboria et al., 2017).

etwa 30 % berichteten auch schon Wade et al. (2002) als gewichteten Mittelwert über die bis dato durchgeführten Experimente sowie Otgaar et al. (2021) resümierend in ihrem Review.

Im Hinblick auf Kinder fanden Otgaar et al. (2012), dass 32 % der von ihnen untersuchten 8-jährigen Kinder ($N = 45$) eine Scheinerinnerung („full false memory") entwickelt hatten, inklusive partieller Scheinerinnerungen betrug die Rate 58 %. Jüngere Kinder scheinen dabei anfälliger für die Entwicklung suggestionsinduzierter Scheinerinnerungen zu sein als ältere (z.B. Otgaar et al., 2009; Strange et al., 2006; s.a. Kap. 7.1.7)[11].

Skriptwissen über ein Ereignis begünstigt den Befunden von Otgaar et al. (2010) zufolge bei (7- und 11-jährigen) Kindern die Entwicklung von Scheinerinnerungen, d.h. die Kinder entwickelten eher falsche Erinnerungen an Ereignisse, für die sie über ein Skript bzw. eine Wissensbasis verfügten als zu solchen, über die ihr Wissen begrenzt ist (hier: im Alter von 4 Jahren den Finger in einer Mausefalle eingeklemmt vs. einen rektalen Einlauf erhalten zu haben).

Suggestive Einflussnahmen (aktive Suggestion) *können*, müssen aber nicht notwendigerweise eine Wirkung bei der „Empfängerperson" entfalten – vielmehr muss eine Empfänglichkeit für Suggestionseinflüsse vorliegen (passive Suggestion) (Volbert, 2008b, s.a. Schemmel & Volbert, 2021). Eine solche Empfänglichkeit wiederum entsteht durch eine aus der allgemeinen oder situativen/aktuellen Bedürfnisstruktur resultierenden Mangelsituation, die durch die Übernahme der Suggestion ausgeglichen wird. Die Mangelsituation kann in emotionalen (nach Liebe, Anerkennung), kognitiven (z.B. fehlende Erinnerung, Mangel an Verständnis) oder strukturellen Bedürfnissen (ungenügende Klarheit der Situation) bestehen (Volbert, 2008b).

Konkret kann dies in der Praxis im Hinblick auf den Falschinformationseffekt (vgl. Kap. 2.4.5.1) dadurch zustande kommen, dass nach Aspekten gefragt wird, zu denen keine differenzierte oder starke Erinnerung vorliegt – entweder weil zum Ereigniszeitpunkt keine Aufmerksamkeit darauf gerich-

11 Abzugrenzen ist dies von spontanen, durch assoziative Gedächtnisprozesse resultierende falsche Erinnerungen (Intrusionen), die experimentell anhand eines anderen Forschungsparadigmas untersucht werden (z.B. Deese/Roediger-McDermott (DRM) Paradigma bezüglich der Aktivierung semantischer Assoziationen: Nach dem Lernen von Wortlisten werden beim nachfolgenden freien Abruf nicht präsentierte, aber mit den präsentierten eng assoziierte „kritische Worte" häufig mit „erinnert" und in einem Wiedererkennungstest mit hoher Sicherheit fälschlich wiedererkannt; Deese, 1959; Roediger & McDermott, 1995). Bei diesen zeigen jüngere Kinder eine *geringere* Anfälligkeit als ältere Kinder und Erwachsene („developmental reversal"). Das heißt, unter bestimmten Bedingungen (wenn keine Suggestion involviert ist) können Erwachsene sogar anfälliger für falsche Erinnerungen sein als Kinder (z.B. Calado et al., 2018; Otgaar & Candel, 2011; dazu ausführlich Otgaar et al., 2018; Otgaar et al., 2021 für ein Review).

tet wurde oder aber es zu lange her ist. Beim „Einpflanzen" von Erinnerungen durch Dritte wiederum resultiert die Empfänglichkeit oftmals aus der Annahme oder Überzeugung der Befragenden, dass das in Frage stehende Ereignis tatsächlich passiert sei (z.B. bei Befragungen von Kindern bei Missbrauchsverdacht), sodass die Befragung entsprechend suggestiv geführt und auch bei widersprechenden Informationen weiter fortgesetzt wird (Volbert, 2008b).

Das heißt, Suggestionseffekte entstehen nie allein durch suggestive Einflussnahmen, sondern immer im Zusammenwirken mit der individuellen Suggestibilität einer Person bzw. deren aktuellen Empfänglichkeitszustand (Volbert, 2008b; vgl. auch Greuel, 2001; s.a. Kap. 7.1.7).

Darüber hinaus fasst Volbert (2008b) als weitere **Begünstigungsfaktoren für die Entstehung von Pseudoerinnerungen** zusammen (s.a. Pezdek et al., 2006; Schemmel & Volbert, 2021):

a) **Plausibilität** des Ereignisses: Das Ereignis selbst (und dessen eigenes Erleben) wie auch der Umstand, es zwischenzeitlich nicht erinnert zu haben, wird subjektiv für plausibel gehalten.

   Zwar verweisen experimentelle Befunde darauf, dass Scheinerinnerungen eher an plausible als an unplausible Ereignisse gebildet werden (dazu z.B. Otgaar et al., 2018), jedoch konnten Otgaar et al. (2009) sowohl in Bezug auf 7- bis 8-jährige als auch 11- bis 12-jährige Kinder zeigen, dass bei ihnen gleich häufig Scheinerinnerungen an ein plausibles wie an ein unplausibles (im Alter von 4 Jahren in einem Ufo entführt worden zu sein) Ereignis induziert werden konnte.

b) **Konstruktion** einer Ereignisrepräsentation: Dies geschieht insbesondere dadurch, dass die Person (wiederholt) animiert wird, über das in Frage stehende Ereignis nachzudenken, zu sprechen oder es mental zu visualisieren.

c) **Quellenverwechslungsfehler**: Die dadurch entstandenen Vorstellungen und mentalen Bilder werden für eine tatsächliche Erinnerung an ein selbst erlebtes Ereignis gehalten (d.h. deren Quelle falsch zugeordnet).

Auswirkungen von Imaginationen und Visualisierungen bei der Entstehung falscher Erinnerungen konnten im experimentellen Setting unter Einsatz von bildgebenden Verfahren (funktionelle Magnetresonanztomographie; fMRT) auch auf Ebene der Aktivität entsprechender Areale im Gehirn (z.B. unterer Parietallappen des Cortex) gezeigt werden (z.B. Gonsalves et al., 2004).

Eine aktuelle Studie von Oeberst et al. (2021) liefert erstmals Hinweise darauf, dass durch Fremdsuggestion entstandene falsche Erinnerungen wieder zurück gebildet werden könnten: In einer ersten Phase der Studie wurde den

Versuchspersonen zunächst falsche Erinnerungen an zwei autobiografische Ereignisse „implantiert". Dann wurden zwei „Sensibilisierungstechniken" angewendet: (1) eine bezüglich möglicher Quellenverwechslungsfehler (source sensitization) und (2) eine bezüglich des Auftretens falscher Erinnerungen (false memory sensitization). Die erste Technik beinhaltete den Hinweis an die Interviewten, dass Erinnerungen nicht immer auf eigenen Erlebnissen basieren, sondern auch z.B. aus Berichten von Familienangehörigen oder Fotos stammen können, sowie die Aufforderung zu jeder Erinnerung die jeweilige Quelle zu benennen. Die zweite Technik bezog sich auf eine nachträgliche Warnung, wie sie sich auch schon zur Minimierung von Falschinformationseffekten als nützlich erwiesen hat (vgl. Kap. 2.4.5.1): Dies umfasste eine Aufklärung darüber, dass im Rahmen eines wiederholten Erinnerungsabrufs falsche Erinnerungen entstehen können, in Verbindung mit der Aufforderung, mit dieser Möglichkeit im Hinterkopf nochmals ihre Ereigniserinnerungen durchzugehen und mitzuteilen, ob dies auf eine oder mehrere davon zutrifft (Oeberst et al., 2021, S. 2). Die Erinnerungsqualität falscher Erinnerungen konnte dadurch signifikant reduziert werden und der Anteil an Personen, die weiterhin partielle oder robuste falsche Erinnerungen berichteten, sank auf etwa die Hälfte[12]. Bezüglich der praktischen Anwendbarkeit vielversprechend ist, dass für den Einsatz dieser unkompliziert anwendbaren Techniken der tatsächliche Wahrheitsgehalt der Ereignisse nicht bekannt sein muss, was den realen Bedingungen – der Unbekanntheit des in Frage stehenden Ereignisses – gerecht wird (Oeberst et al., 2021). Ob und inwiefern die Anwendung solcher Techniken in der Praxis, auch im Rahmen polizeilicher Vernehmungen, nützlich ist, müsste zunächst im Rahmen weiterer Studien geklärt werden (siehe dazu ausführlich Jäckel & Orth, 2021).

**Was folgt daraus für die Vernehmung?**

Elementar ist, ergebnisoffen in jede Vernehmung zu gehen und die Befragung nicht von Vorannahmen, dass eine Tat geschehen ist, eine beschuldigte Person die Tat begangen hat oder ein Kind oder eine erwachsene Aussageperson das Delikt tatsächlich erlebt hat, leiten zu lassen. Dies führt schnell zum „Überhören" gegenläufiger Angaben der Aussageperson, zur selektiven Verstärkung „passender" Aussageteile oder erwarteter Antworten und Druck bei der Aussageperson durch Weiterbefragung trotz entgegenstehender Angaben (vgl. Volbert, 2008b; vom Schemm & Köhnken, 2008).

12 Von 56 % auf 23 % in der „massiven" Suggestionsbedingung bzw. von 27 % auf 15 % in der „minimalen" Suggestionsbedingung (Oeberst et al., 2021).

## 2.5 Wahrnehmung und Wiedererkennen von Personen und Gesichtern

Das Wiedererkennen, Beschreiben und Identifizieren von Gesichtern bzw. Personen ist eine zentrale Aufgabe von Zeug:innen im Rahmen einer Vernehmung, wenn es sich um den Versuch der Identifizierung Unbekannter handelt. Dass dies nicht unproblematisch ist, zeigen viele Fehlurteile aufgrund von fälschlichen Augenzeugenidentifikationen (z.B. 63 % der Fälle des Innocence Project, 2021; 46 % der untersuchten Fälle bei Taubert et al., 2020).

Generell unterliegen der Wahrnehmung von Gesichtern andere Mechanismen als der von Objekten, sie werden auf Basis ihrer typischen Konfiguration (Anordnung von Augen, Nase und Mund) holistisch wahrgenommen und verarbeitet, d.h. als „Ganzes" und nicht in einzelnen Bestandteilen, also z.B. Augen, Nase usw. (z.B. Taubert et al., 2011). Bei der Gesichtswahrnehmung spielen zwei Informationsebenen eine Rolle: Auf Basis der „first order information", d.h. dem Vorhandensein zweier Augen, einer darunter liegenden Nase, darunter wiederum ein Mund etc., wird ein Gesicht als solches erkannt und von anderen Objekten unterschieden. Da nun alle Gesichter auf dieser Ebene die gleiche Konfiguration aufweisen, ermöglichen weitere „second order information" die Identifizierung eines spezifischen Gesichts (also z.B. individuelle Unterschiede in der Anordnung wie Abstände zwischen den Augen, Form der Nase etc.) (Taubert et al., 2011). Die zugrunde liegenden Prozesse und Mechanismen scheinen dabei allerdings unterschiedlich für bekannte und unbekannte Gesichter zu sein (vgl. Hancock et al., 2000 für ein Review; Van Belle et al., 2010). Während die Identifizierungsleistung bekannter Personen (auch bei schlechter Videoqualität) sehr gut ausfällt, findet sich bei unbekannten Personen in ca. 30 % der Fälle eine fehlerhafte Zuordnung (auch bei sehr guter Videoqualität und gleichem Blickwinkel und Gesichtsausdruck) – bei Variation des Blickwinkels oder Gesichtsausdrucks fielen die Ergebnisse noch schlechter aus (Hancock et al., 2000). Dies war unabhängig davon, ob Schwarz-Weiß- vs. Farbbilder oder bewegte Videoaufnahmen vs. stille Bilder verwendet wurden. Das Wiedererkennen unbekannter Gesichter (und um die geht es ja im polizeilichen Ermittlungsverfahren, ansonsten erübrigt sich dies mit Benennung der Personalien) scheint also sehr fehleranfällig zu sein, auch unter scheinbar idealen Identifizierungsbedingungen, was Probleme der Nutzung von Aufnahmen von Sicherheitskameras als Grundlage für Identifizierungsverfahren unterstreicht (Hancock et al., 2000).

Bezüglich der Perspektive erweist sich das Halbprofil (20 bis 45 Grad von der Frontalansicht rotiert bzw. 3/4 Blickwinkel) als am besten, wohingegen das Voll-Profil die schlechtesten Ergebnisse erzielt, da sie die konfigurale Information, die der Verarbeitung von Gesichtern zugrunde liegt, verschleiert (vgl. Hancock et al., 2000). Auch Personenbeschreibungen sind problembehaftet, denn sie „sind meist dürftig und enthalten nur wenige Details" (Sporer et al., 2014, S. 156), die sich zudem v.a. auf Angaben zur Größe, Gewicht und Alter, sowie leicht veränderliche Aspekte wie Kleidung und Frisur beziehen und weniger auf differenzierte Unterscheidungsmerkmale (Sporer et al., 2014).

Fehlerquellen bei der Wahrnehmung und dem Abruf von Gesichtern und Personen, die sich wiederum auf die Identifizierungsleistung (d.h. das Wiedererkennen) auswirken können, werden in **zeug:innen- und täter:innenbezogene** sowie **situative Faktoren** in der **Wahrnehmungs-, Behaltens- und Abrufphase** unterschieden (Sporer, 2008; Sporer et al., 2014). Während es im Rahmen dieses Buches nicht um die konkrete Ausgestaltung von Gegenüberstellungsverfahren gehen soll (die bei inkorrekter Durchführung weitere potenzielle Fehlerquellen mit sich bringen), werden an dieser Stelle lediglich ausgewählte wesentliche Einflussfaktoren, die sich auf die Zuverlässigkeit der Zeug:innenaussagen im Hinblick auf Wahrnehmung und Identifizierungen von Personen auswirken können, dargestellt. Dabei handelt es sich um für die Personenwahrnehmung spezifische Faktoren. Die allgemeinen Grundsätze des Wahrnehmens und Erinnerns, die in Kapitel 2.4 vorgestellt wurden, spielen hier ebenfalls eine Rolle (z.B. sensorische Defizite, der Einfluss von Erwartungen und Interpretationen, Aufmerksamkeitsfokussierung, Erfahrungshintergrund, Falschinformationseffekte etc.; vgl. Cutler & Penrod, 1990; Sporer, 2008).

### 2.5.1 Zeug:innenbezogene Faktoren

Zwar gibt es hinsichtlich der **Fähigkeit**, Gesichter wahrzunehmen, wiederzuerkennen und sich Gesichtszüge einzuprägen durchaus **interindividuelle Unterschiede**, die vom Extrem einer „Spezialbegabung" („super recognizer", vgl. Russell et al., 2009) bis zu dramatischen Beeinträchtigungen (Prosopagnosie) reichen können, wobei letztere u.a. mit einer reduzierten Aktivität des fusiformen Gesichtsareals im Gehirn (bzw. einer fehlenden gesichts-spezifischen Aktivität dieses Areals) hinsichtlich der Reaktion auf Gesichter in Zusammenhang gebracht wird (Furl et al., 2011). Zeug:innenfaktoren selbst wird bezüglich der Identifizierungsleistung jedoch eine eher untergeordnete Bedeutung zugeschrieben (Sporer, 2008). Während sich z.B. das Geschlecht als kein relevanter Einflussfaktor erwies, zeigten **jüngere Kinder und ältere Menschen** schlechtere Identifizierungsleistungen in experimentellen Gegenüberstellungsverfahren, insbesondere in solchen, in denen der Täter/die Täterin nicht anwesend war (Sporer et al., 2014, vgl. auch Nyman, Lampinen et al., 2019). Dies wurde jedoch auch auf den sog. ***Own Age Effect*** zurückgeführt (Anastasi & Rhodes, 2005; Sporer, 2008; Sporer et al., 2014), der sich darauf bezieht, dass **Personen der gleichen Altersgruppe besser wiedererkannt werden** (z.B. Wright & Stroud, 2002), in den entsprechenden Experimenten jedoch vor allem jüngere/mittelalte „Täter:innen" eingesetzt wurden (Sporer et al., 2014). Der *Own Age Effect* (oder Own Age Bias/ OAB) wurde generell für Personen, die älter als 5 Jahre sind, festgestellt (z.B. Wiese et al., 2013 für ein Review), jedoch z.T. insbesondere für jüngere, nicht aber ältere Altersgruppen bestätigt (z.B. Denkinger & Kinn, 2018) oder aber nur, wenn die Täter:innen bei der Identifizierungsaufgabe tatsächlich dabei waren (und nicht in Gegenüberstellungsverfahren, in denen die Täter:innen nicht unter den Auswahlpersonen waren; Wright & Stroud, 2002). Auch reduziert (z.B. beruflicher) Kontakt mit anderen Altersgruppen den OAB oder lässt ihn ganz verschwinden (z.B. Harrison & Hole, 2009; Wiese et al., 2013).

Bezüglich der Frage, ob Polizeibeamt:innen „bessere" Zeug:innen sind als Zivilpersonen fanden Kaminski und Sporer (2016) beim Vergleich von 96 erfahrenen Polizist:innen und 96 Zivilpersonen im Rahmen eines Experiments, dass die Polizist:innen mehr korrekte Täter:innendetails erinnerten, wohingegen Zivilpersonen den Tatort detailreicher beschrieben, dabei jedoch auch mehr falsche Details nannten. Hinsichtlich der Richtigkeit der Identifizierungsentscheidung und dabei auftretender Antworttendenzen zeigten sich keine signifikanten Unterschiede, was im Einklang zu vorherigen Studien steht (z.B. Christianson et al., 1998).

### 2.5.2 Faktoren aufseiten der Zielperson (täter:innenbezogene Faktoren)

Aufseiten der Beschuldigten (Stimulusfaktoren) konnten zum einen Aspekte wie die **Distinktheit des Gesichts** oder allgemeine Auffälligkeiten (d.h. besonders hervorstechende Merkmale, die ggf. die Aufmerksamkeit in der Wahrnehmungsphase auf sich gezogen haben) als erleichternd bezüglich eines späteren Wiedererkennens identifiziert werden (z.B. Sporer, 1992). Demgegenüber erschweren (wenig überraschenderweise) **Maskierungen**, (Sonnen-)Brillen, Perücken, Bart etc. dasselbe, wobei festgestellt wurde, dass eine Übereinstimmung in Wahrnehmungs- und Identifizierungssituation zu besseren Ergebnissen führt (wenn das Gesicht z.B. in beiden Situationen die gleiche Brille trägt, den gleichen Bartwuchs hat etc.) (Sporer et al., 2014). Dies setzt aus Gründen der Fairness natürlich voraus, dass die ausgewählten Vergleichspersonen die gleichen äußeren Merkmale/Accessoires aufweisen (Sporer et al., 2014).

Analog zum *Own Age Effect* gilt der sogenannte ***Cross Race Effect*** (oder auch *Other Race Effect, Own Race Bias*), dass Personen eines anderen Kulturkreises als dem eigenen sehr viel schlechter wiedererkannt bzw. identifiziert werden können als Personen des eigenen Kulturkreises, als gut belegt (z.B. Meissner & Brigham, 2001; Sporer, 2001) – und stellt im Vergleich zum OAB einen bedeutsameren Einflussfaktor dar (Wright & Stroud, 2002). In der Praxis bedeutet dies, dass es insbesondere dann Schwierigkeiten gibt, wenn Zeug:innen Beschuldigte mit einem anderen ethnischen Hintergrund wiedererkennen sollen. So zeigte eine Studie hierzulande, dass deutschstämmige Personen schlechtere Leistungen beim Wiedererkennen von Gesichtern afroamerikanischer, lateinamerikanischer oder türkischstämmiger Personen aufweisen als bei Gesichtern der eigenen Gruppe, wobei der Effekt am stärksten bezüglich der Gesichter Schwarzer Personen und am geringsten bei den Gesichtern türkischstämmiger Personen ausfiel (Sporer et al., 2020). Dabei zeigt sich jedoch, dass insbesondere früher Kontakt und Erfahrung (in der Kindheit) mit Personen anderer Ethnien diesen Effekt verschwinden lässt, was z.B. anhand von länderübergreifenden Adoptionsstudien gezeigt werden konnte: z.B. fanden Sangrigoli et al. (2005), dass sowohl weiße französische als auch koreanische Menschen den *Own Race Bias* aufwiesen, nicht jedoch die zwischen 3 und 9 Jahren von französischen Eltern adoptierten koreanisch-stämmigen Kinder, die die gleichen Leistungen zeigten wie die französisch-stämmigen Kinder, d.h. für weiße Gesichter bessere Wiedererkennungsleistungen zeigten als für koreanische.

Anhand einer Studie mit 3-, 6- und 9-Monate alten Säuglingen konnte wiederum gezeigt werden, dass sich der *Other Race Effect* mit 6 Monaten zu manifestieren beginnt und mit 9 Monaten bereits vorhanden ist (im Sinne einer Präferenz für Gesichter der eigenen Ethnie im Vergleich zu anderen) (Kelly et al., 2008). Die Autoren folgern daraus, dass früher Kontakt mit Gesichtern („facial input“) in der visuellen Umgebung des Kindes bereits dessen Gesichtsverarbeitung prägt und in späterer unterschiedlicher Wiedererkennungsgenauigkeit für Gesichter verschiedener Ethnien resultiert (Kelly et al., 2008). Es wurde in diesem Zusammenhang sogar ein sensibles Entwicklungsfenster vor dem 12. Lebensjahr postuliert, innerhalb dessen durch intensiven Kontakt zu Gesichtern anderer Ethnien der Effekt nicht auftritt, wohingegen (selbst mehrjährige) soziale Kontakte mit Angehörigen anderer Ethnien im Erwachsenenalter zu keinen Verbesserungen führt (McKone et al., 2019; vgl. auch Sangrigoli et al., 2005). Sporer et al. (2020) konnten jedoch bezüglich eines Vergleichs zwischen Grenzkontrollbeamt:innen (z.B. Polizist:innen) mit viel beruflichem Kontakt mit Menschen anderer Ethnien, Bankangestellten und Studierenden zeigen, dass der *Other Race Effect* bei

Ersteren im Vergleich zu den anderen beiden Gruppen abgeschwächt ausfiel und die selbstberichtete Kontakthäufigkeit im Zusammenhang stand mit besseren Wiedererkennungsleistungen[13]. Als eine weitere Ursache des *Own Race Bias* werden verschiedene Aufmerksamkeitsfoki des Gesichts angenommen, die in der einen Ethnie als relevante Unterscheidungsmerkmale dienen, bei einer anderen aber weniger geeignet sind (z.B. können die Haar- oder Augenfarbe bei Weißen relevante Merkmale sein, die bei Asiat:innen jedoch wenig zur Unterscheidung beitragen) (vgl. Sporer, 2001). Auch neigen Menschen dazu, ihre Aufmerksamkeit bei Gesichtern der eigenen Hautfarbe auf individualisierende Merkmale zu richten (z.B. spezifische Merkmale der Gesichtskonfiguration; *identity-diagnostic characteristics*), bei Gesichtern anderer Hautfarben jedoch eher auf Unterscheidungsmerkmale zu ihrer eigenen Hautfarbe (*category-diagnostic features,* z.B. die Hautfarbe) (Hugenberg et al., 2010, vgl. Aronson et al., 2014). Aufgrund des meist geringeren Erfahrungshintergrundes mit Menschen anderer Ethnien und der daraus resultierenden Unkenntnis der Merkmale, die zur Unterscheidung ihrer Gesichter geeignet sind, fällt es meist schwerer, diese auseinander zu halten (Aronson et al., 2014). Demgegenüber könnte ein spezifisches Wissen über die Gesichter anderer Ethnien kennzeichnende Charakteristiken und deren gezielter Einsatz dazu führen, den *Own Race Bias* abzumildern (Sporer, 2001).

### 2.5.3 Situationsbezogene Einflussfaktoren

a) *Wahrnehmungszeitpunkt*

Bezüglich situationsbezogener Faktoren sind vor allem die **Wahrnehmungsbedingungen zum Ereigniszeitpunkt** bedeutsam. Hier sind zum einen die **Lichtverhältnisse** und die **Entfernung zum Tatort bzw. der Zielperson** sowie der **Beobachtungswinkel** bezüglich des Gesichts (s.o.) und die Beobachtungsdauer zu nennen (Sporer, 2008).

Dass die Identifizierungsrate mit steigender **Entfernung** sinkt, liegt daran, dass das dadurch auf die Retina projizierte Abbild immer kleiner wird. Mit kleiner werdendem retinalen Bild nimmt auch die visuelle Schärfe ab, d.h. die Fähigkeit, Details herauszufiltern, sinkt. Wenn also Zeug:innen eine andere Person aus einer Entfernung von 500 Metern beobachten, wird dadurch

13 Gemessen über einen computerbasierten Wiedererkennenstest, in dem den Proband:innen zunächst für eine jeweils gleich kurze Zeitdauer von 5000 ms 80 Gesichter (jeweils 20 pro ethnischer Gruppe) präsentiert wurden. In der anschließenden Testphase wurden die 80 zuvor präsentierten Gesichter vermischt mit 80 neuen Gesichtern (ebenfalls 20 pro ethnischer Gruppe) dargeboten. Die Proband:innen sollten dann für jedes Gesicht entscheiden, ob sie es in der vorherigen Darbietungsphase bereits gesehen hatten oder nicht (Sporer et al., 2020).

ein nur sehr kleines retinales Bild von geringer visueller Schärfe erzeugt, sodass es sehr unwahrscheinlich ist, dass sie spezifische Gesichtsmerkmale wahrgenommen haben können (Nyman, Antfolk et al., 2019). Auch geringe Beleuchtung reduziert die visuelle Schärfe (Fletcher & Renninger, 2013).

Bezüglich der Entfernung zur Zielperson fanden Nyman, Lampinen et al. (2019) in entsprechenden Experimenten eine deutliche lineare Abnahme der Diagnostizität[14] zwischen einer Entfernung von 5 m bis 110 m in allen untersuchten Altersgruppen. Die Autoren formulieren eine **Höchstgrenze**, ab der überhaupt noch Identifizierungen möglich sind, von **100 m** für alle Altersgruppen, weisen aber darauf hin, dass die Diagnostizität ab 60 m Entfernung bereits so niedrig ist, dass die Nützlichkeit diesbezüglicher Aussagen sehr fraglich ist. Bereits bei 40 m war die Diagnostizität nur noch halb so hoch wie bei 5 m. Die eigene Sicherheit bezüglich der Identifizierung und eine kurze Antwortzeit standen nur bis zu einer Entfernung von 40 m mit deren Richtigkeit in Zusammenhang, was die Autoren zur Annahme einer Wahrnehmungsschwelle bezüglich der Entfernung führt, ab der Zeug:innen nicht mehr zuverlässig in der Lage sind, eine Person korrekt zu identifizieren. Auch weisen die Befunde auf die Wichtigkeit hin, objektive Entfernungsmaße und das Alter der Zeug:innen bezüglich der Zuverlässigkeit der Identifizierung im individuellen Fall (oder der Frage, ob z.B. ein Identifizierungsversuch überhaupt Sinn macht) mit zu berücksichtigen, da sich zum einen zeigte, dass sich subjektive Entfernungsschätzungen (insbesondere von jüngeren Kindern und älteren Erwachsenen) als nicht zuverlässig erwiesen und zudem **bedeutsame Unterschiede zwischen den Altersgruppen** gefunden wurden, indem ältere Kinder (12–17 Jahre) und junge Erwachsene (18–44 Jahre) 10 bis 20 m höhere Entfernungs-Cut-Offs hatten als junge Kinder (6–11 Jahre) und ältere Erwachsene (45–77 Jahre).

Die gefundenen Entfernungs-Schwellen müssen zudem als Maximalmaße interpretiert werden, da sie unter idealen Bedingungen (kein Stress, gute Sichtverhältnisse etc.) gewonnen wurden – im Realfall werden die Wahrnehmungsbedingungen sehr wahrscheinlich schlechter ausfallen (Nyman, Lampinen et al., 2019) und die genannten weiteren Einflussfaktoren zum Tragen kommen. Beispielsweise untersuchten Nyman, Antfolk et al. (2019) die Auswirkungen der Entfernung in einer weiteren Studie in Kombination mit verschiedenen Beleuchtungsbedingungen (hoch: 300 lx, mittel: 10 lx, niedrig: 0.7 lx) und fanden, dass **bei niedriger Lichtintensität** (0.7 lx; vergleichbar Sternenlicht) **eine Entfernung von 20 m die Höchstschwelle einer**

14 Die Diagnostizität ist die Wahrscheinlichkeit, dass die im Gegenüberstellungsverfahren identifizierte Person auch die beobachtete Person ist (Wells & Lindsay, 1980; vgl. Nyman, Lampinen et al., 2019).

**zuverlässigen Augenzeugenidentifizierung** ist. Auch wurden diese Befunde wieder unter relativ optimalen Bedingungen gewonnen (d.h. relativ lange Expositionszeit/Beobachtungsdauer von 20 bis 30 Sekunden und Testung der Wiedererkennungsleistung unmittelbar danach), was unter realen Tatbedingungen selten gegeben sein wird, sodass die Entfernungsobergrenze in der Praxis geringer angesetzt werden muss (Nyman, Antfolk et al., 2019). Die Befunde sind insbesondere für Taten, die in den Abend-/Nachtstunden stattgefunden haben sollen, von hoher Relevanz.

Es ist also, wenn eine Tat draußen stattgefunden hat, wichtig, die Lichtverhältnisse und die Entfernung genau zu erfragen und ggf. nachzustellen (vgl. dazu exemplarisch den in Kap. 2.4.1 von Buckhout (1975) geschilderten Fall).

Ein weiterer Aspekt, der die spätere Identifizierungsleistung beeinträchtigen kann, ist die **relative Auffälligkeit der Zielperson im Wahrnehmungsbereich**, d.h. ob sie die einzige Person ist oder sich z.B. in einer Gruppe befindet. Denn je mehr Personen anwesend sind und je weniger sich die Personen unterscheiden (man denke z.B. an eine Gruppe Jugendlicher, die ähnlich gekleidet sind), desto weniger auffällig ist die Zielperson (Cutler & Penrod, 1990).

Aus der reinen **Beobachtungsdauer** können für den individuellen Fall keine eindeutigen Schlüsse gezogen werden – zwar kann generell davon ausgegangen werden, dass bei längerer, intensiver Beobachtung ein besseres Wiedererkennen möglich (Cutler & Penrod, 1990) bzw. die Rate korrekter Identifizierungen nach längerer Beobachtungsdauer höher ist (z.B. Memon et al., 2003: 12 s vs. 45 s; Palmer, Brewer et al., 2013: 90 s vs. 5 s), letztlich reichen auf Basis experimenteller Studien jedoch schon sehr kurze Wahrnehmungszeiten (ca. 5 s) für späteres Wiedererkennen aus, wohingegen in der Praxis auch bei längeren Interaktionen Falschidentifizierungen vorkommen (Sporer, 2008; Sporer et al., 2014).

Als ein besonderer Effekt in diesem Zusammenhang ist die sogenannte ***Change Blindness*** zu nennen, die sich auf die Unfähigkeit bezieht, Veränderungen in der Umgebung wahrzunehmen (Myers, 2014). Diese beziehen sich nicht nur auf nebensächliche Aspekte, sondern auch auf Details, die sich zentral im Aufmerksamkeitsfokus der Beobachter:innen befinden bis hin dazu, dass der Austausch einer Person nicht bemerkt wird (Sporer et al., 2014), wie das bekannte Feldexperiment von Simons und Levin (1998)[15] eindrucksvoll zeigte. In diesem Experiment fragt ein Versuchsleiter nichtsahnende Passant:innen (*N* = 15) mit einem Gebäudeplan in der Hand nach dem Weg zu einem bestimmten Gebäude. Während die jeweils angesprochene Person den Weg erklärt tragen zwei Män-

15 Das Experiment ist online verfügbar unter: https://www.youtube.com/watch?v=FWSxSQsspiQ (03.05.2022).

ner eine Tür zwischen den beiden hindurch, wobei der vorherige nach dem Weg fragende „Passant“ (Versuchsleiter) durch einen ähnlich aussehenden Mann ausgetauscht wird. Dies wurde nur von der Hälfte ($n$ = 7) der Personen bemerkt, da die Aufmerksamkeit auf die Wegbeschreibung gerichtet wurde und nicht auf die Person, die diese gab. Ein Experiment, in dem den Versuchspersonen ($N$ = 80) ein Video über eine Straftat (Diebstahl) gezeigt wurde, in dem nach der Hälfte des Films der Täter ausgetauscht wurde (Davies & Hine, 2007), zeigte, dass (trotz deutlicher Unterschiede in Größe und Statur) 61 % der Proband:innen diesen Austausch nicht bemerkten. Von den Versuchspersonen, die vor dem Ansehen des Films aufgefordert wurden, sich den Inhalt gut einzuprägen, da anschließend ein Gedächtnistest dazu folge, betraf dies nur 35 %, in der Gruppe ohne diesbezügliche Instruktion waren es wiederum 87 %. Nur diejenigen, die den Austausch registriert hatten, konnten später beide Täter identifizieren, allerdings gelang es nur gut der Hälfte unter ihnen (56 %) (Davies & Hine, 2007). Insbesondere vor dem Hintergrund, dass Zeug:innen in der Realität in der Regel nicht vorher auf ein Ereignis oder eine damit verbundene spätere Identifizierung hingewiesen werden, zeigt dies, wie schwierig es ist, in Fällen, in denen mehrere Täter:innen (ggf. nacheinander) beteiligt sind, vollständige Angaben und Identifizierungen von den Zeug:innen zu erhalten. Möglicherweise wird ein gemeinsames Agieren von zwei Täter:innen gar nicht bemerkt, wenn diese nicht gleichzeitig auftreten.

b) *Behaltensphase (zwischen Wahrnehmung und Abruf)*

Wie auf Basis der Befunde zur Reduktion der Erinnerungsleistung über die Zeit erwartbar, nimmt auch bei Gesichtern die Behaltensleistung mit **zunehmender Zeitdauer zwischen Wahrnehmung des Gesichts und Abruf** (= Länge des Behaltensintervalles) ab (z.B. Deffenbacher et al., 2008 für eine Metaanalyse; Palmer, Brewer et al., 2013; Sato & Yoshikawa, 2013; Sauer et al., 2010; vgl. auch Sporer et al., 2014). Dies wurde übereinstimmend sowohl in Studien, die sich auf das Wiedererkennen von Gesichtern als auch solchen, die sich auf Identifizierungen durch Augenzeug:innen beziehen, gefunden (Deffenbacher et al., 2008). Beispielsweise ermittelten Sauer et al. (2010) eine signifikant höhere Richtigkeit der Identifizierung (identification accuracy) unmittelbar nach der Präsentation der Zielperson als wenn diese zeitverzögert 20 bis 50 Tage (durchschnittlich 23 Tage) später erfolgte, und zwar sowohl für Personen, die jemanden identifizierten (62 % vs. 47 %), als auch für Personen, die niemanden identifizierten[16] (82 % vs. 66 %).

16 Eine richtige Identifizierung heißt in diesem Fall, korrekterweise angegeben zu haben, dass sich die zuvor präsentierte Zielperson nicht unter den im Rahmen der Identifizierungsaufgabe gezeigten Fotos befand.

Auch **Falschinformationseffekte** können bei späteren Personenbeschreibungen oder Identifizierungen wirksam werden, wenn Zeug:innen z.B. zwischenzeitlich mediale Darstellungen gelesen oder gesehen oder Informationen anderer Beobachter:innen erhalten haben. Darüber hinaus können bezüglich der Erinnerung an tatbeteiligte Personen **Quellenverwechslungsfehler** bzw. Fehlattributionen stattfinden, indem die Wahrnehmungen miteinander vermischt und diese in der Erinnerung quasi „ausgetauscht" bzw. bezüglich des zugeordneten Ereignisses falsch zusammengesetzt werden. Exemplarisch sei hier der z.B. von Schacter (2001) beschriebene Fall des australischen Psychologen Donald Thomson angeführt, der von einer Frau der Vergewaltigung bezichtigt wurde, nachdem sie von einem fremden, in ihre Wohnung einbrechenden Mann vergewaltigt wurde, während sie gerade eine Livesendung im Fernsehen sah, in der Thomson zu Gast war – wie sich herausstellte, handelte es sich um eine Fehlattribution des Gesichts, das sie im Fernsehen gesehen hatte, indem sie die Quelle ihrer detaillierten Erinnerung an das Gesicht (Thomson's) verwechselte und es der falschen Person zuordnete.

c) *Abruf*

Im Hinblick auf die Abrufphase können verbale Beschreibungen eines Gesichts (z.B. im Rahmen einer Personenbeschreibung) das spätere visuelle Wiedererkennen dieses Gesichts (z.B. im Rahmen eines Identifizierungsverfahrens) beeinträchtigen, was als ***Verbal Overshadowing Effect*** bezeichnet wird (Schooler & Engstler-Schooler, 1990). So fiel die Rate korrekter Identifizierungen einer in einer kurzen Videosequenz einen Bankraub begehenden Person signifikant niedriger aus, wenn zuvor eine detaillierte Beschreibung von deren Gesicht abgegeben worden war (38 % richtige Identifizierung vs. 64 % in der Kontrollgruppe; Schooler & Engstler-Schooler, 1990, Experiment 1; $N = 88$ Studierende). Eine (ältere, aber bisher einzige) Metaanalyse, die sich auf die Angaben von insgesamt $N = 2018$ Proband:innen aus 15 Artikeln bezog) fand einen signifikanten, aber kleinen Overshadowing-Effect, sodass von einer gewissen Beeinträchtigung verbaler Beschreibungen ausgegangen werden kann (Meissner & Brigham, 2001), insbesondere wenn direkt im Anschluss eine Identifizierung erfolgt und die Zeug:innen zu einer besonders elaborierten und detaillierten Beschreibung des Gesichts aufgefordert wurden (anstelle der bloßen Aufforderung zum freien Bericht; Meissner & Brigham, 2001).

Zu ähnlichen Befunden bezüglich der Abhängigkeit des Verbal Overshadowing Effect von der zeitlichen Terminierung der Personenbeschreibung und der Identifizierung kam auch eine großangelegte Multi-Lab[17]-Replikationsstu-

17 D.h. mehrere Forscher:innenteams führen die gleiche Replikation einer Originalstudie zeitgleich und nach den gleichen Standards in ihren eigenen jeweiligen Forschungseinrichtungen durch.

die (Alogna et al., 2014): So trat der Verbal Overshadowing Effect kaum auf, wenn Personen ihre Personenbeschreibung unmittelbar nach der Wahrnehmung des Ereignisses abgaben und eine 20-minütige Verzögerung bis zur Identifizierung vorlag (nur 4 % geringere Richtigkeit der Identifizierungen als in der Kontrollgruppe). Wurde wiederum die Personenbeschreibung erst 20 Minuten nach dem wahrgenommenen Ereignis und direkt vor der Identifizierung abgegeben, zeigte sich ein Verbal Overshadowing Effekt von 16 % (diese Konstellation, dass Zeug:innen erst direkt vor der Identifizierung eine Personenbeschreibung abgeben, wird in der Praxis allerdings eher selten auftreten).

Zur Minimierung eines möglichen Verbal-Overshadowing-Effekts werden auf Basis der Befundlage für die Praxis deshalb insbesondere **zwei Maßnahmen für die Gestaltung der Zeug:innenvernehmungen** empfohlen: **ein Zeitintervall von mindestens 24 Stunden** zwischen Personenbeschreibung und Identifizierung sowie eine **Personenbeschreibung als freier Bericht ohne Drängen auf weitere Detailangaben,** die die Person nicht eigenständig erinnert (Sauerland et al., 2008; Sporer et al., 2014).

Die **subjektive Sicherheit erwachsener Zeug:innen** bezüglich ihrer Identifizierungsentscheidung kann, wenn sie unmittelbar danach erfragt wird (und das Gegenüberstellungsverfahren korrekt durchgeführt sowie die Zeug:innen kein Feedback erhalten haben oder anderweitig beeinflusst wurden), einen hohen Hinweiswert bezüglich der Richtigkeit haben (Wixted et al., 2015; Wixted & Wells, 2017; vgl. auch Sauer et al., 2010). Bei zeitlicher Verzögerung (hier 30 bis 50 Tage nach der Identifizierung) stieg die Rate falscher subjektiver Sicherheit (*overconfidence*) im Vergleich zu denjenigen, die ihre Einschätzung unmittelbar nach der Identifizierung abgaben (Sauer et al., 2010).

Bezüglich der Frage, wie sich bei der Vernehmung die vollständigsten und gleichzeitig unverfälschtesten Personenbeschreibungen erhalten lassen und ob etwa die Vorgabe von Merkmalen bzw. der Einsatz von Gesichts-Merkmalslisten hilfreich sein können, kommt Sporer (2007) auf Basis seiner Studie, in der eine modifizierte Form der Aberdeen Face Rating Schedule (FRS) genutzt wurde, zu dem Schluss, dass solche letztlich nicht dazu geeignet sind, nützliche (für das individuelle Gesicht spezifische) Informationen zu gewinnen – höchstens dann, wenn außergewöhnliche Merkmale wie Tattoos vorliegen. Ansonsten war die Genauigkeit der Ratings gering, insbesondere vor dem Hintergrund, dass das Ankreuzen der mittleren Antwortalternative[18] auf viele Gesichter zutrifft ohne individualspezifische In-

18 Auf einer 5-stufigen Skala, auf der die Ausprägung von insgesamt 53 Merkmalen des Gesichts zwischen jeweils zwei Polen angegeben werden (beispielsweise die Haarlänge zwischen „kurz“ und „lang“ oder die Augen zwischen „nah beieinander“ bis „weit auseinander“).

formationen zu liefern, die zur Unterscheidung zwischen Gesichtern hilfreich wären (Sporer, 2007).

Analog zum grundsätzlich für Vernehmungen empfehlenswerten trichterförmigen Vorgehen kann auch für Personenbeschreibungen empfohlen werden:

- zunächst mit einer freien Erinnerungsphase zu beginnen (d.h. der Aufforderung, alles zur Person zu berichten, an das sich die Zeug:innen erinnern),
- ggf. durch die „mentale Wiederherstellung des Wahrnehmungskontexts" (vgl. Kap. 4.5.2) weitere Informationen zu erhalten,
- dann offene Fragen/Erzählaufforderungen zu bestimmten Aspekten oder Merkmalen zu nutzen („Beschreiben Sie bitte die Augen des Beschuldigten"),
- dann (ggf. und nur soweit nötig) Fragen mit Antwortalternativen zu stellen („Hatte die Beschuldigte eher braune, blonde oder rötliche Haare oder können Sie dazu nichts sagen?") und
- ggf. mit geschlossenen Fragen abzuschließen („Trug der Beschuldigte eine Kopfbedeckung?" „Welche Augenfarbe hatte er?").

Die geschlossenen Fragen sollten unter Bezugnahme auf vorherige Angaben der Zeug:innen eingeleitet werden („Ich würde gern noch mal auf Aspekte zurückkommen, die Sie gesagt hatten und mal genauer nachfragen. Sie hatten vorhin gesagt, der Beschuldigte habe die Augen weit aufgerissen. Welche Augenfarbe hatte er?") (Fisher & Geiselman, 1992; Zimmermann, 2004). Durch diese Abfolge kann verhindert werden, Zeug:innen etwas zu suggerieren und dabei aber gleichzeitig versucht werden, weitere wichtige Informationen zu erfragen, die sie sonst vielleicht vergessen hätten. Die Nutzung der letzten beiden Frageformen sollte immer „wohldosiert" und unter Berücksichtigung des Umstandes erfolgen, dass die Antworten fehlerbehafteter sind als solche auf offene Fragen bzw. durch freies Erinnern gewonnene Angaben (vgl. Lipton, 1977).

Auch können folgende, ursprünglich aus dem Kognitiven Interview stammenden, Vorschläge hilfreich sein, um Zeug:innen zu unterstützen, eine möglichst genaue und umfangreiche Täterbeschreibung abzurufen (Geiselman & Fisher, 1988, S. 2):

- „Hat der Täter/die Täterin Sie an jemanden erinnert, den Sie kennen? Wenn ja, warum?"
- „Gab es irgendetwas Besonderes/Ungewöhnliches an der Stimme des Täters/der Täterin? Hat die Stimme oder Sprechweise Sie an jemanden erinnert? Wenn ja, was? Warum?" (vgl. auch Milne & Bull, 2003a, S. 49).

Wie Milne und Bull (2003a) betonen, ist es wichtig, bei solchen Fragen die „Warum-Frage“ anzuschließen, um sicher zu gehen, welcher Aspekt genau als Ähnlichkeit zu einer anderen Person gemeint ist und keinen Spielraum für Spekulationen oder Interpretationen durch die Vernehmenden zu lassen.

**Das Wichtigste in Kürze**

**Implikationen für die Vernehmung:**

- Personenbeschreibungen sind meist dürftig und wenig geeignet zur Differenzierung zwischen Personen.
- Zum Erhalt einer möglichst umfangreichen Personenbeschreibung eignen sich Merkmalslisten weniger, es kann vielmehr ein **trichterförmiges Vorgehen** von freiem Erinnern, der mentalen Wiederherstellung des Wahrnehmungskontexts, konkretisierenden offenen Fragen und dem sparsamen Erfragen weiterer Informationen über Fragen mit Antwortalternativen und zuletzt geschlossenen Fragen empfohlen werden.
- Identifizierungen sind sehr fehleranfällig und tragen in nicht unerheblichem Ausmaß zu Fehlverurteilungen bei. Diese Fehleranfälligkeit und -quote ist stets mitzuberücksichtigen.
- Wichtig ist, dass Zeug:innen **zwischen Beobachtung und Abruf keine Informationen** (Beschuldigtenbeschreibungen; Informationen über bereits erfolgte Identifizierungen etc.) von anderen Zeug:innen oder den Medien erhalten haben (→ **Falschinformationseffekt**)
- Auch dürfen die Zeug:innen beim Abruf (z.B. in der Identifizierungssituation) nicht in irgendeiner Weise beeinflusst oder mit den Angaben anderer Zeug:innen konfrontiert werden (z.B. indem mitgeteilt wird, dass andere die gleiche Person identifiziert haben).
- Ein Fokus sollte immer sein, die **Wahrnehmungsbedingungen zu prüfen** (z.B. Licht und Entfernung, Beobachtungsdauer, emotionaler Stress/Aufmerksamkeitsfokus → Waffenfokus)
- Die Plausibilitätsprüfung ist sehr wichtig: Was kann ein Zeuge/eine Zeugin mit den **individuellen Voraussetzungen** unter den **bestimmten situativen Gegebenheiten zum Tat- und Abrufzeitpunkt** wahrgenommen haben, wiedererkennen oder erinnern?

# 3. Sozial- und kommunikationspsychologische Aspekte der Vernehmung

Eine Vernehmung ist ein (dyadischer) Kommunikationsprozess, dessen Ergebnis maßgeblich von den Wahrnehmungs-, Interpretations- und Erinnerungsleistungen beider Interagierender abhängt (Greuel, 2008). Verschiedene sozialpsychologische Aspekte können hier ebenfalls die (soziale) Wahrnehmung beeinflussen. Diese sollen in diesem Kapitel beleuchtet werden, da deren Kenntnis für Vernehmende wichtig ist, um das eigene Wirken auf die Aussageperson, aber auch die Möglichkeit eigener Wahrnehmungsverfälschungen miteinzubeziehen und eigene Einstellungen und Vorurteile zu reflektieren, um zu einer objektiveren Beurteilung der Person (und ihrer Angaben) zu gelangen.

## 3.1 Mögliche kommunikationspsychologische Barrieren in der Vernehmung

Bei einer Vernehmung handelt es sich um eine spezifische Form der Kommunikation, die sich für die Vernommenen zum einen durch die Seltenheit des Ereignisses und den Mangel an Erfahrung und damit verbundenem Skriptwissen auszeichnet (Greuel, 2001; Greuel, 2008). Zum anderen handelt es sich – im Gegensatz zur Alltagskommunikation – um eine institutionalisierte Kommunikation, in vielen Fällen sogar um eine Form der „Zwangskommunikation" (Brusten & Malinowski, 1983, S. 150) mit klaren formalen Regeln und Abläufen, in denen die Rollenverteilungen von vornherein feststehen und bei der ein Machtungleichgewicht zuungunsten der Vernommenen vorliegt. Dies wird nicht zuletzt dadurch verstärkt, dass die Vernehmenden durch ihr professionelles Wissen handlungssicher in die Interaktion einsteigen können, deren „Spielregeln" (Brusten & Malinowski, 1983, S. 150) sie kennen, während die vernommene Person (insbesondere, wenn es sich um Tatverdächtige handelt) eher Objekt der Kommunikation ist (Brusten & Malinowski, 1983). Die Kommunikation ist also asymmetrisch, was den Beziehungsaufbau zur zu vernehmenden Person von vornherein erschwert (Brusten & Malinowski, 1983; Greuel, 2001; 2008).

Diese Rollenverteilungen in der Vernehmungssituation können nochmals zusätzlich zu Konflikten führen, wenn das durch sie entstehende „Über-Unterordnungsverhältnis" für die beteiligten Personen ungewohnt ist, etwa wenn ein älterer, erfolgreicher Manager von einem jungen Beamten als Beschuldigter vernommen wird und aufgrund dessen Probleme hat, sich gegenüber dem Polizeibeamten seiner Rolle „zu fügen". Wenn Vernehmende dann versuchen, deutlicher ihre Rollenposition zu demonstrieren, kann der Konflikt noch verstärkt werden (vgl. Krauthan, 2014).

Diese Aspekte gilt es bei der Vernehmung zu berücksichtigen und so gut wie möglich auszugleichen, um den der asymmetrischen Kommunikation inhärenten Einbußen auf der Beziehungs- und der Inhaltsebene entgegenzuwirken.

Die Wichtigkeit der Beachtung verschiedener Ebenen in der gelingenden Kommunikation, die auch für die Vernehmung von Relevanz ist, findet sich in Schulz von Thuns (1981; 2014) bekanntem Kommunikationsmodell wieder[19], das sich „zur Analyse konkreter Mitteilungen und zur Aufdeckung einer Vielzahl von Kommunikationsstörungen" (Schulz von Thun, 2014, S. 15) eignet. Demnach hat eine Nachricht immer vier Seiten: einen Sachinhalt, eine Selbstoffenbarung, einen Beziehungsaspekt und eine Appellfunktion (vgl. Kommunikationsquadrat in Abb. 4). Diese umfassen Folgendes (Schulz von Thun, 1981; 2014):

- **Sachaspekt**: Darstellung des Sachverhalts; das, worüber berichtet/informiert wird
- **Beziehungsaspekt**: Bezieht sich auf die Art, wie man das Gegenüber im Rahmen der Kommunikation behandelt, welche Gefühle man der Person gegenüber zum Ausdruck bringt (Respekt? Geringschätzigkeit? Mitgefühl?). Nach Schulz von Thun (1981; 2014) offenbart man schon durch die Art, wie man jemanden anspricht, unmittelbar, was man von ihm hält – was wiederum ein Gefühl beim Gegenüber erzeugt, z.B. ob sich jemand ernst genommen, akzeptiert, erniedrigt oder angenommen fühlt.
- **Selbstoffenbarungsaspekt**: Damit ist gemeint, dass jede Person, die etwas (aus-)sagt, immer auch etwas von sich preisgibt, eine (teilweise) bewusste, aber auch unbewusste Selbstdarstellung, was „jede Nachricht zu einer kleinen Kostprobe der Persönlichkeit" (Schulz von Thun, 2014, S. 14) macht und – bezogen auf die Vernehmungssituation – durchaus zu Befürchtungen und Ängsten auf Seiten der Aussageperson (sei es Zeuge, sei es Beschuldigte) führen kann (z.B. durchschaut zu werden; etwas Ungewolltes über sich selbst zu verraten).
- **Appellaspekt**: Bezieht sich auf die Funktion einer Nachricht, davon ausgehend, dass jeder, der etwas sagt, damit auch irgendetwas bewirken möchte.

19 Dieses Kommunikationsmodell, das auf dem klassischen Sender-Empfänger-Modell der Kommunikation sowie den Axiomen von Watzlawick (u.a. dem von ihm postulierten Sach- und Beziehungsaspekt einer Nachricht) basiert (Schulz von Thun, 1981; 2014; s.a. Nettelnstroth, 2014), soll aus der Vielzahl exemplarisch vorgestellt werden.

So ist „‚Klarheit' der Kommunikation eine vierdimensionale Angelegenheit" (Schulz von Thun, 2014, S. 16) oder anders formuliert: Es gibt (mindestens) vier Ebenen, auf denen in einer Kommunikationssituation Störungen auftreten können, die sich auch auf die Vernehmung auswirken können. So können auf der Sachebene Probleme der Sachlichkeit und Verständlichkeit auftreten (z.B. wenn vernehmende und vernommene Person auf einer unterschiedlichen sprachlichen Ebene kommunizieren, polizeiliche Fachbegriffe benutzt werden etc.) und auf der Beziehungsebene Probleme der Beziehungsgestaltung (z.B. Herstellung eines guten Kontakts, Durchscheinen lassen, dass man den Zeug:innen oder Beschuldigten nicht glaubt, sie geringschätzt, für mitschuldig hält o.ä.). Auf Seiten der Appellfunktion können Probleme der Beeinflussung oder Manipulation entstehen (z.B. indem die vernehmende Person durch suggestive Fragen und implizit oder direkt kommunizierte Erwartungen die Vernehmung unangemessen lenkt) oder aber im Rahmen des Selbstoffenbarungsaspekts, indem sie z.B. durch Äußerungen bestimmte Vorurteile erkennen lässt.

Wie Schulz von Thun (2014) ausführt muss der „kommunikationsfähige Sender" (S. 48) alle vier Seiten der Nachricht beherrschen, da sie immer gleichzeitig dabei sind. Eine einseitige Beherrschung führe zu Kommunikationsstörungen. So helfe es nach Schulz von Thun (2014) wenig, wenn jemand zwar sachlich recht hat und verständlich kommuniziert, aber auf der Beziehungsebene „Unheil stiftet" (S. 48). Auf die Vernehmung bezogen reicht es z.B. nicht aus, klar und sachlich bezüglich des Sachverhalts und die Belehrung von Rechten und Pflichten zu kommunizieren, wenn es auf der Beziehungsebene nicht gelingt, einen Kontakt zur Aussageperson herzustellen und deren Aussagebereitschaft dadurch positiv zu beeinflussen oder die Aussageperson gar aufgrund der wenig wohlwollenden Haltung der Vernehmenden nichts aussagen will. Gerade der Beziehungsaspekt ist für eine gelingende Vernehmung von hoher Relevanz, um eine vertrauensvolle Vernehmungsatmosphäre herzustellen. Eine Gesprächstechnik die auf den Beziehungsaspekt der Kommunikation fokussiert, ist das aktive Zuhören, das in Kapitel 4.4 vorgestellt wird.

Neben den vier Seiten der Nachricht, die sich auf die sendende Person (also die Person, die etwas sagt oder fragt) beziehen, hört auch die Empfängerperson analog dazu mit vier Ohren, nämlich dem Appellohr, dem Selbstoffenbarungsohr, dem Beziehungsohr und dem Sach-Ohr, die für die jeweiligen Nachrichten besonders empfänglich sind. Auch hier können durch zu einseitiges Hören mit einem bestimmten Ohr Störungen, Übersensibilitäten und Verständnisschwierigkeiten entstehen (z.B. wenn jemand immer nur mit dem Beziehungsohr hört und sich dadurch schnell direkt angegriffen fühlt ohne die relativierende Sachebene miteinzubeziehen).

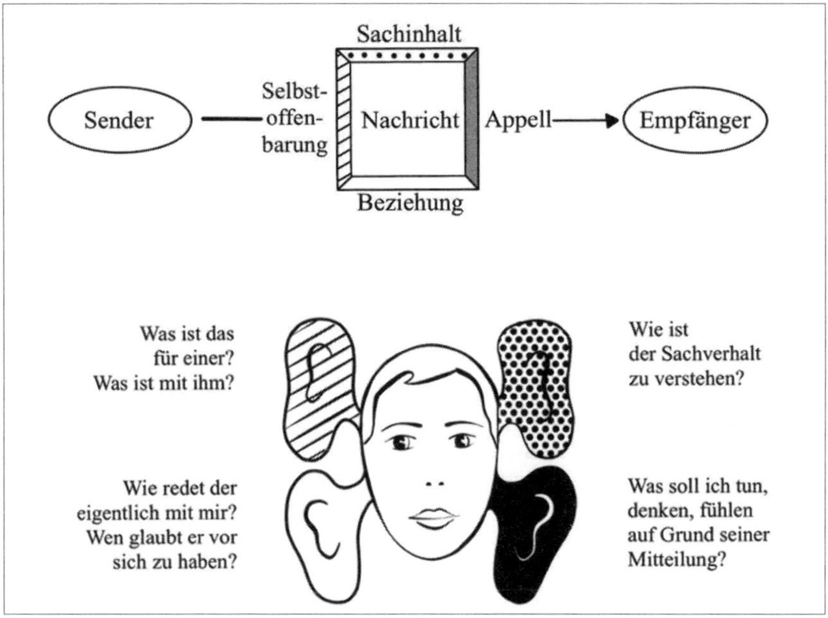


**Abbildung 4:** Die vier Seiten einer Nachricht und der/die vierohrige Empfänger:in des kommunikationspsychologischen Modells von Schulz von Thun (2014, S. 33 und 49)

Für Vernehmende ist zum besseren Verständnis einer Aussageperson insbesondere das Hören mit dem Sach-Ohr (Was sagt die Person mir?) und dem Selbstoffenbarungsohr (Was sagt die Person mit dem Gesagten über sich aus?) von hoher Relevanz. Das bereits erwähnte aktive Zuhören, bezieht sich auf die besondere Ausbildung des Selbstoffenbarungsohres, das jedoch nicht „entlarvend" eingesetzt wird, „sondern in dem Bemühen, sich in die Gefühls- und Gedankenwelt des Senders nicht-wertend einzufühlen" (Schulz von Thun, 2014, S. 63) und ihn und seine Aussagen dadurch letztlich besser und vollständiger zu verstehen. Das Modell von Schulz von Thun bildet die Vielfältigkeit menschlicher Kommunikation natürlich nicht abschließend ab – vielmehr stellen Heubrock und Donzelmann (2010) eine Kommunikationssituation (wie eine Vernehmung) als ein „gemeinsames Oszillieren zwischen den verschiedenen Beziehungsaspekten, z.B. Selbstoffenbarung und Appel, über einen Inhalt" (S. 15) dar. Es ist jedoch zur Veranschaulichung geeignet, welche verschiedenen Aspekte über den sachlichen Inhalt hinaus die Vernehmung beeinflussen können und worauf es sich zu achten lohnt.

In Bezug auf die Zeug:innenvernehmung kann die Kommunikation auch dadurch gestört werden, dass die beiden Interaktionspartner:innen **verschiede-**

**ne Relevanzsysteme** haben – Zeug:innen ein für sie subjektiv Bedeutsames, das ggf. beinhaltet, dass auch (scheinbar) nebensächliche Aspekte ausschweifend und ausführlich berichtet werden, die Vernehmenden jedoch lediglich an Informationen aus ihrem Relevanzsystem, nämlich der Straftatbestandsermittlung und Sachverhaltsaufklärung interessiert sind (Kraheck-Brägelmann, 1994). In diesem Zusammenhang kann die Weitschweifigkeit einer Aussageperson mitunter zu Ungeduld führen, die dazu führt sie zur Prägnanz zu drängen, zu unterbrechen oder mit konkreten Fragen zu konfrontieren, sodass die Kommunikation aneinander vorbeiläuft und die Aussageperson sich unverstanden fühlt (Kraheck-Brägelmann, 1994). Auch in diesem Kontext kann ein „Hören mit dem Beziehungsohr" und nicht nur die Suche nach dem „Was", sondern auch dem „Wie" und „Warum" des Gesagten, zu einer gelungeneren Kommunikation, höheren Aussagequalität und fundierteren Schlussfolgerungen führen (vgl. Kap. 4.4 zum aktiven Zuhören).

## 3.2 Sozialpsychologische Effekte und Fehlerquellen: Soziale Wahrnehmung und schemageleitete Informationsverarbeitung

In der (besonderen) Kommunikationssituation der Vernehmung können sich weitere sozialpsychologische Effekte niederschlagen und die Wahrnehmung von Zeug:innen oder Beschuldigten sowie deren Motive durch die Vernehmenden beeinflussen und Ursache für Fehlerquellen sein. Denn sobald wir einen Menschen sehen, bilden wir uns **Eindrücke aufgrund** seiner **äußeren Merkmale** (z.B. Hüttner & Linden, 2017) und nutzen bisherige Erfahrungen, um ihn einzuschätzen (Asendorpf, 2018). So werden z.B. attraktiven Gesichtern in vielen weiteren Dimensionen positive Eigenschaften zugeordnet, z.B. extrovertiert, sozial kompetent und intelligent (Zebrowitz & Montepare, 2008). Die Wahrnehmung und Einschätzung anderer Menschen (**soziale Wahrnehmung**) läuft weitgehend unbewusst ab, wodurch es zu verschiedensten Verzerrungen und Wahrnehmungsfehlern kommen kann (Parkinson, 2014). Deshalb sind Kenntnisse zum Ablauf der sozialen Wahrnehmung für Vernehmende wichtig, um potenzielle Fehlerquellen zu reduzieren und zu einer fundierten, möglichst unvoreingenommenen Einschätzung der Vernommenen zu kommen. Im Folgenden sollen ausgewählte, für die Vernehmungssituation besonders relevante sozialpsychologische Aspekte kurz beleuchtet werden.

Bei der Bildung eines ersten Eindrucks spielen neben den o.g. auch Erwartungen eine Rolle, die aus bestimmten Vorinformationen gezogen werden, z.B.

bestimmte Orte, an denen die Person verkehrt (Parkinson, 2014). Darüber hinaus scheint es **zentrale Persönlichkeitsmerkmale** zu geben (z.B. Wärme, Kompetenz), die (in Abhängigkeit davon, in welchem Kontext bzw. mit welchen anderen Persönlichkeitsmerkmalen sie gemeinsam auftreten) die Wahrnehmung der gesamten Persönlichkeit dieser Person entscheidend beeinflussen, wohingegen andere (z.B. Höflichkeit) eher periphere Persönlichkeitsmerkmale darstellen, die weniger Einfluss auf den Gesamteindruck haben (Asch, 1946; Nauts et al., 2014[20]; vgl. Parkinson, 2014).

- Dabei kann die Reihenfolge der Informationen, die man über eine Person erhält, einen Einfluss auf die Eindrucksbildung haben, indem **früher dargebotene Informationen** die Wahrnehmung und Interpretation stärker beeinflussen als spätere (Asch, 1946; sog. **Primacy Effekt**), insbesondere wenn die wahrnehmende Person schnell zu einem Urteil kommen will oder muss (Parkinson, 2014).
- Ebenfalls zu Verzerrungen und infolgedessen Fehlern bei der Personenbeurteilung führt der sog. **Halo-Effekt**, bei dem **bestimmte Eigenschaften einer Person den Gesamteindruck „überstrahlen"** oder ein insgesamt positiver Gesamteindruck über eine Person zur Aufbesserung weniger vorteilhafter Eigenschaften führt (Wirtz, 2020a). So kann z.B. ein negativ wahrgenommenes Merkmal (auch im Sinne einer Vorinformation über jemanden) dazu führen, dass die Person insgesamt (ohne Einbezug weiterer Merkmale) eher negativ beurteilt wird – beispielsweise, indem eine ungepflegte Aussageperson als unzuverlässig beurteilt wird. Auf der anderen Seite kann ein positives Merkmal andere negative Aspekte überstrahlen, z.B. indem ein Beschuldigter, der sich als liebevoller Vater präsentiert, als sympathisch wahrgenommen wird oder aber besonders attraktive Beschuldigte oder Zeug:innen positiver beurteilt werden als andere, wenig attraktive.

Insbesondere wenn wenig verfügbare Informationen über einen Menschen vorliegen oder die vorliegenden Informationen vieldeutig sind, neigen wir dazu, unsere Schemata (= „mentale Strukturen, die unser Wissen über die soziale Welt ordnen", Aronson et al., 2014, S. 64) zu nutzen, um die Wissenslücken zu ergänzen und zu einer (schnellen) Einschätzung zu kommen (Aronson et al., 2014), d.h. wir kategorisieren Menschen aufgrund bestimmter Merkmale in ein Schema und wenden dieses Schema anschließend auf ein Individuum an (Pendry, 2014). Der automatische „Rückgriff" auf Schemata ist ein normaler

20 Nauts et al. (2014) konnten in ihrer Replikation von Asch's (1946) Experimenten zwar seine Befunde und Schlussfolgerungen nicht vollständig, jedoch in Ansätzen bestätigen (z.B. hatte hier das Merkmal „intelligent" mindestens einen ebenso großen Einfluss auf die Eindrucksbildung wie Wärme, letztere war jedoch auch hier bedeutsamer als Höflichkeit).

Prozess der menschlichen Informationsverarbeitung, da wir so viele auf uns einströmende Reizinformationen in nur kurzer Zeit bewerten müssen – Schemata helfen dabei, diese zu filtern und miteinander zu verknüpfen – und eben auch fehlende Informationen auf Basis der Schemata zu ergänzen.

Ein Beispiel für ein solches Schema stellen auf Vorerfahrungen basierende **implizite Persönlichkeitstheorien** dar, die unsere Annahmen darüber beinhalten, wie welche Persönlichkeitsmerkmale zusammenhängen, d.h. jeder Mensch hat bestimmte Vorstellungen davon, welche Charaktereigenschaften gemeinsam auftreten oder wie jemand ist, der eine bestimmte Eigenschaft hat (Parkinson, 2014; Schneider, 1973). Ein Beispiel wäre die Auffassung, dass jemand, der aggressiv ist, auch rücksichtslos und dominant ist. Auch Informationen über Gruppenzugehörigkeiten (z.B. Hausbesetzer:in, Studierende etc.) werden genutzt, um Menschen einzuschätzen. Diese Gruppenzugehörigkeit kann ebenfalls ein Schema aktivieren und so die Personenwahrnehmung lenken (Pendry, 2014). Solche können in **Personenschemata** bestehen (z.B. in Form von Stereotypen zu bestimmten Personengruppen, wie etwa „männlicher Alkoholiker = arbeitslos, häuslicher Gewalttäter") oder in **Rollenschemata,** die sich auf berufliche Tätigkeiten oder Aufgaben beziehen, die Menschen ausführen, z.B. was als typisch für einen Rechtsanwalt, eine Managerin, einen Bauarbeiter oder eine Sekretärin angesehen wird (Aronson et al., 2014; Pendry, 2014). Wie bei anderen Schemata auch, kommt es dann zu einer **Übergeneralisierung** der angenommenen Merkmale einer Gruppe auf das einzelne Gruppenmitglied (Aronson et al., 2014). So kann beispielsweise die Vorinformation, eine zu vernehmende Zeugin sei Jura-Professorin möglicherweise zu einer anderen Einschätzung ihrer Person führen, als die Information, sie sei obdachlos oder Bardame in einem Nachtclub. Ein weiteres Beispiel für Schemata, die in Vernehmungssituationen wirksam werden können, sind **Ereignisschemata**[21], die das Wissen über den typischen Ablauf spezifischer Ereignisse strukturieren (Aronson et al., 2014), wie z.B. einen Besuch beim Friseur, aber auch z.B. darüber, wie bestimmte Delikte/Interaktionen „typischerweise" ablaufen.

Die Personenbeurteilung anhand von Schemata läuft weitestgehend automatisch ab, da ein vorhandenes Schema durch die Konfrontation mit dem entsprechenden Reiz (z.B. auf einer Parkbank liegender Mann = Obdachloser) automatisch aktiviert wird (Pendry, 2014). Diese oberflächliche, automatische Verarbeitung (automatisches Denken) läuft ab, wenn Entscheidungen schnell getroffen werden müssen und dafür aus Zeit- und Kapazitätsgründen nicht alle verfügbaren Informationen tiefgründig durchdacht

21 Dabei handelt es sich um kognitive Skripte, s.a. Kap. 2.4.4.

werden können (kontrolliertes Denken), um zu einem Urteil zu kommen (Aronson et al., 2014; Pendry, 2014). In Kombination mit entsprechenden **Vorurteilen** gegenüber bestimmten Personengruppen können dadurch **negative Fehleinschätzungen** resultieren (z.B. Schwarze Männer = Drogendealer oder Einbrecher; vgl. folgendes Beispiel).

**Beispiel**

**Wahrnehmungsbeeinflussung durch Vorurteile und Stereotype:**

**Polizeieinsatz in Hamburg: Weil er schwarz ist? Lehrer wird für Einbrecher gehalten**

Die Anruferin klingt aufgeregt. Ein schwarzer Mann sei in die Schule eingebrochen, meldet eine Jugendliche in Langenhorn Ende November der Polizei und löst damit einen Großeinsatz aus. Doch der Mann, den die Beamten vor Ort antreffen, ist in Wirklichkeit Lehrer – und nun zutiefst verletzt.

Der 22. November ist ein Sonntag. Normalerweise kein Arbeitstag für einen Lehrer. Doch wie viele seiner Kollegen an der Stadtteilschule XX begibt sich auch S. immer mal wieder am Wochenende in die Schule, um den Unterricht für den nächsten Tag vorzubereiten.

*„Wegen der Corona-Maßnahmen ist es nicht einfach, die Abstände im Lehrerzimmer einzuhalten. Ich musste viele Kopien machen und wusste, dass es am Montag schwierig werden würde, ohne von vielen Menschen umgeben zu sein und ohne die Kollegen und Kolleginnen zu nerven"*, erzählt der 42-Jährige. Also kopiert S. die Zettel und bringt sie ein Stockwerk tiefer zum Klassenzimmer der 8a, um die Englisch-Aufgaben auf die Tische zu verteilen.

**Ein schwarzer Mann? Passantin ruft die Polizei**

Was S. nicht ahnt: Eine 14-jährige Passantin hat ihn durchs Fenster im Klassenraum gesehen und die Polizei alarmiert. Sie meldet, dass *„sich ein schwarzer maskierter Mann darin aufhalte"*, bestätigt eine Sprecherin der Polizei der MoPo. Dass eine blonde Kollegin von S. früher am Tag in der Schule war, hatte niemand bei der Polizei gemeldet. (...)

(Gessner, 2021, erschienen in der MoPo vom 25.01.2021; gekürzt)

Welche Schemata bei der Einschätzung einer Person oder Bildung eines Eindrucks zur Anwendung kommen, hängt davon ab, wie stark zugänglich die jeweiligen Schemata sind – entweder sind sie vor dem persönlichen Erfahrungshintergrund dauerhaft zugänglich (und prägen die Interpretation von sozialen Situationen) oder aber aufgrund von kürzlich Erlebtem oder Gelerntem vorübergehend (Aronson et al., 2014). So könnten z.B. gerade abgeschlossene Ermittlungen in einem Fall schweren Kindesmissbrauchs die Einschätzung eines erwachsenen Beschuldigten, der auf der Straße fremde Kinder angesprochen hat, beeinflussen, da das Schema gerade aktiviert ist. Der Vorgang, dass ein Reiz (hier: Erhöhte Zugänglichkeit des Schemas eines sexuellen Missbrauchs) die nachfolgende Informationsverarbeitung (hier: Einschätzung des Beschuldigten in der Vernehmung) beeinflusst, wird **Priming** genannt (Aronson et al., 2014).

Liegt zu einer Situation oder Person noch kein Schema vor oder kommen mehrere Schemata infrage, um zu einem Urteil zu gelangen, helfen sog. **Urteilsheuristiken** (= Daumenregeln, die genutzt werden, wenn ohne vollständige Informationsgrundlage Entscheidungen bzw. Einschätzungen getroffen werden müssen; Pendry, 2014) weiter (Aronson et al., 2014). Heuristiken können hilfreich und effektiv sein, um zu einer schnellen (und ggf. richtigen) Einschätzung zu kommen bzw. eine große Menge an Informationen sinnhaft zu verknüpfen. Sie sind aber ebenso Quelle von Fehleinschätzungen (Aronson et al., 2014; Pendry, 2014).

- Beispielsweise schließen wir aufgrund der Leichtigkeit, mit der uns Erinnerungen an ein bestimmtes Ereignis einfallen (wie verfügbar/leicht zugänglich diese sind) auf deren Häufigkeit bzw. Auftretenswahrscheinlichkeit (sog. **Verfügbarkeitsheuristik**) (Aronson et al., 2014; Pendry, 2014; Tversky & Kahnemann, 1973). Je leichter die Erinnerung daran fällt, als desto wahrscheinlicher wird das Ereignis eingeschätzt (Pendry, 2014). So können besonders aufsehenerregende oder schwere Fälle (z.B. Tötungsdelikte) zur Überschätzung der realen Auftretenswahrscheinlichkeit führen (Porsch & Werdes, 2016). Oder eine Falschanzeige wegen Vergewaltigung wird für umso wahrscheinlicher gehalten werden, je leichter einem derartige Fälle einfallen. Dabei wird die reale Auftretensrate, die im Vergleich zu tatsächlichen Vergewaltigungen sehr gering ist (z.B. Lovett & Kelly, 2009), vernachlässigt.
- Darüber hinaus werden Urteile über Personen darüber getroffen, wie repräsentativ sie für ein bestimmtes Stereotyp oder wie ähnlich sie einem bestimmten Prototypen sind, d.h. sie werden anhand ihrer Übereinstimmung bestimmter Merkmale einer Kategorie zugeordnet – z.B. ein gepflegt aussehender Mann im Anzug mit Aktentasche der Kategorie Manager (sog. **Repräsentativitätsheuristik;** Aronson et al., 2014; Pendry, 2014). In der Regel wird dabei vernachlässigt, wie häufig das Auftreten des vermeintlich repräsentativen Merkmals in der gegebenen Population tatsächlich ist (Basisrate; z.B. tragen weitaus nicht alle Manager einen Anzug), was zur Überschätzung derselben führt (Pendry, 2014), d.h. oftmals überlagert die (vermeintlich) repräsentativitätsbasierte Einschätzung die Einbeziehung der tatsächlichen Auftretensrate (Kahnemann & Tversky, 1973). Wenn die Informationen über

die betreffende Person zuverlässig sind, kann eine Einschätzung nach Repräsentativität trotz geringer Basisrate durchaus nützlich und zutreffend sein, sind sie jedoch nur vage oder unsicher, ist eine aktive Einbeziehung der Basisrate die bessere Alternative für eine richtige Einschätzung (Aronson et al., 2014). Wenn z.B. auf Basis bestimmter Merkmale auf die Zugehörigkeit einer Person zu einer bestimmten Gruppe geschlossen wird, sollten diese sehr spezifisch für diese Gruppe sein, d.h. zuverlässig auf die Gruppenzugehörigkeit hinweisen, um außer Acht lassen zu können, dass Personen dieser Gruppe eigentlich sehr selten in diesem Kontext auftreten (und die Person tatsächlich eine Ausnahme darstellt). Sind die Merkmale nur sehr unspezifisch und treffen auf eine Vielzahl an Personen (auch anderer Gruppen) zu, ist es sinnvoller die Basisrate zu berücksichtigen[22] (Aronson et al., 2014).

Neben Persönlichkeitseinschätzungen versuchen wir auch, uns die **Ursachen für das Verhalten** von Menschen zu erklären (Aronson et al., 2014; Parkinson, 2014). Dabei führen wir Kausalattributionen durch, was meint, dass wir dem Verhalten einer Person eine Ursache („Kausalität") zuschreiben („attribuieren") (Parkinson, 2014). Während in einer Vernehmung in der Regel versucht wird, die Ursache von Verhaltensweisen der vernommenen Person (z.B. der Beschuldigten) genauer zu ergründen, laufen Attributionsprozesse oftmals unmittelbar und automatisch ab, u.a. aus einem Bedürfnis heraus, sich die Welt zu erklären (Aronson et al., 2014). Ebenfalls liegen uns auch bei der Ursachenzuschreibung i.d.R. nicht alle notwendigen Informationen vor, die eine tiefgründige Analyse erst möglich machen würden (Aronson et al., 2014). Um trotz unvollständiger Informationsgrundlage attribuieren zu können, nutzen wir **kausale Schemata**, d.h. Wissensstrukturen, die Annahmen darüber beinhalten, wie bestimmte Ursachen zu bestimmten Wirkungen führen (Parkinson, 2014[23]). Zusätzlich stehen uns kognitive Skripts zur Verfügung, in denen abgespeichert ist, wie bestimmte Ereignisse normalerweise ablaufen (Parkinson, 2014; s.o.: Ereignisschemata), z.B. ein Besuch beim Zahnarzt, ein Theaterbesuch oder ein Einkauf im Supermarkt, so dass sich auch daraus Erklärungen für das Verhalten anderer in bestimmten sozialen Situationen ergeben.

Um uns das Verhalten von Menschen zu erklären, können wir auf zwei unterschiedliche Attributionsstile zurückgreifen: Wir können **internal** (auf Persön-

22 Da die Merkmale Anzug, Laptop und Aktentasche keinesfalls spezifisch und kontextunabhängig nur auf Manager zutreffen, wäre es beispielsweise bei einem Mann im Anzug mit Laptop und Aktentasche in der Cafeteria eines Gerichts wahrscheinlicher, dass es sich um einen Rechtsanwalt oder einen Sachverständigen (und eben nicht um einen Manager) handelt.

23 Parkinson (2014) führt hier exemplarisch an, dass Beobachtende einer Radfahrerin, die schnell einen Berg hinunterfährt, als Ursache für die Geschwindigkeit nicht auf eine besondere Kraft der Radfahrerin schließen, da sie wissen, dass allein die abfallende Steigung die Geschwindigkeit erklären kann.

lichkeitseigenschaften) oder **external** (auf die Situation) **attribuieren** (Heider, 1958; s.a. Aronson et al., 2014). Hat beispielsweise jemand einen Raub begangen, kann man dies entweder seiner aggressiven und habgierigen Persönlichkeit zuschreiben (internale Attribution) oder annehmen, dass der situative Kontext, z.B. eine extreme Notlage, ihn dazu gebracht hat, dieses Verhalten zu zeigen (externale Attribution). Je nachdem, wie attribuiert wird, entsteht ein unterschiedlicher Eindruck der Person. Die internale Attribution würde in diesem Beispiel zu einem negativen, die externale zu einem milderen Urteil führen.

Auch bei Attributionsprozessen kommt es oftmals zu Urteilsfehlern. So neigen wir dazu, das Verhalten anderer Personen – so auch möglicherweise der vernommenen Person – eher ihrer Persönlichkeit/Disposition als den situativen Umständen zuzuschreiben, was als **fundamentaler Attributionsfehler** bezeichnet wird (Heider, 1958). Dies ergibt sich daraus, dass man die situativen Umstände einer beobachteten Person meistens nicht (sofort) kennt (z.B. ob sie heute einen guten oder schlechten Tag hatte) und dieses Wissen daher auch nicht für eine Attribution heranziehen kann (Aronson et al., 2014). Vernimmt man also beispielsweise einen jugendlichen Beschuldigten, der bereits mehrfach wegen kleinerer Diebstähle und Körperverletzungen in Erscheinung getreten ist, wegen einer Schlägerei, wird sein Verhalten sehr wahrscheinlich auf seine Persönlichkeit zurückgeführt (also personenbezogen attribuiert), wohingegen situationale Faktoren (z.B. der Jugendliche wurde initial angegriffen, war länger nicht auffällig gewesen) weniger stark berücksichtigt werden.

Allerdings unterliegt man dem fundamentalen Attributionsfehler nur bei der Beurteilung des Verhaltens anderer, nicht bei der Erklärung eigenen Verhaltens (sog. **Akteur-Beobachter-Unterschied**). Ist man selbst handelnde:r Akteur:in, neigt man eher dazu, auf die situativen Umstände zu attribuieren, insbesondere bei negativen Ereignissen (Jones & Nisbett, 1971[24]). Dies stellt eine **selbstwertdienliche Attributionsverzerrung** dar, die es ermöglicht, ein positives Selbstbild zu erhalten (Parkinson, 2014). Der Jugendliche selbst würde also eher situationale Erklärungen für seine Beteiligung an der Schlägerei anführen (z.B., dass er von seinen Freund:innen unter Druck gesetzt worden sei, mitzumachen; die anderen Beteiligten ihn provoziert hätten etc.). In der Vernehmung sind nun die Vernehmenden typischerweise in der Rolle der „Beobachter:innen" und die Vernommenenen (Beschuldigte oder Zeug:innen) in der der „Handelnden", deren Verhalten zu ergründen ist (Linssen, 2012), sodass derartige Zuschreibungsprozesse wahr-

24 Eine Metaanalyse zum Akteur-Beobachter-Unterschied (Malle, 2006), die sich auf 173 veröffentlichte Studien bezog, konnte diesen in seiner Allgemeingültigkeit allerdings nicht bestätigen, sondern kam zu dem Ergebnis, dass er nur unter bestimmten Bedingungen auftritt, z.B. in Bezug auf negative Ereignisse.

scheinlich in irgendeiner Form auftreten können (z.B. in Form von unbewusstem „Victim Blaming“, indem das Opfer selbst aufgrund seiner persönlichen Eigenschaften/Verhaltensweisen für die Tat verantwortlich gemacht wird). So ist eine diesbezügliche Reflexion seitens der Vernehmenden von Vorteil, um zu einer objektiveren Einschätzung zu kommen.

Denn Attributionsprozesse spielen auch bei der **Zuschreibung von Schuld und Verantwortung** gegenüber Opfern und Täter:innen eine Rolle. Als Merkmale, die die Verantwortungszuschreibung gegenüber Opfern und Tätern bei Vergewaltigungen beeinflussen, konnten beispielsweise identifiziert werden (dazu ausführlich Krahé & Scheinberger-Olwig, 2002): Das Verhalten des Opfers vor und während der Tat (z.B. Alkoholisierung), dessen soziales Ansehen (z.B. sexuelles Vorleben, beruflicher Status), die Vorbeziehung zwischen Täter und Opfer, die Umstände der Tat (Übereinstimmung mit dem Stereotyp der „echten Vergewaltigung“ durch einen Unbekannten) sowie Merkmale des Beurteilers (männliches Geschlecht, Zustimmung zu Vergewaltigungsmythen; vgl. Kap. 6.3). Während Alkoholisierung zum Tatzeitpunkt beim Opfer zu einer negativeren, strengeren Beurteilung und mehr Schuldzuschreibung führte, sind die Befunde aufseiten des Täters weniger eindeutig: Dort führte Alkoholisierung sowohl zu milderen, die Tat damit entschuldigenden Beurteilungen, in anderen Fällen wirkte es sich gar nicht oder im Sinne einer erhöhten Verantwortlichkeit für die Tat aus (Schuller & Stewart, 2000). Auch konnte gezeigt werden, dass Opfern einer Vergewaltigung mehr und den Tätern weniger Schuld zugeschrieben wird als bei Raub. Vorinformationen über eine vorherige Beziehung zwischen Täter und Opfer verstärkten diesen Effekt bei den Vergewaltigungsfällen, nicht aber bei Fällen von Raub (Bieneck & Krahé, 2011).

Da man nicht nur schemageleitet denkt, sondern sich auch schemageleitet verhält, wirken sich der erste Eindruck bzw. die aktivierten Schemata auch auf das Verhalten der vernommenen Person aus, d.h. die schematischen Erwartungen und Zuschreibungen ihr gegenüber beeinflussen ihr Verhalten (Parkinson, 2014) in der Vernehmungssituation. Auf diese Art und Weise können die Einschätzungen der Zeug:innen oder Beschuldigten durch die Vernehmenden zu einer **sich selbst erfüllenden Prophezeiung** (z.B. Snyder, 1984) werden: Das bedeutet, dass sich die ursprünglich falsche Einschätzung einer Person selbst bestätigt, da die Annahmen über eine Person und das daraus resultierende ihr gegenüber gezeigte Verhalten bewirken, dass sie sich letztlich erwartungskonform verhält und sich die Annahmen scheinbar bestätigen (Parkinson, 2014, S. 71). Stuft man die vernommene Person also beispielsweise als aggressiv ein und verhält sich entsprechend dominant, wird die vernommene Person dies spüren und mit hoher Wahrscheinlichkeit mit aggressivem Verhalten reagieren. Oder aber man ist davon überzeugt, eine beschuldigte Person lüge und setzt sie massiv unter Druck, woraufhin sie Anzeichen von Stress zeigt, sich verhaspelt, schwitzt, nervös wird etc., was in der Folge als Bestätigung (Interpretation des Stresses als „Lügensymptome") der Annahme interpretiert wird. Experimentelle Studien konnten belegen, dass die Überzeugung, eine beschuldigte Person sei schuldig, das Befragungsverhalten ihr gegenüber beeinflusst, was sich wiederum auf das verbale Verhalten der beschuldigten Person auswirkt, sodass insbesondere zu Unrecht Beschuldigte (Unschuldige) defensiver und weniger plausibel in ihrem Abstreiten der Tatvorwürfe waren und ihr Verhalten eher als Indikator der Schuld wahrgenommen wurde (= sich selbsterfüllende Prophezeiung) (z.B. Hill et al., 2008; s.a. Kassin et al., 2003). Dies wiederum leistet einem für die Vernehmung hochrelevanten Verzerrungseffekt Vorschub, dem **Confirmation Bias** (Bestätigungstendenz).

**Der Confirmation Bias**

Beim Confirmation Bias bzw. der Bestätigungstendenz handelt es sich um eine kognitive Verzerrung, denen Beurteilende bei der Suche und Interpretation von Informationen unterliegen können. Demnach werden Informationen (oder Beweise) so gesucht oder in einer Weise interpretiert, dass die eigenen Annahmen, Überzeugungen, Erwartungen oder bereits gebildete Hypothesen belegt werden (Nickerson, 1998), was auch bedeuten kann, dass dem entgegenstehende Informationen nicht gesucht oder gar ausgeblendet werden (Hill et al., 2008). Das heißt: Informationen, die die eigenen Annahmen bestätigen, werden verstärkt wahrgenommen bzw. überbewertet; Informationen, die den Annahmen widersprechen, dagegen nicht wahrgenommen bzw. weniger gewertet (Burke, 2007). Auch dabei handelt es sich um eine unbewusste kognitive Strategie, die letztlich der Komplexitätsreduktion und Erleichterung der Entscheidungsfindung dient (vgl. Kemme & Ehmcke, 2021). Dies ist für die Vernehmungssituation von besonderer Relevanz, denn es liegt in der Natur der Sache, dass Vernehmende auf Basis von Vorinformationen und bisherigen Ermittlungsergebnissen mit einem bestimmten Anfangsverdacht oder gewissen Hypothesen, was vorgefallen sei oder wer der Täter/die Täterin sein könnte, in die Vernehmung einsteigen. Dies wiederum kann einer selektiven Wahrnehmung im o.g. Sinne Vorschub leisten (vgl. Brusten & Malinowski, 1983). So können beispielsweise negative (diskreditierende) Vorinformationen über eine Opferzeugin im Sinne des Confirmation Bias dazu führen, dass ihre Glaubwürdigkeit sowie die Glaubhaftigkeit ihrer Aussage geringer eingeschätzt und in der Folge die geschilderte Tat fälschlicherweise seltener als erlebt beurteilt wird als ohne derartige Vorinformationen (Posch & Kemme, 2021).

Auch konnten verschiedene Studien belegen, dass eine Hypothese über die Schuld oder Unschuld einer Person Einfluss auf die Art, die Anzahl und den Inhalt gestellter Fragen in der Vernehmung sowie auf die Vernehmungstechniken hat (z.B. Hill et al., 2008; Kassin et al., 2003; Koppelaar et al., 1997), z.B. indem mehr schuldvermutende als neutrale Fragen gestellt werden, wenn die Beurteilenden durch negative Vorinformationen auf die Schuld der verdächtigen Person geprimed wurden (Hill et al., 2008). Auch beeinflussen schuldinduzierende Vorinformationen bezüglich eines Beschuldigten die Interpretation mehrdeutiger Zeug:innenaussagen, indem diese dann von den Beurteilenden in Richtung der Schuld interpretiert werden (Ask & Granhag, 2005). Es ist evident, dass der Confirmation Bias und ein daraus resultierendes Vorgehen bei den Ermittlungen zu extremen Fehleinschätzungen und gar Fehlverurteilungen führen können (vgl. Fallbeispiel des Ulvi K. in Kap. 8.6).

Den geschilderten (überwiegend automatisiert ablaufenden) Verzerrungen und „voreilig aktivierten" Beurteilungen und Einschätzungen entgegenzuwirken, erfordert **aktive Kontrolle und Strategien**, z.B. indem man sich bewusst und motiviert auf eine komplexe Bewertung aller verfügbaren Informationen einlässt (und ggf. nach fehlenden sucht) und zu einer individualisierten (und weniger stereotypen) Eindrucksbildung kommt (Pendry, 2014). Denn es ist durchaus möglich, solche automatisierten Reaktionsweisen zu korrigieren, wenn man sich a) ihrer bewusst ist, b) dazu motiviert ist und c) die entsprechende Zeit dazu zur Verfügung steht (vgl. Pendry, 2014). Motivation allein genügt nicht, um von einem ersten, schemageleiteten zu einem individualisierten Eindruck des Gegenübers zu kommen (vgl. Fiske & Neuberg, 1990). Wenn äußerer (Zeit-)Druck eine systematische Einschätzung der Befunde behindert oder die Aufmerksamkeit erschöpft ist, wird die Fähigkeit der systematischen Verarbeitung von Informationen über das Gegenüber und die intensivere gedankliche Auseinandersetzung damit beeinträchtigt sein (Pendry, 2014). Dies macht deutlich, wie wichtig es für Vernehmende ist, ausreichend Zeit und kognitive Kapazitäten für die Vernehmungen und den Ermittlungsprozess zur Verfügung zu haben und nicht „ausgelaugt" und unter einem hohen Ermittlungsdruck einen Fall „abarbeiten" zu wollen/müssen.

**Das Wichtigste in Kürze**

**Relevanz für die Vernehmung:**

- Zum Gelingen der Vernehmung sollte in der Kommunikation sowohl auf die Sach- als auch die Beziehungsebene fokussiert werden.
- Bei der Wahrnehmung und Einschätzung von Zeug:innen und Beschuldigten werden zunächst unbewusste Prozesse wirksam, sodass wir die Person auf Basis der Verfügbarkeit bestimmter, auf Vorerfahrungen basierender generalisierender Schemata einordnen und kategorisieren. Dies kann eine effektive erste Hilfe sein, ist aber auch eine Fehlerquelle, wenn nicht versucht wird, sich aktiv um die Überprüfung der Richtigkeit der ersten Einschätzung zu bemühen, und das Urteil auf sehr wenigen Informationen basiert.

- Es sollte bewusst, reflektiert und motiviert ein Bemühen stattfinden, zu einer individualisierten Einschätzung der aussagenden Person und der Ursache ihres Verhaltens zu kommen (d.h. erste Einschätzungen gezielt zu prüfen, alle Informationen mit einzubeziehen, offen und unvoreingenommen gegenüber der Person zu sein, ihr Verhalten nicht vorschnell auf dispositionale (in der Person liegende) Ursachen zurückzuführen, sondern gezielt auch situationale Einflüsse zu berücksichtigen → d. h. auch externale Attributionsmöglichkeiten miteinzubeziehen).
- Wichtig ist eine ergebnisoffene Herangehensweise – es sollten immer alle möglichen (nicht nur die favorisierten) Hypothesen verfolgt, alle Informationen (die hypothesenkonformen und -konträren) gleichermaßen berücksichtigt und einbezogen und sich nicht vorschnell auf eine Hypothese, Einschätzung oder eine tatverdächtige Person festgelegt werden.
- Äußerer (Zeit-)Druck und erschöpfte Aufmerksamkeit fördern schemageleitete, stereotype Informationsverarbeitung und laufen einer einzelfallbezogenen fundierten Beurteilung der Person und Situation zuwider.

# 4. Aufbau der Vernehmung und Fragetechniken

## 4.1 Phasen der Vernehmung

Der gesamte Vernehmungsprozess kann grob in die Phasen der Vorbereitung und Planung, der Informationsgewinnung (die eigentliche Vernehmung) und der Nachbereitung (im Sinne einer Reflexion und Aufbereitung der gewonnenen Erkenntnisse und daraus resultierenden weiteren Ermittlungsschritte) eingeteilt werden. Jede Vernehmung erfordert eine **gründliche Vorbereitung** und Planung – zum einen, um sich bestmöglich auf die Aussageperson einzustellen (z.B. bezüglich des Alters, Entwicklungsstands, Erkrankungen). Zum anderen kann eine gute Vorbereitung ggf. verhindern, dass Zeug:innen aufgrund von vergessenen Aspekten nochmals nachvernommen werden müssen, dass man in der Vernehmung planlos inhaltlich hin und her springt oder unsicher wirkt und daraus resultierend schnell überreagiert. Dies kann den Respekt der Aussageperson gegenüber den Vernehmenden reduzieren und sich auf deren Kooperationsbereitschaft auswirken (Milne & Bull, 2003a) bzw. die Konzentrationsfähigkeit der Zeug:innen beeinträchtigen. Zur gründlichen Vorbereitung gehört neben dem intensiven Aktenstudium auch das Bewerten und Hinterfragen des bisherigen Ermittlungsstandes, um gezielt auf Unstimmigkeiten und Unklarheiten eingehen zu können. Unabdingbar dabei ist aber, wie bereits beschrieben, die Vernehmung ergebnisoffen und nicht auf bestimmte Hypothesen festgelegt zu beginnen, d.h. nicht nach Bestätigungen eigener Vorannahmen zu suchen (Milne & Bull, 2003a). Denn „wer sich bei der Planung einer Vernehmung vornehmlich an den Punkten orientiert, die er beweisen will, wird mit großer Wahrscheinlichkeit unvollständige oder gar inkorrekte Informationen bekommen" (Milne & Bull, 2003a, S. 68). Dies wird sich nämlich nicht zuletzt in einem ungünstigen (suggestiven) Befragungsverhalten niederschlagen.

**Was bedeutet eine Vernehmung für die Aussageperson?**

Für die Vernehmenden stellt eine Vernehmung eine Routinetätigkeit dar, deren Ablauf und Formalia sie kennen. Zudem stehen sie nicht selbst im Fokus, sondern sind diejenigen, die den formalen Rahmen vorgeben und eine institutionelle Einbindung haben, aus deren Legitimation heraus sie handeln. Die vernommene Person – ob Beschuldigte oder (Opfer-)Zeug:innen – sind mit der Situation (in der Regel) jedoch nicht vertraut. Um sich besser in ihre Situation hineinzuversetzen, hilft es, sich zu vergegenwärtigen, welche Belastungen sich für die Aussageperson ergeben können, welche Ängste ggf. mit der Vernehmungssituation verbunden sind und zu welchen Folgen dies führen kann.

Mögliche für die Aussagepersonen entstehende Stressfaktoren können z.B. sein (nach Brockmann & Chedor, 1999, S. 18–19):

- die unbekannte Situation, Örtlichkeit und Räumlichkeit
- Wartezeiten, persönliche Verpflichtungen (Kinder von der Schule abholen etc.)
- Unkenntnis dessen, was sie erwarten wird, wie lange die Vernehmung dauern wird, Unkenntnis des Ablaufs
- Autoritätsangst vor der Polizei

Insbesondere bei Opferzeug:innen/nach belastenden Ereignissen kommt zudem hinzu:

- Belastungen aufgrund der Art des Vorfalls/des Inhalts der Aussage und
- die Notwendigkeit, sich aktiv wieder mit etwas zu konfrontieren, was man eigentlich vergessen möchte

Darüber hinaus kann eine Vernehmung Ängste und Befürchtungen auslösen, z.B.

- Angst, etwas Falsches zu sagen oder sich nicht richtig zu erinnern
- Angst, sich selbst oder jemand anderen (versehentlich) zu belasten
- Angst, dass die Polizei einem nicht glaubt, Mitschuldvorwürfe macht
- Unsicherheit, was alles in der Vernehmung angesprochen wird (z.B. an schambesetzten, nicht unmittelbar mit dem Sachverhalt in Zusammenhang stehenden Dingen)

Ein aufgrund solcher Faktoren erhöhtes Stressniveau kann sich auf vielfältige Weise negativ auf die Ziele und den Zweck der Vernehmung auswirken. Denn eine hohe Ausschüttung des Stresshormons Cortisol bei hohem Arousal (Erregung/Aktivierung) kann z.B. dazu führen, dass der Erinnerungsabruf erschwert oder gar ganz blockiert wird (z.B. Tollenaar et al., 2008; vgl. Kap. 2.4.2), was unterstreicht, wie wichtig es ist, den durch die Vernehmung entstehenden Stress soweit wie möglich zu reduzieren. Auch kann sich ein hoher Stress und Angst auf die Aussagemotivation bzw. die Bereitschaft, eine möglichst vollständige und genaue Aussage zu machen, auswirken.

Dies kann sich u.a. darin äußern, dass die Aussageperson

- gereizt reagiert
- vorschnell antwortet oder sich nicht bemüht, sich zu erinnern („*Ich weiß nichts mehr davon*", „*Ich habe doch schon gesagt, dass ich das nicht mehr weiß*")
- oder tatsächlich Schwierigkeiten hat, sich zu erinnern (Abrufblockade)
- sich nicht konzentrieren kann oder will und deshalb über andere Themen erzählt, in denen sie sich sicher fühlt
- sich in Widersprüchen verfängt, da sie nicht ausreichend nachdenkt, sondern vorschnell irgendwas sagt (Brockmann & Chedor, 1999, S. 19)

Insgesamt umfasst die Vernehmungssituation die gesamte Interaktion – vom ersten Blickkontakt bis zur Verabschiedung der Aussageperson (Greuel, 2008). Wichtig ist zu Beginn – insbesondere vor dem Hintergrund der Besonderheiten der Kommunikationssituation, die sowohl Beschuldigte, aber auch Zeug:innen sicherlich mit einer gewissen Aufregung zur Vernehmung erscheinen lässt – die **Herstellung eines Rapports**, also einer vertrauensvollen und für die Vernehmungsperson angenehmen Gesprächsatmosphäre (Greuel, 2008; Heubrock & Palkies, 2008). Es handelt sich also um eine „frühe Phase des Beziehungsaufbaus und der Beziehungsgestaltung" (Heubrock & Palkies, 2008, S. 602). Heubrock und Palkies (2008) betonen die Wichtigkeit des Rapports für das Gelingen der Vernehmung und bezeichnen sie als „‚Nadelöhr' einer gelingenden oder ungünstig verlaufenden polizeilichen Maßnahme" (S. 602). Studienbefunde zeigen, dass sich ein gelingender Rapport aufseiten der Aussageperson positiv auf die Preisgabe von Informationen auswirkt (z.B. Gabbert et al., 2021 für ein Review). Für Kinder und Personen mit intellektuellen Defiziten ist diese „Anwärmphase" nochmals mehr von Bedeutung, da sie in besonderem Maße Zeit und Gelegenheit benötigen, sich auf die neuartige Situation und fremde Befragende einzustellen (Milne & Bull, 2014). Ein weiterer positiver Effekt des Rapports ist zudem, dass die Qualität der Erinnerung der Zeug:innen verbessert wird, indem der Anteil falsch erinnerter Details und Falschinformationseffekte reduziert werden (Vallano & Schreiber Compo, 2011).

**Kurzüberblick Rapport: Bedeutung und Anwendung in der Vernehmung**

Der Begriff „Rapport" (französisch: Beziehung) beschreibt die Beziehung oder das vertrauensvolle, aufeinander bezogene Verhältnis zwischen zwei Menschen und wird in verschiedenen Kontexten verwendet, z.B. in Bezug auf die Beziehung zwischen Psychotherapeut:in und Patient:in oder Hypnotiseur:in und Hypnotisierten (Wirtz, 2020b; Heubrock & Palkies, 2008) und in forensischen Befragungssituationen (Collins et al., 2002), wie z.B. auch zwischen Vernehmenden und der zu vernehmenden Person (z.B. Abbe & Brandon, 2014; Collins et al., 2005; Heubrock & Palkies, 2008). Newberry und Stubbs (1990) definieren Rapport in diesem Zusammenhang beispielsweise als „harmonische, empathische oder sympathische Beziehung oder Verbindung zu einer anderen Person" (Newberry & Stubbs, 1990, S. 14, zitiert nach Collins et al., 2002, eigene Übersetzung).

Eine solche zu erreichen ist jedoch insbesondere in forensischen und polizeilichen Befragungs-/Vernehmungssituationen aufgrund des speziellen Charakters der Interaktion, die von den Befragenden/Vernehmenden ausgeht und von den Befragten oftmals als unwillkommen, stressig oder gar bedrohlich erlebt wird (Vanderhallen et al., 2011; Abbe & Brandon, 2014) nicht immer leicht. Vielmehr können hier Macht- und Statusunterschiede sowie unterschiedliche Kommunikationsformen und -regeln besonders wirksam werden (Kraheck-Brägelmann, 1994; Abbe &

Brandon, 2014) und einen gelingenden Kontakt erschweren. Auf der anderen Seite kann die Herstellung von Rapport in dieser wichtigen Phase zu Beginn der Vernehmung sowohl bei Zeug:innen als auch Beschuldigten Stress reduzieren und Vertrauen aufbauen und bei den Vernehmenden eine akzeptierende, wertschätzende Grundhaltung aktivieren. Aus diesem Grund wurde dieses Element auch in das erweitere Kognitive Interview integriert (Fisher & Geiselman, 1992, vgl. Kap. 4.5.3). Auch wenn der Rapport als „state of communicative alliance"[Zustand kommunikativer Verbündung] (Abbe & Brandon, 2014, S. 238) auf Eigenschaften beider Interaktionspartner:innen zurückgeht (Tickle-Degnen & Rosenthal, 1990), bezieht er sich nach Risan et al. (2018) auf „den sozialen Einfluss des/r Befragenden, wie er oder sie die befragte Person anspricht, um einen Beziehungskontext herzustellen, in dem sich die Person wohlfühlt, ihre kognitiven Ressourcen maximiert werden (z.B. Abruf von Erinnerungen) und der einen detaillierten Bericht unterstützt" (S. 3; eigene Übersetzung). Die Leichtigkeit und Geschicklichkeit, Rapport mit unterschiedlichen Interaktionspartner:innen herzustellen mag interindividuell (Abbe & Brandon, 2014) oder auch situationsabhängig (Tickle-Degnen & Rosenthal, 1990) variieren. Um dies jedoch gezielt zu unterstützen bieten sich für Vernehmende verschiedene Techniken an.

**Mögliche Techniken zur Herstellung von Rapport**

**Inhaltlich:**

- Persönliche **Vorstellung**
- **Gesprächseinstieg** mit neutralen, sachverhaltsunabhängigen Themen (Greuel, 2008; Heubrock & Palkies, 2008)
- **Selbstoffenbarung** (z.B. sich – situations- und kontextangemessen – an passenden Stellen als Person zeigen, Präferenzen oder biografische Details offenbaren) → Personalisierung der Interaktion (Abbe & Brandon, 2014)

**Nonverbal/paraverbal**

- eine **empathische, verständnisvolle Grundhaltung** der Vernehmenden, die durch ein stimmiges und authentisches nonverbales Verhalten begleitet wird (z.B. über die Gestik, Mimik, wie ein freundliches Lächeln, Blickkontakt), eine offen zugewandte Körperhaltung (z.B. über einen tendenziell nach vorn geneigten vs. zurückgelehnten Oberkörper), eine angemessene physische Distanz (Heubrock & Palkies, 2008; Heubrock & Donzelmann, 2010; Milne & Bull, 2003a).
- **Unmittelbarkeit und Signalisieren von Aufmerksamkeit** (z.B. Blickkontakt herstellen, den eigenen Körper nach der anderen Person ausrichten)
- **Aktives Zuhören** (z.B. zustimmende Laute von sich geben [„*mmh*", „*okay*"]), kurze Zusammenfassung des Gesagten, Wiederholung des Gesagten zur Signalisierung, dass es aufgenommen und verstanden wurde (vgl. Kap. 4.4)
- **Mimikry/Nachahmung** (Nachahmung bzw. Spiegelung von nonverbalem Verhalten, Sprechgeschwindigkeit oder sprachlichen Mustern). Dies sollte allerdings subtil

und jeweils um einige Sekunden verzögert erfolgen, damit es beiläufig und unauffällig ist und nicht den gegenteiligen Effekt hat, dass sich die Gesprächspartner:innen nicht mehr ernst genommen fühlen (Abbe & Brandon, 2014; vgl. auch Heubrock & Palkies, 2008)

- **Beständigkeit des Kontakts** (Sofern die Gesprächsdynamik nicht durchgehend negativ ist oder aus anderen Gründen zu einem Bruch führt, kann es – neben den dargestellten Techniken – bei mehrfachen bzw. über mehrere Termine verteilten Vernehmungen von Vorteil sein, immer die gleiche Person mit deren Durchführung zu betrauen, da dadurch zwar nicht notwendigerweise Sympathie, wohl aber eine Gesprächsbasis erreicht werden kann) (Abbe & Brandon, 2014)

Inhaltlich bietet sich für die Rapportphase das Personalisieren (d.h. die Vernehmenden stellen sich selbst kurz vor) und ein Gesprächseinstieg mit neutralen, sachverhaltsunabhängigen Themen an (Greuel, 2008; Heubrock & Palkies, 2008). Dies hat zum einen den Nutzen des Vertrauensaufbaus und der Reduktion von Stress, aber auch der Aktivierung einer Aussagehaltung, die auf ausführliche Schilderungen und das eigene Erleben abzielt (Greuel, 2008) (und nicht etwa ein Frage-Antwort-Format, das entstehen würde, wenn z.B. nur knapp die Personalien abgefragt würden). Denn eine Vernehmung stellt, gerade wenn es sich für die Aussageperson um die erste handelt, eine „Lernerfahrung" (Milne & Bull, 2003a, S. 32) dar, in der sie aus dem Verhalten der Vernehmenden die an sie gestellten Erwartungen ableitet. Erfolgt nun ein Gesprächseinstieg mit vielen knappen, zu kurzen Antworten führenden (geschlossenen) Fragen, so besteht die Gefahr, dass sie ihr Aussageverhalten auch im sachverhaltsbezogenen Teil so ausrichten wird, auch wenn dies dann gerade nicht mehr erwünscht ist (Milne & Bull, 2003a). Vielmehr sollte schon die Phase des Gesprächseinstiegs zur Einstimmung auf die sachverhaltsbezogene anschließende Vernehmung mit offenen Fragen gestaltet werden, in denen die Aussageperson zu längeren Berichten angeregt wird.

Exemplarisch nennen Brockmann und Chedor (1999, S. 30) in diesem Zusammenhang für den Gesprächseinstieg mit offenen statt geschlossenen Fragen:

*„Sind Sie gut hergekommen?" → „Wie sind Sie hergekommen?"*

*„Sind Sie direkt von der Arbeit gekommen?" → „Was haben Sie denn vor dem Termin hier gemacht?"*

Darüber hinaus erfüllt das neutrale Einstiegsgespräch den Zweck, „sich einen ersten Eindruck von den psychischen Grundvoraussetzungen des Zeugen zu verschaffen" (Greuel, 2008, S. 227) und sich so besser auf seine individuellen Voraussetzungen und Kompetenzen einstellen zu können (z.B. Sprachverständnis und Ausdrucksfähigkeit, Aussageweise, z.B. detailliert oder knapp, psychischer Zustand, wie Ermüdung, Belastetheit etc.; Greuel,

2008). Unter dem Aspekt einer fundierteren Unterscheidung zwischen erlebten und erfundenen Aussagen empfehlen Hermanutz et al. (2018) (analog dem Vorgehen bei der aussagepsychologischen Glaubhaftigkeitsbegutachtung) eine 5- bis 10-minütige Sequenz, um das strukturierte Erheben eines **freien Berichts zu einem nicht tatrelevanten Thema** einzuplanen. Neben einer Gewöhnung an das geforderte Befragungsformat können die Befunde zur Aussageweise und das Aussageverhalten zu diesen neutralen Themen und Sachverhalten im Rahmen eines intraindividuellen Vergleichs eine erste Vergleichsbasis darstellen, um festzustellen, ob sich bei Berichten zum fraglichen Ereignis deutliche Abweichungen ergeben (z.B. wenn jemand bei neutralen Themen sehr umfangreich, detailliert, assoziativ berichtet, beim fraglichen Ereignis jedoch nur knapp, in abgehackten Sätzen, usw.).[25] Voraussetzung ist jedoch, dass das Befragungsformat (offene Erzählaufforderungen und Anstoßfragen) beim nicht tatrelevanten und Tatereignis gleich ist und jeweils ein freier Bericht entsteht. Zudem sollte das Ereignis aus ungefähr dem gleichen Zeitraum stammen wie das mutmaßliche Tatgeschehen (damit z.B. nicht eine unterschiedliche Erinnerungsgenauigkeit die Ursache für einen geringeren Detaillierungsgrad ist).[26]

Weitere strategisch einzusetzende Aspekte zur Herstellung von Einvernehmen und einer positiven Gesprächsbereitschaft und -atmosphäre sind:

- eine **Sitzanordnung** im 120-Grad-Winkel (d.h. nicht gegenüber, da dies Konfrontation signalisiert),
- der **Spiegeleffekt**, d.h. der/die Vernehmende nimmt eine entspannte Körperhaltung ein in der Hoffnung, dass dies von der Aussageperson übernommen (gespiegelt) wird und
- das gezielte **Sprechen in leiser, ruhiger Stimme** (vgl. Milne & Bull, 2003a).

Wenn ein Kontakt zur Aussageperson hergestellt werden konnte und eine Gesprächsbasis besteht, folgt die Phase der **Informationsvermittlung**. Diese ent-

25 In der Glaubhaftigkeitsbegutachtung stellt dies im Rahmen eines Strukturvergleichs einen Aspekt der Analyse dar.

26 Während sich diese Methode bei Kindern allein schon gebietet, um einen Eindruck über das aktive und passive Sprachverständnis zu bekommen (vgl. Kap. 7.2.2), ist dies im Rahmen der Vernehmung nicht ohne Probleme, v.a. wenn daraus vermeintlich Schlüsse über die Glaubhaftigkeit gezogen werden sollen. Im Rahmen der Glaubhaftigkeitsanalyse durch psychologische Sachverständige werden viele andere Aspekte in den Vergleich mit einbezogen (z.B. das Behaltensintervall, das gleich sein sollte, die emotionale Tönung eines Ereignisses und zudem muss auch eine Validitätsprüfung erfolgen, dass die Person das nicht tatrelevante Ereignis auch tatsächlich erlebt hat [ansonsten erfolgt ggf. ein Vergleich mit einem erfundenen Ereignis]).

hält nicht nur die verpflichtende Belehrung[27], sondern zielt vor allem darauf ab, eine bestmögliche Transparenz für die Aussageperson herzustellen und sie über das Ziel und den Ablauf der Vernehmung sowie die an sie gestellten Anforderungen bzw. Erwartungen und Kommunikationsregeln aufzuklären (Greuel, 2008). Wichtig sind hier z.B. der Hinweis, dass es darum geht, einen möglichst umfassenden und vollständigen Bericht über den beobachteten/erlebten Sachverhalt zu erhalten, dass nur Angaben gemacht werden sollen, an die sich die Zeug:innen wirklich erinnern und unsichere oder vage Erinnerungen oder Vermutungen explizit davon abzugrenzen sind, keinesfalls aber geraten werden soll und zudem explizit auch „Ich weiß nicht"-Antworten zugelassen sind, also nicht um jeden Preis eine Antwort erwartet wird. Auch sollten Zeug:innen darüber informiert werden, dass sie die Vernehmenden immer sofort korrigieren sollen, wenn diese etwas falsch verstanden haben und nachgefragt werden sollte, wenn die Zeug:innen wiederum eine Frage nicht verstanden haben (Greuel, 2008).

**Beispiel für die Informationsvermittlung zu Beginn einer Zeug:innenvernehmung**

„Bevor wir gleich über das Ereignis sprechen, möchte ich Ihnen noch ein paar Informationen geben, wie die Vernehmung gleich ablaufen wird. Ich werde Sie gleich rechtlich belehren und über Ihre Rechte und Pflichten als Zeuge/Zeugin aufklären. Dann werde Ich Sie bitten, mir so ausführlich wie möglich zu berichten, was genau vorgefallen ist. Ich werde Sie dabei nicht unterbrechen oder Fragen stellen, da es mir wichtig ist, erst einmal so viel wie möglich von Ihnen zu erfahren. Bitte erzählen Sie mir alles, was Ihnen einfällt, auch für Sie scheinbar Nebensächliches oder Selbstverständliches. Falls ich mir irgendetwas notiere, dann schreibe ich mir eine Frage auf, damit ich sie nicht vergesse. Wichtig ist, dass Sie mir immer nur das berichten, an das Sie sich wirklich erinnern – sollten Sie unsicher sein oder etwas nur vermuten, sagen Sie dies bitte ganz deutlich. Wenn ich Sie dann später etwas frage, dürfen Sie jederzeit sagen, dass Sie es nicht wissen – bitte fangen Sie nicht an zu raten oder irgendetwas zu sagen. Für mich ist es besser, dann einfach zu wissen, dass Sie etwas nicht erinnern. Das ist völlig normal. Sollte ich irgendetwas von dem, was Sie gesagt haben, falsch verstanden haben, korrigieren Sie mich bitte unbedingt und fragen Sie gern nach, wenn meine Frage unverständlich war oder Sie nichts damit anfangen können. Ist das verständlich oder haben Sie vorab Fragen dazu? Selbstverständlich können Sie auch während der Vernehmung jederzeit sagen, wenn Sie zwischendurch eine Pause wünschen oder etwas brauchen."

27 Bei Zeug:innen insbesondere Wahrheitspflicht nach § 57 StPO, Zeugnisverweigerungsrecht bei Angehörigenverhältnis zum Beschuldigten nach § 52 Abs 1 StPO und Recht auf Verweigerung der Beantwortung von Fragen, die sie selbst oder Angehörige bezüglich einer Ordnungswidrigkeit oder Straftat belasten würde nach § 55 StPO.

Um einen möglichst hohen Informationsgewinn im Rahmen der Aussage zu erzielen und den kommunikationspsychologischen Besonderheiten der Vernehmungssituation (Asymmetrie) und deren Störfaktoren – insbesondere auf der Beziehungsebene – bestmöglich Rechnung zu tragen empfiehlt Greuel (2008) einen **zeugenzentrierten und suggestionsfreien Vernehmungsstil**.

Zeugenzentriert meint auf die Beziehungsebene abzielend (Erhöhung pseudosymmetrischer Gesprächsanteile), wie z.B. durch neutrale Themen beim Gesprächseinstieg, das Schaffen von Transparenz darüber, was die Zeug:innen in der Vernehmung hinsichtlich des Ablaufs und ihrer Rolle erwartet und das Überlassen weitgehender Kontrolle über bestimmte Aspekte, wie z.B. Pausen oder Themen sowie deren Reihenfolge (Greuel, 2008). Diese Aspekte eines erweiterten Gesprächsmanagements, das sich nicht nur auf die reine Befragung zum Sachverhalt, sondern auch darüber hinausgehend auf die Beziehungsgestaltung zur Aussageperson (Herstellung von Rapport, vgl. auch Heubrock & Palkies, 2008), die Erhöhung ihrer Aussagebereitschaft und die Schaffung einer angenehmen Atmosphäre bezieht, wurden auch z.B. bei der erweiterten Version des Kognitiven Interviews berücksichtigt (Fisher & Geiselman, 1992), das in Kap. 4.5 noch vorgestellt wird.

Ein suggestionsfreier Vernehmungsstil hängt eng mit der Voreinstellung der Vernehmenden, der Art der gestellten Fragen sowie mit dem Aufbau bzw. Ablauf der Vernehmung zusammen: So ist eine unabdingbare Grundvoraussetzung, dass Vernehmende ergebnisoffen an die Vernehmung herangehen, d.h. ohne vorher auf eine Hypothese oder einen Tathergang oder eine:n Tatverdächtige:n festgelegt zu sein, denn nur so kann vermieden werden, einseitig in eine bestimmte Richtung zu fragen und damit eigene Vorannahmen zu bestätigen und Alternativerklärungen zu vernachlässigen (Greuel, 2008).

Der Ablauf der Phase der **Informationsgewinnung zum Sachverhalt** in der Vernehmung sollte – analog zur aussagepsychologischen Exploration – **trichterförmig** aufgebaut sein, d.h. vom (durch offene Anstoßfragen initiierten) freien Bericht zu spezifischen Nachfragen, d.h. vom Allgemeinen zum Besonderen führen (Greuel et al., 1998; Heubrock & Donzelmann, 2010; Brockmann & Chedor, 1999; Steller & Volbert, 1997). Das bedeutet, zu allererst sollte der Fokus auf die Evozierung eines **möglichst umfangreichen, eigenständigen freien Berichts** gelegt werden, der **nicht durch Nachfragen unterbrochen** werden darf (vgl. Brockmann & Chedor, 1999; Heubrock & Donzelmann, 2010). Während des freien Berichts auftretende Fragen sollten notiert und an entsprechender Stelle später gestellt werden. Ein Unterbrechen der Aussageperson würde ihren individuellen Abrufprozess empfindlich stören („Faden verlieren“) und würde zudem die mögliche Unstrukturiertheit ihrer Darstellung untergraben, die ein wichtiges Glaubhaftigkeitsmerkmal darstellt und für eine etwaige spätere Glaubhaftigkeitsanalyse von hoher Bedeutung ist (vgl. Kap. 10.4).

> Zur Initiierung eines freien Berichts bieten sich offene Erzählaufforderungen an, z.B.
>
> *„Ich würde Sie nun zunächst bitten, mir möglichst genau zu berichten, was damals passiert ist. Nehmen Sie sich dafür ruhig Zeit und berichten Sie mir alles, was Ihnen dazu einfällt, auch Aspekte, die Ihnen zunächst gar nicht so wichtig erscheinen".*
>
> Ggf. mit weiteren Anstoßfragen (z.B. *„Und was passierte dann?", „Und wie ging es dann weiter?" „Fällt Ihnen sonst noch etwas dazu ein?")*

Wie Brockmann und Chedor (1999) richtig ausführen (vgl. auch Haas & Ill, 2013), ist die oberste Maxime während des freien Berichts, auch **Pausen der Aussageperson zu ertragen** (und hier nicht sofort mit einer Folgefrage einzuhaken, sondern sie weiter überlegen zu lassen). Zudem sollte auch, wenn sie ihren freien Bericht erstmals abschließt, nicht gleich mit Fragen angeschlossen werden, sondern ihr die Möglichkeit gegeben werden, selbst kurz das Gesagte auf sich wirken zu lassen und abzuwarten, ob ihr assoziativ noch weitere Aspekte eigenständig einfallen. Schweigepausen können für beide Interaktionspartner:innen schwer auszuhalten sein (wobei Vernehmende sich als wichtige Gesprächsführungstechnik einen souveränen Umgang damit angewöhnen sollten), aber auch längere Pausen (z.B. von einer halben Minute) sind angemessen und können mehr bewirken als vorschnelle Anschluss- oder Nachfragen (Haas & Ill, 2013).[28]

> **Die Bedeutung des freien Berichts in der Vernehmung**
>
> Der freie Bericht ist die **hochwertigste Aussageleistung**, da er **eigenständig vorgebracht** und dadurch **unbeeinflusst** ist (Greuel et al., 1998).
>
> Er ermöglicht Zeug:innen
>
> - sich in ihrem eigenen Erinnerungstempo zu erinnern
> - Unstrukturiertheit ihrer Ausführungen (d.h. sich assoziativ zu erinnern und nicht einer von außen vorgegebenen Struktur zu folgen)
> - die Nutzung eigener Abrufreize, die sich aus vorher Gesagtem ergeben
>
> und Vernehmenden
>
> - mehr (ggf. ermittlungsrelevante) Details als durch ausschließliches Frage-Antwort-Format zu erhalten
> - eine höhere Richtigkeit der Informationen als durch Frage-Antwort-Format

28 Haas und Ill (2013) weisen sogar darauf hin, dass es – wenn Vernehmende keine Pausen aushalten können – zu einer „Rollenumkehr" (S. 14) kommen kann, indem die Aussageperson durch nur noch knappe Äußerungen das Gespräch übernimmt und die Vernehmenden in immer längeren Redebeiträgen ihre Fragen formulieren und ggf. dabei sogar Informationen preisgeben.

- die Möglichkeit beim Gedächtnisabruf der Zeug:innen **im Anschluss** an den freien Bericht durch Anstoßfragen zu Inhalten nachzuhelfen, die die Person bereits eigenständig vorgebracht hat.

Zusätzlich ermöglicht der freie Bericht unter der Voraussetzung, dass die Aussage auf Tonband aufgenommen und hinterher wörtlich transkribiert wurde, einen Einbezug der Aussage in die aussagepsychologische Begutachtung durch psychologische Sachverständige, wenn diese im weiteren Ermittlungsverfahren durch die Staatsanwaltschaft oder durch das zuständige Gericht beauftragt werden.

Einziger Nachteil des freien Berichts ist, dass bei sehr redewilligen Zeug:innen möglicherweise auch unbedeutende Details genannt und ausschweifend ausgeführt werden, sodass es mitunter zeitintensiv sein kann (Heubrock & Donzelmann, 2010).

Erst im Anschluss an den freien Bericht (der ggf. durch **weitere offene Erzählaufforderungen**[29] durch die Aussageperson ergänzt wird, falls er nicht an einem Stück dargeboten wird[30]) folgen Nachfragen, die den freien Bericht ergänzen, konkretisieren oder aber dem Verständnis dienen (vgl. Greuel et al., 1998; Heubrock & Donzelmann, 2010). Denn wie Greuel et al. (1998) anmerken, wird es nicht gelingen, allein durch die offenen Erzählaufforderungen einen vollständigen, nachvollziehbaren Bericht zu erhalten, da ein solcher insbesondere Kinder und Personen mit intellektuellen Beeinträchtigungen überfordert. Auch stellt der freie Bericht zwar die höchste Aussageleistung dar, die – je nach Komplexität des Sachverhaltes – hohe kognitive Anforderungen an die befragte Person stellt, und ist weniger fehleranfällig als Antworten auf geschlossene Fragen, er ist jedoch auch unvollständiger als die Informationen aus einer strukturierten Befragung (Greuel et al., 1998).

In der Phase der **strukturierten Befragung** sollten zunächst offene Fragen gestellt werden, die sich nur auf die zuvor von der Aussageperson selbst bereits genannten Inhalte beziehen und einen Anstoß für den Abruf weiterer Gedächtnisrepräsentationen bieten sollen (Greuel, 2008; Heubrock & Donzelmann, 2010). Verständnisfragen seitens der Vernehmenden können (frühestens nach Ende des freien Berichts) zwischendurch gestellt werden, um mögliche Missverständnisse zu vermeiden. Auf der Beziehungsebene signalisieren sie der Aussageperson zudem Interesse an ihren Darstellungen, dass sie mit ihrem Wissen ernst genommen wird und ihr Beitrag für die

29 Wenn der freie Bericht ins Stocken gerät, bieten sich – neben dem Einräumen und Aushalten von Gesprächspausen – offene Anstoßfragen an, wie z.B. „Und dann?“, „Was geschah danach?“, „Was fällt Ihnen noch ein?“ (vgl. Haas & Ill, 2013).

30 Hier kann es auch eine Möglichkeit sein, wenn Zeug:innen scheinbar mit ihrem freien Bericht fertig sind oder sie zu pausieren scheinen, sie nochmals zu ermuntern weiter zu überlegen („Überlegen Sie gern noch mal, evtl. fällt Ihnen noch das ein oder andere ein“; vgl. Brockmann & Chedor, 1999, S. 32).

Ermittlungen wichtig ist (Heubrock & Donzelmann, 2010). Geschlossene Fragen sollten, wenn überhaupt, erst am Ende der Vernehmung und dann nur vereinzelt zur Anwendung kommen, um gezielt Informationslücken zu schließen (Heubrock & Donzelmann, 2010; Milne & Bull, 2003a).

Wie Greuel (2008) betont, „sind freier Bericht und strukturierte Befragung keine starr voneinander abgrenzbaren Vernehmungsphasen" (S. 228), sondern vielmehr können sich diese abwechseln und aufeinander beziehen, z.B. wenn im Rahmen der Befragung durch neue Abrufreize weitere freie Berichte evoziert werden. Wenn zunächst ein Themengebiet ausgeschöpft erscheint, kann es helfen, den Bericht der Aussageperson nochmals zusammenzufassen und sie mit einer offenen Erzählaufforderung zu weiteren Ausführungen anzuregen (Greuel, 2008) oder aber zuvor am Rande berichtete Aspekte nochmals aufzugreifen („Sie hatten vorhin gesagt, dass es begonnen hat, als Sie in die neue Wohnung gezogen sind. Können Sie dies noch mal weiter ausführen?"). Eine Zusammenfassung durch die Vernehmenden bietet sich am Ende der Vernehmung zudem an, um Missverständnisse auszuräumen und der Aussageperson die Möglichkeit zur Präzision oder spontanen Korrektur zu geben (Brockmann & Chedor, 1999; Heubrock & Donzelmann, 2010). Auch kann dies zu weiteren Assoziationen führen und weitere Berichte nach sich ziehen. In jedem Fall sollte die Aussageperson ausdrücklich darauf hingewiesen werden, dass sie die Zusammenfassung jederzeit ergänzen kann und vor allem korrigieren soll, wenn von Seiten der Vernehmenden etwas falsch wiedergegeben wird (Brockmann & Chedor, 1999).

Am **Ende der Vernehmung** sollte zu **emotional neutralen Themen** übergegangen werden (Brockmann & Chedor, 1999; Greuel, 2008), um (insbesondere Opfer-)Zeug:innen nicht in einem hoch belasteten Zustand nach Hause gehen zu lassen. Auch kann thematisiert werden, dass ggf. Nachvernehmungen stattfinden müssen und die Bereitschaft dazu erfragt werden. Ferner sollte die Aussageperson über den Fortgang des Verfahrens informiert und ihrem Informationsbedürfnis Rechnung getragen sowie für ihren Aufwand gedankt werden.

## 4.2 Geeignete und ungeeignete Frageformen

Wie bereits erwähnt, sollten in einer Vernehmung primär offene Fragen zur Anwendung kommen, da Antworten auf solche am wenigsten beeinflusst und am genausten sind. Ungeachtet der Frageform ist zudem wichtig, dass der Aussageperson **nicht mehrere Fragen auf einmal** gestellt werden (Milne & Bull, 2003a), was in der Praxis nicht selten zu finden ist und aus einem großen Informationsbedürfnis resultiert (z.B. „Wie alt waren Sie denn da? Gingen Sie schon zur Schule? Waren Sie da schon umgezogen?“). Dieses wird damit aber nicht befriedigt, da die Person nicht weiß, was sie zuerst beantworten soll (und im Zweifel eher schweigt). Darüber hinaus wird die vernommene Person dabei kognitiv überfordert, da sie gleichzeitig Informationen zu den Fragen abrufen und die anderen Fragen im Kopf behalten muss, sodass Ressourcen für einen konzentrierten und umfangreichen Abruf anderweitig gebunden sind. Unter dem Gesichtspunkt einer ge- oder misslingenden Kommunikation birgt ein solches Stellen mehrerer Fragen zudem das Risiko von Missverständnissen, da nicht mehr klar ist, welche und wie viele Fragen schon beantwortet sind bzw. ob sich die Angaben der Zeug:innen auf eine oder mehrere der gestellten Fragen beziehen (Milne & Bull, 2003a). Tabelle 1 gibt einen Überblick über Frageformen und deren Nutzen und Gefahren für eine Vernehmung.

**Tabelle 1:** Frageformen und deren Geeignetheit in der Vernehmung (nach Greuel et al., 1998, S. 65–68; Milne & Bull, 2003a, S. 33–35)

| | | |
|---|---|---|
| | **Geeignete Frageformen** | |
| Leerfrage/Anstoßfrage | Offene Erzählaufforderung;<br>leitet freien Bericht ein;<br>Vollkommen suggestionsfreie Frage | *„Was ist denn an dem Abend genau passiert?“* |
| Offene Frage | Regen ausführliche Antwort an, nicht nur mit ja oder nein zu beantworten;<br>Informationsfluss kann von der befragten Person selbst kontrolliert werden;<br>Begrenzen Risiko einer Beeinflussung durch die eigene Sicht | *„Wie ist das konkret abgelaufen?“*<br>*„Wie sah es denn da aus?“* |
| Unmöglichkeitsvorhalt | Bei Kindern oder intellektuell beeinträchtigten Menschen | *„Geht das denn überhaupt, wenn du dabei gesessen hast?“* |
| | **Bedingt geeignete Fragen** | |
| Stichwortfrage | Durch einen kurzen inhaltlichen Vorhalt werden Erinnerungsprozesse angeregt;<br>Eine einfache Bejahung hat keinen Aussagewert, aber Überhangantwort kann zu neuem freien Bericht führen (→ Abrufreiz);<br>Geeignet, wenn das Stichwort aus vorherigen Aussagen der Aussageperson selbst stammt;<br>Sonst: Suggestionspotenzial! | *„War da mal irgendwas mit einer Windel?“* |

**Tabelle 1:** *Fortsetzung*

| | | |
|---|---|---|
| Geschlossene Frage | Zielen auf kurze, oftmals nur aus einem Wort bestehende Antworten ab. Sollten nur benutzt werden, um gezielt Informationslücken zu schließen, die nicht durch offene Fragen gewonnen werden konnten; Höhere Gefahr falscher Angaben (als z.B. bei offenen Fragen); Führen zu Passivität und geringerer Erinnerungsgenauigkeit | *„Welche Haarfarbe hatte die Frau?" „Welche Farbe hatte das Auto?" „War deine Mutter auch dabei?"* |
| Wahlfrage[31] | Im Multiple-Choice-Format werden mehrere Antwortmöglichkeiten vorgegeben, die auch eine offene Option enthält (z.B. durch den Zusatz „Oder wie sonst?" „Oder noch was anderes?") ABER: Gefahr, dass die befragte Person (z.B. bei Nichtwissen) eine der vorgegebenen Antworten auswählt, auch wenn die korrekte Antwort nicht darunter ist | *„Wo hat das denn stattgefunden? War das im Schlafzimmer, im Bad oder in deinem Zimmer oder wo sonst?" „Was war das für ein Auto, ein Kombi, eine Limousine oder ein Lieferwagen oder ein anderer?"* |
| | **Ungeeignete Fragen** | |
| Suggestivfragen | Frageform, bei der die Aussageperson durch die Art und Weise der Fragestellung beeinflusst wird gemäß den Erwartungen der Vernehmenden zu antworten | |
| z.B. Erwartungsfragen | Bringen Voreinstellung der befragenden Person zum Ausdruck | *„Sie haben sich doch dann sicher gewehrt, als er Sie angefasst hat?" „Ihre Mutter war doch bestimmt zu Hause. Hat sie denn nichts mitbekommen?" „Der Täter war aber alkoholisiert, oder?"* |

31 Greuel et al. (1998) zählen diese Frageform zu den Geeigneten, z.B. zur Präzisierung und Komplettierung des freien Berichts, z.B. wenn Details zu Körperpositionen erfragt werden sollen – unter der Maßgabe, dass die wahrscheinlichste (bzw. aus vorherigen Befragungen bekannte) Antwortalternative nicht dabei sein sollte (damit die Aussageperson sie selbst produzieren kann) und eine offene Frage („oder wie sonst") die Möglichkeit eröffnet, dass die Antwort nicht darunter ist und eine weitere genannt wird. Nicht immer wird man allerdings wissen können, welche nun die wahrscheinlichste Antwort ist oder auf vorherige diesbezügliche Angaben zurückgreifen können. Milne und Bull (2003a) ebenso wie Brockmann und Chedor (1999) wiederum zählen die Wahlfrage zu den ungeeigneten Fragen, allerdings ohne die Eröffnung weiterer als die vorgegebenen Antworten durch „oder wie sonst?".

**Tabelle 1:** *Fortsetzung*

| | | |
|---|---|---|
| z.B. Voraussetzungsfragen | Beinhalten die Voreinstellung der befragenden Person (z.B. zum Tatgeschehen), man geht von etwas aus, das in der Frage transportiert wird | *„Wann war das denn zum ersten Mal?“* (setzt voraus, dass es mehrfach gewesen ist, ohne dass dies erwähnt wurde) |
| z.B. Vorhaltfragen | Neue Details werden in der Frage mit vorgegeben und müssen nur bejaht oder verneint werden | *„Hat er Sie mit einer Waffe bedroht, um Ihren Widerstand zu überwinden?“* |
| z.B. Wiederholungsfragen | Die (unkommentierte) Wiederholung von bereits beantworteten Fragen besitzt ebenfalls Suggestionspotenzial (Gefahr, dass die Aussageperson denkt, dass sie vorher eine falsche Antwort gegeben hat) | |

Die problematische Wirkung suggestiver Fragen, insbesondere (aber nicht nur!) in der Befragung von Kindern (z.B. Greuel, 2001; Niehaus et al., 2017; Volbert, 1997) sind umfassend diskutiert. Sie bergen die Gefahr der Beeinflussung, der Bestätigung eigener Vorannahmen und reduzieren die Eigenständigkeit der Aussage, die elementar für deren Gerichtsverwertbarkeit ist. In der Praxis werden sich vereinzelte suggestiv formulierte Fragen selten ganz vermeiden lassen, jedoch führt „nicht jede unglücklich formulierte, isoliert vorgebrachte Suggestivfrage zu nachhaltigen Verfälschungen der Aussage“ (Greuel, 2001, S. 285; vgl. auch Volbert, 2008b). Vielmehr steigt mit Häufigkeit und Intensität der vorgebrachten suggestiven Fragen das Suggestionspotenzial der Vernehmung, das bis zu deren Unbrauchbarkeit führen kann (vgl. Greuel, 2001, vgl. Kap. 7.1.7).

Gubi-Kelm und Schmidt (2018) betonen basierend auf ihren Studienergebnissen, dass nicht nur der Inhalt der Frage bzw. der Umstand, ob es sich um eine offene oder geschlossene Frage handelt, sondern auch die Intonation eine bedeutsame Rolle bezüglich möglicher suggestiver Einflüsse spielt. Sie betonen deshalb die hohe Wichtigkeit von Videoaufzeichnungen von Vernehmungen, da selbst eine wörtliche Transkription der Aussage zwar suggestive Fragen offenlegt, nicht jedoch die subtiler ablaufende, jedoch ebenfalls suggestiv wirkende Intonation von bestimmten Satzbestandteilen. Während z.B. eine steigende Intonation am Ende der Frage in Kombination mit einer ansonsten neutralen Intonation die geringste interrogative Suggestivität aufwies, beinhaltete eine abfallende Intonation am Satzende eine höhere interrogative Suggestivität. Die Autor:innen empfehlen deshalb, dass

Vernehmende darin geschult werden sollten, konsistent eine steigende Intonation am Ende der Frage zu nutzen, um auch auf Ebene der Intonation das Suggestionspotenzial zu minimieren.

## 4.3 Vernehmungsbeispiel und Folgen ungeeigneter Befragungstechniken

**Fallbeispiel**

**Auszug aus einem Vernehmungstranskript mit einer Zeugin (18 Jahre), die eine Vergewaltigung angezeigt hat**

**V = Vernehmungsbeamtin, Z = Zeugin**

**V**: Okay. Dann hattest du beschrieben, er hätte dich auf das Waschbecken oder über das Waschbecken gedrückt. Wie kann ich mir das von den Körperpositionen her vorstellen? Hast du mit dem Gesicht in das Waschbecken geguckt oder war der Rücken zum Waschbecken gewandt?

Und dann hattest du gesagt, dann hat er das gemacht, was er machen wollte. Kannst du das noch mal konkreter sagen, was genau er gemacht hat? (Zeugin schweigt)

Dann etwas anderes. Er hat dich festgehalten, habe ich das vorhin richtig verstanden?

Wie hat er dich festgehalten?

**Z**: Halt als er mich aufs Waschbecken gedrückt hat, hat er die ganze Zeit die Hand auf meinen Rücken gedrückt. Und als ich halt auf dem Boden lag, hat er halt auch meine Arme genommen und hat so sein (unverst.) halt auf mich draufgedrückt.

**V**: Wie hast du auf dem Boden gelegen? Bäuchlings, rücklings, seitlich?

**Z**: Auf dem Rücken.

**V**: Okay. Also erst war die Situation am Waschbecken und dann die auf dem Fußboden?

Hat er, ich frag das jetzt so direkt, hat er den Geschlechtsverkehr vollzogen? Da nickst du. In welcher Form hat er den vollzogen? Also, vaginal, anal, gab es auch etwas Orales?

**Z**: Beides.

**V**: Mit beides meinst du was?

**Z**: Anal und vaginal.

**V**: Okay. Hat er dabei gesprochen, irgendwas gesagt?

**Z**: Gar nichts.

Das Fallbeispiel veranschaulicht mehrere Aspekte eines ungünstigen Befragungsstils: Zum einen werden in der einleitenden Frage zu viele Fragen auf einmal gestellt. Auf die (offene) Frage, wie sie auf dem Boden gelegen hat, folgen dann noch Auswahlalternativen (diese hätten zumindest erst einmal weggelassen werden können, um abzuwarten, ob die Zeugin von selbst darauf antwortet). Nach dem Geschlechtsverkehr als Kernaspekt wird direkt gefragt – dieser hätte offen erfragt werden müssen. Auch die relevanten Details, in welcher Form dieser stattgefunden haben soll, werden als Auswahlalternativen angeboten, was letztlich keinen Aussagewert besitzt.

Das Beispiel der Ermittlungen im Missbrauchsfall in Lügde zeigt die resultierenden Probleme schlechter und nicht sachgerechter Vernehmungstechniken, die hier zu unnötigen Mehrfachvernehmungen der kindlichen Opfer geführt haben und zudem möglicherweise zu Konsequenzen für das folgende Strafverfahren führen können, denn sie sind neben den damit einhergehenden erneuten Belastungen auch aussagepsychologisch hochproblematisch.

**Beispiel (erschienen auf *Der Spiegel* (online) am 4.9.2019)**

**Missbrauchsfall in Lügde: Polizisten wussten nicht, wie man die Opfer befragt**

Es ist eine schwierige Aufgabe, ein Kind zu befragen, das sexuell missbraucht wurde. Offenbar waren die Polizisten im Fall Lügde dafür nicht ausgebildet. Das könnte das Strafverfahren erschweren.

Im Zusammenhang mit dem Missbrauchsfall in Lügde hat die Polizei offenbar schwere Fehler im Umgang mit den Opfern gemacht. In der Kritik steht dabei abermals die Kreispolizeibehörde Lippe.

Über 30 Kinder, von denen die meisten zwischen vier und 13 Jahre alt sind, wurden über Jahre auf einem Campingplatz in Lügde missbraucht. Mehrere Tatverdächtige sitzen seit Dezember in Untersuchungshaft, darunter auch der Hauptbeschuldigte Andreas V.

Nun wird bekannt, dass die Polizisten bei den Ermittlungen wohl Vorgaben zur Bearbeitung von Straftaten gegen die sexuelle Selbstbestimmung missachteten. Das geht unter anderem auch aus einem schriftlichen Bericht des nordrhein-westfälischen Innenministeriums hervor, der dem SPIEGEL vorliegt. Demnach hätten die Anhörungen der Kinder in der Behörde in Lippe „nicht allen kriminalfachlichen Standards entsprochen".

Laut einem Erlass des Innenministeriums aus dem Jahr 2004 sollen Anhörungen beziehungsweise Vernehmungen von minderjährigen Opfern sexualisierter Gewalt ausschließlich durch spezifisch fortgebildete Sexualsachbearbeiterinnen und -bearbeiter durchgeführt werden. Im Missbrauchsfall von Lügde führten drei Polizistinnen aus Lippe die Anhörungen der Kinder durch. Laut Bericht habe eine Beamtin zwar Expertise „im Umgang mit Jugendsachen", eine andere sei „für die Vernehmung von Jugendlichen" fortgebildet. Doch offenbar war keine der drei Polizistinnen entsprechend dem Erlass geschult, also im Hinblick auf Missbrauch von Minderjährigen.

> Zudem gab es in Lippe laut dem Bericht vermutlich nicht in jedem Fall eine Videoaufzeichnung – was gerade bei dieser Art von Fällen eigentlich Standard ist. Der Missstand ist inzwischen anscheinend behoben: Das Polizeipräsidium in Bielefeld hat die Ermittlungen Ende Januar von der Kreispolizeibehörde Lippe übernommen. In Bielefeld würden nun „alle Anhörungen der minderjährigen Opfer mittels Videotechnik durchgeführt", heißt es in dem Bericht.
>
> Die bekannt gewordenen Defizite bei den Vernehmungen in Lippe bereiten ihm „große Sorgen", sagt Hartmut Ganzke, der innenpolitische Sprecher der SPD im Landtag. Die Fehler bei den Vernehmungen könnten das Strafverfahren beeinflussen oder sogar gefährden: „Solche Pannen sind für Strafverteidiger Ansatzpunkte, um in Prozesse reinzugrätschen", sagt Ganzker, der selbst Anwalt ist. „Für den Rechtsstaat wäre es der GAU, wenn die Beschuldigten aufgrund dieser Fehler nicht die Strafe bekommen, die sie nach dem Gesetz bekommen müssten."
>
> Ein zehnjähriges Mädchen, das von Andreas V. missbraucht worden sein soll, wurde in dieser Woche offenbar ein weiteres Mal vernommen. Das bestätigte ihr Anwalt, Roman von Alvensleben, dem SPIEGEL. Der Grund seien Fehler und eine „schlechte Fragetechnik" bei der ersten Vernehmung.
>
> (Eberle, 2019; leicht gekürzt)

Launay und Py (2015) fanden in ihrem Literaturreview zum Vernehmungsverhalten, dass sowohl trainierte als auch untrainierte Vernehmende (weiterhin) mehr Fragen stellen, die schädlich für das Erinnerungsvermögen sind als solche, die es fördern. Dies legt die Vermutung nahe, dass es schwer ist, Befragungsverhalten, das in der Praxis erworben wurde (z.B. das Stellen vieler spezifischer, primär geschlossener Fragen), durch Training nachhaltig zu verändern. Es zeigte sich z.B., dass die Art, wie Beamt:innen Zeug:innenantworten unterbrechen und auswählen, dafür spricht, dass sie gezielt nach Informationen suchen. Das vorrangige Nutzen geschlossener Fragen ist möglicherweise darauf zurückzuführen, dass die Annahme besteht, dass durch den freien Bericht nicht ausreichend relevante bzw. spezifische Informationen gewonnen werden könnten. Dies unterstreicht, wie wichtig es ist, den Sinn und Nutzen der gedächtnispsychologischen Techniken für die Ziele und praktischen Bedarfe der Ermittelnden herauszustellen und darauf abzustimmen (Launay & Py, 2015).

> **Zusammenfassung: Trichterförmiger Aufbau der Vernehmung**
> (vgl. Heubrock & Donzelmann, 2010)
>
> **1. Freier Bericht**
>
> - *„Erzählen Sie mir mal so ausführlich wie möglich, was passiert ist."*
> - Geduldig sein, nicht unterbrechen, um möglichst viele korrekte und detaillierte Informationen zu erhalten und bei der aussagenden Person nicht die Erwartung entstehen zu lassen, dass kurze Antworten erwünscht sind,
> - Pausen aushalten, evtl. setzt die Aussageperson ihren Bericht fort

**2. Verständnisfragen**

Während des freien Berichts notieren und anschließend stellen, keinesfalls den Redefluss unterbrechen

**3. Offene Fragen zu bereits thematisierten Aspekten, weitere offene Erzählaufforderungen**

**4. Befragung**

- Widersprüche und Lücken klären
- Geschlossene Fragen nur wenn notwendig, möglichst sparsam
- Fragen nur bzgl. eines momentan aktiven Handlungsabschnittes stellen; Fragen zu anderen (zuvor gemachten) Handlungsabschnitten stören die Konzentration

**5. Zusammenfassung**

Aussage zusammenfassen, um Ergänzungen und Korrekturen zu ermöglichen

## 4.4 Aktives Zuhören zur Förderung der Aussagebereitschaft und des freien Berichts

Das aktive Zuhören ist ursprünglich eine Gesprächstechnik bzw. eine Haltung aus dem durch den US-amerikanischen Psychotherapeuten Carl Rogers (z.B. 1983) vertretenen Ansatz der klienten- oder personenzentrierten Gesprächsführung in der Gesprächstherapie. Es geht darum, durch aktives Zuhören nicht nur den Sachinhalt einer Nachricht zu verstehen (vgl. Kap. 2.1.), sondern vor allem das, was die Person wirklich sagen will (d.h. sozusagen alle Aspekte der Nachricht zu verstehen). Dabei konzentrieren sich Zuhörer:innen nicht nur auf das, was die Person sagt, sondern auch darauf, wie sie es sagt und durch welche Emotionen das Gesagte begleitet wird. Während des Kommunikationsprozesses versichern sich die Zuhörer:innen beim aktiven Zuhören, z.B. durch Nachfragen oder Zusammenfassungen immer wieder, ob sie das, was die Aussageperson sagt, richtig verstanden haben, gehen empathisch auf die gezeigten oder geäußerten Gefühle ein, versuchen, den Gesprächsfluss in Gang zu halten und die Aussageperson interessiert zu weiteren Ausführungen zu veranlassen. Aufgrund dieser Zielsetzungen, aber auch der Grundhaltung des aktiven Zuhörens (nämlich z.B. sich auf die Gesprächspartner:innen zu konzentrieren, ihnen mit einer positiven und wertschätzenden Haltung zu begegnen, sich für sie und das, was sie sagen wollen zu interessieren und sich zu bemühen, sie und ihre Beweggründe bestmöglich zu verstehen, sowie sich ihnen auch nonverbal positiv zuzuwenden) ist diese Form der Gesprächsführung für die Vernehmung sowohl von Zeug:innen, als auch Beschuldigten sehr gut geeignet, denn auch hier geht es darum, die Aussageperson und ihre Motivlage in Gänze zu verstehen und ihre Aussagebereitschaft zu fördern und aufrechtzuerhalten.

Es ist zudem ein „wesentliches Hilfsmittel, um Vertrauen aufzubauen“ (Brockmann & Chedor, 1999, S. 81), setzt allerdings eine entsprechende (positive, zugewandte) Haltung gegenüber den Aussagenden voraus (vgl. Brockmann & Chedor, 1999), die insbesondere bei Beschuldigten bei bestimmten Delikten möglicherweise nicht immer leicht einzunehmen ist. Wichtig ist jedoch Authentizität beim aktiven Zuhören (sog. Kongruenz), d.h. dass Gedanken und Gefühle der Vernehmenden mit ihrem äußeren Verhalten und Auftreten übereinstimmen müssen. Aktives Zuhören bedeutet, sich selbst zurückzunehmen und sich ganz auf das Gegenüber zu konzentrieren – dies bezieht sich auch darauf, sich mit der eigenen Meinung und den eigenen Wertvorstellungen zurückzuhalten und die der anderen Person bestmöglich zu verstehen, was nicht bedeutet, dass man mit diesen übereinstimmen oder sie teilen muss (Hallenberger, 2014).

Aktives Zuhören erfordert zudem Geduld und Selbstdisziplin seitens der Vernehmenden, z.B. nicht gedanklich abzuschweifen oder nonverbale Signale der Unaufmerksamkeit zu senden. Denn „wer mit den Gedanken abschweift und nur äußerlich vorgibt, geduldig zu sein, erreicht damit das gewünschte Resultat nicht; mimische Zeichen verraten seine innere Unbeteiligtheit unweigerlich“ (Haas & Ill, 2013, S. 14). Vielmehr sollte versucht werden, durch verbale und nonverbale Techniken und Signale des aktiven Zuhörens Interesse zu signalisieren und den Gesprächsfluss in Gang zu halten. Die nonverbalen Techniken des aktiven Zuhörens umfassen beispielsweise eine der Aussageperson zugewandte Sitzhaltung und nonverbale Zustimmungssignale, wie z.B. Nicken oder paraverbale Bestätigungslaute („Mhh“, „ah“). Wichtig ist hier, dass diese inhaltsneutral, also kontinuierlich, dargeboten werden – keinesfalls darf es dazu kommen, dass Bestätigungslaute inhaltsbezogen bei bestimmten Aussageteilen (z.B. wenn Details den Erwartungen oder Hypothesen der Ermittelnden entsprechen) vorgebracht werden, da dies einer Konditionierung im Sinne einer suggestiven Einflussnahme gleichkäme, die unbedingt zu vermeiden ist. **Es geht darum, eine möglichst umfangreiche und vollständige Aussage zu erhalten, nicht darum, diese in eine bestimmte Richtung zu lenken.**

Auch die Aufrechterhaltung des Blickkontakts kann genutzt werden, um Zeug:innen, die unsicher sind, ob sie weiterreden sollen, entsprechende Signale zu senden (Milne & Bull, 2003a).

**Verbale Techniken des aktiven Zuhörens:**

**Nachfragen**:

- z.B. indem nach einer konkreten Wortbedeutung gefragt wird und dadurch weitere Ausführungen angeregt werden, *„Was meinen Sie genau, wenn Sie sagen …“* oder eigene Wortkreationen bei Kindern hinterfragt werden
- oder Unklares dadurch aufgeklärt wird, dass man die Aussageperson durch eine Nachfrage nochmals zu einer Aussage zurückführt: *„Sie haben gesagt, Sie haben sofort reagiert, was heißt das genau?“*

**Echotechnik**:

- Dazu wird die Aussageperson durch Aufgreifen nur eines einzelnen Wortes aus ihrer vorherigen Ausführung („Echo“; z.B. wenn man darüber noch mehr erfahren oder den Begriff erläutert bekommen will) zur weiteren Ausführung angeregt (vgl. Milne & Bull, 2003a; Haas & Ill, 2013).
- Beispiel:
  - *„Das war damals in so einem Geräteraum.“*
  - *„Geräteraum?“*
  - *„Ja, da war so ein Raum, in dem …“*
- Der Vorteil dieser Technik liegt auf der Hand – dass das Gesagte ohne jegliche Beeinflussung durch eine bestimmte Frageform oder Interpretation der Vernehmenden weiter erläutert wird, nur indem ein Wort, das sie interessiert, nochmals aufgegriffen wird. Auf der Beziehungsebene signalisiert dies zudem Interesse und kontinuierlich aufmerksames Zuhören (Haas & Ill, 2013; Milne & Bull, 2003a).

**Paraphrasieren**

- Wiedergabe einzelner Aussageteile in den eigenen Worten (*„Bei mir ist angekommen, dass…“, „Wenn ich Sie richtig verstanden habe, dann…“*), z.B. in einer (längeren) Gesprächspause.

**Spiegeltechnik**

- die vernehmende Person gibt die zentralen Aspekte der Aussage nochmals neutral in anderen Worten wieder, d.h, sie spiegelt zurück, was sie verstanden hat.
- Paraphrasieren und die Spiegeltechnik sind gut geeignet, um sicher zu stellen, dass die vernehmende Person alles richtig verstanden hat (und die Aussageperson Gelegenheit zur Korrektur hat) und die befragte Person ggf. zu weiteren Ergänzungen anzustoßen (vgl. Haas & Ill, 2013; Heubrock & Donzelmann, 2010).

Diese Techniken sind nicht nur generell geeignet, eine möglichst umfassende Aussage zu erhalten, sondern auch, um z.B. sehr ausschweifende Personen, die nicht beim Sachverhalt bleiben, vorsichtig und empathisch „in die

Bahnen der relevanten Auskünfte zu lenken“ (Haas & Ill, 2013, S. 16). Denn keinesfalls sollte man sie in irgendeiner Form zurechtweisen oder in ihren Abschweifungen spontan mit der Bitte, den Fokus wieder auf das eigentliche Thema zu richten, unterbrechen, da dies als Kränkung und mangelndes Interesse an der eigenen Person erlebt werden und die Aussage- und Mitwirkungsbereitschaft reduzieren könnte.

Als weitere Möglichkeit, zwar Interesse zu signalisieren, aber gleichzeitig auf den Sachverhalt zurückzukommen, kann (in Anlehnung an Haas & Ill, 2013, S. 16) empfohlen werden, zu formulieren: „Ich merke, Sie würden mir gerade gern mehr über Ihren Hund erzählen und als Privatperson würde ich da auch gern weiter mit Ihnen drüber sprechen. Als Vernehmungsbeamter/-beamtin muss ich aber diesen Vorfall aufklären und würde gern noch mal darauf zurückkommen. Wir sind beim Punkt X stehen geblieben, wie ging es da weiter?“ (S. 16). Möglich wäre dies auch unter dem Hinweis, dass vielleicht am Schluss der Vernehmung noch Zeit ist, noch mal auf den Hund zurückzukommen (dort sollen ja sowieso nochmals neutrale Themen angesprochen werden).

**Tabelle 2:** Zusammenfassung der Vorteile des aktiven Zuhörens in der Vernehmung

| Wirkung auf die aussagende Person | Folgen für die Vernehmenden |
|---|---|
| – **Interesse** an den Informationen<br>– **Ernstnahme** der Zeug:innen/Beschuldigten als Persönlichkeit<br>– Vermittelt **wertschätzende Grundhaltung** → die Zeug:innen sind Expert:innen für das, worüber sie berichten sollen (bzw. was sie erlebt/gesehen haben)<br>– Unterstützt **vertrauensvolle Vernehmungsatmosphäre** → Reduktion von Angst und Einschüchterung vor der Polizei (aussagehemmend) | – Aussageperson fühlt sich verstanden → erhöht **Aussagebereitschaft**<br>– **Aufrechterhalten des Informationsflusses und Förderung des freien Berichts**<br>– Erhalt einer möglichst vollständigen und **umfangreichen Aussage,**<br>– **die durch die eigene Zurückhaltung weniger durch eigene Fragen und Kommentare beeinflusst ist**<br>– Sicherstellen, dass man alles richtig verstanden hat und **Unklarheiten direkt beseitigen**<br>– **Vermeidung von Missverständnissen**<br>– Nicht das Hören, was eigenen Vorannahmen und Hypothesen entspricht, sondern was die Aussageperson gesagt und gemeint hat!<br>– Erleichtert das **Erfassen der Dynamik** der Vernehmung<br>– Fördert die Kontakt- und Beziehungsgestaltung zur Aussageperson |

*Anmerkung*: Vgl. auch Hallenberger (2014).

## 4.5 Das Kognitive Interview

### 4.5.1 Theoretischer Hintergrund des Kognitiven Interviews

Das Kognitive Interview wurde in den 1980er-Jahren von den US-amerikanischen Psychologen Geiselman und Fisher (Geiselman et al., 1984) als Befragungstechnik für Polizeibeamt:innen entwickelt, um Zeug:innen in Vernehmungen mithilfe kognitiver Techniken zu unterstützen, sich bestmöglich zu erinnern, ohne dabei das Risiko falscher Angaben zu erhöhen. Kernprinzip des Kognitiven Interviews ist ein unterstützter Abruf („*guided retrieval*", Fisher & Geiselman, 1992, S. 15), um Zeug:innen zu helfen, prinzipiell gespeicherte, aber nicht unmittelbar erinnerbare Details abrufen zu können. Das Kognitive Interview wurde basierend auf zwei maßgeblichen gedächtnispsychologischen Grundprinzipien entwickelt und die resultierenden Techniken daraus abgeleitet (vgl. Geiselman et al., 1986; Köhnken et al., 2008):

Das erste dem Kognitiven Interview zugrunde liegende gedächtnispsychologische Prinzip ist die **Multikomponententheorie** (Multicomponent theory of memory trace) nach Bower (1967), die sich auf die formale Struktur der Gedächtnisspur bezieht, die demnach aus verschiedenen Merkmalen des encodierten Reizes besteht. Das Gedächtnis lässt sich so als assoziatives Netzwerk verknüpfter Details verstehen (Köhnken et al., 2008; Griffiths & Milne, 2010). Es wird davon ausgegangen, dass es mehrere Pfade zum encodierten Ereignis (der abzurufenden Information) gibt, sodass Informationen über **verschiedene Hinweisreize (*memory cues*)** „aufgefunden" werden können – wenn dies mit dem einen Hinweisreiz nicht gelingt, so sind sie evtl. über einen anderen zugänglich (Tulving, 1974, zitiert nach Geiselman et al., 1986). Es ist also für eine möglichst umfangreiche Erinnerung hilfreich, so viele Hinweisreize/Pfade wie möglich zu aktivieren.

Das zweite gedächtnispsychologische Grundprinzip ist das **Prinzip der Encodierspezifität** (Tulving & Thomson, 1973), gemäß dem Erinnerungen kontextabhängig sind, sodass es besser gelingt, Detailinformationen abzurufen, wenn der Kontext, in dem die relevante Information encodiert wurde, wiederhergestellt wird. Der Kontext stellt dann einen Hinweisreiz für die damit verknüpften Erinnerungen dar und erleichtert den Zugriff auf diese (Köhnken et al., 2008). Denn ein Hinweisreiz ist umso effektiver, in desto mehr Merkmalen er mit dem encodierten Ereignis übereinstimmt (Flexser & Tulving, 1978; vgl. Geiselman et al., 1986).

Eindrücklich zeigte dies das viel zitierte Experiment von Godden und Baddeley (1975), in dem Taucher:innen ($N = 18$) 40 inhaltlich nicht zusammenhängende Wörter in verschiedenen Kontexten (an Land oder unter Wasser) lernten und abrufen sollten. Es zeigte sich, dass der Abruf am besten gelang (also mehr Wörter erinnert wurden), wenn Lern- und Abrufsituation übereinstimmten (also entweder beides an Land oder unter Wasser stattfand). Im Alltag ist vielen Menschen dieses Phänomen sicherlich bekannt, z.B. indem plötzlich Erinnerungen an Einzelheiten eines Ereignisses auftauchen, wenn man an einen Ort geht, an dem man das Ereignis erlebt hat. Doch entfaltet nicht nur das „physische" Herstellen des Kontextes diese Reaktivierung, sondern z.B. auch Gefühls- und Stimmungskongruenz zwischen Ereignis- und Abrufzeitpunkt (Bower, 1981; vgl. Kap. 2.3).

### 4.5.2 Die vier kognitiven Basistechniken der Ursprungsversion des Kognitiven Interviews

In seiner Ursprungsversion umfasste das Kognitive Interview **vier klassische Erinnerungstechniken** (*retrieval mnemonic instructions*) (Geiselman et al., 1986; Paulo et al., 2013), von denen die erste insbesondere auf dem Prinzip der Encodierspezifität (Kontexteffekt) beruht und die letzten beiden auf das Aktivieren möglichst vieler Erinnerungspfade abzielen (vgl. Geiselman et al., 1986):

1. *Mentale Wiederherstellung des Wahrnehmungskontexts (reinstate the context)*: Sich konzentriert mental in Umwelt (Raum, Personen, Wetter etc.) und eigene Gefühle und Reaktionen zurückbegeben. Gegebenenfalls kann es helfen, wenn Zeug:innen dabei die Augen schließen, um nicht abgelenkt zu werden (oder zumindest an die Wand oder den Boden schauen) (Milne & Bull, 2003a). Das mentale Hineinversetzen an den Tatort/Ort des Ereignisses wird der physischen Rückkehr an den Tatort vorgezogen, da es zum einen leichter zu realisieren ist und sich der Tatort zum anderen in der Zwischenzeit verändert haben kann (Geiselman et al., 1986; Milne & Bull, 2003a). Dies könnte dann sogar kontraproduktiv sein, indem Abrufreize fehlen, die bei einer mentalen Vorstellung besser nutzbar wären oder aber indem durch die Veränderung die ursprüngliche Erinnerung überlagert wird.
2. *Alles berichten (report everything)*: Zeug:innen dazu anhalten, alles, was ihnen einfällt, zu erzählen. Auch Dinge, die unwichtig erscheinen.
3. *Ereignisse in unterschiedlicher Reihenfolge erinnern (Recall the events in different orders)*: Das Ereignis noch mal rückwärts (d.h. vom Ende zum Anfang) erzählen oder in der Mitte beginnen.
4. *Perspektivenwechsel (change perspective)*: Aus verschiedenen eigenen Perspektiven erzählen oder in andere involvierte Personen hineinversetzen (z.B. „Versuchen Sie nun, den Vorfall noch einmal durchzugehen

und mir so zu schildern, wie die andere anwesende Person, von der Sie mir berichtet haben oder Sie selbst aus einer anderen Position die Situation gesehen haben könnten. Wichtig ist dabei, dass Sie nicht raten oder etwas hinzudichten, wenn Sie etwas nicht wissen, sondern auch dabei nur Dinge berichten, die Sie selbst wahrgenommen haben“ [in Anlehnung an Milne & Bull, 2003a, S. 47 u. Geiselman & Fisher, 1988, S. 2]).

Die Strategie, Zeug:innen möglichst alles berichten zu lassen, was ihnen einfällt, hat zum einen den Hintergrund, dass sie letztlich nie wissen können, was genau relevant ist und was nicht (Geiselman et al., 1986) und dadurch eine Selbstzensur verringert werden kann (vgl. Milne & Bull, 2003a). Zum anderen aber können beim Berichten verschiedener Details diese als Hinweisreize für andere wirken und weitere Assoziationsketten aktivieren (vgl. Köhnken et al., 2008).

Beim Bericht in umgekehrter Reihenfolge wird davon ausgegangen, dass dieser weitere Details hervorbringt, die vorher übersehen wurden (sozusagen andere Assoziationsketten im Gedächtnis aktiviert werden und weitere Abrufreize entstehen). Ein weiteres Grundprinzip, auf dem die Technik basiert, ist die Konstruktivität unseres Gedächtnisses, die dafür verantwortlich ist, dass Erinnerungen u.a. durch Vorwissen, vorherige Erfahrung und Skripte (z.B. was typischerweise in bestimmten Situationen passiert) beeinflusst ist, sodass der Abruf überwiegend skriptkonsistent abläuft. Die Umkehrung der Reihenfolge führt dazu, die Erinnerung noch mal anders „aufzurollen“ und zusätzliche, nicht im Skript enthaltene Informationen hervorzubringen. Dies kann insbesondere dann bedeutsam sein, wenn (Opfer-) Zeug:innen eine Reihe ähnlicher Vorfälle erlebt haben (z.B. bei häuslicher Gewalt oder sexuellem Missbrauch) und eine Abgrenzung einzelner individualisierbarer Ereignisse wichtig ist (Griffiths & Milne, 2010).

Der Bericht in umgekehrter Reihenfolge erfordert eine hohe Konzentration und ist nicht für jeden leicht zu bewältigen. Vielmehr wird von Heubrock und Donzelmann (2010) zurecht eingewendet, dass insbesondere Kinder, Personen mit intellektuellen Beeinträchtigungen, ältere Menschen oder auch sehr aufgeregte Zeug:innen überfordert und durch ihr vermeintliches „Versagen“ demotiviert werden, was die Kooperation und Bereitschaft zur Mitwirkung und weiteren Aussagen reduzieren kann. Die Autor:innen empfehlen deshalb, die Technik nur dann anzuwenden, wenn begründete Zweifel an der Glaubhaftigkeit der Aussage von Zeug:innen vorliegen, der Verdacht besteht, dass Beschuldigte ein Alibi erfunden haben oder es darum geht, bei mehrfachen Vorfällen die Besonderheiten des Einzelfalls herauszuarbeiten und Skripteinflüsse zu minimieren (Heubrock & Donzelmann, 2010). Denn insbesondere die Technik des Berichtens in umgekehrter Reihenfolge führt zu einer besseren Unterscheidung von erfundenen und wahren Aussagen als wenn diese chronologisch vorgebracht werden (Vrij et al., 2008).

Aufgrund der hohen kognitiven Anforderung dieser Technik kann es auch bei motivierten und kognitiv normalbegabten Personen vorkommen, dass sie zwischendurch stoppen bzw. nicht den ganzen Ablauf „am Stück" rückwärts berichten können. Vernehmende dürfen dann helfen und z.B. den Bericht in kleineren Einheiten anleiten: „Sie sind jetzt stehen geblieben, als... Versuchen Sie noch mal von da an weiter rückwärts zu berichten soweit es geht". Zudem kann immer wieder angesetzt werden („Was ist davor geschehen?"), bis der Anfang des Ereignisses erreicht ist (vgl. Milne & Bull, 2003a).

Die Technik des Perspektivenwechsels ist äußerst umstritten, auch die Autoren selbst warnen zur Vorsicht, da die Technik dahingehend missverstanden werden könnte, sich auf die fiktive Ebene zu begeben und zu spekulieren (Fisher & Geiselman, 1992). Aus aussagepsychologischer Sicht ist diese Technik nicht zu empfehlen (vgl. auch Heubrock & Donzelmann, 2010), wenngleich Milne und Bull (2003a) unter explizitem Hinweis auf die ausschließliche Bezugnahme auf eigene Wahrnehmungen keine erhöhte Fehleranfälligkeit feststellen konnten.

Da die Techniken (insbesondere das Berichten in umgekehrter Reihenfolge) für die Zeug:innen erst einmal befremdlich wirken können und keinesfalls als „Teststrategie" zur Prüfung ihrer vorherigen Angaben oder Misstrauen missverstanden werden sollen (vgl. Milne & Bull, 2003a), ist es wichtig, diese entsprechend zu erläutern und einzuführen.

**Formulierungsbeispiele für die Einleitung der Techniken**

**Mentale Wiederherstellung des Wahrnehmungskontexts:**

*„Versetzen Sie sich bitte an den Ort des bewaffneten Raubüberfalls zurück. Rufen Sie vor Ihrem geistigen Auge ein Bild von der Bank wach. Überlegen Sie, wo Sie gestanden haben, als das Ganze losging. Wie haben Sie sich damals gefühlt? Was haben Sie gesehen? Was haben Sie gehört? Denken Sie auch an die Menschen in Ihrer Umgebung. Stellen Sie ein möglichst genaues Bild her und erzählen Sie mir dann alles, woran Sie sich erinnern können, ohne dabei irgendetwas auszulassen. Alles, was Ihnen einfällt, sollten Sie auch erwähnen."* (aus Milne & Bull, 2003a, S. 45)

**Aufforderung, alles zu berichten:**

*„Ich war beim Vorfall nicht dabei, deshalb ist es wichtig, dass Sie mir alles erzählen, an das Sie sich erinnern können, auch Dinge, die Ihnen trivial oder unwichtig erscheinen oder die Sie nicht vollständig erinnern können, sondern nur einzelne Aspekte. Auch kleinste Details könnten wichtig für die Ermittlungen sein. Bitte berichten Sie mir einfach alles, was Ihnen in den Kopf kommt, auch*

*wenn Sie denken, dass wir das vielleicht schon wissen. Nehmen Sie sich die Zeit, die Sie brauchen, um mir alles zu erzählen, ich werde Sie nicht dabei unterbrechen"* (nach Griffiths & Milne, 2010, S. 75–76)

**Umgekehrte Reihenfolge:**

*„Wir wollen jetzt noch mal etwas versuchen, das manchen Leuten hilft, sich noch deutlicher zu erinnern. Sie berichten mir noch einmal, was geschah, erzählen mir das Ganze aber dieses Mal in umgekehrter Reihenfolge, d.h. Sie beginnen mit dem Schluss des Ereignisses. Das hört sich bestimmt erst mal komisch an. Das soll kein Test sein, sondern kann manchmal helfen, sich an noch weitere Aspekte zu erinnern. Beginnen wir also einfach mit dem Ende. Was war das Letzte, woran Sie sich erinnern können? … Was ist direkt davor geschehen? … Und was geschah davor? …"* (aus Milne & Bull, 2003a, S. 46)

Auch das Schließen der Augen während des Abrufs kann die Aussageleistung verbessern, da Zeug:innen dann automatisch weniger Augenmerk auf ihre Umwelt richten und mehr kognitive Ressourcen auf den Abruf und die Visualisierung des Ereignisses verwenden können (z.B. Vredeveldt et al., 2011; vgl. dazu ausführlich auch Krix & Sauerland, 2013).

### 4.5.3 Einbettung der Techniken in eine Gesprächsstruktur: das erweiterte Kognitive Interview

Bereits kurz nach Einführung des Kognitiven Interviews, das zunächst nur aus den zuvor dargestellten vier kognitiven Techniken bestand, wurde es um soziale und kommunikationspsychologische Elemente ergänzt und in Gesprächsphasen gegliedert, was im „erweiterten Kognitiven Interview" resultierte (Fisher et al., 1987; Fisher & Geiselman, 1992). Ziel war es unter anderem, das Kognitive Interview, das bisher nur an Erwachsenen und im Labor überprüft wurde, auch für Kinder einsetzbar zu machen, die Vernehmung effektiver zu gestalten und auf Basis von Analysen realer Vernehmungen an die praktischen Bedingungen anzupassen. Dies sollte u.a. durch einen adäquateren Zeugenbefragungsstil geschehen, da sich gezeigt hatte, dass die Zeug:innen häufig innerhalb weniger Sekunden unterbrochen wurden und nur wenige offene, im Vergleich zu geschlossenen, fehleranfälligeren Fragen gestellt wurden (Geiselman & Fisher, 1988). Weitere Ziele bestanden darin, die Vernehmung stärker zu strukturieren, u.a. da die Unstrukturiertheit in der Basisversion des Kognitiven Interviews bei ungeschickt gewählter Konstellation der Fragen die Gedächtnisleistung der Zeug:innen beeinträchtigen kann. Weiter ging es darum, eine angenehme Vernehmungsatmosphäre zu gestalten und so Stress und Unsicherheit bei den Zeug:innen zu reduzieren, um die Aussagequalität zu verbessern (Milne & Bull, 2003a). Dazu wurden die kognitiven Techniken der Ursprungsversion in Gesprächsphasen eingebettet, von denen jede einzelne zum Erfolg beitragen soll (Fisher & Geiselman, 1992; vgl. Tabelle 3). Während sich die Ursprungsversion vor allem um kognitive Aspekte drehte, ist der Kernaspekt des erweiterten Kognitiven Interviews die Fokussierung auf eine **zeugenzentrierte Befragungstechnik**. Hierbei nehmen die Zeug:innen eine aktive Rolle ein, da sie das Ereignis beobachtet/erlebt haben und über das relevante Wissen verfügen – die Rolle der Vernehmenden beim Kognitiven Interview ist vielmehr die einer Unterstützungsperson beim Abruf von Erinnerungen, nicht aber die, das Gespräch und dessen Verlauf durch engmaschige Fragen zu lenken oder zu strukturieren (Fisher & Geiselman, 1992; s.a. Milne & Bull, 2003a). Diese Rollenklärung soll den Zeug:innen zu Beginn dargelegt werden, sodass es nicht von den Vernehmenden erwartet wird, die „wichtigen" Fragen zu stellen, sondern die Zeug:innen vielmehr wissen, dass es ihre Aufgabe ist, alles Wichtige zu berichten (Paulo et al., 2013).

Eine experimentelle Prüfung ergab, dass das erweiterte Kognitive Interview 45 % mehr korrekte erinnerte Informationen hervorbrachte als die Ursprungsversion (die wiederum bereits 30 bis 35 % mehr korrekte Details hervorbrachte als die standardmäßig geführten polizeilichen Vernehmungen) (Fisher et al., 1987; Geiselman & Fisher, 1988).

**Tabelle 3:** Gesprächsphasen des erweiterten Kognitiven Interviews (nach Fisher & Geiselman, 1992 und Griffiths & Milne, 2010)

| | |
|---|---|
| **Beziehungsaufbau (Rapport)** | – Durch verbales und nonverbales Verhalten Herstellung von Einvernehmen, Signalisieren von Interesse<br>– Offene Fragen zu neutralen Themen |
| **Ziele des Gesprächs** erläutern und **Kontrolle über die Vernehmung auf die Zeug:innen übertragen** (Kontrolltransfer) | – Zeug:innen vermitteln, dass sie (nicht die Vernehmungsbeamt:innen) Kontrolle über das Gespräch haben, Beamt:innen unterstützen beim Erinnern, es soll nicht auf Fragen der Beamt:innen „gewartet" werden<br>– Zeuge/Zeugin spielt eine zentrale und aktive Rolle<br>– Konzentrierter, fokussierter Abruf<br>– Alles berichten, auch scheinbar Unwichtiges<br>– Unbegrenzte Zeit vorhanden |
| **Freies Erinnern** | – Mentale Wiederherstellung des Wahrnehmungskontexts<br>– Offene Anstoßfragen<br>– Pausen zulassen und aushalten<br>– Zeug:innen nicht unterbrechen |
| **Befragung** | – Offene, gezielte Fragen, die sich auf den freien Bericht beziehen, um weiteres freies Erinnern zu bestimmten Aspekten anzustoßen<br>– In der Reihenfolge, wie die Zeug:innen das Ereignis geschildert haben *(witness-compatible questioning)* |

**Tabelle 3:** *Fortsetzung*

| | |
|---|---|
| | – Nochmals auffordern, alles zu berichten<br>– Erst am Ende geschlossene, spezifische Fragen<br>– Unwissen/Nichterinnern darf und soll mitgeteilt werden<br>– Mentale Bilder zu bestimmten Details<br>– Themensprünge („*Topic hopping*") vermeiden, möglichst Themengebiet ausschöpfen und dann zum nächsten übergehen |
| **Variation des Abrufs** | – Z.B. Bericht in umgekehrter Reihenfolge (Grund für Versuch multipler und verschiedener Abrufe erläutern) → zusätzlicher Informationsgewinn<br>– Alle relevanten Sinnesmodalitäten einbeziehen<br>– Ggf. Anfertigen von Skizzen durch die Zeug:innen |
| **Zusammenfassung** | – Durch die Vernehmungsbeamt:innen, in den Worten der Zeug:innen<br>– Ergänzungen möglich |
| **Abschluss** | – Rückkehr zu neutralen Themen, Abschluss in positiver Stimmung<br>– Informationen über weiteren Fortgang<br>– Klärung von Fragen der Zeug:innen |

Um den praktischen Gegebenheiten besser gerecht zu werden, wurde ganz am Ende vor der Zusammenfassung durch die Vernehmenden noch die Phase der **Klärung ermittlungsrelevanter Fragen** eingefügt, d.h. z.B. die Einführung von Informationen, zu denen die Zeug:innen selbst nichts gesagt haben (vgl. Griffiths & Milne, 2010). Der Nutzen (im Vergleich zu den Risiken) muss hier allerdings im Einzelfall sorgsam abgewägt werden und dies darf, wenn überhaupt, immer erst dann geschehen, wenn alle von den Zeug:innen selbst generierten Erinnerungen vollumfänglich abgeschlossen sind. Solche Vorhalte können sehr suggestive Wirkung entfalten (vgl. Falschinformationseffekt) und sich auch auf spätere Aussagen noch auswirken (z.B. bei Explorationen durch psychologische Sachverständige oder in der mündlichen Hauptverhandlung), sodass ggf. auch falsche, nicht auf Erinnerungen beruhende Informationen in die Aussage integriert werden und die Aussage sich nicht konstant darstellt, was letztlich ihre Gerichtsverwertbarkeit einschränkt.

Die verschiedenen Techniken sind nicht so zu verstehen, dass sie in jeder Vernehmung vollständig eingesetzt werden müssen, sondern vielmehr kann je nach individuellem Fall entschieden werden, welche Technik für die jeweilige Aussageperson hilfreich sein könnte, um die individuelle Erinnerungsleistung zu verbessern (Fisher et al., 2010; Paulo et al., 2013). Auch wollen die Autoren das Kognitive Interview nicht als „Rezept" missverstanden wissen, nach welchem mit einem Set vorgefertigter Fragen ein effektives Interview gelingt. Vielmehr weisen sie darauf hin, dass Vernehmungsbeamt:innen immer flexibel sein sollten und spontan auf Unvorhergesehenes reagiert werden muss (Fisher & Geiselman, 1992). Auch dürfen die Phasen des Interviews nicht als starr missverstanden werden, da der reflexive Charakter einer Vernehmung sich darin nicht ausreichend wiederfindet (vgl. Greuel, 2008; Heubrock & Donzelmann, 2010).

### 4.5.4 Wirksamkeit und praktischer Nutzen des Kognitiven Interviews

Das (erweiterte) Kognitive Interview wurde in den letzten drei Jahrzehnten an verschiedenen Personengruppen evaluiert, z.B.

- Kindern (McCauley & Fisher, 1995; Milne & Bull, 2002; Verkampt & Ginet, 2010)
- Studierenden (z.B. Ginet & Verkampt, 2007; Holliday et al., 2012; Köhnken et al., 1994; Milne & Bull, 2002)
- Personen mit niedrigem sozio-ökonomischen Status (Stein & Memon, 2006)
- Älteren Menschen (mit und ohne kognitive Beeinträchtigungen) (Holliday et al., 2012; Wright & Holliday, 2007)
- Personen mit kognitiven Beeinträchtigungen/leichter geistiger Behinderung (Brown & Geiselman, 1990; Wright & Holliday, 2007)

sowie in Metaanalysen überprüft (z.B. Köhnken et al., 1999; Memon et al., 2010).

Dabei zeigte sich insgesamt betrachtet, dass mit dem (erweiterten) Kognitiven Interview in allen untersuchten Personengruppen signifikant mehr korrekte Details erinnert werden, aber auch (allerdings in deutlich geringerem Maß) inkorrekte Details zunehmen (z.B. Ginet & Verkampt, 2007; Köhnken et al., 1999; McCauley & Fisher, 1995; Memon et al., 2010). Bezüglich der Rate der richtig erinnerten Details relativ zu den insgesamt erinnerten Details (*accuracy*) zeigten sich zwischen dem Kognitiven Interview und Standardinterviews in der Kontrollgruppe dennoch keine signifikanten Unterschiede (z.B. Ginet & Verkampt, 2007; Köhnken et al., 1999; McCauley & Fisher, 1995; Stein & Memon, 2006). Der Zuwachs an richtig erinnerter Information im Vergleich zur mit dem jeweiligen Standardinterview befragten Kontrollgruppe, liegt je nach Studienart und untersuchter Personengruppe überwiegend zwischen 25 % und 50 % (siehe Fisher et al., 2010 für ein Review; Köhnken et al., 1999, ermittelten im Durchschnitt einen Zuwachs über alle in ihre

Metaanalyse einbezogenen Studien von 41 %). Dieser Informationszuwachs und damit der zusätzliche Ertrag des Kognitiven Interviews bezieht sich insbesondere auf das freie Erinnern, wohingegen die Zunahme an inkorrekten Details insbesondere der Befragungsphase zuzuordnen ist (Ginet & Verkampt, 2007).

Weitere Befunde:

- Geringere Beeinflussung durch suggestive Fragen/Falschinformationen bei (4- bis 5-jährigen und 8- bis 9-jährigen) Kindern (Milne & Bull, 2003b; Verkampt & Ginet, 2010) und falsche Informationen bei Senior:innen (Holliday et al., 2012) im Vergleich zu herkömmlichen Befragungen
- Bei Kindern (Milne & Bull, 2003b; Verkampt & Ginet, 2010) und Senior:innen (Holliday et al., 2012) kein Anstieg inkorrekter Details
- Erwachsene erinnerten im Vergleich zu 5- bis 6-Jährigen mehr korrekte Details, in Bezug auf 8- bis 9-Jährige keine Unterschiede (Milne & Bull, 2002)
- Als nicht geeignet erwies sich das KI bei Menschen mit einer Autismus-Spektrum-Störung (Maras & Bowler, 2010; vgl. Kap. 11.4), da bei ihnen den Befunden zufolge die Menge richtig erinnerter Informationen nicht zunahm, sich jedoch die Anzahl an falschen Informationen erhöhte – die Gesamtrichtigkeit der Aussage nahm also ab.
- Unter Einsatz des Kognitiven Interviews wurden sowohl im Zustand hoher (experimentell induzierter) Erregung als auch im Normalzustand mehr korrekte zentrale und nebensächliche Details erinnert. Die hoch erregten Versuchspersonen machten darüber hinaus weniger Fehler und neigten weniger zu Konfabulationen als die nicht Erregten (Ginet & Verkampt, 2007).
- Auch die Erinnerung der Befragenden verbesserte sich bei Anwendung des Kognitiven Interviews: So zeigte sich, dass Gedächtnisprotokolle der mit KI-Befragenden 51 % mehr korrekte Informationen enthielten als Gedächtnisprotokolle der Befragenden in der Kontrollgruppe. (Allerdings stellte sich auch heraus, dass ein Drittel der Informationen, die die Befragten richtig wiedergaben, von den Befragenden nicht erinnert wurde; Köhnken et al., 1994).
- Im experimentellen Setting zeigte sich das Kognitive Interview im Vergleich zu herkömmlichen Vernehmungen (z.B. aufgrund der erhöhten kognitiven Anforderungen, die es impliziert, eine falsche Aussage in umgekehrter Reihenfolge zu berichten) überlegen, um zwischen wahren und erfundenen Aussagen zu unterscheiden (Hernández-Fernaud & Alonso-Quecuty, 1997; Vrij et al., 2008).

Im Hinblick auf die ökologische Validität der Evaluationsstudien zum Kognitiven Interview wurde wiederum u.a. kritisiert, dass meistens Wissenschaftler:innen (anstelle von trainierten Polizist:innen) das Interview durchführten, es sich bei den „Zeug:innen“ um motivierte Studienteilnehmer:innen (z.B. Studierende) handelte, nur in seltenen Ausnahmen (z.B. Ginet & Verkampt, 2007) zusätzlich das Erregungsniveau manipuliert wurde, es keine Feldstudien zur Wirksamkeit für gestresste Personen gibt und das Zeitintervall zwischen dem Ereignis und KI in vielen Studien (48 %) nur 48 bis 72 Stunden beträgt (wohingegen es in der Praxis meistens deutlich länger ausfällt) (Memon et al., 2010).

Als europäische Vorreiter in der gezielten (Weiter-)Entwicklung von Trainings zum KI und dessen praktischer Anwendung ist Großbritannien zu nennen, deren Trainingskonzepte auch in andere Länder übernommen wurden (vgl. Bull et al., 2019; Fisher & Schreiber, 2007; Milne et al., 2019). Untersuchungen an Polizeibeamt:innen in Bezug auf den Einsatz des KI in der Polizei zeigten aber, dass die Techniken als unterschiedlich effektiv wahrgenommen und in Abhängigkeit davon häufiger bzw. weniger häufig eingesetzt werden (Dando et al., 2008). Während insbesondere der (für das Kognitive Interview aber letztlich nicht spezifische) Beziehungsaufbau (Rapportphase), das Nichtunterbrechen, das Erklären, die Aufforderung alles zu berichten und die mentale Wiederherstellung des Wahrnehmungskontexts, die zeugenzentrierte Befragung und die Anweisung, nicht zu raten als effektive Techniken angesehen und entsprechend „normalerweise“ bis „immer“ angewendet werden, werden der Bericht in umgekehrter Reihenfolge und der Perspektivenwechsel von den befragten Polizeibeamt:innen als wenig nützlich wahrgenommen und selten bis nie eingesetzt (Dando et al., 2008; ähnliche Befunde auch bei Wheatcroft et al., 2014).

In den letzten 20 Jahren wurden einige Modifikationen des Kognitiven Interviews entwickelt, um bestimmten Zeug:innengruppen (z.B. jüngeren Kindern) oder äußeren Anforderungen (z.B. zeitliche Restriktionen) besser gerecht zu werden (Memon et al., 2010). Beispielsweise wurden kürzere Versionen des Kognitiven Interviews erprobt (z.B. unter Weglassen einzelner oder mehrerer Abrufstrategien), u.a. da sich nicht alle Abruftechniken als gleichermaßen nützlich erwiesen haben (vgl. dazu Verkampt & Ginet, 2010). Während sich der Nutzen des Berichtens in umgekehrter Reihenfolge und des Perspektivwechsels nicht konsistent bestätigte und darüber hinaus beide Techniken den Befunden zufolge in der Praxis seltener spontan durch die vernehmenden Polizeibeamt:innen eingesetzt werden (s. dazu Verkampt & Ginet, 2010; Dando et al., 2008), zeigten sich die Aufforderung „Alles berichten“ und das mentale Wiederherstellen des Wahrnehmungskontexts als besonders effektiv (z.B. Verkampt & Ginet, 2010 in Bezug auf Kinder), sodass auch eine (um die beiden erst genannten Abrufstrategien) gekürzte Version des Kognitiven Interviews als gewinnbringend angesehen wird (Davis et al., 2005; Verkampt & Ginet, 2010).

Ein neuerer Vorschlag einer Revision des KI hat anstelle dieser beiden Techniken eine weitere vielversprechende Abrufstrategie aufgenommen, den **„category clustering recall“** (Paulo et al., 2016; Paulo et al., 2017). Bei dieser Abrufstrategie werden die Zeug:innen (nach dem freien Bericht) aufgefordert, noch mal alles zum Vorfall zu erinnern, aber nun ihre Erinnerung bzw. Aussage nach Kategorien geordnet darzubieten (z.B. Angaben zum Täter, relevanten Objekten, Örtlichkeiten, Handlungen, Gesprächen etc.). Diese Technik kann in geeigneten Fällen die Befragungsphase ersetzen oder verkürzen und brachte im Vergleich zum traditionellen erweiterten Kognitiven Interview mehr Informationen hervor (Paulo et al., 2016; Paulo et al., 2017).

Basierend auf den Methoden des Kognitiven Interviews wurde für Augenzeug:innen zudem ein **schriftliches Interviewverfahren** entwickelt, das sogenannte „eigenständige Vernehmungsprotokoll für Augenzeugen“ (EVA) (deutsche Übersetzung des Self-administered Interview von Gabbert et al., 2009; vgl. Krix & Sauerland, 2011), das der Problematik Abhilfe schaffen soll, dass Vernehmungen oftmals erst mit zeitlicher Verzögerung zum Ereignis stattfinden können, sodass versucht wird, über ein schriftliches Verfahren die Erinnerungen der Zeug:innen bestmöglich zu konservieren. So soll der Polizei die Möglichkeit gegeben werden, in der frühen kritischen (oft noch chaotischen) Phase der Ermittlungen die Ressourcen bestmöglich einzusetzen (Hope et al., 2011). Das Testheft mit den Interviewfragen kann den Zeug:innen noch am Ereignisort von der Polizei übergeben und von diesen möglichst zeitnah in Eigenregie ausgefüllt werden. Das Interview umfasst aus den Methoden des Kognitiven Interviews die Aufforderung, alles zu berichten und die mentale Wiederherstellung des Wahrnehmungskontexts sowie weitere Abrufstrategien, wie z.B. auch das Erstellen einer Tatortskizze. Durch die zwischenzeitliche schriftliche „Selbstvernehmung“, die keinesfalls eine polizeiliche Vernehmung ersetzen soll, können die Erinnerungen möglichst zeitnah zum Ereignis bis zur Vernehmung „zwischengelagert“ werden und die Aussageleistung qualitativ und quantitativ verbessern (Hope et al., 2014; Krix & Sauerland, 2011; vgl. auch Krix & Sauerland, 2013).

Experimente von Krix et al. (2014) konnten zeigen, dass solche strukturierten Abrufhilfen zu einem frühen Zeitpunkt (im Vergleich zu einem reinen freien Bericht) zu umfassenderen Aussagen zu einem späteren Vernehmungs-/Aussagezeitpunkt führen können, allerdings nicht, wenn Zeug:innen zum Ereigniszeitpunkt abgelenkt waren. Auch war der erinnerungsfördernde Effekt der frühen Abrufhilfe abhängig von der Bereitschaft der Zeug:innen, eine umfangreiche Aussage zu machen. Am wirksamsten war der Effekt der frühen Abrufhilfe, wenn die spätere Vernehmung/Befragung qualitativ hochwertig war und die Zeug:innen davon ausgingen, dass umfangreiche Aussagen erwartet würden. Das Verfahren wurde bereits international (z.B. in England und Wales; Hope et al., 2011) als auch hierzulande bei der hessischen Polizei in einem Feldversuch erfolgreich evaluiert und in Folge dort implementiert (Hahn, 2017).

In einer aktuellen Metaanalyse über 19 Studien (Horry et al., 2021) bestätigte sich, dass die initiale Selbstvernehmung mit dem SAI im Vergleich zu alternativen Abrufformaten zu einem Zuwachs richtiger Informationen führte, fand jedoch auch eine geringe Zunahme falsch erinnerter Details. Die Gesamtrichtigkeit der Aussage (*accuracy*) war etwas niedriger als in den weniger strukturierten Vergleichsbefragungen (freier Bericht). In der späteren Abrufsituation war die Anzahl richtiger Details und die Gesamtrichtigkeit der Aussage jedoch höher als bei denjenigen, die das SAI vorher nicht ausgefüllt hatten. Da das SAI nicht darauf abzielt, eine face-to face Vernehmung zu ersetzen, sondern die Erinnerung lediglich bis dahin zu „konservieren", erscheint es als eine wirkungsvolle Möglichkeit, die Detailliertheit von Augenzeug:innenberichten in einer späteren Vernehmung zu erhöhen. Einschränkend weisen Horry et al. (2021) darauf hin, dass das SAI in den entsprechenden Studien immer innerhalb einer Stunde nach dem Ereignis durchgeführt wurde, sich die (positiven) Befunde also nur auf ein sehr kurzes Zeitintervall beziehen, das in der Praxis oftmals größer ausfallen wird.

**Das Wichtigste in Kürze**

**Implikationen für die Vernehmung:**

- Das KI ist eine zeugenzentrierte Vernehmungstechnik, die darauf abzielt Zeug:innen bestmöglich bei ihrer „Suche" nach Erinnerungen zu unterstützen, ohne die Befragung zu steuern. Es wird versucht, mit verschiedenen Techniken möglichst viele Assoziationsketten bzw. Teilerinnerungen zu aktivieren, um eine umfangreiche Aussageleistung und hohe Aussagequalität zu erzielen.
- Das KI (oder Teile daraus) ist insbesondere dann geeignet, wenn Zeug:innen im freien Bericht wenig erinnern, Schwierigkeiten mit dem Abruf haben (z.B. bei langem Erinnerungsintervall) oder zu bestimmten Aspekten wenig erinnern.
- Insbesondere die Technik der mentalen Kontextwiederherstellung und die Aufforderungen *„Berichten Sie alles"* sind zu empfehlen.
- Die Technik des Berichtens in umgekehrter Reihenfolge kann zwar geeignet sein, um trennschärfer zwischen Falschaussagen und wahren Aussagen zu unterscheiden, weshalb dies auch für Beschuldigtenvernehmungen (Vrij et al., 2008) empfohlen wird, jedoch stellt sich hier die Frage nach der praktischen Umsetzbarkeit (z.B. ob sich Beschuldigte, die das Recht haben zu schweigen und sich nicht selbst belasten müssen, darauf einlassen).

- Die Anleitung zum Wiederherstellen des Wahrnehmungskontexts und der Aktivierung mentaler Bilder kann gut geeignet sein, um Details für Personenbeschreibungen zu erhalten (auch von kindlichen Zeug:innen). Möglicherweise könnte sogar parallel (oder direkt im Anschluss) ein Phantombild erstellt werden und so die Gedächtnisrepräsentation, die im KI entstanden ist, direkt weiter genutzt werden.
- Auch Kinder, ältere Menschen und Menschen mit kognitiven Einschränkungen profitieren bezüglich ihrer Erinnerungen von Techniken des Kognitiven Interviews. Einzelne Techniken des KI sind hier gut einsetzbar und führen zu einem Informationszuwachs.
- Bei Kindern gilt das insbesondere in Bezug auf Detailinformationen zu beteiligten Personen und Handlungen. Ein weiterer positiver Effekt ist eine erhöhte Suggestionsresistenz.
- Empfehlung: Das KI als „Methodenkoffer" verstehen, aus dem je nach Zeuge/Zeugin und Situation kognitive Techniken genutzt werden. Die kommunikativen Techniken sollten grundsätzlich in Zeugenbefragungen berücksichtigt werden (z.B. die zeugenzentrierte Haltung, die auch bereits in Kap. 4 dargestellt wurde, der Fokus auf offene Fragen, Expertenstatus und Kontrolle über Ablauf und Reihenfolge weitgehend bei den Zeug:innen).
- Methodische Elemente des KI können auch im Rahmen eines (zunächst) schriftlichen eigenständigen Zeugeninterviews (eng. SAI/dt. EVA) dazu beitragen, die spätere Erinnerungs- und Aussageleistung von Augenzeug:innen zu verbessern.

# 5. (Kommunikations-)Psychologisch relevante Rahmenbedingungen der Vernehmung

## 5.1 Anwesenheit von Begleitpersonen bei der Vernehmung von Zeug:innen

Es kann vorkommen, dass **Zeug:innen** mit einer Begleit- oder Vertrauensperson zur Vernehmung erscheinen und wünschen, dass diese bei der Vernehmung anwesend ist. Dies betrifft nicht nur minderjährige Zeug:innen, bei denen die Erziehungsberechtigten ebenfalls belehrt werden müssen, sondern auch z.B. erwachsene Opferzeug:innen, die sich Beistand oder Unterstützung wünschen.

In einer Aktenanalyse von Dölling und Dreßing (2018) bezüglich Ermittlungsverfahren bei Sexual- und Gewaltdelikten sowie Wohnungseinbruchdiebstahl konnte festgestellt werden, dass Begleitung durch Rechtsanwälte bei Opferzeug:innenvernehmungen nur sehr selten auftraten, private Vertrauenspersonen (nach § 406f Abs. 2 StPO) wurden mit 9 % der Vernehmungen häufiger registriert, davon betrafen 58 % Ermittlungsverfahren wegen einer Sexualstraftat (Dölling & Kunz, 2017).

Opferzeug:innen haben zudem die Möglichkeit nach § 406g Abs. 1 StPO Unterstützung durch eine psychosoziale Prozessbegleitung in Anspruch zu nehmen, die dann auch ein Anwesenheitsrecht bei den Vernehmungen (wie auch in der Hauptverhandlung) hat. Die psychosoziale Prozessbegleitung stellt gemäß § 2 Abs. 1 PsychPbG[32] eine qualifizierte, nicht rechtliche Begleitung von Opfern im Strafverfahren dar, die darauf abzielt Belastungen und das Risiko einer sekundären Viktimisierung im Ermittlungs- und Strafverfahren zu reduzieren. Anders als dies ggf. bei privaten Unterstützungspersonen der Fall wäre, ist bezüglich der psychosozialen Prozessbegleitung klar geregelt (§ 2 Abs. 2 PsychPbG), dass sie eine neutrale Rolle gegenüber dem Strafverfahren einnimmt und eine eindeutige Trennung zwischen Beratung und Begleitung stattfindet (d.h. die Person, die die psychosoziale Prozessbegleitung übernimmt, darf keine beratende Funktion ausüben). Die psychosoziale Prozessbegleitung darf die Zeug:innen und deren Aussage in keiner Weise beeinflussen (§ 2 Abs. 2 PsychPbG).

---

32 Gesetz über die psychosoziale Prozessbegleitung im Strafverfahren vom 21. Dezember 2015 (BGBl. I S. 2525, 2529).

Grundsätzlich ist die Anwesenheit einer zur Vernehmung erschienenen privaten Vertrauensperson der Opferzeug:innen nach § 406f Abs. 2 StPO ebenfalls rechtlich zulässig, wenn dadurch der Untersuchungszweck nicht gefährdet ist, was durch die die Vernehmung leitende Person zu entscheiden ist. Unter sozial- und aussagepsychologischen Gesichtspunkten ist eine Anwesenheit von Begleitpersonen aus dem privaten Umfeld des Opfers jedoch problematisch und deshalb, wenn möglich, zu vermeiden (vgl. Heubrock & Donzelmann, 2010).

Dies hat verschiedene Gründe:

- Je nach Anlass der Vernehmung (z.B. als Opferzeuge/-zeugin eines schweren Delikts) und den Auswirkungen der Tat auf die Familie können die Begleitpersonen selbst emotional stark belastet sein und sind dann keine emotionale Stütze für die Aussageperson (Heubrock & Donzelmann, 2010).
- Möglicherweise wollen Opferzeug:innen nicht, dass den Eltern bestimmte Details bekannt werden (z.B. aus Scham oder um diese nicht noch weiter zu belasten) oder aber, um eine eigene Beteiligung, das Hinwegsetzen über ein Verbot, sexuelle Aktivität oder Konsum von Alkohol, worüber die Eltern noch nichts wissen, zu verbergen oder aber benutzte Schimpfworte nicht zu wiederholen (diese werden dann weggelassen oder die Aussage entsprechend „frisiert").
- Dies kann auch eine Situation als Augenzeuge/-zeugin betreffen, z.B. wenn minderjährige Zeug:innen etwas beobachtet haben, während sie etwas von den Eltern Verbotenes gemacht haben und infolgedessen gehemmt sind, davon zu berichten.
- Begleitpersonen können die Aussage der Zeug:innen (bewusst oder unbewusst) durch ihr verbales und nonverbales Verhalten beeinflussen, z.B.
  - durch paraverbale Signale der Belastung (z.B. Schluchzen) bei ihnen unbekannten oder schambesetzten Details (vgl. Heubrock & Donzelmann, 2010) oder Aspekten, die für *sie* belastend sind (aber nicht notwendigerweise für die Zeug:innen)
  - durch nonverbale Zeichen (z.B. Kopfschütteln, Veränderung der Körperhaltung, unruhiges Herumrutschen) negativ auf die Aussagebereitschaft einwirken (vgl. Heubrock & Donzelmann, 2010) oder die Zeug:innen verunsichern
  - durch Äußerung von Unverständnis oder direkter Schuldvorwürfe gegenüber den Opferzeug:innen (vgl. Heubrock & Donzelmann, 2010)

(z.B. „Wir haben ihr so oft gesagt, dass sie nachts nicht durch den Park gehen soll, sondern lieber den längeren Weg an der Straße entlang")

  - durch Eingreifen in den Vernehmungsverlauf (z.B. mit dem Hinweis, dass die Frage zu belastend für den Zeugen sei, er dazu doch schon was gesagt habe, die Zeugin doch schon gesagt hat, dass sie das nicht weiß etc.) (vgl. Heubrock & Donzelmann, 2010).

- Die Zeug:innen können bemüht sein, ihre Aussage an die Meinung der Begleitperson zum Vorfall oder das Bild, das die Begleitperson von ihnen hat, anzupassen
- Die Zeug:innen können bemüht sein, ihre Aussage kongruent oder konstant mit dem vorzubringen, was sie vorher der Begleitperson berichtet haben, d.h. es findet weniger ein Abruf der Erinnerungen an das Ereignis, sondern vielmehr an das zuvor Ausgesagte statt. Dies kann zu Auslassungen führen, die spontane, assoziative Erinnerungstätigkeit beeinträchtigen und infolgedessen die Aussagequalität reduzieren (vgl. auch Brockmann & Chedor, 1999).
- Je nach Delikt (z.B. intrafamiliärer sexueller Missbrauch, Bezeugung häuslicher Gewalt und dem Standpunkt der Begleitperson dazu) können Kinder in Loyalitätskonflikte kommen, wenn eine Person aus der Familie anwesend ist, was sich aussagehemmend auswirken kann.

Bei Kindern und Jugendlichen ist zudem nicht immer klar, ob diese selbst die Anwesenheit des begleitenden Elternteils wünschen oder aber dies vom Elternteil selbst gefordert wird, z.B. um selbst genau zu hören, was das Kind sagt oder bewusst oder unbewusst Kontrolle über den Vernehmungsverlauf ausüben zu können. Auch kann sich dahinter eine Sorge verbergen, das Kind unterstützen zu müssen oder nicht beeinflussen zu können, was das Kind gefragt wird. Eine Anwesenheit des Elternteils, die vom Kind aber selbst gar nicht gewünscht ist, kann sich aussagehemmend auswirken und dazu führen, dass Details gar nicht oder verändert wiedergegeben werden (z.B., wenn Einzelheiten den Eltern vorher nicht berichtet wurden).

Zu empfehlen ist deshalb, das Bedürfnis anzuerkennen, die Sorgen der Bezugspersonen ernst zu nehmen und darauf einzugehen, die Begleitperson aber höflich zu veranlassen, auf die Anwesenheit bei der Vernehmung zu verzichten. Dies kann zum einen unter Verweis darauf geschehen, dass die Begleitperson später auch noch die Möglichkeit bekommt, etwas dazu zu sagen (Heubrock & Donzelmann, 2010). Zum anderen kann es hilfreich sein, auf (positive) Erfahrungen vorheriger Anhörungen von Kindern ohne deren Bezugspersonen zu verweisen (Kraheck-Brägelmann, 1993).

Ferner sollte – um die Besorgnis der Eltern zu minimieren – darauf hingewiesen werden, dass die Zeug:innen jederzeit eine Pause verlangen und die Begleitpersonen im Flur warten können. Zudem kann den Begleitpersonen das Positive herausgestellt werden, insbesondere, dass sich die Abwesenheit von anderen Personen im Raum positiv auf die Aussage auswirkt und dies bestmöglich zur Sachverhaltsaufklärung beiträgt und dazu verhilft, dass die Aussage gerichtsverwertbar ist, wohingegen mögliche Beeinflussungen sich nachteilig auswirken können.

Sollte sich die Anwesenheit nicht vermeiden lassen, weil entweder die Zeug:innen selbst oder (bei Minderjährigen) der Elternteil darauf bestehen, sollte die Begleitperson sich in den Hintergrund setzen, sodass sie nicht im Blickfeld der aussagenden Person sitzt (vgl. Habschick, 2016) und klare Verhaltensregeln aufgestellt werden.

Das heißt, die Begleitperson sollte insbesondere darauf hingewiesen werden, dass sie

- Keine Fragen stellen soll
- Keine Ergänzungen vornehmen darf
- Keine Anmerkungen machen soll („das hat XX besonders belastet“)
- Keine Ermutigung, das zu berichten, was das Kind der Bezugsperson schon erzählt hat („Mir hast du doch noch erzählt, dass…“, „Erzähl doch mal, was du mir dazu erzählt hast“)
- Keine Vorwürfe, wenn das Kind etwas berichtet, was es vorher noch nicht oder anders berichtet hat („Mir hast du das aber anders erzählt“)
- Keine nonverbalen Reaktionen
- Keine Kommentare zu den Fragen der Vernehmenden
- Kein Abbruch der Vernehmung durch die Bezugsperson

Dadurch lassen sich aber allenfalls einige, keinesfalls alle der genannten Störfaktoren reduzieren, sodass es nur eine Notlösung ist.

## 5.2 Vernehmungen mit Dolmetscher:innen

Wenn Beschuldigte oder (Opfer-)Zeug:innen einen Migrationshintergrund aufweisen und nicht ausreichend Deutsch sprechen, müssen auf jeden Fall Dolmetscher:innen hinzugezogen werden, um sicher zu stellen, dass alles verstanden wird und es keine sprachlichen Barrieren gibt, die die Vernehmung bezüglich Motivation, Informationsgewinnung und Fairness beeinträchtigen könnten.

Man muss sich aber dabei bewusst sein, dass eine gedolmetschte Vernehmung diese letztlich nicht eins zu eins so abbilden kann, wie sie von Vernehmenden persönlich geführt werden würde, sowohl inhaltlich als auch bezüglich der Beziehungsgestaltung. Denn durch die Übersetzungspausen dauert die Vernehmung deutlich länger. Anstatt der Vernehmenden sind zudem die Dolmetscher:innen für die Befragten subjektiv die Hauptansprechperson, da sie die kommunikative Verbindung zu den Vernehmenden herstellen. Für die Vernehmenden ist es aufgrund der fehlenden Unmittelbarkeit der Kommunikation schwierig, Reaktionen der Aussageperson (sowohl verbal als auch nonverbal) mit ihren Fragen in Verbindung zu bringen und auch beim aussagebegleitenden nonverbalen Verhalten und emotionalen Reaktionen fehlt für die Vernehmenden die Unmittelbarkeit.

Um die nicht vollständig ausräumbaren Probleme zumindest abzumildern bzw. bestmögliche Rahmenbedingungen zu schaffen, ist eine ausführliche Instruktion der Dolmetscher:innen vorab elementar. So sollte (zumindest unerfahrenen Dolmetscher:innen oder solchen, mit denen man noch nicht zusammengearbeitet hat) deutlich gemacht werden, dass es von höchster Relevanz ist, dass sowohl die Fragen der Vernehmungsbeamt:innen als auch die Ausführungen der Aussageperson wortwörtlich übersetzt werden, und zwar auch, wenn sie Widersprüche, Unlogisches, Schimpfwörter oder schambehaftete Details enthalten (Haas & Ill, 2013). Es obliegt nicht den Dolmetscher:innen, die Aussage zu glätten, in eine Chronologie zu bringen, vermeintlich verständlicher zu machen oder Fäkaliensprache abzumildern – vielmehr muss ihnen vorab klar gemacht werden, dass es auch auf genaue Begriffsbezeichnungen, Unstrukturiertheit und die genaue Wiedergabe dessen, was gesagt wurde, ankommt (vgl. Haas & Ill, 2013). So ermöglicht z.B. nur die Wiedergabe auch von Widersprüchen den Vernehmenden einen Anhaltspunkt, wo noch mal nachzufragen ist, sowie eine fundiertere Einschätzung der Aussage und der Aussageperson. Auch für eine später mögliche aussagepsychologische Begutachtung ist eine wortgenaue Wiedergabe unabdingbar. Antworten auf mehrere Fragen dürfen zudem nicht einfach zusammengefasst werden – es muss genau erkennbar sein, auf welche Frage mit welchem Wortlaut was geantwortet wurde.

Ferner sollten Dolmetscher:innen darüber instruiert werden, dass sie, wenn sie selbst die Frage nicht genau verstanden haben, unbedingt nachfragen sollen, damit keine Missverständnisse in die Vernehmung hineingetragen werden.

Bezüglich der Rahmenbedingungen während der gedolmetschten Vernehmung sollte Folgendes beachtet werden (nach Haas & Ill, 2013):

– Die Sitzanordnung sollte so gewählt werden, dass die Vernehmenden mit beiden, Aussageperson und Dolmetscher:in, Blickkontakt halten kann.
– Während die vernommene Person ihre Aussage macht, sollte man sie anschauen und beobachten. Keinesfalls sollte über den Kopf hinweg mit den Dolmetscher:innen geredet werden.
– Die Fragen der Vernehmenden bzw. deren Redebeiträge sollten jeweils nicht zu lang sein und es dürfen nicht mehrere Fragen auf einmal gestellt werden. Ein wichtiges Prüfkriterium stellt hier die Übersetzungslänge dar – sprechen Dolmetscher:innen deutlich länger mit der Aussageperson, weist dies evtl. darauf hin, dass diese die Frage nicht verstanden hat. Dies ist durch die Vernehmungsbeamt:innen direkt zu klären. Diskussionen oder Gespräche zwischen Dolmetscher:in und Aussageperson sollten nicht stattfinden. Wurde die Frage nicht verstanden, ist sie anders zu formulieren und von den Dolmertscher:innen in der neuformulierten Form erneut zu stellen.

Letztlich bleibt zu beachten, dass durch die „Zwischenschaltung“ von Dolmetscher:innen immer eine weitere Person mit eigener Wahrnehmung, Voreinstellung und Interpretation hinzukommt, was die möglichst objektive Erhellung des Sachverhalts zusätzlich erschwert und wodurch weitere Fehlerquellen hinzukommen. So weisen Haupt et al. (2003) darauf hin, dass die Übersetzung von den Einstellungen der Dolmetscher:innen zum Opfer und zur Straftat und deren Vorverständnis mitbeeinflusst sein kann, weshalb sie u.a. wenn möglich den Einsatz muttersprachlicher Polizeibeamt:innen empfehlen.

Aussagepsychologisch problematisch ist, wenn – wie es laut einer entsprechenden Aktenauswertung z.T. zu geschehen scheint (Dölling & Dreßing, 2018) – bei einer Erstvernehmung Familienmitglieder oder Bekannte der Aussageperson hinzugezogen werden, um zu dolmetschen. Zum einen werden diese in der Regel nicht in der professionellen Übersetzung geübt sein. Eine Genauigkeit und Wortgetreuheit der Übersetzung ist weniger sichergestellt. Zum anderen werden nahestehende Personen selten neutral und objektiv sein, sodass die Gefahr besteht, dass eigene Motive und Interpretationen mit in die Übersetzung einfließen, ohne dass dies für die Vernehmenden erkennbar oder nachvollziehbar ist.

## 5.3 Dokumentation von Vernehmungen

### 5.3.1 Audio/Videografie und Protokollierung

Mit inkrafttreten der Neuregelung des § 136 Abs. 4 StPO *müssen* (neben der in Satz 1 eingeräumten Möglichkeit, dass dies auch in anderen Fällen gemacht werden *kann*) seit dem 1.1.2020 **Beschuldigtenvernehmungen** audiovisuell aufgezeichnet werden, wenn es sich um ein Tötungsdelikt handelt oder Beschuldigte „erkennbar unter eingeschränkten geistigen Fähigkeiten oder einer schwerwiegenden seelischen Störung" (§ 136 Abs. 4 Satz 2 Nr. 2 StPO) leiden und ihre schutzwürdigen Interessen dadurch besser gewahrt werden können[33].

In Bezug auf **Zeug:innen** ist nach § 58a StPO geregelt, dass die Vernehmung in Bild und Ton aufgezeichnet werden (und als richterliche Vernehmung erfolgen) *soll* (Abs. 1 Satz 2), um die schutzwürdigen Interessen von minderjährigen Kindern und Jugendlichen (unter 18 Jahren) sowie von erwachsenen Personen, die als Kinder oder Jugendliche durch eine der in § 255a Absatz 2 StPO genannten Straftaten[34] verletzt worden sind, besser zu wahren. Sie *muss* wiederum aufgezeichnet werden und als richterliche Vernehmung erfolgen, wenn damit die schutzwürdigen Interessen von Personen, die durch Straftaten gegen die sexuelle Selbstbestimmung (§§ 174 bis 184j StGB) verletzt worden sind, besser gewahrt werden können und der Zeuge der Bild-Ton-Aufzeichnung vor der Vernehmung zugestimmt hat (§ 58a StPO Satz 3). Auch bei Erwachsenen (Personen über 18 Jahre), die nicht durch eine der in § 255a Absatz 2 genannten Straftaten verletzt worden sind, *kann* die Vernehmung aufgezeichnet werden (§ 58a StPO Satz 1), was dann letztlich im Einzelfall von den ermittelnden Polizeibeamt:innen zu entscheiden ist.

Unter aussagepsychologischen Gesichtspunkten ist bei der Vernehmung von Opferzeug:innen eine audiografische oder besser noch videografische Aufzeichnung und anschließende Transkription aus verschiedenen Gründen dringend anzuraten. Zum einen sind nur so der Vernehmungsverlauf, die konkret gestellten Fragen, das Antwortverhalten, die Aussageweise und das Aussageverhalten nachvollziehbar, was für die Gerichtsverwertbarkeit der Aussage sowie die Möglichkeit einer aussagepsychologischen Analyse sehr be-

---

33 In Bezug auf polizeiliche Vernehmungen gilt dies durch den Verweis in § 163a Abs. 4 StPO.

34 Straftaten gegen die sexuelle Selbstbestimmung (§§ 174 bis 184k des Strafgesetzbuches) oder gegen das Leben (§§ 211 bis 222 des Strafgesetzbuches), wegen Misshandlung von Schutzbefohlenen (§ 225 des Strafgesetzbuches) oder wegen Straftaten gegen die persönliche Freiheit nach den §§ 232 bis 233a StGB.

deutsam ist (vgl. Greuel, 2008). Insbesondere die Erstvernehmung und deren genaue Aufzeichnung sind von hoher Relevanz für die spätere Bewertung der Aussage und deren Entwicklung (da die Zeug:innen im weiteren Verlauf des Ermittlungs- und Strafverfahrens in der Regel mehrfach aussagen müssen) und können den Erfolg einer Ermittlung nachhaltig beeinflussen (vgl. Milne & Bull, 2014). Auch sind auf Basis zusammenfassender Protokolle alleine keine den aussagepsychologischen Anforderungen genügende Konstanzanalysen möglich, da nicht rekonstruierbar und belegbar ist, ob tatrelevante Details erst später genannt (und z.B. die Aussage erweitert, aggraviert oder verändert) oder eben nur nicht protokolliert wurden. So können Missverständnisse oder vermeintliche Widersprüche entstehen, die schlimmstenfalls nicht mehr auszuräumen und der Wahrheitsfindung abträglich sind (vgl. Biedermann & Volbert, 2020).

Darüber hinaus birgt die simultane Aufnahme auch für die Vernehmung selbst große Vorteile, da sich die Vernehmenden auf deren Durchführung konzentrieren können und die Vernehmung nicht für Zwischendiktate oder Protokollierung unterbrechen müssen. Dies stört die Konzentration auf beiden Seiten – der Vernehmenden und der Zeug:innen und kann zudem den Abruf der Zeug:innen erschweren (vgl. Greuel, 2008). Auch ist es als Absicherung für die Vernehmenden selbst von Vorteil, wenn genau dokumentiert ist, was im Vernehmungszimmer passiert ist (und beispielsweise die Aussageperson nicht nachträglich angeben kann, unter Druck gesetzt worden zu sein o.ä.; vgl. Sullivan et al., 2008).

Der Vorteil der audio- und videografischen Dokumentation von Vernehmungen wird auch von Vernehmenden selbst als solcher erlebt, z.B. (neben den bereits genannten), dass insbesondere paraverbale und nonverbale Verhaltenstendenzen und Reaktionen ansonsten später nicht mehr rekonstruierbar sind, nachträgliche Analysen der Vernehmung möglich sind, um Hinweise zu finden, die man während der Vernehmung noch nicht bemerkt hat oder auch die Möglichkeit, Passagen Kolleg:innen vorzuspielen und sich Rat oder eine weitere Meinung einzuholen. Auch dient eine Aufzeichnung den Beamt:innen aufgrund des Umstands, dass die Vernehmung evtl. später von Staatsanwaltschaft und Gericht gesehen wird, als – positiv erlebte – Kontrolle des eigenen Vernehmungsverhaltens (Sullivan et al., 2008). Bestätigend konnte in Bezug auf Beschuldigtenvernehmungen gezeigt werden, dass sich das Wissen um Kameraaufzeichnung der Vernehmung auf die Vernehmungsmethoden selbst auswirkten, z.B. indem weniger geständnisorientierte Techniken angewendet wurden und die Vernehmenden zudem bei Kameraaufzeichnung besser in der Lage waren, zwischen schuldigen und unschuldigen Beschuldigten zu unterscheiden (Kassin et al., 2014).

Zudem belegen rechtspsychologische Studien, dass bei der nachträglichen Protokollierung Informationsverluste auch in relevanten Aspekten der Aussage entstehen und die festgehaltenen Informationen selektiv und verzerrt sind (zugunsten derjenigen Informationen, die der Hypothese der Ermittelnden entsprechen; vgl. auch Capus et al., 2014). Selbst bei Protokollierung direkt nach der Vernehmung werden ein Viertel bis ein Drittel der relevanten Informationen nicht notiert (Köhnken et al., 1994; Lamb et al., 2000). Selektivität und Informationsverlust nachträglicher Protokolle legen den Grundstein für Fehlinterpretationen und können zudem dazu führen, dass eine in der Vernehmung kohärent und konsistent vorgebrachte Aussage auf dem Papier später widersprüchlich erscheint (Capus et al., 2014).

Ein konfirmatorisches, den eigenen Annahmen folgendes Vernehmungsverhalten wiederum kann zwar auch durch eine Videografie letztlich nicht ausgeschaltet werden, es ist dann aber zumindest nachträglich erkennbar (vom Schemm & Köhnken, 2008) und kann entsprechend bei der Bewertung der Aussage einbezogen werden.

Einer aktuelleren Auswertung der Dokumentationsform anhand von Aktenanalysen bezüglich Ermittlungsverfahren wegen Wohnungseinbruchdiebstahl, Sexual- und Gewaltdelikten (Dölling & Dreßing, 2018) zufolge sind Videoaufnahmen bei Opferzeug:innenvernehmungen jedoch immer noch die Ausnahme und erfolgten nur in knapp 5 % der analysierten Fälle und ausschließlich bei Sexualdelikten (von diesen jedoch auch nur in knapp ein Fünftel der Fälle; Dölling & Kunz, 2017). Wortprotokolle erfolgten in 45 % der Vernehmungen (am häufigsten bei Sexualdelikten). Bei den übrigen Vernehmungen wurde das Protokoll durch die vernehmende Person formuliert. Neben den oben genannten Aspekten des Informationsverlusts und der selektiven Verzerrung wurde hier ein weiteres Problem deutlich, dass nämlich aus Opfersicht Angaben nicht zutreffend wiedergegeben worden sind und Opfer nach einer Vernehmung nicht mehr in der Lage sind, diese sorgfältig gegenzulesen und ggf. zu korrigieren (Dölling & Dreßing, 2018). Dies wird spätestens in der mündlichen Hauptverhandlung, die oftmals lange nach der polizeilichen Vernehmung stattfindet, zum Problem, wenn die Zeug:innen dann mit ihren Aussagen aus dem Protokoll konfrontiert werden und sich diese nicht mit ihrer im Gerichtssaal vorgetragenen Erinnerung decken (Konstanzproblem). Diese Problematik können Zeug:innen nach einer anstrengenden Vernehmung aber noch gar nicht absehen. Oftmals werden sie einfach nur die Vernehmung beenden und nach Hause gehen wollen. Es ist hier also die Pflicht der Vernehmenden, die Wichtigkeit der adäquaten Aufzeichnung zu beachten.

Generell gilt, dass ein Vernehmungsprotokoll die Aussage möglichst wortgenau wiedergeben sollte (inklusive benutzter Schimpfwörter oder vulgärer Begriffe) und genau erkennbar sein muss, ob und welche Teile spontan und eigeninitiativ von den Zeug:innen vorgebracht wurden und welche erst auf Nachfrage (vgl. Haupt et al., 2003). Hier ist wichtig, dass auch die Fragen im Wortlaut festgehalten werden (und nicht, wie in der Praxis öfter anzutreffen nur „auf Nachfrage"), da das Zustandekommen der Aussage genau rekonstruierbar sein sollte (z.B. ob Vorhalte gemacht wurden, ob benutzte Worte in der Frage vorgegeben und einfach nur übernommen wurden, ob offene oder gar suggestive Fragen gestellt wurden).

Formulierungshilfen oder -vorschläge seitens der Vernehmenden sind generell zu vermeiden, müssen aber wenn, dann unbedingt als solche gekennzeichnet werden, damit genau erkennbar bleibt, was die Zeug:innen von selbst wie gesagt haben. Auf keinen Fall dürfen Formulierungen der Vernehmenden, die von den Zeug:innen wiederholt wurden, als Aussage der Zeug:innen protokolliert oder diktiert werden. Ebenfalls zu unterlassen sind sprachliche Glättungen und Veränderungen der Struktur (Chronologie) – vermeintlich, um deren Verständlichkeit zu erhöhen (Volbert, 2017). Wie unter Kapitel 4.2 bereits dargestellt, bergen Fragen ein unterschiedliches Suggestionspotenzial. Dieses sollte aus dem Vernehmungsprotokoll erkennbar sein, da es die Gerichtsverwertbarkeit der Aussage unmittelbar betrifft. Wenn keine Aufnahme mit anschließender Transkription erfolgt, dann sollte das Protokoll zumindest im Frage-Antwort-Format erstellt werden (unter Beibehaltung der Originalformulierungen beider Interaktionspartner:innen), damit zumindest der Vernehmungsverlauf nachvollziehbar bleibt und nicht in Erzählform aus Sicht der Zeug:innen (monologische Protokollierung, d.h. die in der Befragung gewonnene Aussage wird als ein Block inhaltlich wiedergegeben). Dies ist nicht nur bei Zeugenaussagen elementar, sondern auch zur Identifikation falscher Geständnisse wichtig, z.B. um zu identifizieren, ob Beschuldigte relevantes Wissen durch die Fragen transportiert bekommen haben (vgl. Capus et al., 2014). Auch sind suggestive Einflussnahmen, Befragungsdruck, Erinnerungsbemühungen etc. nicht mehr nachzuvollziehen, sondern eine monologische Darstellung suggeriert, „eigenständig und zwanglos vorgebracht" (Capus, et al., 2014, S. 239) worden zu sein.

Der in der Praxis immer wieder anzutreffende „Zielkonflikt zwischen Vollständigkeit und Lesbarkeit" der Protokolle (Capus et al., 2014, S. 238) und den angeführten mangelnden Ressourcen für die Durchführung von Videografie und Transkription kann letztlich auch mit der damit verbundenen Empfehlung, nur scheinbar relevante Passagen wörtlich zu protokollieren (vgl. Capus et al., 2014), nicht wirkungsvoll begegnet werden. Denn nicht immer wird auf den ersten Blick erkennbar sein, welche Passagen relevant sind. Zudem ermöglicht auch dies keinen Eindruck über den Verlauf der Vernehmung. Auch wenn „wörtliche, sprachlich nicht geglättete Vernehmungsprotokolle“ (Capus et al., 2014, S. 241) als schwerer lesbar gelten (vgl. Capus et al., 2014), so enthalten nur sie alle aussagepsychologisch relevanten Informationen.

Bei der Videografie ist bezüglich der Ausrichtung der Kamera darauf zu achten, dass diese einen neutralen Fokus hat, der sowohl die vernehmende als auch die befragte Person zeigt (Kassin & Gudjonsson, 2004) (in der Praxis werden meist mehrere Kameraperspektiven benutzt, um Mimik und nonverbales Verhalten der Befragten genauer zu sehen, aber auch die Interaktion zwischen beiden). Dies ist wichtig, um auch das nonverbale Verhalten der Vernehmenden und deren Wirkung auf den Befragten genau zu dokumentieren. In einer Beschuldigtenvernehmung könnte ansonsten auch nonverbal ausgeübter Druck auf die beschuldigte Person im Vorfeld eines Geständnisses „verloren gehen“ bzw. dieser unterschätzt werden (vgl. Kassin & Gudjonsson, 2004).

**Beispiel**

**Beispiel für ein Protokoll, in dem die Fragen der vernehmenden Beamtin nicht enthalten sind**

Die Zeugin schilderte nach einer altersgerechten Belehrung sodann gegenüber Unterzeichnerin **sinngemäß**[35]:

Also ich habe es (Name) erzählt und die hat gesagt, ich soll zu (Name) gehen. Also Frau (Name). (Name) wusste es auch schon und hat es allen erzählt. Das finde ich echt doof. Jetzt wissen es alle. Aber die Kinder glauben mir nicht.

**(Auf Nachfrage)** Also ich habe nachts geschlafen und dann kam (Name) in mein Zimmer und hat mich wach gemacht. Er hat gesagt, er kann nicht schlafen und ich soll zu ihm runter kommen. Ein bisschen Fernseh gucken. Ich war dann auch neugierig, was er machen will und bin mit ihm runter. Also ihr müsst wissen, dass er normalerweise immer voll fies ist, wenn andere Kinder dabei sind. Aber wenn wir alleine sind nicht. Dann ist er immer ganz nett und will was von mir. Antatschen oder so. Also habe ich gesagt, dass ich schlafen will, bin aber runter mit ihm. Er hat mich dann ganz nackt gemacht. Auch ohne Unterhose und sich auch. Ganz ohne Unterhose und Unterhemd. Dann haben wir uns eingecremt und dann noch geduscht. Ich sollte auch in sein Bett – aber nackt natürlich. Ich musste mich abtrocknen. Er hat mich noch geföhnt und dann bin ich wieder hoch in mein Bett. Achso aber vor dem Ganzen habe wir noch ein bisschen Fernseh geguckt bei ihm.

35 Es handelte sich hier um die erste „offizielle“ Aussage der kindlichen Zeugin, die von einem sexuellen Missbrauch berichtet.

(Name) will vor den anderen Jungs immer cool sein und. Dann ist er gemein zu mir. Aber sonst ist er nett. Aber ich finde den doof. Ich finde, das was er gemacht hat war falsch. Ich habe aber nichts gesagt. Ich war mucksmäuschenstill.

**(Auf Nachfrage)** Also er ist ja in mein Zimmer gekommen und hat mich noch gehoben. Dann hat er gesagt „Bitte, bitte komm runter. Komm wir spielen auch X-Box." Dann war ich neugierig. Dann hat er unten eine Creme genommen und hat mich ausgezogen. Er hat gesagt, er will mich eincremen. Ganz ausgezogen. Alles. Er hat sich auch nackig gemacht. Dann hat er mich eingecremt. Also überall, aber hauptsächlich da zwischen den Beinen. **(Auf Nachfrage)** Also an der Scheide. Das ist mir peinlich. (...)

Also es ist ja so, dass der (Name) immer hinter mir her ist. Der will mich immer antatschen. Das war schon öfter. **(Auf Nachfrage)** Ja also er fasst überall an, aber meistens da zwischen den Beinen vorne und hinten zwischen den Beinen in der Ritze. **(Auf Nachfrage)** Das ist auf den Klamotten aber auch schon mal drunter gewesen.

### 5.3.2 Der Eindrucksvermerk

Der Eindrucksvermerk sollte für den weiteren Ermittlungsverlauf genau festhalten, in welchem Zustand Zeug:innen oder Beschuldigte sich zum Zeitpunkt der Vernehmung befanden und wie sie sich vor, während und nach der Vernehmung verhalten haben (z.B. Verhalten vor der Befragung, wahrnehmbare Emotionen, auffällige Verhaltensweisen, Unruhe, Erschöpfung, Müdigkeit). Auch relevante Aspekte zur Vernehmungsatmosphäre sollten dokumentiert werden (vgl. Haupt et al., 2003). Aus vernehmungspsychologischer Sicht ist wichtig, dass **nur beobachtbares Verhalten** und nonverbale und vegetative (körperliche/physiologische) Reaktionen der vernommenen Person dargestellt werden (vgl. Haupt et al., 2003). Beispielhaft seien hier Formulierungen aufgeführt wie: „die zuvor gefasste Zeugin begann zu zittern, als sie die Vergewaltigung schilderte", „der Zeuge begann zu weinen, als ...", „die Angaben der Zeugin waren detailliert und anschaulich, sie redete ohne zu überlegen", „der Zeuge schweifte häufig ab", „der Zeuge hielt Blickkontakt", „die Zeugin sprach bei Schilderung des Sachverhalts leiser und langsamer als bei den vorherigen Ausführungen", „der Zeuge schilderte sachlich und ohne von außen wahrnehmbare emotionale Beteiligung". **Wenig hilfreich sind nicht auf Beobachtungen basierende Einschätzungen, Interpretationen, Wertungen** oder die Wiedergabe „psychologischen Laienwissens" (z.B. „Der Zeuge war traumatisiert", „Die Aussage wirkte glaubhaft", „Es wirkte so, als lüge die Beschuldigte").

Auch sollten wertende Begriffe vermieden und wenn, dann begründet oder belegt werden, z.B. indem Begriffe wie „ängstlich" oder „nervös" durch entsprechende Verhaltensbeschreibungen konkretisiert werden (gesenkter Blick, stottern, o.ä.; Kraheck-Brägelmann, 1994). Diese Wertfreiheit bezieht sich auch auf einen reflektierten, überlegten Umgang mit Formulierungen, indem sich eigene Vorurteile oder Bewertungen einer Aussageperson nicht sprachlich niederschlagen sollten (Kraheck-Brägelmann, 1994).

Darüber hinaus ist es wichtig, dass auch der Kontext, in dem eine Verhaltensweise auftrat, aufgeführt wird, denn erst dann ist ihre Bedeutung nachvollziehbar (Kraheck-Brägelmann, 1994), z.B. dass die Zeugin zu weinen begann, als sie auf die Tat oder die Beziehung zum Täter zu sprechen kam oder ins Stocken geriet, als sie beschrieb, wo der Beschuldigte sie angefasst habe.

Wichtiger als die (subjektive) Angabe, ob die Vernehmungsbeamt:innen die Aussageperson für glaubwürdig oder die Aussage für glaubhaft halten (eine Einschätzung, die rein formal betrachtet an anderer Stelle getroffen wird), sind **beschreibende Informationen**, die ggf. eine spätere Beurteilung unterstützen können (z.B. sachlicher Hinweis auf Widersprüche, lange Denkpausen, stockender Bericht oder Aussage war aufgrund der vielen Details sehr anschaulich etc.).

Auch sollten keine „Diagnosen" gestellt, sondern auch hier das konkrete Verhalten beschrieben werden („der Zeuge redete langsam und leise, er zeigte eine insgesamt geringe Aktivität in Körperbewegungen und Mimik, es fiel ihm schwer sich zu konzentrieren" oder „sie war ausgesprochen schreckhaft und zuckte bei kleinsten Geräuschen zusammen"). Wenn vorschnell Einschätzungen oder Interpretationen des Verhaltens dargestellt werden, insbesondere wenn keine Beschreibungen dargeboten werden, auf denen die Interpretation fußt, kann an späterer Stelle des Ermittlungsverfahrens keiner mehr nachvollziehen, was genau zu dem damaligen Eindruck geführt hat (die Vernehmenden selbst ggf. übrigens auch nicht).

Für die spätere Bewertung der Aussagemotivation und der Aussagequalität sind genaue Beschreibungen jedoch wichtig, auch um z.B. den Zustand bei der (Erst-)Aussage mit späteren Aussagesituationen in Beziehung zu setzen oder Hinweise auf eine mangelnde Aussagemotivation zu erhalten (z.B., wenn die Aussage nur knapp und wenig detailliert ist).

**Beispiel**

*„Die Geschädigte hinterließ einen freundlichen und kooperativen Eindruck. Den Sachverhalt schilderte sie chronologisch und nachvollziehbar. Die Geschädigte wirkte in ihrer Art des Berichtens authentisch. Hinweise darauf, dass das Geschilderte nicht erlebnisfundiert ist, konnte ich nicht feststellen."*

Bei Kindern und Jugendlichen sind Vermerke über Auffälligkeiten, altersunangemessene Sprache oder Sachkenntnisse etc. sinnvoll (vgl. Habschick, 2016) (z.B. der Zeuge verfügt über einen geringen Wortschatz, verstand auch einfach formulierte Fragen nicht, antwortete nicht inhaltlich passend); eine Einschätzung des Entwicklungsstandes („wirkte wie ein 8-Jähriger") ist jedoch nicht zu treffen, da eine solche nur durch besonders fachlich geschulte Personen auf Basis einer entsprechenden Entwicklungsdiagnostik getroffen werden kann (vgl. Abb. 5). Wenn, dann könnte im Anschluss an die beschriebenen Auffälligkeiten höchstens vorsichtig formuliert werden: „Möglicherweise könnte dies Hinweis auf eine Entwicklungsverzögerung sein".

Abbildung 5 zeigt das Beispiel eines Eindrucksvermerks aus einer Original-Ermittlungsakte, der insofern weniger gut ist, als dass er verschiedene Interpretationen enthält (z.B. der „glaubwürdige Eindruck", der „Eindruck, dass … nicht über die Intelligenz und Fantasie verfügt", die Schätzung des mentalen Entwicklungsalters auf 6 bis 7 Jahre). Diese Feststellungen basieren lediglich auf der subjektiven Einschätzung des Unterzeichners und sollten so nicht getroffen werden, zumal sie nicht einmal durch Beschreibungen unterfüttert werden. Angemessener und für die Rezipient:innen besser nachvollziehbar ist wiederum der Hinweis auf die Ausspracheschwierigkeiten des Zeugen und dessen daraus resultierende Unverständlichkeit.

**3. Anmerkung**

[redacted] macht auf Unterzeichner einen absolut glaubwürdigen Eindruck. Er hat Schwierigkeiten mit der Aussprache, so dass einige Wörter unverständlich erscheinen. Im Laufe der Anhörung fällt es immer leichter, [redacted] zu verstehen. Er wirkt nicht wie ein 9-jähriger Junge. Durch Unterzeichner wäre [redacted] auf 6, 7 Jahre geschätzt worden. Nach Auskunft des Schulleiters [redacted] ist [redacted] lernbehindert bzw. verzögert. Er wird auch von einer Inklusionsbeauftragten begleitet.

Während der Anhörung kann [redacted] sehr wohl das Erlebte wiedergeben. Unterzeichner hat nicht den Eindruck, dass [redacted] über die Intelligenz und Phantasie verfügt, sich das, was er gegenüber Unterzeichner angegeben und teilweise mit Gesten gezeigt hat und am Abend zuvor gegenüber dem Zeugen [redacted] und seinem Vater erzählt hat, auszudenken und zu erfinden.

**Abbildung 5:** Eindrucksvermerk aus einer Ermittlungsakte zum Tatverdacht des sexuellen Missbrauchs eines lernbehinderten 9-jährigen Zeugen

# 6. Vernehmung von Opferzeug:innen

Im Jahr 2021 wurden gemäß polizeilicher Kriminalstatistik in Deutschland insgesamt 985 790 Opfer versuchter oder vollendeter Straftaten registriert[36], davon 159 852 Opfer vollendeter Gewaltdelikte[37]. In Bezug auf Sexualstraftaten wurden 29 280 Opfer vollendeter Straftaten gegen die sexuelle Selbstbestimmung[38] und 27 766 Opfer vollendeten sexuellen Missbrauchs[39] erfasst (BKA, 2022a).

## 6.1 Situation von Opferzeug:innen

Nicht nur bei der Vernehmung selbst, sondern auch im Erstkontakt mit Opferzeug:innen (z.B. auch bei Notrufen) kommt den eingesetzten Beamt:innen und deren Verhalten eine besondere Bedeutung und Verantwortung zu (Kraheck-Brägelmann, 1994). Dieser erste Eindruck des Opfers von der Polizei – fühlt es sich unterstützt und ernst genommen, oder aber routinemäßig abgehandelt – kann die weitere Aussage- und Kooperationsbereitschaft von Opferzeug:innen maßgeblich beeinflussen (Kraheck-Brägelmann, 1994; Linke, 2010; Stadler, 2006). Dies gilt auch für ihre Bereitschaft, später in einer mündlichen Hauptverhandlung nochmals auszusagen und sich ggf. zuvor durch einen Sachverständigen begutachten zu lassen. Fühlen sich Opferzeug:innen also von den Vernehmenden nicht ernst genommen, vorwurfsvoll behandelt oder haben die Vernehmung als belastender als notwendig erlebt, kann dies dazu führen, dass sie ihre Aussage zukünftig verweigern, sodass das Verfahren im Zweifelsfall (z.B. mangels weiterer Personal- oder Sachbeweise) eingestellt werden muss (vgl. Heubrock & Donzelmann, 2010).

36 In der PKS werden dabei Opferschaften gezählt, d.h. dieselbe Person kann mehrfach Opfer derselben oder einer anderen Straftat geworden sein.

37 Der Summenschlüssel „Gewaltkriminalität“ umfasst: Mord § 211 StGB, Totschlag und Tötung auf Verlangen §§ 212, 213, 216 StGB, Vergewaltigung, sexuelle Nötigung und sexueller Übergriff im besonders schweren Fall einschl. mit Todesfolge §§ 177, 178 StGB, Raub, räuberische Erpressung und räuberischer Angriff auf Kraftfahrer §§ 249–252, 255, 316a StGB, Körperverletzung mit Todesfolge §§ 227, 231 StGB, gefährliche und schwere Körperverletzung, Verstümmelung weiblicher Genitalien §§ 224, 226, 226a, 231 StGB, erpresserischer Menschenraub § 239a StGB, Geiselnahme § 239b StGB, Angriff auf den Luft- und Seeverkehr § 316c StGB (BKA, 2022b).

38 Straftaten nach §§ 174, 174a, 174b, 174c, 177, 178, 184i, 184j StGB.

39 Straftaten nach §§ 176, 176a, 176b, 182, 183, 183a StGB.

Eine quantitative Befragung von Opfern ($N$ = 320) verschiedener Delikte (Wohnungseinbruchdiebstahl, Sexualdelikte und Gewaltdelikte) zeigte, dass diese das Verhalten der Vernehmenden zwar mehrheitlich als freundlich (44 %[40]), höflich (36 %) und angemessen (40 %) wahrnahmen sowie angaben, sich ernst genommen (53 %) und gut aufgehoben gefühlt (31 %) zu haben. Jedoch empfanden einige diese auch als abwertend (18 %) oder unfreundlich (13 %) und fühlten sich verunsichert (23 %), in ihrer Glaubwürdigkeit angezweifelt (21 %) oder nicht ernst genommen (16 %) (Dölling & Dreßing, 2018).

Oftmals empfinden Opferzeug:innen Scham- und Schuldgefühle und haben Angst, dass man ihnen bei der Polizei nicht glaubt oder Schuldvorwürfe macht. Vielleicht haben auch bereits vorher Personen aus dem sozialen Umfeld Vorwürfe gemacht oder das Opfer quält sich mit Selbstvorwürfen („Hätte ich mich anders verhalten, wäre das vielleicht nicht passiert"). So stellt Scham (53 %) einen der Hauptgründe erwachsener Opfer dar, nach einer (versuchten) Vergewaltigung von der Anzeigeerstattung abzusehen (Hellmann, 2014). Weitere häufig genannte Gründe waren Angst vor dem Verfahren (23 %) oder die Ansicht, die Polizei könne nichts bewirken (16 %).

Eine Vernehmung kann je nach Art, Schwere des Delikts und dem Zeitintervall, das seitdem vergangen ist, für Opferzeug:innen eine hohe psychische Belastung darstellen, insbesondere wenn er oder sie ansonsten versucht, sich nicht an das Ereignis zu erinnern bzw. es zu vergessen. Eine Vernehmung bedeutet immer, sich noch mal mit allem auseinanderzusetzen, alles „wieder hochzuholen" und sich erneut mit belastenden Inhalten zu konfrontieren.

Zu unterstreichen ist deshalb die Wichtigkeit eines räumlich und atmosphärisch geschützten und ungestörten Rahmens, in dem Opferzeug:innen ihr Anliegen vortragen und Vertrauen fassen können (Kraheck-Brägelmann, 1994; Stadler, 2006; Teichert & Gölnitz, 2009) – insbesondere, da dieses durch die Tat sehr wahrscheinlich kurz zuvor massiv erschüttert wurde. Zeitnah zur Tat werden die Opferzeug:innen nicht selten noch emotional aufgewühlt oder affektgeladen sein. Eventuell hat der Gang zur Polizei das Opfer, insbesondere bei Sexual- oder innerfamiliären Taten, große Überwindung gekostet. Es sollte also eine Gesprächsatmosphäre geschaffen werden, in der sie unterstützt werden, eigene Anspannung und Ängste abzubauen, was durch Offenheit, Transparenz, Respekt und Einfühlungsvermögen erreicht werden kann, durch ein unpersönliches oder routiniertes Abarbeiten der Vernehmung und überhöhtes Misstrauen jedoch untergraben wird (vgl. Teichert & Gölnitz, 2009).

---

40 Auf die Fragen waren jeweils Mehrfachnennungen möglich.

## 6.2 Auswirkungen von Traumabesonderheiten auf Vernehmung und Aussage

Als traumatisches Ereignis werden nach dem DSM-5 das eigene Erleben von tatsächlichem oder angedrohtem Tod, ernsthafter Körperverletzung oder sexueller Gewalt oder deren Beobachtung bei einer anderen Person (direkte Zeugenschaft), der Bericht über ein traumatisches Ereignis eines nahestehenden Menschen oder die wiederholte oder extreme Konfrontation mit aversiven Details (z.B. Einsammeln von Leichenteilen) bezeichnet (APA, 2013, deutsche Übersetzung: Falkai & Wittchen, 2020). Es sind also vielfältige Konstellationen denkbar, in denen Polizeibeamt:innen mit Opfer- oder Augenzeug:innen konfrontiert sind, die einem traumatischen Ereignis ausgesetzt waren, wie z.B. Opfer sexueller Übergriffe, Opfer- oder Augenzeug:innen schwerer Gewalt- oder Amoktaten, beim Überbringen von Todesnachrichten eines Angehörigen, Zeug:innen schwerer Verkehrsunfälle etc. Die Kenntnis traumaspezifischer Besonderheiten im Erleben, Verhalten, den Gedanken und Reaktionen der Betroffenen ist entscheidend für einen gelingenden, empathischen und unterstützenden Umgang mit ihnen und für eine Rapportherstellung im Rahmen der Vernehmung zum Ereignis (Risan et al., 2020). Auch ist ein Wissen darüber wichtig, dass traumaspezifische Reaktionen und Erleben nicht nur unmittelbar zum Ereigniszeitpunkt, sondern auch noch Monate oder gar Jahre später, d.h. auch bei einer zeitlich deutlich nach dem Ereignis stattfindenden Vernehmung auftreten können (Smith et al., 2018).

Werden Opferzeug:innen sehr zeitnah zum Ereignis vernommen, ist es (je nach Art, Umständen und Schwere des Delikts oder auch Unfalls oder Notfalls) gut möglich, dass sie emotional und kognitiv noch unter dessen Einfluss stehen. Bezogen auf Sexualdelikte gegenüber erwachsenen Opfern zeigte beispielsweise eine Studie von Seifert (2009) basierend auf der Auswertung von staatsanwaltlichen Hamburger Verfahrensakten bezüglich des Anzeigezeitpunkts relativ zur Tat, dass zwei Drittel der Fälle unmittelbar bzw. in den ersten Stunden nach der Tat angezeigt wurden, 16 % innerhalb der ersten Woche nach der Tat und 17 % erst nach Wochen oder Jahren.

Direkt nach der Konfrontation mit einem traumatischen Ereignis, d.h. schon innerhalb weniger Minuten, kann es bei Betroffenen zum Auftreten einer **akuten Belastungsreaktion** (ICD-11: QE84)[41] kommen. Diese bezieht

41 Anders als noch in der ICD-10 wird die akute Belastungsreaktion nicht mehr als Diagnose bei den psychischen Störungen aufgeführt, sondern unter „Faktoren, die den Gesundheitszustand beeinflussen oder zur Inanspruchnahme des Gesundheitswesens führen“.

sich gemäß ICD-11[42] auf die „Entwicklung vorübergehender emotionaler, somatischer, kognitiver oder verhaltensbezogener Symptome als Folge der Exposition gegenüber einem Ereignis oder einer Situation (entweder kurz- oder langfristig) extrem bedrohlicher oder schrecklicher Natur (z.B. Natur- oder von Menschen verursachte Katastrophen, Kampfhandlungen, schwere Unfälle, sexuelle Gewalt, Übergriffe)" (WHO, 2019[43]). Es handelt sich um eine normale, aber massive Stressreaktion. Zu den Symptomen der akuten Belastungsreaktion, die meist in den ersten Stunden nach dem Ereignis einsetzen, zählen gemäß ICD-11 autonome Anzeichen von Angst (z.B. Herzrasen, Schwitzen, Erröten), Gefühle von Traurigkeit, Angst, Wut oder Verzweiflung, sozialer Rückzug, Verwirrung, Überaktivität oder auch gegenteilige Symptome wie Inaktivität, Stupor (motorische und psychische Erstarrung) oder Benommenheit. Die Symptome der akuten Belastungsreaktion klingen in der Regel innerhalb weniger Tage nach dem belastenden Ereignis wieder ab (WHO, 2019).

Mitunter kann es vorkommen, dass eine Vernehmung vor dem Hintergrund derartiger Stressreaktionen zu einem so frühen Zeitpunkt unmöglich ist. Schlumpf und Jäncke (2018) betonen in diesem Zusammenhang, wie wichtig es sei, das Opfer in einen „neutralen Erregungszustand" (S. 111), der „zwischen dem Zustand der Übererregung (Hyperarousal) und dem Zustand der Untererregung (Hypoarousal) liegt" (Schlumpf & Jäncke, 2018, S. 111) (= sog. „Toleranzfenster", vgl. Odgen et al., 2006) zu bringen bzw. zu halten, damit es überhaupt Angaben zur Tat machen und auf Fragen antworten bzw. eine Vernehmung zielführend durchgeführt werden kann. Die mit dem jeweiligen Zustand der Über- oder Untererregung verbundenen hirnphysiologischen und psychischen Veränderungen beim Opfer können sich auf das logische und kohärente Denken auswirken und vom Opfer als Denkblockade empfunden werden (Schlumpf & Jäncke, 2018) und somit eine nachvollziehbare Aussage erschweren.

Phänomenologisch kann das Opfer Fluchtimpulse, Emotionslosigkeit, aber auch extreme Angst, Panik oder Wut zeigen (Schlumpf & Jäncke, 2018).

---

42 International Classification of Diseases, 11. Auflage. Die von der Weltgesundheitsorganisation herausgegebene ICD-11 wurde im Mai 2019 verabschiedet und trat am 1. Januar 2022 in Kraft. Die Einführung der ICD-11 in Deutschland wird noch einige Jahre dauern, bis dahin ist die ICD-10 weiterhin die gültige amtliche Klassifikation für Deutschland: Informationen dazu finden sich auf der Homepage des Bundesinstituts für Arzneimittel und Medizinprodukte: https://www.bfarm.de/DE/Kodiersysteme/Klassifikationen/ICD/ICD-11/_node.html [03.05.2022]. Für den Zweck dieses Buches, wo es vor allem um phänomenologische Beschreibungen und Definitionen der benannten Störungsbilder geht, wurde aufgrund der Aktualität die Darstellung gemäß ICD-11 gewählt.

43 Deutsche Übersetzung als Entwurfsfassung verfügbar unter: https://www.bfarm.de/DE/Kodier systeme/Klassifikationen/ICD/ICD-11/_node.html [03.05.2022]

Wichtig ist, Opferzeug:innen über die Normalität derartiger Symptome nach traumatischen Ereignissen zu informieren und zu erläutern, wie die Symptome normalerweise weiter verlaufen (Müller-Pfeiffer, 2018, S. 118). Das Toleranzfenster wiederum kann nur erreicht werden, wenn sich die Betroffenen in der Vernehmungssituation geschützt fühlen und Vertrauen aufbauen können (Schlumpf & Jäncke, 2018, S. 111), was die Notwendigkeit einer gelingenden Rapportphase (vgl. Heubrock, 2010) nochmals verdeutlicht. Sollte es notwendig sein, Opferzeug:innen psychisch zu stabilisieren, bevor sie Aussagen zum Tathergang machen können, bieten sich die Grundsätze der psychischen Ersten Hilfe an (vgl. ausführlich dazu Epple & Schellong, 2018), u.a.

- das Vermitteln von Sicherheit,
- der Normalisierung, d.h. die auftretenden Symptome und den Zustand, in dem sich das Opfer befindet, zu erklären und auch, dass dies eine vorübergehende normalpsychologische Situation darstellt, die wieder abklingt,
- das Erfüllen basaler Bedürfnisse (Hunger, Durst, Decke zum Wärmen) sowie
- die Förderung der Selbstwirksamkeit, indem dem Opfer nicht alles abgenommen, sondern es z.B. soweit möglich in Entscheidungen einbezogen wird und Handlungen selbst ausführt (Epple & Schellong, 2018).

Normalerweise werden sich Betroffene durch eine sicherheitsvermittelnde, strukturgebende empathische Person beruhigen lassen. Sollte ein Opfer aber in der Vernehmungssituation dissoziieren oder andere Anzeichen extremer Belastung aufweisen (z.B. in dem das Opfer nicht aufhört, ins Leere zu starren oder nicht auf Ansprache reagiert, extrem weint, schreit oder Desorientierung zeigt; vgl. Epple & Schellong, 2018), dann kann es notwendig werden, ihm bei der psychischen Stabilisierung zu helfen. Dies kann z.B. durch die Anleitung von Entspannungs- und Atemübungen oder dem „Abschütteln" geschehen (beginnt beim Fuß, endet mit dem ganzen Bein, dann von Hand bis ganzer Arm) (Epple & Schellong, 2018), um die Person wieder in den Kontakt mit ihrem Körper zu bringen. Eine weitere Möglichkeit ist, das Opfer aufzufordern, sich im Raum zu bewegen und sich zu reorientieren (Aufforderung, fünf Dinge einer bestimmten Farbe im Raum zu benennen etc.). Sollte sich die Person (in sehr seltenen Fällen) auch nach mehrmaligen Versuchen verschiedener Strategien gar nicht beruhigen, sollte ggf. ein Arzt oder eine Psychiaterin hinzugezogen werden (Epple & Schellong, 2018).

Gelingt es, die betroffene Person zu stabilisieren, sind die Geschädigten zwar ggf. immer noch starken Empfindungen ausgesetzt, können aber auf

Fragen (z.B. im Rahmen einer Erstvernehmung) angemessen antworten (Schlumpf & Jäncke, 2018). Wichtig ist, dass aus möglichen bizarren und „paradox erscheinenden Reaktionen des Opferzeugen" (Heubrock & Donzelmann, 2010, S. 122) oder auch der Apathie und scheinbaren Emotionslosigkeit oder Gleichgültigkeit im Zustand der akuten Belastungsreaktion keine Einschätzungen über den Wahrheitsgehalt der Aussage oder die Glaubwürdigkeit der Zeug:innen oder deren Kooperationsbereitschaft getroffen werden dürfen (Brockmann & Chedor, 1999; Heubrock & Donzelmann, 2010). Dies könnte sonst Nährboden für Fehleinschätzungen und eine Vorwurfshaltung gegenüber dem Opfer sein und zu dessen sekundärer Viktimisierung führen (vgl. Brockmann & Chedor, 1999). Vor einer Aussage ist die psychische Stabilisierung daher von zentraler Bedeutung (vgl. Heubrock & Donzelmann, 2010).

Nicht jeder, der einem traumatischen Ereignis ausgesetzt war, entwickelt daraufhin ein psychisches Trauma. Als solches wird ein „vitales Diskrepanzerlebnis zwischen bedrohlichen Situationsfaktoren und den individuellen Bewältigungsmöglichkeiten, das mit Gefühlen von Hilflosigkeit und schutzloser Preisgabe einhergeht und so eine dauerhafte Erschütterung von Selbst- und Weltverständnis bewirkt" (Fischer & Riedesser, 2009, S. 84) bezeichnet. Dies hängt also u.a. von den individuellen Bewältigungsstrategien und weiteren personalen, traumabezogenen und auch sozialen Faktoren sowie dem individuellen Erleben und Bewerten des traumatischen Ereignisses und der eigenen Reaktionen darauf ab (Schönfeld et al., 2011).

Als zeitlich verzögerte Reaktion auf ein traumatisches Ereignis kann (z.B. erst einige Wochen oder Monate später) eine **posttraumatische Belastungsstörung** (ICD-11: 6B40) auftreten. Das Risiko einer PTBS nach einer Vergewaltigung liegt beispielsweise einer Auswertung epidemiologischer Studien aus 24 Ländern zufolge bei 19 %[44], nach anderen sexuellen Übergriffen bei 11 % und bei physischer Paargewalt bei 12 % (Kessler et al., 2017), sodass das Störungsbild für Vernehmende durchaus eine hohe Relevanz besitzt.

44 In Studien, die sich nicht auf repräsentative Bevölkerungsstichproben beziehen (und das bedingte Risiko der Entwicklung einer PTBS nach einem bestimmten traumatischen Ereignis berechnen), sondern auf Opfer sexueller Übergriffe, bei denen das Vorliegen einer PTBS erhoben wurde und die somit nicht repräsentativ sind, wurden z.T. höhere Prävalenzen ermittelt (z.B. 36 % in einer Metaanalyse von Dworkin, 2020, sowie 75 % einen Monat und 41 % zwölf Monate nach dem Vorfall in einer Metaanalyse von Dworkin et al., 2021).

**Charakteristisches Symptombild einer PTBS** (ICD-11: 6B40, WHO, 2019)

- **Wiedererleben des traumatischen Ereignisses in der Gegenwart** in Form von lebhaften aufdringlichen Erinnerungen, Rückblenden oder Albträumen. Dieses kann über eine oder mehrere Sinnesmodalitäten erfolgen und wird meist von starken oder überwältigenden Emotionen (z.B. Angst) und starken körperlichen Empfindungen begleitet
- **Vermeidung** von Gedanken und Erinnerungen an das Ereignis oder von Aktivitäten, Situationen oder Personen, die daran erinnern
- **anhaltende Wahrnehmung einer erhöhten aktuellen Bedrohung** (z.B. Hypervigilanz/erhöhte Wachsamkeit oder eine verstärkte Schreckreaktion auf Reize wie unerwartete Geräusche).

Die Symptome der posttraumatischen Belastungsstörung (PTBS) dauern definitionsgemäß (ICD-11) mindestens mehrere Wochen an und führen zu vielfältigen Beeinträchtigungen in der persönlichen, sozialen und beruflichen Lebensgestaltung. Beim Betrachten der Symptomatik wird zudem deutlich, dass das Ziel der Vernehmenden nach detailgetreuer, umfangreicher Rekonstruktion eines Sachverhalts ggf. im Widerspruch zum Erleben und Verhalten von Opferzeug:innen mit einer PTBS steht, nämlich Vermeidung aller Gedanken, Erinnerungen oder Gefühle, die im Zusammenhang mit dem Ereignis stehen, um dadurch zu versuchen ihre Ängste zu „kontrollieren" (Maragkos, 2006; vgl. auch Risan et al., 2020). Auch kann die Vernehmungssituation oder Aspekte derselben (z.B. bestimmte Themen, Fragen, Worte, Gerüche, Personen, die an den Täter oder die Täterin erinnern, Lichtbildvorlagen etc.) einen mit dem traumatischen Ereignis assoziierten „Trigger"[45] darstellen und so Traumaerinnerungen auslösen (Maragkos, 2006). Dies kann dann während der Vernehmung dazu führen, dass auch die mit dem Ereignis verbundenen Gefühle reaktiviert werden (z.B. Angst, Hilflosigkeit), was in plötzlichen Erregungszuständen resultieren und dem Opfer die Beantwortung von Fragen oder das Berichten in dem Moment unmöglich machen kann (vgl. Risan et al., 2020). Oftmals sind die Auslösereize den Opferzeug:innen gar nicht bewusst, d.h. sie erleben die sie überrollenden Empfindungen oder Bilder ebenso unvorbereitet wie die Vernehmungsbeamt:innen, die mit solchen Reaktionen konfrontiert werden (Maragkos, 2006). Wie schon bei der akuten Belastungsreaktion beschrieben, muss dann versucht werden, die Zeug:innen psychisch zu stabilisie-

45 Engl.: Auslöser; in diesem Zusammenhang werden damit Reize bezeichnet, die direkt oder indirekt mit irgendeinem Aspekt des traumatischen Ereignisses zusammenhängen und dadurch Erinnerungen daran aktivieren können (vgl. Maragkos, 2006).

ren, damit sie wieder in einen neutralen Erregungszustand kommen und ihren Bericht ggf. fortsetzen können.

> Oftmals läuft das mit einer Traumatisierung einhergehende Vermeidungsverhalten bezüglich jeglicher mit dem traumatischen Ereignis zusammenhängender Aspekte dem Ziel einer polizeilichen Vernehmung zur genauen Rekonstruktion des Sachverhalts zuwider, sodass ein einfühlsames, geduldiges Vorgehen und z. T. schrittweises Annähern an das Ereignis im Tempo der betroffenen Person erforderlich sein kann.

Eine weitere mögliche traumaassoziierte Reaktion von Opferzeug:innen, z.B. bei Konfrontation mit traumaassoziierten Reizen, ist die **Dissoziation**. Dissoziative Phänomene, die vielfältige Formen annehmen können, können als „sichtbarer Ausdruck der innerpsychischen Verarbeitung und Bewältigung traumatischer Erfahrungen" (Fiedler, 2013, S. 1) angesehen werden. Sie treten selten isoliert, sondern vor allem im Rahmen der Symptomatik anderer psychischer Störungen auf, die sich nach traumatischen oder hoch belastenden Lebensereignissen entwickeln können, z.B. bei akuter Belastungsreaktion oder vor allem posttraumatischer Belastungsstörung, Depressionen oder Borderline-Persönlichkeitsstörungen (Fiedler, 2013; Sonnenmoser, 2004).

> **Was ist eine Dissoziation?**
>
> Bei einer Dissoziation kommt es zur Unterbrechung normalerweise integrierter psychischer Funktionen (Wahrnehmung, Bewusstsein, Gedächtnis) bzw. dem „Verlust der psychischen Integration des Erlebens und Handelns" (Fiedler, 2013, S. 2). Oftmals stellt sich dies als „eine kurzzeitige Unterbrechung der eigenen Bewusstheit, des Gedächtnisses, des Identitätserlebens oder der Wahrnehmung der Umwelt" (Fiedler, 2013, S. 2) dar. Diese Desintegration findet häufig bereits zum Zeitpunkt der Encodierung (d.h. des Ereignisses) statt, was dazu führen kann, dass „die eigentlich integrativen Funktionen des Gedächtnisses voneinander isoliert werden, sodass ein Verlust bewusster Kontrolle über die Erinnerungen entsteht" (Volbert, 2008a, S. 343) und die Gesamterfahrung in isolierte und nicht miteinander verbundene Bewusstseinszustände aufgespalten wird (Volbert, 2008a). Es handelt sich letztlich um eine Bewusstseinsform, bei der normalerweise miteinander verbundene Prozesse (z.B. Gefühle, Erinnerungen, Körperempfindungen) voneinander getrennt sind (Volbert, 2004), z.B. sind zu einem Ereignis gehörende Gefühle „abgespalten" und treten isoliert auf, ohne mit der Erinnerung an das Ereignis verknüpft zu werden oder eine Erinnerung wird abgerufen und verbal reproduziert ohne Zugriff auf die dazugehörigen Gefühle zu haben. Dadurch kann es beispielsweise passieren, dass Opferzeug:innen „sachlich und nüchtern" bzw. scheinbar emotionslos über ein schwerwiegendes Ereignis berichten (Smith et al., 2018). Die Dissoziation erfüllt eine Schutzfunktion vor aus einer Traumatisierung resultierenden extremen Gefühlen und Kontrollverlust und stellt damit eine „nicht intentionale Autoregulation von Belastungserfahrung" (Volbert, 2004, S. 44) dar.

Dissoziative Zustände reichen von „normalen" Alltagsphänomenen (z.B. bei hoher Konzentration auf eine Sache, wo man kurzzeitig nichts um sich herum wahrnimmt, „tagträumt" oder „neben sich steht") bis hin zu pathologischen Formen im Sinne dissoziativer Störungen (wie z.B. der dissoziativen Amnesie[46]) (Sonnenmoser, 2004).

Je nach Zeitpunkt der Dissoziation kann diese in peritraumatische (d.h. während des Erlebens des traumatischen Ereignisses oder unmittelbar danach) und posttraumatische Dissoziation (nach dem traumatischen Ereignis) unterschieden werden (Fiedler, 2013). Posttraumatische Dissoziationen können z.B. im Rahmen einer PTBS auftreten, u.a. während einer Vernehmung.

Dissoziationen können zu Wahrnehmungs- und Gedächtnisstörungen unterschiedlicher Ausprägung führen. Wenn eine Opferzeugin beispielsweise zum Zeitpunkt der Tat (z.B. während einer Vergewaltigung) dissoziiert hat (→ peritraumatische Dissoziation), kann es die Wahrnehmung in der Art beeinträchtigen, dass es zu einer quantitativen Verringerung wahrgenommener Inhalte sowie zu Fehlern bei Angaben zu sogenannten Schätzvariablen (z.B. Zeitdauer, Größenverhältnisse) kommen kann (Böhm & Lau, 2007). In der Folge kann es passieren, dass die betroffene Person z.B. in einer späteren Vernehmung weniger Details des Ereignisses erinnern und beschreiben kann und dieses z.B. blass und fern erscheint bzw. als lange her erinnert wird, auch wenn es erst relativ kurz zurückliegt. Auch können Angaben zur Zeitdauer der Vorfälle und deren zeitliche Einordnung nicht zuverlässig sein (Böhm & Lau, 2007). Dies kann diesbezügliche Einschränkungen der Aussagetüchtigkeit in den Bereichen (und ggf. auch der Aussagezuverlässigkeit) bedeuten, darf aber keinesfalls Misstrauen in der Form hervorrufen, die betroffene Person hätte die Aussage erfunden, da sie so detailarm ausfällt. In einigen Studien wurden auf Basis der Selbstberichte der Opfer Zusammenhänge zwischen dem Ausmaß peritraumatischer Dissoziation und dem Auftreten von Erinnerungslücken (Mechanic et al., 1998) bzw. fragmentierter Erinnerung (Bedard-Gilligan & Zoellner, 2012; Hardy et al., 2009) im Hinblick auf das traumatische Ereignis gefunden. Dass es im Zustand der Dissoziation zur Generierung von „Erinnerungen" ohne Wahrnehmungsgrundlage kommt, wird nicht angenommen (Böhm & Lau, 2007).

Durch die aufgrund der Dissoziation ausgelöste Abspaltung von Emotionen und Sensorik kann es zu Flashbacks kommen, z.B. wenn das Ereignis verbal reproduziert oder andere mit dem Ereignis verbundene Reize vorliegen (durch die Abspaltung müssen diese für die Betroffenen nicht notwendigerweise erkennbar sein).

---

46 Gemäß ICD-11 (6B61) bezieht sich eine dissoziative Amnesie auf die Unfähigkeit wichtige autobiografische Erinnerungen (v.a. an kürzlich stattgefundene traumatische oder belastende Ereignisse) abzurufen (WHO, 2019).

**Beispiel:** Hier beschreibt eine jugendliche Zeugin, wie sie sich beim fortlaufenden schweren sexuellen Missbrauch durch den Stiefvater regelmäßig „weg gebeamt" habe, wenn dieser den Raum betrat (peritraumatische Dissoziation):

*„Ich war sozusagen in meiner Fantasiewelt und ähm hab gar nicht mitbekommen was da wirklich passiert ist. Und darum ist es auch sehr schwierig darüber zu reden, weil ich oft gar nicht so richtig weiß was da passiert ist. Ich war halt so gefühlt in ein anderen Ort. Eigentlich immer dann, wo ähm er schon in mein Zimmer gekommen ist. Weil er kommt sonst nie in mein Zimmer, es sei denn er will was von mir."*

**Woran könnte man in der Vernehmung bemerken, dass eine Person dissoziiert?**

Beispielsweise, wenn die Person mit ihrer Aufmerksamkeit immer wieder abschweift.

Dies kann sich u.a. bemerkbar machen durch

- einen starren Blick („wie weggetreten")
- fehlende oder themenirrelevante Antworten
- zusammenhangloses Erzählen
- abwesend wirken
- keine Reaktion mehr zeigen (z.B. gar nicht auf Fragen reagieren)
- Veränderungen in Sprachtonus, Mimik

Daneben können auch körperliche Anzeichen auftreten, z.B. Zittern, Atemnot, Schwitzen (vgl. Krüger, 2018; Maragkos, 2006).

**Was kann kann man in der Vernehmung tun, wenn man bemerkt, dass eine Person dissoziiert?**

Primäres Ziel ist es, die Betroffenen sanft zu unterstützen, wieder ins hier und jetzt zurück zu kommen und zu verdeutlichen, dass sie sich an einem sicheren Ort befinden (und nicht mehr in der traumatischen Situation). Dazu können Strategien eingesetzt werden, die die Aufmerksamkeit der Person erfordern und die Sinne und die bewusste Wahrnehmung der eigenen Person und der Umgebung aktivieren.

Dies könnte z.B. dadurch geschehen, die Betroffenen aufzufordern

- … persönliche, zur eigenen Identität gehörende Daten zu berichten (z.B. Geburtsdatum, Geburtsort, Name der Mutter, …)
- … die Füße auf den Boden zu setzen, diesen zu spüren, einen festen Punkt im Raum (z.B. eine Uhr an der Wand) zu fixieren und dabei tief und bewusst ein- und auszuatmen
- … sich zu bewegen, z.B. im Raum umherzugehen und zu beschreiben, was er/sie gerade wahrnimmt (Sehen, Hören, Schmecken etc.) (Maragkos, 2006)

- … die Aufmerksamkeit auf den aktuellen Tag zu lenken („*Was haben Sie heute morgen gegessen?*")
- Zudem kann es hilfreich sein, der Person deutlich zu machen, dass sie sich an einem sicheren Ort befindet (Heute ist Montag, der 25. April 2022, ich bin Herr/Frau X, Sie befinden sich hier in Sicherheit) (vgl. Krüger, 2018)
- Dies kann ggf. auch dadurch unterstützt werden, die Person gezielt aufzufordern, sich im Raum umzusehen und bewusst wahrzunehmen, wo sie sich befindet („Schauen Sie sich im Raum um, Sie befinden sich in einem Vernehmungszimmer der Polizei, ich bin Kriminalkommissarin xy und nur Sie und ich sind hier im Raum. Hier kann Ihnen nichts passieren").

Es wird angenommen, dass insbesondere durch peritraumatische Dissoziation die Encodierung und Elaboration der Traumaerinnerung gestört und daraus fragmentierte[47] Erinnerungen an das Ereignis resultieren und die Entwicklung einer PTBS begünstigt wird (dazu z.B. Bedard-Gilligan & Zoellner, 2012; Volbert, 2004). Die empirische Befundlage dazu ist jedoch heterogen, u.a. aufgrund methodischer Limitationen der Studien, die überwiegend auf Selbstberichten beruhen (Bedard-Gilligan & Zoellner, 2012; Lensvelt-Mulders et al., 2008). Bezüglich der Fähigkeit, Erinnerungen abzurufen und der Struktur von Traumaerinnerungen kommt auch Volbert (2004; 2008a) resümierend zu dem Schluss, dass Erinnerungen an traumatische Ereignisse von Personen mit einer PTBS (im Vergleich zu solchen ohne) zwar insgesamt desorganisierter (z.B. weniger klar, Details werden nicht erinnert oder die Reihenfolge einzelner Handlungsabschnitte kann nicht benannt werden) sind, die Autorin fand jedoch keine Hinweise dafür, „dass Personen mit einer PTBS nicht in der Lage wären, über traumatische Ereignisse zu berichten oder dass sie fragmentarische Angaben machen würden" (Volbert, 2004, S. 58). Dies bestätigend fanden auch Megías et al. (2007) sowie Rubin et al. (2008) keine narrative Fragmentierung in den Angaben bei Personen mit einer PTBS (ebenso Mc Nally, 2022). Vielmehr können traumatische Ereignisse – auch bei Vorliegen einer PTBS – langfristig erinnert werden (Volbert, 2008a). Dabei scheinen Personen mit PTBS ebenso reichhaltige perzeptuelle, räumlich-zeitliche und emotionale Vorfalls-spezifische autobiografische Informationen zu berichten wie ebenfalls einem traumatischen Ereignis ausgesetzte Personen ohne PTBS, jedoch darüber hinaus mehr abstrakte Sachinformationen (semantische Gedächtnisinhalte) und Informationen über allgemeine Ereignisse in ihre Berichte zu integrieren, sodass diese ggf. zunächst so wirken, als fehlte es ihnen an ereignisspezifischen Informationen (Memel

47 D.h. einzelne „Erinnerungsfetzen" stehen unverbunden nebeneinander und können nicht in einen Gesamtkontext gebracht werden.

et al., 2021). Auch gibt es Hinweise darauf, dass die Erinnerung von Personen mit PTBS (im Vergleich zu Personen ohne) mehr nicht-visuelle sensorische Informationen enthält und die Erinnerung an das traumatische Ereignis (v.a. hinsichtlich visueller Details) klarer ausfällt (Megías et al., 2007). Gleichwohl weisen Personen, die an einer PTBS leiden, Erinnerungsbesonderheiten auf, die vor allem in den unkontrollierbaren Intrusionen und den Vermeidungsversuchen der Erinnerungen sowie jeglicher damit assoziierter Reize bestehen (Volbert, 2008a) und deshalb in einer polizeilichen Vernehmung relevant sein können (vgl. dazu auch Risan et al., 2020). Auch berichten Opfer in klinischen Stichproben z.T. über (vorübergehende) partielle oder vollständige Erinnerungsunfähigkeit an die traumatischen Ereignisse (z.B. Chu et al., 1999; Mechanic et al., 1998). Als Gründe werden vielfältige angenommen und z.T. kontrovers diskutiert, z.B. führten Porter und Birt (2001) die wenigen Fälle ihrer untersuchten Stichprobe auf absichtliche Vermeidungsversuche zurück. Gleichwohl können z.B. im Rahmen dissoziativer Amnesien psychogen (d.h. nicht durch Substanzeinfluss oder Hirntraumata) verursachte Erinnerungsunfähigkeiten an traumatische Ereignisse auftreten[48]. Eine vollständige Amnesie bezüglich traumatischer Ereignisse scheint jedoch eher selten und keinesfalls der Regelfall zu sein (Ehlers et al., 2012; Volbert et al., 2019). Berichte über Verluste der Erinnerungen oder einer (partiellen) Erinnerungsunfähigkeit an autobiografische (belastende/traumatische) Ereignisse sind insgesamt bezüglich ihres Erscheinungsbildes und den Ursachen sehr heterogen (z.B. Mangiulli et al., 2022).

**K.O-Tropfen bei Sexualdelikten: Auswirkungen**

Ein extremes Beispiel der Beeinträchtigung bei der Informationsaufnahme (Encodierung) oder der Konsolidierung und Speicherung von Informationen (oder beidem) ist die vorsätzlich durch **K.O.-Tropfen** hervorgerufene anterograde Amnesie. K.O.-Tropfen sind Psychopharmaka, Narkotika und andere Substanzen, die für sogenannte „Drug-Facilitated Crimes" (durch Drogen begünstigte Straftaten) oder im Speziellen „Drug-Facilitated Sexual Assaults" eingesetzt werden (z.B. Benzodiazepine, Antihistaminika, GHB/Liquid Ecstasy). Sie zeichnen sich dadurch aus, dass sie sich unauffällig in ein Getränk mischen lassen, indem sie normalerweise geschmack- und geruchlos sind, sich leicht in (alkoholischen oder nicht-alkoholischen) Getränken auflösen und zudem schnell und in schon geringer Dosierung ihre Wirkung entfalten (Djezzar et al., 2014; Madea & Mußhoff, 2009). Diese sediert das zentrale Nervensystem, ähnelt phänomenologisch einer schweren Alkoholintoxikation und verursacht eine anterograde Amnesie (Djezzar et al., 2014), sodass sich das Opfer später

48 Wissenschaftlich ist das Konzept der dissoziativen Amnesie allerdings umstritten (dazu ausführlich z.B. Otgaar et al., 2019, wo dies als alternativer Begriff für „verdrängte Erinnerung" („*memory repression*") eingeordnet wird).

an die Tat nicht erinnern kann. Diese beginnt mit Wirkungseintritt und kann – je nach Substanz, Dosierung und Toleranz aufseiten des Opfers mehrere Stunden andauern (Kauert, 2008). Zusätzlich lässt sich die dadurch ausgelöste Gedächtnisbeeinträchtigung durch kleine Mengen an Alkohol potenzieren (Saussereau et al., 2014). Die Substanzen wirken in der Phase der Konsolidierung im Kurzzeitgedächtnis, nach der die verarbeiteten Informationen eigentlich ins Langzeitgedächtnis transferiert werden müssten (Kauert, 2008), um eine später abrufbare Erinnerung zu bilden.

Das besondere ist, dass die Personen während der Wirkung der K.O.-Tropfen konversationsfähig und motorisch weitestgehend unbeeinträchtigt sind (z.B. ist ein aktiver Ortswechsel in Begleitung des Täters, z.B. von der Disco zur Wohnung möglich), die Handlungsfähigkeit also erhalten bleibt, die Widerstandskraft jedoch reduziert ist (Kauert, 2008). Die Betroffenen funktionieren quasi „automatisch", können Routinehandlungen ausführen, ohne dass Außenstehenden abnormes Verhalten auffallen würde, d.h. es ist von außen nicht unbedingt bemerkbar (das heißt auch, entsprechende Angaben weiterer Zeug:innen zum Verhalten des Opfers am Abend der mutmaßlichen Tat widersprechen nicht einer möglichen Gabe von K.O.-Tropfen). Die Betroffenen erinnern sich jedoch später nicht daran (Saussereau et al., 2014). K.O.-Tropfen können demnach zu einem Zustandsbild führen, das Verhaltensbeeinträchtigungen, Verwirrung, Zustimmungstendenz, Suggestibilität und automatische Verhaltensabläufe beinhaltet, dem dann eine partielle oder globale anterograde Amnesie folgt (Saussereau et al., 2014). Es besteht zudem die Möglichkeit, dass die Opfer in einen tiefen (häufig stark verlängerten) Schlaf verfallen, insbesondere wenn biorhythmisch eine physiologische Schlafbereitschaft vorliegt (z.B. spätabends/nachts), auch insbesondere bei gleichzeitiger Alkoholisierung, sodass sie dann z.B. an ihnen durchgeführte sexuelle Handlungen nicht wahrnehmen (Kauert, 2008).

Möglich ist natürlich auch, dass eine anterograde Amnesie von vermeintlichen Opfern fälschlicherweise vorgegeben und behauptet wird, betäubt worden zu sein und sich an den Großteil nicht erinnern zu können. Hier wird die Art, Ausmaß und Qualität der Erinnerungsstörung durch entsprechende Sachverständige zu begutachten sein (vgl. Kauert, 2008). Insbesondere vor dem Hintergrund der fehlenden Möglichkeit des Opfers, Angaben bezüglich der Tat zu machen, kommen je nach Anzeigezeitpunkt Urin- und Blutproben sowie auch zu späteren Zeitpunkten noch möglichen Haaranalysen eine besondere Bedeutung zu (vgl. Kauert, 2008; Madea & Mußhoff, 2009).

Wichtig zu berücksichtigen ist, dass es für die Betroffenen sehr frustrierend sein kann, zu wissen, „irgendwas ist da passiert", es aber nicht abrufen zu können. Möglicherweise hat es sie große Überwindung gekostet, sich überhaupt an die Polizei zu wenden, da sie gar nicht konkret berichten können, was ihnen genau widerfahren ist. Wichtig ist, dass sie trotz dieser letztlich für alle an der Aufklärung Beteiligten unbefriedigenden Situation bei der Polizei ernst genommen werden.

## 6.3 Umgang mit Opferzeug:innen und Vermeidung einer sekundären Viktimisierung bei Opfern von Sexualstraftaten

Beim (polizeilichen) Umgang mit Opfern von Sexualstraftaten ist besondere Sensibilität gefordert. Die subjektiv erlebte Belastung durch das Ermittlungsverfahren ist bei Opfern von Sexualstraftaten im Vergleich zu anderen Delikten (auch versuchtem Totschlag bzw. versuchtem Mord und Raubdelikten) besonders hoch (Schary et al., 2017). Die zentrale Aufgabe der Polizei ist die Strafverfolgung und die objektive Ermittlungstätigkeit. Ein parteilicher Umgang mit dem Opfer ist per se ausgeschlossen (vgl. Nöthen, 2018). Da die Opfer hierbei vorrangig als wichtige (meist einzige) Zeug:innen fungieren, stellt es die Polizei vor eine große Herausforderung, ein Gleichgewicht zwischen der Aufklärung des Sachverhalts und dem sensiblen Umgang mit Opfern von Sexualdelikten zu finden, bei dem ihre emotionale Situation ausreichend Berücksichtigung findet. Die Gefahr einer sekundären Viktimisierung ist hier besonders hoch und steht dem Erhalt einer möglichst guten Aussageleistung der Opferzeug:innen entgegen. Diese ist jedoch in diesen typischerweise vorhandenen Aussage-gegen-Aussage-Konstellationen von erheblicher Bedeutung und in der Regel unerlässlich zur Aufklärung des Sachverhalts. In den meisten Fällen wird die Anzeige das Opfer eine große Überwindung gekostet haben. Die impliziten und expliziten Reaktionen darauf sind maßgeblich dafür, ob das Opfer Vertrauen fassen und sich öffnen kann – also letztlich zur Aufklärung des Sachverhalts beitragen kann und auch dazu bereit ist.

Wichtiges Gebot bei der Vernehmung von Opferzeug:innen ist Transparenz: Aufklärung und Erläuterung, warum etwas gemacht oder gefragt wird und wie es weiter geht. Dies fängt schon bei der rechtlichen Belehrung an. So kann der routinierte Hinweis auf die Wahrheitspflicht und die Aufklärung über mögliche strafrechtliche Konsequenzen falscher Angaben im Ohr der damit nicht vertrauten Opferzeugin als Misstrauen interpretiert werden oder einen befürchteten Glaubwürdigkeitsentzug verstärken, sodass direkt zu Beginn möglicherweise eine unnötige Distanz geschaffen und dadurch das Entstehen einer vertrauensvollen Gesprächsatmosphäre erschwert wird. Wenn dies persönlich und freundlich gestaltet und entsprechend begründet wird, wird es weit weniger einschüchternd wirken.

Auch kann es zur konkreten Feststellung des Tatbestandes unabdingbar sein, genau zu erfragen, ob und inwiefern das Ablehnen der sexuellen Handlung verbal oder nonverbal deutlich gemacht wurde oder ob der Beschuldigte dies hätte erkennen können. Dies sollte jedoch ohne jegliche Andeutung einer Mitschuld des Opfers geschehen. Vielmehr sollte dem Opfer transparent erläutert werden, warum bestimmte Fragen gestellt werden müssen oder bestimmte Aspekte bedeutsam sind (vgl. Teichert & Gölnitz, 2009) und dass die möglichst exakte Herausarbeitung der Tatumstände notwendig ist, um eine gerichtsverwertbare Aussage zu erhalten, dies jedoch nicht impliziert, dass das Opfer selbst schuld sei, es selbst zur Tat beigetragen habe oder ihm nicht geglaubt werde. Hier kann Achtsamkeit bei der Art der Frageformulierung dazu beitragen, die oftmals bei Opfern von Sexualstraftaten vorherrschenden Schuld- und Schamgefühle (z.B. Bhuptani & Messman, 2021; Moor & Farchi, 2011) nicht zu verstärken, indem ungünstige „Warum-Fragen" nach ihren Beweggründen in der Tatsituation (z.B. „Warum sind Sie denn an dem Abend so spät noch mit zu dem Beschuldigten nach Hause gegangen?" oder „Warum sind Sie denn so stark angetrunken noch mit dem Beschuldigten ins Auto gestiegen?") vermieden werden, da die Gefahr besteht, dass diese bei der dafür empfänglichen Opferzeugin als Vorwurf oder Schuldzuweisung interpretiert werden und zu einer sekundären Viktimisierung beitragen (vgl. auch Brockmann & Chedor, 1999; Fröhlich-Weber, 2017). Zu empfehlen wäre hier vielmehr, die Frage als offene Erzählaufforderung zu formulieren (z.B. „Wie kam es denn dazu, dass Sie mit dem Mann nach Hause gegangen sind" oder „Ich würde gern noch mal auf die Situation zurückkommen, als Sie gemeinsam zu ihm nach Hause gegangen sind, wie ist es denn genau dazu gekommen?"). Oftmals wird dadurch der Zweck der ursprünglichen „Warum-Frage" – die Erhellung der genauen Umstände, warum was passiert ist bzw. weitere Ausführungen zu bekommen ebenso erfüllt, ohne dass dies von den Opferzeug:innen auf die eigene Person bezogen wird und sie das Gefühl haben, selbst etwas falsch gemacht zu haben.

Transparenz und das empathische Erläutern der Gründe für bestimmte Fragen oder eine bestimmte Vorgehensweise oder Maßnahme – im Verlauf der Vernehmung auch wiederholt – kann dazu beitragen, dass Opferzeug:innen dies nicht auf sich beziehen oder als Zweifel an ihrer Glaubwürdigkeit oder Mitschuldvorwurf interpretieren. Vernehmende sollten sich hier immer wieder bewusst machen, dass eine Vernehmung für sie selbst eine Routinetätigkeit darstellt, deren Hintergründe sie genau kennen und bei der sie selbst genau wissen, warum sie etwas tun. Für Opferzeug:innen aber, die sich zudem ggf. gerade in einer psychisch hoch belastenden Situation befinden, stellt die Vernehmungssituation etwas außerhalb des bisherigen Erfahrungshintergrundes dar, die sie auch noch zu einem Zeitpunkt bewältigen müssen, an dem sie sich besonders verletzlich fühlen.

Auch darf – selbst bei zunächst unnachvollziehbarem Tathergang – kein vorschnelles Misstrauen signalisiert werden, da neben der Gefahr einer sekundären Viktimisierung ggf. die Aussagebereitschaft sinkt und den Erhalt weiterer, evtl. tataufhellender Details vermindert (vgl. Fallbeispiel bei Hermanutz et al., 2011, S. 45).

Den Opferzeug:innen sollte empathisch erläutert werden, dass die (vielen) Details erfragt werden müssen, um sich ein objektives Bild zu machen und dass es zum Ermittlungsauftrag der Polizei gehört, auch den Beschuldigten entlastende Hinweise herauszufinden (vgl. Haupt et al., 2003). Um das Opfer jedoch nicht zusätzlich zu belasten, kann es hilfreich sein, z.B. **unangenehme Fragen** nach intimen Details, sonstigen sexuellen Praktiken, dem letzten einvernehmlichen Geschlechtsverkehr etc. **zu erklären und entsprechend einzuführen** (also warum sind diese für den Ermittlungsprozess nötig[49]) und dabei auch darzulegen, dass dies keine Mitschuld impliziert (vgl. auch Elsner & Steffen, 2005; Haupt et al., 2003). Keinesfalls sollten Opferzeug:innen jedoch auf „unangenehme" Fragen eingestimmt werden („Ich kann verstehen, dass das belastend für Sie ist hier, ich muss Ihnen aber trotzdem gleich ein paar unangenehme Fragen stellen") (vgl. Heubrock & Donzelmann, 2010).

**Beispiel**

Beispielaussage[50] einer erwachsenen Opferzeugin, die eine Vergewaltigung durch einen Bekannten angezeigt hat (der Opferzeugin wurde seitens der Vernehmenden geglaubt, die Aussage wurde als glaubhaft begutachtet, in der mündlichen Hauptverhandlung legte der Beschuldigte ein Geständnis ab):

*„Und ich kann Ihnen ganz ehrlich sagen, wenn ich gewusst hätte, was das hier alles, dass sich das Ding so in die Länge zieht und dass ich mich so nackig machen muss. Ich hätte es niemals gemeldet. Ich wollte das nicht melden, meine Freundin hatte gesagt, egal du musst dahingehen, du musst das sagen. Ich sag, wer glaubt mir denn? Ich wollte was mit dem anfangen, wer glaubt mir das denn? Ich würde jeder Frau davon abraten, dieses Programm durchzuziehen. Man kommt nicht mehr zur Ruhe, verstehen Sie das? Ich bin stark, ich kann meinen Alltag alleine meistern. Aber immer wieder, wenn man darüber redet. Find ich mich so klein, so schwach. Das will ich nicht mehr."*

49 Z.B. beim Tatvorwurf der Vergewaltigung, dass die Frage nach dem letzten freiwilligen Geschlechtsverkehr nicht gestellt wird, um das Opfer und dessen Sexualverhalten in Misskredit zu bringen, sondern wichtig ist, um Hinweise auf die Möglichkeit einer Spurenüberlagerung zu bekommen (Haupt et al., 2003, S. 86). Oder aber, dass die Frage nach vorherigen einvernehmlichen Sexualpraktiken darauf abzielt, zu ergründen, ob der Beschuldigte beim fraglichen Ereignis den entgegenstehenden Willen erkannt haben kann etc.

50 Die Aussage stammt aus einer eigenen Exploration der Zeugin im Rahmen einer Glaubhaftigkeitsbegutachtung.

**Sekundäre Viktimisierung („zweite Opferwerdung")**

Belastungen und Folgen für das Opfer, die nicht unmittelbar durch die Straftat selbst, sondern durch eine „inadäquate Behandlung (traumatisierende Erfahrungen, Stigmatisierungen und Benachteiligungen) nach der Tat durch Strafverfolgungsbehörden, andere Institutionen, die Medien oder das soziale Umfeld" (Görgen, 2009, S. 236) oder andere Verfahrensbeteiligte (z.B. Strafverteidiger:innen) entstehen. Diese inadäquaten Reaktionen können zu zusätzlichen Schädigungen des Opfers und einer Festschreibung der Opferrolle führen (Volbert, 2008c).

Mögliche **Risikofaktoren** der sekundären Viktimisierung durch **Kontrollinstanzen**

- können sich aus dem Spannungsverhältnis zwischen (pflichtgemäßer) Aufgabenerfüllung und der (diesen oftmals zuwiderlaufenden) Berücksichtigung der Opferbedürfnisse ergeben
  - Insbesondere Zeug:innenvernehmungen durch die Polizei und
  - Vernehmung des Opfers in der mündlichen Hauptverhandlung

    → Grundsätze des fairen, rechtsstaatlichen Strafverfahrens (insbesondere Unschuldsvermutung, Wahrheitsfindung, Ermittlung belastender und entlastender Umstände) (Landwehr, o.J.; Teichert & Gölnitz, 2009)
- Ungünstige Reaktionen der Strafverfolgungsorgane (vgl. Brockmann & Chedor, 1999)
  - Desinteresse (z.B. Äußerungen des Opfers hinsichtlich seiner emotionalen Befindlichkeit überhören und drüber weggehen: *„Was geschah weiter?"*)
  - Unzureichendes Einfühlungsvermögen (z.B. Äußerungen des Opfers bagatellisieren)
  - Opfer Mitschuld an Tathergang geben (z.B. bei vorherigem gemeinsamen Alkoholkonsum mit dem Beschuldigten)
  - Vorschnelles Misstrauen signalisieren, Glaubwürdigkeitsentzug

Wichtig ist auch der **professionale Umgang nicht nur mit den Schamgefühlen der Opfer, sondern auch den eigenen** (vgl. Ohno, 2018). Vernehmungsbeamt:innen müssen je nach Kontext und Delikt ggf. nach intimen Details fragen und sich auch sehr intime Details anhören. Dabei sollte dem Opfer nicht, z.B. durch verschämtes Unterbrechen des Blickkontakts, signalisiert werden, dass es tatsächlich schamvolle Details sind. Es kann jedoch helfen, das Opfer bei Aussagehemmung aufgrund hoher Scham explizit zu fragen, ob es ihm helfen würde, wenn die vernehmende Person während der Schilderung woanders hinsieht und das Opfer ihr dadurch nicht in die Augen sehen muss.

Neben der Vermeidung einer sekundären Viktimisierung sollte auch darauf geachtet werden, keine bestimmten „Erwartungen" an die emotionale Beteiligung von Opferzeug:innen während der Tatschilderung zu haben und aus vorhandener oder eben nicht vorhandener sichtbarer emotionaler Belastung Rückschlüsse über ihre Glaubwürdigkeit oder den Erlebnisgehalt ihrer Angaben zu ziehen und dabei dem sogenannten **Emotional Truth Bias** (z.B. Panhey et al., 2006) zu unterliegen. Das heißt, dass z.B. jemandem, der relativ gefasst und ohne zu weinen eine Vergewaltigung schildert, nicht geglaubt wird, weil die „erwarteten" dazugehörigen Emotionen fehlen. Experimente hierzu belegen, dass Aussagen von (hier geschauspielerten) „Opfern" – unabhängig von ihrem tatsächlichen Wahrheitsgehalt – häufiger geglaubt wird, wenn diese mit einem hohen Ausmaß an negativen Emotionen vorgebracht werden (z.B. Bollingmo et al., 2008; Nitschke et al., 2019 für eine Metaanalyse). Tatsächlich können Opferreaktionen und Bewältigungsstrategien jedoch sehr unterschiedlich ausfallen und hängen nicht nur von individuellen Unterschieden, sondern auch z.B. von Merkmalen der Tat, situativen Bedingungen und der sozialen Unterstützung ab (Mohr, 2003). Fehleinschätzungen von Vernehmenden aufgrund von stereotypen Annahmen können weitreichende Konsequenzen für den weiteren Ermittlungsverlauf haben.

Nach Lonsway et al. (2007) erhöhen auch Aspekte wie vorherige Bekanntschaft zwischen Täter und Opfer, bereits vorherige (einvernehmliche) sexuelle Kontakte zwischen beiden, die Abwesenheit körperlicher Gewalt, eine verzögerte Anzeigeerstattung relativ zum Tatzeitpunkt, Vorhandensein von Selbstverletzungen beim Opfer sowie vorherige Suizidversuche, Gewalterfahrungen, psychische Erkrankung und vorherige Anzeigen des Opfers wegen sexueller Gewalt die Wahrscheinlichkeit, dass die Anzeige im Rahmen der polizeilichen Ermittlungen als Anzeichen für eine Falschbeschuldigung interpretiert und dem Opfer in Folge weniger geglaubt wird.

Studien zeigen ferner, dass verschiedene Charakteristika des Opfers einen Einfluss auf die Schuldzuschreibung ihm gegenüber haben können, wie z.B. eine Alkoholintoxikation zum Tatzeitpunkt (z.B. Schuller & Stewart, 2000). Zudem zeigen die empirischen Befunde, dass Opfern mehr Schuld gegeben wird, wenn sie den Täter kannten, als wenn es ein Unbekannter war (Grubb & Turner, 2012; Sleath & Bull, 2012), wenn sie bezüglich ihres Sexualverhaltens einen „schlechten Ruf" (hinsichtlich Promiskuität) hatten (z.B. Cohn et al., 2009), wenn sie sich während der Tat nicht verbal oder physisch gewehrt haben (Cohn et al., 2009) und männlichen Vergewaltigungsopfern mehr Schuld zugesprochen wurde als weiblichen (Davies et al., 2009). Ein Geschlechtseffekt zeigt sich auch in Bezug auf die Beurteilenden, indem in entsprechenden Studien überwiegend Männer den weiblichen Vergewaltigungsopfern mehr Schuld zuschrieben als Frauen (z.B. Grubb & Harrower, 2008; Pinciotti & Orcutt, 2021; Sjöberg & Sarwar, 2020)[51].

51 Es gibt jedoch auch Studien, in denen keine Geschlechtsunterschiede gefunden wurden, z.B. Cohn et al. (2009).

Bei Polizeibeamt:innen bleiben diese Effekte uneinheitlicher. Zwar gibt es (ältere) Befunde, dass männliche Polizisten den Vergewaltigungsopfern mehr Schuld zuschrieben als weibliche (Schuller & Stewart, 2000), Sleath und Bull (2012) wiederum konnten zeigen, dass dies insbesondere auf Fallkonstellationen zutrifft, die typische Vergewaltigungsmythen bedienen. In Fallkonstellationen, die nur wenig mit Vergewaltigungsmythen übereinstimmen, wiesen weibliche Polizeibeamtinnen den Opfern sogar mehr Schuld zu (Sleath & Bull, 2012). In anderen Studien wiederum wurden gar keine Geschlechtsunterschiede bei Polizeibeamt:innen gefunden (z.B. Wentz & Archbold, 2012; Zvi, 2021; vgl. dazu auch Sleath & Bull, 2017).

**Stereotype Vorstellungen** darüber, was eine **„echte" Vergewaltigung** darstellt, d.h. Vorstellungen über Charakteristika der Tat, der „Täter" und der „Opfer" („real rape stereotype") und sogenannte „Vergewaltigungsmythen" (rape myths) können die Wahrnehmung von Opferzeug:innen und deren „Mitschuld" und Glaubwürdigkeit deutlich beeinflussen. Das Stereotyp der „echten" Vergewaltigung umfasst dabei die Annahme, dass eine solche einen überfallartigen, unter Einsatz physischer Gewalt durchgeführten Übergriff durch einen dem Opfer zuvor unbekannten Täter darstellt, bei dem das Opfer sich aktiv wehrt (Krahé, 2018). Als **Vergewaltigungsmythen** werden implizite Einstellungen bzw. „voreingenommene, stereotype oder falsche Vorstellungen über Vergewaltigung, Vergewaltigungsopfer und Täter" (Burt 1980, S. 217) bezeichnet, die ebenfalls schematisch-verallgemeinernd und weit verbreitet, jedoch ohne empirische Belege sind (dazu ausführlich Krahé, 2018), d.h. sie können zwar in einzelnen Fällen auch mal zutreffend sein, sind es in der Regel jedoch nicht (vgl. Lonsway & Fitzgerald, 1994). Beispiele aus der Revised Illinois Rape Myth Acceptance Scale (McMahon, 2010) sind Aussagen wie „Häufig hatten Frauen, die angeben vergewaltigt worden zu sein, einvernehmlichen Sex und haben es hinterher bereut", „Eine Vergewaltigung hat wahrscheinlich nicht stattgefunden, wenn eine Frau keinerlei blaue Flecken oder Abdrücke aufweist" oder „Vergewaltigungen geschehen, wenn beim Mann der Sexualtrieb außer Kontrolle gerät" (eigene deutsche Übersetzung).

Für Vernehmende ist es also von hoher Bedeutung, das **Wirken derartiger „Vergewaltigungsmythen", stereotyper Vorstellungen, was eine „echte" Vergewaltigung darstellt und damit einhergehende Schuldwahrnehmungen** zu kennen und demgegenüber über differenzierte deliktspezifische und viktimologische Kenntnisse zu verfügen, z.B. dass Vergewaltigungen entgegen der oft vorherrschenden Annahme (vgl. Brockmann & Chedor, 1999; Krahé, 2018) meist im sozialen Nahraum stattfinden und zum Großteil von nahestehenden Personen begangen werden – in mindestens der Hälfte der Fälle durch aktuelle oder ehemalige Partner (Hellmann, 2014; Müller & Schröttle, 2004) – und oftmals in der eigenen Wohnung (Müller & Schröttle, 2004). Denn die Verankerung derartiger Vergewaltigungsmythen und deren impliziter Einfluss auf die Wahrnehmung und den Umgang mit Opfern muss den Handelnden nicht notwendigerweise bewusst sein – vielmehr ist es möglich, selbst davon überzeugt zu sein, Opfern offen und ohne Vorbehalte zu begegnen, auch wenn dies von außen betrachtet gar nicht zutrifft (Gysi, 2018).

Polizeibeamt:innen kommt nicht nur bezüglich eines sensiblen Umgangs mit Opfern von Sexualdelikten eine bedeutsame Rolle zu, sondern sie haben auch die Funktion eines „Gatekeeper" in den Ermittlungen in entsprechenden Fällen, indem sie über Art und Ausmaß der Ermittlungsbemühungen entscheiden (vgl. dazu Spohn & Tellis, 2012). Letztlich werden die Ermittlungsbemühungen und polizeilichen Entscheidungsprozesse wiederum sowohl von rechtlichen, vor allem aber auch anderen Faktoren, wie z.B. Charakteristiken der Tat, der beschuldigten Person und des mutmaßlichen Opfers beeinflusst, die sich auch unbewusst in Form von Schuldzuschreibungen oder Vorstellungen über „eine richtige Vergewaltigung" oder Erwartungen an bestimmtes Opferverhalten niederschlagen können (Krahé, 2018; Sleath & Bull, 2017; Spohn & Tellis, 2012). Diese Form an impliziten Beurteilungsmustern wird als ein Mitbedingungsfaktor für die „Gerechtigkeitslücke", d.h. die große Diskrepanz zwischen angezeigten Fällen und Verurteilungen bei Sexualdelikten angeführt (Krahé, 2018).

Wichtig sind zudem die fortwährende **Reflexion und Beachtung eigener Einstellungen, Vorurteile und Identifikationen mit den Beteiligten**. In einer Opferzeug:innenvernehmung kann zum einen eine Identifikation mit dem Opfer, aber auch mit dem Beschuldigten wirksam werden. Bei einer Identifikation mit dem Opfer (z.B. mit dessen Lebensgewohnheiten) kann es aus Selbstschutz zu Abwehrmechanismen kommen, die dazu führen, dass dem Opfer bewusst oder unbewusst die Schuld für die Opferwerdung zugeschrieben wird (Kraheck-Brägelmann, 1994) (denn wenn das Opfer selbst schuld ist, man ihm die Schuld internal attribuiert, reduziert dies in der subjektiven Wahrnehmung die Gefahr oder Wahrscheinlichkeit, selbst ebenfalls in eine ähnliche Situation zu geraten). Eine Identifikation mit dem Beschuldigten wiederum begünstigt möglicherweise, dass dem Opfer misstrauisch begegnet, seine Angaben vorschnell als wenig glaubwürdig wahrgenommen und die Vernehmung basierend auf der Hypothese einer möglichen Falschaussage geführt wird.

Eine Befragung von Opfern von Wohnungseinbruchdiebstahl, Sexualdelikten und Gewaltdelikten zeigte, dass Mehrfachvernehmungen von den Opfern so empfunden werden, dass sie erneut die gleichen Fragen gestellt bekamen, was sie als lückenhafte Dokumentation der Erstvernehmung sowie Zweifeln an der Richtigkeit ihrer Angaben interpretierten (Dölling & Dreßing, 2018). Wichtig ist also, dass Grund für die Nachvernehmung nicht eine mangelnde Vorbereitung der ersten Vernehmung ist (indem Fragen oder

Themenbereiche vergessen wurden), sondern es sollte versucht werden, die relevanten Informationen so weit wie möglich in der ersten Vernehmung zu erhalten. Zudem sollte ggf. bei Abschluss der Vernehmung bereits darauf hingewiesen werden, dass manchmal **im Nachgang noch Fragen auftreten können und eine kurze Nachvernehmung notwendig wird**, dies jedoch dann nicht bedeutet, dass den Opferzeug:innen nicht geglaubt wird oder Zweifel an der Aussage bestehen. Auch sollte dies dann unter dem Hinweis geschehen, dass in einer etwaigen Nachvernehmung nicht noch mal alles berichtet werden muss, sondern nur punktuelle Aspekte geklärt werden. Grundsätzlich sollte immer handlungsleitend sein, unnötige (zusätzliche) Belastungen für die Opferzeug:innen zu vermeiden und notwendige Belastungen zu erklären (Dölling & Dreßing, 2018):

> *Wenn Opfer wissen, warum Belastungen erforderlich sind, können sie diese besser bewältigen. So sollte Opfern die ggf. bestehende Notwendigkeit von Mehrfachvernehmungen erläutert werden und sollten Opfer darüber informiert werden, dass es die Aufgabe von Polizei und Justiz, den wahren Sachverhalt zu ermitteln, gebietet, die Glaubhaftigkeit von Opferangaben zu überprüfen.* (Dölling & Dreßing, 2018, S. 25)

Durch größtmögliche Transparenz kann vermieden werden, dass Opferzeug:innen sich unnötig Gedanken machen und vermuten, selbst etwas falsch gemacht zu haben („Hab ich letztes Mal was Falsches gesagt, dass ich jetzt noch mal kommen muss?") oder im Vergleich zum Beschuldigten für weniger glaubwürdig gehalten zu werden („Was hat der Beschuldigte ihnen zwischenzeitlich erzählt, dass sie mir nicht glauben?").

Betroffene (potenziell) traumatischer Ereignisse können **schnell wechselnden und starken Emotionen** ausgesetzt sein. So ist es z.B. möglich, dass eine Opferzeugin während der Vernehmung zunächst sachlich und gefasst berichtet, dann aber bei besonders belastenden Details (dies müssen nicht notwendigerweise sexuelle oder mit dem unmittelbaren Tatgeschehen zusammenhängende Aspekte sein, sondern es kann auch um Gefühle des Ausgenutztseins, des Vertrauensmissbrauchs oder Enttäuschung über die Reaktionen nahestehender Personen oder aber Gefühle des Sich-im-Vergleich-zum-Täter-ungerecht-behandelt-Fühlens sein) schrecklich zu weinen oder gar zu schreien beginnt. Emotionen sollten auf keinen Fall „übergangen", ignoriert oder vermieden werden (vgl. Risan et al., 2020). Vielmehr sollte der betroffenen Person in solchen Fällen Raum gegeben werden, ihre gerade dominierenden Gefühle auszusprechen, Taschentücher oder ein Glas Wasser angeboten und die auftretenden Emotionen akzeptiert und „ausgehalten" werden. Dies kann ggf. auch durch ein empathisches „Ich merke, dass das gerade sehr belastend für Sie ist.

Nehmen Sie sich ruhig Zeit" (vgl. Risan et al., 2020) signalisiert werden. Es sollte jedoch zur Vermeidung jeglicher (suggestiver) Einflüsse auf die Aussage **kein inhaltlicher Bezug zur infrage stehenden Tat** hergestellt werden („das, was Sie erlebt haben, ist auch wirklich schlimm, ich kann verstehen, dass es schwer ist für Sie darüber zu sprechen"). Auch kann erfragt werden, ob eine Pause gewünscht wird. Keinesfalls sollte die Vernehmung einfach abgebrochen werden, sondern die Entscheidung darüber unbedingt bei den Zeug:innen gelassen werden. Zum einen würde ansonsten ihre Selbstbestimmung untergraben, selbst zu entscheiden, was sie wann berichten. Zum anderen zeigt die Erfahrung, dass sich Opferzeug:innen mental tagelang auf Aussagetermine und damit einhergehende antizipierte Belastungen vorbereitet haben und es „hinter sich haben" und nicht noch einmal aufschieben wollen.

Wenn Zeug:innen das Vor- und Nachtatgeschehen zwar relativ ausführlich berichten, **das eigentliche Tatgeschehen jedoch nur andeuten und ansonsten erst Mal „übergehen"** (vgl. Heubrock & Donzelmann, 2010) oder dies nur mit einem Wort benennen („Vergewaltigung", hat er „das" gemacht), empfiehlt es sich, sich schrittweise dem Tatgeschehen zu nähern und an vorherige Äußerungen anzuknüpfen („Sie haben ja gerade berichtet, dass er dann die Tür geschlossen hat. Können Sie da noch mal anknüpfen und berichten, was dann passiert ist"), um „das anfangs große Zeitfenster der ‚umgangenen' eigentlichen Tathandlung zu verringern" (Heubrock & Donzelmann, 2010, S. 130). Bei der reinen Benennung des Delikts kann dies wieder aufgegriffen und um weiteres Ausführen gebeten werden („Sie haben gesagt, er habe sie vergewaltigt. Können Sie dies noch mal näher ausführen? Was ist genau passiert?"; „Sie haben jetzt immer gesagt, und dann ist ‚das' passiert – können Sie noch mal genau erzählen, was Sie damit meinen?").

Bei der Vernehmung von (traumatisierten) Opferzeug:innen ist in besonderem Maße darauf zu achten, die Kommunikation flexibel an den psychischen Zustand der Betroffenen anzupassen. Souveränität, Professionalität und Empathie der Vernehmenden im Umgang mit den auftretenden emotionalen Reaktionen können dazu beitragen den Stress zu reduzieren und vermitteln Sicherheit und Akzeptanz (vgl. Risan et al., 2020). Auch sollte die Vernehmung mit einem emotional neutralen Thema geschlossen werden (vgl. Risan et al., 2020). Bei extremer Belastung während der Vernehmung (z.B. extremes Weinen, Schreien, psychischer Zusammenbruch) muss sichergestellt werden, dass die vernommene Person sicher nach Hause kommt (z.B. indem angeboten wird, eine nahestehende Person um Abholung zu bitten o.ä.).

Wichtig ist ferner, dass die Opfer umfassend über ihre Rechte, Unterstützungsmöglichkeiten durch Opferhilfeeinrichtungen und den Ablauf und Stand des Verfahrend informiert werden, was in der Praxis nicht immer zufriedenstellend zu geschehen scheint (Schary et al., 2017). So gaben z.B. von 320 befragten Opfern etwa jeweils ein Viertel an gar nicht über ihre Rechte sowie den Ablauf des Strafverfahrens aufgeklärt worden zu sein, bezüglich des Stands des Verfahrens und die Unterstützungsmöglichkeiten durch Opferhilfeeinrichtungen fühlten sich sogar knapp 40 % der Befragten nicht informiert (Schary et al., 2017).

Abschließend sei auf die Frage möglicher „Störeinflüsse“ durch eine Psychotherapie im Hinblick auf die Aussage während eines laufenden Ermittlungsverfahrens eingegangen. Insbesondere mit Blick auf eine Traumatherapie kann hier ein Spannungsverhältnis zwischen Bedürfnis und (bei Betroffenen mit einer PTBS) ggf. einer Indikation einer professionellen Unterstützung bei der Bearbeitung des Traumas und der Wahrheitsfindung im Ermittlungs- und Strafverfahren bestehen (vgl. Dölling & Dreßing, 2018; ausführlich Bublitz, 2020). Dieses ergibt sich aus möglichen Erinnerungs-/Aussageveränderungen, die durch die intensive Beschäftigung mit dem traumatischen Ereignis und der Bewertung desselben im Rahmen einer traumafokussierten Behandlung entstehen können und dann ggf. einer Beurteilung der Glaubhaftigkeit der Aussage abträglich sind (Schemmel & Volbert, 2021). Eine „Notlösung“, die in der Praxis bisweilen angewendet wird, ist, dass bis nach Abschluss eines Strafverfahrens in der Traumatherapie nur stabilisierend gearbeitet und nicht mit der eigentlichen Bearbeitung des Traumas begonnen wird, was jedoch aufgrund der langen Dauer der Verfahren oftmals keine zufriedenstellende Option sein wird. Wie Schemmel und Volbert (2021) darlegen, sind Psychotherapien allerdings insbesondere dann relativ unproblematisch, wenn sie erst begonnen werden, nachdem die betroffene Person eine (adäquat dokumentierte) Aussage bei den Ermittlungsbehörden gemacht hat, d.h. entscheidend ist das Vorliegen einer (von einer Therapie unbeeinflussten) dokumentierten Aussage (und einer kontinuierlichen Erinnerung vor der Psychotherapie). In solchen Fällen scheidet zum einen die Möglichkeit einer erst durch die Psychotherapie (vollständig) induzierten Aussage (z.B. in Form einer Scheinerinnerung) aus und zum anderen können dann potenzielle, im Rahmen traumabearbeitender Verfahren auftretende Einflüsse durch Vergleiche der Aussagen zumindest erkannt und entsprechend in der aussagepsychologischen Beurteilung berücksichtigt werden (Schemmel & Volbert, 2021[52]). Aufgrund der hohen Bedeutsamkeit einer unbeeinflussten und möglichst unverfälschten Erstaussage für ein etwaiges Ermittlungs- und Strafverfahren betont auch Bublitz (2020), wie wichtig es sei, Möglichkeiten zu finden, die Aussage von Opferzeug:innen möglichst frühzeitig zu konservieren.

---

52 Schemmel und Volbert (2021) bieten in ihrem Beitrag eine differenzierte Analyse möglicher (unter aussagepsychologischen Gesichtspunkten) problematischer und weniger problematischer Konstellationen und therapeutischer Settings, so dass dieser Beitrag Interessierten zur Vertiefung der hier nur kurz skizzierten Thematik empfohlen werden kann.

Dazu schlägt er eine in Eigenregie der Opferzeug:innen durchgeführte audiovisuelle Aufzeichnung der Aussage zum infrage stehenden Sachverhalt vor. Diese sollte anhand eines noch durch Expert:innen entwickelten Leitfadens und eingebettet in eine Psychotherapie, aber in Abwesenheit der jeweiligen Psychotherapeut:innen erfolgen. Ein solches Vorgehen könnte ggf. also auch stattfinden, bevor sich ein Opfer überhaupt für eine Anzeige entschieden hat.

## 6.4 Aussagen über multiple Vorfälle

Nicht selten und bei bestimmten Delikten typischerweise (z.B. bei häuslicher Gewalt, sexuellem Missbrauch, aber auch wiederholten Vergewaltigungen in Paarbeziehungen) berichten Opferzeug:innen nicht über ein singuläres Ereignis, sondern wiederkehrende Vorfälle. Zeug:innen, die von multiplen ähnlichen Ereignissen, die wiederholt über einen längeren (z. T. mehrjährigen) Zeitraum aufgetreten sind, berichten, neigen dazu, zu verallgemeinern („Das war immer das Gleiche“, „Ja und dann war es eigentlich wie immer, hab ich ja schon erzählt“). Dies darf keinesfalls als Übertreibung oder Aggravierung missverstanden werden (z.B. indem angenommen wird, die betroffene Person habe eigentlich nur zwei Vorfälle erlebt, wolle aber glaubend machen, es seien sehr viele gewesen und sage deshalb einfach „das war immer gleich“), sondern dies ist gedächtnispsychologisch nachvollziehbar. So ist es völlig normal, dass z.B. bei einem mehrjährigen Erinnerungsintervall vor allem das Kerngeschehen erinnert wird, nicht aber detailreiche Nebenbedingungen oder Unterschiede zwischen einer Mehrzahl ähnlich ablaufender, regelmäßig wiederkehrender Vorfälle. Hier kann es zu Verschmelzungen und der Ausbildung „generischer“ Erinnerungen kommen, d.h. die Details aus mehreren Einzelvorfällen fließen zu einem gut erinnerbaren Ereignis (einem Skript) zusammen, was zu einem Verlust ereignisspezifischer Details führt (Greuel et al., 1998). Es kann auch passieren, dass einzelne Elemente oder Details verschiedener Vorfälle in verschiedenen Aussagesituationen anders zusammengesetzt werden, ohne dass dies z.B. ein Indiz für eine Falschaussage darstellt oder die Zuverlässigkeit der Angaben insgesamt per se in Zweifel zu ziehen ist (vgl. Niehaus et al., 2017). Dies kann vielmehr darauf zurückzuführen sein, dass eine zuverlässige Zuordnung spezifischer Details zu den einzelnen Vorfällen bei häufig wiederkehrenden (und ggf. ähnlich verlaufenden) Ereignissen aufgrund der Schematisierung nicht mehr gelingt (Greuel et al., 1998). Die Zeug:innen sollten dann nicht gedrängt werden, sich bei der Zuordnung festzulegen (Niehaus et al., 2017).

Für eine spätere Anklageerhebung durch die Staatsanwaltschaft und das Verfassen der Anklageschrift ist es aber unabdingbar, möglichst isolierbare Vorfälle und ungefähre Häufigkeitsangaben zu erhalten. So sollte in der Vernehmung versucht werden, die Zeug:innen im Anschluss an die allgemeinen Angaben dazu zu bewegen, differenziertere Angaben zu einzelnen Episoden zu machen. Erste Startpunkte können sein, sie aufzufordern, den ersten und letzten Vorfall zu beschreiben. Weitere Abrufhilfen können sein, sich an Vorfälle an bestimmten Tatörtlichkeiten, in einer bestimmten Wohnung, an besonderen Tagen etc. zu erinnern (z.B. „Sie haben eben von einem Vorfall im Schlafzimmer berichtet. Gab es weitere Orte in der Wohnung, an denen das stattgefunden hat?"; „Sie berichten über ein Geschehen von mehreren Jahren. Sind Sie in der Zeit umgezogen? In welchen Wohnungen hat das stattgefunden?"). Zudem kann versucht werden, nach besonderen Vorfällen zu fragen („Gab es auch einen Vorfall, der anders abgelaufen ist, als das, was Sie eben beschrieben haben? Gibt es noch etwas, an das Sie sich konkret erinnern? Gehen Sie Ihre Erinnerungen bitte noch mal in Ruhe durch!").

Um eine ungefähre Schätzung der (Mindest-)Anzahl der Vorfälle zu ermöglichen, sollte im Anschluss versucht werden, zu erfragen, wie häufig das Verhalten aufgetreten ist, ob es Phasen gab, in denen es weniger oder mehr oder gar nicht stattgefunden hat und diese Phasen dann zeitlich einzugrenzen (auch dies kann geknüpft an das Lebensalter, an bestimmte Wohnorte, Urlaube etc. geschehen). Das Ziel sollte sein, die Zeug:innen bestmöglich bei der Separierung einzelner Vorfälle im Gedächtnis zu unterstützen.

## 6.5 Umgang mit Widersprüchen

Widersprüche in Aussagen sind – zu einem gewissen Umfang – normal. Auch in erlebnisbasierten Aussagen können (kleinere) Widersprüche auftreten. Diese müssen nicht Hinweis auf eine intentionale Falschaussage sein, sondern können auch auf Irrtümern, Erinnerungsfehlern (vgl. Kap. 2) oder Quellenverwechslungen beruhen (d.h. die Person verwechselt Aspekte, die sie selbst erlebt hat mit solchen, die sie nur von anderen gehört hat und zwischen beiden gibt es Widersprüche). Möglich ist natürlich auch, dass der vermeintliche Widerspruch auf einem Missverständnis beruht (vgl. Milne & Bull, 2003a) oder die vernehmende Person etwas anders interpretiert hat als es gemeint war.

Wichtig ist, dass Widersprüche (wenn nicht zentrale Aspekte des unmittelbaren Kerngeschehens widersprüchlich sind und die Aussage dadurch keine interne Konsistenz aufweist) in einzelnen Aspekten nicht dazu führen, dass sofort die ganze Aussage in Zweifel gezogen wird. Ratsam ist vielmehr der Ursache und den Motiven widersprüchlicher Angaben auf den Grund zu gehen, z.B. ob es sich um einen Irrtum handelt, aus Angst oder Scham einzelne Teile bewusst anders dargestellt werden, jemand vermeiden möchte, dass etwas anderes, mit der Tat letztlich gar nicht im Zusammenhang Stehendes heraus kommt (z.B. eine Affäre) oder Gründe herauszufinden, warum die Person widersprüchliche Aspekte nicht selbst korrigiert oder weiterhin darauf beharrt (z.B. Überzeugung der Richtigkeit ihrer Angaben, Angst bei Selbstkorrekturen als unzuverlässig dazustehen oder ihre ganze Aussage als unglaubwürdig abgestempelt zu bekommen und damit im Falle einer Opferzeugin nicht als Opfer anerkannt zu werden) (Brockmann & Chedor, 1999).

Analog sollte bei Nachweis einer Lüge in einem einzelnen Aspekt (entgegen einer massiven Lüge bezüglich des fraglichen inkriminierten Geschehens selbst, die zu Skepsis führen sollte) nicht vorschnell an der gesamten Aussage gezweifelt oder daraus der Schluss gezogen werden, dass auch der Rest der Aussage gelogen ist. Insbesondere bei schambesetzten Delikten (wie Sexualdelikten) kann es zu unüberlegten Verlegenheitslügen kommen oder dazu, dass peinliche Details vorschnell verneint werden, was nicht dazu führen sollte, dass die übrigen Aussageteile nicht weiter hinterfragt oder überprüft (bzw. keine weiteren Anstrengungen im Rahmen der Vernehmung unternommen werden, weitere, zur Aufhellung des Sachverhalts wichtige Erkenntnisse zu generieren) und die Aussage vorschnell als unglaubhaft abgetan wird (vgl. Arntzen, 2011).

Zu empfehlen ist, mögliche Widersprüche in der Aussage erst am Ende der Vernehmung und dann ohne Vorwürfe zu thematisieren und wenn möglich zu klären. Es bietet sich ein schrittweises Vorgehen an, um die Aussageperson – nicht konfrontativ – zu unterstützen, Widersprüche (welche Ursache sie auch immer haben) auszuräumen (Brockmann & Chedor, 1999; vgl. auch Kraheck-Brägelmann, 1994). Der Aussageperson kann, ohne ihre gesamte Aussage infrage zu stellen, signalisiert werden, dass sie im Folgenden unterstützt wird, „*punktuelle* Probleme zu klären“ (Kraheck-Brägelmann, 1994, S. 80, Herv. v. Verf.). Zunächst kann versucht werden, den Widerspruch auf das eigene (falsche) Verständnis zurückzuführen („ich hatte Sie vorhin so verstanden, dass Sie an dem Tag gar nicht im Büro waren und jetzt sagen Sie gerade, das sei auf dem Rückweg von der Arbeit passiert – können Sie darauf noch einmal kurz eingehen, wie das an dem Tag war?“) oder den möglicherweise widersprüchlichen Aspekt noch mal aufzugreifen und den Zeug:innen durch eine offene Erzählaufforderung die Möglichkeit gegeben werden, den Widerspruch aufzuklären („Sie hatten vorhin gesagt, dass … und nun sagen Sie, dass… – könnten Sie noch mal genau überlegen, wie es war?"). Sollte es darüber nicht gelingen, den Widerspruch aufzuklären, kann versucht werden, den Zeug:innen mögliche Erklärungen für den Widerspruch entgegenzubringen und es ihnen so zu erleichtern, den Widerspruch aufzuklären (vgl. Brockmann & Chedor, 1999):

- „Bitte überlegen Sie noch mal genau, wie es gewesen ist. Es kann vorkommen, dass man sich geirrt oder etwas verwechselt hat"
- „Wir erleben das hier häufiger, dass Zeug:innen in solchen Fällen Dinge etwas anders darstellen, weil es ihnen unangenehm oder peinlich ist. Das muss es aber überhaupt nicht, bitte denken Sie noch mal genau nach"
- „Überlegen Sie noch mal, ob das wirklich so gewesen ist. Manchmal denken Zeug:innen fälschlicherweise, dass es ihnen dann selbst angelastet wird oder sie eine Mitschuld bekommen. Das ist jedoch nicht der Fall. Für uns ist aber wichtig, dass wir den Ablauf genau verstehen."

Um der Person eine gesichtswahrende Möglichkeit der Korrektur zu geben, kann es darüber hinaus hilfreich sein, die Frage auf einen späteren Zeitpunkt zu verschieben und ihr so die Möglichkeit zu geben, sich das noch zu überlegen:

- „Dann kommen wir jetzt erst einmal zu einem anderen Thema, ich werde aber später noch mal darauf zurückkommen. Vielleicht können Sie dann noch mal überlegen".

Zudem sollte erklärt werden, wie wichtig es ist, solche Widersprüche zu klären, da sie sonst an anderer Stelle zu Zweifeln an der Aussage führen können. Wenn das Opfer auch nach den zuvor genannten Optionen zu späterer Stelle der Vernehmung immernoch bei seiner widersprüchlichen Version bleibt, schlagen Brockmann und Chedor (1999; vgl. auch Kraheck-Brägelmann, 1994) vor, konkret die Angst, dass der Aussage kein Glaube geschenkt wird oder die Person bei Korrektur als nicht verlässlich eingeschätzt wird, zu thematisieren (z.B. „Möglicherweise denken Sie, wie viele in Ihrer Situation, dass eine Zeugin weniger glaubwürdig oder zuverlässig erscheint, nur weil sie einmal etwas Falsches zu einem ganz bestimmten Bereich erzählt hat. Das ist aber nicht so. Wichtig ist nur, dass solche Widersprüche geklärt werden und wir letztendlich zu einer möglichst genauen Beschreibung dessen, was tatsächlich passiert ist, kommen. Deshalb ist es wichtig, dass wir das noch mal genau durchgehen.") (nach Brockmann & Chedor, 1999, S. 52). Lassen sich Widersprüche dennoch nicht klären, so wird man dies hinnehmen und entsprechend vermerken müssen.

## 6.6 Zeitverzögerte Anzeigen bei Sexualdelikten

Sexualdelikte (insbesondere sexueller Missbrauch, aber auch Vergewaltigungen) werden z. T. (etwa in einem Drittel der Fälle bei Sexualdelikten an erwachsenen Opfern) erst zeitverzögert angezeigt, insbesondere wenn es sich beim Täter um eine Person aus dem sozialen Nahbereich des Opfers handelt (Seifert, 2009). Zwar wurde festgestellt, dass bei Vergewaltigungen durch fremde Täter verspätete Anzeigen häufiger bei vorgetäuschten als bei tatsächlich erlebten Vergewaltigungen auftreten (Uhlig & Wirth, 2019), dennoch sollte aus einer verzögerten Anzeige relativ zum Tatzeitpunkt kein vorschnelles Misstrauen entstehen.

Vielmehr wird empfohlen, sich „von der Vorstellung zu lösen, dass eine Frau sich lediglich dadurch als glaubhaftes Opfer sexueller Gewalt ausweist, dass sie unmittelbar nach der Tat als aufgelöstes Bündel bei der Polizei erscheint" (Kraheck-Brägelmann, 1993, S. 64). in Bezug auf den Vernehmungszeitpunkt relativ zum Tatzeitpunkt wird darauf hingewiesen, dass es bezüglich des psychischen Zustandes des Opfers in der Vernehmung von Vorteil sein kann, wenn es sich durch einen (kurzen) zeitlichen Abstand zur Tat etwas fangen konnte (Kraheck-Brägelmann, 1993). Auch unter gedächtnispsychologischen Gesichtspunkten ist es nicht von Nachteil, wenn ein Opfer nicht unmittelbar und noch im Zustand durch die Tat ausgelöster hoher emotionaler Erregung vernommen wird, da dies Gedächtnisleistung und Abruf negativ beeinflussen kann (vgl. Kap. 2.4.2), so „dass Vernehmungen von einer zeitlichen Verschiebung durchaus profitieren können" (Milne & Bull, 2003a, S. 53). Aussagepsychologisch ist jedoch unter dem Gesichtspunkt der Aussagequalität und -zuverlässigkeit eine zeitliche Nähe zum Tatgeschehen allein schon aufgrund natürlicher Erinnerungsverluste und -verfälschungen sowie externer kommunikationspsychologischer Einflüsse wünschenswert.

Die individuellen Beweggründe für die verzögerte Anzeigeerstattung sollten wenn, dann erst am Ende (oder zumindest erst im Verlauf) der Vernehmung erfragt werden, wenn bereits ein Vertrauensverhältnis entstanden ist. Gleichzeitig sollte betont werden, dass dies nicht wertend gemeint ist, sondern dem vollständigen Verständnis der Situation dient (z.B. „Das Tatgeschehen ist ja jetzt drei Monate her. Können Sie benennen, was Sie dazu bewogen hat, jetzt eine Anzeige zu erstatten? Dies ist überhaupt kein Vorwurf, sondern wir fragen dies lediglich, um den Gesamtkontext und Ihre persönliche Situation besser zu verstehen"). Wenn dies direkt zum Einstieg erfragt wird, könnte die Herstellung von Vertrauen erschwert werden und die Zeug:innen dies als Misstrauen empfinden.

**Das Wichtigste in Kürze**

**Implikationen für die Vernehmung:** (Vgl. auch Heubrock & Donzelmann, 2010; Maragkos, 2006; Risan et al., 2020; Teichert & Gölnitz, 2009)

- Opferzeug:innen mit Respekt begegnen, nicht vorschnell Misstrauen signalisieren
- Empathisch-zugewandte, aber neutral-sachliche Grundhaltung
- Keine Bewertungen oder Kommentare (auch keine vermeintlich gut gemeinten Kommentare *„ich glaube Ihnen"* oder *„Ihnen ist da was ganz Schlimmes passiert"*)
- Achtsamkeit bei der Wahl von Frageformulierungen (z.B. wo immer möglich anstelle von „Warum-Fragen" offene Erzählaufforderungen verwenden)
- Opferzeug:innen sollte Sicherheit vermittelt und ein Rahmen und eine Gesprächsatmosphäre geschaffen werden, in der sie sich wohl fühlen.
- Dies kann schon durch kleine Gesten erreicht werden, z.B. indem die vernehmende Person, wenn sie kurz den Raum verlässt, nicht einfach ankündigt, *„ich gehe mal kurz Papier von nebenan holen"*, sondern fragt, *„ist es in Ordnung für Sie, wenn ich Sie kurz hier allein lasse, um von nebenan Papier zu holen?"* – dies signalisiert: mir ist es wichtig, dass Sie sich hier wohl fühlen und mir ist bewusst, dass es für Sie unangenehm sein könnte, hier allein in einem unbekannten Raum bleiben zu müssen. Je nach Situation könnte es angezeigt sein, dies ganz zu vermeiden und sich durch eine Kollegin das Gewünschte zur Bürotür bringen zu lassen (ohne einfach in den Raum „reinzuplatzen").
- Es sollte jeweils abgewogen werden, was der betroffenen Person „zugemutet" werden kann und dabei unnötige Belastungen vermieden, und notwendige Belastungen behutsam erläutert werden.
- Transparenz schaffen, was die Opferzeug:innen erwartet. Über den weiteren Gang der Ermittlungen (auch ggf. Notwendigkeit von Nachvernehmungen) sollte aufgeklärt werden.
- Maßnahmen oder Handlungen erklären (z.B. Beweissicherung, Videografie, Notizen während der Vernehmung, um nicht zu unterbrechen)
- Bei Vermeidungsverhalten bezüglich des Tatgeschehens geduldig und vorsichtig nachfragen, schrittweise nähern, empathisch um weitere Ausführungen bitten, ggf. vorher fragen, ob es möglich ist, nochmal auf den Punkt zu sprechen zu kommen
- Keine „Erwartungen" an ein bestimmtes Opferverhalten haben und dies mit der Glaubwürdigkeit der Zeug:innen oder Glaubhaftigkeit ihrer Angaben in Beziehung setzen (ein gefasst und wenig emotional berichtendes Opfer kann das Delikt genauso erlebt haben wie eines, das weint). Opferreaktionen und -bewältigungen sind sehr unterschiedlich und zudem abhängig vom Grad der

Bewältigung, also auch vom Zeitabstand zum Ereignis. Zudem kann Emotionslosigkeit bei der Schilderung ein Resultat der Dissoziation (Abspaltung der Gefühle) sein.

- Eigene Vorurteile und stereotype Vorstellungen darüber, wie eine „richtige" Vergewaltigung abläuft und wer „typische" Täter und Opfer sind, bewusst machen, reflektieren und hinterfragen
- Den psychischen Zustand der Opferzeug:innen im Vernehmungsverlauf beachten und die Vernehmungsgestaltung ggf. daran anpassen (z.B. Pausen oder kurze Unterbrechungen anbieten, Taschentuch reichen, Glas Wasser anbieten, Möglichkeit anbieten, auf dem Flur auf und ab zu gehen o.ä.)
- Zurückhaltung bezüglich vermeintlichen Zuspruchs oder „aufmunternder" Kommentare (z.B. *„das wird schon wieder"*, *„Ihnen geht's bestimmt bald wieder besser"* oder *„andere sind auch schon über sowas hinweggekommen"*) – solche bagatellisieren das Erleben der Opfer und spiegeln sehr wahrscheinlich nicht ihr aktuelles Empfinden wider.

# 7. Vernehmung von Kindern

Laut PKS aus dem Jahr 2021 wurden in Deutschland 11 368 Kinder unter 6 Jahren sowie 60 563 Kinder zwischen 6 und unter 14 Jahren als Opfer irgendeiner versuchten oder vollendeten Straftat erfasst (BKA, 2022c), was einen Anteil von etwa 7 % an der Gesamtzahl aller registrierten Opfer ausmacht. Darunter waren beispielsweise 4 465 Opfer von Kindesmisshandlung (definitionsgemäß unter 14 Jahren), 1 576 unter 14-jährige Kinder als Opfer von vollendeten Straftaten gegen die sexuelle Selbstbestimmung sowie 16 723 Kinder vollendeten sexuellen Missbrauchs von Kindern (definitionsgemäß unter 14 Jahren) (BKA, 2022c).

Vor dem Hintergrund möglicher Vernehmungen von Kindern als (Opfer-) Zeug:innen stellt sich die Frage, ab welchem Alter Kinder als Zeug:innen überhaupt geeignet und in der Lage sind Ereignisse zuverlässig wahrzunehmen, Erinnerungen daran abzurufen und sprachlich wiederzugeben (sie also aussagetüchtig sind). Eine weitere wichtige Frage ist, wie Kinder optimalerweise befragt werden sollten, um ihnen bestmöglich zum Abruf relevanter Informationen zu verhelfen und dabei das Risiko einer Beeinflussung oder Verfälschung gleichzeitig zu minimieren. Entwicklungspsychologische Kenntnisse sind bei der Vernehmung und Befragung von Kindern also von hoher Bedeutung.

## 7.1 Entwicklungspsychologische Aspekte aussagerelevanter Kompetenzbereiche

### 7.1.1 Sprachentwicklung und Begriffsverständnis im Vorschulalter

Bei sehr jungen Kindern besteht eine offenkundige mögliche Einschränkung hinsichtlich der Schilderung von Erlebtem oder Beobachtetem aufgrund begrenzter sprachlicher Ausdrucksmöglichkeiten. Mit der Produktion der ersten Worte (etwa am Ende des ersten/Anfang des zweiten Lebensjahres) beginnt zunächst die Phase der Einwortsätze, wo ebensolche als Ausdruck für normalerweise komplexe Satzgefüge verwendet werden (Lohaus & Vierhaus, 2015). Aufgrund der noch herrschenden großen sprachlichen Lücken, kommt es häufig zur sprachlichen Überdehnung, d.h. der generalisierenden Verwendung eines Begriffs für eine ganze Kategorie (z.B., wenn es bereits „Hase" sagen kann, werden anhand gemeinsamer Merkmale, wie z.B. vier Beine und Haare, auch andere kleine Säugetiere, wie Meerschweinchen so bezeichnet, vgl. Lohaus & Vierhaus, 2015). Der Wortschatz entwickelt sich allmählich, einfache (zweisilbige) Worte werden gelernt und benutzt, längere Worte vereinfacht (z.B. „Nane“ für Banane; „put“ für „kaputt“), in der zweiten Hälfte des zweiten Lebensjahres kommt es zur Wortschatzexplosion, mit 20 Monaten liegt der durchschnittliche Wortschatz bei 170 Wörtern. In den folgenden Jahren wächst der Wortschatz mit durchschnittlich neun Wörtern täglich weiter an (Lohaus & Vierhaus, 2015). Im Zuge des Anwachsens des Wortschatzes bilden die Kinder zunehmend Zwei- und Mehrwortsätze, wobei typischerweise Satzteile wie Artikel, Hilfsverben oder Funktionswörter noch ausgelassen werden („telegrafische Sprache“) (Lohaus & Vierhaus, 2015). Viele dieser kindlich-telegrafischen Sätze sind nur zu verstehen, wenn den Interaktionspartner:innen der Kontext, in dem sie entstanden sind bzw. auf den sie sich beziehen, bekannt ist oder es sich um eine Bezugsperson des Kindes handelt (Lohaus & Vierhaus, 2015). Auch verstehen und benutzen junge Kinder Worte oftmals sehr konkret und weniger abstrakt, sodass beispielsweise die Frage, ob jemand „im Haus“ war fälschlich verneint wird, wenn es in einer Wohnung war (vgl. Lamb et al., 2011). Dies ist in der Befragung von kleinen Kindern unbedingt zu berücksichtigen und deren Begriffsverständnis zu prüfen, da sonst falsche Antworten und Missverständnisse entstehen können.

Auch lassen sich Fragen und Sätze unterschiedlich komplex ausdrücken, z.B. kann die Bedeutung eines Satzes (Tiefenstruktur) sowohl als Aktiv- oder Passivsatz (= unterschiedliche Oberflächenstrukturen[53]) formuliert werden (vgl. Lohaus & Vierhaus, 2015). Jüngere Kinder werden aufgrund des noch nicht erreichten Komplexitätsgrades der Satzbildung eher einen Satz mit einfacher Oberflächenstruktur benutzen und vor allem auch besser verstehen, d.h. beispielsweise einen Satz aktivisch und nicht passivisch formulieren („Der Täter hat das Opfer verfolgt“ ist eher zu erwarten als „das Opfer ist vom Täter verfolgt worden“; vgl. Lohaus & Vierhaus, 2015). Lohaus und Vierhaus (2015) weisen darauf hin, dass jüngere Kinder erwarten, dass die handelnde Person am Satzanfang steht, sodass eine Passivkonstruktion zu Missverständnissen führen könnte. So ist bei der Vernehmung unbedingt darauf zu achten, einfache Satzstrukturen zu verwenden, um sicherzustellen, dass der Informationsgehalt vom Kind auch verstanden wird. Werden Fragen zu komplex formuliert, können Kinder im Vorschulalter diese oftmals nicht verstehen, ohne dies notwendigerweise zu bemerken (Perry et al., 1995), was dazu führt, dass sie oftmals nicht um Erklärung bitten (vgl. Lamb et al., 2011). Als besonders schwierig zu beantworten ha-

53 Oberflächenstruktur eines Satzes = das, was ausgesprochen wird, Tiefenstruktur = semantische Bedeutung des Satzes (vgl. Lohaus & Vierhaus, 2015).

ben sich Fragen, die mehrere Teile enthalten, die jeweils verschiedene (sich gegenseitig ausschließende) Antworten erfordern, herausgestellt sowie solche mit Negativierungen (z.B. „Hat er dich nicht gefragt, ob Du mitkommst") oder doppelten Negativierungen („Hat er nicht gesagt, dass er das nicht gut findet") sowie schwierige Begriffe (Perry et al., 1995).

Wichtig zu beachten in einer Vernehmungssituation mit kleineren Kindern ist, dass Kinder deutlich früher verwendete Worte in ihrer Bedeutung verstehen und auch Sätze nach grammatikalischen Regeln bilden, als sie ihre sprachlichen Fähigkeiten zu einer effektiven Kommunikation nutzen können. Dies kann sich beispielsweise darin äußern, dass Kinder Inhalte auslassen, die das Gegenüber dringend zum Verständnis benötigen würde, da sie dessen Wissensstand noch nicht bei ihren Darstellungen zu berücksichtigen vermögen, d.h. es kann beispielsweise passieren, dass sie – analog ihres eigens Wissensstandes – Aspekte als bekannt voraussetzen (vgl. Lohaus & Vierhaus, 2015). Aufgrund der noch egozentrierten (und noch nicht sozialisierten) Sprache von Vorschulkindern fallen Aussagen und Gesprächsbeiträge noch nicht unmittelbar auf vorherige bezogen aus. Kinder interagieren z.B. mit Gleichaltrigen aus ihrer eigenen Perspektive heraus. Die Fähigkeit der Perspektivübernahme entwickelt sich erst und damit einhergehend steigen auch die aufeinander bezogenen Gesprächsanteile der Kinder (untereinander) und die Fähigkeit, die Perspektive der Kommunikationspartner:innen im Gespräch zu berücksichtigen (Lohaus & Vierhaus, 2015). Dadurch kann es vorkommen, dass Kinder nicht inhaltlich passend antworten oder nicht an zuvor Gesagtes oder Gefragtes anknüpfen, sondern Themen wechseln ohne darauf hinzuweisen, sodass es leicht zu Missverständnissen kommen kann bzw. jeweils genau geprüft werden muss, worauf sich die Angaben des Kindes beziehen.

**Beispiel für das Begriffsverständnis bei Kindern**

(Auszug aus einem Transkript einer kriminalpolizeilichen Vernehmung einer 5-Jährigen):

**V = Vernehmungsbeamtin, Z = Zeugin**

**V**: „Wo hat er denn so angefasst?" (macht Bewegungen des Kindes in der Luft nach)

**Z**: „Am Popo." (zeigt dabei auf die Scheide)

**V**: „Wo ist denn dein Popo?"

**Z**: (zeigt wieder auf ihre Scheide)

**V**: „Zeig mir mal dein Popo."

**Z**: (lacht) „Unten."

**V**: „Wo unten?"

**Z**: (zeigt erneut auf ihre Scheide)

**V**: „Ist da der Popo?"

**Z**: „Hier."

**V**: „Okay."

**Z**: „Hier so vorne." (zeigt wieder auf ihre Scheide)

Das Beispiel zeigt, wie wichtig es ist, sich von Kindern alles ganz genau erklären (und ggf. zeigen) zu lassen und sicherzustellen, dass man vom Gleichen spricht.

Da die Sprachentwicklung im Vorschulalter individuell sehr verschieden ist und auch die Verwendung, Verständnis und Aussprache von Begriffen sehr unterschiedlich ausfallen kann, ist es bei der Vernehmung von Kindern elementar, sich zunächst durch ein sachverhaltsunabhängiges Gespräch zu Beginn der Befragung einen Eindruck von den sprachlichen Kompetenzen des Kindes und der Möglichkeit, von ihm Berichtetes zu verstehen, zu machen. Zudem sollte immer genau nachgefragt werden, was das Kind mit bestimmten (für den Sachverhalt relevanten) Begriffen meint und sichergestellt werden, dass das Kind die Frage verstanden hat.

### 7.1.2 Autobiografisches Gedächtnis, Abruf von Erinnerungen und Aussagetüchtigkeit

Die frühe Erinnerungsfähigkeit ist eng an die sprachlichen Fähigkeiten nicht nur zum Befragungs-, sondern vor allem auch zum Ereigniszeitpunkt gebunden (Greuel, 2001; Niehaus et al., 2017). Dies liegt an der narrativen Struktur des autobiografischen Gedächtnisses und dem Umstand, dass „Sprache und Narration" nicht nur „ein Werkzeug [sind], um autobiografische Erinnerungen mitzuteilen", sondern „vielmehr integraler Bestandteil des autobiografischen Gedächtnisses selbst" (Niehaus et al., 2017, S. 32). Dies ist insbesondere bei der Vernehmung zu länger zurückliegenden Ereignissen zu berücksichtigen (z.B. wenn ein sexueller Missbrauch, der sich im Vorschulalter ereignet haben soll, erst Jahre später angezeigt wird). Die Aussagetüchtigkeit und damit verbundene Kompetenzen müssen nicht nur zum Befragungszeitpunkt, sondern immer auch zum Ereigniszeitpunkt vorgelegen haben (vgl. z.B. Greuel et al., 1998; Greuel, 2001). In Bezug auf sehr frühe Erlebnisse der ersten Lebensjahre wird in Bezug auf die spätere Erinnerungsunfähigkeit von „infantiler Amnesie" gesprochen.

**Was bedeutet „infantile Amnesie"?**

Mit dem Begriff der „infantilen Amnesie" oder „Kindheitsamnesie" wird der Umstand bezeichnet, dass sich Erwachsene nicht an Lebensereignisse der ersten Lebensjahre erinnern können (Greuel, 2001). Schon im Jahr 1895 fand Miles im Rahmen einer retrospektiven Befragung heraus, dass die ersten Erinnerungen mit durchschnittlich etwa 3 Jahren einsetzen, was auch spätere Studien bestätigt haben (vgl. dazu ausführlich Greuel, 2001). Zwar können auch Kinder unter 3 Jahren (subjektiv für sie bedeutsame) Ereignisse relativ zeitnah erinnern, diese Erinnerungen halten aber nicht bis ins Erwachsenenalter an. Dies gilt auch für traumatische Ereignisse (vgl. Pipe et al., 2007).

Während im 4. und 5. Lebensjahr vereinzelte (bedeutsame) Ereignisse retrospektiv langfristig erinnert werden, beginnt ab etwa dem 6. Lebensjahr eine mehrheitliche langfristige Erinnerungsfähigkeit an Ereignisse (Greuel, 2001; Volbert, 2014). Erklärt wird dies u.a. damit, dass frühe Erinnerungen (etwa vor dem 4. Lebensjahr) primär im behavioralen Gedächtnis gespeichert werden und die Entwicklung des autobiografischen narrativen Gedächtnisses erst später einsetzt (ausführlich bei Greuel, 2001), d.h. der Organisationsgrad dieser frühen Erinnerungen ist niedrig und notwendige narrative Strukturen fehlen noch (Volbert, 2014). Explizite Erinnerungen werden primär in Wörtern/sprachlicher Form abgespeichert, über die ein Kind in diesen frühen Lebensjahren noch nicht verfügt (Myers, 2014). Zudem wird argumentiert, dass Kinder erst dann Erinnerungen langfristig speichern (und dadurch später abrufen können), wenn sie (aufgrund sprachlicher Kompetenz) beginnen, mit anderen über ihre Erlebnisse und Erfahrungen zu sprechen und den Erlebnissen dadurch eine autobiografische Bedeutung verleihen (Nelson, 1989; 1993).

Insgesamt erinnern/berichten jüngere Kinder signifikant weniger Informationen als ältere, insbesondere im freien Bericht und bei offener Erzählaufforderung (z.B. Brubacher et al., 2012; Caprin et al., 2016; Jack et al., 2014; Peterson et al., 2005). Bezüglich der Richtigkeit der Informationen zeigen sich jedoch keine Unterschiede (vgl. zusammenfassend Pipe et al., 2007; Jack et al., 2014; Lamb & Sim, 2013). Allerdings werden bei jungen Kindern mehr spezifische Abrufreize und konkrete Fragen benötigt, in deren Beantwortung wiederum die Fehleranfälligkeit bei jüngeren Kindern höher ist als bei älteren bzw. Erwachsenen (z.B. in Bezug auf geschlossene Ja-Nein-Fragen; Brady et al., 1999). Auch werden bei 4-jährigen Kindern aufgrund der Kürze ihrer Antwort mehr Anschlussfragen notwendig, z.B. indem an die vorherige Antwort des Kindes angeknüpft wird und diese als Abrufreiz für weitere Erinnerungen genutzt wird (Lamb et al., 2003; vgl. auch Pipe et al., 2007). Die Menge an Informationen, die auf offene Fragen berichtet werden, steigen dann mit dem Alter an (z.B. Lamb et al., 2003). Insgesamt zeigen Kinder (3 bis 9 Jahre) eine gute Erinnerungsfähigkeit an für sie bedeutsame saliente Ereignisse (z.B. einem Aufenthalt in der Notaufnahme), die langfristige Verschlechterung der Gedächtnisleistung fiel bei allen Gruppen gering aus (6, 12 und 24 Monate nach dem Ereignis befragt) (Peterson et al., 2005). Zwar erinnerten die Kinder auch Details falsch, diese betrafen aber vor allem die Benennung nebensächlicher oder nicht direkt beteiligter Personen (z.B. Augenzeug:innen des Unfalls; Personen im Krankenhaus, als sie behandelt wurden), die zeitliche Einordnung oder das, was nach der medizinischen Behandlung passierte, wohingegen sie keine Fehler bezüglich der Kernaspekte, nämlich dem Unfallverursacher, dem genauen Unfallhergang und dem Ort des Vorfalls machten (Peterson et al., 2005).

Tabelle 4 gibt einen Überblick über die Entwicklung des autobiografischen Gedächtnisses und der Fähigkeit des (selbstständigen) Abrufs. Die Altersangaben sind dabei als ungefähre Richtwerte und nicht als festgeschriebene Ober- oder Untergrenzen zu verstehen (vgl. Volbert, 2005). Wichtig ist jeweils individuell und fallneutral (im Vorfeld der Befragung zur Sache) zu prüfen, wie gut das Kind in der Lage ist, für unwissende, nicht an der Situation beteiligte Dritte nachvollziehbare Ereignisschilderungen abzugeben und diese dann im Nachhinein anhand der Schilderung der Bezugspersonen zu validieren (Niehaus et al., 2017; Volbert, 2014).

**Tabelle 4:** Die Entwicklung der Fähigkeit Erinnerungen abzurufen und zu berichten als elementare Voraussetzungen der Aussagetüchtigkeit (Zusammenfassende Darstellung nach Volbert, 2005, S. 243–245 u. 253[54], vgl. auch Greuel, 2001, S. 243 u. 255)

| | | |
|---|---|---|
| **Ab 2/ 2,5 Jahren** | Selten vom Kind selbst initiierte Gespräche über Erlebtes<br>– Fähigkeit über spezifische Ereignisse aus der Vergangenheit zu berichten entwickelt sich<br>– Zunächst primär nur kurz zuvor Erlebtes oder Routineaktivitäten<br>– Bereits 2,5-Jährige können für sie bedeutsame Ereignisse mehrere Monate behalten und dazu befragt Informationen liefern | **ABER**:<br>– Eher gemeinsames Erinnern mit Eltern<br>– Sehr fragmentarisch/desorganisiert (vor allem Satzfetzen, die auf Fragen gebildet werden)<br>– Inhaltlich vor allem Aktivitäten und beteiligte Personen<br>– Keine zeitlich/räumlichen Kontextinformationen<br>– Angaben oft nur verständlich, wenn den Zuhörer:innen das Ereignis bekannt ist<br>– Ohne Hinweisreize keine Information zu erwarten |

54 Die Informationen stammen, wenn nicht anders angegeben, aus Volbert (2005) und sind in der Tabelle selbst nicht nochmal separat als Zitat gekennzeichnet.

**Tabelle 4:** *Fortsetzung*

<table>
<tr>
<td>Ab 3/<br>3,5 Jahren</td>
<td>Erstmals selbstständiger mehr oder weniger kohärenter Bericht über ein Ereignis möglich: Ausbildung des narrativen autobiografischen Gedächtnisses<br>Erste Informationen zur Herstellung zeitlich-räumlicher Kontexte</td>
<td>ABER:<br>– Weiterhin wenig vom Kind ausgehende Berichte über Erlebnisse in der Vergangenheit<br>– Schwierigkeiten mit selbstständigem Abruf → Sehr auf Hinweisreize und Fragen angewiesen<br>– Wenig freier Bericht<br>– Sehr inkonstant: In Abhängigkeit der gestellten Fragen werden in verschiedenen Befragungssituationen andere Informationen geliefert<br>– Fokus auf typische Aspekte eines Ereignisses (Aufbau von Schemata) → Darstellung einzelner Ereignisse unter verschiedenen ähnlichen gelingt noch nicht</td>
</tr>
<tr>
<td colspan="3">– Kinder unter 4 Jahren sind zwar schon in der Lage, sich an länger zurückliegende Ereignisse zu erinnern, benötigen aber aufgrund der noch großen Schwierigkeiten des selbstständigen Informationsabrufs spezifische Hinweisreize (die im strafrechtlichen Kontext meist fehlen)<br>– Wenn keine spezifischen Hinweisreize (als Abrufhilfe) vorliegen, sind die Angaben der Kinder dieser Altersgruppe über ein Ereignis ohne dessen Kenntnis meist nicht nachvollziehbar<br>– 4 Jahre gilt als Untergrenze, ab der „Aussagetüchtigkeit überzufällig häufig angenommen werden kann“ (Greuel, 2001, S. 257)</td>
</tr>
<tr>
<td>Ab 4 Jahren</td>
<td>Erinnerungen frühestens ab diesem Alter in Erzählform organisiert und darstellbar:<br>– Kindern gelingt es zunehmend auch ohne Hilfestellung über Erlebtes zu berichten<br>– Kurze Erzählungen/zusammenhängende Schilderungen sind möglich<br>– Zunehmend Produktion von Informationen im freien Bericht möglich; substanzielle Menge forensisch relevanter Details auf offene Fragen (Lamb et al., 2003)<br>– Ereignisse können über Zeiträume von bis zu mehreren Jahren behalten werden →<br>– Menge an erinnerten Informationen steigt bis in die ersten Grundschuljahre bedeutsam an:<br>  – Mehr encodierte Informationen<br>  – Größere Wissensbasis<br>  – Leichterer Abruf</td>
<td>ABER:<br>– Auslassungsfehler (d.h. freie Berichte sind unvollständig – nicht jedoch fehlerhaft!)<br>– 4- bis 6-Jährige weiterhin stark auf Abrufreize angewiesen<br>– Weiterhin ausgeprägte Inkonstanz der zu verschiedenen Befragungszeitpunkten berichteten Details<br>– enthalten in späteren Berichten wenig Details</td>
</tr>
</table>

**Tabelle 4:** *Fortsetzung*

<table>
<tr><td colspan="3">Zwischen 4 und 6 Jahren können viele Kinder in dieser Altersgruppe schon Auskunft über Erlebnisse machen, aufgrund der noch starken Angewiesenheit auf Fragen und der damit verbundenen Fehleranfälligkeit der Aussage, ist die Aussagetüchtigkeit jedoch noch besonders in Abhängigkeit der Befragungsbedingungen, dem Behaltensintervall und der Komplexität des Ereignisses zu betrachten.</td></tr>
<tr><td>Ab 6 Jahren</td><td>Berichte nähern sich hinsichtlich Struktur und Logik denen Erwachsener an:<br>– Nicht mehr nur wer, was und wie, sondern auch wann und warum<br>– Konstanz der Aussage nimmt zu<br>– Bedeutsame Ereignisse werden langfristig erinnert</td><td>ABER:<br>– Auch in den ersten Grundschuljahren noch Schwierigkeiten bei der Nutzung konventioneller Zeitskalen und damit einhergehend der (zuverlässigen) zeitlichen Einordnung von Ereignissen</td></tr>
<tr><td colspan="3">Wenn keine Entwicklungsverzögerung vorliegt, sind Kindern ab diesem Alter in der Regel aussagetüchtig.</td></tr>
</table>

Volbert (2005) kommt zusammenfassend zu dem Schluss, dass Ereignisse aus den frühen Lebensjahren von Kindern insbesondere dann vergessen werden, wenn sie die kausale Struktur des Ereignisses noch nicht verstanden haben, das Ereignis über die Zeit an persönlicher Bedeutsamkeit verliert und durch anschließende ähnliche Ereignisse dessen Individuierbarkeit und Abgrenzbarkeit abnehmen. Dies könnte auch ein Grund sein, warum es Kindern entgegen der Annahme, dass der erste Vorfall eines länger andauernden Geschehens (z.B. eines sich über Monate erstreckenden sexuellen Missbrauchs) besonders heraussteche, z.T. schwerfällt, diesen in einer Befragung konkret zu benennen und zu beschreiben.

Weitere für die Befragung von Kindern relevante Befunde können wie folgt zusammengefasst werden:

- Schon sehr junge Kinder können die meisten der forensisch relevanten Informationen (Wer, was, wann) auf offene Erzählaufforderungen/Fragen liefern, sodass die fehleranfälligeren Ja-Nein- und Alternativ-Fragen vermieden werden können (Lamb et al., 2003).
- Insgesamt berichten jüngere Kinder zwar weniger Details als ältere Kinder und Erwachsene, diese sind aber genauso zutreffend (vgl. z.B. Lamb & Sim, 2013 für ein Review).
- Die als Einstieg generell zu empfehlende erste offene Erzählaufforderung „Erzähl mir, was vorgefallen ist“ führt bei jüngeren Kindern zu nur kurzen Antworten, die jedoch in der Regel zuverlässig sind. Durch offene Anschlussfragen können weitere Informationen gewonnen werden, wohingegen fehleranfällige Suggestivfragen zu vermeiden sind (Lamb et al., 2011).

Denn während offene Erzählaufforderungen dazu führen, dass sich ein Kind bemüht das zu berichten, was es tatsächlich erinnert, führen geschlossene oder Suggestivfragen dazu, den Fokus auf die die Befragenden interessierenden Themenbereiche zu lenken und den Druck auf das Kind, etwas zu antworten zu erhöhen, ob es sich daran erinnert oder nicht (Lamb et al., 2011).

- Adoleszente[55] liefern im freien Bericht zwar mehr Informationen als Kinder, jedoch immer noch weniger Informationen als Erwachsene (Jack et al., 2014).
- Einen zweiten freien Bericht zu initiieren kann die berichtete Menge an Informationen sowohl bei Kindern (Ø sechs neue korrekte Details) als auch Adoleszenten (Ø sieben neue korrekte Details) und Erwachsenen (Ø zehn neue korrekte Details) erhöhen, jedoch nimmt die Richtigkeit der Informationen ab, d.h. der Zuwachs an Informationen geht ggf. auf Kosten der Richtigkeit. Möglicherweise berichten Zeug:innen nicht alle relevanten Informationen sofort, insbesondere halten sie wohl diejenigen Informationen eher zurück, bei denen sie unsicher sind (Jack et al., 2014).
- Bei kleinen (z. B. etwa 4-jährigen) Kindern sind „cued invitations“ (Erzählaufforderungen, die an vorher Gesagtes anknüpfen), insbesondere wenn sie sich auf Handlungen beziehen, die sie kurz zuvor berichtet haben („Du hast vorhin gesagt, er habe Dich an der Scheide angefasst, erzähl mir mehr darüber“), effektive Strategien, weitere Erinnerungen abzurufen, die mit höherer Wahrscheinlichkeit richtig sind als Alternativfrage-Formate, bei denen Antwortoptionen vorgegeben werden (Lamb et al., 2003). Das Strukturieren des Abrufs, thematisch durch das Anknüpfen an vorher Gesagtes und zeitlich, in dem das Gesagte in kleinere zeitliche Einheiten zerlegt wird, kann bei Kindern eine effektive Methode darstellen, Erinnerungen an Vergangenes zu rekonstruieren ohne die Aussage durch riskante geschlossene Fragen zu verfälschen (Lamb et al., 2003). Während die inhaltlich handlungsbasierten, offenen Abrufreize für Kinder aller untersuchter Altersgruppen die effektivste Strategie darstellten, profitierten von der zeitlichen Segmentierung aufgrund der höheren kognitiven Anforderung eher ältere Kinder ab 8 Jahren (Lamb et al., 2003).
- Während einfaches wiederholtes Nachfragen ohne Darbietung einer Abrufhilfe ineffektiv in der Befragung von Kindern ist (vgl. Elischberger & Roebers, 2001), kann der Einsatz verschiedener offener Abrufhilfen (z.B. mentales Wiederherstellen des Wahrnehmungskontextes, Anknüpfen an vorherige Äußerungen) weitere Informationen zutage bringen.

55 In der Studie von Jack et al. (2014) bezog sich dies auf 14- bis 16-Jährige.

### 7.1.3 Zeitliche Einordnung eines Ereignisses

Bereits 3-jährige Kinder können mithilfe eines Zeitstrahls erste Einordnungen vornehmen, ob ein Ereignis kürzlich (in den letzten 24 Stunden) oder länger (mehrere Jahre) zurückliegend stattgefunden hat und können damit eine basale Unterscheidung zwischen zeitlichen Reihenfolgen von zwei Ereignissen in der Vergangenheit treffen. Auch 4-Jährige, die zwar besser (im Sinne einer höheren Anzahl korrekter Zuordnungen) in diesem Bereich abschneiden, nutzen weiterhin nur eine grundlegende Unterscheidung bezüglich der Lokalisierung vergangener Ereignisse, nämlich ob etwas in der länger zurückliegenden Vergangenheit oder aber erst vor Kurzem stattgefunden hat. Mit 5 Jahren scheint sich die Fähigkeit einer differenzierteren Lokalisierung deutlich zu verbessern, indem Kinder z.B. auch unterscheiden können, ob Ereignisse täglich, jährlich oder erst in weiter Zukunft passieren (Busby Grant & Suddendorf, 2009). Darüber hinaus spielt **die Vertrautheit mit Abläufen und täglichen Routinen bei der Fähigkeit junger Kinder, eine zeitliche Einordnung vorzunehmen** eine Rolle, sodass sie durchaus in der Lage sein können, zeitliche Einordnungen von Ereignissen aus bekannten täglichen Abläufen (z.B. Zähneputzen vor dem Zubettgehen) vorzunehmen, wobei dies in anderen weniger vertrauten oder singulär erlebten Kontexten nicht gelingt (Lamb et al., 2011).

Eine Studie zur Fähigkeit 8- bis 12-jähriger Kinder von Eltern berichtete Ereignisse aus vier Zeitintervallen (6 Monate bis 4 Jahre) zeitlich zu lokalisieren, konnte zeigen, dass in dieser Altersgruppe insgesamt eine hohe inhaltliche und zeitliche Übereinstimmung mit den Angaben der Eltern vorlag (Friedman et al., 2011). Die Genauigkeit der Jahreseinschätzung nahm jedoch mit der Dauer des Erinnerungsintervalls ab (mit der deutlichsten Verschlechterung zwischen dem 1- bis 2-Jahres- und 2- bis 3-Jahres-Intervall). Die Angaben bezüglich der Jahreszeit, des Monats und der Tageszeit wiederum waren stabiler über die Zeit. Insgesamt zeigte sich in dieser Altersgruppe mit zunehmendem Alter eine signifikante Verbesserung in der Nutzung konventioneller Zeitsysteme, was sich wiederum in einer zunehmenden Genauigkeit der Zeitschätzung auch länger zurückliegender Ereignisse auswirkte. Zur Einschätzung von Datierungen nutzen wir u.a. kontextuelle Informationen, die mit dem Ereignis verbunden sind, in Verbindung mit persönlichen, naturgegebenen oder konventionellen Zeitmustern, z.B. indem man eigene tägliche Routinen und tageszeitliche Lichtverhältnisse einbezieht (vgl. Friedman et al., 2011). Mit etwa 6 Jahren sind bereits viele der dazu notwendigen Fähigkeiten, zeitlich relevante Hinweise zu interpretieren, vorhanden, sodass Kinder diesen Alters z.B. zwei 3 Monate zuvor präsentierte Ereignisse in die richtige zeitliche Reihenfolge bringen können, wobei sich diese Fähigkeiten bis in die mittlere Kindheit deutlich verbesserten (Friedman & Lyon, 2005). Beispielsweise zeigten Erwachsene auch im Vergleich zu 8- bis 10-jährigen Kindern bessere Leistungen bei der paarweisen zeitlichen Einordnung zweier eigener Lebensereignisse (anhand von im Untersuchungszeitraum aufgenommenen Fotos) und konnten genauer datieren, in welcher Woche des 12-wöchigen Untersuchungszeitraums ein Ereignis stattgefunden hatte (Pathman et al., 2013).

Aufgrund eines noch fehlenden mentalen Konzepts des Jahres fällt es allerdings auch älteren Kindern (bis 13 Jahre) noch schwer, Ereignisse in Relation zu einem Feiertag (z.B. Halloween) zu bringen (ob es davor oder danach stattgefunden hat) (Friedman & Lyon, 2005) oder bezüglich zwei alljährlicher Ereignisse (z.B. der eigene Geburtstag und Weihnachten) zu bestimmen, welches länger zurück liegt (vgl. Friedman et al., 2011, in Bezug auf 10-Jährige). Verlässliche zeitliche Einordnungen sind in der Regel erst bei Kindern ab 9 bis 10 Jahren zu erwarten (Volbert, 2010).

Vorschulkinder haben noch keine Fähigkeit der abstrakten Kategorisierung erlebter Abläufe entwickelt, d.h. sie können in der Regel keine verlässlichen Angaben über Häufigkeiten, Entfernungen oder Zeiten machen, da sich dafür noch keine stabilen Bezugssysteme herausgebildet haben (Kraheck-Brägelmnann, 1993). Dies erfordert für die Vernehmungsbeamt:innen ihr „Präzisionsbedürfnis zurückzustellen in dem Bewusstsein, dass vage, weil weiträumige Angaben, etwa Winter oder Sommer als Tatzeit, der Glaubwürdigkeit immer noch zuträglicher sind als scheinbar genaue Angaben, die das Kind nach langem Nachfragen macht, weil es merkt, dass dies von ihm erwartet wird“ (Kraheck-Brägelmann, 1993, S. 49).

**Das Wichtigste in Kürze**

**Implikationen für die Vernehmung:**

- (Jüngere) Kinder (unter 9 Jahren) nicht nach vermeintlich „exakten“ zeitlichen Angaben fragen, die sie vermutlich ohnehin nicht zuverlässig vornehmen können
    - stattdessen: versuchen durch einen umfangreichen freien Bericht und weitere offene Erzählaufforderungen möglichst viele Details zu erhalten, die geeignet sind, das Ereignis anhand äußerer Gegebenheiten oder Fakten einzuordnen (Niehaus et al., 2017)
    - Hilfreich ist es, kinderrelevante Ankerpunkte zu nutzen, z.B. letzter Geburtstag, Sommerferien, Einschulung, schulfreie Zeit usw.

- Ungefähre Angaben nie abstrakt erfragen („*wie weit warst Du denn ungefähr entfernt?*")
  - sich stattdessen immer an für das Kind wahrnehmbaren Erlebnisinhalten orientieren, z.B. indem Entfernungen an Bekanntem („*Wie weit war das denn im Vergleich zu dem Schreibtisch hier im Raum?*", „*war das soweit wie von Euch zu deiner Kita, weiter oder näher?*") als Vergleichsmaßstab gemessen werden (Kraheck-Brägelmann, 1993, S. 50).
- Tageszeiten darüber erfragen, ob es hell oder dunkel war bzw. ob im Zimmer Licht brannte, ob es vor oder nach der Schule/Kindergarten war oder wann in Relation zu den Mahlzeiten (vor/nach dem Frühstück, Mittagessen, Abendbrot)
- Jahreszeiten darüber erfragen, ob es draußen kalt oder warm war oder welche Kleidung das Kind getragen hat

### 7.1.4 Kompetenz zu Lügen, Täuschen, Verschweigen

Lügenkompetenz und Täuschungsfähigkeit ist eng an die Entwicklung kognitiver Fähigkeiten gekoppelt (Evans & Lee, 2013). Eine wichtige Voraussetzung für das Lügen ist aus entwicklungspsychologischer Perspektive die Entwicklung der „Theory of Mind"[56] (ToM), da es notwendig ist, den eigenen mentalen Zustand (z.B. Ziele/Absichten, Wünsche, Vorstellungen und Überzeugungen) und den der anderen zu verstehen (vgl. Lee, 2013): „Lying in essence is ToM in action" (Lee, 2013, S. 91). Diese entwickelt sich etwa ab dem 4. Lebensjahr. Davor sind Kinder von ihren kognitiven Grundvoraussetzungen her nicht in der Lage, überhaupt zu verstehen, dass sie bei jemandem (falsche) Annahmen erzeugen können, die von ihren eigenen oder den tatsächlichen Gegebenheiten abweichen. Zudem müssen sie in der Lage sein, durch angemessene Aussagen die Wahrheit zu verbergen und dabei beim Anderen falsche Annahmen hervorzurufen und verstehen, ob es sozio-kultu-

56 Mit der „Theory of Mind" ist ein Verständnis für das Funktionieren des menschlichen Bewusstseins und dessen Einfluss auf das eigene und das Verhalten anderer gemeint. Beispielsweise können die meisten 3-Jährigen noch nicht zwischen dem eigenen und dem Wissen anderer unterscheiden bzw. es ist ihnen nicht bewusst, dass andere ggf. über einen anderen Wissensstand, Überzeugungen etc. verfügen als sie selbst, wohingegen dies den meisten 5-Jährigen bereits gelingt. Mit der Entwicklung der Theory of Mind können Kinder das eigene Erleben und Verhalten und das Erleben und Verhalten anderer erklären und vorhersagen (Lohaus & Vierhaus, 2015). Dies führt auch zu bedeutsamen Fortschritten bezüglich der sozialen Kompetenzen des Kindes, da es ihm dadurch ermöglicht wird, zunehmend neben den eigenen auch Wünsche und Bedürfnisse anderer zu antizipieren und zu berücksichtigen (Lohaus & Vierhaus, 2015).

rell angemessen, akzeptiert oder aber verboten ist, in der jeweiligen Situation zu lügen (Lee, 2013).

Experimentelle Befunde (klassischerweise mit dem sog. „temptation resistance paradigma“[57] untersucht) zeigen, dass die **Entwicklung der Lügenkompetenz** zum Verbergen eigener Verstöße bei Kindern **in drei Phasen** verläuft (Talwar & Lee, 2008). Demnach beginnen Kinder im Alter von etwa 2 bis 3 Jahren mit ersten Lügen, indem sie in diesem Alter unwahre Aussagen treffen, wobei in diesem jungen Alter unklar ist, ob es sich um eigentliche Lügen handelt, die mit der Intention zu täuschen abgegeben werden oder eher Wortspiele oder Wunschvorstellungen (Talwar & Lee, 2008). Während erste verbale Täuschungsfähigkeiten (z.B. indem das Ausführen unerlaubter Handlungen fälschlich verneint wird; vgl. Niehaus et al., 2017) zwar vorhanden sind, ist nicht davon auszugehen, dass auch schon ein tiefer gehendes Verständnis einer Lüge vorhanden ist. Auch tritt Lügen in diesem Alter noch selten auf – während die meisten Kinder mit 2 Jahren ihre Verstöße offen zugeben, nimmt die Neigung zu Lügen innerhalb des 3. Lebensjahres zu (Evans & Lee, 2013). Dabei hat die frühe Ehrlichkeit weniger mit einer höheren moralischen Verpflichtung, als vielmehr mit den noch weniger entwickelten exekutiven Funktionen (d.h. der kognitiven Kontrolle und zielgerichteten Handlungssteuerung) zu tun (vgl. Evans & Lee, 2013).

Ein nächster Entwicklungsschritt vollzieht sich bezüglich der Lügenkompetenz zwischen 3 und 4 Jahren. Ab 4 Jahren fällt es Kindern (einhergehend mit der Entwicklung der „Theory of Mind“ in diesem Alter) relativ leicht, initial über eigene Verstöße zu lügen, jedoch haben sie Schwierigkeiten, ein Durchscheinen der Lüge bei weiteren Nachfragen zu verhindern und bei deren Beantwortung konsistent mit ihrer „Ursprungslüge“ zu bleiben (Talwar & Lee, 2008). Das bedeutet, es ist in diesem Alter relativ leicht, die Angaben der Kinder in einer Befragung zu „enttarnen“.

Etwa im Alter zwischen 7 und 8 Jahren erreichen Kinder die dritte Stufe der Lügenkompetenz, d.h. ab diesem Alter gelingt es ihnen zunehmend besser, nachfolgende Angaben an die initiale Lüge anzupassen und ihr nicht zu widersprechen, was auch bedeutet, dass es schwieriger wird, ihre Lügen als solche zu erkennen (Talwar & Lee, 2008). Niehaus (2008) beschreibt dies als „entwick-

57 In diesem experimentellen Design (originär von Sears et al., 1965) zur Untersuchung der Bereitschaft von Kindern, eigene Verstöße gegenüber Verboten zuzugeben, werden Kinder aufgefordert etwas nicht zu tun (z.B. zu spicken oder mit einem bestimmten Spielzeug zu spielen), während der Versuchsleiter den Raum kurz verlässt. Dadurch, dass viele Kinder dies trotzdem tun, kann untersucht werden, ob die Kinder dies nach der Rückkehr des Versuchsleiters zugeben oder nicht, wenn sie direkt gefragt werden, was sie während der Abwesenheit des Versuchsleiters gemacht haben (Lee, 2013; Wang & Wang, 2018).

lungsbedingte Veränderung von eher reflexartigen, schlichten Täuschungen ohne explizites Konzept bis hin zu komplexen Täuschungshandlungen auf der Grundlage expliziter Täuschungsstrategien“ (S. 48). Diese sind quasi das Ergebnis der Reflexion vorheriger (ggf. fehlgeschlagener) Täuschungssituationen und der Entwicklung eines Verständnisses, warum welche Täuschungshandlung überzeugend war (Niehaus, 2008).

In der Summe ist bei Kindern vor dem frühen Grundschulalter nicht anzunehmen, dass sie über die notwendigen Kompetenzen verfügen, eine eigenständige Falschaussage logisch konsistent, stimmig und über mehrere Befragungen hinweg konstant vorzubringen (Volbert, 2014). Falsche Angaben in dieser Altersgruppe sind wenn dann vielmehr als Produkt von Gedächtnisfehlern oder externen Suggestionsprozessen zu erwarten (vgl. Lyon, 2011).

Bezüglich der Fähigkeit eines Kindes, ein tatsächlich erlebtes Ereignis im Rahmen einer Befragung zu verschweigen, kommt Volbert (2014) zu dem Schluss, dass Kinder zwar ab 4 Jahren prinzipiell basal in der Lage sind, Informationen zurückzuhalten, ein komplexeres Verschweigen im Sinne daran angepasster nachfolgender Angaben (z.B. indem alternative Szenarien dargestellt werden müssen, wo es gewesen ist, was es gemacht hat, dass es jemanden noch nie getroffen hat etc.) jedoch erst im Alter von 7 bis 8 Jahren angenommen werden kann. Auch weist Volbert (2014) in diesem Zusammenhang darauf hin, dass es letztlich nochmals unabhängig von der entsprechenden vorhandenen Kompetenz immer von der Entscheidung des Kindes abhängt, ob es ein Geheimnis verrät oder nicht – was von vielen Faktoren, wie dessen Inhalt, der Art, wie und wodurch das Kind aufgefordert wurde etwas nicht zu verraten, durch wen dies geschah usw. abhängt.

Evans und Lee (2010) konnten im Rahmen einer experimentellen Untersuchung an 8- bis 16-jährigen Kindern zeigen, dass das Versprechen die Wahrheit zu sagen, das Auftreten von Lügen signifikant reduzierte, was impliziert, dass auch im Rahmen einer Vernehmung kindlicher Zeug:innen ein solches Versprechen wirkungsvoll sein kann. Demgegenüber werden „Testfragen“ zur Unterscheidungsfähigkeit zwischen Lüge und Wahrheit zu Beginn der Befragung/Vernehmung (z.B. „Wenn ich jetzt sage, deine Jacke ist grün (obwohl sie eigentlich rot ist), ist das dann die Wahrheit oder eine Lüge?“) als wenig sinnvoll im Sinne einer erhöhten Bereitschaft wahrheitsgemäß auszusagen angesehen, sodass darauf verzichtet werden sollte (Lyon, 2011; Niehaus et al., 2017).

Zur Erhöhung der Verpflichtung in der Vernehmung wahrheitsgemäße Angaben zu machen, kann das Kind darauf hingewiesen werden, dass es nichts Falsches behaupten darf und es gebeten werden zu versprechen, die Wahrheit zu sagen (Lyon, 2011; Niehaus et al., 2017).

### 7.1.5 Berichte über mehrfach stattfindende Vorfälle

Insbesondere Delikte wie sexueller Missbrauch oder Misshandlung stellen leider oftmals Ereignisse dar, die nicht nur einmalig, sondern wiederholt über einen längeren Zeitraum stattfinden, sodass Kinder ggf. dazu aufgefordert werden müssen, über separierbare Vorfälle zu berichten.

Bei mehrfachen ähnlichen Ereignissen fällt es jüngeren Kindern jedoch schwer, einzelne distinguierbare Ereignisse von anderen abzugrenzen, also spezifische Vorfälle/Ereignisse zu beschreiben (Danby et al., 2017; Greuel, 2001). Erst wenn Kinder im Zuge der Wiederholung von Ereignissen Routinen und Regelhaftigkeit von Abläufen erkennen und Ereignis-Schemata und Skriptwissen aufgebaut haben, entwickeln sie ein Grundverständnis ihrer Umwelt. Dieser Prozess geht jedoch zunächst zulasten spezifischer Details bei der Ereigniswahrnehmung (vgl. ausführlich Greuel, 2001). Erst wenn Kinder ein Ereignis-Schema entwickelt und eine Vorstellung davon haben, wie etwas „normalerweise" abläuft, fällt es ihnen im Zuge der Vertrautheit mit diesen Ereignissen leichter, einzelne Ereignisse abzugrenzen und zu beschreiben. Häufig kommen dann Aussagen des Kindes wie „das war immer gleich" oder „der hat immer das Gleiche gemacht". Abweichende Details, d.h. für das Skript der Vorfälle untypische Aspekte werden dabei schlechter erinnert, wenn der Rest des Gesamtgeschehens dadurch nicht verändert wird, als wenn sich dieser ändert (der Vorfall also vom Skript insgesamt abweicht) (Danby et al., 2017; Hudson, 1988). Kinder, die die Erfahrung mehrfach gemacht haben (und entsprechende Ereignis-Schemata gebildet haben) berichten mehr Informationen als die, die sie nur einmal gemacht haben, d.h. über ein einmaliges Erlebnis berichten (Brubacher et al., 2012).

In der Befragung von Kindern können zur Unterstützung der Kinder unterschiedliche Erzählaufforderungen für unterschiedliche Ziele verwendet werden:

- *Allgemeine, offene Erzählaufforderungen*, die darauf abzielen (zunächst) einen Bericht über das Gesamtgeschehen zu erhalten (z.B. „Berichte mir bitte alles, was damals passiert ist") sind bei mehrfachen Vorfällen vor allem geeignet das globale Geschehen, die typischen Abläufe hervorzubringen (das „Skriptwissen zu den Vorfällen", z.B. gleichbleibende Aspekte, wie der konkrete Zeitpunkt der Vorfälle [immer abends, wenn Mama zur Arbeit gefahren ist] oder der Ablauf; Danby et al., 2017).
- *Cued invitations* (d.h. das Aufgreifen von Details, die das Kind zuvor berichtet hat in Verbindung mit der Bitte dies auszuführen, z.B. „Du hast gesagt, das hat auch mal im Bad stattgefunden. Berichte mir bitte mehr davon" oder „berichte mir mehr darüber, was passiert ist, nachdem er in dein Zimmer kam") sind hilfreich, die Kinder zu unterstützen, ihre Auf-

merksamkeit auf bestimmte Aspekte zu lenken und spezifische Details einzelner Episoden wiederholter ähnlicher Vorfälle zu berichten (Danby et al., 2017). Wann immer möglich, sollten situationsspezifische, vom Kind vorgebrachte Details genutzt werden, um daran anknüpfend weitere Erinnerungen abzurufen (vgl. Niehaus et al., 2017).

- Bei einem *trichterförmigen Vorgehen*, d.h. zuerst „breite" Fragen (zum Gesamtgeschehen, was „normalerweise" passiert), dann „tiefe" Fragen zu einzelnen Vorfällen berichten Kinder mehr Informationen über die gesamte Befragung hinweg, als wenn sie zuerst „tiefe" Fragen zu spezifischen Vorfällen gestellt bekamen (Brubacher et al., 2012).
- Weitere Abrufhilfen können *Fragen nach besonderen Ereignissen oder Orten* sein (z.B. erst einmal nach allen Orten fragen, wo es stattgefunden hat, dann die Orte durchzugehen [„Erinnerst Du Dich an einen konkreten Vorfall in deinem Zimmer?", „Gab es mal einen Vorfall, der anders abgelaufen ist als sonst?", nach dem ersten, letzten Mal fragen etc.]).

### 7.1.6 Unterscheidung von Realität und Fantasie und andere Quellenverwechslungsfehler

Fantasie und Rollenspiele stellen einen typischen Bestandteil des kindlichen Spiels dar. Auch Serien und Filme mit Fantasie-Tieren und -Figuren (z.B. Feen, Einhörner, Drachen etc.) sowie der Glaube an kulturell überlieferte Figuren wie den Weihnachtsmann, den Osterhasen oder die Zahnfee gehören (altersabhängig) oftmals zur kindlichen Erlebniswelt (vgl. Kapitány et al., 2020). Insbesondere im Vorschul- bis ins frühe Grundschulalter (3 bis 7 Jahre) spielt die Fantasiewelt eine bedeutende Rolle, wobei es hier individuelle Unterschiede gibt (Woolley et al., 2004). Zwischen 6 und 8 Jahren nimmt der Glaube an Fantasiefiguren deutlich ab (Tullos & Woolley, 2009). Oftmals wird vor diesem Hintergrund (jüngeren) Kindern die Fähigkeit, zwischen Fantasie und Realität zu unterscheiden, abgesprochen bzw. dieser wenig Vertrauen entgegengebracht (Woolley, 1997; Woolley & Ghossainy, 2013). Für die Vernehmungssituation, in der ein möglichst objektives Bild der Realität rekonstruiert werden soll, stellt sich also die Frage, inwiefern (jüngere Kinder) bereits in der Lage sind, die reale von der vorgestellten Welt zu unterscheiden bzw. inwiefern sich daraus Fehlerquellen ergeben können (z.B. aufgrund einer Vermischung beider Ebenen).

Entsprechende Befunde deuten darauf hin, dass Kleinkinder bereits früh – etwa ab dem Alter von 3 Jahren – durchaus zwischen Realität und Fantasie bzw. Vorstellungen unterscheiden können und über die dazu notwendigen Basiskompetenzen verfügen (z.B. Bunce & Harris, 2013; Woolley, 1997; Woolley & Ghossainy, 2013; Woolley & Wellman, 1990). Dennoch zeigten sich in dazu durchgeführten Experimenten auch Diskrepanzen zwischen der expliziten, richtigen Unterscheidung zwischen Realität und Vorstellung von Kindern im Vorschulalter (z.B. bezüglich realer oder vorgestellter Objekte in Schachteln) und den spontanen impliziten Reaktionen der Kinder, die z.T. wiederum eher auf Verwechslungen von Realität und Vorstellung oder zumindest diesbezügliche Unsicherheiten hindeuteten (Bourchier & Davis, 2000a; 2000b; Golomb & Gallasso, 1995; Phelps & Woolley, 1994; vgl. Weisberg, 2013).

Basierend auf der Forschungslage wird davon ausgegangen, dass die Unterscheidungsfähigkeit zwischen Realität und Fantasie bei Kindern gut ausgeprägt ist und Kinder „skeptischer" bezüglich des Realitätsstatus neuartiger Informationen oder Objekte sind als lange angenommen (Woolley & Ghossainy, 2013). Dies kann jedoch durch unterschiedliche Faktoren beeinflusst werden, wie z.B.

- stark ausgeprägte negative Emotionen (z.B. Ängste),
- Präsentation von „Belegen" dafür, dass etwas Vorgestelltes möglich ist (z.B. ein Geist ein Fenster zerbrochen hat, wenn sie eine zerbrochene Scheibe präsentiert bekommen; Lee et al., 2002) oder ein Geschenk der Zahnfee im Austausch mit dem Zahn (Principe & Smith, 2008a) und
- die Ermutigung durch eine erwachsene Vertrauensperson, die ein Kind dazu führen kann, sich so zu verhalten als wäre etwas Vorgestelltes real geworden (zum Ganzen Weisberg, 2013; Woolley & Gossainy, 2013).

Insbesondere bei Ereignissen, die ihre Erwartungen verletzen oder die nicht anderweitig erklärt werden können (Phelps & Woolley, 1994) oder wenn „Belege" für die Existenz vorzufinden sind (Lee et al., 2002; Principe & Smith, 2008a; Subbotsky, 1993) scheinen jüngere Kinder auf „magische Erklärungen" zurückzugreifen. Allerdings wird angenommen, dass dies (bis auf einige wenige Kinder unter 4 Jahren) nicht auf eine prinzipielle Unterscheidungsunfähigkeit zwischen Fantasie und Realität zurückzuführen ist. Vielmehr scheint dies in Abhängigkeit ihres (sich noch entwickelnden) Wissens über mentale und physikalische Zusammenhänge zu geschehen (Woolley, 1997). Es wurde vorgeschlagen, dass über die Entwicklungsspanne sowohl magische als auch rationale Ansichten über die Realität parallel existieren (Subbotsky, 1994) und die Fähigkeit richtige Zuordnungen zum Realitätsstatus zu machen mit einer zunehmenden Fähigkeit ein breiteres Spektrum (externer) Informationsquellen sowie kontextuelle Informationen zu nutzen und weniger auf den eigenen (noch begrenzten) kindlichen Erfahrungs- und Wissensschatz zu vertrauen einhergeht (Woolley & Ghossainy, 2013). Dadurch können auch bei 4- bis 5-Jährigen noch Unsicherheiten bezüglich des Realitätsstatus bestehen (z.B. Sharon & Woolley, 2004). Im

Alter zwischen 4 und 6 Jahren machen Kinder bezüglich der Fähigkeit gezielt Informationsquellen heranzuziehen, deutliche Fortschritte (Woolley & Van Reet, 2006; Tullos & Wooley, 2009). Im Alter von 6 Jahren sind Kinder in der Lage, zwei verschiedene Arten von Informationen – die Passung zwischen neuen Informationen und ihren bestehenden Vorstellungen sowie die Urteile von anderen Beurteiler:innen – zu nutzen und abzuwägen, um zu einer Unterscheidung zwischen Realität und Fantasie zu kommen (Lopez-Mobilia & Woolley, 2016).

Experimente von Weisberg et al. (2013) verweisen darauf, dass bereits 4-jährige Kinder eher realitäts- als fantasienah sind, selbst wenn sie mit fantasierten Inhalten geprimed sind: So führten sie sowohl Geschichtenanfänge mit Fantasie-Inhalten als auch reale Geschichten mit realen Ereignissen weiter, nicht jedoch mit Fantasie-Ereignissen, wohingegen Erwachsene die Geschichten analog ihres Realitätsgehalts weiterführten. Auch in anderen Studien (z.B. Lane et al., 2016) zeigte sich, dass sich das Denken und die Vorstellungen 4- bis 8-Jähriger nah an der Realität bewegt und nicht ins fantasiert-Unmögliche abdriftet.

Auf der anderen Seite fanden Principe und Smith (2008a), dass sich in Bezug auf Berichte über den Verlust des zuletzt ausgefallenen Milchzahnes bei 5- und 6-jährigen Kindern Mischungen aus realen und fantasierten Elementen ergeben können, insbesondere bei denjenigen, die an die Zahnfee glaubten. Auch die Kinder, die eine hohe Anzahl fiktiver Elemente in ihren Berichten aufwiesen, beschrieben die realen Elemente jedoch mit hoher Genauigkeit, woraus Principe und Smith (2008a) folgern, dass das Vorhandensein fantasierter Details nicht automatisch darauf hinweist, dass die gesamte Aussage fehlerhaft oder unzuverlässig ist.

Wichtig in diesem Zusammenhang ist, dass die Befragenden/Vernehmenden durch ungünstige Befragungstechniken den Anteil fantasierter Details in den kindlichen Aussagen erhöhen können, z.B. wenn sie mit der Fantasieebene assoziierte Objekte nutzen, wie (anatomische) Puppen bei der Befragung zum sexuellen Missbrauch (Lamb et al., 2011; Thierry et al., 2005) oder sie das Kind versehentlich in einen „als-ob"-Kontext bringen und das Kind auf die fiktive Ebene wechselt, ohne dass die Befragenden dies direkt bemerken (Principe & Smith, 2008b; s.a. Kap. 7.2.4).

Wenn Kinder motiviert sind (im experimentellen Setting durch eine Belohnung) die Unterscheidung von Fantasie und Realität zu treffen, sind sie signifikant besser darin als in konsequenzenlosen Situationen, was unterstreicht, dass Kinder, auch wenn sie prinzipiell zu dieser Unterscheidung fähig sind, Fantasie einsetzen, wenn es der Kontext erlaubt (Carrick & Ramirez, 2012). So ist es besonders wichtig, dass für die Kinder in einer Vernehmung klar ist, dass es ausschließlich darum geht, zu berichten, was man selbst erlebt oder gesehen hat und keine impliziten oder expliziten Aufforderungen erfolgen, diese „reale Ebene“ zu verlassen (z.B. durch Handpuppen oder Nutzung von Kuscheltieren für die Befragung oder Kontaktanbahnung).

Im Vergleich zu älteren Kindern und Erwachsenen haben insbesondere jüngere Kinder (im Vorschulalter) jedoch größere Schwierigkeiten in der korrekten Quellenzuordnung, d.h. zu unterscheiden, ob sie ein Ereignis, das sie erinnern, tatsächlich selbst erlebt haben, ob es ihnen nur berichtet wurde oder sie es sich nur intensiv vorgestellt haben (Volbert, 2005). Gerade dies hat aber vor dem Hintergrund, dass Kinder vor einer Anzeige oder Vernehmung oftmals bereits mit den Eltern (oder anderen Personen) gesprochen haben, eine hohe Relevanz. Insbesondere in den Vorschuljahren vollziehen sich bezüglich der Fähigkeit der Quellenzuordnung bedeutsame Entwicklungsschritte (z.B. Kovacs & Newcombe, 2006; Sluzenski et al., 2004), die sich bis zum Alter von etwa 9 Jahren weiter verbessern (Roberts, 2002). Besondere Schwierigkeiten der Quellenunterscheidung scheinen Kinder dieser jungen Altersgruppe dann zu haben, wenn es sich um sehr ähnliche Quellen (z.B. ähnliche Ereignisse/Erinnerungen, ähnliche Personen, die etwas berichtet haben etc.) handelt und das Ereignis lange zurückliegt (das Behaltensintervall also größer wird) (vgl. Roberts, 2002). Auch nehmen bei 4- bis 6-jährigen Kindern bereits 12 Wochen nach einem Ereignis befragt Vermischungen mit skriptbezogenen Informationen „wie etwas normalerweise abläuft“ zu (Ornstein et al., 1998), d.h. die Berichte werden weniger ereignisspezifisch. Problematisch ist dabei zusätzlich, dass diese Skript-Informationen nicht nur auf eigenen Erfahrungen des Kindes beruhen, sondern auch auf Fernsehinhalten, Gesprächen oder Büchern (Roberts & Powell, 2001). Auch nehmen mit zunehmender Zeitdauer zwischen Ereignis und Abruf Vermischungen zwischen ähnlichen Vorfällen zu (z.B. Roberts & Powell, 2001; vgl. Pipe et al., 2007).

Während Quellenverwechslungsfehler bei Kindern seltener bei offenen Erzählaufforderungen als bei Antworten auf geschlossene Fragen auftreten (Roberts & Powell, 2001), können weitere Strategien angewendet werden, um Quellenverwechslungsfehler bei Kindern zu reduzieren (vgl. Roberts, 2002):

**Instruktionen vor Beginn der Vernehmung und Vorbereitung auf mögliche Quellenverwechslungsfehler:**

- üben, *„ich weiß nicht“* zu sagen, wenn sie unsicher sind. Dies ist v.a. wichtig, da sich gezeigt hat, dass Kinder im Vorschulalter Unsicherheiten ansonsten nur selten benennen (Nesbitt & Markham, 1999)

- Aufforderung zum Quellenmonitoring: darüber aufklären, dass ihre Erinnerungen verschiedene Quellen haben können und sie immer genau überlegen sollen, ob sie etwas, das sie berichten, wirklich selbst erlebt/gesehen oder z.B. nur gehört oder vorgestellt haben (z.B. Nesbitt & Markham, 1999; Roberts, 2002)

**Im Laufe der Vernehmung: Fragen zum Prüfen der „Quellen" bestimmter vom Kind berichteter Aspekte:**

- Jeweils explizit nach der Quelle ihrer Information fragen, („*Hast Du das wirklich selbst gesehen oder hat dir das jemand erzählt?*") (Pipe et al., 2007; Roberts, 2002)

Dies scheint jedoch altersabhängig erfolgreich zu sein, indem 3- bis 4-Jährige als Gruppe, die eigentlich den größten Unterstützungsbedarf bei der Quellendiskrimination hätte, kaum davon profitieren, sondern erst 5- bis 6-Jährige, am meisten jedoch 8-Jährige (Roberts, 2002).

### 7.1.7 Suggestibilität von Kindern und potenzielle suggestive Einflüsse in der Vernehmung

Ein weiterer wichtiger Aspekt in der Befragung von Kindern ist die Empfänglichkeit für suggestive Einflüsse (d.h. die Suggestibilität). Suggestive Einflüsse entfalten sich immer im Interaktionskontext und sind als Wechselwirkung bzw. Ergebnis zwischen Suggestivität der Situation (z.B. der Befragung) und der Empfänglichkeit (Suggestibilität) aufseiten der Person zu verstehen (Greuel, 2001). Diese komplementäre Beziehung wurde von Stern (1904) als aktive und passive Suggestion bezeichnet.

Suggestibilität in forensischen oder polizeilichen Befragungssituationen wird auch als **interrogative Suggestibilität** bezeichnet und wurde definiert als „extent to which during a closed social interaction people come to accept messages communicated during formal questioning, as a result of which their behavioral response is affected" (Gudjonsson & Clark, 1986, S. 84[58]). Dabei umfasst die interrogative Suggestibilität zwei Aspekte, nämlich zum einen die Tendenz suggestiven Fragen nachzugeben und zum anderen die Tendenz Antworten nach negativem Feedback zu verändern bzw. anzupassen (Gudjonsson & Clark, 1986). Dieser Begriff wurde jedoch als zu stark mit einem möglichen Persönlichkeitsmerkmal des Aussagenden assoziiert kritisiert und stattdessen der stärker auf den suggestiven Gehalt der Befragung bzw. den suggestiven Beeinflussungsprozess im Rahmen einer Kommunikation fokussierenden Begriff der „interrogativen Suggestion" vorgeschlagen (Greuel, 2001).

58 Sinngemäß übersetzt als „Ausmaß, in dem eine Person in einer geschlossenen, sozialen Interaktion während einer formellen Befragung nicht-selbsterlebte, fehlerhafte oder falsche Informationen annimmt, die das nachfolgendeVerhalten beeinflussen" (Kraus et al., 2016, S. 95).

Das bedeutet, dass nicht jeder suggestive Einfluss sich entsprechend im Sinne einer Veränderung der Aussage niederschlagen muss, sondern dies sowohl situativ als auch individuell sehr verschieden sein kann (Bruck et al., 1997; Volbert, 2008b). Beispiele für mögliche Suggestionseffekte sind die in Kapitel 2.4.5 vorgestellten Falschinformationseffekte und Pseudoerinnerungen (vgl. Greuel, 2001; Volbert, 2008b).

In Bezug auf Kinder können, wie u. a. bekannt gewordene Prozesse im Bereich des sexuellen Missbrauchs gezeigt haben, (wiederholte) suggestive Befragungsbedingungen weitreichende Konsequenzen haben (z.B. der Montessori-Prozess oder die Wormser Prozesse in den 90er-Jahren; vgl. Köhnken, 2003; Niehaus et al., 2017).

Suggestive Befragungsbedingungen können auf unterschiedliche Weise entstehen. Neben den in Kapitel 4.2 bereits vorgestellten **suggestiven Fragen** (z.B. Vorhaltfragen, Erwartungsfragen etc.), die generell in Vernehmungen zu vermeiden sind, sind in Bezug auf die Befragung von Kindern weitere bedeutsame Formen suggestiver Verhaltensweisen identifiziert worden, die insbesondere in Kombination ein hohes Beeinflussungspotenzial entfalten können (dazu ausführlich Köhnken, 2003; vgl. auch Bruck et al., 1997; Lamb et al., 2011).

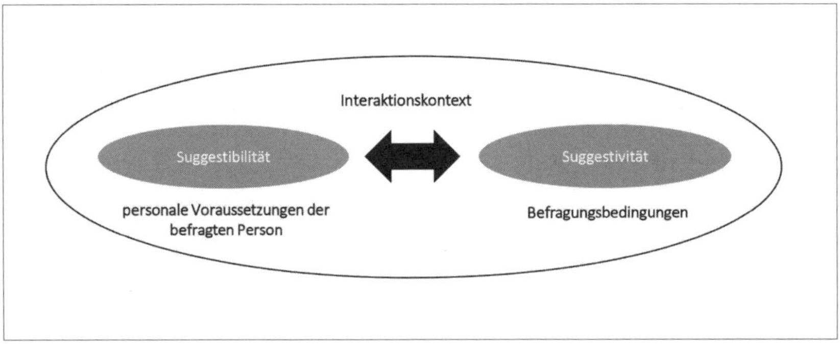


**Abbildung 6:** Wechselwirkung zwischen Suggestibilität und Suggestivität in Befragungssituationen (eigene Darstellung nach Greuel, 2001)

**Hauptformen suggestiver Prozesse in Befragungen von Kindern** (Köhnken, 2003)

- ***Induzierung von Stereotypen:*** Dem Kind wird ein negatives Stereotyp der beschuldigten Person als „bösen Menschen" induziert, z.B. indem mitgeteilt wird, dass sie etwas „Böses" mit Kindern gemacht habe und nun im Gefängnis sei, sodass das Kind keine Angst haben müsse. Dies geschieht zwar mit dem Ziel, vermeintliche Ängste des Kindes zu reduzieren und es so zu überzeugen, unbefangen über seine (angenommenen) Erlebnisse mit ihr zu sprechen, führt aber eher dazu, dass das Kind in der Folge unzutreffende negative Beschreibungen abgibt.
- ***Wiederholung geschlossener Fragen:*** Wird das Kind wiederholt mit der gleichen geschlossenen Frage konfrontiert, ändert es – insbesondere, wenn dies mit einer negativen Rückmeldung verbunden ist (z.B. Warren et al., 1991) seine (ggf. zunächst richtige) Antwort, da es davon ausgeht, dass seine erste Antwort falsch war bzw. die Befragenden etwas anderes hören wollten. Zwar erhöht sich die Zuverlässigkeit und Konsistenz der Antworten auf wiederholte geschlossene Fragen im Alter zwischen 4 und 9 Jahren, jedoch bleiben Wiederholungen von für das Kind nicht beantwortbaren Fragen Quelle einer erhöhten Fehlerquote (z.B. Howie et al., 2012; Krähenbühl et al., 2009).
- ***Nachträgliche Informationen (Falschinformationseffekt):*** Dem Kind werden (bewusst oder unbewusst) Details (z.B. Informationen, die von anderen Zeug:innen berichtet wurden) genannt, die von ihm selbst bis dahin noch gar nicht erwähnt wurden. Diese werden dann vom Kind aufgrund einer inkorrekten Quellenzuordnung (vgl. Johnson et al., 1993) fälschlich als eigene Wahrnehmung oder selbst erlebt in die Aussage integriert. Besonders anfällig sind hierfür jüngere Kinder (z.B. Sutherland & Hayne, 2001).
- ***Konformitätsdruck:*** Besteht die Annahme, dass mehrere Kinder von einem Delikt betroffen sind, kann das Vorhalten der Aussagen anderer Opferzeug:innen als positives Beispiel einen Konformitätsdruck auf das Kind erzeugen, der zu Aussageverfälschungen führen kann, insbesondere, wenn positive oder negative Bewertungen miteinfließen (z.B. *„Die anderen Kinder waren ganz mutig und haben darüber gesprochen. Ich habe den Eindruck, dass Du Dich noch nicht traust"*, Köhnken, 2003, S. 372).
- ***Systematische Konditionierung:*** Eine solche erfolgt, wenn „erwartete" bzw. zu den eigenen Vorannahmen passende Antworten des Kindes positiv verstärkt (z.B. durch Lob *„das hast Du gut gemacht"*, *„das war gut, dass Du das gesagt hast"* oder subtiler durch Bestätigungslaute, Kopfnicken, Lächeln etc.) und Angaben, die nicht zu den Erwartungen und Hypothesen der Befragenden passen, ignoriert werden oder gar negative Reaktionen nach sich ziehen. Dies kann das Antwortverhalten des Kindes dahingehend beeinflussen, dass es vor allem „belohnte" Inhalte (unabhängig davon, ob sie tatsächlich erlebt wurden) produziert und die negativ Belegten ausspart bzw. die „gewünschten" Angaben macht, um der Befragungssituation zu entgehen, da positive Konsequenzen angekündigt wurden (*„wenn Du mir sagst, was passiert ist, sind wir hier bald fertig"*).

- ***Aufforderung zur Konfabulation:*** Das Kind wird durch Konjunktivfragen dazu aufgefordert, sich vorzustellen, was passiert sein könnte, um vermeintlich die Erinnerungstätigkeit anzuregen und mehr Informationen zu erhalten (z.B. *„was könnte er denn mit Dir gemacht haben?" „Wo könnte er denn angefasst haben"?*) oder sich gezielt ein fiktives Ereignis vorzustellen. Dies kann – insbesondere in Kombination mit anderen suggestiven Befragungselementen – beim Kind dazu führen, dass es tatsächlich glaubt, das Vorgestellte erlebt zu haben (Pseudoerinnerung). Ein weiterer negativer Effekt ist, dass die Kinder denken, dass nicht nur tatsächlich Erlebtes, sondern auch Vorgestelltes berichtet werden soll (Lamb et al., 2011).

**Hauptursache für suggestive Einflussnahmen** und die (unbewusste) Nutzung solch suggestiver „Techniken" ist die **Voreinstellung der Befragenden**, d.h. die Annahme darüber, dass etwas Bestimmtes passiert ist und eine einseitige „Prüfung" nur dieser einen Hypothese (Bruck et al., 1997; Volbert, 1997; s.a. Kap. 2.4.5.2).

**Beispiel**

**Suggestive „Rückmeldung" gegenüber einer 11-jährigen Opferzeugin durch die Vernehmungsbeamtin**

*„Sicher? Also irgendwie kann ich immer noch nicht so richtig verstehen, dass er das so aus heiterem Himmel gemacht haben soll. Das muss doch irgendeinen Grund gehabt haben. Oder aber es stimmt tatsächlich nicht oder aber... Keine Ahnung! Du erzählst mir nur die Hälfte."*

Als weitere **begünstigende Bedingungen des Wirksamwerdens suggestiver Befragungseinflüsse** gelten dabei (vgl. Bruck et al., 1997; Greuel, 2001):

- eine asymmetrische Interaktionssituation (z.B. ein Kind gegenüber Polizeibeamt:innen)
- daraus resultierende Unsicherheiten
- der Interviewer-Status und die ihm zugeschriebene Glaubwürdigkeit/Vertrauenswürdigkeit (Bruck et al., 1997)
- subjektiv erlebter Erwartungsdruck (z.B. Antworten zu liefern bzw. alle Fragen zu beantworten)
- wiederholte (suggestive) Befragungen

Auch ist die Suggestibilität von der **Stärke der Erinnerungsspur** abhängig und insbesondere, wenn die Erinnerungsspur schwach und die Erinnerung an ein Ereignis oder bestimmte Elemente desselben gering ist, erhöht. Das bedeutet, dass bei schwacher Erinnerung auch schon eine suggestive Befragung ausreichen kann, um Erinnerungsverfälschungen zu erzeugen und die Zuverlässigkeit der Angaben des Kindes zu reduzieren (Hritz et al., 2015). Auch fanden Connolly und Lindsay (2001), dass die **Resistenz gegenüber suggestiven Einflüssen** 4- bis 6-jähriger Kinder **bei mehrfach erlebten Ereignissen höher** ist als bei einmalig erlebten, und zwar bezüglich der Details des Ereignisses, die jeweils über die Vorfälle hinweg gleich waren. Bei den variablen, vorfallsspezifischen Details, d.h. die, die über die Vorfälle hinweg variieren, waren sie dagegen sogar anfälliger für suggestive Einflüsse als Kinder, die ein Ereignis nur einmalig erlebt hatten.

In Bezug auf die für Vernehmungen und andere forensisch relevante Befragungen von Kindern wichtige Frage nach einer möglicherweise besonders ausgeprägten Suggestibilität von Kindern weisen experimentelle Befunde zwar auf Alterseffekte hin, indem insbesondere jüngere Kinder (im Vorschulalter) im Vergleich zu älteren Kindern und Erwachsenen empfänglicher für suggestive Einflussnahmen sind und dies mit zunehmendem Alter geringer wird (z.B. Bruck & Ceci, 1999; Bruck et al., 1997; Ceci & Friedman, 2000; Ceci et al., 2007; Chae et al., 2011; Hritz et al., 2015; Otgaar, Candel, Smeets et al., 2010). Auch war die Rate von Pseudoerinnerungen in entsprechenden Experimenten bei jüngeren (7- bis 8-jährigen) im Vergleich zu älteren (11- bis 12-jährigen) Kindern höher (z.B. Otgaar et al., 2009; Otgaar, Candel, Scoboria et al., 2010). Auf der anderen Seite bestehen aber auch innerhalb einer Altersgruppe bedeutsame interindividuelle Unterschiede, sodass zwar einige Kinder leicht suggerierte Informationen in ihre Angaben übernehmen, andere der gleichen Altersgruppe jedoch in der Lage sind auch deutlichen suggestiven Einflüssen in der Befragung zu widerstehen (Bruck et al., 1997; Klemfuss et al., 2020).

Auch gibt es Hinweise darauf, dass sich der Alterseffekt umkehren kann, also jüngere Kinder unter bestimmten Bedingungen weniger suggestibel sind als ältere oder sogar Erwachsene. Dies betrifft insbesondere Situationen, in denen ältere Kinder bereits über mehr Wissen verfügen und Bedeutungszusammenhänge herstellen, mit denen suggestive Elemente in der Befragung interagieren und Assoziationen fördern können und dann zu falschen Erinnerungen führen. Bei jüngeren Kindern ohne entsprechende Wissensbasis lösen die suggestiven Elemente wiederum keine Assoziationen aus, sodass sie weniger anfällig sind, diese Informationen fälschlich in ihre Erinnerungen zu integrieren bzw. falsche Erinnerungen dazu zu entwickeln (Hritz et al., 2015). In Situationen, in denen Skripte, Stereotype oder andere Schemata aktiviert werden, kann das fehlende Wissen bei jungen Kindern sozusagen als Schutz vor externen Suggestionen fungieren (Otgaar et al., 2018) – sie gehen quasi unbefangener an die Sache heran.

So ist im Einzelfall letztlich weniger das altersgruppenbezogene Risiko, sondern vielmehr die Wahrscheinlichkeit eines spezifischen Kindes bzw. von Kindern mit bestimmten Charakteristiken unter den vorhandenen Befragungsbedingungen anfällig für suggestive Einflüsse zu sein, relevant (Klemfuss et al., 2020).

Zwei bezüglich der analysierten Studien zeitlich aufeinander aufbauende Reviews zur Frage nach individuellen Unterschieden in der Suggestibilität von Kindern (Bruck & Melynk, 2004, $N = 69$ Studien und Klemfuss & Olaguez, 2020, $N = 55$ Studien ab 2004) kamen nach Analyse der entsprechenden Studien zu folgenden Erkenntnissen:

- Demografische Faktoren, wie der sozioökonomische Status des Kindes oder das Geschlecht haben keine bedeutsamen Einflüsse auf die Suggestibilität (Bruck & Melynk, 2004; Klemfuss & Olaguez, 2020)
- **Intellektuelle Beeinträchtigung** hat sich als **wichtigster Prädiktor einer erhöhten Suggestibilität** herausgestellt. Dabei haben Intelligenzunterschiede im Rahmen sich normal entwickelnder Kinder keinen bedeutsamen Einfluss auf die Suggestibilität (Bruck & Melynk, 2004; Klemfuss & Olaguez, 2020). Kinder mit Intelligenzminderungen sind anfälliger für suggestive Einflüsse im Vergleich zu normalentwickelten Kindern desselben *chronologischen* Alters, nicht aber im Vergleich zu normalentwickelten Kindern desselben *mentalen* Alters (Klemfuss & Olaguez, 2020). Beim Matching von Kindern mit Downsyndrom mit Kindern desselben mentalen Alters zeigen sich z.B. keine Unterschiede bezüglich der Anzahl produzierter Informationen, der Zuverlässigkeit der Angaben und der Suggestibilität, sodass die Zeugenkompetenzen als vergleichbar betrachtet werden können (Collins & Henry, 2016). **Wichtig ist also immer die Orientierung am mentalen Alter**[59] **des Kindes.**
- Sprachliche Fähigkeiten scheinen negativ mit Suggestibilität in Zusammenhang zu stehen, d.h. im Sinne höherer sprachlicher Kompetenzen als Schutzfaktor gegenüber (verbalen) suggestiven Einflüssen (erhöhte Resistenz gegenüber suggestiven Fragen) (Bruck & Melynk, 2004; Klemfuss & Olaguez, 2020), wobei sich dies vor allem auf das Sprachverständnis und weniger die produktive Sprachkompetenz (d.h. das Sprechen,

59 Das mentale Alter bezieht sich nicht auf das chronologische Alter in Jahren, sondern die kognitive Entwicklung bzw. Leistungsfähigkeit: d.h. In welcher Altersgruppe würde das kognitive Leistungsvermögen der Person (z.B. der in einem normierten Intelligenztest erzielte Rohwert) der Norm entsprechen? (Russo et al., 2021). Wenn also ein 12-jähriges Kind mit intellektuellen Beeinträchtigungen ein mentales Alter eines 9-Jährigen aufweist, bedeutet das, dass seine Leistungen in einem Intelligenztest den Normwerten eines 9-jährigen Kindes entsprechen.

verbale Ausdrucksfähigkeit) bezieht (Klemfuss & Olaguez, 2020). Sprachkompetenzen sollten deshalb bei der Einschätzung der individuellen Suggestibilität noch mal unabhängig von kognitiven Aspekten wie der Intelligenz berücksichtigt werden (Hritz et al., 2015).

- Selbstkonzept und Selbstwirksamkeit sowie ein sicheres mütterliches Bindungsverhalten und eine positive Eltern-Kind-Beziehung erwiesen sich als bedeutsame psychosoziale Faktoren, die negativ mit Suggestibilität assoziiert sind (Bruck & Melynk, 2004[60]).
- Kreativität und hohe Imaginationsfähigkeit wiederum sind den Befunden zufolge bei 4- bis 8-jährigen Kindern positiv mit Suggestibilität assoziiert (Anfälligkeit für suggestive Fragen, Falschinformationseffekte und Pseudoerinnerungen) (Bruck & Melynk, 2004[61]).
- Trauma-Symptome[62] und dissoziative Symptome scheinen – auf Basis der wenigen Studien dazu – mit einer erhöhten Suggestibilität zusammenzuhängen (Klemfuss & Olaguez, 2020).
- Nicht mit Suggestibilität in Zusammenhang zu stehen scheinen Faktoren wie allgemeine Gedächtnisleistung, das Temperament des Kindes (Bruck & Melynk, 2004; Klemfuss & Olaguez, 2020) sowie die soziale Kompetenz (Klemfuss & Olaguez, 2020).

Neben potenziellen Faktoren, die die individuelle Vulnerabilität im Sinne einer Empfänglichkeit für suggestive Einflüsse erhöhen, ist es wichtig zu beachten, dass diese nicht wirksam werden müssen, wenn Vernehmende den Kontext adäquat gestalten. Denn Suggestibilität ist weniger als (stabile/unveränderliche) Eigenschaft der Person, sondern vielmehr situations- und kontextspezifisch zu verstehen (vgl. Greuel, 2001). Auch junge Kinder im Vorschulalter und Kinder mit Intelligenzminderungen können zuverlässige, unverfälschte Angaben machen, wenn die Befragungsbedingungen nicht suggestiv, sondern unterstützend gestaltet sind (vgl. z.B. Saywitz et al., 2019). Während Belastungsfaktoren und resultierender Stress in Befragungssituationen die Suggestibilität erhöht, kann sie durch Schaffung einer für das Kind angenehmen Gesprächsatmosphäre reduziert werden (Reutemann, 2015). **Weniger als kindliche Angaben als fehleranfällig oder leicht verfälschbar und damit unzuverlässiger als die von Erwachsenen zu betrachten, muss der Blick vielmehr auf die optimale und altersgerechte Gestaltung der Befragungsbedingungen gerichtet werden.**

---

60 Konnte bei Klemfuss & Olaguez (2020) in Ermangelung neuerer Studien auf diesem Gebiet nicht untersucht werden.

61 Konnte bei Klemfuss & Olaguez (2020) in Ermangelung neuerer Studien auf diesem Gebiet nicht untersucht werden.

62 D.h. Symptome einer PTBS, vgl. Kap. 6.2.

**Das Wichtigste in Kürze**

**Implikationen für die Vernehmung**

**Instruktionen zu Beginn der Vernehmung zur Erhöhung der Suggestionsresistenz des Kindes** (Greuel, 2001, S. 280; Greuel, 2008):

- Betonung des Expert:innenstatus des Kindes: Die Betonung, dass nur das Kind selbst weiß, was in der Situation passiert ist und die Vernehmungsbeamt:innen nicht dabei waren und keine Kenntnis der Situation haben
- Erlaubnis von *„Ich weiß nicht"*-Antworten: Der Hinweis, dass das Kind vielleicht nicht alle Fragen beantworten kann, dies dann aber unbedingt mit *„ich weiß nicht"* beantworten kann und ausdrücklich auch soll
- Erlaubnis der Korrektur der Vernehmenden: Hinweis, dass Erwachsene sich irren oder das Kind missverstehen können und das Kind das dann korrigieren darf und auch soll
- Hinweis, dass Fragewiederholungen nicht bedeuten, dass das Kind vorher etwas Falsches gesagt hat (sondern z.B., dass sich die vernehmende Person etwas nicht gemerkt hat)
- Erlaubnis von Nachfragen: Hinweis, dass es vorkommen kann, dass das Kind eine Frage nicht verstanden hat und es dann unbedingt nachfragen soll anstatt zu raten

**Hinweise für die Befragung des Kindes** (vgl. Niehaus et al., 2017):

- Negative Äußerungen über die beschuldigte Person sollten vermieden werden
  - Stattdessen: darauf achten neutrale Formulierungen zu verwenden
- Wiederholungen von geschlossenen Fragen vermeiden
  - Stattdessen: Wenn etwas nochmals nachgefragt werden muss, sollte dies begründet und offen nachgefragt werden (*„Ich habe das eben noch nicht genau verstanden, kannst Du mir das noch mal erklären?"*)
- Keinesfalls dem Kind andere Kinder, die gegen eine tatverdächtige Person ausgesagt haben, als positives Beispiel vorhalten
- Genau darauf achten, keinesfalls Details einzubringen, die vom Kind nicht selbst erwähnt wurden
  - Stattdessen: nur Aspekte aufgreifen, die das Kind selbst erwähnt hat und ggf. durch offene Erzählaufforderungen zu weiteren Ausführungen animieren
- Auf gleichbleibendes verbales und nonverbales Verhalten achten, d.h. auf alle Inhalte – sowohl die zur eigenen Hypothese passenden, als auch die widersprechenden – gleichbleibend freundlich und interessiert reagieren, Bestätigungslaute (im Sinne des aktiven Zuhörens) nur gleichbleibend und nicht inhaltsabhängig

- Das Kind nicht auffordern, sich vorzustellen, was passiert sein könnte oder wie es abgelaufen sein könnte
  - Stattdessen: dazu auffordern nur das zu berichten, an was es sich tatsächlich erinnert und ggf. nachfragen, ob es etwas selbst erlebt/gesehen oder sich nur vorgestellt oder von jemandem gehört hat
- Bei jüngeren Kindern und Kindern mit intellektuellen Defiziten aufgrund einer erhöhten Anfälligkeit für suggestive Einflussnahmen besonders diese Hinweise beachten und immer das mentale Alter berücksichtigen (nicht nur das chronologische)

## 7.2 Aspekte der Vernehmungsgestaltung bei Kindern

### 7.2.1 Strukturierte Vernehmungsleitfäden

Um den entwicklungspsychologischen Besonderheiten bei Kindern besonders Rechnung zu tragen und sicherzustellen, dass die Empfehlungen zur geeigneten Befragung von Kindern umgesetzt und eingehalten werden, wurde am National Institute of Child Health and Human Development (NICHD) ein halbstrukturierter Interviewleitfaden („NICHD Investigative Interview Protocol") entwickelt (Orbach et al., 2000)[63] und revidiert (Hershkowitz et al., 2014; Noeker & Franke, 2018). Dieser führt die Befragenden durch alle Phasen der Befragung des Kindes, liefert wortwörtliche Instruktionen und Frageformulierungen und alternative Vorgehensweisen, je nach Reaktion des Kindes (vgl. Lamb et al., 2007).

Grob gliedert sich der Ablauf wie folgt (vgl. Lamb et al., 2007; Noeker & Franke, 2018):

1. Persönliche Vorstellung
2. Aufbau von Rapport (Gespräch über Interessen des Kindes)
3. Erklärung und Anwendung von Gesprächsregeln
4. Weiterführender Aufbau von Rapport und Training der gemeinsamen Rekonstruktion eines Geschehensablaufs aus dem episodischen Gedächtnis (anhand eines fallneutralen Ereignisses)

63 Eine deutsche Version ist abrufbar unter http://nichdprotocol.com/german.pdf [03.05.2022] und findet sich inklusive aller Anlagen zudem bei Noeker und Franke (2018).

5. Überleitung: Identifikation des in Frage stehenden Ereignisses über nicht-suggestive Hinweise und möglichst offene Fragen
6. Exploration zum mutmaßlichen Vorfall (Freier Bericht, Aufgreifen von Aspekten, die das Kind bereits gesagt hat, und Aufforderung, diese weiter auszuführen, erst am Ende, wenn offene Fragen ausschöpfend eingesetzt wurden, geschlossene Fragen zu spezifischen Aspekten)
7. Informationen über die Aufdeckung bzw. vorherige Aussagen des Kindes (mit wem hat das Kind wann gesprochen)
8. Abschluss (neutrales Thema)

Evaluationen dieser standardisierten Befragungsmethode mit dem NICHD-Protokoll (auch im Rahmen polizeilicher Befragungen von Kindern; z.B. Sternberg et al., 2001) weisen darauf hin, dass diese geeignet ist, die Befragung von Kindern zu verbessern, indem mehr offene Fragen und weniger suggestive und Wahlfragen gestellt werden und die Kinder wiederum mehr zentrale Details berichten (Benia et al., 2015; Lamb et al., 2007). Die korrekte und zu diesen positiven Effekten führende Anwendung erfordert jedoch intensives Training, das nicht nur einmalig, sondern fortlaufend stattfindet und Feedback zum Befragungsverhalten enthält (vgl. Lamb et al., 2007). Vor dem Hintergrund, dass sich die positiven Evaluationsbefunde auf die Durchführung des vollständigen Original Leitfadens beziehen, kann nicht empfohlen werden, diesen abzuwandeln oder nur bestimmte Teile zu kombinieren, da dies ggf. sogar negative Effekte haben könnte (Niehaus et al., 2017).

### 7.2.2 Übungsphase zu einem nicht-tatrelevanten Ereignis

Sehr zu empfehlen ist es bei der Vernehmung von Kindern (wie auch anderen forensisch relevanten Befragungssituationen von Kindern und auch im NICHD-Protokoll vorgesehen), vor der eigentlichen Befragung zur Sache eine **Übungsphase zu einem nicht tatrelevanten Ereignis** einzubauen (vgl. Hermanutz et al., 2015; Niehaus et al., 2017). Dies kann verschiedene positive Effekte haben: Zum einen kann es auf zwischenmenschlicher Ebene die mögliche Aufregung und Ängste des Kindes vor der Vernehmungssituation reduzieren und zur Rapportbildung beitragen. Zum anderen kann das Kind anhand einer solchen Narrationsübung den Abruf von Erinnerungen an selbst erlebte Ereignisse üben (Niehaus et al., 2017) und wird auf die Art der Befragung und das gewünschte Antwortformat vorbereitet (offene Erzählaufforderungen, möglichst umfangreicher freier Bericht) (Lamb et al., 2007). Darüber hinaus bietet es den Vernehmenden die Möglichkeit, sich einen Eindruck vom allgemeinen Aussageverhalten und den sprachlichen Kompetenzen des Kindes zu machen (vgl. Hermanutz et al., 2015; Niehaus et al., 2017). Bezüglich des konkreten Vorgehens sollte zunächst gemeinsam mit dem Kind ein Ereignis ausgewählt werden, über das das Kind erzählen soll – bestenfalls etwa aus dem Zeitraum des zu ermittelnden Vorfalls, aber keinesfalls damit im Zusammenhang stehend (Lamb et al., 2007; Niehaus et al., 2017). Dann sollte analog zur späteren Befragung zum mutmaßlichen Vorfall zunächst die Aufforderung zum freien Bericht und daran anschließend weitere offene Erzählaufforderungen erfolgen, um das Kind darauf einzustimmen, dass alle Details von Interesse sind und eine möglichst genaue und umfangreiche Aussage erwartet wird (vgl. Hermanutz et al., 2015). Auch können sich die Vernehmenden so gleich einen Eindruck verschaffen, wie gut sich das Kind an Ereignisse aus dem fraglichen Zeitraum erinnern und wie detailreich es darüber berichten kann und ob das Geschilderte verständlich ist, ohne dabei gewesen zu sein. Im Anschluss können die Schilderungen des Kindes mit den Eltern abgeglichen werden, z.B. ob das Ereignis (ihrer Kenntnis nach) tatsächlich stattgefunden hat und ob die zeitliche Einordnung des Kindes in etwa zutreffend war. Wichtig zu beachten ist, dass derartige Übungsphasen zeitlich auf etwa 5 Minuten begrenzt und nicht zu sehr ausgedehnt werden sollten – dauern diese zu lange (z.B. 10 bis 15 Minuten) kann dies die positiven Effekte eher reduzieren, da die Kinder dann ggf. schneller ermüden (Saywitz et al., 2017).

### 7.2.3 Überleitung zum Sachverhalt

Wenn das Kind nicht spontan von selbst erwähnt, warum es da ist, ist es eine wichtige Frage, wie dies entsprechend eingeführt bzw. zum in Frage stehenden Sachverhalt übergeleitet werden kann, **ohne dabei inhaltliche Vorgaben zu machen oder wiederzugeben, was Erwachsene im Vorfeld berichtet haben** (vgl. Saywitz et al., 2017). **Keinesfalls dürfen suggestive Fragen oder Vorhalte gemacht werden, dass eine bestimmte Person etwas Bestimmtes gemacht hat** (Nicht: „Ich habe von deinem Lehrer gehört, dass deine Mama dich geschlagen hat. Kannst du mir davon erzählen"). Vielmehr geht es darum, Kindern, die tatsächlich etwas (strafrechtlich Relevantes) erlebt oder beobachtet haben, durch offene Erzählaufforderungen zu ermöglichen, unbeeinflusst und spontan darüber zu berichten, Kinder, die nichts erlebt oder beobachtet haben, aber nicht auf Basis von Vorinformationen oder Voronnahmen dazu zu führen, dennoch etwas zu berichten oder Vorhalte zu bestätigen.

Ein geeigneter erster Anknüpfungspunkt, der auch im NICHD-Protokoll vorgeschlagen wird, ist auf den Grund des Erscheinens bei der Polizei einzugehen (z.B. „Weißt Du denn, warum Du heute hier bist?" und wenn das

Kind dies bejaht, nachzufragen, „warum denn?“ oder „dann berichte mir doch bitte mal, warum“).

Im NICHD-Protokoll wird die Überleitung wie folgt formuliert: *„Nun, da wir uns ein wenig besser kennen, möchte ich darüber sprechen, warum du heute hier bist“* (Noeker & Franke, 2018, S. 1597). Wenn das Kind daraufhin eine Anschuldigung erhebt bzw. etwas benennt, was passiert sein soll (z.B. „weil Papa Mama gehauen hat“ oder „weil Paul mich angefasst hat, wo ich das gar nicht wollte“) kann daraufhin mit der Aufforderung zum freien Bericht bzw. dies weiter auszuführen fortgeführt werden („dann erzähle mir doch bitte so genau wie möglich, was passiert ist“). In vielen Fällen werden die Kinder den Grund ihres Erscheinens bei der Polizei kennen und eine solch offene Überleitung nutzen können, um daraufhin Angaben zu machen: So zeigte eine entsprechende Analyse von Sternberg et al. (2001), dass mehr als zwei Drittel der durch Polizeibeamt:innen mit dem NICHD-Protokoll befragten Kinder auf die ersten Aufforderungen (darüber zu berichten, warum sie heute hier sind) auf den Tatvorwurf zu sprechen kamen.

Wichtig ist, dass wenn ein Kind – oftmals zunächst nur knapp – benennt, worum es geht, nicht gleich mit diversen geschlossenen Fragen angeschlossen wird, um erst einmal z.B. zu klären, um wen es geht oder wo genau jemand angefasst hat, da dadurch automatisch ein Frage-Antwort-Format entsteht, das die vorherige Rapportbildung und (ggf. vorher eingeübte) Aktivierung eines ausführlichen Berichtsstils untergräbt und in vielen nur kurzen Antworten resultiert. Vielmehr sollte es an dieser Stelle erst einmal darum gehen, durch offene Erzählaufforderungen so viel freien Bericht wie möglich anzuregen, indem diese ersten (knappen) Informationen des Kindes aufgegriffen werden und um weitere Ausführung gebeten wird. Eventuell werden die benötigten Informationen dadurch von selbst präsentiert (und falls nicht, können klärende Fragen immer noch an späterer Stelle gestellt werden; Lyon, 2010).

Bei Kindern, die den Grund der polizeilichen Vernehmung nicht kennen oder zumindest nichts dazu sagen, sollte – weiterhin ohne einen konkreten Tatvorwurf oder eine beschuldigte Person zu benennen – versucht werden an etwas anzuknüpfen, wodurch der Tatvorwurf entstanden ist, wie z.B. vorherige Gespräche des Kindes, und offen danach zu fragen (z.B. „Ich habe gehört, dass Du letzte Woche mit deinem Lehrer gesprochen hast. Erzähl mir, worüber ihr gesprochen habt“ oder „Ich [habe gesehen, gehört], du hast/hattest [Verletzungen, blaue Flecken, die dokumentiert wurden] an [Körperteil]. Erzähle mir über diese“) (NICHD-Protokoll: Noeker & Franke, 2018, S. 1597–1598; vgl. auch Saywitz et al., 2017). Für den Fall, dass das Kind daraufhin immer noch nichts berichtet, werden im NICHD-Protokoll zunächst Aussagen wie „Du hast mir viel über dich erzählt. Ich habe das Gefühl, ich kenne dich nun besser und du kannst mir mehr [über Dinge, seien es gute oder schlechte Dinge] erzählen, die dir widerfahren sind" (Noeker & Franke, 2018, S. 1598) vorgeschlagen. Zunehmend direktere Fragen (z.B. „Hat dich jemand belästigt?"; Noeker & Franke, 2018, S. 1598) sind automatisch riskanter, infolgedessen immer weniger geeignet (vgl. Lyon, 2010) und sollten vermieden werden. Eine bessere Möglichkeit als direkte Fragen könnte sein, sich der Thematik indirekt zu nähern, indem z.B. aufgefordert wird, über Personen aus der Familie oder Personen, mit denen das Kind Zeit verbringt, allgemein zu erzählen und dann zu *jeder* Person (nicht nur zur tatverdächtigen) zu fragen, was das Kind an der Person jeweils mag und was es weniger mag (vgl. Saywitz et al., 2017).

**Beispiel**

**Ungünstige Fragen im Anschluss an den vom Kind eingebrachten Sachverhalt**

**V = Vernehmungsbeamtin, Z = Zeugin**

**V**: Okay. Okay, Paula, ähm, dann würde ich jetzt sagen, äh, würde ich erst mal fragen, weißt du denn, ähm, wie das kommt, dass du heute hier zur Polizei gekommen bist?

**Z**: Ja.

**V**: Weißt du das?

**Z**: Weil Basti hat was Böses gemacht.

**V**: Wie heißt er?

**Z**: Basti.

**V**: Basti. Okay. Kannst du mir denn erzählen, wer Basti ist?

**Z**: Eigentlich war er mein Cousi, nein, Cousin, nein, Mira ist meine Cousine.

**V**: Also Mira ist deine Cousine und Basti?

**Z**: Basti ist (überlegt kurz) das weiß ich nicht.

**V**: Okay.

In diesem Auszug aus dem Transkript einer kriminalpolizeilichen Vernehmung einer 6-Jährigen stand für die Vernehmungsbeamtin im Vordergrund (mit geschlossenen Fragen) zu klären, wer der Beschuldigte ist. Zu empfehlen wäre es hier aber gewesen, die Zeugin, die zunächst nur angibt, dass Basti „was Böses gemacht hat" zu bitten, dies genauer auszuführen (z.B. „Erzähl mir doch bitte mal so genau wie möglich, was genau mit Basti passiert ist/was Basti genau gemacht hat"). Die Frage, wer genau Basti ist, hätte gut aufgeschoben werden können (zumal die Zeugin sogar bereits einen Namen genannt hat) und hat hier dazu geführt, dass das Gespräch inhaltlich erst einmal von dem eigentlichen Tatvorwurf weg geführt und immer nur knapp auf die geschlossenen Fragen geantwortet wurde.

### 7.2.4 Puppen und Spielzeuge

Fantasie-, Rollen- und „Als-ob-Spiele" (auch Symbolspiele genannt[64]) sind typischer und altersangemessener Teil des Spielverhaltens. Kinder begeben sich gern auf die Fantasieebene, wenn es nicht explizit anders festgelegt wurde (Niehaus et al., 2017). In einer Vernehmungssituation birgt dies die Gefahr, dass Kinder die Ebenen mischen oder auf die fiktive Ebene wechseln, wenn sie entsprechende Hinweisreize bekommen (z.B. die Aufforderung, sich in eine „als-ob"-Situation zu begeben oder eine in eine Spielsituation integrierte Befragung) (Niehaus et al., 2017; Steller & Volbert, 1997), „daher sind in Befragungsräumen auch Puppen und Spielmaterialien fehl am Platze" (Niehaus et al., 2017, S. 41) sowie „Gespräche über Filme, Videospiele u.Ä. zu vermeiden" (Niehaus et al., S. 41) – diese sollten auch nicht als Einstieg bzw. zur Rapportbildung genutzt werden. Vielmehr sollten „reale" Themen und Ereignisse gewählt werden (Niehaus et al., 2017). Auch Lohaus und Vierhaus (2015) warnen bezüglich des Einsatzes von Puppen und Rollenspielen als Datenerhebungsmethode vor der Vermischung von realen und fiktiven Elementen und dass letztere in erhöhtem Ausmaß anzutreffen sind, wenn spielerische Methoden genutzt werden. Dies bestätigen die Befunde von Thierry et al. (2005), nach denen der Einsatz von – allerdings anatomischen – Puppen insbesondere bei jüngeren Kindern zu zweideutigen Darstellungen und Widersprüchen führte. Auch stieg die Anzahl fantasierter Details an. Wiederum führte der Einsatz der Puppen zu keiner erhöhten Anzahl oder Qualität verbaler Informationen.

Milne und Bull (2003a) hingegen sind der Ansicht, dass Puppen im Einzelfall eingesetzt werden können, um Kindern zu helfen, Körperteile zu zeigen (z.B., wenn das Zeigen von Körperteilen am eigenen Körper des Kindes unangemessen erscheint). Wichtig ist jedoch, es nicht beim Demonstrieren zu belassen, sondern das Kind immer auch zu einer Verbalisierung des Ge-

---

64 Beim „Als-ob-Spiel" oder Symbolspiel handelt es sich um eine Spielform, bei der „Kinder neue symbolische Beziehungen erfinden und handeln, als ob sie sich in einer anderen als der tatsächlichen Situation befänden" (Siegler et al., 2016, S. 642), d.h. z.B. indem sie spielen, sie seien eine Prinzessin, Mutter oder Vater oder ein Feuerwehrmann. Diese Spielform beginnt etwa im Alter von 19–23 Monaten als kooperatives „Als-ob-Spiel" und nimmt danach in der Auftretenshäufigkeit und Komplexität zu (komplexes „Als-ob-Spiel" etwa ab 30–35 Monaten) (Howes & Matheson, 1992).

zeigten aufzufordern, da es sonst allein von der Interpretation der Vernehmenden abhängt, das Gezeigte einzuordnen (Milne & Bull, 2003a). Salmon et al. (2012) konnten allerdings zeigen, dass der Einsatz von sowohl Puppen als auch grafischen Darstellungen eines menschlichen Körpers zur Konkretisierung der vom Kind berichteten Berührungen im Vergleich zu einer Befragung anhand des NICHD-Protokolls (vgl.Kap. 7.2.1) keinen Informationszuwachs lieferte (hier allerdings auch nicht zu mehr falschen Informationen führte).

Ferner zu beachten ist:

- Das Kind sollte auf keinen Fall aufgefordert werden, an oder mit Puppen zu zeigen/nachzuspielen, was die beschuldigte Person mit ihm gemacht hat. Dies regt zur Fantasie an und ist für das Kind zu nah am kindlichen Rollenspiel mit Puppen, sodass die Gefahr besteht, dass das Kind von der realen in die fiktive Ebene wechselt und das Gespielte fehlinterpretiert wird. Auch können dadurch zweideutige „Nachstellungen" entstehen, die hypothesenbestätigend interpretiert werden.
- Wenn, dann sollten Puppen erst im Anschluss an den freien Bericht und die Phase der Befragung zum Einsatz kommen, damit der Inhalt der Aussage bereits bekannt ist (Milne & Bull, 2003a).[65] Dies birgt jedoch bei kleineren Kindern die Gefahr, dass dadurch widersprüchliche Angaben zum zuvor Verbalisierten entstehen und die Glaubwürdigkeit des Kindes dadurch infrage gestellt wird, sodass auch dies problematisch ist (Thierry et al., 2005).
- (Anatomische) Puppen dürfen auf keinen Fall für „diagnostische Zwecke" eingesetzt werden, indem ein anderer Umgang bzw. ein anderes Spielverhalten von missbrauchten im Vergleich zu nicht missbrauchten Kindern mit ihnen unterstellt wird (Milne & Bull, 2003a).

Auch ein kindgerecht gestaltetes Befragungszimmer, in dem sich viele Spielsachen befinden, ist eher kontraproduktiv, da es beim Kind zu Unklarheit bezüglich der konkreten Situationsanforderung führen kann (fiktive Ebene oder Realität; Gesprächs- oder Spielsituation) und zudem die Gefahr der Ablenkung birgt, zumal es ggf. um belastende Themeninhalte geht, denen das Kind durch die Spielanregungen „entfliehen" kann (vgl. Steller & Volbert, 1997).

**In der Summe sollte auf den Einsatz von Puppen oder Spielzeug aufgrund der genannten Gefahren und dem letztlich geringen Nutzen komplett verzichtet werden** (vgl. Niehaus et al., 2017). Zu empfehlen ist vielmehr, verbale

65 Milne und Bull (2003a) geben mit diesem Aspekt eine Empfehlung des 1992 in Großbritannien eingeführten *Memorandum of good practice* für die Durchführung von Vernehmungen mit Kindern wieder.

Abrufhilfen zu nutzen und diese ggf. zu variieren bzw. einen zweiten Anlauf (ggf. unter Bezugnahme auf vom Kind zuvor Erwähntes) zu unternehmen (vgl. Salmon et al., 2012). Wenn ein Kind jedoch ein eigenes Spielzeug oder ein Kuscheltier zur Vernehmung mitbringt, z.B. weil es sich dadurch sicherer fühlt, ist das unproblematisch, solange es nicht für „Als-ob-Spiele" oder einen Wechsel auf die Fantasieebene benutzt wird (Niehaus et al., 2017).

### 7.2.5 Anfertigen von Zeichnungen

Ob es von Nutzen sein kann, das Kind aufzufordern eine Zeichnung des Vorfalls bzw. spezifischer Aspekte zu machen, muss differenziert betrachtet werden. Zunächst erscheint es vor dem Hintergrund, dass insbesondere jüngere Kinder auf mehr Abrufhilfen angewiesen sind und in der Regel mehr Informationen encodiert und gespeichert haben, als sie spontan selbstständig abrufen, sinnvoll, ein Kind durch die Anfertigung von Zeichnungen in die Lage zu versetzen, sich selbst weitere Abrufhilfen zu geben, ohne dass diese von den Vernehmenden (z.B. durch konkrete Fragen, die wiederum die Gefahr der Beeinflussung beinhalten) an das Kind herangetragen werden (Milne & Bull, 2003a; s.a. Butler et al., 1995). Vielmehr ermöglicht das Zeichnen, dass ein Kind eigenständig mentale Bilder aktiviert und auch Informationen abruft, die nicht in semantischem Format gespeichert wurden. Zudem kann es sich selbst beim Zeichnen weitere Stichwörter geben, die ebenfalls den Abruf zusätzlicher Informationen ermöglichen (Milne & Bull, 2003a).

Damit im Einklang zeigen empirische Studien, dass das begleitende Zeichnen einen verbalen Informationszuwachs im Vergleich zu dem reinen Erzählen bringen kann (z.B. Otgaar et al., 2016; Salmon et al., 2003; Wesson & Salmon, 2001: Hier verdoppelte sich die Menge erinnerter Informationen bei 5- und 8-jährigen Kindern, wenn sie ein Ereignis zusätzlich zeichneten oder nachstellten). Allerdings scheinen insbesondere sehr junge Kinder (3 bis 4 Jahre), bei denen es aufgrund der in diesem Alter besonders stark ausgeprägten Schwierigkeit des selbstständigen Abrufs besonders lohnenswert sein könnte, weitere nicht-suggestive Abrufhilfen einzusetzen, gerade nicht vom Malen zu profitieren und keinen Informationszuwachs zu erzielen (Butler et al., 1995). Eine aktuelle Studie zur Nutzung visueller Hilfsmittel (u.a. Zeichnungen) im Rahmen forensischer Interviews ($N = 98$) mit Kindern zwischen 6 und 16 Jahren und deren Auswirkungen konnte zeigen, dass die Befragenden dann mehr geschlossene Fragen und weniger offene Erzählaufforderungen nutzen, während die Produktivität der Kinder sich weder erhöhte noch abnahm (Wolfman et al., 2018). Darüber hinaus weisen empirische Befunde auf Probleme bezüglich der Zuverlässigkeit der

Angaben hin, wenn die Befragung inklusive begleitendem Malen zu einem Ereignis stattfindet, das nicht unmittelbar vor der Befragung (3 Tage), sondern länger zurück lag (1 Jahr) (Salmon & Pipe, 2000). Zudem scheint das aussagebegleitende Malen nicht nur einen Informationszuwachs bezüglich erlebnisbasierter Ereignisse zu begünstigen, sondern auch Details zu nicht erlebten Ereignissen hervorzubringen, d.h. allgemein dazu zu führen, mehr zu berichten – ob erlebt oder nicht (z.B. Bruck et al., 2000; Gross et al., 2006; Strange et al., 2003; vgl. auch Brown, 2011). Eine experimentelle Studie von Otgaar et al. (2016) an 6- bis 7- und 11- bis 12-jährigen Kindern weist darauf hin, dass sich der Informationszuwachs beim begleitenden Malen in beiden Altersgruppen lediglich auf die Wiedergabe komplexerer Ereignisse (hier: eines komplexeren zuvor gezeigten Videos), nicht aber auf einfach strukturierte Ereignisse (hier: einer einfachen Videosequenz) bezog und zudem auch die Anzahl falscher Angaben erhöhte, sodass die Genauigkeit der Aussage (*accuracy*, d.h. das Verhältnis richtiger zur Gesamtzahl[66] berichteter Details) letztlich abnahm.[67]

**In der Summe ist unter „Kosten-Nutzen"-Erwägungen von dem Einsatz aussagebegleitenden Malens in der Vernehmung von Kindern abzuraten** (vgl. Niehaus et al., 2017; Wolfman et al., 2018). Allerdings spielt immer auch der konkrete Kontext, in dem die Kinder aufgefordert werden zu zeichnen eine Rolle, z.B. deren Alter, die Art der begleitenden Fragen (offen vs. geschlossen/suggestiv) und der Zeitpunkt innerhalb der Vernehmung (vgl. Brown, 2011; Pipe & Salmon, 2009). So könnte es durchaus hilfreich sein, das Kind, nachdem es bereits einen initialen freien Bericht abgegeben hat und mit offenen Erzählaufforderungen zu weiteren Ausführungen angehalten wurde, dazu aufzufordern, Aspekte des Geschehens, der Tatörtlichkeiten oder Körperpositionen (z.B. zum Konkretisieren) aufzumalen und erst im Anschluss daran (offene) Fragen zu der Zeichnung zu stellen (etwa indem es gebeten wird zu beschreiben, was es genau gemalt hat)[68].

66 D.h. inklusive „falscher" Details, d.h. Aspekte, die vom Kind berichtet wurden, die aber in den gezeigten Videos nicht enthalten waren (Otgaar et al., 2016).

67 In einer Studie von Mattison et al. (2018), in der normalentwickelte ($n$ = 45; $M_{\text{Alter}}$ = 10 Jahre) und Kinder mit einer Autismus-Spektrum-Störung ($n$ = 45; $\text{M}_{\text{Alter}}$ = 14.5 Jahre) im Hinblick auf den potenziellen Nutzen des Zeichnens untersucht wurden, erhöhte sich durch das Zeichnen die Anzahl richtig berichteter Details zwar nur bei den Kindern mit einer Autismus-Spektrum-Störung und nicht bei den normalentwickelten Kindern, in beiden Gruppen führte das Zeichnen jedoch nicht zu einer Erhöhung, sondern sogar zu einer Reduktion falscher Details. Insgesamt profitierten jedoch vor allem Kinder mit einer Autismus-Spektrum-Störung vom Zeichnen (s. Kap. 11.4 für nähere Informationen zur Studie).

68 Die Befunde in den entsprechenden Experimenten beziehen sich überwiegend auf das Malen *während* der Aussage/des Abrufs (z.B. Butler et al., 1995; Otgaar et al., 2016) oder vor dem Abruf (z.B. Bruck et al., 2000).

Wichtig ist, dass das Kind nicht aufgefordert wird, zu spekulieren und dies aufzumalen („Was könnte denn passiert sein?" „Wie hätte das denn abgelaufen sein können?"), sondern es lediglich zu von ihm selbst zuvor vorgebrachten Aspekten eine Zeichnung erstellen zu lassen. Denn bei Kindern, die bereits das nicht erlebnisbasierte Ereignis unter suggestiven Bedingungen gemalt hatten, stieg auch die Wahrscheinlichkeit, in einer später stattfindenden Befragung im freien Bericht, weitere neue falsche Details hinzuzufügen (Gross et al., 2006).

Bei suggestiven Befragungsbedingungen, z.B. durch Präsentation von Falschinformationen oder der Konfrontation mit der Annahme, dass ein Ereignis stattgefunden habe und der Aufforderung über das (nicht erlebnisbasierte) Ereignis zu berichten (und in der Regel ist in der [Vernehmungs-]Praxis – anders als im experimentellen Setting – ja oftmals gerade nicht bekannt, ob es stattgefunden hat und wie; Bruck et al., 2000), verweisen empirische Befunde darauf, dass die Kinder bereitwillig ebenso viel berichten wie bei tatsächlich erlebten Ereignissen, sodass es für die Befragenden nicht möglich ist, auf Basis der Menge der vom Kind berichteten Informationen zwischen erlebten und fiktiven Berichten der Kinder zu unterscheiden (Gross et al., 2006), was eine hohe Gefahr der Fehleinschätzung birgt.

Abschließend bleibt zu empfehlen, das Anfertigen von Skizzen und Zeichnungen bei Kindern wenn, dann nur sparsam und reflektiert einzusetzen, d.h. nur als Ergänzung im Anschluss an einen freien Bericht und nur zu bereits vom Kind selbst verbalisierten Aspekten (z.B. „Kannst Du mir die Situation, die Du grad geschildert hast, nochmals aufmalen, wie Ihr da genau gelegen habt, damit ich mir das besser vorstellen kann") und in Verbindung mit offenen, nicht-suggestiven und nicht-spekulativen Fragen oder Aufforderungen. Auch sollte das Malen nur zeitlich begrenzt bzw. punktuell genutzt werden (d.h. die Stifte dann wieder weggelegt werden), damit dies nicht in eine Spielsituation übergeht oder zu einem Konzentrationsverlust bzw. Ablenkbarkeit führt.

### 7.2.6 Bildkartenmethode

Zur möglichen Verbesserung und Vervollständigung kindlicher Aussagen bzw. um ihnen eine weitere unspezifische Abrufhilfe zu geben, wurde von Saywitz und Snyder (1996) basierend auf entwicklungspsychologischen Erkenntnissen die Bildkarten-Methode[69] im Rahmen der Interviewtechnik der „Narrativen

69 Eine ausführliche Beschreibung der Methode findet sich bei Roebers (2012).

Elaboration“ entwickelt. Bei dieser werden den Kindern im Anschluss an den freien Bericht vier Bildkarten präsentiert, die als Abrufreize für am Ereignis beteiligte Personen („Wer“), das Setting/den Ort des Geschehens („Wo“), die Handlungen („Was“) und Interaktionen/Gespräche fungieren sollen (Roebers & Elischberger, 2002; Saywitz & Snyder, 1996) – Informationen also, die am Ereignis nicht beteiligte Befragende/Zuhörer:innen in ihrer Unkenntnis benötigen, um es zu verstehen, die von jüngeren Kindern entwicklungsbedingt (vgl. Kap. 7.1.1 u. 7.1.2) jedoch oftmals nicht von selbst präsentiert werden (Roebers, 2010; Saywitz & Snyder, 1996). Die ursprünglich in Verbindung mit einem vorgeschalteten ausführlichen Training, in dem die Kinder in einem separaten Termin die Nutzung der Bildkarten als Abrufreiz und entsprechende Berichte einübten, entwickelte Technik wurde mittlerweile sowohl mit als auch ohne sowie nach einem verkürzten Training evaluiert (z.B. Bowen & Howie, 2002; Brown & Pipe, 2003a; Camparo et al., 2001; Canning & Peterson, 2020; Dorado & Saywitz, 2001; Peterson et al., 2013; Roebers & Elischberger, 2002; Saywitz & Snyder, 1996). Dabei zeigte sich überwiegend, dass Kinder im Vorschul- und Grundschulalter mehr zusätzliche Details berichten ohne dass fehlerhafte Details zunehmen, wobei der Informationszuwachs bei älteren Kindern höher ausfällt als bei den jüngeren (z.B. Camparo, Wagner & Saywitz, 2001; Canning & Peterson, 2020; Saywitz & Snyder, 1996). Der absolute Informationsgewinn hält sich bei den insgesamt knappen Aussagen junger Kinder jedoch, insbesondere bei den Kindergarten-/Vorschulkindern, in Grenzen und reicht in dieser Altersgruppe von durchschnittlich 1.3 (ohne vorheriges Training; Roebers & Elischberger, 2002) bis 7.3 (ohne vorheriges Training) bzw. 8[70] (mit Training) zusätzlichen Details (Canning & Peterson, 2020; vgl. dazu auch Roebers, 2010). Peterson et al. (2013) erzielten in der Altersgruppe 3,5- bis knapp 8-Jähriger (nach einer kurzen Übungssequenz zum Einsatz der Karten) beim Bericht über ein selbst erlebtes belastendes Ereignis einen durchschnittlichen Informationszuwachs von 9[71] zusätzlichen Details.

Findet kein Training statt, gab es zudem einen nicht unerheblichen Teil an Kindern, die gar nicht von den Bildkarten profitierten (im Sinne eines Informationszuwachses) und die nicht von ihnen abstrahieren und den Transfer von den Bildkarten zum eigentlich in Frage stehenden Ereignis leisten konnten (indem sie z.B. nur die Bildkarte beschrieben) (Roebers & Elischberger, 2002; Roebers, 2010). In einer Vernehmung, wo ein vorgeschaltetes Training der Kinder schwer umsetzbar erscheint, könnte die Aufgabenstellung bei reiner Darbietung der Karten und begleitender Instruktion also evtl. bei einigen

70 Dies entspricht, dadurch dass von dieser Altersgruppe im vorherigen freien Bericht „nur“ 10 Details genannt wurden, allerdings einer Steigerungsrate von 80 %.

71 Dies entspricht hier einer Steigerungsrate von 50 %.

Kindern zu Verwirrung bzw. Unklarheit bezüglich der Aufgabenanforderung führen. Dies wiederum kann Missverständnisse und Missinterpretationen der Befragenden begünstigen, die aufgrund ihrer Unkenntnis des Geschehens und beteiligter Personen nicht immer unterscheiden können, ob das Kind nun die Karte beschreibt (oder etwas, was ihm dazu einfällt) oder ob das Berichtete mit dem in Frage stehenden Ereignis in Zusammenhang steht (vgl. Roebers & Elischberger, 2002). Zu dem Schluss, dass die Karten „more confusing than helpful" (Brown & Pipe, 2003a, S. 394) seien, kommen auch Brown und Pipe (2003a), wenn sie feststellen, dass die Bildkarten von nur sehr geringem Nutzen für Kinder seien, die kein Training erhalten haben und darüber hinaus die Genauigkeit der Angaben, die im vorherigen freien Bericht noch hoch gewesen sei, bei Kindern ohne Training deutlich abnahm, wenn die Karten eingeführt wurden. Es sei also Vorsicht beim Einsatz der Karten als Abrufhilfe geboten (Brown & Pipe, 2003a) und zudem sei das vorherige Training essenziell bei deren Anwendung (Brown & Pipe, 2003a; Roebers, 2010; Saywitz & Camparo, 2014).

Darüber hinaus zeigte sich, dass Kinder, die anhand **verbaler Abrufhilfen derselben Kategorien** (z.B. indem sie aufgefordert wurden, mehr über die beteiligten Personen oder den Ort des Geschehens zu berichten) in ihrem strukturierten Abruf unterstützt wurden den gleichen Informationszuwachs produzierten wie die Kinder, die zuvor das Training und die Bildkarten präsentiert bekommen hatten (Brown & Pipe, 2003b; Canning & Peterson, 2020) und signifikant mehr Details als Kinder, die nur mit den Bildkarten (ohne das vorherige Training) befragt wurden (Brown & Pipe, 2003b[72]). Auch war der verbale kategoriale Abruf der reinen Präsentation der Bildkarte ohne Training hinsichtlich der Richtigkeit der zusätzlich berichteten Informationen (der Kategorie Handlungsschilderungen) überlegen (Brown & Pipe, 2003b).

Letztlich scheint also der strukturierte Abruf in Kategorien Kindern helfen zu können, weitere Details zu erinnern, die sie vorher im freien Bericht noch nicht berichtet hatten – diese müssen aber nicht visuell dargeboten werden, sondern die einfache Aufforderung, über eine bestimmte Kategorie zu berichten (ohne vorheriges Training) scheint den gleichen Effekt zu haben (Brown & Pipe, 2003b; Canning & Peterson, 2020). Auch zeigte der Einsatz der Bildkarten mit einem verkürzten Training bei Vorschulkindern den gleichen Informationszuwachs wie die Technik der mentalen Wiederherstellung des Wahrnehmungskontexts aus dem Kognitiven Interview, eine

72 Zu einem ähnlichen Ergebnis kommen auch Roebers und Elischberger (2002) bei einem Vergleich des im Rahmen der aktuellen Studie mit der Bildkartenmethode erzielten Informationszuwachses und dem in einer vorherigen Studie, in der unspezifische verbale Abrufhilfen derselben Kategorien genutzt wurden (Elischberger & Roebers, 2001).

Kombination beider Techniken vermochte diesen jedoch nicht weiter zu steigern (Bowen & Howie, 2002).

Insbesondere vor dem Hintergrund des Aufwandes eines vorgeschalteten Trainings und der begrenzten praktischen Umsetzbarkeit ist die Nützlichkeit der Bildkarten also infrage zu stellen – auch vor dem Hintergrund, dass eher ältere als die jüngeren Kinder davon profitieren (Camparo, Wagner & Saywitz, 2001; Canning & Peterson, 2020), die es jedoch bedeutend nötiger hätten (vgl. Roebers & Elischberger, 2002). Zudem bestehen auch innerhalb einer Altersgruppe große individuelle Unterschiede hinsichtlich der Effektivität der Methode (sowie des Trainings), sodass im Vorfeld nicht bekannt ist, ob das konkrete Kind überhaupt davon profitieren wird (vgl. Roebers, 2012).

**Unter den dargestellten „Kosten-Nutzen-Aspekten" ist die Verwendung der Bildkartenmethode für die polizeiliche Befragung von Kindern** (bzw. Befragungen von Kindern im strafrechtlichen Kontext generell) **nicht zu empfehlen** (vgl. auch Niehaus et al., 2017), sondern vielmehr **die genannten verbalen Abrufhilfen vorzuziehen** (vgl. auch Canning & Peterson, 2020).

**Verbale Erzählaufforderungen anstelle der Bildkarten**

*„Erzähl mir mehr über die Personen, die dabei waren und wie sie ausgesehen haben."*

*„Erzähl mir mehr über den Ort, an dem das stattgefunden hat und wie es dort ausgesehen hat"* (vgl. Brown & Pipe, 2003b; Canning & Peterson, 2020).

Wichtig ist, dass diese Abrufhilfen – wie bei allen anderen Möglichkeiten des gestützten Abrufs – wenn, dann immer erst nach dem freien Bericht genutzt werden, damit das Kind auf keinen Fall zu früh auf bestimmte Themenbereiche gelenkt und die eigenständige Produktion von möglichen Qualitätsmerkmalen glaubhafter Aussagen (vgl. Kap. 10) nicht untergraben wird.

## 7.3 Aussagemotivation bei Kindern

Unabhängig von den entwicklungsspezifischen Fähigkeiten und Kompetenzen eines Kindes, eine gerichtsverwertbare Aussage zum Sachverhalt zu machen, kann die Motivation des Kindes, überhaupt eine Aussage bei der Polizei zu machen, von verschiedenen Faktoren beeinflusst sein. Diese können sich erheblich auf die Kooperationsbereitschaft des Kindes auswirken:

– Kinder haben Vorfälle in der Regel nicht selbst angezeigt, sondern deren Eltern, Bezugspersonen oder es erfolgte eine Anzeige von Amts wegen über das Jugendamt (vgl. Nöthen, 2018).

- Kinder können nicht überblicken, was eine Anzeige bedeutet (wiederholte Aussagen usw.)
- Kinder agieren nach ihren kurzfristigen Bedürfnissen und wollen ggf. lieber spielen als in einer Vernehmung konzentriert Erinnerungsbemühungen zu leisten oder über sie ggf. belastende Inhalte zu sprechen
- Je nach Person, um die es geht, wollen sie diese möglicherweise nicht belasten (auch aufgrund von Abhängigkeits- und Loyalitätsverhältnissen)
- Bei älteren Kindern/Jugendlichen können bezüglich sexueller Erfahrungen Schamgefühle dazu führen, dass sie bestimmte Themenbereiche nicht besprechen wollen und diesbezüglich Vermeidungsverhalten zeigen
- Je nach Delikt kann die Motivation des Kindes auszusagen durch die Motive der erwachsenen Bezugspersonen stark beeinflusst sein.

Eine geringe Aussagemotivation kann sich beispielsweise darin äußern, dass das Kind häufig „Ich weiß nicht“ sagt, weil es das Gespräch beenden möchte.

**Beispiel**

**Zeugin (8 Jahre); Mutter hatte einen sexuellen Übergriff eines Jugendlichen an ihrer Tochter angezeigt**

**V = Vernehmungsbeamtin, Z = Zeugin**

Aufforderung zur Schilderung des mutmaßlichen Tatgeschehens:

**V**: „Okay, gut. Du hast jetzt ja schon ein paar Mal den XX angesprochen. Und kannst du mir jetzt mal erzählen, was da genau mit XX passiert ist?"

**Z**: „Weiß ich nicht mehr."

**V**: „Versuch mal ein bisschen dich zu erinnern."

**Z**: „Der hat mir an der Mumu gefasst, hat mich auch erpresst."

**V**: „Erzähl mal von vorne, dass ich mir das ein bisschen vorstellen kann. Ich war ja nicht dabei, ich weiß das gar nicht."

**Z**: „Ich kam, da waren auch andere Kinder, ich kam ins Zimmer, hab ich ihn gefragt, ob ich an Tablet spielen darf und da hat er mich ganz dolle erpresst."

**V**: „Wie hat er dich denn erpresst?"

**Z**: „Das weiß ich nicht mehr."

**V**: „Kannst du dich noch daran erinnern, als er das das erste Mal gemacht hat?"

**Z**: „Hm-hm (Vern.) Ich kann mich über, ich kann mich überhaupt nicht mehr so dran erinnern."

Eine geringe Aussagemotivation ist unter aussagepsychologischen Gesichtspunkten insofern problematisch, als dass

- kein freier Bericht entsteht,
- nur wenig Details und nur sehr kurze Sequenzen berichtet werden,
- kein Bemühen um Genauigkeit vorliegt,
- es zu Auslassungen kommt,
- die Aussageleistung insgesamt niedrig ist.

Dieses Verhalten der Kinder darf jedoch nicht mit einer Falschaussage oder damit, nichts zu berichten zu haben, verwechselt werden. Um Beweggründe einer möglicherweise geringen Aussagemotivation auf den Grund zu gehen, muss sich die befragende Person einen umfassenden Überblick über die aktuellen (familiären, sozialen) Lebensumstände, die emotionalen Bindungen sowie die biografische Vergangenheit verschaffen (vgl. Hermanutz & Litzcke, 2012).

Erst ab dem (frühen) Jugendalter ist damit zu rechnen, dass das „Kind" selbst zur Polizei geht, um eine Anzeige zu erstatten. Dies kann jedoch mal mehr, mal weniger im Vorfeld in allen Konsequenzen überlegt worden sein – so ist es möglich, dass Jugendliche im weiteren Verlauf ihre Aussagebereitschaft bereuen und den Weg nicht mehr weiter gehen wollen und z.B. zu keiner weiteren Aussage/Vernehmung bereit sind oder ihre getätigten Aussagen gar widerrufen, um die Familie zu schützen oder weil Loyalitäten höher wiegen (Kraheck-Brägelmann, 1993).

Nicht zu unterschätzen ist die Loyalität des Kindes zu seinen Bezugspersonen. So kann nicht erwartet werden, „dass es sich ohne Weiteres im Sinne der Rechtspflege verhält und den Täter, die Täterin, die Mitwisser belastet" (Plassmann, 2018, S. 247). Auch wenn von außen zunächst schwer nachvollziehbar, so kann für einige Kinder „die emotionale Verstoßung, der Hass, die Verachtung und der Bindungsabbruch, mit dem die Täterfamilie das Kind strafen würde" (Plassmann, 2018, S. 247) letztlich im Vergleich zu einer Herausnahme aus der Familie und der damit einhergehenden physischen Sicherheit subjektiv als die schlimmere Alternative erscheinen (Plassmann, 2018). Solche emotionalen Verstrickungen gilt es bei der Einvernahme zu beachten und sich einen Überblick über mögliche Folgen für das Kind zu machen. Diese können manchmal die geringe Aussagemotivation oder die Angabe, sich an nichts erinnern zu können, erklären. Dies gilt vor allem, wenn die Mütter dem Kind die Beschuldigung des Vaters oder Stiefvaters nicht glauben und es nicht unterstützen.

**Fallbeispiel**

Exemplarisch sei hier ein Fall schweren sexuellen Kindesmissbrauchs an einer 14-Jährigen durch den Stiefvater angeführt, durch den die Zeugin schwanger wurde, woraufhin sie eine Abtreibung vornehmen lassen musste. Der Missbrauch wurde über die Schule an das Jugendamt herangetragen, das – da die Mutter sich nach mehrmaliger Aufforderung durch das Jugendamt weigerte, ihren Partner selbst anzuzeigen – von Amts wegen Anzeige erstattete. Die Zeugin wurde kriminalpolizeilich vernommen und fremdplatziert, da die Mutter ihr nicht glaubte und weiterhin mit dem Stiefvater zusammenlebte. Die Zeugin wurde von der Mutter unter Druck gesetzt und litt so sehr darunter, dass die Mutter sie ablehnte, ihr nicht glaubte und sie nicht mehr mit ihrer Mutter und ihren Geschwistern zusammenleben durfte, dass sie ihre Aussage zwischenzeitlich zurücknehmen und keine weiteren Angaben mehr machen wollte, sondern vorgab, sie habe sich das nur ausgedacht. Ein aussagepsychologisches Gutachten kam jedoch zu dem Ergebnis, dass die Angaben der Zeugin mit hoher Wahrscheinlichkeit als erlebnisbasiert einzuschätzen sind. Zu dieser Einschätzung kam auch das Gericht. Der Stiefvater wurde zu sieben Jahren Haft verurteilt.

## 7.4 Umgang mit kindlichen Opferzeug:innen bei Anzeigen wegen sexuellen Kindesmissbrauchs

Zunächst sollten Kinder – unabhängig davon, in welchem Kontext sie als Zeug:innen geladen sind – als eigenständige Person ernst genommen und ihnen mit Respekt begegnet werden, was sich bereits dadurch äußern kann, dass das Kind beim Eintreffen mit der Begleit-/Bezugsperson zuerst begrüßt wird (und erst danach die erwachsene Person). Der Beziehungs- und Vertrauensaufbau zum Kind beginnt schon zu diesem Zeitpunkt. Keinesfalls sollte in Anwesenheit des Kindes über das Kind gesprochen werden, als sei es nicht da (Kraheck-Brägelmann, 1993).

Beim Verdacht auf sexuellen Kindesmissbrauch und entsprechenden Anzeigen sind bezüglich des Umgangs mit den kindlichen Opferzeug:innen, aber auch ggf. weiterer Beteiligter (z.B. Bezugspersonen, die das Kind in der Regel zur Vernehmung begleiten) einige Besonderheiten zu bedenken.

Eine Besonderheit ergibt sich bereits aus dem Umstand, dass in der Regel nicht die Kinder selbst anzeigen, sondern eine erwachsene Bezugsperson oder andere Erwachsene (z.B. Heimerzieher:innen, das Jugendamt etc.), sodass einer Vernehmung des Kindes selbst oft schon Angaben anderer Personen vorausgingen. Dementsprechend liegen dann schon **Vorinformationen**

**vor**, was passiert sein könnte. Hier ist es entscheidend, trotzdem ergebnisoffen und unvoreingenommen in die Vernehmung hineinzugehen und das Kind nicht etwa mit der Vorannahme zu konfrontieren, dass da etwas passiert ist und es nur noch darum geht, vom Kind selbst noch mal genauer zu hören was, wann und durch wen (vgl. Niehaus et al., 2017).

Es ist vielmehr **besonders darauf zu achten, ergebnisoffen zu fragen** und explizit deutlich zu machen, dass man *nicht* wissen kann, ob und was passiert ist, weil man nicht dabei gewesen ist. Bei suggestiven Befragungen von Kindern, insbesondere im Vorschulalter, besteht eine erhöhte Gefahr der Übernahme suggerierter Inhalte bzw. der unbewussten Erinnerungs- und Aussageverfälschung, da sich Kinder bei der Bildung von Gedächtnisrepräsentationen auf die vorgegebenen Fragen und Hinweise stützen. Das heißt, es ist in besonderem Maß darauf zu achten, offene Fragen zu verwenden und suggestive Vorhalt- oder Erwartungsfragen, geschlossene Fragen sowie auch die Wiederholung (suggestiver) Fragen zu vermeiden (Niehaus et al., 2017). Auch sollten keine **Detailinformationen** gegeben werden, die **vom Kind selbst nicht erwähnt** wurden (sondern die beispielsweise von der anzeigenden Person genannt wurden). Beim Kind kann es dann zu einem **Fehler der Quellenzuordnung** kommen, da die Fähigkeit zu differenzieren, woher die Information kommt, bei Kindern (insbesondere im Vorschulalter) noch nicht so gut ausgeprägt ist. Von daher ist das Risiko hoch, dass solche Informationen in die Aussage aufgenommen und anschließend als erlebt berichtet werden (Niehaus et al., 2017). Solche Kontaminationen der Zeugenaussage sind zu vermeiden. Sie sind irreversibel und können ein späteres Strafverfahren gefährden bzw. unmöglich machen, insbesondere, da es sich bei sexuellen Missbrauchsdelikten (wie auch Sexualdelikten insgesamt) meist um Aussage-gegen-Aussage-Konstellation handelt, sodass der Aussage der Opferzeug:innen großes Gewicht beizumessen ist. Einmal gebildete falsche Erinnerungen sind meist nicht mehr von solchen, die auf realem Erleben beruhen, zu unterscheiden (Bernstein & Loftus, 2009; Erdmann et al., 2004; Shaw, 2020). Allerdings verweist eine aktuelle Studie auf die Möglichkeit der „Rückbildung“ von Scheinerinnerungen (Oeberst et al., 2021; dazu auch Jäckel & Orth, 2021; vgl. Kap. 2.4.5.2).

Zu berücksichtigen ist in Fällen des Verdachts auf sexuellen Kindesmissbrauch zudem, dass bevor es zur Anzeige und entsprechend zur Vernehmung kommt, in der Regel immer schon Gespräche von Erwachsenen (Lehrer:innen, Eltern, Kinderschutzeinrichtungen) mit dem Kind (z.B. Magnusson et al., 2017) und bei älteren Kindern/Jugendlichen auch mit Freund:innen gegeben hat, sodass die polizeiliche Aussage eines Kindes in diesem Zusammenhang nicht nur die eigenen Wahrnehmungen und Erfahrungen beinhalten wird, sondern immer auch davon untrennbare Vermischungen mit zuvor geführten Gesprächen im privaten Umfeld, die mal mehr, mal weniger suggestiv gewesen sind (vgl. Kraheck-Brägelmann, 1993). Auch wenn diese vorherigen Einflüsse nicht mehr rückgängig zu machen sind, ist zumindest nach solchen zuvor geführten Gesprächen (mit wem, wann, worüber, wurde viel nachgefragt oder hat das Kind von selbst berichtet) zu fragen, um diese möglichen Einflüsse für ein ggf. späteres Gerichtsverfahren möglichst frühzeitig zu dokumentieren. Sehr wichtig ist auch, wem gegenüber sich das Kind zu welchem Zeitpunkt/in welcher Situation erstmals geöffnet hat und mit welchen Reaktionen das Kind konfrontiert war (vgl. auch Hansjakob, 2017).

**Fallbeispiel**

Eine 9-jährige Zeugin, die in einer Einrichtung lebte, berichtete einer im selben Heim lebenden älteren Freundin, dass sie von einem ebenfalls in der Einrichtung lebenden 15-Jährigen sexuell berührt worden sei und dieser versucht habe, mit ihr den Geschlechtsverkehr zu vollziehen. Die Freundin forderte sie auf, dies auch der Bezugsbetreuerin zu berichten, was die Zeugin nachfolgend im Vieraugengespräch machte. Die Bezugsbetreuerin rief daraufhin die Polizei. Die eintreffenden Beamt:innen führten vor Ort eine kurze Befragung mit der anzeigenden Bezugsbetreuerin, der ebenfalls in der Wohneinrichtung eintreffenden Mutter der Zeugin sowie der Zeugin durch, worüber es lediglich ein sinngemäßes Protokoll[73] gab. Vor der später erfolgenden ermittlungsrichterlichen Vernehmung (die die erste aufgezeichnete und wörtlich transkribierte Aussage der Zeugin darstellte) hatten also schon mehrere Gespräche mit der Zeugin und über ihre Angaben stattgefunden.

In diesem Deliktbereich können die vernehmenden Beamt:innen z.T. mit besorgten, durch den Missbrauchsverdacht stark verunsicherten Elternteilen zu tun haben, die eine Vernehmung für das Kind als zu belastend ansehen (Kraheck-Brägelmann, 1993). Auch wenn der Wunsch geäußert wird, bei der Vernehmung des Kindes dabei zu sein, ist kommunikationspsychologisch davon abzuraten (es sei denn, das Kind trennt sich noch nicht von seiner Bezugsperson; vgl. Kap. 5.1).

Ein weiterer Aspekt, den es bei Anzeigen wegen sexuellen Missbrauchs im Umgang mit den kindlichen Zeug:innen zu beachten gilt, ist die – evtl. nur

73 In solchen Fällen ist besonders wichtig, die Angaben der Zeugin zu diesem frühen Zeitpunkt bereits aufzuzeichnen. Ein summarisches Protokoll oder ein solches, wo nur „auf Nachfrage“ vermerkt ist, werden den späteren Anforderungen im Rahmen einer oft erforderlichen aussagepsychologischen Begutachtung nicht gerecht, da nicht mehr zu unterscheiden ist, was das Kind genau gesagt hat, welche Worte es benutzt hat, ob es suggestiv befragt wurde etc. Auch können keine Feststellungen zur Konstanz getroffen werden.

rudimentär vorhandene – Aussagemotivation des Kindes. Ein Bedürfnis zur Anzeige (und einer damit verbundenen Aussage) entsprechen „häufig eher der Gefühlslage der erwachsenen Bezugsperson als der des Kindes“ (Kraheck-Brägelmann, 1993, S. 34). Hier ist beim wenig auskunftsbereiten Kind ein sensibler und einfühlsamer Umgang gefordert. Vor dem Hintergrund, dass ein nicht unerheblicher Teil der Täter aus dem unmittelbaren sozialen oder familiären Umfeld der Kinder stammt (vgl. Stadler et al., 2012), es sich also ggf. um Personen handelt, zu denen das Kind eine soziale Beziehung hat, dem es vertraut oder zu dem es eine emotionale Bindung hat, bringt eine Anzeige und damit verbundene Aussage des Kindes dieses nicht selten in Loyalitätskonflikte, ruft Schuld- und Schamgefühle sowie Ängste hervor, z.B. dass die Person ins Gefängnis kommt (vgl. Nöthen, 2018). Dies kann zu einer hohen psychischen Belastung und auch Überforderung des Kindes führen, gegen diese Person aus dem nahen Umfeld auszusagen, nicht selten auch vor dem Hintergrund eines meist über längere Zeiträume durch den Täter ausgeübten Geheimhaltungsdrucks und der angedrohten Konsequenzen (Nöthen, 2018).

Im Falle eines innerfamiliären sexuellen Missbrauchsverdachts kann aber nicht selten auch der gegenteilige Fall eintreten, dass das Kind/der/die Jugendliche zwar eigentlich aussagebereit ist, jedoch z.B. vonseiten des Täters und der ihn unterstützenden, den Missbrauchsvorwurf verleugnenden Mutter in die Gegenrichtung zu beeinflussen versucht wird (vgl. Kraheck-Brägelmann, 1993), sodass das Kind sich in einer hochambivalenten und angespannten Aussagesituation befindet, aus der heraus es subjektiv sein ganzes Familiensystem gefährdet. Manchmal wird in solchen Konstellationen die Anzeige auch auf Druck des Jugendamts nicht durch die Mutter selbst (gegen den eigenen Partner) erstattet, sondern von Amts wegen. Dies macht deutlich, dass insbesondere bei innerfamiliärem sexuellen Missbrauchsverdacht nicht nur die Frage nach der Sachverhaltsaufklärung an sich, sondern vor allem auch die Erfassung und ein Verstehen der familiären Dynamik und die Einflüsse, denen kindliche Zeug:innen ausgesetzt sind, sorgsam zu ermitteln sind.

Bei einem hochemotionalisierten Deliktfeld wie dem sexuellen Kindesmissbrauch ist ferner darauf zu achten, vielleicht sogar entgegen dem persönlichen Impuls nach Unterstützung, Mitgefühl und Verständnis für das Kind, die eigene Betroffenheit zugunsten einer **neutralen, unvoreingenommenen und professionellen Vernehmung** zurückzustellen, deren primäres Ziel – der Erhalt einer möglichst vollständigen, unverfälschten und gerichtsverwertbaren Aussage – ansonsten gefährdet wäre (vgl. Kraheck-Brägelmann, 1993). Das bedeutet auch, das vom Kind Gehörte nicht zu bewerten oder zu kommentieren und es nicht mit der Annahme zu konfrontieren, dass das bestimmt belastend gewesen sei. Es geht darum, trotz einer empathischen Grundhaltung immer neutral und sachlich zu bleiben, auch wenn ein Kind z.B. zu weinen beginnt (Niehaus et al., 2017). Eine übertriebene Anteilnahme oder emotionale Verstrickung kann suggestiv auf das Kind einwirken und es in dem, was es berichtet unangemessen verstärken (was insbesondere dann problematisch wird, wenn seine Angaben mit suggestiven Einflussnahmen von Bezugspersonen vermischt sind bzw. es im Vorfeld zu suggestiven „aufdeckenden" Fragen kam). Zudem kann es die Aussagebereitschaft und -motivation reduzieren, wenn ein Kind durch die gezeigte emotionale Beteiligung aus „Rücksicht" nicht mehr fortfahren möchte oder aber sich die Bewertungen des Erwachsenen von denen des Kindes unterscheiden (Nienhaus et al., 2017).

**Beispiel**

**Beispiel für eine hoch suggestive Einflussnahme aufgrund eigener Betroffenheit**

Ausschnitte eines anonymisierten Originaltranskripts einer kriminalpolizeilichen Vernehmung

**Z = Zeuge (männlich, 13 Jahre); V = Vernehmungsbeamter**

**V**: Da möchte ich einfach noch mal, dass du vielleicht noch mal ein bisschen ausführst, ich meine, das war wirklich ein langer Zeitraum, nicht? Wenn wir davon ausgehen fünf bis elf, nicht, das sind schon ein paar Jahre, die da zusammenkommen, **wo dir Unheil erfahren ist**. Also, wo du wirklich, **wo du viel aushalten musstest, über dich ergehen lassen musstest. Inwiefern** merkst du, dass da heutzutage irgendwie, vielleicht irgendwie was anders ist als bei Kindern, **die normal aufgewachsen** sind? **Was ist bei dir anders**?

**Z**: Ich habe ein komisches Gefühl am Körper einfach, sage ich jetzt mal. Ich fühle mich aufgrund deswegen einfach, ich sage mal, unwohl, weil ich weiß einfach, dass was anderes mit meinem Körper im Laufe der Zeit passiert ist als bei normalen Kindern, sage ich jetzt mal, oder Kindern, die einen normalen Umgang damals hatten mit ihren Eltern oder mit ihrem Vater. Und ja, deswegen fühle ich mich einfach nicht wohl in meinem Körper, sage ich jetzt mal.

**V**: Kannst du das beschreiben, wenn man sich nicht wohlfühlt im Körper, wie ist das dann? Macht man dann irgendwas mit seinem Körper, oder?

**Z**: Man mag ihn einfach nicht, man schämt sich für seinen Körper, sage ich jetzt mal.

[…]

**V**: Ich bin zwar kein Fachmann in eine gewisse Richtung, ich glaube aber schon, dass du wirklich auch da dranbleiben solltest. Ich werde Mama das auch noch mal sagen, nicht? Dieser lange Zeitraum, dass man da einfach sich professionell noch mal weiter immer irgendwie mit einem Psychologen oder so was unterhält, nicht? Das ist ganz wichtig, weil **das sind Sachen, die nicht normal sind, die da passiert sind, die mir total leidtun für dich. Du musst da irgendwo drüber reden.**

Und du sagst, dass das jetzt schon befreiend für dich ist. Und ich bin nicht, kein Fachmann, der jetzt auf deine Psyche irgendwie Einfluss nehmen kann, ja? Von daher kann es sehr befreiend sein, sich mit Psychologen immer weiterhin darüber zu unterhalten und dass das einfach auch zum Thema gemacht wird, dass die dir da weiterhelfen können. **Das ist ganz wichtig, okay, dass du auch darüber redest.**

**Nicht mit jedem. Ich glaube, das ist auch nicht gut, wenn man mit jedem über manche Sachen redet**, aber gerade mit solchen Institutionen, Ärzten oder Therapeuten, die sich dann mit dieser Thematik gut befassen können mit dir, ja? Das ist auf der einen Seite die Psyche. Auf der anderen Seite gibt es die körperliche Geschichte, die physische Geschichte, die dir da, wo du Schmerzen erleiden musstest. Da wollte ich noch mal drauf eingehen, **diese Schmerzen hast du mir ja so nur im Ansatz beschrieben**, nicht, inwiefern dir das wehgetan hat, diese Übergriffe, speziell diese Anal-Geschichten. **Ich stelle mir das vor, ein Kind, das anal irgendwo hinten, ja, wo eingedrungen wird, dass das auch irgendwie innerlich dann irgendwelche Schmerzen ausüben müsste theoretisch.** Wie war das bei dir? Du hast ja jetzt mehr so diesen äußeren Bereich beschrieben, nicht, diesen unmittelbaren Anuseingang. Wie ist das, was ist passiert? Kannst du dich vielleicht daran erinnern, **dass da doch noch mal irgendwie Schmerzen gewesen sind**, die irgendwie tiefer gehend waren als diese äußerlichen?

**Z**: Nicht direkt, es war halt nur, es hat nix mit dem Darm, also da hatte ich keine Schmerzen gehabt, sondern es war halt nur der Anuseingang so gesehen. Und ich schätze mal, klar, ein bisschen Schmerzen letztendlich hatte man dann schon, aber ich denke mal, das lag eher an den Muskeln, die dann sich noch durch den anderen Bereich des Körpers ziehen von da aus. Nein, aber sonst eigentlich direkten Schmerz hatte ich nicht. Das war halt nur äußerlich dann.

**V**: [...] Du hast mir das in Ansätzen schon beschrieben, dass das am Anfang total für dich irgendwie gar nicht nachvollziehbar war, was da überhaupt abgeht und dass er körperlich sehr stark war. Kannst du das noch mal, vielleicht noch mal ein bisschen näher ausführen, **ob du dich vielleicht doch mal körperlich gewehrt hast.** Und wenn nicht, dass du mir noch mal genau beschreibst die Situation, warum du das einfach so über dich hast ergehen lassen, wenn es so gewesen ist.

**Z**: Körperlich gewehrt habe ich mich nie. Ich habe es maximal versucht, indem ich ihm sage, dass es wehtut und dass ich das nicht möchte, aber das war ihm eigentlich relativ egal. Ich habe es halt nicht gemacht, weil dann kam halt immer wieder diese Drohung: „Ja, wenn du es jemandem sagst, dann wird uns beiden was Schlimmes passieren." Das hat sich natürlich darauf ausgewirkt. Man weiß, er könnte einem was antun. Er ist erwachsen, er ist stark, er ist halt breit. Es ist eine Person, vor der man dann einfach Angst kriegt, wenn die so was zu einem sagt. Man will sich gar nicht dagegen wehren. Man hat einfach Angst davor, dass irgendwas passiert dann einem selber, seiner Mutter oder irgendjemand anders in der Familie, der einem einfach wichtig ist. Und da hat man dann halt schon dieses Angstgefühl, man will niemand anderen da deswegen noch gefährden.

Dieser exemplarische Ausschnitt aus einer kriminalpolizeilichen Vernehmung ist unter mehreren Gesichtspunkten hochproblematisch: Er enthält vielfältige Formen suggestiver Einflussnahmen, kommunizierte Annahmen und Voraussetzungen sowie Wertungen (einige von ihnen hier zur Verdeutlichung fett gedruckt). Der Vernehmende signalisiert ganz klar, dass er davon ausgeht, dass das Berichtete so stattgefunden hat und bewertet dies („Unheil", „aushalten", „über dich ergehen lassen musstest", „Sachen, die nicht normal sind"). Er transportiert in seinen Fragen seine Haltung, dass das Geschilderte „ganz schlimm" war, indem er voraussetzt, dass beim Zeugen etwas „anders ist als bei Kindern, die normal aufgewachsen sind" und dass die berichteten Tathandlungen extremere Schmerzen verursacht haben müssten (als bisher vom Zeugen dargestellt). Auch wird aus den suggestiv formulierten Fragen deutlich, dass der Vernehmende eigentlich hören „möchte", dass sich der Zeuge „vielleicht doch mal körperlich gewehrt" hat – was der Zeuge zuvor (und trotz suggestiver Fragen auch weiterhin) explizit verneint (hat). Auch das – sicherlich wohlmeinende – Signal, dass dem Vernehmenden die geschilderten Vorfälle für den Zeugen „total leidtun" ist unangemessen, suggestiv verstärkend und nicht mit einer neutralen Haltung vereinbar. Deplatziert ist ferner dass der Vernehmende auf den Zeugen einwirkt, dass er sich professionelle Hilfe suchen und darüber sprechen müsse (jedoch nicht mit jedem). Zwar sollen Opferzeug:innen über Unterstützungsmöglichkeiten (z.B. Opferberatungsstellen) *informiert* werden, jedoch obliegt es nicht den Vernehmenden, die Notwendigkeit einer Inanspruchnahme zu beurteilen und an die Zeug:innen heranzutragen.

**Das Wichtigste in Kürze**

**Implikationen für die Vernehmung von Kindern[74]:**

- Umfang und Zuverlässigkeit der Aussagen jüngerer Kinder hängen vom Entwicklungsstand des Kindes, Eigenschaften des Ereignisses, vor allem aber auch von den Befragungsbedingungen und eingesetzen Befragungstechniken ab (vgl. Lamb et al., 2011)
- Fantasie und „Als-ob-Spiele" sind normale und altersadäquate Bestandteile der kindlichen Erlebniswelt im Vorschul- und frühen Grundschulalter. Der Glaube an Fantasiefiguren bedeutet nicht, dass Kinder keine zuverlässigen Angaben über eigene Erlebnisse oder etwas, was sie gesehen haben, machen können (vgl. Lamb et al., 2011)

74 Sehr zu empfehlen ist zu dieser Thematik auch das Werk von Niehaus et al. (2017): „Entwicklungsgerechte Befragung im Strafverfahren".

- Kinder sollten in der Vernehmung nicht unter Zuhilfenahme von Spielzeugen befragt oder aufgefordert werden sich bestimmte Situationen vorzustellen und darüber zu berichten (vgl. Niehaus et al., 2017)
- Unter optimalen und zum Entwicklungsstand des Kindes passenden Befragungsbedingungen sind auch junge Kinder ab etwa 4 Jahren in der Lage, zuverlässig über eigene Erlebnisse zu berichten. Wichtig dabei ist, dass sie altersabhängig Abrufhilfen durch offene Erzählaufforderungen und offene Anschlussfragen zur Konkretisierung benötigen. Keinesfalls sollte es zu Druckausübung, Erwartungshaltungen, suggestiven Vorhaltfragen oder Konfrontationen mit Hypothesen dazu, was oder wie es gewesen sein *könnte* sowie ein „Abfragen" mit geschlossenen Fragen kommen.
- Auch sollte die eigene Autorität (als Polizist:in/Erwachsene:r) nicht betont werden (→ Verringerung des Suggestionsrisikos) (Milne & Bull, 2003a)
- Wichtige Interviewstrategien sind vielmehr (1) die Herstellung von Rapport, damit das Kind sich in der Befragungssituation mit einer bis dahin unbekannten Person wohl und vertraut fühlt, (2) dass deutlich gemacht wird, dass es selbst „Experte/Expertin" für das, über das es berichtet, ist und die Vernehmenden nicht wissen, was passiert ist und (3) es nicht raten, sondern nur berichten soll, was es wirklich erinnert. Zu Beginn der Vernehmung sollte durch Berichte über andere in der Vergangenheit liegende neutrale Ereignisse geübt werden, Erinnerungen abzurufen und darüber zu berichten und erklärt werden, was genau von ihm erwartet wird. Auch sollte das Kind darauf hingewiesen werden, dass es jederzeit sagen darf und soll, wenn es etwas nicht weiß (vgl. Milne & Bull, 2003a; Lamb et al., 2011).

**Wichtig zu dokumentieren**

- Beobachtungen zum **aktuellen Zustand und zur Aussagemotivation** der Minderjährigen
- **Auffälligkeiten** (beschreiben, keine Interpretationen)
- **alle Gespräche (auch mit Begleitpersonen), die ggf. im Vorfeld** oder vor Beginn der Kameraaufzeichnung geführt wurden (Niehaus et al., 2017)
- **ggf. Verhalten der Begleitpersonen** (Beeinflussungsversuche, Einwilligung in die alleinige Vernehmung des Kindes etc.)

# 8. Psychologische Aspekte der Beschuldigtenvernehmung

In § 136 StPO Abs. 1 ist geregelt, dass Beschuldigten zu Beginn der Vernehmung zu offenbaren ist, welche Tat ihnen zu Last gelegt wird (Satz 1) und sie darüber aufzuklären sind, dass sie das Recht haben, sich nicht zur Sache zu äußern und sich vor einer möglichen Aussage mit einem von ihnen frei zu wählenden Verteidiger zu beraten (Satz 2). Auch sind Beschuldigte nicht zur Wahrheit verpflichtet (dazu ausführlich Thommen, 2018), jedoch dürfen sie niemanden (wissentlich) falsch anschuldigen. Zudem soll die Vernehmung ihnen die Gelegenheit bieten, die gegen sie vorliegenden Verdachtsgründe zu beseitigen und die zu ihren Gunsten sprechenden Tatsachen geltend zu machen (Abs. 2), was nach Volbert und May (2016) für einen informationssammelnden Ansatz spricht. Beschuldigte haben ferner das Recht, zu ihrer Entlastung weitere Beweiserhebungen zu beantragen (§ 163a Abs. 2 StPO), worüber sie vor Beginn der ersten Vernehmung ebenfalls zu belehren sind (§ 136 Abs. 1 StPO).

In § 136a StPO sind darüber hinaus explizit verbotene Vernehmungsmethoden geregelt. Diese sollen die Freiheit der Willensentschließung und der Willensbetätigung der Beschuldigten gewährleisten und einer Beeinträchtigung dieser entgegenwirken (§ 136a Absatz 1 Satz 1 StPO). Damit sind Misshandlungen, Ermüdung, körperliche Eingriffe, Verabreichung von Mitteln, Quälerei, Täuschung und Hypnose unzulässig (§ 136a Absatz 1 Satz 1 StPO). Die Ermüdung muss dabei so ausgeprägt sein, dass sie die freie Willensbetätigung beeinträchtigt. Dies nimmt der BGH beispielsweise bei einem Geständnis an, das abgelegt wurde, nachdem die beschuldigte Person 30 Stunden nicht geschlafen hatte (BGHSt 38, 291). Beschuldigte dürfen anstrengenden Vernehmungen ausgesetzt werden, jedoch nicht „durch Dauervernehmungen systematisch zermürbt werden" (Diemer, 2019, Rn. 12). Auch Vernehmungen zur Nachtzeit sind nicht grundsätzlich unzulässig (Diemer, 2019, Rn. 12). Dagegen ist die Drohung mit einer unzulässigen Maßnahme und das Versprechen eines gesetzlich nicht vorgesehenen Vorteils verboten (§ 136a Absatz 1 Satz 3 StPO). Dies gilt selbst, wenn Beschuldigte bezüglich dieser aufgeführten Methoden eingewilligt hätten und unterliegt, unabhängig von einer Zustimmung der Beschuldigten zu einer Verwertung, einem Beweisverwertungsverbot (§ 136a Absatz 3 Satz 1 und 2 StPO).

Vom Verbot zur Täuschung nach § 136a StPO, das jede Art der Lüge beinhaltet, ist die kriminalistische List abzugrenzen, die nicht grundsätzlich unzulässig ist. Die Grenze zur verbotenen Täuschung ist immer dann überschritten, wenn die Freiheit der Willensentschließung und -betätigung der Vernommenen erheblich beeinträchtigt wird und das täuschende Verhalten bewusst, nicht aber fahrlässig ausgeübt wird (Diemer, 2019, Rn. 20). In der Praxis wird diese Unterscheidung nicht immer leicht fallen und ggf. erst nachträglich durch das Gericht festgestellt, dass verbotene Vernehmungsmethoden zum Einsatz kamen und die Vernehmung dadurch nicht gerichtsverwertbar ist (Heubrock & Donzelmann, 2010). Beispiele finden sich in Tabelle 5.

**Tabelle 5:** Beispiele erlaubter Vernehmungsmethoden und verbotener Täuschung (Diemer, 2019, Rn. 19/20)

| Erlaubte Vernehmungsmethoden/List | Verbotene Täuschung nach § 136a StPO |
|---|---|
| – Schweigen der Vernehmenden zu bestimmten Aspekten/Beschuldigten im Ungewissen lassen | – bewusstes Vorspiegeln oder Entstellen von Tatsachen, z. B. wahrheitswidrige Behauptung, ein Mitbeschuldigter habe schon ein Geständnis abgelegt oder Angaben des Beschuldigten widersprächen Ermittlungserkenntnissen |
| – Verschweigen von Tatsachen | – unzutreffende Belehrung, die dem Beschuldigten den Eindruck vermittelt, er sei zur Aussage verpflichtet |
| – Vorspiegelung freundschaftlicher Gesinnung<br>– vernehmungspsychologisch geschicktes Vorgehen, um den aussageunwilligen Beschuldigten zu für ihn nachteiligen Angaben zu veranlassen | – Vortäuschung, seine Aussage werde nicht zu seinem Nachteil verwertet, um ihn zu einer Einlassung zu bewegen |
| – Irrtümer des Vernommenen über Tatsachen oder Ermittlungsergebnisse müssen nicht verhindert oder aufgeklärt werden | – dürfen aber nicht aktiv hervorgerufen, aufrechterhalten oder verstärkt werden<br>– erkennbarer Irrtum über Aussagefreiheit muss aufgeklärt werden |
| – Taktisches Zurückhalten von Beweismitteln oder Ermittlungsergebnissen (müssen nicht schon zu Beginn der Vernehmung in vollem Umfang offengelegt werden) | – pauschale Behauptung, es läge eine erdrückende, zur Überführung ausreichende Beweislage vor, ohne Vorhalt bestimmter Beweise, obwohl nur ein Anfangsverdacht vorliegt, mit dem Ziel ein Geständnis zu erhalten |
| – Fragetechnik grundsätzlich nicht beschränkt:<br>– Beschuldigter darf gezielt in Widersprüche verwickelt werden<br>– Fangfragen | – Aber: Ggf. Suggestivfragen, z. B. wenn Vernehmende dem Beschuldigten durch ihre Fragestellung eine ihn angeblich entlastende Darstellung in den Mund legen, um, wenn sie bestätigt wird, daraus nachteilige Schlüsse zu ziehen |

Ferner regelt § 136 StPO Abs. 4, dass die Beschuldigtenvernehmung grundsätzlich audio- oder videografisch aufgezeichnet werden *kann* (Satz 1), dies aber geschehen *muss*, wenn der Tatvorwurf ein vorsätzliches Tötungsdelikt ist, der Beschuldigte unter erkennbaren „eingeschränkten geistigen Fähigkeiten" oder „einer schwerwiegenden seelischen Störung" leidet (Satz 2).

## 8.1 Allgemeines zur Vernehmungssituation und Aussage- und Geständnisbereitschaft

Eine Vernehmung ist nicht nur für Zeug:innen, sondern auch für Beschuldigte in den meisten Fällen (außer bei Mehrfach- oder Intensivtäter:innen) eine Ausnahmesituation (Hallenberger & Wagner, 2003). In vielen Fällen werden Beschuldigte erst durch die polizeiliche Vorladung zur Vernehmung von einem Tatvorwurf erfahren.

Bezüglich möglicher (nicht-intentionaler) Fehlerquellen in den Angaben aussagebereiter Beschuldigter und der gespeicherten Informationen gelten die gleichen Grundsätze wie bei Zeugenvernehmungen (vgl. Kap. 3; 4.2; 4.4; Brockmann, 2008). So können auch zur wahrheitsgemäßen Aussage motivierte Beschuldigte den gleichen Wahrnehmungsfehlern und Erinnerungsverfälschungen unterliegen wie Zeug:innen (vgl. auch Hallenberger & Wagner, 2003). Und natürlich gilt dies ebenso für Beschuldigte mit Aussagewiderstand. Beschuldigte sollten also – analog zur Zeugenvernehmung – dabei unterstützt werden, eine möglichst genaue und unverfälschte Aussage zu machen (d.h. insbesondere durch offene Fragen und Vermeidung von Suggestivfragen, Vorhalten oder Vorannahmen), um dadurch so viele erinnerten Informationen zum Tatgeschehen und zum Nachtatverhalten zu erlangen wie möglich (Brockmann, 2008).

Vor dem Hintergrund, dass bei der Vernehmung von Beschuldigten (im Unterschied zu Zeug:innen) schon von vornherein „aus strukturellen Gründen eine gewisse schuldverzerrte Ausgangssituation“ (Volbert & May, 2016, S. 7) vorliegt, da die Vernehmenden die beschuldigte Person auf Basis der bisherigen Ermittlungen als mögliche:n Täter:in in Betracht ziehen und dadurch mit einer bestimmten Voreinstellung in die Vernehmung gehen (Volbert & May, 2016), ist in besonderem Maße Offenheit gefordert. Konkret ist z.B. bewusst darauf zu achten, sich nicht zu früh auf eine Hypothese festzulegen, sondern immer auch alternative Hypothesen zu erwägen und zu prüfen bzw. entgegengesetzte Hypothesen explizit zu formulieren (vgl. Fahsing et al., 2021).

Volbert und May (2016) resümieren, dass weitgehend Einigkeit in der deutschen Vernehmungsliteratur zu finden sei, wie Vernehmungen mit der weniger herausfordernden Gruppe aussage- und kooperationswilliger Beschuldigter durchgeführt werden sollten – nämlich analog zur Zeugenvernehmung möglichst trichterförmig und unter Nutzung offener Erzählaufforderungen. Dagegen werfen sie die weit weniger konsensuell behandelte Frage auf, wie bei nicht kooperierenden Beschuldigten Aussagebereitschaft erzeugt werden soll bzw. nun konkret vorzugehen ist, wenn

Beschuldigte nicht von vornherein aussagewillig sind. Eine Aussage von Beschuldigten zu erhalten ist für die polizeilichen Ermittlungen oftmals von hoher Relevanz, sodass das Erzeugen und Aufrechterhalten von Aussagebereitschaft und das Erhalten einer möglichst umfangreichen Aussage der Beschuldigten als wichtiges Vernehmungsziel postuliert wird (z.B. Brockmann, 2008; Hallenberger & Wagner, 2003), selbst wenn die Tat den Beschuldigten aufgrund von Sachbeweisen bereits nachzuweisen ist (Hallenberger & Wagner, 2003). Ob und inwiefern es wiederum Aufgabe der Polizei ist, nicht aussagewillige Beschuldigte zu motivieren, auf ihr Schweigerecht zu verzichten und „wie die Förderung der Aussagebereitschaft im Verhältnis zum Recht der Beschuldigten zu schweigen steht" (Volbert & May, 2016, S. 6) ist eine in diesem Zusammenhang kritische Frage (Volbert & May, 2016).

Vor dem Hintergrund des eigentlichen inhaltlichen Vernehmungsziels ist die Förderung der **Aussagebereitschaft von der der Geständnisbereitschaft abzugrenzen**. Während Erstere inhaltlich neutral und ergebnisoffen vor allem auf die Kooperationsbereitschaft der Beschuldigten abzielt, überhaupt Angaben zum Sachverhalt zu machen, wird über die Förderung der Geständnisbereitschaft bereits eine inhaltliche Richtung bzw. ein konkretes Vernehmungsergebnis angestrebt (Volbert & May, 2016). Dadurch, dass das Vernehmungsziel auch unmittelbar – bewusst oder unbewusst – die Vernehmungsmethoden beeinflusst (vgl. Volbert & May, 2016), liegt es nahe, dass letzteres Vorgehen unter verschiedenen Aspekten besonders risikobehaftet ist (falsche Geständnisse, Confirmation Bias, suggestive Vernehmung etc.). Es erscheint besonders wichtig, dass sich Vernehmende ihr eigentliches Vernehmungsziel immer erneut bewusst machen, um der „Gefahr (...), dass die Förderung der Aussagebereitschaft in die Förderung der Geständnisbereitschaft übergeht" (Volbert & May, 2016, S. 6), gezielt entgegenzuwirken.

## 8.2 Mögliche Aussagehemmnisse

Es gibt verschiedene Faktoren auf Beschuldigtenseite, die sich negativ auf die Aussagebereitschaft auswirken können, wie z.B. die Angst vor der möglichen Sanktion; die Befürchtung des Verlusts von Sozialstatus; die Angst vor Ausgrenzung aus der Familie oder Gemeinschaft, wenn die Tat bekannt wird; das Ausspielen von Macht und Dominanz gegenüber der Polizei sowie eine rationale Kosten-Nutzen-Analyse, die die Beschuldigten erst mit ihrem Anwalt beraten müssen (Brockmann & Chedor, 1999). Auch Unsicherheiten über den

Ermittlungsprozess und das, was nun passiert, können eine Ursache sein, insbesondere wenn die Person zuvor noch nie polizeilich auffällig geworden ist (vgl. Principles of effective interviewing, 2021). Natürlich können auch mehrere dieser Motive gleichzeitig wirksam sein. Es ist aber hilfreich, herauszufinden, ob eine Motivlage besonders im Vordergrund steht, um bestmöglich darauf reagieren zu können.

Aussagehemmnisse können sich auf ganz unterschiedliche Weise äußern, entweder indem Beschuldigte von ihrem Schweigerecht Gebrauch und gar keine Angaben machen möchten oder indem sie (z.T.) falsche Angaben machen und/oder besonders schambehaftete oder belastende Aspekte aussparen oder den Tatvorwurf komplett leugnen (vgl. Heubrock & Donzelmann, 2010). Möglich ist ferner, dass Beschuldigte bezüglich einzelner Aspekte (nachweisbar) lügen oder Angaben verweigern, welche jedoch letztlich nichts mit dem Tatvorwurf zu tun haben, sondern wodurch sie andere unangenehme (soziale) Folgen verhindern wollen (z.B. wenn wegen eines Alibis gelogen wird, da ansonsten eine außereheliche Beziehung ans Licht kommen würde oder ein anderes geringfügigeres Delikt begangen wurde, z.B. Konsum illegaler Drogen). Das heißt, es kann sowohl bei unschuldigen als auch schuldigen Tatverdächtigen vorkommen, dass sie bezüglich bestimmter Aspekte des Sachverhalts lügen, sodass dies nicht notwendigerweise einen Hinweis darauf darstellt, dass jemand die Tat begangen hat (Gudjonsson, 2003).

Eine weitere Möglichkeit ist, dass Beschuldigte vorgeben, sich an die Tat (oder tatrelevante Details) nicht erinnern zu können. Dies kann zum einen (naheliegenderweise) motivationale Gründe haben, also ein motiviertes sich nicht erinnern wollen bzw. bloßes Vorgeben, sich nicht erinnern zu können, sein, beispielsweise aufgrund von Schamgefühlen bezüglich der Tat oder um die Belastung der eigenen Person zu minimieren bzw. weitere Befragungen zu umgehen. Es sind jedoch auch Situationen denkbar, in denen z.B. eine schwere Gewalttat für Täter:innen selbst traumatisch ist, sodass eine funktionelle Amnesie – und tatsächlich eine Erinnerungsunfähigkeit – vorliegt (Saimeh, 2014), was jedoch kritisch gesehen und die intendierte Vortäuschung eines Erinnerungsverlusts bei derartigen Behauptungen durch die Täter:innen in der überwiegenden Zahl der Fälle für wahrscheinlicher gehalten wird (dazu ausführlich Giger et al., 2012).

Während die Angst vor strafrechtlichen Sanktionen (und deren Konsequenzen, wie z.B. einen Eintrag ins Bundeszentralregister, aber auch Jobverlust) eher bei Ersttäter:innen (oder auch Beamt:innen) bzw. Personen, für die diese weitreichende Konsequenzen bedeuten würden, eine Rolle spielen wird (Brockmann & Chedor, 1999; Heubrock & Donzelmann,

2010), ist die Angst vor persönlichen Konsequenzen, wie dem Verlust oder der Abwendung von Familie, Kindern und Freund:innen insbesondere bei Sexualdelikten dominant (St-Yves & Deslauriers-Varin, 2009). Auch überwiegt die Angst vor persönlichen oftmals noch die vor strafrechtlichen Konsequenzen, da sie zum einen kurzfristiger eintreten und zum anderen die persönliche Integrität und das Selbstwertgefühl stärker tangieren (St-Yves & Deslauriers-Varin, 2009). Weitere Aspekte können auch drohende Konsequenzen in der (kriminellen) Subkultur sein, wenn z.B. ein Geständnis auch bedeutet, andere (mit) zu belasten, was von manchen als schlimmer empfunden wird als eine mögliche strafrechtliche Konsequenz (St-Yves & Deslauriers-Varin, 2009).

In einigen Fällen kann es zielführend sein, die bei den jeweiligen Beschuldigten dominierenden Ängste und ihre individuelle Motivlage zu erkennen und darauf einzugehen, um deren hindernde Wirkung ggf. positiv zu beeinflussen (Brockmann, 2008; St-Yves & Deslauriers-Varin, 2009). Keinesfalls darf dies jedoch durch (falsche) Versprechungen, Druck oder gar Drohungen geschehen (St-Yves & Deslauriers-Varin, 2009), sondern z.B. indem respektvoll ein Bewusstsein für mögliche Hinderungsgründe ausgedrückt wird (vgl. Principles of effective Interviewing, 2021). Wichtig ist, dass keine Minimierungstechniken[75] eingesetzt werden, die sich im Hinblick auf ein erhöhtes Risiko falscher Geständnisse als problematisch erwiesen haben (vgl. Kap. 8.6). Vielmehr kann das nicht Beantworten von Fragen oder die vollstände Verweigerung von Angaben (Gebrauch des Schweigerechts) auf einer bewussten Entscheidung der Beschuldigten beruhen, die dann zu akzeptieren ist, ohne dass ihnen dies negativ ausgelegt oder als Schuldeingeständnis gewertet wird (vgl. Principles of effective Interviewing, 2021).

Informationen, die zur Abschätzung eines Aussagewiderstands bzw. Einschätzung der individuellen Motivlage von Beschuldigten beitragen können, sind (Berresheim & Cappelmann, 2013; Brockmann & Chedor, 1999; Heubrock & Donzelmann, 2010)

- die Art des Delikts/die Schwere des Tatvorwurfs und die Umstände der Tat
- das Verhalten in der Vernehmung (Auftreten zu Beginn der Vernehmungen, widersprüchliche Angaben, Bagatellisieren etc.)
- persönliche Lebensumstände, Beziehungen, Abhängigkeiten und Loyalitätsverhältnisse
- vorherige Straffälligkeit, wiederholte Hafterfahrung

75 Manipulative Vernehmungstechnik, bei der die Konsequenzen eines Geständnisses „minimiert“ werden (zur näheren Erläuterung s. Kap. 8.6).

- bisheriges Verhalten in Vernehmungen und Umgang mit den Strafverfolgungsbehörden und
- die Persönlichkeit der Beschuldigten.

Insoweit ist es sehr wichtig, gut vorbereitet in die Vernehmung zu gehen (Brockmann & Chedor, 1999).

In Bezug auf die Geständnisbereitschaft werden individuelle, straftatbezogene und kontextuelle Einflussfaktoren diskutiert, die nicht isoliert betrachtet werden sollten, sondern insbesondere in Interaktion wirksam werden (z.B. Deslauriers-Varin et al., 2011; Houston et al., 2014; St-Yves & Deslauriers-Varin, 2009; vgl. Tab. 6). So erhöht beispielsweise eine starke Beweislage bei Ersttäter:innen die Wahrscheinlichkeit eines Geständnisses, wohingegen Mehrfachtäter:innen mit Unterstützung von Verteidiger:innen weniger geneigt sind zu gestehen (Deslauriers-Varin et al., 2011). Bei schwacher Beweislage wiederum, d.h. wenn die Beweise keinen Einflussfaktor für die Geständnisbereitschaft darstellen, scheinen insbesondere Personen, die zum Zeitpunkt der Vernehmung Single sind, eine schwerere Straftat begangen haben, diesbezüglich Reue empfinden, keine kriminelle Vorgeschichte haben und keine Verteidiger:innen zurate ziehen, die höchste Geständnisbereitschaft zu zeigen (Deslauriers-Varin et al., 2011).

Eine Vernehmung als Beschuldigte:r „kann unter psychologischen Gesichtspunkten als Stresssituation mit Coping-Bemühungen beschrieben werden“ (Steller & Volbert, 1997, S. 34), d.h. es handelt sich für Beschuldigte um eine Situation, die hohe (Leistungs-)Anforderungen an sie stellt, auf die sie in irgendeiner Form reagieren bzw. die sie bewältigen müssen (Steller & Volbert, 1997). Ein Geständnis kann vor diesem Hintergrund – sowohl im Falle eines wahren als auch falschen Geständnisses – als Bewältigungsversuch dieser hohen Anforderung verstanden werden (Steller & Volbert, 1997).

Während einige Faktoren sowohl bei unschuldigen als auch schuldigen Beschuldigten zu einem (falschen) Geständnis beitragen (z.B. die antizipierten Konsequenzen eines Geständnisses), scheinen laut einer Metaanalyse von Houston et al. (2014) bei wahren Geständnissen vor allem internale Faktoren, insbesondere Gefühle von Schuld und Reue, bei falschen Geständnissen vor allem externale Faktoren (z.B. sozialer Druck im Rahmen der Vernehmung) zu dominieren.

**Tabelle 6:** Mögliche Einflussfaktoren auf die Geständnisbereitschaft (nach Deslauriers-Varin et al., 2011; Houston et al., 2014; St-Yves & Deslauriers-Varin, 2009)

| **Individuell** | **Straftatbezogen** | **Kontextuell** |
|---|---|---|
| – Schuldgefühle und Reue bezüglich der Tat<br>– Persönlichkeitsprofil:<br>• Introvertiert → empfinden eher Schuldgefühle → gestehen eher aus internem Druck<br>• Extrovertiert (z.B. i.S. einer antisozialen oder narzisstischen Persönlichkeitsstruktur) → gesteht eher durch externe Faktoren (z.B. starke Beweise)<br>– Kriminelle Vorgeschichte: Mehrfachtäter:innen mit Erfahrung bezüglich Vernehmungen und Justizsystem sind weniger geneigt zu gestehen oder zu kollaborieren | – Leichte Taten leichter zu gestehen als schwere<br>– Sexualstraftaten besonders schwer zu gestehen | – Wahrnehmung der Stärke der Beweislage<br>– Abwägung potenzieller (beruflicher, persönlicher u. sanktionsbezogener) Konsequenzen<br>– Hinzuziehung von Verteidiger:innen<br>– Vernehmungssituation und -methoden (Rapport und eine vertrauensvolle Beziehung erhöhen Wahrscheinlichkeit) |
| | | – Durch die Vernehmenden potenziell beeinflussbar |

Zur Erhöhung der Aussagebereitschaft ist bei Beschuldigten wie auch bei Zeug:innen eine vertrauensvolle Gesprächsatmosphäre zentral. Bei einer positiven, angstfreien Beziehung zwischen Beschuldigten und Vernehmenden steigt auch die Wahrscheinlichkeit eines Geständnisses (vgl. Klein et al., 2005), wohingegen Vernehmende selbst aufgrund ihrer Haltung zum Hinderungsgrund werden können (St-Yves, 2006, zitiert nach St-Yves & Deslauriers-Varin, 2009).

## 8.3 Informationssammelnde Vernehmungsansätze

Die vielfältigen Vernehmungstechniken und -methoden lassen sich grundsätzlich in informationssammelnde (*information-gathering*) und konfrontativ-geständnisorientierte (*accusatorial, confession-focused*) Ansätze unterteilen, wobei sich diese insbesondere bezüglich der Gesprächsatmosphäre und Beziehungsgestaltung, der Nutzung manipulativer Gesprächstechniken und der Art der Beweispräsentation unterscheiden (Meissner et al., 2015).

**Konfrontativ-geständnisorientierte Vernehmungsansätze** bemühen sich typischerweise nicht um eine Herstellung von Rapport und Kooperation, sondern arbeiten vielmehr mit **emotionaler Provokation, Konfrontation und einer Atmosphäre der Einschüchterung und Isolation**. Beweise werden konfrontativ und schuldmaximierend präsentiert. Demgegenüber zielen **Informationssammelnde Ansätze** (z.B. das aus Großbritannien stammende PEACE-Modell; z.B. Milne & Bull, 1999) auf eine **ausführliche Rapport-Herstellung, möglichst geringe Konfrontation, eine strategische Darbietung von Beweisen** und einer Atmosphäre, die geeignet ist **Kooperation und Offenheit** zu begünstigen, ab (Meissner et al., 2015). Ein Beispiel für einen konfrontativ-geständnisorientierten Ansatz, der auf den genannten Prinzipien basiert, ist die umstrittene und u.a. wegen ihrer hohen Falsch-Geständnisrate vielfach kritisierte (z.B. Gudjonsson, 2003; Kassin, 2008b; Moore & Fitzsimmons, 2011) aus den USA stammende Reid-Technik (z.B. Inbau et al., 2001; 2013), die u.a. gezielt mit manipulativen bis hin zu täuschenden Techniken arbeitet (Gudjonsson, 2003; Moore & Fitzsimmons, 2011). Für die deutsche Rechtslage wird diese Technik weitgehend als mit § 136a StPO unvereinbar und von daher kritisch gesehen (Bundesregierung, 2014), wobei sich dennoch Hinweise finden lassen, dass sie gleichwohl z.T. noch gelehrt wird (Clemens et al., 2020; Schneider & May, 2021), was sehr kritisch zu bewerten ist.

Die forensische Forschung zeigt, dass sich informationssammelnde Vernehmungsansätze im Vergleich zu konfrontativen Ansätzen hinsichtlich ihres Potenzials, Einlassungen von Beschuldigten und eine höhere Diagnostizität zwischen wahren und falschen Geständnissen zu erhalten als effektiver erweisen (z.B. Meissner et al., 2012; Meissner et al., 2015). Sie sind prädestiniert dazu, offen in die Vernehmung einzusteigen und zu bleiben, wohingegen die konfrontativ-geständnisorientierten Ansätze einem „Tunnelblick“ und Confirmation Bias Vorschub leisten (Moore & Fitzsimmons, 2011).

Das Herstellen von Rapport kann, wie in der Zeugenvernehmung auch, einen wichtigen Grundstein legen, ermittlungsrelevante Informationen von Beschuldigten zu erhalten (Alison et al., 2013; Collins & Carthy, 2019). Die Rapportphase in der Beschuldigtenvernehmung muss nicht heißen „eine persönliche Beziehung zu dem Beschuldigten herzustellen oder diesen gar lieb zu gewinnen“ (Heubrock & Palkies, 2008, S. 604). Es geht vielmehr darum, eine tragfähige und von Wertschätzung und Interesse geprägte „Arbeitsbeziehung“ herzustellen, die es Beschuldigten ermöglicht, sich zu öffnen, da sie sich respektiert, ernst genommen und nicht vorverurteilt fühlen. Eine Grundhaltung, die dazu beiträgt, ist das aktive Zuhören (vgl. Kap. 4.4). Rapportherstellung in der Beschuldigtenvernehmung trägt zudem dazu bei, dass das Recht der Beschuldigten zu jedem Zeitpunkt selbst zu entscheiden, ob, was und wie viel sie sagen möchten, gewahrt wird – wohingegen manipulative Techniken genau dieses Recht untergraben (Principles of effective Interviewing, 2021).

Untersuchungen von Hermanutz und Litzcke (2012) ergaben, dass für eine Vernehmung oft die ersten drei Minuten entscheidend sind und es sich daher empfiehlt, diese in einem ruhigen, freundlichen und sachlichen Ton zu beginnen. Schon bei Vermittlung des Sachinhalts zu Beginn sollte darauf geachtet werden, dass die anderen „Seiten der Nachricht" (vgl. Kap. 3.1), insbesondere der Beziehungsaspekt, positiv mit angesprochen werden (vgl. Nettelnstroth, 2014). In diesem Zusammenhang sei darauf hingewiesen, dass auch der eigentlichen Vernehmung vorausgehende ggf. stattfindende „Vorgespräche" bereits Auswirkungen auf das Aussageverhalten und die Beziehungsgestaltung nehmen können und in jedem Falle genau zu dokumentieren sind.

Deliktabhängig wird es nicht immer leicht sein, ein Gefühl der Wertschätzung und des Respekts zu vermitteln (Hallenberger & Wagner, 2003). Gerade Tatschilderungen bezüglich der Misshandlung oder des sexuellen Missbrauchs von Kindern können stark emotionalisieren. Eine mögliche Ablehnung der beschuldigten Person darf diese jedoch nicht spüren. Zudem darf dies nicht zu einer Beeinträchtigung der Objektivität führen. Sollten Beamt:innen also bemerken zu große Probleme mit dem Delikt oder der beschuldigten Person zu haben, sollte die Vernehmung ggf. lieber an Kolleg:innen abgegeben werden (Hallenberger & Wagner, 2003).

**Das PEACE-Modell**

Das sogenannte PEACE-Modell ist ein informationssammelnder (untersuchender), nicht-konfrontativer Vernehmungsansatz, der in Großbritannien in Zusammenarbeit von Polizei, Psycholog:innen und Jurist:innen entwickelt wurde. PEACE steht für die Phasen der Vernehmung („Preparation and Planning", „Engage and Explain", „Account", „Closure" und „Evaluation"; z.B. Bull & Milne, 2004; Milne & Bull, 1999).

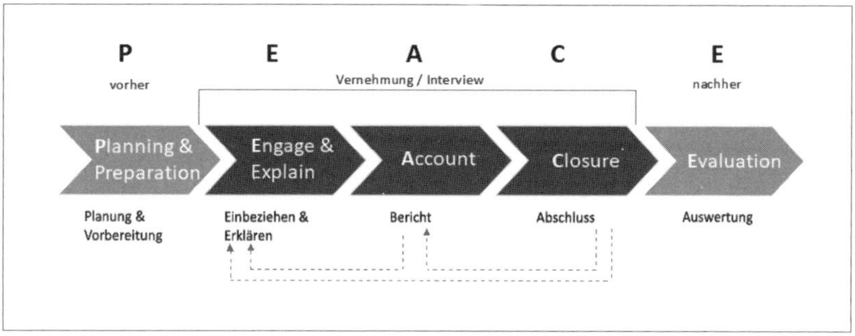


**Abbildung 7:** Schematische Darstellung der Phasen des PEACE-Modells (mod. nach Clarke & Milne, 2001)

Alle Phasen tragen zu einer gelingenden Vernehmung bei, die adäquate Durchführung jeder Phase des PEACE-Modells führt insgesamt zu besseren Vernehmungen (vollständigere Aussagen und Geständnisse). So hat bereits eine gute Vorbereitung einen positiven Effekt auf die gesamte Vernehmung und deren Ergebnisse (Walsh & Bull, 2010). Das Gelingen (oder eben nicht Gelingen) der einzelnen Phasen beeinflusst den Erfolg der weiteren, z.B. indem eine professionelle, unvoreingenommene Einführung in die Vernehmung und ein erfolgreicher Beziehungsaufbau zu Beginn die Aussagebereitschaft und das Erhalten eines detaillierten freien Berichts positiv beeinflusst und damit wahrscheinlicher macht (CTI, 2017).

Ein sehr guter und praxisnaher deutschsprachiger Leitfaden der untersuchenden Vernehmungstechnik in Anlehnung an das PEACE-Modell (im deutschen abgekürzt durch PEEKAA: [Planung und Vorbereitung, Einleitung und Beziehungsaufbau, Erster freier Bericht, Klärung und Präsentation, Abschluss, Auswertung] wurde von der Convention against Torture Initiative (CTI, 2017) entwickelt[76].

**Abbildung 8:** Phasen des untersuchenden Vernehmungsansatzes PEEKAA (eigene Darstellung nach CTI, 2017)

76 Dieser kann unter CTI-Training-Tool-1-Interviewing-2017-GER-Final.pdf (cti2024.org) abgerufen werden.

Bei aussagebereiten Beschuldigten liegt der Nutzen des informationssammelnden Ansatzes auf der Hand. Jedoch zeigte sich nicht nur, dass die Nutzung der Elemente des PEACE-Modells in der Vernehmung eher dazu führte, dass die Beschuldigten (vollständige) Angaben zu den ihnen vorgeworfenen Taten machen (Walsh & Bull 2010), sondern auch, das Leugnen der Beschuldigten zu überwinden (Walsh & Bull 2012; s.a. Meissner et al., 2015). Konfrontation und emotionsprovozierende Techniken hingegen, wie sie in den konfrontativ-geständnisorientierten Vernehmungsansätzen praktiziert werden, führen eher zum Aufrechterhalten des Leugnens bei Beschuldigten (May et al., 2021; Meissner et al., 2015; Walsh & Bull, 2012). Sie sind also weniger geeignet, das eigentliche Ziel des Informationserhalts zu erreichen. Darauf verweisen auch Studien, in denen verurteilte Straftäter:innen schwerer Straftaten (Sexualstraftaten und/oder Mord) dazu befragt wurden, welche Befragungsstrategien ihrer Einschätzung oder Erfahrung nach eher zum Einräumen begangener Taten führen: Während eine dominante Haltung der Vernehmenden eher zum Abstreiten der Tatvorwürfe beitrug, erhöht eine humane Vorgehensweise, strategische Beweispräsentation und eine respektvolle und ethischen Prinzipien folgende Vernehmung die Wahrscheinlichkeit eines Geständnisses und Einräumens der Tatvorwürfe (Holmberg & Christianson, 2002; Kebbel et al., 2010; analog für Deutschland: May et al., 2021). Darüber hinaus erhöhen die informationssammelnden Vernehmungsansätze die Diagnostizität bei Geständnissen, indem sie die Rate wahrer Geständnisse erhöhen und die falscher Geständnisse reduzieren (Meissner et al., 2014; Narchet et al., 2011).

Es empfiehlt sich also in der Beschuldigtenvernehmung – wie in Zeugenvernehmungen auch – wann immer möglich mit offenen Fragen und Aufforderungen zu weiteren Ausführungen zu ermuntern und nicht vorschnell mit Entgegnungen oder Vorhalten zu reagieren (z.B. auf die Aussage „Ich war zum Tatzeitpunkt gar nicht vor Ort“ statt „Es haben aber mehrere Zeugen angegeben, Sie dort gesehen zu haben“ besser zu fragen „Wo waren Sie denn dann?“; Brockmann & Chedor, 1999). Zudem kann es hilfreich sein, die Entscheidungsfreiheit der Beschuldigten wo immer möglich zu betonen, um Reaktanzeffekte[77], die zu einem Abblocken führen, zu vermeiden („Sie können natürlich völlig frei entscheiden, ob Sie hier was sagen und was und wie viel Sie sagen. Wir können Ihnen nur die Gelegenheit bieten, hier zu erzählen, wie es aus Ihrer Sicht gewesen ist, aber die Entscheidung liegt ganz bei Ihnen“, vgl. Brockmann & Chedor, 1999).

77 Das Konzept der Reaktanz (Brehm, 1966) bezieht sich auf eine menschliche Reaktion auf eine subjektiv erlebte Freiheitseinschränkung, z.B. durch Wegfall von Handlungsalternativen.

Bezüglich des Aufbaus psychischen Drucks, d.h. Beschuldigte mit mangelnder Glaubwürdigkeit zu konfrontieren, sie zu verunsichern, zu verstricken und in die Enge zu treiben, d.h. Stress und Kontrollverlust zu erzeugen (vgl. Brockmann & Chedor, 1999), ist Folgendes zu bedenken: Dies kann zu Unsicherheit und Hilflosigkeit der Beschuldigten führen, ihnen signalisieren, dass ihre Beeinflussungsmöglichkeiten gering sind und sie veranlassen, sich auf die Befriedigung unmittelbarer Bedürfnisse zu konzentrieren, wie dem Druck der Vernehmung zu entgehen, und schließlich zur Resignation in Form eines (Teil-)Geständnisses führen (vgl. Brockmann & Chedor, 1999). Problematisch ist jedoch, dass unter ebensolchen Bedingungen mit höherer Wahrscheinlichkeit auch falsche Geständnisse abgelegt werden, sodass sie – insbesondere bei Vorliegen entsprechender Risikofaktoren aufseiten der Person – risikobehaftet sind (vgl. Kap. 8.6). Zum anderen leistet eine solche auch aus ethischen Gesichtspunkten problematische Vorgehensweise – vor dem Hintergrund des in den meisten Fällen letztlich unbekannten Schuldstatus der Beschuldigten – Bestätigungstendenzen Vorschub und entspricht nicht einer ergebnisoffenen Herangehensweise.

**Wichtige Bausteine einer gelingenden, fairen und verwertbaren Vernehmung**

- Empathie, Offenheit, Unvoreingenommenheit, Respekt
- offene Gesprächsaufforderungen und aktives Zuhören
- die Bereitschaft zu jedem Zeitpunkt alternative Hypothesen aufzustellen und bisher verfolgte Hypothesen immer wieder zu revidieren sowie
- das Ziel einer möglichst objektiven, vollständigen Sachverhaltensaufklärung verfolgen (im Gegensatz zu dem Versuch, um jeden Preis ein Geständnis zu erhalten, oder eigene Hypothesen darüber, was passiert ist oder wer die Tat begangen hat zu bestätigen)

(vgl. z.B. Principles of effective Interviewing, 2021; St-Yves & Deslauriers-Varin, 2009)

Das Verhalten der Vernehmenden beeinflusst nicht nur das Aussageverhalten der Beschuldigten in der aktuellen Situation, sondern trägt auch nachfolgend zum Bild bei, das diese von der Polizei haben – ob sie sich gerecht behandelt, ernst genommen gefühlt und Vertrauen in die Strafverfolgungsbehörden haben – und kann sich so auch nachfolgend auf die Kooperationsbereitschaft (als Zeug:innen oder erneut Beschuldigte) auswirken (Sticher, 2016). Auch kann es Einfluss auf seine weitere Entwicklung und das Auseinandersetzen mit der Tat haben, wenn die Vernehmung als unterstützend erlebt wurde und zur Reflexion und zum Umdenken beigetragen hat, oder aber, im Falle einer subjektiv als negativ erlebten Erfahrung, zur weiteren Entfernung von den Normen führt, was wiederum den Einfluss strafrechtlicher Interventionen reduziert (Sticher, 2016).

**Vorteile eines untersuchenden Vernehmungsansatzes auf einen Blick** (vgl. CTI, 2017)

- sehr gut praktisch anwendbar
- entspricht ethischen Grundprinzipien
- ist besser als konfrontativ-druckausübende Ansätze geeignet, neue, verwertbare und zuverlässige Informationen, umfassende Angaben und ggf. ein valides Geständnis von Beschuldigten zu erhalten
- reduziert die Gefahr von Bestätigungstendenzen und einer auf der Schuldannahme basierenden Vernehmungsführung
- reduziert das Risiko falscher Geständnisse
- fördert die Beziehungsgestaltung zwischen Vernehmenden und Beschuldigten, trägt zu einem positiveren Bild und Vertrauen gegenüber der Polizei bei
- ist besser geeignet die Kooperationsbereitschaft der Beschuldigten auch in Zukunft aufrecht zu erhalten

## 8.4 Strategische Vernehmungsgestaltung und Beweispräsentation

Zur Einschätzung, ob Beschuldigte möglicherweise die Unwahrheit sagen, sollten keine nonverbalen Verhaltensweisen genutzt werden, da diese sich in der empirischen Forschung als ungeeignet erwiesen haben (vgl. Kap. 9.1). Vielmehr werden hier in der Forschung der letzten 15 Jahre strategische Befragungsstrategien diskutiert (z.B. Granhag & Hartwig, 2015; Ormerod & Dando, 2015; Vrij & Granhag, 2012), die auf **kognitive und verbale** und weniger auf verhaltens- oder erregungsbezogene Aspekte abzielen. Dies trägt dem Umstand Rechnung, dass eine Falschaussage höhere kognitive Anforderungen stellt als eine wahre Aussage. Es impliziert zudem eine Abkehr der eher „passiven" Beobachter:innenrolle zum möglichen Erkennen einer Lüge hin zu einer aktiveren Rolle, indem die Befragungssituation so gestaltet wird, dass Bedingungen geschaffen werden, in denen die Unterschiede im Aussageverhalten zwischen Lügenden und Wahr-Aussagenden deutlicher hervortreten (Hartwig et al., 2014; Vrij, 2015).

### 8.4.1 Gegenstrategien von Beschuldigten und Perspektivübernahme durch die Vernehmenden

In diesem Zusammenhang in der empirischen Forschung der letzten Jahre von Interesse sind sogenannte, von den Beschuldigten im Rahmen der Vernehmung eingesetzte, „counter-interrogation strategies“[78], d.h. ihre **Strategien der Vernehmung standzuhalten, möglichst wenige Informationen preis zu geben und überzeugend zu wirken** (z.B. Clemens et al., 2013; Granhag et al., 2015)[79]. Die Kenntnis derartiger Gegenstrategien der Beschuldigten und ihrer Herangehensweise an eine Vernehmung kann dazu beitragen, ihr Aussageverhalten besser vorherzusehen, die Befragungstechnik darauf auszurichten und in der Folge ggf. besser zwischen „wahren“ und „falschen“ Angaben zu unterscheiden (vgl. Clemens et al., 2013; Granhag et al., 2015). Granhag et al. (2015, S. 293) konstatieren sogar: „the best approach to an interrogation is to understand the counter-interrogation techniques as practiced by suspects“ [Die beste Herangehensweise an eine Vernehmung ist, die Gegenstrategien zu verstehen, die von Beschuldigten angewendet werden; eigene Übersetzung]. Dies impliziert eine **Perspektivübernahme durch die Vernehmenden**, ein Hineinversetzen in die möglichen kognitiven und verbalen Prozesse der Beschuldigten, z.B. ihrer Ziele in der Vernehmung, ihrer Wahrnehmung des Wissensstands der Ermittelnden, ihrer Aussagestrate-

---

78 Von May (2017, S. 65) wurde dafür der neutralere Begriff „interview strategy“ vorgeschlagen, da Beschuldigte nicht notwendigerweise „gegen“ die Vernehmenden arbeiten. Für den in der englischsprachigen Literatur verwendeten Begriff „counter-interrogation strategy“ werden in deutschsprachigen Publikationen die Begriffe „Gegenstrategien“ (z.B. May, 2017) oder „Aussagestrategien“ (z.B. May, 2021) verwendet.

79 Eine solche Herangehensweise wurde bereits von Hanns Scharff (1907–1992) im Rahmen seiner Befragungsmethoden bei der Luftwaffe während des 2. Weltkriegs praktiziert, mit denen es ihm gelang, dass die befragten Gefängnisinsassen mehr Informationen preisgaben, als sie eigentlich vorhatten (Luke, 2020). Scharff hatte schon damals, im Einklang mit der heutigen empirischen Forschung (s.o.), eine freundliche, humane Befragungsmethode einer aggressiven, Druck ausübenden vorgezogen und damit erheblichen Erfolg im Gewinnen von Informationen. Ein Kernaspekt seiner „Methode“ ist das Hineinversetzen in das zu vernehmende Gegenüber, um dessen Ziele und Gegenstrategien, der Vernehmung standzuhalten und möglichst keine (neuen) Informationen zu offenbaren, zu identifizieren und sich diese gezielt zunutze zu machen (Granhag, 2010, zit. nach Oleszkiewicz et al., 2014). Als solche von den Befragten dominierende „counter-interrogation strategies“ wurden von ihm insbesondere die Haltung, nichts in der Vernehmung Preis zu geben, der Versuch, herauszufinden, was die Vernehmenden genau wissen wollen und eben dies dann nicht Preis zu geben sowie die Annahme, dass es sinnlos sei, Informationen zurückzuhalten oder zu bestreiten, die den Vernehmenden sowieso schon bekannt seien, identifiziert (Scharff, 1950; Toliver, 1997; s.a. Oleszkiewicz et al., 2014). Scharffs Techniken zielten unmittelbar auf diese Gegenstrategien ab. Wesentlicher Bestandteil dabei war, beim Gegenüber die Wahrnehmung zu erzeugen, eigentlich schon alles zu wissen und die Person dadurch dazu zu bewegen, unwissentlich zuvor unbekannte Informationen zu präsentieren (May & Granhag, 2016; Oleszkiewicz et al., 2014).

gien sowie ihrer möglichen daraus resultierenden verbalen Äußerungen (s. dazu May, 2017).

Als zentral für eine solche strategische Befragung/Vernehmung werden fundierte Kenntnisse darüber angesehen, wie lügende und wahraussagende Beschuldigte jeweils an eine Vernehmung herangehen, welche Strategien sie einsetzen, um glaubhaft zu erscheinen bzw. von ihrer Unschuld zu überzeugen, und inwiefern sich die Strategien unterscheiden, je nachdem ob Beschuldigte lügen oder die Wahrheit sagen (Granhag et al., 2015).

Sowohl lügende als auch wahraussagende Beschuldigte werden in einer Vernehmung das Ziel verfolgen, dass ihnen geglaubt wird, sich jedoch in ihrem Aussageverhalten, um dieses Ziel zu erreichen, und ihrer Bereitschaft, Informationen preiszugeben, unterscheiden (Clemens et al., 2013). Eine weitere „counter-interrogation strategy", bezüglich der sich lügende und wahraussagende Beschuldigte unterscheiden, besteht in der gezielten Vorbereitung der Vernehmung bzw. ihrer Aussagen (indem sie sich z.B. etwas zurechtlegen, ein Alibi erfinden etc.) (z.B. Clemens et al., 2013; Hartwig et al., 2014; Hartwig et al., 2007; Hines et al., 2010) und ihrem Bestreben zu antizipieren, welche Informationen von ihnen erfragt werden bzw. über welchen tatbezogenen Kenntnisstand die Vernehmenden bereits verfügen.

Basierend auf der Theorie der Selbstregulation (z.B. Fiske & Taylor, 2020; Forgas et al., 2009), gemäß der Menschen sich Ziele setzen, ihr darauf ausgerichtetes Verhalten planen und es zielorientiert überwachen, wird davon ausgegangen, dass Beschuldigte in einer Vernehmung ein spezifisches übergeordnetes Vernehmungsziel haben, das die von ihnen eingesetzten (vorher zurechtgelegten) Aussagestrategien („counter-interrogation strategies") beeinflusst und diese wiederum ihr Aussageverhalten (d.h. ob, welche und wie viele Informationen preisgegeben/vermieden werden) beeinflussen (Granhag et al., 2015; May, 2017; s.a. May 2021). So werden beispielsweise unschuldige Beschuldige, die von ihrer Unschuld überzeugen wollen, wahrscheinlich als Aussagestrategie verfolgen, alle ihnen bekannten Informationen wahrheitsgemäß zu berichten, wohingegen schuldige Beschuldigte, die ebenfalls für unschuldig gehalten werden möchten, eher so wenige Informationen wie möglich (ggf. nur die, die den Vernehmenden sowieso bereits bekannt sind) sowie falsche Angaben berichten werden (vgl. May, 2021). Das Berichten falscher Informationen, z.B. um eine Straftat zu verdecken, birgt dabei immer das Risiko, dass die Vernehmungsbeamt:innen über diesbezügliche Informationen/Beweise verfügen und das Ziel, glaubhaft zu wirken dadurch gefährdet ist (Granhag et al., 2015).

Während **Lügende also gezieltes Informationsmanagement** betreiben müssen (z.B. indem sie kritische Informationen zurückhalten, um glaubwürdig zu erscheinen, jedoch gewisse Angaben preisgeben und dabei immer das Risiko ausbalancieren müssen, dass die Vernehmenden wissen, dass es so nicht gewesen sein kann), wird von **Wahr-Aussagenden**, die ja nichts zu „verstecken“ oder zu befürchten haben, angenommen, dass sie **unbefangener und mitteilsamer** sind (Hartwig et al., 2014; Granhag & Hartwig, 2015). Auch die von Beschuldigten wahrgenommene Beweislage (gegen sie) wird als Einflussfaktor auf die von ihnen gewählte Aussagestrategie angenommen (Granhag et al., 2015).

Die gewählten Strategien können sich während der Vernehmung ändern, in Abhängigkeit davon, ob die Beschuldigten ihr Ziel mit den (bisher eingesetzten) Strategien erreicht haben oder nicht (und sie diese dann ggf. anpassen müssen) (dazu ausführlich May, 2021).

Wie deutlich wird, sind die hier dargestellten Ansätze und Vorgehensweisen der strategischen Vernehmung nur bei Beschuldigten einsetzbar, die nicht von ihrem Schweigerecht Gebrauch machen, sondern sich entschieden haben, zumindest in einem gewissen Umfang Einlassungen zu machen (Granhag & Hartwig, 2015).

### 8.4.2 Das Stellen nicht antizipierbarer Fragen

Eine in diesem Kontext diskutierte Strategie ist das Stellen nicht-antizipierbarer Fragen, um die Vorbereitung lügender Beschuldigter (d.h. ihre „counter-interrogation strategy“) in der Vernehmung zu konterkarieren. So ist davon auszugehen, dass lügende Beschuldigte bestrebt sein werden, mögliche Fragen der Vernehmenden vorherzusehen und ihre falsche Aussage so weit wie möglich vorzubereiten und zu planen (Hartwig et al., 2007), was jedoch in der Regel nicht bezüglich aller Aspekte gelingen wird. Das heißt, die positiven Effekte des Planens können nur ihre Wirkung entfalten, wenn die Beschuldigten korrekt vorhersehen, welche Fragen ihnen in der Vernehmung gestellt werden (Clemens et al., 2013; Vrij, 2015). Wenn Vernehmende also sowohl „erwartbare“ als auch nicht erwartbare Fragen (zu zentralen Themen des Sachverhalts) stellen, wird die Beantwortung letzterer Wahr-Aussagenden leichter fallen als Falschaussagenden (Clemens et al., 2013; Lancaster et al., 2013). Bei lügenden Beschuldigten werden die Angaben zu solchen nicht vorbereiteten, unerwarteten Fragen, zu denen die Antworten spontan gegeben werden müssen, wahrscheinlich inkonsistenter mit den vorherigen Angaben und weniger plausibel und detailliert ausfallen (Vrij & Granhag, 2012; Vrij et al., 2009). Während Fragen zur Intention beispielsweise zu den erwartbaren Aspekten gehören, sodass sich Lügende und Wahraussagende in deren Beantwortung nicht unterscheiden, werden Fragen zur Planungsphase nicht erwartet (und entsprechend dazu im Vorfeld auch keine Antwort zurechtgelegt) (z.B. Clemens et al., 2013). Als weitere, nicht antizipierte Fragen konnten z.B. solche zu räumlichen und zeitlichen (z.B. „wer war zuerst mit dem Essen fertig, Sie oder Ihr Freund") Aspekten sowie die Aufforderung, eine Skizze zu erstellen, identifiziert werden (Vrij et al., 2009; Vrij, 2015). Hat sich also z.B. eine Person im Vorfeld ein Alibi zurechtgelegt, ist zu erwarten, dass sie differenzierte Angaben zu den erwartbaren Aspekten macht, ihre Angaben bei den nicht antizipierten jedoch brüchig werden. Natürlich bleibt immer die Option anzugeben, dies nicht zu wissen, was allerdings bei zentralen Aspekten der Situation ebenfalls Misstrauen hervorrufen würde (vgl. Vrij, 2015).

Neben bestätigenden Befunden dieser Annahmen (z.B. von Lancaster et al., 2013; Vrij et al., 2009), sind die Befunde von z.B. Parkhouse und Ormerod (2018) bezüglich der praktischen Nutzbarkeit (ob also Vernehmende, die unerwartete Fragen nutzen, auf die lügende Beschuldigte ggf. die entsprechenden verbalen Hinweise auf eine Lüge zeigen, dies auch tatsächlich erkennen und zu einem richtigen Urteil bezüglich des Wahrheitsstatus kommen) weit weniger enthusiastisch: In ihrer experimentellen Studie lag die Einschätzung einer Aussage als wahr oder erfunden unter Rückgriff auf diese Technik bei den Befragenden selbst lediglich auf dem Zufallsniveau. Der Vorteil der Technik war auf die spätere Analyse der Transkripte durch unabhängige Beobachter:innen beschränkt (insbesondere, wenn die Fragen auf räumliche oder zeitliche Aspekte abzielten), bezog sich also nicht auf die Befragungssituation selbst. Den Befunden von Parkhouse und Ormerod (2018) zufolge betrifft die Erhöhung der kognitiven Anforderung durch unerwartete Fragen allerdings nicht nur die Lügenden, sondern auch die Wahr-Aussagenden, sodass die Autoren auf die Gefahr hinweisen, dass ein extensiver Nutzen unerwarteter Fragen das Risiko erhöhen könnte, Wahr-Aussagende fälschlicherweise als Lügende einzuschätzen (Parkhouse & Ormerod, 2018).

Auch eine aktuelle Metaanalyse zu den kognitiven Ansätzen zur Identifikation von Lügen (die sich im Hinblick auf die Technik des Stellens unerwarteter Fragen auf vier Studien bezieht; Mac Giolla & Luke, 2021) kommt zu dem Schluss, dass diese Technik mit einer „Trefferquote" (*accuracy*) von knapp 63 % nur eine leichte Verbesserung im Vergleich zum Zufallsniveau bringt. Als entscheidend erwies sich für die kognitiven Ansätze, dass Personen Kenntnis darüber haben, worauf sie konkret zu achten haben (d.h. welche verbalen Hinweise geeignet sind, um zwischen wahren und gelogenen Aussagen zu unterscheiden – nur dann verbessert sich die Trefferquote auf bis zu 75 % (Mac Giolla & Luke, 2021).

Bezüglich der Art der Fragen (offene vs. geschlossene, spezifischere) und deren mögliche Hinweise auf Lügen/Bestreiten der Beschuldigten fanden Hartwig et al. (2011), dass offene Fragen, die zu freien Berichten führen, bei bestreitenden/lügenden Beschuldigten zu Auslassungen führen (d.h. belastende Aspekte werden weggelassen). Dagegen entstanden durch geschlossene, auf spezifische Aspekte zielende Fragen (die angewandt werden, um die Antworten mit der vorliegenden Beweislage abzugleichen) starke Widersprüche mit der Beweislage. Aus diesem Grund kann ein gezielter, strategischer Einsatz solcher geschlossenen Fragen – trotz aller sonstigen Probleme mit ebensolchen im Rahmen von Zeugenvernehmungen – hilfreich sein, um verbale Hinweise auf Lügen zu erzielen (Hartwig et al., 2014).

Bei der Vernehmung von zwei Beschuldigten, von denen angenommen wird, dass sie nicht die Wahrheit sagen oder sich bezüglich ihrer Aussage abgesprochen haben, besteht eine mögliche Strategie darin, die Inkonsistenzen zwischen den Aussagen dadurch zu erhöhen, dass sie parallel vernommen und mit den gleichen nicht vorhersehbaren Fragen zu zentralen Aspekten des Ereignisses konfrontiert werden (die sie dann sehr wahrscheinlich nicht vorbesprochen haben können): So führte der Vergleich der Antworten auf solche nicht von den Beschuldigten antizipierbaren Fragen inklusive der Aufforderung eine Zeichnung der in Frage stehenden Szene zu erstellen, in einer Studie von Vrij et al. (2009) zu einer verbesserten Unterscheidungsmöglichkeit zwischen gelogenen und wahren Aussageanteilen. Darüber hinaus fallen abgesprochene Aussagen (von mehreren Zeug:innen oder Beschuldigten) dadurch auf, dass sie konsistenter ausfallen als die von unabgesprochenen, eigenen Erinnerungen folgenden und um Wahrheit bemühten Aussagepersonen (Vrij et al., 2009). Das heißt im Umkehrschluss, dass zu ähnliche, zu „glatte" Aussagen von zwei Personen zum gleichen Ereignis mehr Anlass zu Misstrauen sein sollten als solche, in denen kleinere Uneinheitlichkeiten bestehen – ähnlich, wie dies auch für die exakt gleiche Wiedergabe der eigenen Aussage zu verschiedenen Aussagezeitpunkten gilt, da dies eher für Auswendiglernen als für normale Erinnerungstätigkeit spricht (vgl. Ausführungen zur Konstanzanalyse im Rahmen der Glaubhaftigkeitsanalyse in Kap. 10.3).

### 8.4.3 Strategische Beweispräsentation (Strategic Use of Evidence Technique)

Eine wichtige Frage im Rahmen der Beschuldigtenvernehmung ist, zu welchem Zeitpunkt und auf welche Weise den Beschuldigten belastende Beweise präsentiert werden sollten, um unschuldige von schuldigen Tatverdächtigen zu differenzieren (Hartwig et al., 2014). Entsprechende Studien verweisen darauf, dass eine frühe Konfrontation der Beschuldigten mit den belastenden Beweisen sich gegenüber einer späteren als nachteilig erweist, insbesondere, da schuldige Tatverdächtige diese Informationen dann in ihre Darstellung einbauen und mehr oder weniger plausible Erklärungen dafür liefern können, weshalb es wiederum schwieriger ist, sie von zu Unrecht Beschuldigten zu unterscheiden (z.B. Hartwig et al., 2005; Jordan et al., 2012; ausführlich dazu Hartwig et al., 2014). Die zugrunde liegende Annahme einer späteren, strategischen Beweispräsentation ist, dass dadurch Inkonsistenzen zwischen den Angaben der Beschuldigten und der vorhandenen (den Beschuldigten bis dato unbekannten) Beweislage entstehen, die als Hinweis darauf gewertet werden können, dass diese lügen (Hartwig et al., 2005).

Der **„Strategic Use of Evidence“ (SUE) Ansatz** basiert auf den in Kap. 8.4.1 genannten Prinzipien, d.h. der Annahme kognitiver Unterschiede zwischen Lügenden und Wahr-Aussagenden, einer unterschiedlichen psychischen Voraussetzung und Verfassung, mit der diese in eine Vernehmung gehen, und infolgedessen unterschiedlicher von ihnen eingesetzter Strategien, um Vernehmende von ihrer Unschuld zu überzeugen (Hartwig et al., 2014). Zentral bei diesem Ansatz ist, welchen Wissensstand bezüglich des infrage stehenden Sachverhalts Beschuldigte bei den Vernehmenden vermuten bzw. wahrnehmen und inwiefern diese Wahrnehmung ihre Gegenstrategien und daraus resultierend wiederum ihr Aussageverhalten beeinflusst (Granhag & Hartwig, 2015; May et al., 2017). Das heißt: Basierend auf der Annahme, was die Vernehmenden bereits wissen, werden Beschuldigte ihre Informationspreisgabe ausrichten. Nimmt jemand an, dass die Vernehmenden gar nichts wissen, wird er/sie eine zurückhaltende Strategie wählen. Geht er/sie jedoch davon aus, dass die Vernehmenden bestimmtes Wissen sowieso bereits haben, wird er/sie diese Informationen offenlegen, um kooperativ zu erscheinen, ohne dabei (vermeintlich) etwas Neues darzubieten (Granhag & Hartwig, 2015; May et al., 2017). Ziel der unter der „strategic use of evidence“ zu subsumierenden Techniken ist es, durch eine strategische und planvolle Strukturierung der Vernehmung und der Darbietung von Informationen und Beweisen verbale Hinweise auf Lügen der Beschuldigten in Form von Diskrepanzen zur bekannten Informations- und Beweislage zu „produzieren“ (Hartwig et al., 2014) und (auch von wenig aussagebereiten Beschuldigten) neue tatbezo-

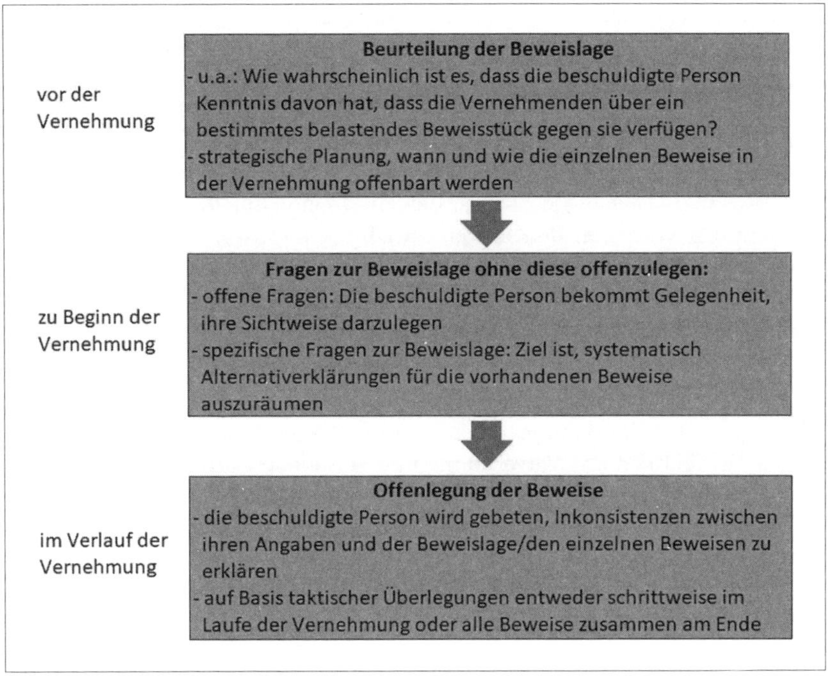


**Abbildung 9:** Schematischer Ablauf der strategischen Beweispräsentation (eigene Darstellung nach Clemens et al., 2020, S. 55/56)

gene Informationen zu erhalten (May et al., 2017). Eine Voraussetzung ist, dass die Beschuldigten zu Beginn der (ersten) Vernehmung keine Kenntnis der Beweislage haben, da sie diese Informationen ansonsten in ihre Angaben integrieren könnten (Clemens et al., 2020; Granhag & Hartwig, 2015).

Auf strategischer Ebene umfasst der SUE-Ansatz vier allgemeine, fallunabhängige Prinzipien: (1) die von den Beschuldigten wahrgenommene Beweislage, (2) die daraufhin von ihnen eingesetzten Aussagestrategien (*counter-interrogation strategies*), (3) ihre daraus resultierenden verbalen Äußerungen und (4) eine Perspektivübernahme durch die Vernehmenden (Granhag & Hartwig, 2015). Letztere betrifft alle drei anderen, auf die Beschuldigten bezogenen Grundprinzipien: So sollten die Vernehmenden versuchen die Wahrnehmung der Beweislage durch die Beschuldigten in Erfahrung zu bringen bzw. zu erschließen und die von den Beschuldigten angewandten Aussagestrategien sowie ihre verbalen Äußerungen vorherzusagen (Granhag & Hartwig, 2015). Auf taktischer Ebene[80] (die konkreter und fallspezifischer ist als die strategische) bezieht sich der Ansatz auf (1) eine Beurteilung der Beweislage vor der Vernehmung[81], (2) die dazu gestellten Fragen und (3) die Offenlegung der Beweislage (dazu ausführlich Granhag & Hartwig, 2015). Die Effektivität einer strategischen Beweispräsentation, insbesondere die Überlegenheit einer späteren (oder schrittweisen) Präsentation der Beweise im Gegensatz zu einer Beweis-Offenlegung direkt zu Beginn der Vernehmung wurde in den letzten 15 Jahren empirisch bestätigt (für eine Metaanalyse s. Hartwig et al., 2014; Oleszkiewicz & Watson, 2021). Es ist also von Vorteil, wenn eine beschuldigte Person in der Vernehmung zunächst uninformiert über die Beweislage ist (Oleszkiewicz & Watson, 2021).

Unter strategischen Aspekten der Vernehmungsgestaltung zur Gewinnung neuer tatrelevanter Informationen bei leugnenden Beschuldigten verglichen May et al. (2017) im Rahmen einer experimentellen Studie ($N = 88$) drei verschiedene Taktiken der Verwendung und zeitlichen Darbietung von Beweisen: Die Offenlegung der (belastenden) Beweise direkt zu Beginn der Vernehmung, gefolgt von der offenen Aufforderung, diese zu erklären (early disclosure technique) sowie zwei strategischen Techniken der Verweisverwendung (Strategic Use of Evidence, SUE), die darauf abzielen, bei der beschuldigten Person eine Überschätzung des Wissens der Vernehmenden über die Tat zu erzeugen und dadurch deren Antwortverhalten (im Hinblick auf die Offenlegung weiterer Details) positiv zu beeinflussen (May et al., 2017). Der strategische Einsatz der vorhandenen Beweise läuft so ab, dass zunächst Inkonsistenzen zwischen den Beweisen und den Angaben der Beschuldigten „erzeugt“ werden, indem diese zu den Beweisen befragt werden ohne diese offen zu legen, d.h. (schuldige, leugnende) Beschuldigte werden sehr wahrscheinlich Informationen zurückhalten, da sie keine Kenntnis darüber haben, dass den Vernehmenden Beweise vorliegen[82]. Daraufhin werden den Beschuldigten diese Inkonsistenzen aufgezeigt, wodurch sie bemerken, dass die Vernehmenden über mehr Wissen verfügen, als sie vorgegeben haben,

80 Ein ausführliches Beispiel zum konkreten Ablauf auf taktischer Ebene über mehrere Phasen findet sich bei Granhag und Hartwig (2015, S. 241–243).

81 Dies betrifft u.a. auch die Frage, ob den Beschuldigten die vorhandenen Beweise bekannt sein können oder nicht (Clemens et al., 2020).

82 Fragen zu vorhandenen, nicht offen gelegten Beweismitteln zu stellen kann insofern auch eine geeignete Strategie sein, um einzuschätzen, ob jemand wahre oder falsche Angaben macht bzw. die Tat oder Aspekte derselben leugnet. Während bei wahr aussagenden nicht leugnenden Beschuldigten größere Übereinstimmungen und wenig(er) Inkonsistenzen zwischen ihren Angaben und der vorhandenen Beweislage zu erwarten sind, entstehen diese Inkonsistenzen bei den (fälschlich) Leugnenden gerade dadurch, dass sie die Preisgabe möglicherweise belastender Informationen zurückhalten oder falsche Angaben machen (vgl. Hartwig et al., 2014).

was wiederum dazu führt, dass sie annehmen, dass dies auch auf andere Aspekte, die noch gar nicht thematisiert wurden, zutrifft. Ziel ist also, dass Beschuldigte aus dieser „Lernerfahrung" heraus das Vorwissen der Vernehmenden insgesamt überschätzen und in der Folge von einer informationszurückhaltenden zu einer eher -offenbarenden Strategie übergehen, sodass schließlich, wenn die Vernehmenden Fragen zu den Tataspekten stellen, über die ihnen Wissen fehlt, neue Informationen preisgegeben werden, von denen die Beschuldigten ausgehen, dass diese den Vernehmenden sowieso bereits bekannt seien (May et al., 2017). So fanden Tekin et al. (2016) eine positive Korrelation zwischen der Annahme über die den Vernehmenden bereits bekannten Informationen und der Menge an preisgegebenen „kritischen" Informationen, d.h. je höher die Informationslage bei diesen eingeschätzt wird, desto mehr Informationen geben Beschuldigte preis.

**Beispiel für die strategische Präsentation von Beweisen**

**Polizistin:** „Habe ich Sie richtig verstanden, dass Sie gesagt haben, niemals am Tatort gewesen zu sein?"

**Beschuldigte:** „Ja, das stimmt."

**Polizistin:** „Und habe ich Sie richtig verstanden, niemals eine Schusswaffe in der Hand gehabt zu haben?"

**Beschuldigte:** „Ja, das stimmt."

**Polizistin:** „Unsere Kolleg*innen am Tatort haben dort Fingerabdrücke an der Schusswaffe sichergestellt, die mit Ihren übereinstimmen. Bitte erklären Sie mir, wie Ihre Fingerabdrücke an die Waffe am Tatort gelangt sein könnten." (CTI, 2017, S. 9)

In Erweiterung vorheriger Studien (z.B. Tekin et al., 2015; Tekin et al., 2016) verglichen May et al. (2017) eine SUE-Bedingung, in der der Einstieg in die Vernehmung konfrontativ und unpersönlich gestaltet wurde („business-like manner") und die Offenlegung der Inkonsistenzen zwischen Aussage und Beweisen ohne Gelegenheit für die Beschuldigten erfolgte, darauf zu reagieren oder dies zu kommentieren. Die andere SUE-Bedingung zeichnete sich im Gegensatz dazu dadurch aus, dass die Vernehmenden mit einer unvoreingenommenen, nicht von der Schuld der Beschuldigten ausgehenden Haltung in die Vernehmung einstiegen und die Inkonsistenzen zwischen Beweisen und Aussagen der Beschuldigten so gestalteten, dass die Beschuldigten jeweils darauf reagieren konnten, worauf die Vernehmenden wiederum eingingen. Die Befunde zeigten, dass diese nicht-konfrontative strategische Beweisverwendung besonders geeignet war, die Mitteilsamkeit und Gesprächsbereitschaft der Beschuldigten über die Beweise zu erhöhen und neue, zuvor unbekannte

Informationen zu erhalten. So berichteten 48 % der Beschuldigten mehr als die Hälfte der ihnen verfügbaren Informationen zur Tat (im Vergleich 28 % bei der frühen Beweisoffenlegung [early disclosure]). Zudem fühlten sich die Vernommenen respektvoller behandelt und empfanden die Befragenden als freundlicher (May et al., 2017). In der Summe kann also eine neutrale und unvoreingenommene Haltung bei Eröffnung von Inkonsistenzen zu einer förderlichen Gesprächsatmosphäre beitragen, die zu einer Verhaltensanpassung bzw. einem Strategiewechsel bei Beschuldigten führt und deren Bereitschaft zur Informationspreisgabe erhöht (Alison et al., 2013; May et al., 2017).

Eine aktuelle deutsche Studie zur (möglichen) Umsetzung der SUE-Technik in Deutschland (Clemens et al., 2020) zeigte auf Basis einer Befragung von Polizeibeamt:innen, dass nur eine Minderheit (ein Fünftel der Befragten) im Rahmen von Ausbildung und Studium etwas über die Verwendung von belastendem Beweismaterial in Vernehmungen gelernt hatte. Einzelne Elemente der SUE-Technik waren den Befragten zwar bekannt, wenn sie Überschneidungen zu anderen Vernehmungstechniken aufwiesen, sie wurde jedoch nicht unterrichtet. Auf der anderen Seite wurden wenige bis gar keine Hinderungsgründe gesehen, die Technik der strategischen Beweispräsentation (SUE) im Rahmen von Vernehmungen einzusetzen. Entsprechend ist hier Potenzial vorhanden, die aktuelle Vernehmungslehre und -praxis unter Rückgriff auf (u.a.) diesen evidenzbasierten Ansatz zu verbessern (Clemens et al., 2020).

## 8.5 Jugendliche als Beschuldigte

Bezogen auf das Jahr 2021 sind laut polizeilicher Kriminalstatistik (BKA, 2022d) in der Bundesrepublik Deutschland über alle Straftaten insgesamt 47 001 Kinder unter 14 Jahren, 113 526 Jugendliche (14–18 Jahre) sowie 117 982 Heranwachsende (18–21 Jahre) als Tatverdächtige in Erscheinung getreten. Relativ zur Gesamtzahl der ermittelten Tatverdächtigen (knapp 1,9 Millionen in 2022) waren etwa 15 % Kinder/Jugendliche/Heranwachsende unter 21 Jahren, sodass polizeiliche Ermittlungen und Vernehmungen im Hinblick auf diese Altersgruppe zahlenmäßig kein seltenes Phänomen darstellen. Während es bei Kindern (als Zeug:innen) eher um die Frage der Aussagefähigkeit geht, steht bei Jugendlichen (als Beschuldigte, aber auch als Zeug:innen) eher die Aussagebereitschaft infrage (Kraheck-Brägelmann, 1993). Hier können entwicklungsbedingt verschiedene Aspekte eine Rolle spielen, die in den folgenden Abschnitten beleuchtet werden.

### 8.5.1 Entwicklungspsychologische Aspekte der Pubertät und Adoleszenz

Zu den zentralen Entwicklungsaufgaben in der Jugend bzw. Adoleszenz[83] zählen die Entwicklung der (Geschlechts-)Identität, von Zukunftsperspektiven und schulischen/beruflichen und sozialen Kompetenzen, die Ablösung von den Eltern, das Eingehen von sozialen Beziehungen zu Gleichaltrigen und ersten Paarbeziehungen sowie die Entwicklung eines eigenen Normen- und Wertesystems (vgl. Eschenbeck & Knauf, 2018). Die Phase ist gekennzeichnet durch eine innere Unsicherheit (Reinfried, 2017) sowie kognitive und psychosoziale Unreife, was sich insbesondere durch impulsive Entscheidungen, die Bereitschaft zu riskantem Verhalten, die geringere Ausrichtung auf langfristige Ziele und Konsequenzen, die erhöhte Empfänglichkeit für negative Einflüsse und Einflüsse durch Gleichaltrige äußert (Kassin et al., 2010). Zudem ist diese Phase gekennzeichnet durch ein Streben nach neuen Erfahrungen, „Herumexperimentieren“, Sich-Ausprobieren und Abwechslung. Es dominieren starke Gefühle (vgl. Konrad et al., 2013). Das jugendtypische Verhalten ist u.a. Ausdruck der Autonomieentwicklung und Bestandteil der Ablösung von der Ursprungsfamilie. Zudem erfüllt die Abgrenzung und das Auflehnen gegenüber den Eltern, Erwachsenen allgemein und gegenüber gesellschaftlichen Verhaltensnormen die Funktion, eigene Ansichten und Haltungen zu entwickeln (Reinfried, 2017).

Dazu zeigen neurobiologische Befunde, dass es in dieser Lebensphase zu einer dynamischen Reorganisation des Gehirns kommt, in der unterschiedliche Reifungsstadien verschiedener Hirnareale das Risikoverhalten Jugendlicher begünstigen: So entsteht ein Ungleichgewicht zwischen der früheren Reifung subkortikaler Hirnareale (limbisches System [Emotionsregulation] und Belohnungssystem) im Vergleich zu einer verzögerten Reifung der präfrontalen Kontrollareale (v.a. des präfrontalen Kortex, der eine bedeutsame Rolle bei Selbstkontrolle, Planen und Risikoabschätzung von Entscheidungen spielt) (Casey et al., 2008; Konrad et al., 2013; Konrad & König, 2018; vgl. auch Steinberg, 2007). Dies wird als „das neuronale Substrat für den adoleszenztypischen emotionalen Reaktionsstil“ (Konrad et al., 2013, S. 430) vermutet, das zu einer Überlegenheit emotional geprägter (risikoreicher) versus rationaler Entscheidungen führt und begünstigt, dass

83 Die Adoleszenz beginnt mit der Pubertät und meint die Zeit, in der ein Kind zum Erwachsenen heranwächst, zeitlich betrachtet ungefähr die Phase zwischen 10 und 20 Jahren. Die Adoleszenz wird unterteilt in die frühe (10 bis 13 Jahre = Pubertät), mittlere (14 bis 16/17 Jahre) und späte (17 bis 20 Jahre) Adoleszenz. Letztere markiert den unmittelbaren Übergang ins Erwachsenenalter (Konrad & König, 2018).

das Handeln Jugendlicher eher auf sofortige vs. längerfristige Bedürfniserfüllung ausgerichtet ist (Konrad et al., 2013).

Zwar sind Jugendliche theoretisch in der Lage, rationale Entscheidungen zu treffen, jedoch dominiert bei ihnen in emotional bedeutsamen Situationen (z.B. bei Anwesenheit von Peers) der Einfluss des weiter gereiften limbischen und Belohnungssystems bei der Handlungssteuerung. Das heißt, Emotionen und Belohnung sind handlungsleitend, wohingegen rationale Abwägung eher in den Hintergrund tritt (z.B. Chein et al., 2011; vgl. Konrad et al., 2013). Durch die Diskrepanz zwischen dem hohen Bedürfnis nach emotionaler Erregung und der ausgeprägten Belohnungsorientierung und den noch geringer ausgereiften Fähigkeiten zur Selbstregulation entsteht in dieser Phase eine höhere Bereitschaft, riskante Verhaltensweisen zu zeigen (Konrad & König, 2018).

Als Konsequenz wird auch betont, dass diese plastische Phase der Hirnentwicklung besondere Möglichkeiten der Einflussnahme und Intervention bietet, nämlich indem der Einfluss von Emotionen auf die Entscheidungen und Handlungen Jugendlicher Berücksichtigung findet und sie etwa „insbesondere von Lernerfahrungen profitieren, die in einem positiven emotionalen Kontext stattfinden“ (Konrad et al., 2013, S. 430). Dies können sich Vernehmende nicht zuletzt auch in der Vernehmung zunutze machen, indem es weniger darum gehen sollte, mit rein rationalen Gründen das Verhalten der Jugendlichen unterbinden zu wollen oder negativ zu belegen, sondern sie vielmehr emotional zu „packen“ und ggf. individuelle „Belohnungsfunktionen“ nicht delinquenter Verhaltensalternativen herauszuarbeiten, was nicht zuletzt voraussetzt, einen positiven Kontakt herzustellen und ein tiefer gehendes, authentisches Verständnis für ihre Situation aufzubringen. Dies wird allerdings insbesondere bei den lebensphasisch begrenzten Delinquent:innen zielführend sein und weniger bei denjenigen mit langer chronischer Delinquenzentwicklung, da dort die (prosozialen, sozial angepassten) Verhaltensalternativen mangels entsprechender Kompetenzen und Möglichkeiten deutlich reduziert sind und erst einmal erlernt werden müssten.

Zudem sind diese entwicklungsbedingten Besonderheiten auch für die Gesprächsbereitschaft und das (Aussage-)Verhalten der Jugendlichen im Rahmen einer Vernehmung relevant (vgl. Kassin et al., 2010) und bei der Gestaltung der Vernehmung und der Vernehmungsmethoden zu berücksichtigen (z.B. die Beeinflussbarkeit Jugendlicher, die Abhängigkeit von der Peergruppe, die Kurzfristigkeit ihrer Entscheidungen). Dies kann nicht zuletzt auch die Entstehung eines falschen Geständnisses begünstigen. Auch sind in diesem Zusammenhang Gruppeneinflüsse und -dynamiken bedeutsam, wenn es mehrere Beschuldigte gibt. So wird sowohl bei jugendlichen Zeug:innen als auch Beschuldigten (z.B. wenn mehrere Beschuldigte zu einem mutmaßlich gemeinschaftlich begangenen Delikt vernommen werden) die Aussagebereitschaft und das Aussageverhalten sehr wahrscheinlich in hohem Maße durch die hohe Schwelle beeinträchtigt, jemanden aus der Peergruppe zu „verraten", da die Anerkennung in der Peergruppe höher wiegt als der Anreiz, zur Wahrheitsfindung beizutragen. Dies kann dazu führen, dass jemand, der eine Tat in der Gruppe begangen hat, diese so darstellt, als habe er/sie alleine gehandelt oder die Rolle anderer (z.B. Anführer:in, Anstifter:in) zu negieren, weitere Ausführende zu verneinen, die alleinige Schuld auf sich zu nehmen – selbst dann, wenn ihnen die Polizei andere Aussagen vorhält (vgl. Reinfried, 2017).

### 8.5.2 Umgang mit jugendlichen Beschuldigten

Bei der Beschuldigtenvernehmung Minderjähriger werden primär zwei Ziele verfolgt. Zum einen die Generierung von umfangreichen Informationen über die sozialen Lebensbedingungen und Entwicklung und Verhalten der Jugendlichen, um den Jugendrichter:innen diesbezüglich einen fundierten Einblick zu ermöglichen. Zum anderen soll unter Präventions- und Erziehungsgesichtspunkten genau eruiert werden, warum es zum delinquenten Verhalten gekommen ist und welche Maßnahmen und Hilfen notwendig sind, um weitere Straftaten zu verhindern (Habschick, 2016). Auch ist es wichtig, sich ein ganzheitliches Bild der Jugendlichen, ihrer Motive, ihres Wertesystems und ihrer Lebensumstände zu machen, um ihr Verhalten in der Vernehmung, auch hinsichtlich falscher Angaben oder Aussageverweigerungen, besser einordnen zu können (Reinfried, 2017). Bei der Vernehmung Jugendlicher als Beschuldigte haben die Erziehungsberechtigten oder gesetzlichen Vertreter ein Anwesenheitsrecht (§ 67 Abs. 2 Satz 1 JGG), sofern dies dem Wohl der Jugendlichen dient (Nr. 1) und die Anwesenheit das Strafverfahren nicht beeinträchtigt (Nr. 2). Darüber sind sie vor der Vernehmung zu unterrichten.

Für eine Vernehmung von jugendlichen Beschuldigten sollten Vernehmende ausreichend Zeit einplanen, da für die **Gestaltung einer persönlichen und entspannten Gesprächsatmosphäre** und die Herstellung eines Zugangs zu den Jugendlichen mehr Zeit aufgewendet werden muss als bei Erwachsenen (vgl. Habschick, 2016). Stehen Vernehmende unter Zeitdruck oder möchten nur rasch den Tatablauf rekonstruieren oder die Beschuldigten mit ihren Hypothesen konfrontieren, ohne sich dabei die Zeit zu nehmen, die Person mit ihren Motiven und Nöten zu verstehen, wird sie wenig geneigt oder motiviert sein, zur Erhellung des Sachverhalts beizutragen und etwas von sich preiszugeben (Reinfried, 2017).

In einer Befragung von 79 Jugendsachbearbeiter:innen aus Nordrhein-Westfalen und Rheinland-Pfalz nannten etwa die Hälfte (*n* = 39) als empfehlenswerte Strategien zum Aufbau eines vertrauensvollen Kontakts mit jugendlichen Beschuldigten Aspekte wie Interesse für die persönlichen Probleme zu zeigen, Fairness zu signalisieren, den Ablauf und die Konsequenzen zu erklären (auch hinsichtlich der Reduktion von Angst) sowie sich Zeit zu nehmen und ein angenehmes und entspanntes Gespräch zu führen (Habschick, 2016). Inhaltlich gab die gleiche Anzahl Befragter (*n* = 39) an, eine ausführliche Warm-up-Phase zu gestalten und sich über die Themen Freizeitgestaltung, Hobbys, Freunde, Geschwister, Schule (wobei dies auch kontraproduktiv sein kann, wenn gerade dort Probleme oder aktuelle Konflikte bestehen) und Probleme zu unterhalten. Hilfreich sei eine Haltung, mit der den Jugendlichen mit Respekt begegnet, Verständnis für ihre Situation gezeigt und die eigene Machtposition nicht ausgenutzt, sondern versucht wird, ein offenes, vorurteilsfreies zugewandtes Gespräch zu führen (Habschick, 2016).

Delinquenz im Jugendalter ist ein ubiquitäres und innerhalb gewisser Grenzen als normal anzusehendes Phänomen (vgl. Walburg & Verneuer, 2019). Wichtig ist, die **Funktion der Delinquenz** für die jeweiligen Jugendlichen herauszufinden, um sie besser zu verstehen (z.B. ob und inwiefern sie damit auf persönliche Probleme aufmerksam machen, ob sie unter Konformitätsdruck der Peergruppe stehen und dazugehören möchten etc.) und welche Vorgeschichte das Verhalten hat: handelt es sich um ein erstmalig/kurzfristig auftretendes Verhalten oder eine lange Problemvorgeschichte, d.h. ist das Delikt eher Ausdruck eines auf die Jugendphase beschränkten Phänomens oder eines bereits verfestigten, chronischen Verhaltensmusters mit diversen Risikofaktoren in verschiedenen Lebensbereichen (vgl. Dahle, 2005; Moffit, 1993; 2006). Denn nach Moffit (1993; 2006) liegt die Ursache chronischer und polytroper Delinquenz in der Kumulation und Interaktion verschiedener, bereits früh wirksamer biopsychosozialer Risikofaktoren, deren Auswirkungen es für die betroffenen Kinder und Jugendlichen mit zunehmendem Lebensalter immer schwieriger macht, in der Gesellschaft zu reüssieren. Demgegenüber bezieht sich die lebensphasisch begrenzte Delinquenz Moffit (1993; 2006) zufolge auf ein Zeitfenster, in dem bei den Jugendlichen eine „Reifungslücke“ herrscht, in der biologische und psychologische Reifungsprozesse nicht zu den an sie gestellten gesellschaftlichen Anforderungen passen, insbesondere bei längeren Ausbildungszeiten, die eine längere Abhängigkeit der Eltern implizieren. So erfüllt nach Moffits (1993; 2006) Hypothese die vorübergehende Delinquenz in dieser Lebensphase die Funktion, sich von den Eltern und Erwachsenen abzugrenzen, den Status in der in dieser Lebensphase so einflussreichen Peergroup zu erhöhen und sich ggf.

(durch Diebstähle) auch materielle Vorteile zu verschaffen (vgl. dazu auch Dahle, 2005). Der subjektive „Nutzen“ risikoreicher oder delinquenter Verhaltensweisen wird wahrscheinlich durch die damit verbundene Anerkennung der Peergruppe in dieser Lebensphase höher bewertet als die rationale Abwägung der Konsequenzen (Konrad et al., 2013). Diese Form der Delinquenz verliert bei den meisten Jugendlichen bei Überwinden der Reifungslücke bzw. eines Wechsels der Lebensphase, in der dann andere Ziele wichtiger erscheinen (z.B. Ausbildung, Beziehungen) an Reiz und Belohnungsfunktion. Dadurch, dass diese Jugendlichen deutlich weniger Risikofaktoren mitbringen als solche mit einem chronischen Verlauf, haben sie leichter die Möglichkeit, ihr Verhalten wieder zu ändern und sich sozial angemessen zu entwickeln (vgl. Dahle, 2005; Moffit, 1993). Dadurch werden sie wahrscheinlich diejenigen sein, die in einer Vernehmung eher Taten einräumen oder durch normverdeutlichende Gespräche von ihrem Verhalten abzubringen sind. Bei chronischen Intensivtäter:innen mit langer Vorgeschichte wiederum ist entsprechenden Befunden zufolge mit zunehmender Vernehmungs-, Verfahrens- und Inhaftierungserfahrung mit einer abnehmenden Geständnisbereitschaft zu rechnen (Kraheck-Brägelmann, 1997).

Bei Jugendlichen ist aufgrund der aktuellen Entwicklungsphase der Pubertät, in der es u.a. darum geht, sich von Erwachsenen abzugrenzen, besonders darauf zu achten, **„auf Augenhöhe“ zu sprechen** und nicht autoritär aufzutreten. Vielmehr sollte ein Abbau des Machtgefälles erzielt werden, um die Aussagebereitschaft positiv zu beeinflussen und nicht durch den Umstand, von einer erwachsenen Autoritätsperson befragt zu werden, Ablehnung und Aussagehemmung zu erzeugen. Dies zeigte auch eine Befragung jugendlicher Straftäter (Kraheck-Brägelmann, 1997), in der eine partnerschaftliche Gesprächsführung, die nicht belehrend oder aggressiv war, als positiv bewertet wurde, wenn sie authentisch war. Wurde dies strategisch oder taktisch eingesetzt, war es eher kontraproduktiv.

Wichtig ist, bei der Vernehmung keine moralischen Kommentare abzugeben oder das Verhalten der Jugendlichen zu bewerten, sondern nur neutrale Fragen, die zum Verständnis des Sachverhalts beitragen (Reinfried, 2017), zu stellen. Fühlen sich die Jugendlichen abgelehnt oder in ihren Motiven unverstanden und mit Vorwürfen konfrontiert, wird dies die Aussagebereitschaft hemmen (Reinfried, 2017). Auch im Hinblick auf die Geständnisbereitschaft jugendlicher Straftäter zeigte die Studie von Kraheck-Brägelmann (1997), dass diese mit dem subjektiven Erleben negativer polizeilicher Verhaltensweisen (insbesondere Drohungen, Erpressungsversuche, Schreien, Isolation in Polizeigewahrsam) sank und dies auch die Bereitschaft, in zukünftigen Vernehmungen (Teil-)Geständnisse abzulegen, reduzierte.

Gelingt es, einen positiven Kontakt zu den jugendlichen Beschuldigten herzustellen, bemerken sie, dass ihnen zugehört und sie ernst genommen werden, wird dies in einigen Fällen die Erzählfreude und Aussagebereitschaft positiv beeinflussen. Auch bei aussagewilligen und geständigen Jugendlichen kann jedoch z.T. ein jugendtypischer, auf kurze, knappe Angaben reduzierter Kommunikationsstil angetroffen werden, der bezüglich eines umfassenden Verständnisses der Hintergründe abträglich ist, jedoch bei Aufforderung, mehr oder ausführlicher zu berichten, zu Überforderung führen kann (vgl. Reinfried, 2017). Eventuell fühlt sich die Person dann unverstanden und versteht nicht, was sie noch sagen soll, wo sie doch aus ihrem subjektiven Empfinden heraus bereits alles Wichtige gesagt hat (Reinfried, 2017). Ein Versuch des Umgangs damit könnte sein, zu signalisieren, dass man über das, worüber die Person gerade berichtet hat, absolut kein Wissen hat und interessiert um weitere Aufklärung zu bitten (auch bezüglich Normen und Werte der Peergroup, Beziehungsgeflechte, Begrifflichkeiten und Orte etc.). Ehe z.B. in knappen Einwort-Sätzen oder nur mit „Ja" oder „Nein" antwortende Jugendliche aus zunehmender Hilflosigkeit der Vernehmenden mit vielen, vielleicht dann irgendwann suggestiven oder immer wieder umformulierten Fragen bombardiert werden, kann es hilfreich sein, sie aufzufordern, eine Skizze anzufertigen und sie dies kommentieren zu lassen (Reinfried, 2017).

Weitere mögliche Reaktionsweisen jugendlicher Beschuldigter sind „Neutralisationstechniken" (Habschick, 2016, S. 608), mit denen sie versuchen, die Tat harmloser wirken zu lassen. Als solche nennt Habschick (2016) u.a. das Ablehnen der eigenen Verantwortung (z.B. indem die eigene Hilflosigkeit in der Verkettung von Umständen betont wird), die Verneinung des Unrechts (z.B. da es beim Diebstahl ja keine Armen getroffen habe oder niemand konkret geschädigt wurde), die Berufung auf höhere Instanzen (z.B. Freundschaft, Familie wird über Gesetzestreue gestellt) oder die Ablehnung des Opfers.

Schwierig, überhaupt eine Aussage zu bekommen, wird es insbesondere bei Delikten sein, die das Selbstbild der Jugendlichen erschüttern, für die sie sich schämen oder bei denen sie wissen, dass die Eltern die Tat verurteilen oder sie die Eltern damit enttäuscht haben bzw. sie befürchten, nicht dem Bild zu entsprechen, das ihre Eltern von ihnen haben (vgl. Reinfried, 2017). In solchen Fällen wird die Tat möglicherweise hartnäckig geleugnet und bestritten, selbst wenn es belastende Beweise gibt. Wenn nicht gänzlich bestritten wird, dann möglicherweise zumindest bagatellisiert, indem z.B. die Umstände geschönt und die eigene Rolle herabgespielt wird (vgl. Reinfried, 2017). Die kognitive Dissonanz, die durch die nicht zum Selbstbild passende Tat erzeugt wird, kann auch zur Abwertung und Herabwürdigung des Opfers und einer Zuweisung der Schuld zum Opfer (es hat provoziert, hat es verdient, war selbst schuld, etc.) führen, sodass der Tathergang entsprechend dargestellt wird. Dies kann als verzweifelter Versuch, nicht die Verantwortung für die nicht mit dem Selbstbild in Einklang stehende Tat übernehmen zu müssen, verstanden werden.

Hervorzuheben ist, dass in der Vernehmung jugendlicher Beschuldigter **besonders darauf zu achten ist, keinen Druck aufzubauen** oder sie „in die Enge" zu treiben. Dies ist nicht nur im Hinblick auf das **erhöhte Risiko eines falschen Geständnisses in dieser Altersgruppe**, sondern auch vor dem Hintergrund bedeutsam, dass der Eindruck von der Polizei, den sie im Jugendalter entwickeln, und das Gefühl, fair und respektvoll behandelt worden zu sein, wahrscheinlich auch ihr Vertrauen in und ihre Kooperationsbereitschaft mit der Polizei im Erwachsenenalter beeinflusst (Arndorfer et al., 2015).

Wichtig ist, **entwicklungsadäquate Befragungsstrategien** zu wählen, die der Vulnerabilität Jugendlicher Rechnung tragen (vgl. Arndorfer et al., 2015). Eine schwedische Studie konnte in diesem Zusammenhang anhand der Analyse von Vernehmungsprotokollen aufzeigen, dass in der Vernehmung des Mordes beschuldigter Jugendlicher über die Hälfte der Fragen Alternativ-Fragen und suggestive Fragen, also ungeeignete, risikobehaftete Fragetypen, waren und offene, zu freien Berichten führende Fragen seltener genutzt wurden. Darüber hinaus wurden – ebenfalls nicht zu empfehlende – konfrontative Strategien und sozialer Druck eingesetzt, um den Beschuldigten Informationen zu entlocken bzw. ein Einräumen der Tat zu erreichen (Winerdal et al., 2019). Auch liegen Hinweise darauf vor, dass selbst wenn Polizeibeamt:innen entwicklungsbezogene Unterschiede zwischen Jugendlichen und Erwachsenen sehen, sich dies nicht immer in ihrem Umgang mit jugendlichen Beschuldigten in der Vernehmung widerspiegelt und z.T. die Ansicht vertreten wird, dass mit Jugendlichen ähnlich umgegangen werden kann wie mit Erwachsenen (Meyer & Reppucci, 2007). Eine US-amerikanische Studie (Warner & Cleary, 2022) deutet darauf hin, dass auch die Eltern jugendlicher Tatverdächtiger nicht immer über ausreichende Kenntnisse verfügen, um eine Schutzfunktion in polizeilichen Vernehmungen zu erfüllen, die Rechte ihrer Kinder in Anspruch zu nehmen und relevante Entscheidungen angemessen zu treffen (ob z.B. ein Rechtsbeistand hinzugezogen wird, ob ihr Kind sich zum Tatvorwurf äußert etc.): Beispielsweise gab ein Drittel der Befragten in dieser Studie an, ihr Kind zu ermutigen, die Fragen der Vernehmenden zu beantworten. Auch die Eltern werden hier die Konsequenzen und Risiken oftmals nicht überblicken können (z.B. dass ihr Kind sich mit seinen Angaben fälschlich belasten oder eine selbstbelastende Einlassung bei nur geringer Beweislast von Nachteil sein könnte).

**Das Wichtigste in Kürze**

**Implikationen für die Vernehmung:**

- Es muss sichergestellt werden, dass die Belehrung so erfolgt/formuliert wird, dass jugendliche Beschuldigte ihre Rechte verstanden haben.
- Die Anwesenheit der Eltern allein ist nicht ausreichend, um zu gewährleisten, dass Jugendliche ihre Entscheidungen wohlinformiert und in Abwägung der möglichen Konsequenzen treffen. Dazu ist anwaltliche Unterstützung notwendig.
- Bei jugendlichen Beschuldigten ist ausreichend Zeit einzuplanen. Der Beziehungsaufbau ist hier ganz besonders wichtig.
- Empfehlenswert ist eine partnerschaftliche (jedoch keinesfalls „kumpelhafte") Gesprächsführung auf Augenhöhe, bei der es den Vernehmenden gelingt, sich in die Denk- und Erlebniswelt der Jugendlichen einzufühlen.
- Bewertungen oder ablehnende Kommentare sollten vermieden werden.
- Auch wenn Jugendliche (im Vergleich zu Kindern) bezüglich ihrer sprachlichen Kompetenzen Erwachsenen eher gewachsen sind, so müssen auch bei ihnen entwicklungsspezifische Besonderheiten berücksichtigt (vgl. Kap. 8.5.1) und sie als vulnerable Gruppe (z. B. im Hinblick auf äußeren Druck und Befragungseinflüsse) behandelt werden.
- Zu beachten ist hier insbesondere ihre Neigung zu impulsiven, kurzfristigen Entscheidungen, die Orientierung an der Peergroup und die erhöhte Anfälligkeit für falsche Geständnisse
- d.h. hier ist besonders darauf zu achten keine Minimierungs- oder Maximierungsstrategien einzusetzen (s. folgendes Kapitel), d.h. unter anderem **keine positiven Konsequenzen im Falle eines Geständnisses** in Aussicht zu stellen **oder negative Konsequenzen anzudrohen, wenn sie nichts sagen** oder die Tat nicht einräumen.
- Wie bei der Vernehmung von Zeug:innen sollten **offene Erzählaufforderungen** genutzt werden, die den Beschuldigten die Möglichkeit geben, ihre Sichtweise darzulegen und darauf geachtet werden, **keine suggestiven Vorhalte** zu machen oder (sozialen) Druck auf die Jugendlichen auszuüben.
- Auch bei belastender Beweislage immer darauf abzielen, wenn dann **freiwillige und zuverlässige Informationen zur Aufklärung des Sachverhalts** zu erhalten und nicht, den Jugendlichen um jeden Preis sich selbst belastende Angaben entlocken zu wollen.
- Dem durch die Jugendlichen wahrgenommenen Verhalten der Vernehmenden kommt sowohl bezüglich der grundsätzlichen Geständnisbereitschaft als auch dem Umfang eines Geständnisses eine hohe Bedeutung zu (Kraheck-Brägelmann, 1997).

## 8.6 Risikofaktoren für falsche Geständnisse

Es gibt keine repräsentativen Daten zur Häufigkeit falscher Geständnisse. Solche sind schwer zu bekommen, insbesondere da es kein valides Außenkriterium gibt. Forschungszugänge behelfen sich deshalb zum einen mit einer Analyse von Fehlurteilen und deren Ursachen und zum anderen mit Selbstberichten von verschiedenen Stichproben (Jugendliche, Gefängnisinsass:innen etc.), die danach gefragt werden, ob sie mindestens einmal bereits ein falsches Geständnis abgelegt haben (Volbert, 2012).

In internationalen Studien lagen die Raten basierend auf Selbstberichten zwischen 1 % und 24 % – je nach Stichprobenart (Universitätsstudierende, Gefängnisinsass:innen, forensische Patient:innen) (ausführliche Übersicht bei Volbert, 2012). In Deutschland sind Studien zur Häufigkeit und Bedingungen falscher Geständnisse noch rar. Eine aktuelle Studie an einem Convenience Sample von männlichen Insassen aus vier deutschen Justizvollzugsanstalten fand, dass 35 % derjenigen, die angaben mindestens einmal von der Polizei für ein Delikt beschuldigt worden zu sein, das sie nicht begangen haben, ihren Selbstberichten zufolge mindestens einmal in einer polizeilichen Vernehmung ein falsches Geständnis abgelegt hatten (Gubi-Kelm et al., 2020). Eine Analyse aller zugänglichen erfolgreichen Wiederaufnahmeverfahren von Personen, die fälschlicherweise verurteilt wurden und zwischen 1990 und 2016 eine Haftstrafe abgebüßt hatten, zeigte, dass von den 31 fälschlicherweise Verurteilten 5 Fälle (davon 3 weiblich) auf einem falschen Geständnis der Beschuldigten beruhten. Alle Fälle betrafen Morddelikte (Leuschner et al., 2019). Insgesamt handelt es sich bei den Delikten, die „falsch" gestanden werden, überwiegend um Eigentumsdelikte (z.B. Volbert et al., 2019), aber eben auch schwere Straftaten wie Mord oder Vergewaltigung (z.B. Drizin & Leo, 2004).

Es mag zunächst unverständlich erscheinen, warum Menschen etwas gestehen, was sie gar nicht getan haben – und das sogar bei derartig gravierenden Tatvorwürfen. Falsche Geständnisse können jedoch ganz verschiedene Ursachen haben bzw. aus verschiedenen Ausgangsbedingungen heraus entstehen: Die wohl bekannteste Einteilung stammt von Kassin und Wrightsman (1985) und unterscheidet (1) freiwillige (*voluntary*), (2) erzwungen (und wissentlich) falsche (*coerced-compliant*) sowie (3) erzwungen-internalisierte falsche Geständnisse (*coerced-internalized*).

**Tabelle 7:** Arten falscher Geständnisse nach Kassin und Wrightsman (1985) und deren mögliche Ursachen (nach Kassin & Gudjonsson, 2004)

| **Unabhängig von den Ermittlungsbehörden** | **Ausgangspunkt in polizeilicher Vernehmung** | |
|---|---|---|
| **Freiwillig (voluntary false confession)** | **Erzwungen (coerced-compliant)** | **Erzwungen-internalisiert (coerced-internalized)** |
| Personen melden sich von sich aus und gestehen ein Delikt<br>– Z.B. aufgrund eines pathologischen Strebens nach Berühmtheit (z.B. bei medial hochpräsenten Fällen)<br>– Bewusstes/unbewusstes Bedürfnis nach Selbstbestrafung aufgrund von Schuldgefühlen wegen vorheriger Delikte<br>– Störungen der Realitätskontrolle<br>– Um die Person, die das Delikt eigentlich begangen hat, zu schützen | Wissentliche Abgabe eines falschen Geständnisses nach polizeilichem Druck in der Vernehmung, um ein bestimmtes Ziel zu erreichen<br>– Um die aversive Befragungssituation zu beenden<br>– Vermeidung einer expliziten oder befürchteten Androhung negativer Konsequenzen<br>– Erhalt einer versprochenen oder vermuteten Begünstigung<br>– Konformität und Gehorsam gegenüber Autoritätspersonen (Compliance), indem für die Beschuldigten die kurzfristigen Vorteile des Geständnisses im Vergleich zu den langfristigen Nachteilen überwiegen | Vulnerable Beschuldigte sind aufgrund suggestiver Befragung überzeugt, die Straftat tatsächlich begangen zu haben (Pseudoerinnerungen/Memory distrust syndrome)<br>– Der Prozess erfolgt ähnlich wie die Entstehung von anderen Pseudoerinnerungen: Die Person ist mit einer Autorität konfrontiert, die vorgibt, zu wissen, was sie getan hat und sie entsprechend suggestiv befragt, bis sie schließlich selbst glaubt, die Tat begangen zu haben und dazu falsche Erinnerungen „produziert"<br>– Kann Gedächtnisinhalte verändern |

Diese bekannte und viel zitierte Taxonomie wurde später von verschiedenen Autoren erweitert (z.B. Davison & Forshaw, 1993; Gudjonsson, 2003; McCann, 1998; Ofshe & Leo, 1997).

Beispielsweise bestand eine Kritik darin, dass Personen, die gestehen, um die Person, die das Delikt eigentlich begangen hat, zu schützen oder Berühmtheit zu erlangen, in dieselbe Gruppe fallen wie Personen, die aufgrund von psychischen Störungen und/oder psychiatrischen Symptomen wie Halluzinationen gestehen und das Modell auf der Annahme basiere, dass eine klare Grenze zwischen freiwillig und erzwungen gezogen werden könne, obwohl diese Unterscheidung nicht immer leicht zu treffen sei. Auch die Begrifflichkeit „erzwungen" wurde kritisch betrachtet, da dies bei einem falschen Geständnis durch suggestive Einflussnahme und Internalisierung der eigenen „Tatbegehung" nicht notwendigerweise zutreffend sei (Davison & Forshaw, 1993). Davison und Forshaw (1993) schlugen deshalb ein modifiziertes Klassifikationsmodell vor, in dem drei Ebenen bei der Unterscheidung von Geständnissen berücksichtigt werden müssen:

- Die das Geständnis begünstigenden *psychologischen Prozesse*: normal (z.B. Einsicht in das eigene Fehlverhalten) vs. von der Norm abweichend (z.B. aufgrund psychotischer Symptome / starker Vulnerabilität, z. B. durch intellektuelle Beeinträchtigung)
- Autonomie: *Ausmaß der Freiwilligkeit des Geständnisses*, d.h basiert die Entscheidung auf einer autonomen und rationalen Abwägung der eigenen Situation (Person muss in der Lage sein, rational zu handeln und ihre Optionen im Sinne von Logik und Langfristigkeit abzuwägen. Dies kann dauerhaft oder vorübergehend (z.B. bei Intoxikationen) beeinträchtigt sein).
- Rechtsfrage der *Zulässigkeit des Geständnisses*: Haben die äußeren Bedingungen und Umstände zum Zeitpunkt des Geständnisses Autonomie erlaubt (z.B. waren die äußeren Umstände geeignet, die Person darin zu beeinträchtigen frei zu entscheiden und zwischen verschiedenen Handlungsalternativen zu wählen, z.B. indem sie ihre Rechte nicht verstanden hat oder dahingehend getäuscht wurde, dass ihre einzige Möglichkeit darin besteht zu gestehen?).

Das heißt, hier geht es bei der Einschätzung des Geständnisses letztlich weniger darum, ob es wahr oder falsch ist, sondern es wird auf die Umstände der Vernehmung und ob diese im Verhältnis zum mentalen Zustand der Beschuldigten und der damit verbundenen Fähigkeit zur Autonomie die Zuverlässigkeit des Geständnisses in Frage stellen bzw. ein falsches Geständnis begünstigt haben könnten.

Eine Ergänzung nahm ferner McCann (1998) durch die Kategorie erzwungen-reaktive falsche Geständnisse vor, um dem Umstand Rechnung zu tragen, dass Personen nicht nur von der Polizei unter Druck gesetzt werden können, zu gestehen, sondern z.B. auch bereits im Vorfeld von Personen aus dem privaten Umfeld dazu gezwungen worden sein können.

Gudjonsson (2003) schlug ebenfalls eine Reformulierung der ursprünglichen Taxonomie vor, in der die vorherigen Kritikpunkte sich niederschlugen und u.a. berücksichtigt wird, dass nicht immer „Zwang" zum polizeiinduzierten falschen Geständnis führe, sondern eher Druck in der Befragung. Er ersetzte deshalb den Begriff „erzwungen" (*coerced*) mit „unter Druck gesetzt" (*pressured*) bei der Falschgeständnisart und unterschied als Quelle des Drucks internal (d.h. durch die Person selbst) oder external (polizeibezogen oder durch eine andere Person).

Bei der Entstehung von vernehmungsinduzierten falschen Geständnissen gibt es nicht „die eine“ Auslösebedingung, sondern vielmehr kommt der Wechselwirkung zwischen Risikofaktoren aufseiten der Beschuldigten (der Aussageperson) (Vulnerabilität) und den situativen Umständen bzw. Vernehmungsmethoden eine große Bedeutung zu (vgl. Volbert, 2013; Gudjonsson, 2021).

In Studien basierend auf Selbstberichten wurden insbesondere Schutz eines Anderen, polizeilicher Druck (z.B. Gudjonsson et al., 2019; Sigurdsson & Gudjonsson, 1996; Volbert et al., 2019) und das Entgehen einer Haftstrafe (Sigurdsson & Gudjonsson, 1996) als Gründe für ein falsches Geständnis genannt. Als (selbstberichtete) Gründe für ein wahres Geständnis wiederum können summarisch insbesondere die wahrgenommene Stärke der Beweislast, aber auch das Bedürfnis, das eigene Gewissen zu bereinigen, polizeilicher Druck und ein Bedürfnis, aus der polizeilichen Haft entlassen zu werden, genannt werden (Volbert et al., 2019). Manche Motive und Faktoren sind also z. T. durchaus ähnlich für beide Geständnisarten (polizeilicher Befragungsdruck und die Erwartung, dadurch aus der polizeilichen Haft entlassen zu werden) (vgl. Volbert et al., 2019), was die Schwierigkeit ausmacht und bei der Vernehmungsstrategie berücksichtigt werden muss. Eine starke Beweislast scheint wiederum speziell bei wahren, der Schutz einer anderen Person wiederum für falsche Geständnisse exklusiv zu sein (vgl. Volbert et al., 2019).

Als **Risikofaktoren aufseiten der Person**, die eine Vulnerabilität im Rahmen einer suggestiven und druckausübenden Vernehmung fälschlicherweise ein Delikt zu gestehen, begründet, haben sich folgende herausgestellt:

### Jugendliches Alter

Verschiedene Studien weisen auf einen Zusammenhang zwischen jungem/jugendlichem Lebensalter und der Häufigkeit falscher Geständnisse hin (z.B. Drizin & Leo, 2004; Gudjonsson, Vagni et al., 2016; Mogavero, 2020; Redlich & Goodman, 2003; Sigurdsson & Gudjonsson, 1996). So gab etwa in einer groß angelegten Studie an $N = 22\,226$ isländischen Jugendlichen (14–24 Jahre) (Gudjonsson, Vagni et al., 2016) die jüngere Altersgruppe (14–16 Jahre) doppelt so häufig wie die ältere (17–24 Jahre) an, bereits ein falsches Geständnis abgelegt zu haben, obwohl die ältere Altersgruppe ihren Angaben zufolge doppelt so häufig wie die jüngere schon mal polizeilich vernommen worden war. Auch bei Drizin und Leo (2004) waren knapp 20 % der falsch Geständigen 15 Jahre oder jünger, ein Drittel unter 18 Jahre und knapp zwei Drittel (63 %) unter 25 Jahre alt. Erklärt wird dieser Zusammenhang u.a. damit, dass Jugendliche aufgrund ihrer geringen Lebenserfahrung und psychischen Reife leichter zu beeinflussen sind und über weniger Ressourcen verfügen, Stress und Druck in der Befragung standzuhalten (Drizin & Leo, 2004). Sie weisen einen höheren Autoritätsgehorsam auf (Redlich & Goodman, 2003), neigen eher zu impulsiven, kurzfristigen Entscheidungen und beziehen die langfristigen Konsequenzen ihres Handelns und ihrer Entscheidungen weniger ein (Volbert, 2013). Ein falsches Geständnis kann ein für sie zweckdienliches Mittel sein, der stressvollen Vernehmung zu entkommen (vgl. Kassin, 2008a). Weiter zeigten sich in einigen Studien Geschlechtseffekte, indem Jungen häufiger angaben, schon mal ein falsches Geständnis abgelegt zu haben als Mädchen (Gudjonsson, Vagni et al., 2016; Gudjonsson et al., 2009).

**Persönlichkeitseigenschaften und kritische Lebensereignisse**

Darüber hinaus werden bestimmte Persönlichkeitsfaktoren mit einer erhöhten Vulnerabilität für ein falsches Geständnis unter entsprechenden Befragungsbedingungen in Verbindung gebracht, insbesondere Suggestibilität (z.B. Otgaar et al., 2021 für ein Review) sowie Compliance (Zustimmungsbereitschaft; Regelbefolgung) (Gudjonsson et al., 2019; Sigurdsson & Gudjonsson, 1996) und hohe Neurotizismus-Werte (Sigurdsson & Gudjonsson, 1996). Eine Studie von Gudjonsson et al. (2007) an $N = 1\ 896$ Schüler:innen und Studierenden aus Island (16–24 Jahre) legt nahe, dass kritische Lebensumstände oder -ereignisse zu einer psychischen Vulnerabilität beitragen, die das Risiko für ein falsches Geständnis erhöhen kann bzw. damit in Zusammenhang steht. In dieser Studie zeigte sich, dass viele Falschgeständige eine Lebensgeschichte aufwiesen, die von mehreren kritischen Lebensereignissen geprägt war. Insbesondere Viktimisierungserfahrungen (z.B. Schul-Bullying, aber auch zu Hause oder im öffentlichen Raum) sowie Substanzmissbrauch (insbesondere LSD sowie Behandlung wegen Substanzmissbrauch) standen mit einer erhöhten Auftretenswahrscheinlichkeit eines Falschgeständnisses im Zusammenhang.

Auch antisoziale Persönlichkeitszüge und ein allgemeiner delinquenter Lebensstil erhöhen die Wahrscheinlichkeit eines falschen Geständnisses (z.B. Gudjonsson et al., 2007; Sigurdsson & Gudjonsson, 2001), was u.a. damit erklärt wird, dass die betroffenen Personen in mehr kriminelle Taten verwickelt sind, häufiger vernommen werden und geneigter sind, für kurzfristige Zwecke zu lügen ohne dabei die Konsequenzen zu bedenken. Dies führe je nach Bedürfnis oder kurzfristigem Ziel zu mehr falschem Bestreiten, aber auch zu falschen Geständnissen (Kassin et al., 2010).

**Psychische und Verhaltensstörungen**

Das Vorliegen einer psychischen Störung erhöht Studienbefunden zufolge ebenfalls die Anfälligkeit für ein falsches Geständnis unter suggestiven oder druckerzeugenden Befragungsbedingungen (z.B. Drizin & Leo, 2004; Volbert et al., 2019). So gaben in einer Befragung von 153 Insassen des Maßregelvollzugs (Volbert et al., 2019) ein Viertel derjenigen, die bereits mindestens einmal unschuldig als Beschuldigte vernommen worden waren (62 %, $n = 95$), an, ein falsches Geständnis abgelegt zu haben. In einer Analyse von 873 US-amerikanischen Fällen, in denen es zu einer Exoneration gekommen war, fanden Gross und Shaffer (2012) eine Falsch-Geständnis-Rate von nur 8 % für Erwachsene ohne (bekannte) psychische Erkrankung, wohingegen die Rate eines falschen Geständnisses bei Personen mit einer psychischen Störung oder intellektuellen Beeinträchtigung bei 75 % lag. Insgesamt werden in diesem Zusammenhang z.B. Persönlichkeitsstörungen (Sigurdsson & Gudjonsson, 1996), v.a. die dissoziale Persönlichkeitsstörung (z.B. Gudjonsson et al., 2007) oder Störungen in Wahrnehmung, Denken und Realitätskontrolle (vgl. Volbert, 2013) sowie ein globales (negatives) psychisches Wohlbefinden, das durch verschiedene psychische Symptomatiken wie z.B. Somatisierung, Zwangsstörungen oder Angststörungen geprägt ist (Gudjonsson et al., 2019) angeführt. In aktuelleren Studien wurden zudem auch Verhaltensstörungen (*conduct disorder*) und ADHS (Gudjonsson et al., 2019; Gudjonsson, Sigurdsson et al., 2016), insbesondere bezüglich der Hyperaktivität/Impulsivität (Gudjonsson et al., 2019) als risikoerhöhend identifiziert. So könnten Betroffene beispielsweise vor dem Hintergrund der Störungsspezifika dazu neigen, Fragen vorschnell und ohne Berücksichtigung von Konsequenzen zu beantworten und zudem Schwierigkeiten aufweisen, sich überhaupt auf (längere) Vernehmungssequenzen zu konzentrieren (Edwards et al., 2021).

**Intelligenzminderungen**

Neben psychischen Störungen zeigte sich in verschiedenen Studien und Analysen ein erhöhtes Risiko für ein falsches Geständnis für Personen mit Intelligenzminderungen (z.B. Drizin & Leo, 2004; Mogavero, 2020; Schatz, 2018). Dies wird insbesondere mit einer erhöhten Suggestibilität bzw. Beeinflussbarkeit durch suggestive Fragen und Änderung ihrer Angaben nach leichter negativer Rückmeldung erklärt (Everington & Fulero, 1999; O'Connell et al., 2005).

Als **situationale, die Vernehmungssituation betreffende Risikofaktoren**, die unmittelbar von den Ermittlungsbeamt:innen beeinflusst werden können, haben sich vor allem

- Befragungsdruck (Gudjonsson et al., 2019; Perillo & Kassin, 2011; Sigurdsson & Gudjonsson, 1996),
- die Länge der Vernehmung (Drizin & Leo, 2004),
- der Einsatz von Minimierungsstrategien (Vorgeben von Verständnis für die Tat, Herunterspielen der Verantwortlichkeit) und anbieten von Vorteilen/Deals (Kassin & Gudjonsson, 2004; Russano et al., 2005),

- Bluffs (Ankündigung, den Wahrheitsgehalt der Aussage in Zukunft objektiv überprüfen zu können) (Perillo & Kassin, 2011),
- die (in Deutschland verbotene) Präsentation falscher Beweise (z.B. Horselenberg et al., 2003; Perillo & Kassin, 2011) sowie begleitend
- Inhaftierung und Isolation als Stressor bzw. die Vulnerabilität begünstigender Faktor (Kassin & Gudjonsson, 2004)

herausgestellt.

Bezüglich der Präsentation falscher Beweise zeigte eine aktuelle Studie an Gefängnisinsassen (Gubi-Kelm et al., 2020) (vor dem Hintergrund des Verbots dieser Methode hierzulande überraschend), dass dies mit 61 % als zweithäufigster Grund für ein falsches Geständnis benannt wurde, was die Autor:innen dahingehend interpretieren, dass oftmals die subjektive Wahrnehmung der Beschuldigten vorzuliegen scheint, falsche Beweise präsentiert bekommen zu haben und daraufhin ein (falsches) Geständnis abgelegt zu haben.

Auch deutlich vor dem Erreichen der gesetzlich verbotenen Ermüdung (§ 136a Absatz 1 Satz 1 StPO) kann sich eine lange Vernehmung auf das Aussageverhalten von Beschuldigten auswirken. Andauernde Isolation von wichtigen Bezugspersonen wie Familie und Freund:innen können zu einer Deprivation führen, die Stress und Verzweiflung der Beschuldigten verstärken und diesen einen Anreiz geben, sich möglichst schnell aus der Vernehmungssituation befreien zu wollen (Kassin et al., 2010). Auch kann in Abhängigkeit von der Länge der Vernehmung und den konkreten Vernehmungsbedingungen eine zunehmende Ermüdung entstehen, die wiederum mit einer erhöhten Suggestibilität (Empfänglichkeit für Suggestivfragen) und beeinträchtigten Fähigkeit, komplexe Entscheidungen zu fällen, einhergehen kann (Blagrove, 1996; Kassin et al., 2010).

**Minimierungs- und Maximierungstechniken**

Bei den sogenannten Minimierungs- und Maximierungstechniken handelt es sich um manipulative Vernehmungstechniken, die bei Beschuldigten zu der subjektiven Überzeugung führen sollen, dass ein Geständnis in ihrem eigenen besten Interesse ist (Kassin & McNall, 1991; Kassin et al., 2010).

*Minimierungsstrategien* umfassen einen Ansatz, in dem Vernehmende aus strategischen Gründen eine (scheinbar) zugewandte Haltung gegenüber den Beschuldigten einnehmen, um ihr Vertrauen zu gewinnen. Das Vorgehen zielt darauf ab, den Beschuldigten Rechtfertigungen für die Tat und gesichtswahrende Entschuldigungen anzubieten und die Schwere der Tat zu bagatellisieren (z.B. indem Sympathie und Verständnis bekundet, dem Opfer die Schuld gegeben oder die Tat „normalisiert" wird [*„in dieser Situation hätte doch jeder so gehandelt"*]) oder externale Faktoren (und nicht in der Person der

Beschuldigten liegende) als Gründe für die Tat angeboten werden (z.B. sie hätten unter Gruppendruck gehandelt, seien zufällig in die Situation geraten etc.) (Horgan et al., 2012; Kassin et al., 2010). Die Minimierung kann dabei auf drei verschiedenen Ebenen erfolgen: Der Minimierung der moralischen (z.B. Versichern, immer noch ein guter Mensch zu sein), der psychologischen (z.B. Ausblick auf ein befreiendes Gefühl nach einem Geständnis) und der rechtlichen Konsequenzen (Ausblick, dass sich ein Geständnis strafmildernd auswirkt) (Kassin et al., 2010; Ofshe & Leo, 1997).

Demgegenüber stellen *Maximierungsstrategien* konfrontative Techniken dar, die die Beschuldigten einschüchtern und die Ernsthaftigkeit der Situation betonen bzw. übertreiben sollen (z.B. indem eine absolute Sicherheit bezüglich der Schuld der Beschuldigten ausgedrückt wird, sie in ihrem Bestreiten der Tat unterbrochen werden, die Tatschwere übertrieben wird oder sogar bezüglich des Vorhandenseins von belastenden Beweisen gelogen wird; Horgan et al., 2012). Zudem werden den Beschuldigten durch die Vernehmenden explizit oder indirekt harte Konsequenzen aufgezeigt, wenn sie weiter die Tat leugnen, was als Anreiz für ein Geständnis fungieren soll (Leo & Ofshe, 2001).

Ziel dieser manipulativen Vernehmungstechniken ist, den Aussagewiderstand der Beschuldigten zu reduzieren und ein Geständnis zu erhalten (Schneider & May, 2021). Bei den Minimierungsstrategien geschieht dies darüber, dass sich die Beschuldigten in Sicherheit wiegen und ihre Verantwortlichkeit für die Tat sowie die moralischen/psychologischen/rechtlichen Konsequenzen als gering einschätzen, bei den Maximierungstechniken wiederum darüber, dass sie sich zunehmend verunsichert fühlen und die Lage als aussichtslos, die Beweise als erdrückend sowie die moralischen/psychologischen/rechtlichen Konsequenzen eines weiteren Bestreitens der Tat als hoch einschätzen (überschätzen) (Schneider & May, 2021).

Die empirische Forschung hinsichtlich des Potenzials dieser Techniken (insbesondere der Minimierungstechniken[84]), ein Geständnis zu erreichen, zeigt, dass diese zwar durchaus die Rate wahrer Geständnisse erhöhen, jedoch – in sogar höherem Ausmaß – auch das Risiko falscher Geständnisse (z.B. Meissner et al. 2010; Narchet et al., 2011; Russano et al., 2005; für eine ausführliche Übersicht: Schneider & May, 2021), bei Kombination von sowohl Minimierungs- als auch Maximierungstechniken sogar nochmals mehr (Narchet et al., 2011). Dadurch verringert sich die sogenannte Diagnostizität (das Verhältnis von wahren zu falschen Geständnissen), sodass unter Kosten-Nutzen-Aspekten vom Einsatz solcher Techniken abzuraten ist – auch unter dem Aspekt, dass die freie Entscheidung bezüglich der auf den Einsatz von manipulativen Techniken folgenden Angaben in Frage steht (vgl. St-Ives & Deslauriers-Varin, 2009). Zwar zielen die Techniken auf den Erhalt eines Geständnisses tatsächlicher Täter:innen ab – eben dies ist aber in der Regel nicht mit Sicherheit bekannt, sodass das Vorgehen

84 Schneider und May (2021) konnten in ihrer Literaturarbeit zeigen, dass sich die vorhandenen Studien v.a. auf die Untersuchung der Minimierungsstrategien oder einer Kombination mit den Maximierungsstrategien beziehen, Maximierungsstrategien isoliert jedoch bisher nicht untersucht wurden.

(abgesehen von ethischen Gesichtspunkten) insbesondere dann problematisch wird, wenn Unschuldige, von deren Schuld die Vernehmenden überzeugt sind, zu einem falschen Geständnis bewegt werden (Volbert & May, 2016).

Vernehmungsansätze, die sich explizit dieser Minimierungs- und/oder Maximierungstechniken bedienen sind die – beide aus den USA stammenden – Reid Technik und die RPM-Methode (RPM = Abk. für **R**ationalisierung, **P**rojektion, **M**inimierung). Die von Napier und Adams (1998) dargestellte und als „magic words" bezeichnete RPM-Methode bezieht sich auf die psychischen Abwehrmechanismen, die der zugrunde liegenden Annahme zufolge von Beschuldigten hauptsächlich genutzt werden, um ihre Tat zu rechtfertigen und ihr Gesicht zu wahren, nämlich Rationalisierung, Projektion und Minimierung/Bagatellisierung (Brockmann & Chedor, 1999; Napier & Adams, 1998). Die Vernehmenden nutzen dabei dieselben, bei den Beschuldigten im Rahmen des vorherigen Gesprächsverlaufs identifizierten Abwehrmechanismen und spiegeln diese zurück, indem sie deren Verhalten rationalisieren und rechtfertigen, die Schuld auf andere Personen oder die Umstände projizieren und die Tat herunterspielen (Brockmann & Chedor, 1999; Napier & Adams, 1998). Ziel ist es, ein Geständnis zu erhalten. Neben den bereits dargestellten Risiken bezüglich falscher Geständnisse wird diese Methode, wenn sie ausschließlich zur Erlangung eines Geständnisses angewendet wird, in Deutschland als nicht mit der Strafprozessordnung zu vereinbaren angesehen (Artkämper et al., 2021).

Die oben genannten vernehmungsbezogenen Risikofaktoren führen u.a. dazu, dass – Schuldige wie Unschuldige – ein erhöhtes Bedürfnis haben, sich der unangenehmen Situation zu entziehen. Bei unschuldigen Beschuldigten kann der Anreiz der kurzfristigen Konsequenzen (die Vernehmung zu beenden) die negativen langfristigen Konsequenzen (einer Verurteilung) überwiegen (Madon et al., 2012; Yang et al., 2015), insbesondere, wenn die mögliche Bestrafung als unsicher oder weit in der Zukunft liegend wahrgenommen wird (Yang et al., 2015). Weiter begünstigend scheint in diesem Zusammenhang zu sein, dass Unschuldige, die fälschlich beschuldigt werden und von ihrer Unschuld überzeugt sind, darauf vertrauen, dass die Ermittlungsbehörden und das Gericht im weiteren Verlauf ihre Unschuld aufdecken und den wahren Sachverhalt aufklären (Kassin et al., 2010), sodass sie das Risiko, das sie mit ihrem falschen Geständnis eingehen, unterschätzen.

**Tabelle 8:** Kurzübersicht Risikofaktoren für falsche Geständnisse

| Personal | Situational/Vernehmungsbezogen |
|---|---|
| Jugendliches Alter | Lange Vernehmungsdauer |
| Persönlichkeitseigenschaften | Vernehmungsmethoden |
| Schlechtes psychisches Wohlbefinden | Befragungsdruck |
| Psychische Störungen | Voreinstellung/Schuldüberzeugung |
| Intelligenzminderung | Präsentation falscher Beweise |

Darüber hinaus spielt die **Voreinstellung der Ermittelnden** eine bedeutsame Rolle: So zeigen Studien, dass Ermittler:innen, die von der Schuld (vs. Unschuld) eines Beschuldigten überzeugt sind, mehr schuldvoraussetzende Fragen stellen, größeren Druck in der Vernehmung ausüben, um ein Geständnis zu erzeugen und unschuldige Beschuldigte für unbeteiligte Beobachter:innen ängstlicher und sich verteidigender erscheinen lassen (Kassin et al., 2003; Kassin & Gudjonsson, 2004). Die Überzeugung von der Schuld, mit der Vernehmende in eine Vernehmung gehen, und die die Vernehmungsgestaltung durchzieht, beeinflusst das Verhalten der (auch unschuldig) Beschuldigten in Richtung einer Bestätigung dieser Hypothese und wirkt sich schließlich auch auf die Beurteilung neutraler Beobachter:innen aus (Kassin & Gudjonsson, 2004) (selbsterfüllende Prophezeiung). So zeigte eine experimentelle Studie, dass bei der Vorinformation, eine Person sei schuldig, die Falschgeständnisrate erhöht war, was auf den erhöhten Einsatz von Minimierungs- und Maximierungstechniken zurückzuführen war (Narchet et al., 2011). Problematisch ist zudem, dass die Gefahr, unter Anwendung der genannten Vernehmungstaktiken ein falsches Geständnis zu erhalten, meist ignoriert wird, was zu einer falschen Bestätigung der subjektiven Schuldüberzeugung führen kann (Gudjonsson, 2010). Dieser Gefahr der Wirkungen eigener Voreinstellungen müssen sich Vernehmende im Interesse einer objektiven Wahrheitsfindung bewusst sein.

Das Problem falscher Geständnisse ist, dass es die weiteren Ermittlungen und Beurteilung von Beweisen beeinflussen und in eine falsche Richtung lenken kann (z.B. indem Informationen einseitig erhoben oder bewertet werden, alternative Hypothesen gar nicht erst aufgestellt werden, weitere Personen gar nicht erst als Verdächtige in Betracht gezogen werden etc.) (vgl. Volbert, 2013). In letzter Konsequenz wird, wie diesbezügliche Fehlurteile zeigen, eine unschuldige Person für etwas verurteilt, was sie nicht getan hat, wohingegen die tatsächlich schuldige Person ohne Konsequenzen bleibt.

Leo (2008; 2019) beschreibt den vernehmungsinduzierten Prozess zum falschen Geständnis als Abfolge von drei aufeinanderfolgenden „Fehlern": (1) Zunächst wird eine unschuldige Person fälschlicherweise von der Polizei als schuldig eingestuft (*misclassification error*); (2) dann wird diese einer auf der Schuldannahme basierenden (konfirmatorischen) Vernehmung unterzogen, die u.a. durch Druckausübung darauf abzielt ein Geständnis zu erhalten und nicht, die Hypothese der Schuld zu *prüfen*, alternative Hypothesen miteinzubeziehen bzw. die Wahrheit herauszufinden (*coercion error*); (3) schließlich führen die Vernehmenden der Öffentlichkeit unbekannte tatspezifische Details („Täterwissen") in die Vernehmung ein (z.B. durch das Zeigen von Tatortfotos), die die zu

Unrecht beschuldigte Person schließlich in ihr falsches Geständnis integriert, sodass dies überzeugend und „wahr" erscheint (*contamination error*). Dies kann auch unbewusst, d.h. für die Vernehmenden unbemerkt, geschehen (Garrett, 2010). Möglich ist in diesem Zusammenhang auch, dass die Vernehmenden den Beschuldigten (z.B. im Rahmen von Minimierungsstrategien) das Geständnis bzw. Motive oder rechtfertigende Ursachen, die zur Tat geführt haben, „schon in den Mund legen" (Leo, 2008; 2019; vgl. Appleby et al., 2013).

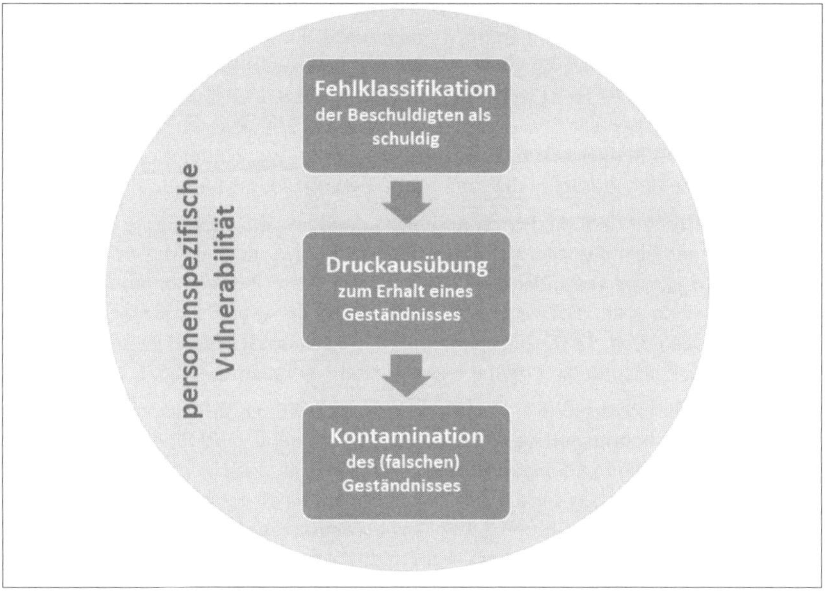


**Abbildung 10:** Die drei Fehler auf dem Weg zum vernehmungsinduzierten falschen Geständnis (eigene Darstellung nach Leo, 2008; 2019)

Ein Beispiel, bei dem genau dieser Prozess zu einer Fehlverurteilung geführt hat (gepaart mit personenbezogenen Risikofaktoren) ist der Fall des Ulvi K.

**Fallbeispiel**

**Das falsche Geständnis des Ulvi K. im „Mordfall Peggy"[85]**

Am 07.05.2001 verschwindet die 9-jährige Peggy. Die Polizei erhält viele Spuren und Hinweise, doch kommt nicht weiter. Am 23.05.2001 wurde Ulvi K., ein

85 Eigene Zusammenstellung aus Jung und Lemmer (2013); Kettinger (2014); Friedrichsen (2014); Holzhaider (2012); Meister (2014); für eine ausführliche Analyse siehe auch Schneider und May (2022).

23-jähriger Gastwirtssohn türkischer Abstammung, der nach einer Hirnhautentzündung im 3. Lebensjahr intellektuell retardiert ist (IQ = 67) zum Vermisstenfall vernommen, konnte aber ein Alibi für den Tag des Verschwindens präsentieren. Er war bereits wegen exhibitionistischer Handlungen aufgefallen.

Am 06.09.2001 wird Ulvi K. von den Ermittlern mit dem Vorwurf konfrontiert, er habe Peggy sexuell missbraucht. Er wird vormittags 4 und nachmittags 5 weitere Stunden verhört. Er gibt an, Kinder sexuell belästigt und sich vor ihnen entblößt zu haben und dass auch Peggy mehrfach bei ihm gewesen sei und er auch sie 4 Tage vor ihrem Verschwinden missbraucht habe. Er beteuerte aber immer wieder, nichts mit ihrem Verschwinden zu tun zu haben, nicht zu wissen, wo sie sei und sie nicht getötet zu haben. Die Ermittler hatten jedoch die Hypothese, dass er sie nach dem sexuellen Missbrauch getötet habe. Ebenfalls im September kam er aufgrund vorheriger sexueller Delikte an Kindern, wegen derer er für schuldunfähig befunden wurde, in die forensische Psychiatrie in Bayreuth.

Ein Mitinsasse, zu dem die Polizei Kontakt aufgenommen haben soll, um Ulvi K. Informationen über den Mordfall Peggy zu entlocken, berichtete, dass Ulvi K. ihm den Mord an Peggy gestanden habe. Damit im Rahmen eines Verhörs konfrontiert, gab Ulvi K. jedoch an, dies nie gesagt zu haben und der „Spur" wurde nicht weiter nachgegangen. (Am 13.09.2010 widerrief der Belastungszeuge eidesstattlich vor dem Ermittlungsrichter die Angabe und berichtete, gelogen zu haben).

Es herrschte Ermittlungsdruck. Nachdem die erste SoKo das Verschwinden Peggys nicht aufklären konnte, wurde im Februar 2002 eine neue SoKo für den Fall Peggy eingerichtet, die alte „Kernspuren" wieder aufgreift, u.a. auch die Spur zu Ulvi K. und dessen angeblichen Geständnis., u.a. deshalb, da er durch den gestandenen sexuellen Missbrauch ein Motiv gehabt habe. Die Aussagen der 16 Kinderzeug:innen, die Peggy nach ihrer angeblichen Ermordung noch gesehen haben wollen, wurden für „unwahrscheinlich" gehalten. Am 30.04.2002 wird durch Profiler eine Tathergangshypothese entwickelt. Ulvi K. wird immer wieder verhört, da vermutet wird, er habe Peggy umgebracht, um ein Sexualdelikt an ihr zu vertuschen.

Am 02.07.2002 gestand Ulvi K. dann in Abwesenheit seines Verteidigers, nach vielfachen Vernehmungen, in denen er das zuvor immer wieder geleugnet hatte, Peggy ermordet zu haben: Er wurde zunächst zweieinhalb Stunden in Anwesenheit seines Verteidigers vernommen, was auf Tonband aufgenommen wurde. Er bestritt weiterhin, Peggy umgebracht zu haben, auch, als man ihn damit konfrontierte, angeblich Blut an seiner Arbeitsjacke gefunden zu haben (eine „unbeabsichtigte Irreführung" des Angeklagten, wie es später vom Landgericht Hof benannt wurde – denn tatsächlich gab es kein Blut auf seiner Jacke). Nachdem sein Anwalt gefahren und das Tonbandgerät abgebaut war, soll sich Ulvi K. dann einem Beamten, den er mochte und der ihn in die Psychiatrie zurückbringen sollte, gegenüber geäußert haben, dass er noch nicht alles gesagt habe. Zuvor soll dieser Ulvi K.s Angaben zufolge gesagt haben, dass er nicht mehr sein Freund sei, wenn er nicht die Wahrheit sage.

Unverzüglich wird Ulvi K. wieder in den Vernehmungsraum gebracht und ohne Anwalt oder Tonbandaufzeichnung weitere 40 Minuten verhört. Über diesen Geständnisteil der Vernehmung gibt es nur ein Gedächtnisprotokoll. Ulvi K. schildert einen Tathergang, der der im April 2002 durch Beamte der operativen Fallanalyse (OFA) aufgestellten Tathergangshypothese fast genau entspricht. In nachfolgenden Vernehmungen wiederholt er sein Geständnis jeweils mit Abweichungen. Spuren oder die Leiche werden an den von Ulvi K. benannten Orten nicht gefunden, die angeblichen „Komplizen", die ihm bei der Beseitigung der Leiche geholfen haben sollen, haben stichfeste Alibis. Damit in weiteren Vernehmungen konfrontiert, ändert er seine Angaben (es sei sein Vater gewesen) zitternd und schwitzend. (In der späteren Hauptverhandlung nach dem Grund gefragt, gab er an *„Die haben gesagt, es muss jemand aus der Familie gewesen sein."*[86])

Später widerruft Ulvi K. sein Geständnis (bezüglich der Ermordung, nicht des sexuellen Missbrauchs an Peggy), zunächst in der ersten Exploration mit dem psychiatrischen Sachverständigen, dann förmlich in zwei weiteren polizeilichen Vernehmungen. Als Grund für das falsche Geständnis gibt er an, damals geglaubt zu haben, er könne weiteren Vernehmungen so aus dem Weg gehen (*„Weil ich meine Ruh' haben wollte vor der Kripo. Ich hab' gedacht, dass die dann zufrieden sind. Dass die mich nicht mehr holen."*[87]). Auch die Beamten geben später im Landgericht an, er sei am Tag des Geständnisses nervös gewesen und habe keine Lust mehr auf weitere Vernehmungen gehabt.

In einem Indizienprozess ohne Leiche oder Sachbeweise wird Ulvi K. trotz seines Geständniswiderrufs mit Urteil vom 30.04.2004 zu lebenslanger Haft wegen Mordes durch das Landgericht Hof verurteilt. Ein durch einen Psychiater erstelltes Gutachten war zu dem Schluss gekommen, dass sein Geständnis mit hoher Wahrscheinlichkeit auf einem Erlebnishintergrund basiere.

Am 09.12.2013 wurde die Wiederaufnahme des Verfahrens durch das Landgericht Bayreuth angeordnet, u.a. weil die Existenz einer Tathergangshypothese dem Gericht und dem Gutachter nicht bekannt gewesen sei. Als das Verfahren 2014 neu aufgerollt wird, kommt ein weiterer Gutachter, entgegen der Einschätzung des ersten Gutachters, zu dem Schluss, dass Ulvi K. durchaus über produktive Fantasiefähigkeit verfüge. Er habe *„schnell und unbedacht, geradezu bedenkenlos"* Geschichten erzählen können, von denen er glaubte, man wolle sie hören[88]: Ulvi K. habe zu Bildtafeln nachvollziehbare Geschichten erzählen und später wiederholen können. Die Beamten sagen aus, es sei von Herrn K. bekannt, dass er seine Aussagen an das anpasse, was vom Gegenüber gewünscht sei. Er habe erheblichen Blickkontakt zu den Vernehmenden gesucht und sei sehr unsicher gewesen. Deshalb habe man auch versucht, ihn möglich wenig zu beein-

86 https://www.sueddeutsche.de/bayern/fall-peggy-der-lange-schatten-der-ungewissheit-1.1443538-3
87 https://www.sueddeutsche.de/bayern/fall-peggy-der-lange-schatten-der-ungewissheit-1.1443538-3
88 Friedrichsen (2014, S. 52).

flussen. Den im Rahmen der Hauptverhandlung des Wiederaufnahmeverfahrens durch den beisitzenden Richter verlesenen Vernehmungsprotokollen sind jedoch hoch suggestive Befragungstechniken zu entnehmen[89]:

Bsp. 1: Frage: *„Haben Sie denn keine Angst gehabt, wenn die Peggy nach Hause kommt, am Kopf blutet und erzählt, was passiert ist?"* Antwort K.: *„Nein, da hab' ich keine Angst gehabt."* Erneute Frage nach einer kurzen Pause der Vernehmung: *„Sie haben uns vorher gesagt, dass sie Angst gehabt haben, die Peggy könne zu Hause erzählen, was passiert ist – erinnern Sie sich?"* Antwort K.: *„Ja."*

Bsp. 2: *„Kann es sein, dass die Peggy ein zweites Mal hingefallen ist?"* Ulvi K. verneint – *„Es war ja nass, kann doch sein, dass sie noch mal hingefallen ist."* Später gab Ulvi K. genau das an: Dass Peggy auf der Flucht vor ihm zwei Mal stürzte.

Ulvi K. wird am 14. Mai 2014 freigesprochen, da es „keinen einzigen Beweis" gegen ihn gibt. Im Juli 2016 werden Peggys Überreste gefunden. Ein neuer Verdächtiger gesteht, die Leiche vergraben zu haben, zieht dieses Teilgeständnis aber wieder zurück. 2020 werden die Ermittlungen eingestellt.

Das Beispiel des Ulvi K. unterstreicht, wie wichtig es ist, dass Vernehmende das **Vorliegen einer besonderen Vulnerabilität von Beschuldigten** (z.B. in Bezug auf Beeinflussung und die Abgabe eines falschen Geständnisses) – sei es aufgrund ihres jungen Alters (Jugendliche) oder aufgrund ihrer psychischen oder intellektuellen Voraussetzungen – **adäquat erkennen und entsprechend darauf reagieren**, d.h. etwa, besonders darauf zu achten, inwiefern sie Unterstützung benötigen bzw. besondere Maßnahmen zur Wahrung ihrer Rechte notwendig sind (vgl. Gulati et al., 2020; Principles of effective interviewing, 2021). Dazu zählt z.B., dass bei den genannten vulnerablen Personengruppen eine Beschuldigtenvernehmung in Anwesenheit eines Verteidigers/einer Verteidigerin und/oder einer anderen Unterstützungsperson[90] erfolgen sollte, um sicher zustellen, dass die Rechte der Beschuldigten gewahrt und von ihnen keine vorschnellen Entscheidungen getroffen werden, deren Konsequenzen sie selbst nicht absehen können (vgl. August & Henderson, 2021; Clugston et al., 2019; Gulati et al., 2020; Schneider & May, 2022). Dies stellt einen Schutzfaktor im dynamischen

89 http://www.abendzeitung-muenchen.de/inhalt.ermittler-befragt-fall-peggy-zweifel-am-gestaendnis-von-ulvi-k.0fd43e4d-3fce-4a14-bb64-68c8420e3c79.html

90 In anderen Rechtssystemen, wie z.B. in England und Wales, sind sogenannte „appropriate adults" vorgesehen, die bei Beschuldigtenvernehmungen von Jugendlichen und anderen vulnerablen Personengruppen anwesend sind, u.a. um sicherzustellen, dass sie ihre Rechte verstehen und sie zu unterstützen, diese in Anspruch zu nehmen (dazu z.B. Farugia & Gabbert, 2019). Diese können sowohl aus dem privaten Umfeld stammen als auch dafür geschulte Personen sein (zu Unterschieden und möglichen Problemen siehe z.B. Farugia & Gabbert, 2019; Henshaw et al., 2016; Medford et al., 2003).

Entstehungsprozess eines falschen Geständnisses dar (Gudjonsson, 2021). In Bezug auf die Wirkung eines anwesenden „appropriate adult", also einer während der Vernehmung anwesenden Unterstützungsperson, konnte eine Studie von Medford et al. (2003) anhand einer Analyse von audiografierten Beschuldigtenvernehmungen beispielsweise feststellen, dass selbst wenn diese wenig verbal in die Vernehmung eingriffen, dies dazu führte, dass bei erwachsenen Beschuldigten mit psychischen Beeinträchtigungen (nicht aber Jugendlichen) häufiger eine rechtliche Vertretung bei der Vernehmung anwesend war und in der Vernehmung weniger Druck auf die Beschuldigten ausgeübt wurde.

**Das Wichtigste in Kürze**

**Implikationen für die Vernehmung:**

- Wichtig ist die **Kenntnis personaler Risikofaktoren** aufseiten der Beschuldigten **und deren Berücksichtigung in der Vernehmungsgestaltung** (liegen erhöhte Risikofaktoren für ein falsches Geständnis vor?)
- Kinder/Jugendliche sowie Menschen mit psychischen Störungen oder intellektuellen Beeinträchtigungen sind besonders anfällig – insbesondere, wenn eine Kombination mehrerer solcher Risikofaktoren vorliegt (z.B. Kinder/Jugendliche mit intellektuellen Beeinträchtigungen oder ADHS).[91] Dies muss bei der Vernehmungsgestaltung berücksichtigt werden.
- **Beschuldigtenvernehmungen sollten videografiert** werden (Kassin & Gudjonsson, 2004; Schneider & May, 2022; Volbert, 2012; 2013) (beachte § 136 Abs. 4 StPO)
  - um die Entstehungsbedingungen des Geständnisses genau rekonstruieren zu können (und es damit auch abzusichern) – es muss genau rekonstruierbar sein, wie das Geständnis entstanden ist und was dem vorausgegangen ist und es sollten alle Hinweise auf den Zustand der Beschuldigten festgehalten sein, da diese später nicht mehr rekonstruierbar sind.
  - um sicher zu sein, dass Tatdetails nicht durch den Vernehmenden preisgegeben wurden und so ins Geständnis gelangten (vgl. Garrett, 2010; Volbert, 2012)
  - Wissen um eine Aufnahme wirkt sich positiv auf die Vernehmungsgestaltung aus (Kassin et al., 2014; vgl. auch Volbert, 2013), z.B. indem Vernehmende

91 Zu begrüßen ist in diesem Zusammenhang die gesetzliche Neuerung, dass seit 2020 die polizeilichen Vernehmungen mit minderjährigen Beschuldigten sowie Personen mit psychischen Störungen generell audiografisch oder videografisch zu dokumentieren sind (Deutscher Bundestag. Gesetz zur effektiveren und praxistauglicheren Ausgestaltung des Strafverfahrens vom 17. August 2017. Bundesgesetzblatt Jahrgang 2017 Teil I Nr. 58, 3202–3212) (§ 136 Abs. 4 StPO).

davon abgehalten werden außergwöhnlich lange Vernehmungen durchzuführen und extreme Taktiken anzuwenden (Kassin & Gudjonsson, 2004)

  - In zusammenfassenden Protokollen wird nicht deutlich, welche Informationen erst durch die Vernehmung erlangt wurden und wie hoch der Befragungsdruck war (Volbert, 2012; 2013)
  - Verteidigung kann Polizei keinen Zwang vorwerfen (Kassin & Gudjonsson, 2004; Sullivan et al., 2008)
  - Auch etwaige Vorgespräche/Gespräche mit den Beschuldigten außerhalb der eigentlichen Vernehmung sollten (aus den gleichen Gründen) aufgezeichnet werden (Volbert, 2012; 2013)

- Zeitliche Begrenzung der Beschuldigtenvernehmung (Volbert, 2013; Kassin & Gudjonsson, 2004)
- Wenigstens flexible Richtlinien sowie Pausen für Erholung/Schlaf und Essen (Kassin & Gudjonsson, 2004)
- Bei vulnerablen Personengruppen (Jugendliche, Personen mit psychischen Störungen oder intellektuellen Beeinträchtigungen) Anwesenheit eines Rechtsanwalts/einer Rechtsanwältin und/oder einer Unterstützungsperson (vgl. Clugston et al., 2019; Gudjonsson, 2021; Gulati et al., 2020; Schneider & May, 2022)
- **Verzicht auf riskante Vernehmungsmethoden** (vgl. Volbert, 2013) – Minimierungstechniken, Druck oder „Deals" können zwar auch zum Erhalt eines erwünschten wahren Geständnisses führen, erhöhen aber (in höherem Ausmaß) auch die Falschgeständnisrate, sodass sie problematisch sind (vgl. Volbert, 2012; Russano et al., 2005) und vom Einsatz solch manipulativer Techniken abzuraten ist. Basierend auf den empirischen Befunden ist vielmehr die Anwendung untersuchender/informationssammelnder anstatt konfrontativ-manipulativer Vernehmungsmethoden zu empfehlen (vgl. Kap. 8.3).
- **Kein zu frühes Festlegen auf einen Täter und Tathergang; nicht festgelegt auf die Schuld der Beschuldigten, sondern ergebnisoffen an die Vernehmung herangehen**, achtsam mit unpassenden Informationen umgehen und sie nicht im Sinne der eigenen Ansichten uminterpretieren oder ignorieren (Volbert, 2012; 2013) → Sensibilisierung für die Gefahr von Bestätigungstendenzen und Auswirkungen auf das eigene Befragungsverhalten.
- Immer auch die **mögliche Fehlerhaftigkeit von Informationen**, Beweisen oder anderen Aussagen in Betracht ziehen, auch wenn sie scheinbar zur eigenen Hypothese passen
- Auf den **unabsichtlichen Vorhalt falscher belastender Beweise achten**, z.B. bei mehreren Beschuldigten (es kann dann passieren, dass ein falsches Geständnis einer tatverdächtigen Person den anderen als vermeintlicher Beweis vorgehalten wird und zu weiteren falschen Geständnissen führt (Volbert, 2012) oder es werden noch nicht hinreichend überprüfte Spuren als faktischer Beweis präsentiert).

# 9. Gibt es nonverbale Lügenmerkmale?

## 9.1 Annahmen und Befunde zu nonverbalen Indikatoren für Täuschung

Eine Lüge wird definiert als „absichtliche wahrheitswidrige Darstellung, die gegeben wird, als ob es eine wahrheitsgemäße Darstellung wäre, und ohne das Einverständnis des Berichtsempfängers zum Getäuschtwerden. Ihre Formen sind: Falschbekundung und Verschweigen" (Wirtz, 2020c). Die Frage, ob die Möglichkeit besteht, eine solche Lüge anhand bestimmter „äußerlich sichtbarer" Merkmale des nonverbalen Verhaltens bzw. der nonverbalen Kommunikation zu erkennen, hat für die Polizei eine hohe Relevanz.

Vielfältige Annahmen existieren darüber, ob und inwiefern sich Lügen anhand des gezeigten nonverbalen Verhaltens erkennen lassen. Unter diesem nonverbalen Verhalten wird im Interaktionskontext[92] der „Teil menschlicher Kommunikation, der sich für den Informationsaustausch anderer als sprachlicher Mittel bedient" (Ellgring, 2020) verstanden. Darunter fallen zum einen auf vokaler Ebene stimmliche Merkmale (z.B. die Stimmhöhe), Merkmale des Sprech-Pausen-Verhaltens (z.B. Zögerpausen) und paralinguistische Merkmale (z.B. Lachen) und zum anderen auf äußerlich sichtbarer Ebene Mimik, Blickverhalten, Gestik, Körperhaltung und -bewegung sowie räumliche Aspekte (Proxemik, wie z.B. Distanz, Sitzposition) (Ellgring, 2020). Solche nonverbalen Kommunikationselemente werden allgemein als authentischer bzw. weniger kontrollier- und steuerbar angesehen als das verbal ausgedrückte Verhalten (vgl. Zuckerman et al., 1981).

Die Vorstellung, dass Lügen sich auch nonverbal niederschlägt und dadurch für andere erkennbar wird, basiert auf der theoretischen Annahme, dass dem Lügen verschiedene Prozesse zugrunde liegen, die sich im Verhalten zeigen, nämlich beispielsweise (zusammenfassend nach Zuckermann et al., 1981):

- **Versuche, das eigene Verhalten zu kontrollieren**, die in verminderter Spontanität und – aufgrund der mangelnden Fähigkeit alle Bereiche gleichzeitig und gleichermaßen zu kontrollieren – Diskrepanzen zwischen verschiedenen Aspekten des Verhaltens resultieren, z.B. indem Mimik und verbales Verhalten oder das Gesicht und der Rest des Körpers verschiedene Eindrücke hinterlassen.

92 „Nonverbales Verhalten" und „nonverbale Kommunikation" werden basierend auf dem Verständnis, dass jegliches Verhalten in zwischenmenschlichen Situationen eine Form der Kommunikation bzw. des Mitteilens darstellt, z.T. auch synonym verwendet (Ellgring, 2020).

- **Höhere Erregung** (*arousal*), die sich in psychophysiologischen Reaktionen des autonomen Nervensystems niederschlägt, z.B. Pupillenweitung, verstärktes Augenblinzeln.
- Mit einer Lüge verbundene **Emotionen** (insbesondere Angst vor Aufdeckung der Lüge, Schuldgefühle; je nach sozialem Kontext, Charakteristiken des Lügners und Zweck der Lüge).
- **Kognitive Komplexität des Produzierens einer Lüge** (im Vergleich zur geringeren Anforderung, die Wahrheit zu berichten), was sich beispielsweise in mehr Sprechpausen oder Zögern, längeren Antwortzeiten und weniger Illustratoren (= das Gesagte begleitende und dieses „illustrierende“ Gestiken) bemerkbar machen könnte (Zuckerman et al., 1981).

Die Idee ist also u.a., dass, dadurch dass Lügende (im Vergleich zu Wahr-Aussagenden) mehr „zu tun“ bzw. zu beachten haben, möglicherweise vielfältige unbeabsichtigte Mitteilungen über die Lüge entstehen (Porter & ten Brinke, 2010). In der Untersuchung möglicher nonverbaler Indikatoren für eine Lüge wird unterschieden zwischen nonverbalen beobachtbaren Merkmalen (z.B. Gesichtsausdrücke oder Körperbewegungen) und paraverbalen Merkmalen (Merkmale, die das Sprechverhalten/den Redefluss begleiten, z.B. Pausen, Veränderungen der Stimmhöhe oder Sprachfehler) (Sporer & Köhnken, 2008; Sporer & Schwandt, 2007). Einen weiteren Aspekt des nonverbalen Verhaltens stellen psychophysiologische Begleiteffekte dar (z.B. Atmung, Blutdruck, Herzfrequenz, Hautleitfähigkeit) (Litzcke et al., 2006), deren Wahrnehmung und Analyse jedoch weniger offensichtlich bzw. die weniger zugänglich sind. Vielmehr bedarf es dazu spezifischer Messgeräte. Beispielsweise zielt der Polygraf („Vielschreiber“) auf die Messung dieser Prozesse und deren Stärke in Abhängigkeit verschiedener Reize in der Befragungssituation ab (vgl. z.B. Steller, 2008a; Kap. 9.3).

Experimentelle Befunde weisen darauf hin, dass die Trefferrate der Unterscheidung zwischen Lügen und Wahrheit nur knapp oberhalb des Zufallsniveaus (also knapp über 50 %) rangiert (z.B. Metaanalyse von Bond & DePaulo, 2006: 54 %), und zwar unabhängig davon, ob es sich um Laien (i.d.R Studierende) oder „Expert:innen“ (z.B. Strafverfolgungspersonal, Richter:innen, Psychiater:innen etc.) handelte (Bond & DePaulo, 2006). Für Polizeibeamt:innen wurden ebenfalls nur geringfügig bessere Trefferquoten gefunden (z.B. 58 % bei Mann et al., 2008; s. auch eine ältere Studie von Ekman und O'Sullivan [1991] bei der u.a. Polizeibeamt:innen, Beamt:innen des FBI, Richter:innen, Psychiater:innen ebenso wie Studierende sich nicht signifikant vom Zufallsniveau unterschieden). Die Diskriminationsfähigkeit der Polizeibeamt:innen verbessert sich jedoch der Befundlage zufolge in Studien, in denen es sich um Lügen handelt, von denen für die Aussageperson etwas abhängt, auf 64 bis

88 % (durchschnittlich 67 %) im Vergleich zu solchen Studien, bei denen das Szenario Lügen ohne bedeutsame persönliche Relevanz (mit nur geringfügigen Konsequenzen) beinhaltete (O'Sullivan et al., 2009) – wobei erstere die höhere praktische Nähe der Polizeibeamt:innen aufweisen dürfte.

Als **größte Fehler**, die „lie detectors" machen, identifizierten Vrij et al. (2010), dass auf die falschen Hinweise geachtet und dass **nonverbalen Merkmalen zu große Bedeutsamkeit zugemessen** werde, dass bestimmte **Verhaltensweisen**, wie insbesondere Anzeichen von Nervosität, vorschnell als Anzeichen einer Lüge interpretiert, dass kognitive Heuristiken zur Einschätzung genutzt (vgl. Kap. 3.2) sowie dass inter- und intraindividuelle Unterschiede vernachlässigt werden.

Auch Polizeibeamt:innen tendieren dazu, sich beim Versuch, Hinweise auf Täuschung zu finden, eher auf beobachtbare nonverbale als auf verbale Hinweise zu verlassen (Mann et al., 2008; Vrij, 2008), wobei die Rate der richtig eingeschätzten Aussagen höher war, wenn die Aussageperson (hier: reale Beschuldigtenvernehmung) nur gehört wurde, als wenn diese nur gesehen (und damit auf beobachtbare Aspekte geachtet) wurde (Mann et al., 2008). Dies zeigte auch eine Metaanalyse von Bond und DePaulo (2006), bei der die Diskriminationsfähigkeit zwischen wahren und gelogenen Aussagen bei rein visueller Darbietung (Video ohne Ton) am schlechtesten ausfiel und die rein auditive Darbietung am besten (auch besser als die audiovisuelle Darstellung, d.h. ein Video mit Ton), was die Autoren dahingehend interpretieren, dass Lügenstereotype vor allem visuell existieren (Bond & DePaulo, 2006). Aufmerksamkeitsfokussierung auf die beobachtbaren nonverbalen Merkmale führe zu einem stärkeren Lügen-Bias, indem auch den Wahraussagenden fälschlich unterstellt wird, dass sie lügen (Vrij, 2008).

Nach den Befunden des Global Deception Research Team (2006) zeigte eine Befragung von insgesamt $N = 2\,320$ Menschen aus 58 Ländern, dass über 60 % der Befragten das Abwenden des Blicks als Indikator einer Lüge ansehen, als nächstes gefolgt von (zwischen 20 und 30 %) Nervosität, einer inkohärenten Sprache, Niederschlag in Körperbewegungen und Mimik sowie Widersprüchen. Ferner wurden Füllwörter („uh", „ähm"), Erröten und Sprechpausen als „Lügenmerkmale" angenommen (zwischen 15 und 20 % der Befragten). Auch 73 % der von Mann et al. (2004) befragten britischen Polizeibeamt:innen nannte das Abwenden des Blicks sowie Körperbewegungen (25 %) und nervöses Zappeln (19 %) als Indikatoren, an denen sie eine Lüge festmachen. Darüber hinaus bestätigen auch experimentelle Befunde, dass Proband:innen Aussagen als weniger glaubhaft einschätzen, wenn der Blick abgewendet wird und Haltungswechsel stattfinden (Reinhard & Sporer, 2008). Demgegenüber fanden Metaanalysen (DePaulo et al., 2003; Sporer & Schwandt, 2007) keine Belege dafür, dass Menschen beim Lügen den Blickkontakt vermeiden und auch die von Polizeibeamt:innen und Laien geteilte Annahme, dass nonverbale Verhaltensweisen (in Form von direkt beobachtbaren nervösen Körperbewegungen, z.B. der Hände oder Beine) beim Lügen zunehmen, ließ sich nicht bestätigen, vielmehr nahmen sie entgegen dieser verbreiteten Annahme eher ab (oder zeigten keine Veränderung). Letztlich konnten in der Metaanalyse von Sporer und Schwandt (2007) von 12 untersuchten nonverbalen Merkmalen nur 3 als (statistisch signifikante) Indikatoren für eine Lüge identifiziert werden, nämlich eine Abnahme von Nicken, Hand- sowie Fuß- und Beinbewegungen – wobei die Effektstärken gering ausfielen (Sporer & Schwandt, 2007) und damit die Aussagekraft und praktische Bedeutsamkeit letztlich infrage steht.

In der viel zitierten Metaanalyse von DePaulo et al. (2003), in die 120 Studien einflossen und 158 verbal-inhaltliche, nonverbale und paraverbale Merkmale untersucht wurden, wurden zwischen den nonverbalen und paraverbalen Merkmalen ebenfalls nur wenige signifikante Zusammenhänge mit einer Lüge gefunden (nonverbal: Pupillenerweiterungen[93] und vermehrtes Anheben des Kinns; paraverbal: z.B. erhöhte stimmliche Anspannung und Stimmhöhe, mehr Wort- und Satzwiederholungen und kürzere Sprechzeiten in gelogenen Aussagen[94]). Auch machten Lügner:innen einen insgesamt nervöseren Eindruck. Auch hier handelte es sich jedoch ebenfalls nur um schwache Zusammenhänge bzw. geringe Effektstärken ($d$ zwischen $|0.21|$ und $|0.39|$)[95], zudem basierten einzelne Befunde auf nur wenigen Studien.

Bei einer Analyse von möglichen Moderatorvariablen (d.h. Variablen, die den Zusammenhang zwischen zwei anderen Variablen beeinflussen, hier also den Zusammenhang zwischen einer Lüge und non- und paraverbalen Verhaltensmerkmalen) zeigte sich, dass die Art und Ausprägung möglicher Indikatoren für Täuschung in Abhängigkeit von Faktoren wie z.B. dem Ausmaß an Motivation, dem Umstand, ob sich jemand auf die Aussage vorbereiten konnte sowie dem Inhalt der Lüge variierten (DePaulo et al., 2003; Sporer & Schwandt, 2006; Sporer & Schwandt, 2007).

– Bei hoher Motivation, mit der Lüge durchzukommen (aufgrund erwarteter positiver Konsequenzen oder aufgrund hoher persönlicher Bedeut-

---

93 Zur Aussagekraft dieses Merkmals führen Sporer und Köhnken (2008) zu Recht die in Frage stehende zuverlässige Messbarkeit an (der praktische Nutzen z.B. für die polizeiliche Vernehmung erscheint gering).

94 Auch Sporer und Schwandt (2006) fanden unter den möglichen paraverbalen Indikatoren von Täuschung in ihrer Metaanalyse (in den nach Stichprobengröße gewichteten Analysen) eine höhere Tonhöhe (und eine verlängerte Antwortlatenz) in den gelogenen im Vergleich zu wahren Aussagen. Auch hier waren die Effekte jedoch schwach ($r$ zwischen .10 und .11).

95 Nach Cohen (1988) wird bei $|d| \geq 0{,}2$ von einem kleinen, $|d| \geq 0{,}5$ von einem mittleren und $|d| \geq 0{,}8$ von einem großen Effekt gesprochen.

samkeit) zeigten Lügner:innen weniger Fuß- oder Beinbewegungen, sprachen mit höherer Tonhöhe und machten einen nervöseren/angespannteren Eindruck als Personen, die die Wahrheit sagten (DePaulo et al., 2003).

- Wenn die Lüge nicht geplant war (und folglich nicht vorbereitet werden konnte) zeigten Lügner:innen längere Antwortlatenzen (d.h. sie warteten länger nach dem Ende der Frage mit ihrer Antwort) als wenn sie die Wahrheit sagten, wohingegen sie bei geplanten bzw. vorbereiteten Lügen unmittelbarer antworteten (DePaulo et al., 2003).
- Bei Lügen über Normverstöße oder Verfehlungen (im Vergleich zu anderen Inhalten) sprachen Lügner:innen in höherer Sprechgeschwindigkeit als Personen, die die Wahrheit sagten, sie machten einen nervöseren/angespannteren Eindruck, blinzelten mehr und zeigten weniger Fuß- und Beinbewegungen (DePaulo et al., 2003).

Insgesamt betrachtet haben sich nur wenige der in Studien und Metaanalysen untersuchten möglichen nonverbalen Täuschungsindikatoren als signifikant erwiesen. Die Zusammenhänge und Effektstärken waren jedoch durchgehend sehr gering, so „dass sie nicht die Bezeichnung ‚Lügenmerkmale‘ verdienen“ (Sporer & Köhnken, 2008, S. 359; vgl. dazu auch Vrij et al., 2010). Aufgrund der heterogenen Befundlage zu den einzelnen nonverbalen Merkmalen (z.B. indem in den einzelnen Studien sowohl Zunahmen, Abnahmen oder gar keine Veränderungen feststellbar waren als auch aufgrund von Unterschieden zwischen verschiedenen Studien) (Sporer & Köhnken, 2008), was den Umstand widerspiegelt, dass es erhebliche interindividuelle Unterschiede in der Art und Ausprägung gezeigter nonverbaler Merkmale beim Lügen gibt, und dem Umstand, dass aus Gruppenunterschieden ermittelte Befunde nicht ohne Weiteres auf den Individualfall übertragen werden können, ist die „unreflektierte Konzentration auf vermeintliche ‚Lügensymptome‘“ (Sporer & Köhnken, 2008, S. 361) bei der Beurteilung von Aussagen nicht zu empfehlen (Sporer & Köhnken, 2008).

Mindestanforderung für einen potenziellen Einbezug nonverbalen Verhaltens im individuellen Fall wäre eine genaue Kenntnis des „Basisverhaltens“ der Aussageperson, d.h. ihr unter „normalen“ Umständen gezeigtes nonverbales Verhalten, z.B. ob die Person generell viele Gesten macht, häufig blinzelt, schnell errötet etc. Erst dann könnten „Auffälligkeiten“ oder Veränderungen überhaupt erkannt bzw. eingeordnet werden (Krüger, 2019; Litzcke et al., 2006). Denn zum einen existieren bezüglich des Ausmaßes gestischer Untermalungen, körperlicher Bewegungen oder mimischer Ausdrücke erhebliche interindividuelle Unterschiede, zum anderen können Abweichungen oder eine Zu- oder Abnahme des nonverbalen Verhaltens nur dann überhaupt bestimmt werden, wenn eine Referenz vorhanden ist, an der die Abweichung festgemacht werden kann (vgl. Krüger, 2019; Litzcke et al., 2006).

Ein darauf basierender Ansatz ist der „Baseline-Approach", der darauf abzielt, das nonverbale Verhalten bei „wenig verfänglichen" Inhalten zu Beginn der Vernehmung („Small Talk") bzw. bei Themen, bei denen die Aussageperson sehr wahrscheinlich wahrheitsgemäß antwortet, mit dem später zu tatrelevanten Inhalten gezeigten Verhalten in Beziehung zu setzen und deutliche Abweichungen als „Warnsignale" oder Hinweise auf eine Lüge aufzufassen (z.B. Litzcke et al., 2006; kritisch: Vrij, 2016; Vrij et al., 2019). Aufgrund der mangelnden Forschung zur Untersuchung spezifischer nonverbaler Verhaltensweisen von Wahr-Aussagenden und Lügenden während der Baseline und den sachverhaltsspezifischen Aspekten (dem Tatvorwurf) wird ein solches Vorgehen von Vrij et al. (2019) jedoch zu Recht als „pseudowissenschaftlicher" Ansatz bezeichnet.

Denn ein solches Vorgehen ist (abgesehen von der mangelnden empirischen Evidenz; vgl. Palena et al., 2018) problematisch: Zwar können (plötzliche) Veränderungen oder Abweichungen des individuellen Basisverhaltens darauf hindeuten, dass eine Anpassung des Verhaltens erforderlich ist bzw. sich etwas geändert hat (z.B. bezüglich der emotionalen Bedeutung der geschilderten Inhalte) (Krüger, 2019). Dies kann deshalb ggf. Anlass gezielter weiterer Befragung sein (Porter & ten Brinke, 2010). Eine Lüge oder ein Täuschungsversuch könnte *ein* möglicher Grund für eine solche Veränderung sein (Krüger, 2019) – aber eben auch nur einer.

Auch ist der situative Kontext mit zu berücksichtigen: Selbst wenn man in der Vernehmung das nonverbale Basisverhalten von Beschuldigten (oder Zeug:innen) genau beobachtet, bevor es zu den tatrelevanten Inhalten kommt, beinhaltet diese Situation per se viele mögliche Störfaktoren. Zum einen handelt es sich **bei dem in der Vernehmung gezeigten „Basisverhalten" nicht um das „natürliche" Basisverhalten der Person**, da auch die Vernehmung selbst bereits eine besondere Situation darstellt. So kann eine Vernehmung an sich für Beschuldigte, aber auch Zeug:innen mit großem Stress verbunden sein (unabhängig davon, ob sie lügen oder nicht), was sich auch bei nicht tatrelevanten Inhalten in ihrem verbalen und nonverbalen Verhalten deutlich niederschlagen kann (vgl. Milne & Bull, 2003a). Darüber hinaus sind **ein neutraler, nicht bedrohlicher „Small Talk" zu Beginn der Vernehmung und eine Vernehmung zum Tatvorwurf bezüglich ihrer Bedeutsamkeit und potenzieller Konsequen-**

**zen nicht vergleichbar**[96] – und zwar sowohl für schuldige als auch unschuldige Beschuldigte (z.B. Palena et al., 2018; Vrij, 2016): So kann allein etwa der Umstand, von der Polizei als Beschuldigte:r vernommen zu werden (begleitet evtl. noch von der Sorge, dass dies anderen Personen bekannt wird) auch bei um Wahrheit bemühten, zu Unrecht Verdächtigten bei tatrelevanten Fragen und Vorhalten (zusätzlichen) Stress auslösen (vgl. Bond & Fahey, 1987), z.B. aus der Angst heraus, dass ihnen nicht geglaubt wird oder etwas Falsches zu sagen oder aber aufgrund der Befürchtung, dass andere, mit der Tat gar nicht in Zusammenhang stehende Aspekte dadurch ans Licht kommen (z.B. eine Affäre oder kleine „Vergehen"). Es kann also, wenn jemand daraufhin ins Stocken gerät, sich verhaspelt (mehr Sprechfehler und Pausen macht) oder daraufhin eine Veränderung in nonverbalen Verhaltensweisen zeigt auch einfach ein Ausdruck von Unsicherheit, der Angst, etwas Falsches zu sagen, etwas Wichtiges/Entlastendes zu vergessen, nicht glaubwürdig zu erscheinen oder aber eine Reaktion auf druckausübende Fragen sein (vgl. Ludewig et al., 2011). **Die Gefahr der Fehlinterpretation ist also groß** („Othello-Fehler" nach Ekman, 2003) **und vor Lehre und Anwendung solcher „Techniken" zu warnen** (vgl. May et al., 2022; Vrij et al., 2019).

**Othello-Effekt/Othello-Fehler**

Der Emotionsforscher Paul Ekman (1985) bezeichnete damit den Fehler, der entsteht, wenn eine gezeigte Emotion fälschlicherweise einer Ursache (hier Lüge) zugeschrieben und außer Acht gelassen wird, dass eine wahraussagende Person letztlich die gleichen emotionalen Reaktionen zeigen kann, wenn sie (zu Unrecht) des Lügens verdächtigt wird, wie jemand, der tatsächlich lügt („*The fear of being disbelieved looks the same as the fear of being caught*"; Ekman, 2003, S. 218).

Namensgebend ist Shakespeares Stück „Othello", in dem dieser die gezeigte Angst seiner Frau Desdemona davor, dass ihr bezüglich des Vorwurfs des Fremdgehens nicht geglaubt werde, als Beleg für das Ertapptwerden fehlinterpretiert und sie daraufhin tötet.

Im Vernehmungskontext bezieht sich der Othello-Fehler auf einen spezifischen Fehler in der Vernehmungsgestaltung, indem die Demonstration von Skepsis und Misstrauen gegenüber der Aussageperson dazu führen kann, dass diese (aufgrund des dadurch erst erzeugten Stresses) Verhaltensweisen wie Nervosität oder eine Veränderung im Aussageverhalten zeigt, was wiederum als Beleg für die eigene Fehlannahme einer Falschaussage interpretiert wird (Niehaus, 2020).

96 Es wurde deshalb vorgeschlagen, dass man eine „comparable truth baseline", d.h. ein bezüglich Inhalt, Kontext, potenzieller Konsequenzen und emotionaler Involvierung mit der Befragung zum Tatvorwurf vergleichbares Baseline Thema nutzen müsste (Vrij, 2008; vgl. Vrij, 2016), was jedoch praktisch nicht umsetzbar ist und sich zudem bei experimenteller Prüfung als nicht überzeugend erwies (Caso et al., 2019; Palena et al., 2018; Vrij, 2016).

Es konnten keinesfalls in allen Studien Unterschiede zwischen dem nonverbalen Verhalten von Lügenden und dem von Wahr-Aussagenden festgestellt werden: So gaben die lügenden, von erfahrenen Vernehmenden vernommenen Proband:innen in einem Experiment von Strömwall et al. (2006) zwar an, nervöser und angestrengter gewesen zu sein, als dies bei der Gruppe der Wahr-Aussagenden der Fall war, doch in den (durch Beobachter:innen codierten) nonverbalen Verhaltensweisen wurden keine Unterschiede festgestellt. Sowohl Lügende als auch Wahr-Aussagende bemühten sich gleichermaßen, keine übermäßigen Bewegungen zu machen. Demgegenüber zeigte sich bezüglich der verbalen Strategien, dass die Wahr-Aussagenden vor allem darum bemüht waren, ihren Bericht real darzustellen, wohingegen die Lügenden vor allem darauf abzielten, ihre Geschichte möglichst einfach zu halten – eine der Prämissen, auf der die aussagepsychologische Glaubhaftigkeitsanalyse beruht (vgl. Kap. 10.4).

Neben der Unspezifität nonverbaler Merkmale und deren intra- und interindividuellen Varianz gibt es Menschen, die im Vergleich zu anderen sehr gut lügen können. Als Qualitäten guter und erfolgreicher Lügner:innen, bei denen die Identifikation einer Lüge besonders schwierig ist, nennen Vrij et al. (2010), dass ihr natürliches Verhalten keinen Verdacht schöpfen lässt, dass sie beim Lügen keine Gefühle von Schuld oder Angst empfinden, dass es ihnen kognitiv nicht schwer fällt zu lügen, sie gute „Schauspieler:innen" sind und ihre äußere Attraktivität zu einer Zuschreibung als ehrlich und tugendhaft führt.

**Insgesamt muss auf Basis der Befunde ausdrücklich davor gewarnt werden, sich bei der Einschätzung des Wahrheitsgehalts verbaler Aussagen auf das nonverbale Verhalten zu verlassen bzw. dieses zurate zu ziehen** (s.a. Brennen & Magnussen, 2020; May et al., 2022; Sporer & Schwandt, 2007; Vrij, 2008; Vrij et al., 2019). Wichtiger ist, den verbalen Hinweisen Beachtung zu schenken, z.B. die Aussage unter formalen und inhaltlichen Aspekten zu betrachten (z.B. im Hinblick auf deren logische Konsistenz; Widersprüche), was eine bessere Einschätzung der Angaben ermöglicht als nonverbale Merkmale (vgl. Vrij, 2008). So zeichneten sich Polizeibeamt:innen, die besser in der Beurteilung des Wahrheitsgehalts von videografierten Beschuldigtenaussagen waren („good lie detectors") dadurch aus, dass sie mehr inhaltsbezogene Aspekte benutzen, wohingegen die Unterscheidung zwischen wahren und falschen Aussagen desto schlechter ausfällt, je mehr sich die Polizeibeamt:innen auf stereotype (falsche) Vorstellungen über Lügenmerkmale verließen (z.B. Blickabwenden, Zappeln) (Mann et al., 2004).

Die Nutzung nonverbaler versus verbaler Indikatoren zur Einschätzung des Wahrheitsgehalts hängt aufseiten der Beurteiler:innen von deren Motivation und ihrer verfügbaren kognitiven Kapazität ab: Sowohl bei geringer Motivation als auch bei geringer kognitiver Kapazität (aufgrund hoher kognitiver Belastung) stützen sich Beurteiler:innen ausschließlich auf nonverbales Verhalten und lassen inhaltliche Aspekte der Angaben wie die Plausibilität und Konsistenz außer Acht, da ersteres leichter zu nutzen ist und weniger kognitive Anstrengung erfordert (Reinhard & Sporer, 2008[97]). Demgegenüber nutzen Beurteiler:innen bei hoher Motivation und geringer kognitiver Belastung zusätzlich die verbal-inhaltlichen Aspekte für ihre Glaubwürdigkeitsattribution (Reinhard & Sporer, 2008).

Eine hohe Motivation, eine Lüge zu „enttarnen" wiederum erweist sich als hinderlich, dies zu erreichen, indem sich hoch motivierte Personen schlechter in der Einschätzung bezüglich des Wahrheitsgehalts zeigten als gering motivierte, gleichzeitig aber sicherer in ihrer Einschätzung waren (Porter et al., 2007). Insgesamt war eine hohe „Entdeckungsmotivation" mit einer hohen Falsch-Positiv-Rate assoziiert (Porter et al., 2007), was eine hohe Relevanz für polizeiliche Vernehmungen besitzt, insbesondere wenn Ermittlungs- und Zeitdruck herrschen, da ein solcher „Überenthusiasmus" (Porter et al., 2007, S. 297), z.B. Beschuldigte einer Lüge zu überführen, das eigene Urteilsvermögen beeinträchtigen kann (Porter et al., 2007) (vgl. auch Confirmation Bias, Kap. 3.2). Es ist also wichtig, die eigenen motivationalen Bedingungen fortwährend kritisch zu reflektieren und eigene Beurteilungen und Einschätzungen mit Kolleg:innen zu besprechen, um das eigene Entscheidungsverhalten zu hinterfragen (Porter et al., 2007). Eine hohe Motivation die Wahrheit herauszufinden (nicht voreingenommen, jemanden des Lügens zu überführen bzw. die eigenen Vorannahmen zu bestätigen) und verfügbare kognitive Kapazitäten, die die Nutzung inhaltlicher Aspekte der Aussage ermöglichen, scheinen der Wahrheitsfindung also am ehesten zuträglich zu sein.

97 Reinhard und Sporer (2008) prüften hier die Zwei-Prozess-Theorie im Hinblick auf das Zustandekommen von Glaubwürdigkeitsurteilen. Nach dieser werden zwei Arten der Informationsverarbeitung unterschieden, eine systematische, in der alle relevanten verfügbaren Informationen einbezogen werden, was eine hohe Motivation und verfügbare kognitive Kapazität erfordert, und eine weniger Anstrengung erfordernde Verarbeitung, bei der sich der Beurteiler auf Heuristiken verlässt (vgl. Kap. 3.2).

**Das Wichtigste in Kürze**

**Implikationen für die Vernehmung:**

- Die Annahmen von Laien über mögliche nonverbale Lügenmerkmale (z.B. Abwenden des Blicks oder Zunahme an Körperbewegungen) unterscheiden sich von den tatsächlichen Befunden empirischer wissenschaftlicher Studien.
- Die Befunde der einzelnen Studien sind heterogen. Die in Metaanalysen ermittelten Zusammenhänge sind schwach/Effektstärken gering. Insgesamt zeigt sich, dass es keine zuverlässigen und vor allem keine spezifischen nonverbalen/paraverbalen Indikatoren für eine Lüge gibt, die zur Beurteilung eines individuellen Falles geeignet wären.
- Art und Ausprägung von nonverbalen Indikatoren einer Lüge können sich in Abhängigkeit weiterer Einflussfaktoren, wie z.B. des motivationalen Hintergrundes der „Lügenden", des Inhalts der Lüge oder situationaler Aspekte, wie etwa, ob diese spontan oder mit Gelegenheit zur Vorbereitung dargeboten wird, unterscheiden.
- Es gibt weder interindividuell gültige spezifische körpersprachliche Verhaltensweisen noch ein Muster nonverbaler Signale, die als sicherer Hinweis auf eine Lüge gelten können.
- Zur Analyse des nonverbalen Verhaltens der Einzelperson und deren Veränderungen wäre eine genaue Kenntnis des Basisverhaltens notwendig – dieses ist (außerhalb der Vernehmungssituation, die bereits unabhängig vom Wahrheitsgehalt der Aussage einen Stressor darstellen kann) in der Regel unbekannt. Das heißt, das in der Vernehmung gezeigte Basisverhalten kann sich nochmals von dem unter Alltagsbedingungen unterscheiden. Vergleiche des gezeigten nonverbalen Verhaltens in der Rapport-Phase zu Beginn der Vernehmung und während der Vernehmung zum Tatvorwurf zur „Lügendiagnostik" verbieten sich u.a. aufgrund der unterschiedlichen Bedeutsamkeit und „Bedrohlichkeit" für die Beschuldigten. So ist auch vom sogenannten „Baseline Approach" in Beschuldigtenvernehmungen abzuraten, gemäß dem diesbezügliche Veränderungen im nonverbalen Verhalten als Hinweis auf eine Lüge interpretiert werden (vgl. Vrij, 2016; Vrij et al., 2019).
- Sollten wahrnehmbare Veränderungen des nonverbalen Verhaltens im Verlauf der Aussage von Zeug:innen oder Beschuldigten festgestellt werden, können diese allenfalls als Hinweise auf Stress oder eine veränderte emotionale Beteiligung, keinesfalls aber als Hinweise auf eine Lüge interpretiert werden, da letztlich nicht bekannt ist, was zur Verhaltensänderung geführt hat und welche – für die Beobacher:innen nicht erkennbaren, verdeckten – Motive und Emotionen noch eine Rolle spielen können.
- Die Analyse nonverbaler Merkmale ist für die Wahrheitsfindung u.a. aufgrund der geringen Aussagekraft und Menge an personalen und situativen Einflussfaktoren vollkommen ungeeignet!

## 9.2 Mikroexpressionen zum Erkennen von Lügen?!

Als Mikroexpressionen werden flüchtige Gesichtsausdrücke bezeichnet, die nur Bruchteile von Sekunden dauern – laut Ekman und Friesen (1969) seien Mikroexpressionen „... so kurz, dass sie für den ungeübten Beobachter kaum wahrnehmbar sind. Mikroexpressionen können Fragmente eines unterdrückten, neutralisierten oder maskierten (Gesichts-)Ausdrucks sein. Mikroexpressionen können auch die vollen Muskelbewegungen zeigen, die mit einem ‚Makro-Affekt' assoziiert sind, sind aber zeitlich deutlich kürzer" (Ekman & Friesen, 1969, S. 97, eigene Übersetzung). Ekman und Friesen (2003) zufolge können Menschen ihre Emotionen, wenn sie auf ein Ereignis reagieren, für einen kurzen Zeitraum von einem Bruchteil einer Sekunde nicht kontrollieren. Dabei sollen feine Bewegungen der Gesichtsmuskeln die „echten Emotionen" sichtbar machen, indem jeder der sieben Grundemotionen (Freude, Verachtung, Ekel, Wut/Ärger, Trauer, Angst und Überraschung) spezifische Bewegungen der Gesichtsmuskulatur zugrunde liegen (Ekman & Friesen, 2003). Ekman und Friesen (1976; 1978) entwickelten das „Facial Action Coding System" (FACS), um solche feinen Bewegungen der Gesichtsmuskeln zu kodieren, die dann Rückschlüsse über die sieben Basisemotionen erlauben.

Mikroexpressionen wurden – insbesondere von Paul Ekman und Team – auch im Hinblick auf ihren möglichen Nutzen für das Erkennen von Lügen diskutiert (z.B. Ekman et al., 1988; Ekman et al., 1991; Ekman, 2003; Frank & Ekman, 1997). Dabei wird davon ausgegangen, dass wahre Emotionen zu verbergen versucht werden, was sich in den Mikroexpressionen niederschlägt. Ekman und Friesen (2003) zufolge kann das intentionale Manipulieren des Gesichtsausdrucks, das in einer Inkongruenz zwischen wahrer und gezeigter Emotion resultiert, verschiedene Formen annehmen: Ein Gesichtsausdruck wird ohne Vorliegen irgendeiner Emotion „simuliert", ist „maskiert", indem ein Gesichtsausdruck einer anderen als der eigentlich empfundenen Emotion „aufgesetzt" wird (z.B. versucht wird Freude zu signalisieren, obwohl man traurig ist) oder aber er ist „neutralisiert", indem eine vorliegende Emotion unterdrückt (und der Gesichtsausdruck neutral gehalten) wird.

Porter und ten Brinke (2008) untersuchten das Auftreten solch inkonsistenter emotionaler Gesichtsausdrücke und deren Potenzial für das Erkennen einer Lüge in einer experimentellen Studie, indem Versuchspersonen ($N = 41$) auf verschiedene, Emotionen transportierende, Bilder mit echtem oder falschen Gesichtsausdruck reagierten und dies im Hinblick auf das Auftreten von Mikroexpressionen und Augenblinzeln untersucht wurde. Dabei konnte u.a. festgestellt werden, dass nur knapp ein Viertel der Versuchspersonen überhaupt Mikroexpressionen[98] (in nur 2 % aller knapp 700 analysierter Gesichtsausdrücke) zeigte. Auch traten keine „vollständigen", gleichzeitig die obere und untere Gesichtshälfte betreffenden Mikroexpressionen auf, sondern nur solche, die eine Gesichtshälfte betrafen. Die (wenigen) gezeigten Mikroexpressionen bezogen sich dabei nicht nur auf maskierte, simulierte oder neutralisierte Emotionen, sondern ebenso häufig auf wahre Emotionen. Bei den maskierten und neutralisierten Emotionen korrespondierten die Mikroexpressionen mit den eigentlich empfundenen Emotionen, d.h. sie könnten – trotz ihrer Seltenheit – wenn sie auftreten bei „aufgesetzten" Gesichtsausdrücken ggf. ein Indikator für die „wahre" zugrunde liegende Emotion sein (Porter & ten Brinke, 2008). Bezüglich der Frage, ob nicht darin geschulte Beobachter:innen die trügerischen Gesichtsausdrücke mit bloßem Auge identifizieren können, zeigte sich mit knapp 60 % eine Trefferquote nur etwas über dem Zufallsniveau – und eine Fehlerquote von 40 %.

So können Mikroexpressionen zwar möglicherweise vertiefende Informationen über die Emotionen einer Person geben und Anhaltspunkte dafür liefern, dass jemand authentische Emotionen zu unterdrücken versucht. **In Bezug auf ihren Hinweiswert auf eine Lüge sind Mikroexpressionen aber – analog zu den anderen bereits diskutierten möglichen nonverbalen Indikatoren einer Lüge – zu unspezifisch (und zu selten überhaupt auftretend), um daraus valide Schlüsse ziehen zu können** (vgl. auch Burgoon, 2018).

Wie Sporer und Schwandt (2007) zudem richtig anmerken, können solche komplexen Methoden, wie das FACS von Ekman und Kollegen zwar sicherlich einen tieferen Einblick in die Bedeutung des nonverbalen Verhaltens liefern, sind jedoch letztlich nicht geeignet, um sie z.B. in der konkreten Vernehmungssituation ad hoc anzuwenden und daraus Schlüsse zu ziehen. Vielmehr ist dafür z.B. eine visuelle Aufzeichnung und spätere Analyse notwendig, was zeitaufwendig ist und erst zu einem späteren Zeitpunkt zu einer Einschätzung verhilft (Sporer & Schwandt, 2007).

Ekman (2003) zufolge nimmt nur eine kleine Minderheit der Menschen Mikroexpressionen ohne jegliches Training überhaupt akkurat wahr. Durch gezieltes Training, das z.B. fachlichen Input mit der praktischen Anwendung und Rückmeldung kombiniert, können Studien zufolge jedoch auch Personen ohne diese „natürliche" Fähigkeit das Erkennen von Mikroexpressionen verbessern (Hurley, 2012; Hurley et al., 2014). Der Nutzen zum Entdecken einer Lüge ist jedoch gering: Eine aktuelle Studie, in der unter-

98 Ähnlich auch Ekman (2003).

sucht wurde, ob Personen, die mit dem von Ekman entwickelten Online-Mikroexpressions-Training-Tool (METT) geschult wurden, besser darin sind, Lügen von wahren Aussagen zu unterscheiden, als Personen die ein anderes (Placebo) oder gar kein Training erhalten hatten, kam zu dem ernüchternden Ergebnis, dass dies keinen Effekt hatte und sich die Trefferquote unterhalb des Zufallsniveau befand (Jordan et al., 2019)[99]. Es ist also vor dem Hintergrund der dargestellten Probleme und der mangelnden empirischen Evidenz nochmals zu empfehlen, sich in Vernehmungen auf **verbale/inhaltliche Aspekte der Aussage zu konzentrieren** (Sporer & Schwandt, 2007; Vrij, 2008; Vrij, 2016; Vrij et al., 2019).

## 9.3 Was misst der sogenannte „Lügendetektor"?

Bei der psychophysiologischen Aussagebeurteilung mit einem Polygrafen (Vielschreiber; umgangssprachlich nicht treffend „Lügendetektor" genannt) handelt es sich um eine Methode, die analog der formalen und inhaltlichen Aussageanalyse anhand der Glaubhaftigkeitsmerkmale diagnostische Schlussfolgerungen zum Wahrheitsgehalt der Aussage ermöglicht, ohne jedoch eine direkte Feststellung zum Realitätsgehalt der Aussage zu treffen (Steller, 1987). Vielmehr wird bei der psychophysiologischen Aussagebeurteilung der Verlauf physiologischer Veränderungen in Abhängigkeit planmäßig gesetzter Reize (Fragen/Items) interpretiert (Steller, 1987) – ein lügenspezifisches physiologisches Reaktionsmuster besteht dabei nicht (Steller & Dahle, 1999).

Während der Untersuchung[100] bekommt die Versuchsperson Fragen gestellt, die sich auf ein kritisches bzw. infrage stehendes Ereignis beziehen, sowie neutrale Vergleichsfragen, die nicht mit dem Ereignis in Zusammenhang stehen. Gleichzeitig werden verschiedene physiologische Parameter aufgezeichnet (i.d.R. Hautwiderstand oder -leitfähigkeit), Veränderungen von Atmungstiefe und -rhythmik sowie die kardiovaskuläre Aktivität (Blutdruck und Puls) als Indikatoren der Aktivität des autonomen Nervensystems) (Dahle & Lehmann, 2010; Gamer & Vossel, 2009; Steller & Dahle, 1999). Bezüglich der angewendeten Fragesysteme werden **direkte Verfahren in Form von Kontroll- oder Vergleichsfragentests sowie indirekte Verfahren (tatwissensbezogene Verfahren)** angewendet (Gamer & Vossel, 2009; Steller, 1987).

99 Ähnlich auch Curtis (2021): Zwar waren die mit dem – allerdings nur einstündigen – Micro-Expressions-Training-Tool trainierten Personen ($n$ = 27) signifikant besser darin, Emotionen zu identifizieren als die Kontrollgruppe ($n$ = 28), nicht aber darin Lügen zu erkennen.

100 Das Verfahren ausführlich vorzustellen, würde den Rahmen des Buches sprengen. Bei Interesse sei auf z.B. Steller (1997), Dahle (2003) sowie Gamer und Vossel (2009) verwiesen.

Beim **Kontrollfragentest** beziehen sich die Fragen auf prägnant und direkt formulierte tatrelevante Aspekte zur infrage stehenden Täterschaft bezüglich eines konkreten Einzelfalls (z.B. „Haben Sie am 8. März 2021 XXX vergewaltigt?"), wohingegen sich die Kontrollfragen auf Normverstöße beziehen, die nichts mit dem infrage stehenden Delikt zu tun haben (jedoch ähnliche, ebenfalls belastende Inhalte aufweisen). Die Kontrollfragen werden bewusst unkonkret und vage formuliert und beziehen sich auf längere Zeiträume (Gamer & Vossel, 2009; Steller, 1987) (z.B. „Haben Sie jemals vor ihrem 18. Lebensjahr jemanden im Rahmen eines Streits geschlagen?"). Inhaltlich werden die Themen für die – tatsächlich begangenen – Normverstöße aus einem biografischen Vorgespräch gewonnen. Ziel ist, dass diese aufgrund erzeugter Unsicherheit und unkonkreter Formulierung wahrheitswidrig verneint werden. Die dritte Gruppe Fragen bilden neutrale (unverfängliche) Fragen, die wahrheitsgemäß bejaht werden (z.B. „Lautet Ihr Vorname XXX?") und die nicht mit ausgewertet werden (Gamer & Vossel, 2009; Steller, 1987). Das auszuwertende Reaktionsprofil bezieht sich auf den Vergleich der aufgezeichneten physiologischen Maße auf Paare aus relevanten und Kontrollfragen. Bei wahrheitswidrigem Abstreiten des Tatvorwurfs wird erwartet, dass die physiologischen Reaktionen bei Verneinung der relevanten Fragen stärker ausfallen als bei den Kontrollfragen, wohingegen stärkere Reaktionen auf die Kontrollfragen als glaubhafte Verneinung des Tatvorwurfs interpretiert werden, da diese dann die höhere emotionale Erregung erzeugen (Gamer & Vossel, 2009; Steller, 1987).

Das **indirekte Verfahren des Tatwissenstests** hat eine andere Herangehensweise, indem anders als bei der Kontrollfragentechnik nicht die Glaubhaftigkeit des bestrittenen Tatvorwurfs geprüft wird, sondern vielmehr, ob jemand über tatrelevantes Wissen verfügt, das (außer den Ermittlungsbehörden) nur Tatbeteiligte haben können (Gamer & Vossel, 2009; Steller, 1987). Dazu werden den Beschuldigten im Rahmen des Tests tatbezogene sowie ähnlich plausible (aber nicht mit der Tat in Zusammenhang stehende) Details dargeboten und die darauf gezeigten (oder nicht gezeigten) physiologischen Reaktionen untersucht. Zu jeder Tatwissensfrage (zu verschiedenen Aspekten der Tat) werden sechs Antwortalternativen vorgegeben[101]. Bei der Auswertung wird bei jemandem, der über „Täterwissen" verfügt, erwartet, dass die physiologischen Reaktionen bei der tatrelevanten Antwortalternative jeweils stärker ausfallen als bei den anderen, wohingegen von jemandem ohne solches Wissen kein systematisches Reaktionsprofil gezeigt wer-

101 Beispiel: Was für ein Gegenstand war es, der gestohlen wurde? War es a) ein Armband, b) eine Uhr, c) eine Brosche, d) ein Ring, e) eine Kette f) eine Geldbörse? (aus Steller, 1987, S. 11).

den dürfte (Gamer & Vossel, 2009; Steller, 1987). Für die Interpretierbarkeit des Tatwissenstests ist elementar, dass keine der verwendeten Detailinformationen in irgendeiner Form der Öffentlichkeit bekannt geworden ist (z.B. über gepostete Videos oder Fotos, mediale Berichte etc.) und auch nicht bereits durch Vernehmungen oder Aktenkenntnis der Verteidiger:innen an die Beschuldigten gelangt sind (vgl. Dahle & Lehmann, 2010), weshalb seine mögliche Anwendung insbesondere für frühe Stadien der Ermittlungen gesehen wird (Dahle & Lehmann, 2010; Steller, 2008a).[102] Eine nicht immer leicht zu erfüllende Voraussetzung ist zudem, dass den Ermittlungsbehörden entsprechende (gesicherte) Details zur Tat bekannt sein müssen, was den möglichen Anwendungsbereich bereits erheblich einschränkt (Dahle & Lehmann, 2010).

Trotz relativ niedriger Spezifität des Kontroll-/Vergleichsfragentests (d.h. Entdeckungsrate tatsächlich Unschuldiger) und methodischer Probleme (vgl. dazu auch Dahle & Lehmann, 2010) wird dieses Verfahren international am häufigsten verwendet (z.B. in den USA, Israel, aber auch Belgien oder Finnland) (z.T. auch im Rahmen polizeilicher Ermittlungsverfahren), wohingegen der Tatwissenstest, der insgesamt bessere Testgütekriterien aufweist, international (mit Ausnahme von Japan) selten zur Anwendung kommt (Gamer & Vossel, 2009) und bisweilen als „für die Praxis kaum tauglich" kritisiert wird (Undeutsch, 2003, S. 118).

In Deutschland wurde die psychophysiologische Aussagebeurteilung mit BGH-Urteil vom 16. Februar 1954 (BGHSt 5, 332) im Strafverfahren grundsätzlich als unzulässig erklärt und unter die verbotenen Vernehmungsmethoden subsumiert. Dies änderte sich erst mit einem weiteren BGH-Urteil vom 17. Dezember 1998 (BGHSt 44, 308)[103], mit dem polygrafische Untersuchungen unter der Voraussetzung der freiwilligen Mitwirkung Beschuldigter prinzipiell als zulässig und nicht mehr als Verstoß gegen Verfassungsgrundsätze oder § 136a StPO angesehen, jedoch aufgrund mangelnder Zuverlässigkeit als völlig ungeeignetes Beweismittel weiterhin abgelehnt wurden (vgl. dazu ausführlich z.B. Momsen, 2018 für eine juristische Aufarbeitung mit Nachweisen; Putzke et al., 2009; Rill et al., 2003), was in einem weiteren Beschluss des BGH vom 30. November 2010 (BGH NStZ 2011, 474) nochmals bestätigt wurde (vgl. dazu z.B. Besprechung des

102 Auf die vielfältigen kritischen und auch kontrovers diskutierten Würdigungen der verschiedenen Verfahren und deren Abschneiden in experimentellen und Felduntersuchungen kann hier nicht näher eingegangen werden, exemplarisch sei verwiesen auf Dahle (2003); Fiedler (1999); Offe & Offe (2007); Putzke et al. (2009); Rill et al. (2003); Rill & Vossel (1998); Steller & Dahle (1999); Undeutsch (2003); Undeutsch & Klein (1999).

103 Abgedruckt z.B. in *Praxis der Rechtspsychologie, 9,* Sonderheft psychophysiologische Aussagebeurteilung (1999), S. 205–220.

Urteils von Putzke, 2011). Während vereinzelt in familienrechtlichen Verfahren (z.B. zur Entlastung von Missbrauchsvorwürfen im Rahmen von Sorge- und Umgangsrechtsverfahren) polygrafische Untersuchungen (z.B. auf Initiative des beschuldigten Kindesvaters) vom Gericht zugelassen wurden (z.B. durch das OLG Dresden in 2013[104] und das AG Schwäbisch Hall in 2021[105]), hat das AG Bautzen[106] es auch bereits im Rahmen eines Strafverfahrens ermöglicht, dass sich der Angeklagte mithilfe des Polygrafen von den vorliegenden Missbrauchsvorwürfen entlastet.

Unter der Voraussetzung der freiwilligen Teilnahme wird gefordert, die (entlastenden) Ergebnisse polygrafischer Untersuchungen im Ermittlungsverfahren als Anlass zu nehmen, „alternativen Geschehensverläufen intensivere Beachtung zu schenken und vermeintlich schlüssige Beweisketten einer erneuten Überprüfung zu unterziehen“ (Momsen, 2018, S. 150), das heißt „der Test wäre dann letztlich eine Aufforderung an Ermittlungsbehörden und Gerichte, weitere entlastende Beweismittel nochmals zu bewerten und ggf. weiter in dieser Richtung zu ermitteln“ (Momsen, 2018, S. 151). Auch für die polizeiliche Ermittlungsarbeit skizzieren z.B. Dahle (2003), Steller (2008a) sowie Dahle und Lehmann (2010) verschiedene mögliche Einsatzgebiete des Tatwissenstests, z.B. als „Screening“ zur Eingrenzung des Verdächtigenkreises (Steller, 2008a) oder zur Identifizierung von (bestrittenen) Verbindungen bei organisierter Kriminalität (Dahle, 2003).

Als Problem der praktischen Umsetzbarkeit wird jedoch vorgebracht, dass es den Ermittlungsbehörden an entsprechend kompetentem Personal mangelt (Steller, 2008a), zumal die fachgerechte Durchführung psychophysiologischer Aussagebeurteilungen einen speziellen Anwendungsbereich der rechtspsychologischen Begutachtung darstellt (was ebendiese Expertise voraussetzt)[107] und nicht etwa über spezifische Lehrgänge unabhängig von einem vorherigen Psychologiestudium zu gewährleisten ist (Steller, 1987; Steller & Dahle, 1999).

104 OLG Dresden, Beschluss vom 14. Mai 2013 – 21 UF 787/12.

105 AG Schwäbisch Hall (Familiengericht), Beschluss vom 25.10.2021–2 F 150/20.

106 AG Bautzen, Urteil vom 26.10.2017 – 42 Ds 610 Js 411/15 jug.

107 Fachpsychologe/Fachpsychologin für Rechtspsychologie sowie eine spezifische Zusatzausbildung im Bereich der Polygrafie (Undeutsch & Klein, 1999; vgl. auch AG Schwäbisch Hall (Familiengericht), Beschluss vom 25.10.2021–2 F 150/20).

# 10. Inhaltsanalytische Beurteilung der Zeugenaussage

Auch wenn die Beurteilung einer Zeugenaussage nicht den ermittelnden Polizeibeamt:innen obliegt, sind aussagepsychologische Grundkenntnisse in vielfacher Hinsicht für die Durchführung guter Vernehmungen und das Erzielen qualitativ hochwertiger Aussageleistungen von Bedeutung (vgl. Kap. 10.4)[108]. Die Einschätzung, ob eine Aussage erlebnisfundiert ist oder nicht, trifft das Gericht im Rahmen der Beweiswürdigung gemäß § 261 StPO. Wenn dieses jedoch der Auffassung ist, aufgrund besonderer Bedingungen des Falls nicht über ausreichende Sachkenntnis zu verfügen, kann das Gericht (oder auch die Staatsanwaltschaft bereits im Vorfeld der Entscheidung, ob Anklage erhoben wird) aussagepsychologische Sachverständige damit beauftragen, ein Gutachten zur Frage der Glaubhaftigkeit der Aussage oder zur Aussagetüchtigkeit des Zeugen in Auftrag zu geben. Dies kann z.B. dann der Fall sein, wenn es sich um junge Kinder handelt oder um Personen mit Auffälligkeiten in der Persönlichkeit (z.B. wenn eine Persönlichkeitsstörung vorliegt oder zumindest im Raum steht) oder mit psychischen Störungen oder Beeinträchtigungen (z.B. Entwicklungsverzögerungen, Intelligenzminderungen, Substanzabhängigkeiten). Darüber hinaus können auch die Umstände der Aussageentstehung und -entwicklung Anlass für eine aussagepsychologische Beurteilung sein (z.B. bei möglichen Suggestionseffekten, geäußerten Missbrauchsvorwürfen im Rahmen von familienrechtlichen Verfahren oder möglichen Beeinflussungen) (vgl. Volbert, 2010).

Typischerweise handelt es sich bei Aufträgen zu einer aussagepsychologischen Begutachtung um Fallkonstellationen, in denen es (neben den o.g. Besonderheiten) Aussage gegen Aussage steht und weder unmittelbare weitere Tatzeug:innen noch objektive Beweismittel vorhanden sind, d.h. in denen der (Opfer-)Zeugenaussage eine besonders zentrale Rolle zukommt (vgl. Volbert, 2010). Dies trifft insbesondere auf Sexualdelikte zu.

Auf Basis der Gesamtheit der verfügbaren Anknüpfungstatsachen, die sich in der Regel aus den aussagepsychologisch relevanten Akteninhalten ergeben, werden von Sachverständigen die im speziellen Einzelfall zu klärenden psychologischen Fragestellungen im Sinne untersuchungsleitender Hypothesen aufgestellt. Zentrale Untersuchungsmethode der Sachverständigen im Rahmen eines hypothesengeleiteten diagnostischen Prozesses ist die ausführli-

108 Zur Methodik der aussagepsychologischen Glaubhaftigkeitsbegutachtung gibt es einen Fundus an hervorragender Literatur. An dieser Stelle kann lediglich eine Einführung in das Thema gegeben werden mit dem Ziel, ein Verständnis für die Methode zu entwickeln und vor allem Implikationen für eine aussagepsychologisch „gute“ Vernehmung herzustellen, wie also aussagepsychologisch qualitativ hochwertige Aussagen entstehen. Exemplarisch sei auf Greuel et al. (1998) und Volbert (2010), für einen polizeilichen Bezug auch Niehaus (2007) verwiesen.

che aussagepsychologische Exploration der Zeug:innen, bei der die Aussage zum infrage stehenden Ereignis nur einen Aspekt (neben z.B. dem Erheben personaler Kompetenzen und Besonderheiten, deliktbezogener Kenntnisse und Vorerfahrungen sowie biografischer und motivationaler Aspekte) darstellt (vgl. Steller & Volbert, 1997).

Sofern die kriminalpolizeiliche Vernehmung wörtlich transkribiert (und bestenfalls auch als DVD mit der Videoaufnahme) vorliegt, wird die dort gemachte Aussage der Zeug:innen ebenfalls durch die Sachverständigen aussagepsychologisch in Bezug auf mögliche Qualitätsmerkmale analysiert und kann in die sogenannte Konstanzanalyse mit einbezogen werden. Der unbeeinflussten, möglichst vollständigen Vernehmung und deren adäquaten Aufzeichnung und Dokumentation kommt daher im weiteren Verfahrensverlauf auch aus dieser Perspektive eine bedeutsame Rolle zu.

## 10.1 Zur Methode der Glaubhaftigkeitsbegutachtung

Feststellungen zur Glaubhaftigkeit beziehen sich immer auf den Erlebnisbezug einer einzelnen infrage stehenden Aussage, nicht darauf, ob eine Person insgesamt glaubwürdig ist oder nicht, d.h. es geht nicht um die personale Eigenschaft der allgemeinen Glaubwürdigkeit (vgl. dazu Greuel, 2012; Steller & Volbert, 1997), z.B. in dem Sinne, ob sich jemand generell der Wahrheit verbunden fühlt. Denn letztlich kann auch jemand, der in der Vergangenheit bekanntermaßen oft gelogen hat oder einen „schlechten Leumund" besitzt, im konkreten Fall „Wahres" berichten und eine glaubhafte Aussage machen und andersherum jemand, dem eine hohe Glaubwürdigkeit zugeschrieben wird, im entscheidenden Fall gelogen haben (Greuel, 2012; Steller & Volbert, 1997).

Die psychologische Beurteilung der Glaubhaftigkeit bezieht sich also nicht auf die Einschätzung der Integrität der Person, sondern lediglich auf die Analyse der konkreten Aussage (Greuel, 2012). Diese wiederum ist unter psychologischen Gesichtspunkten ein kognitives Leistungsprodukt, sodass Glaubhaftigkeitsbegutachtung eine spezifische Form der Leistungsdiagnostik darstellt (Greuel, 2012), bei der die individuellen Leistungsvoraussetzungen und Kompetenzen der Zeug:innen mit der Qualität der vorliegenden Aussage in Beziehung gesetzt werden (Qualitäts-Kompetenz-Vergleich, Steller, 2008b). Es geht also nicht um die Frage, ob es wahrscheinlich ist, dass ein Zeuge/eine Zeugin aufgrund personaler Eigenschaften eine falsche Aussage gemacht hat oder machen würde (vgl. Greuel, 2012), **sondern die relevante Frage ist, ob eine Aussageperson mit ihren persönlichen Kompetenzen und Leistungsbesonderheiten (z.B. sprachliches Ausdrucksvermögen, Erinnerungsfähigkeit,**

**Fantasiefähigkeit, deliktspezifisches Wissen etc.) unter den spezifischen Umständen eine vorliegende Aussage produzieren könnte, ohne dass sie das, worüber sie berichtet, tatsächlich erlebt hat** (vgl. Greuel, 2012; Volbert, 2004; Volbert, 2010). Feststellungen darüber treffen, ob ein Ereignis tatsächlich (so wie berichtet) stattgefunden hat, kann die Glaubhaftigkeitsbegutachtung wiederum nicht:

> *„Glaubhaftigkeitsbegutachtungen zielen nicht auf die Bewertung von Fakten ab, sondern einzig und allein auf die Generierung und Beurteilung von Gedächtnisrepräsentationen, also Erinnerungen“* (Greuel, 2012, S. 36).

Dazu werden alternative Erklärungen (Hypothesen) zum Zustandekommen einer Aussage der vorliegenden Qualität jenseits des tatsächlichen Erlebens des Geschilderten aufgestellt, geprüft und ggf. verworfen. Sofern ein Erlebnisbezug als einzig mögliche Erklärung übrig bleibt, können Zweifel am Erlebnisbezug und der Zuverlässigkeit der Aussage damit zurückgewiesen werden (Greuel et al., 1998; Greuel, 2012).

Können wiederum eine oder mehrere der alternativen Erklärungen auf Basis der Befunde nicht ausgeschlossen (bzw. zurückgewiesen werden), so heißt dies nicht notwendigerweise, dass es sich um eine Falschaussage handelt. Es bedeutet lediglich, dass dies nicht mit hinreichender Zuverlässigkeit ausgeschlossen werden kann (Greuel, 2012). Mit den Methoden der psychologischen Aussageanalyse kann also im Ergebnis nicht positiv über das Zutreffen einer bestimmten Hypothese entschieden oder eine Erklärung über das Zustandekommen einer Aussage abgegeben werden (also z.B. ob der Zeuge gelogen hat oder seine Angaben auf einer suggestiv induzierten verfälschten Erinnerung beruht), sondern es können nur Hypothesen (mit hoher Wahrscheinlichkeit) ausgeschlossen oder eben Zweifel am Erlebnisbezug der Aussage festgestellt werden (vgl. Greuel, 2012). Darüber hinausgehende Schlussfolgerungen fallen allein in den Kompetenzbereich eines Gerichts im Rahmen der freien richterlichen Beweiswürdigung.

Die psychologische Frage nach der Glaubhaftigkeit (oder Erlebnisbasiertheit) einer Aussage wird auf den drei Ebenen der Aussagetüchtigkeit, der Aussagequalität und der Aussagevalidität (Aussagezuverlässigkeit) untersucht und abschließend unter Integration der Befunde zu diesen drei Ebenen beantwortet. Bei der Frage, ob die Aussage auch ohne Erlebnishintergrund zustande gekommen sein könnte, sind also immer

- die Aussagequalität (inklusive der Konstanz bei mehrfachen Aussagen)
- die individuellen Voraussetzungen (z.B. Kompetenzen, Vorerfahrungen) der Zeug:innen,
- die Komplexität des berichteten Ereignisses

- die gegebenen Befragungsumstände sowie
- mögliche Einflüsse von Dritten und deren (mögliche) Auswirkungen (Aussageentstehung und -entwicklung)

zu berücksichtigen und miteinander in Beziehung zu setzen (Volbert, 1995; Volbert, 2004; Volbert et al., 2010).

Eine **glaubhafte Zeugenaussage** ist aus aussagepsychologischer Sicht eine solche, die (1) von einem/r aussagetüchtigen Zeugen/in gemacht wurde, die (2) in ausreichendem Maße und Ausprägung aussagepsychologische Qualitätsmerkmale erlebnisgestützter Aussagen aufweist und die (3) keine substanziellen Validitätsminderungen (im Sinne interner oder externer Störfaktoren, wie z.B. in Form direkter oder indirekter suggestiver Beeinflussungen im Vorfeld der Aussage, während der Erstaussage oder auch im weiteren Verlauf der Aussageentwicklung) enthält (Greuel et al., 1998, S. 203).

## 10.2 Aussagetüchtigkeit

Bei der Frage nach der Aussagetüchtigkeit (oder Aussagefähigkeit) handelt es sich um Feststellungen darüber, ob jemand überhaupt in der Lage ist, eine zuverlässige und gerichtsverwertbare Aussage zu machen, was nicht damit gleichzusetzen ist, ob diese Angaben auch glaubhaft oder gar eine fehlerfreie Darstellung eines Ereignisses sind (Volbert, 2010).

Die **Aussagetüchtigkeit** umfasst die **Fähigkeiten einer Aussageperson, den infrage stehenden Sachverhalt zuverlässig wahrzunehmen, ihn im Zeitraum zwischen dem Ereignis und der Befragung im Gedächtnis zu bewahren, über ausreichendes Sprachverständnis für die Befragung und Ausdrucksfähigkeit für die Darstellung des Ereignisses zu verfügen und selbst Erlebtes von anders generierten Vorstellungen unterscheiden zu können** (Greuel et al., 1998, S. 79).

Dabei handelt es sich nicht um eine zeitlich stabile Eigenschaft der Person, d.h. es geht nicht um die Bestimmung einer „generellen“ Aussagetüchtigkeit der Zeug:innen, sondern vielmehr um die Ausprägung der jeweils relevanten Funktionen zum Tat- und zum Aussagezeitpunkt (Volbert, 2010).

Während bei psychisch unauffälligen (älteren) Kindern, Jugendlichen und Erwachsenen im Allgemeinen von Aussagetüchtigkeit auszugehen ist (vgl. Volbert, 2010; Kap. 7.1.2), ergeben sich mögliche Beeinträchtigungen der Aussagetüchtigkeit (oder gar Aussageuntüchtigkeit) vor allem aufgrund von entwicklungs- oder psychopathologisch bedingten Einschränkungen sowie massiven Intelligenzminderungen (Greuel et al., 1998; Volbert, 2010) – d.h. die Frage stellt sich insbesondere bei jungen oder entwicklungsverzögerten

Kindern und bei Personen mit bestimmten psychischen Störungen[109]. Da die Aussagetüchtigkeit auch zum Ereigniszeitpunkt gegeben sein muss, ist immer auch zu prüfen, ob bei einer Person, die zum Aussagezeitpunkt als aussagetüchtig einzuschätzen ist, Hinweise vorliegen, dass dies zum Ereigniszeitpunkt anders gewesen sein könnte (z.B. aufgrund sehr jungen Alters eines Kindes bei einem mit deutlich zeitlicher Verzögerung angezeigten Missbrauchsvorwurf oder des Vorliegens einer psychischen Symptomatik, die zum Aussagezeitpunkt bereits abgeklungen oder remittiert war).

Das Vorliegen einer psychischen Störung führt allerdings nicht per se zu eingeschränkter oder gar aufgehobener Aussagetüchtigkeit (s. vertiefend Kap. 11.1 und 11.2). Zwar können psychopathologische Auffälligkeiten und psychische Störungen die oben genannten relevanten Parameter der Aussagetüchtigkeit einschränken; ob, in welcher Form und in welchem Ausmaß dies jedoch der Fall ist, ist im Einzelfall genau zu prüfen. Auch stellen Veränderungen und Abweichungen in einer der oben genannten Dimensionen nicht zwangsläufig die gesamte Aussagetüchtigkeit der Person infrage (vgl. Lau et al., 2008). Auch psychisch Gesunde können Besonderheiten in einzelnen der relevanten Bereiche zeigen. Ferner ist Aussagetüchtigkeit nicht mit der Fähigkeit gleichzusetzen, eine fehlerfreie Aussage zu machen (Volbert, 2010). Wie in Kapitel 2 dargelegt gibt es vielfältige normalpsychologische Verzerrungsprozesse bei Wahrnehmung, Erinnerung und Abruf sowie Vergessensprozesse, sodass Aussagen über ein Erlebnis in Abhängigkeit von verschiedenen Faktoren (z.B. individuellen kognitiven Leistungsbesonderheiten, der Länge des Behaltensintervalls, der emotionalen Bedeutsamkeit des Ereignisses) letztlich immer mehr oder weniger vom tatsächlichen Ereignis abweichen (vgl. Volbert, 2005; Volbert et al., 2010). Von einer Aufhebung der Aussagetüchtigkeit ist deswegen nicht bei moderaten Abweichungen vom Durchschnitt, sondern nur dann auszugehen, wenn jemand nicht in der Lage ist, eine untere Mindestschwelle an Aussageleistung zu erzielen (vgl. Lau et al., 2008), womit die Fähigkeit gemeint ist, „eine in zentralen Aspekten mit dem Ursprungsereignis korrespondierende Aussage zu machen“ (Volbert, 2010, S. 21).

In der Regel ist nur bei akuten psychotischen, schweren dissoziativen oder intoxikierten Zuständen, bei stark fortgeschrittenen, degenerativen neurologischen Erkrankungen (z.B. Demenzen) und schweren geistigen Behinderungen von Aussageuntüchtigkeit auszugehen (vgl. Schoon & Briken, 2019; Volbert, 2010). Wird bei einem Zeugen/einer Zeugin Aussageuntüchtigkeit festgestellt, kann die Aussage für den weiteren rechtlichen Prozess nicht berücksichtigt werden (Volbert, 2010).

---

109 Weitere Ausführungen dazu finden sich bezüglich entwicklungsbedingter Einschränkungen in Kap. 7 und bezüglich möglicher psychopathologischer Einschränkungen in Kap. 11.

## 10.3 Arten von Falschaussagen und kognitive Anforderungen einer Falschaussage

Falschaussagen können verschiedene Ursachen haben, keinesfalls handelt es sich dabei immer um eine bewusst vorgebrachte Lüge mit Täuschungsintention. Vielmehr kommen auch nicht-intentionale Falschaussagen durch Fehler und Irrtümer (z.B. Quellenverwechslungen, Rekonstruktion des Gedächtnisses; vgl. Kap. 2), Autosuggestion sowie Beeinflussungen durch andere im Rahmen von Suggestionsprozessen (Fremdsuggestion) infrage (vgl. Greuel, 2012; Tab. 9), die zur unbewussten Übernahme (mit oder ohne Erinnerungsveränderung) führen können und dann der subjektiven Realität entsprechen (vgl. Steller & Volbert, 1997). Während sowohl eine absichtliche Falschaussage als auch eine (z.B. aus Suggestionsprozessen resultierende) Pseudoerinnerung objektiv unwahr sind und keinen (tatsächlichen) Erlebnisbezug aufweisen, unterscheiden sie sich hinsichtlich des *subjektiven* Wahrheitsgehalts: **Denn lügende Zeug:innen wissen, dass das, was sie berichten, nicht den Tatsachen entspricht, wohingegen über eine Pseudoerinnerung Berichtende subjektiv davon überzeugt sind, die Wahrheit zu sagen, d.h. der subjektive Status ist mit dem wahraussagender Zeug:innen vergleichbar** (Volbert, 2010).

Intentionalen Falschaussagen können verschiedene (vor allem situational geprägte) Motive zugrundeliegen (z.B. ein Geltungsbedürfnis, das Erzielen von Aufmerksamkeit oder Mitleid, Eifersucht, Angst oder auch Hilfsbereitschaft; vgl. Arntzen, 2011; Elsner & Steffen, 2005). Bezüglich der Art und des Umfangs der Falschaussage kommen verschiedene Abstufungen infrage, z.B. eine komplett erfundene Falschaussage, die ein gewisses Maß an produktiver Fantasietätigkeit (und ggf. deliktspezifisches Wissen) voraussetzt, aber auch partielle Falschaussagen, wie z.B. das Übernehmen eigener andernorts gemachter Erlebnisse für die Aussage, die Übernahme von Berichten anderer Personen, das Benennen anderer Täter:innen bei einem tatsächlichen Ereignis oder das fälschliche Bejahen inhaltlicher Vorgaben in der polizeilichen Vernehmung (Arntzen, 2011; vgl. Greuel, 2012; Tab. 9). Zudem sind Aggravationen/Mehrbelastungen möglich (Greuel, 2012), indem das Tatgeschehen ausgeweitet wird, z.B. dadurch, dass mehr (bzw. eingriffsintensivere) Tathandlungen berichtet werden als tatsächlich stattgefunden haben oder aus einem mehrere Ereignisse gemacht werden.

Das Erfinden einer kompletten Aussage stellt (je nach Umfang und Komplexität) eine hohe kognitive Anforderung dar (höher als der reine Ereignisabruf aus dem Gedächtnis im Rahmen einer wahren Aussage). So muss eine lügende Aussageperson zunächst eine plausible und in sich stimmige „Geschichte" konstruieren (und sich entsprechend auf die Vernehmung oder Aussage vorbereiten), diese ggf. spontan (und mit dem vorher berichteten widerspruchsfrei) auf Nachfragen während der Vernehmung ergänzen und sich diese weiteren Ausführungen merken, möglichst keine Details integrieren, die beim Gegenüber Skepsis oder weitere Nachfragen auslösen und die Geschichte sowie die während der Vernehmung spontan ergänzten Aspekte zu späteren Aussagezeitpunkten erneut konstant vorbringen (vgl. Volbert, 2010).

In der Praxis werden eher selten Aussagen auftreten, die komplett erfunden sind. Vielmehr wird es sich bei zweifelhaften Zeugenaussagen überwiegend um **Vermischungen aus erlebten und nicht erlebten Anteilen** handeln (oder aber Einflechtungen von Erlebnissen anderer), sodass für eine Glaubhaftigkeitsanalyse entscheidend ist, ob die einzelnen Teile ausreichend umfangreich sind, um sie aussageanalytisch untersuchen zu können (Arntzen, 2011; Hermanutz et al., 2009) und entsprechende Strukturvergleiche anstellen zu können.

Für eine kurze, wenig detailreiche Aussage (z.B. bei Vorgabe eines falschen Alibis oder einer Falschbeschuldigung) ist ein Erlebnisbezug mit aussagepsychologischen Mitteln nicht feststellbar, da sie wenig bis keine Glaubhaftigkeitsmerkmale enthalten wird. Eine knappe Aussage kann aber immer auch andere Gründe als eine Falschaussage haben (z.B. geringe Aussagemotivation, natürliche Erinnerungsverluste bei länger zurückliegenden Ereignissen, das Ereignis ist einfach wenig komplex, d.h. es gibt schlicht nicht viel dazu zu berichten, typischer Berichtsstil der Aussageperson etc.) (vgl. Greuel et al., 1998).

**Tabelle 9:** Möglichkeiten des Zustandekommens (partieller) falscher Aussagen (Greuel, 2012, S. 38; leicht modifiziert und ergänzt)

| **Intentionale Falschaussage („Lüge")** d.h. den Zeug:innen bewusst | **Nicht-intentionale Falschaussage (kognitiver Fehler)** d.h. den Zeug:innen nicht bewusst |
|---|---|
| **Komplett** erfundener Aussageinhalt<br>– Eigenes Fantasieprodukt<br>– Induktion durch Dritte (d.h. Dritte haben der Person eingetrichtert, was sie sagen soll) | **Komplette** Pseudoerinnerung<br>– Durch Fremdsuggestion<br>– Durch Autosuggestion |
| **Partielle** Falschaussage<br>– Wahrnehmungs-Übertragung (z.B. das durch jemanden berichtete Ereignis wird als das eigene dargestellt)<br>– Personen-Übertragung (ein Ereignis wird als mit einer anderen Person erlebt dargestellt)<br>– Aggravation/Mehrbelastung | **Partielle** Aussageverfälschung<br>– Rekonstruktion<br>– Umdeutung<br>– Quellenverwechslung (z.B. Falschinformationseffekt)<br>– Falsche Assoziation<br>– Irrtum |
| ↓<br>Aussageanalyse (u.a. Aussagequalität) | ↓<br>Fehlerquellenanalyse (z.B. Entstehungsprozess der Aussage und deren Enwicklung → Aussagezuverlässigkeit) |

## 10.4 Prüfung der Aussagequalität anhand von Glaubhaftigkeitsmerkmalen

Im Rahmen der aussagepsychologischen Qualitätsanalyse wird die Aussage daraufhin untersucht, ob sie (in Ausmaß und Ausprägung hinreichende) spezifische, wissenschaftlich fundierte Qualitätsmerkmale erlebnisbasierter Aussagen[110] aufweist, die (unter der Voraussetzung, dass sie gemessen an den kognitiven Kompetenzen der Zeug:innen nicht auch ohne Erlebnisbezug hätten auftreten können) für den subjektiven Erlebnisbezug sprechen. Dies basiert auf der Grundannahme des Begründers einer systematisierten merkmalsgestützten Aussageanalyse, Udo Undeutsch, der das Vorhandensein systematischer Unterschiede zwischen erlebnisbasierten und erfundenen Aussagen postulierte, da bei Letzteren jemand „wie der Blinde über Farben" (Undeutsch, 1967, S. 126) sprechen müsse[111].

In Bezug auf diese Unterschiede basiert die merkmalsorientierte Inhaltsanalyse auf einer kognitiven und einer strategisch-motivationalen Prämisse: Unter kognitiven Gesichtspunkten muss jemand, der eine Aussage ohne Erlebnishintergrund präsentiert, auf Schemawissen zurückgreifen (d.h. Allgemeinwissen darüber, wie solche Situationen typischerweise ablaufen), sodass diese weniger schemainkonsistente und -irrelevante Details enthalten (Köhnken, 1990; Niehaus, 2008; Volbert, 2010). Dies geht zulasten der Individualität und Originalität der Aussage. Unter strategischen Gesichtspunkten

110 Diesbezüglich existieren mehrere (jedoch sehr ähnliche, jeweils ergänzte oder modifizierte) Merkmalssysteme, das erste stammt von Undeutsch (1967), weitere von Arntzen (1970/2011); Steller und Köhnken (1989) sowie eine synoptische Aufbereitung von Greuel et al. (1998). Niehaus (2008) nahm eine Differenzierung der inhaltlichen Zuordnung der Glaubhaftigkeitsmerkmale nach zugrunde liegenden motivationalen und kognitiven Prozessen vor, die von Volbert und Steller (2014) nochmals fortentwickelt wurde, insbesondere, indem sie die kognitiven Kriterien nochmals untergliederten in typische Elemente episodischer autobiografischer Erinnerungen und skriptabweichende oder -irrelevante Details sowie als eigene dritte Kategorie das Merkmal der phänomengebundenen Schilderung von Unverstandenem. Diese aktuellste Anordnung der Merkmale von Volbert und Steller (2014) und ihre Annahme, dass insbesondere die Details der Aussage (Glaubhaftigkeitsmerkmale), die sich auf Abweichungen von kognitiven Schemata beziehen (also z.B. unerwartete Handlungskomplikationen, originelle Details), besonders geeignet sind, um erfundene von erlebnisbasierten Aussagen zu unterscheiden, konnte von Rönspies-Heitmann (2022) im Rahmen einer experimentellen Studie weitgehend bestätigt werden. Für eine Darstellung der aktuelleren Entwicklungen s. Volbert und Steller (2014) sowie Rönspies-Heitmann (2022).

111 Die Qualitätsmerkmale wurden mittlerweile in verschiedenen Metaanalysen hinsichtlich ihrer Validität überprüft (z.B. Amado et al., 2015; 2016; Oberlader et al., 2016). Diese bestätigten weitgehend deren Diskriminationsfähigkeit zwischen erlebnisbasierten und erfundenen Aussagen, wenngleich z.T. Unterschiede auf Ebene einzelner Merkmale und auch zwischen Merkmalsgruppen (z.B. kognitive vs. motivationsbezogene Merkmale) gefunden wurden (zur unterschiedlichen Diskriminationsfähigkeit einzelner Merkmale s.a. Rönspies-Heitmann, 2022).

wiederum müssen Falschaussagende (im Gegensatz zu Wahr-Aussagenden) besondere Anstrengungen unternehmen, um bei den Empfänger:innen der Aussage glaubwürdig und kompetent zu erscheinen, vom Zutreffen ihrer Darstellungen zu überzeugen und wenig Angriffsfläche für Zweifel zu bieten (Köhnken, 1990; Niehaus, 2008; Volbert, 2010). Dies resultiert im Falle einer Falschaussage in einer strategischen Selbstpräsentation, bei der z.B. Selbstkorrekturen oder -belastungen vermieden werden (vgl. Köhnken, 1990).

Die Qualitätsmerkmale erlebnisfundierter Aussagen („Glaubhaftigkeitsmerkmale") lassen sich in aussageimmanente (d.h. auf die einzelne Aussage bezogene) sowie aussageübergreifende (d.h. nur beim Vorliegen mehrerer Aussagen der Person zum gleichen Tatgeschehen feststellbare) Merkmale unterteilen. Die aussageimmanenten Qualitätsmerkmale gliedern sich auf in allgemeine, spezielle und motivationsbezogene Merkmale (für eine ausführliche Beschreibung der einzelnen Merkmale s. Greuel et al., 1998).

Die **allgemeinen Merkmale**, die sich auf die Aussage als Ganzes beziehen, umfassen zum einen Kriterien, die sich auf den Aussageinhalt beziehen (Detailreichtum, Anschaulichkeit, Strukturgleichheit, logische Konsistenz und Deliktspezifität), zum anderen betreffen sie die Aussageweise der Zeug:innen, nämlich ihre Gefühlsbeteiligung bei der Aussage sowie die Unstrukturiertheit und Ungesteuertheit ihrer Vortragsweise (vgl. Greuel et al., 1998).

Die **speziellen Qualitätsmerkmale** fokussieren auf konkrete inhaltliche Details und Besonderheiten der Aussage und stellen damit letztlich Qualifizierungen des allgemeinen Detaillierungsgrades dar (Greuel et al., 1998), der als „notwendige Eingangsvoraussetzung" der Annahme eines Erlebnisbezuges bezeichnet wird (Greuel et al., 1998, S. 92). Sie beziehen sich jeweils auf einzelne Aussagepassagen und machen letztlich die Anschaulichkeit, Komplexität und Individualität einer Aussage aus (vgl. Volbert, 2010).

**Tabelle 10:** Qualitätsmerkmale glaubhafter Aussagen mit kurzer Beschreibung (nach Greuel et al., 1998)

| **Qualitätsmerkmale** | | **Beschreibung** |
|---|---|---|
| Allgemeine Qualitätsmerkmale (Gesamtaussage) | Logische Konsistenz | Die gesamte Aussage ist schlüssig, folgerichtig und frei von inneren Widersprüchen. |
| | Detailreichtum | Die gesamte Aussage enthält vielfältige Einzelheiten (z.B. Personen, Orts- und Handlungsbeschreibungen) sowie Details aus dem näheren Beziehungskontext. |

**Tabelle 10:** *Fortsetzung*

| **Qualitätsmerkmale** | | **Beschreibung** |
|---|---|---|
| | Strukturgleichheit | Es ergeben sich keine Brüche in der formalen Struktur (Aussageweise, Satzbau) und qualitativen Prägung (z.B. Anschaulichkeit, Detailreichtum, Inhalte) zwischen strittigen (inkriminierten) und unstrittigen (z.B. Rahmenbedingungen) Teilen der Aussage. |
| | Deliktspezifität | Es werden Handlungen beschrieben, die nach kriminologischen und viktimologischen Erkenntnissen im Zuge der behaupteten Tat häufig/„typischerweise" vorkommen, der Aussageperson selbst als solche jedoch nicht bekannt sind. |
| | Unstrukturiertheit | Der Handlungsverlauf wird mit einer natürlichen assoziativen Sprunghaftigkeit geschildert, die Aussage ist aber trotzdem stimmig. |
| | Ungesteuertheit | Die Aussageperson zeigt keine Anzeichen der sprachlichen oder nonverbalen Verhaltenssteuerung oder -kontrolle. |
| Spezielle Qualitätsmerkmale (inhaltliche Details) | Raum-zeitliche Verknüpfungen | In der Aussage werden Bezüge zu Orten, zum Zeitrahmen und zu Lebensgewohnheiten der Aussagenden (und ggf. weiterer relevanter Personen) hergestellt. |
| | Interaktionsschilderungen | Handlungen (bei körpernahen Taten) werden als Wechselwirkungen im Sinne von Aktion und Reaktion geschildert. Es muss klar werden, welche Person in welcher Art und Weise was tut. |
| | Gesprächsschilderungen | Konkrete Gespräche werden nachvollziehbar in direkter oder indirekter Rede wiedergegeben. |
| | Komplikationsschilderungen | Im Verlauf der geschilderten Handlung werden unvorhergesehene Komplikationen (z.B. hinzukommende Dritte) erwähnt, die zum Abbruch/Unterbrechung des Ereignisses führen. |
| | Phänomenorientierte Schilderungen von Unverstandenem | Die Aussageperson beschreibt Handlungen, deren Bedeutung sie nicht verstanden hat (v.a. in Kinderaussagen). |
| | Erleben phänomenaler Kausalität | Es wird zwischen zwei Geschehnissen ein Ursache-Wirkungs-Zusammenhang hergestellt (z.B. aufgrund zufälligen zeitgleichen Auftretens), der objektiv nicht besteht. |
| | Eigenpsychisches Erleben | Beschreibung von Gefühlen, erlebnisbezogenen Gedanken und körperlichen Veränderungen, die mit dem Kerngeschehen in Verbindung stehen; Beschreibungen vom eigenen Erleben. |

**Tabelle 10:** *Fortsetzung*

| **Qualitätsmerkmale** | | **Beschreibung** |
|---|---|---|
| | Multimodale Wahrnehmung | Die Aussage wird aus der Perspektive mehrerer Sinnesmodalitäten berichtet; kinästhetisches Gesamterlebnis (optisch und/oder akustisch reicht nicht aus). |
| | Wirklichkeitskontrolle | Die Aussageperson berichtet, dass sie während des fraglichen Ereignisses selbst den Wirklichkeitscharakter des eigenen Erlebens in Frage gestellt hat (z.B. Unsicherheit, nur geträumt zu haben). |
| | Psychisches Erleben bei der beschuldigten Person | Beschreibung gefühlsbezogener, mentaler oder körperlicher Veränderungen bei der beschuldigten Person oder anderen Beteiligten, die im Zusammenhang mit dem Kerngeschehen stehen. |
| | Nebensächliche Details | Schilderungen von nebensächlichen Einzelheiten, die für das Kerngeschehen der Aussage eher unnötig sind, jedoch für die aussagende Person subjektiv bedeutsam sind. |
| | Originelle Details | Beschreibungen von Einzelheiten zu Personen, Objekten oder Handlungen, die ausgefallen, eher unwahrscheinlich und nicht schema-typisch sind. |
| | Schilderung indirekter Handlungsbezüge | Es werden Gespräche mit der beschuldigten Person im Kontext der fraglichen Tat geschildert, die sich auf ähnliche Erlebnisse des Zeugen/der Zeugin mit anderen Personen beziehen. |
| Motivationsbezogene Qualitätsmerkmale | Spontane Korrekturen der Aussage | Inhalte der Aussage werden unaufgefordert berichtigt. |
| | Eingeständnis von Erinnerungslücken | wenig aussagekräftiges Merkmal, da auch bei falsch Aussagenden anzunehmen ist, dass sie bei Nicht-Wissen angeben, sich nicht erinnern zu können |
| | Einwände gegen die Glaubhaftigkeit der eigenen Aussage | Eigenes Vorbringen, dass sich die eigene Darstellung unwahrscheinlich anhört; Unsicherheiten bezüglich der eigenen Aussage werden eingeräumt, z.B. dass Fehler in der Wahrnehmung, Verwechslungen oder Missverständnisse enthalten sein können. |
| | Selbstbelastungen | z.B. Eingeständnisse von Fehlern, Mitwirken am inkriminierten Vorfall, unvorteilhafte Darstellung der eigenen Rolle. |
| | Entlastungen des Beschuldigten | Die Aussageperson entlastet den Täter, stellt ihn nicht einseitig negativ dar oder verzichtet auf eine mögliche Mehrbelastung. |

**Tabelle 10:** *Fortsetzung*

| Qualitätsmerkmale | | Beschreibung |
|---|---|---|
| Aussageübergreifende Qualitätsmerkmale | Konstanz der Aussage | Aussagen zum selben Sachverhalt zu verschiedenen Zeitpunkten zeigen Übereinstimmungen in den erwartbar konstanten Aspekten einer erlebnisfundierten Aussage und Abweichungen in gedächtnispsychologisch (mit normalen Vergessensprozessen) erklärbaren Aspekten. |
| | Präzisierbarkeit der Aussage | Die Aussage wird nachträglich spontan (d.h. ohne entsprechenden Vorhalt) präzisiert und stimmig ergänzt. |

Darüber hinaus stellen die Konstanz und die Präzisierbarkeit der Aussage wichtige **aussageübergreifende Qualitätsmerkmale** dar, die sich auf die vergleichende Analyse mehrerer Aussagen derselben Person zu verschiedenen Aussagezeitpunkten beziehen (z.B. die kriminalpolizeiliche Vernehmung – die allerdings nur im Falle einer Aufnahme und anschließender wortgetreuer Verschriftung miteinbezogen werden kann – und Aussagen aus der psychologischen Exploration durch Sachverständige, später ggf. zudem die Aussage in der mündlichen Hauptverhandlung).

Die **Erwartungen an die Konstanz zwischen mehreren Aussagen** von Zeug:innen muss differenziert betrachtet werden. Denn auch in erlebnisgestützten Aussagen treten natürliche Erinnerungsverluste und -fehler auf, die zu (kleineren) Inkonstanzen und Abweichungen führen können, sodass ein wichtiges (und aussagekräftiges) Kriterium die relative Konstanz ist, womit gemeint ist, dass Konstanz in erwartbaren Bereichen sowie Inkonstanzen vorliegen, die gedächtnispsychologisch erklärbar sind (Arntzen, 2011). So ist bei vollständiger Konstanz, also nahezu wortwörtlicher Übereinstimmung zwischen mehreren Aussagen, Vorsicht geboten, da dies eher für ein Auswendiglernen oder „Eintrichtern" (Arntzen, 2011, S. 54) als für das Berichten eines selbst erlebten erinnerten Ereignisses spricht (Arntzen, 2011; Greuel et al., 1998), wohingegen „eine bestimmte Art der Inkonstanz sogar ein Glaubhaftigkeitsmerkmal sein" kann (Arntzen, 2011, S. 52).

Aspekte, in denen in erlebnisbasierten Aussagen auch über längere Erinnerungszeiträume eine gewisse **Konstanz zu erwarten** ist, beziehen sich insbesondere auf folgende Inhalte (Arntzen, 2011, S. 52/53; Greuel et al., 1998, S. 131):

- Schilderung von Handlungen des unmittelbaren Kerngeschehens,
- Schilderung der eigenen Rolle bzw. Aktivität,
- Benennung der unmittelbar am Kerngeschehen beteiligten Personen,
- Benennung der Tatörtlichkeiten,

- Bei einem Geschehen, das sich über mehrere Tatörtlichkeiten hinzog: Benennung des Fortbewegungsmediums (zu Fuß, gefahren etc.),
- Benennung von unmittelbar handlungsrelevanten Gegenständen,
- Benennung der Lichtverhältnisse und
- Benennung der globalen Körperpositionen im Falle körpernaher Handlungen.

Gedächtnispsychologisch erwartbar sind dagegen auch in erlebnisgestützten Aussagen **Inkonstanzen und Schwankungen in folgenden Bereichen** (Arntzen, 2011; Greuel et al., 1998):

- Zuordnung von Nebenhandlungen zur Haupthandlung,
- Reihenfolge verschiedener Phasen des Ereignisses oder einzelner Handlungen,
- Angaben zu Datierungen oder auf Schätzungen beruhende Angaben zu Häufigkeiten, Dauer etc.
- Angaben von Häufigkeiten mehrerer (häufiger als drei) ähnlich abgelaufener Vorfälle,
- Seitenverhältnisse und Positionen einzelner Körperteile,
- Nicht unmittelbar beteiligte (sondern ggf. nur zeitweilig anwesende) weitere Personen,
- Kleidung,
- Inhalte eigener früherer Aussagen zum fraglichen Ereignis (auch wem zuerst davon berichtet wurde),
- Wortlaut und Sinngehalt von Gesprächen,
- Eigene Motive früherer Handlungen und Unterlassungen,
- Aussagen über Schmerzempfindungen (wenn diese nicht lange angehalten haben),
- Wetterverhältnisse und
- Zahlen.

Auch nachträgliche Präzisierungen und Ergänzungen vorheriger Aussagen sowie das Einbringen weiterer spontan auftretender Erinnerungen zu Dingen, die in vorherigen Aussagen noch nicht vorgebracht worden waren, sprechen nicht gegen die Konstanz einer Aussage, sondern können sogar ein weiteres Qualitätsmerkmal darstellen (sog. Ergänzbarkeit oder Präzisierbarkeit der Aussage) (Arntzen, 2011; Greuel et al., 1998). Solche Details können aufgrund natürlicher Abrufprozesse zeitweilig nicht zugänglich gewesen sein, zu einem anderen Zeitpunkt aber durch das Wecken einer Assoziationskette spontan einfallen und insofern einen Beleg für natürliche Erinnerungstätigkeit darstellen. So entspricht es gedächtnispsychologischen Erkenntnissen, dass einer Person nicht alle gespeicherten Gedächtnisinhalte zu jedem Zeitpunkt gleichermaßen zur Verfügung stehen, da dies stark von den Abrufmodalitäten (vgl. Kap. 2.3), aber auch situationalen Bedingungen (z.B. Aussagehemmungen) abhängt (vgl. Arntzen, 2011). Von intentional täuschenden Zeug:innen wäre hingegen zu erwarten, dass sie sich ihre komplette Aussage vor dem ersten Berichten zurechtgelegt haben und sich bei späteren Befragungen möglichst genau daran halten und wenn, dann Ergänzungen nur auf Vorhalt, z.B. zur Aufklärung von Widersprüchen vorbringen, was jedoch Falschaussagenden große Schwierigkeiten bereiten dürfte (vgl. Arntzen, 2011). Inhaltlich kann es sich bei solchen spontanen Ergänzungen im Sinn des aussageübergreifenden Glaubhaftigkeitsmerkmals der Präzisierbarkeit um Detaillierungen vorheriger Aussageteile oder noch gar nicht erwähnte Beobachtungen oder Aspekte handeln und ggf. vorher Vorgebrachtes in einen Gesamtzusammenhang gebracht werden, der vorher noch nicht erkennbar war (Arntzen, 2011). So wird eine solche Ergänzung zum Glaubhaftigkeitsmerkmal, wenn sie die „individuelle Planungskapazität des Zeugen übersteigt“ (Greuel et al., 1998), d.h. vorherige Lücken dadurch geschlossen werden, sinnvolle Verknüpfungen entstehen oder es insgesamt zu einer Erhöhung der Anschaulichkeit und Nachvollziehbarkeit der Aussage kommt (Greuel et al., 1998). Dem Merkmal der Konstanz der Aussage kommt insbesondere dann eine hohe diagnostische Bedeutung zu, wenn eine besonders gute (z.B. konstante Darstellung nebensächlicher Details in einer komplexen Aussage) oder besonders schlechte (z.B. gravierende Widersprüche in zentralen Aspekten der Aussage) Ausprägung dieses Merkmals erzielt wird (Volbert, 2010). Eine nur in zentralen Aspekten des Kerngeschehens widerspruchsfreie Aussage erfüllt dieses Merkmal nicht, sondern ist vielmehr als Mindestanforderung einer glaubhaften Aussage anzusehen (Greuel et al., 1998). Auch ist die Konstanz nur bei komplexeren Aussagen bedeutsam hinsichtlich ihres Hinweiswerts auf einen Erlebnisbezug, da eine kurze, knappe und wenig detailreiche Aussage von einem normalintelligenten (erwachsenen) Zeug:innen auch ohne Erlebnisbezug reproduzierbar sein wird (vgl. Arntzen, 2011; Volbert, 2010).

Eine Studie von Krix et al. (2015) konnte zeigen, dass erfahrene Polizeibeamt:innen die Ausssageleistungen von Augenzeug:innen im Hinblick auf die Konstanz (allerdings hier gemessen über ein nur kurzes Behaltensinterviall von einer Woche) unterschätzen und von einer deutlichen Abnahme der Richtigkeit der erinnerten Details ausgingen, diese aber den tatsächlichen Befunden zufolge stabil blieb. Die Autor:innen folgerten, dass Polizeibeamt:innen vielleicht fälschlicherweise annehmen, dass die (durch Forschung belegte) quantitative Verringerung von Informationen zulasten der Richtigkeit geht, was aber nicht zutreffend ist (vgl. zum Ganzen Krix et al., 2015). Auch zeigte sich, dass reminiszente Details (d.h. solche, die den Augenzeug:innen beim ersten Abruf nicht zugänglich waren und die erst bei der zweiten Aussage berichtet wurden) fast ebenso zutreffend waren wie die konstant berichteten Details, von den Polizeibeamt:innen aber als deutlich weniger zutreffend (und vergleichbar mit direkten Widersprüchen) eingeschätzt wurden, da sie befürchteten, diese seien das Resultat externer suggestiver zwischenzeitlicher Einflüsse (z.B. Medienberichte, Gespräche mit anderen Zeug:innen) (Krix et al., 2015).

Vor dem Hintergrund, dass durch suggestive Einflüsse tatsächlich Aussageerweiterungen und -veränderungen zu erwarten sind, ist der Zusammenhang und der Zeitpunkt, in dem solche Präzisierungen vorgenommen werden, von hoher Relevanz (erfolgt dies spontan und nicht im Zusammenhang mit [suggestiven] Vorhalten). Da solche Präzisierungen erst während der Aussage entstehen und Vernehmende/Befragende/Explorierende quasi beim erstmaligen Berichten „live" dabei sind (vgl. Arntzen, 2011), können sie unmittelbar mit den Entstehungsbedingungen in Beziehung gesetzt (und ggf. sogar nachgefragt werden, wann und wodurch der Aspekt wieder eingefallen ist). Besondere Skepsis (und entsprechend sorgfältige Prüfung) ist dann angezeigt, wenn solche Ergänzungen erst nach langen Zeiträumen oder vielen vorausgegangen Befragungen vorgebracht werden (Greuel et al., 1998).

Während die bisher genannten allgemeinen, speziellen und aussageübergreifenden (nicht-motivationalen) Qualitätsmerkmale auf kognitive Aspekte (kognitive Überforderung einer Falschaussage) abzielen, beziehen sich die **motivationalen Qualitätsmerkmale** auf die strategische Selbstpräsentation der Zeug:innen (vgl. Niehaus, 2008). Sie umfassen spontane (d.h. nicht erst auf Vorhalt eines Widerspruchs erfolgende) Verbesserungen der eigenen Aussage, Einwände gegen die Glaubhaftigkeit der eigenen Aussage, Selbstbelastungen, Entlastungen/Inschutznahme der Beschuldigten (d.h. diese werden nicht ausschließlich negativ dargestellt) sowie Eingeständnisse von Erinnerungslücken und Unsicherheiten (Greuel et al., 1998).

**Prägnante Leitfragen für die kognitiven und motivationalen Aspekte** (Volbert, 2010, S. 39):

- *„**Könnte** der Zeuge eine solche Aussage mit dieser spezifischen Qualität produzieren, ohne dass sie auf einem realen Erlebnis beruht?“* (→ kognitive Aspekte: Nicht-motivationale Merkmale)
- *„**Würde** ein absichtlich falsch aussagender Zeuge solche Details erwähnen, die die eigene Aussage (oder die eigene Person) in ein unvorteilhaftes Licht rücken?“* (→ strategische Selbstpräsentation: Motivationale Merkmale)

***Kognitive Komponente***

***Könnte*** dieser Zeuge ohne realen Erlebnis-Hintergrund eine solche Aussage produzieren?

***Strategische Selbstpräsentation***

***Würde*** ein absichtlich falsch aussagender Zeuge eine solche Aussage produzieren?

Auch wenn es keine Richtlinien gibt, wie viele Merkmale eine Aussage (mindestens) aufweisen muss, um sich als glaubhaft zu qualifizieren (und auch gar nicht geben kann), postulieren Greuel et al., (1998) als **Mindestanforderung an eine erlebnisgestützte Aussage logische Konsistenz, Detaillierungsgrad und Konstanz**. Darüberhinausgehende (spezielle) Qualitätsmerkmale erhöhen „die Wahrscheinlichkeit für die begründete Annahme des Erlebnisbezugs der Aussage“ (Greuel et al., 1998, S. 162). Die Beurteilung der Qualitätsmerkmale kann nie absolut erfolgen, sondern immer als Qualitäts-Kompetenz-Vergleich, d.h. in Relation zu den individuellen Leitungsbesonderheiten und Voraussetzungen der Aussageperson (z.B. autobiografische Gedächtnisleistungen, verbale Fähigkeiten, Täuschungsfähigkeiten, Wissen und Vorerfahrungen, dispositionelle Besonderheiten), den Besonderheiten des inkriminierten Ereignisses (z.B. Komplexität), dem Zeitraum zwischen fraglichem Ereignis und Befragung (normalpsychologische Erinnerungs- und Vergessensprozesse) sowie den Befragungsbedingungen (haben diese z.B. das Auftreten langer, freier Berichte ermöglicht oder wurden nur geschlossene Fragen gestellt) (Steller, 2008b; Volbert, 2010). Es handelt sich um ein auf den Einzelfall bezogenes Verfahren, keinesfalls aber um eine „Checklisten-Diagnostik“, bei der über die Summierung von Punkten ein Ergebnis resultiert (Greuel, 2001). So sind beispielsweise bei einem Sexualdelikt andere Anforderungen an die Aussagequalität normalintelligenter, erwachsener Zeug:innen mit sexuellem

Erfahrungshintergrund als an die eines intelligenzgeminderten 10-jährigen Kindes ohne sexuelle Vorerfahrungen zu stellen. Auch haben die Merkmale selbst einen unterschiedlichen Hinweiswert auf einen Erlebnisbezug und sind unterschiedlich schwer „zu konstruieren“. Beispielsweise handelt es sich bei der unstrukturierten Darstellungsweise um ein eher selten auftretendes, dafür aber sehr bedeutsames Merkmal, da es eine große kognitive Überforderung darstellen würde, eine erfundene Geschichte achronologisch-springend zu berichten und dabei trotzdem ein in sich stimmiges und konsistentes Gesamtbild zu zeichnen, wohingegen das Aktivieren eigener Assoziationsketten während des Erzählens, was zu Sprüngen im Erzählstrang führen kann, bei erlebnisbasierten Aussagen wenig Anstrengung erfordert und ein Beleg für das Folgen einer eigenen Erinnerungsstruktur ist (vgl. Greuel et al., 1998; Volbert, 2010). Der Umkehrschluss, dass bei Nicht-Vorhandensein von Qualitätsmerkmalen kein Erlebnisbezug vorliegt, kann nicht getroffen werden, da dies viele Gründe abseits einer Falschaussage haben kann (z.B. geringe Aussagemotivation, lange zurückliegendes Ereignis) (z.B. Volbert, 2004).

Die Inhaltsanalyse ist nicht unter allen Umständen und Bedingungen gleich gut anwendbar bzw. valide. Beispielsweise sinkt die Diskriminationsfähigkeit der nicht-motivationalen Qualitätsmerkmale zwischen intentionalen Falschaussagen und erlebten Aussagen, wenn eine Person ein entsprechender (anderweitiger) Erfahrungshintergrund vorliegt, da sie dann durchaus Falschaussagen mit hoher Aussagequalität produzieren kann (Niehaus, 2003). Auch haben sie nur einen diagnostischen Wert, wenn sie im Rahmen des freien Berichts von den Zeug:innen frei produziert werden (mindestens aber als Überhangantwort auf eine Frage; vgl. Greuel et al., 1998) – keinesfalls dürfen Qualitätsmerkmale „abgefragt“ werden (z.B. „Ist es mal zu Komplikationen gekommen, dass z.B. jemand reingekommen ist und euch gestört hat?“; Niehaus et al., 2017).

**Beispiel**

**Beispiele für einzelne Qualitätsmerkmale aus der Begutachtungspraxis**

**Wiedergabe einer verbalen Interaktion:**

„Und während wir uns beide da ausgezogen haben, **hab ich dann gefragt**, ob er ein Kondom hätte. **Und dann hat er gesagt**, hat er nicht. **Dann sag ich**, ja ich hab auch keins. Ich sag, dann läuft da nichts. So und **dann fragte er**, wieso nicht? Und **dann hab ich gesagt**, ich sagte, nee weil ich keinen Bock auf Krankheiten habe oder irgendwie Schwangerschaft.“

**Nebensächliches (und gleichzeitig originelles) Detail:**

„Ja, er hat er hat gesagt: A., wir gehen jetzt da hoch zu den Büschen. Und dann hat er gesagt: A., du legst dich jetzt dahin. Obwohl ich das nicht will. Und dann hat er gesagt: Okay A., dann stellst du dich da jetzt hin. **Weil da laufen Ameisen, so rote diese großen Ameisen.** (...) Ja, er kniet sich hin, er hat ja, **er hat ja keine Angst vor Ameisen** oder so. Keine Ahnung warum, ich hab tierische Angst vor Ameisen. Ja, am liebsten wär ich da weggegangen. Ja."

**Eigenpsychisches Erleben**

„Also am Anfang, ich wusste ja gar nicht, was mein Stiefvater eigentlich mit mir macht. Aber ähm ja denn hab ich mich schon sehr gewundert und ähm hab das nicht so verstanden, weil die ham, als wir in der Schule Sexualkunde bekommen haben, nur erzählt, dass Erwachsenen das machen und so. Aber ja da fand ich das eigentlich so ein bisschen normal."

**Sozialräumliche Einbettung**

**Z:** Und dann ähm hat meine Mama und mein Stiefvater mich mit nach Deutschland gebracht und dann waren wir bei einer Oma, die uns so 'n Zimmer so 'ne Miniwohnung ähm zu vermietet hat sozusagen. Und ähm da ist noch nichts passiert. Und ähm da war ich so sechseinhalb und ähm dann wo mein Bruder auf die Welt gekommen ist, wo ich so ungefähr ja sieben war. Ähm, hat's damit angefangen, dass mein Stiefvater mich so umarmt hat, also ähm er hat wenig mit mir gemacht und das war nicht sehr normal für, dass er ähm mich plötzlich umarmt oder so.

(...)

**S:** Ach so, okay. Ah, ja. Und wie war das für dich, als du deinen kleinen Bruder bekommen hast? Hat sich da irgendwas verändert Zuhause oder war das alles genau gleich oder wie war das so für dich?

**Z:** Also verändert hat sich eigentlich so gut wie gar nichts. Aber ja für mich war 's ein bisschen seltsam. Doch es hat sich was verändert und zwar ähm bevor mein Bruder gekommen ist, ist mit meinem Stiefvater eigentlich so gut wie gar nichts passiert. Also er hat mich da nicht äh angefasst oder so was.

**Phänomenorientierte Beschreibung unverstandener Elemente**

**Z:** Manchmal hat es irgendwie nicht funktioniert oder so was. Und ähm dann hat er das geschüttelt oder so. Und ähm dann hat's geklappt.

**S:** Was genau geschüttelt?

**Z:** An seinem Piepmatz.

**S:** Wie sah denn der Piepmatz aus?

**Z:** Sehr dick. Und ähm haarig und so 'ne ganz eklige Haut.

**S:** Was meinst du damit, mit eklige Haut?

**Z:** Also manchmal hat er das so nach hinten, so die Haut da so nach hinten gemacht und ja die Haut die davor war, das war eklig.

**S:** Okay. Und sah der Piepmatz immer gleich aus oder?

**Z:** Ich hab nicht so darauf geachtet. Aber einmal, nee zweimal, ich glaub das war nur zweimal oder dreimal ähm hat er gesagt, dass ich das in Mund stecken soll und das hab ich aber noch nie gemacht, weil ich das nicht wollte. Und einmal ähm da hatte er so 'n ekliges Schaum oder was auch immer, an der Spitze des Piepmatz.

**Komplikationen im Handlungsverlauf**

„Ich ich glaub er hat es sogar zweimal gemacht. Weil ich kann mich erinnern, einmal ist er mit mir ins Badezimmer gegangen. Und da sollte ich mich auf 'n Klo hinsetzen und meine Beine so ausstrecken. Und ähm dann hat er auch sein Piepmatz reingesteckt. **Und ähm einmal hat er aufgehört, weil meine Mama gekommen ist.**

**Selbstbelastung:**

**Z: Hätte ich es von Anfang an sozusagen erzählt**. Hab **mir denn auch irgendwie auch dafür dann die Schuld gegeben** und so. Auch wenn ich ganz tief innerlich weiß, dass ich daran keine Schuld hab. Und ja.

**S:** Und warum hast du dir die Schuld gegeben?

**Z:** Ja, weil ich weiß ich hätte verhindern, **ich hätte es verhindern können.**

**S:** Hast du denn mal irgendwie versucht, **das zu verhindern**?

**Z: Nein**.

**Entlastung des Beschuldigten:**

**„Er hat's dann irgendwann aufgegeben, weil er auch gemerkt hat, dass es mir ziemlich wehtat."**

„Da sind wir auch nach oben gegangen, in ein, sein Zimmer und Mamas und mein, das Zimmer meines Bruders. Und ähm dann äh hat er seine Hose ausgezogen und ich hab mich da nicht ausgezogen. Und **dann ähm hat er gesagt, dass ich das in mein Mund stecken soll. Aber da wollte ich das nicht und da hab ich auch schnell geschafft, dass ähm er dann gegangen ist."**

Die inhaltsbezogene Aussageanalyse anhand der Glaubhaftigkeitsmerkmale ist nur geeignet, die Hypothese einer intentionalen Falschaussage zurückzuweisen (d.h. dass die Aussage teilweise oder vollständig ausgedacht ist). **Nicht intentionale Aussageverfälschungen und -fehler** werden im Rahmen der Validitätsanalyse geprüft (vgl. Greuel, 2012). Denn bei suggestiv entstandenen Aussagen, die für die Aussageperson subjektiv einen Erlebnisbezug aufweisen, entsteht die Aussage unter anderen Voraussetzungen als bei lügenden Zeug:innen:

> *Der suggestiv beeinflusste Zeuge konstruiert keine Ereignisschilderung auf der Basis von kognitiven Schemata und ist auch nicht bemüht, seine Täuschungsabsicht zu verheimlichen, vielmehr* **hält er mentale Bilder für tatsächliche Erinnerungen** *oder versucht, eine vermeintliche Erwartung des Befragenden möglichst gut zu erfüllen, nämlich über ein Ereignis zu berichten, an das er eigentlich keine Erinnerung hat.* (Volbert, 2004, S. 18)

Deshalb ist hier vor allem zu erwarten, dass sich die Unterscheidung zu erlebnisbasierten Aussagen im Verlauf über die Zeit zeigt, da **suggerierte Aussagen erst im Verlauf suggestiver Einflüsse entstehen und sich im Zuge dessen verändern**, wodurch sie eine geringere Konstanz aufweisen (Volbert, 2004). Deshalb ist zur Prüfung dieser Möglichkeit vor allem die Aussageentstehung und -entwicklung bedeutsam.

## 10.5 Aussagevalidität

Die Aussagevalidität bezieht sich auf die Frage, ob eine Aussage, deren Qualität im Abgleich mit den individuellen Leistungsbesonderheiten der Person auf einen Erlebnisbezug hinweist, auch als zuverlässig angesehen werden kann. Das bedeutet, dass auch wenn auf Basis der Aussagequalität eine partielle oder vollständige intentionale Falschaussage sehr unwahrscheinlich ist, geprüft werden muss, ob die Aussage auf andere Weise zustande gekommen sein kann, ob also Verzerrungen oder Verfälschungen (die der Aussageperson ggf. nicht bewusst sind) vorliegen (Greuel et al., 1998). Dabei spielen insbesondere die **psychologischen Besonderheiten der Aussageperson** (Besonderheiten im Erleben und Verhalten, z.B. aufgrund einer Persönlichkeitsstörung; Leistungsbesonderheiten, wie z.B. einschlägige Vorerfahrungen im Deliktbereich und mögliche Täter-Übertragungen), **motivationale Bedingungen der Aussage** sowie **kommunikative Bedingungen der Aussageentstehung und -entwicklung vor dem Hintergrund möglicher suggestiver Beeinflussung** eine Rolle (Greuel et al., 1998). Bei letzteren ist insbesondere die genaue Rekonstruktion der Ausgangsbedingungen der Erstaussage (wem gegenüber hat sich die Person zu welchem Zeitpunkt warum genau mitgeteilt und was ist dem vorausgegangen, wie wurde darauf reagiert, wurde die Person daraufhin befragt oder wurde nur zugehört oder ist die Aussage überhaupt erst durch Befragung aufgrund einer Vorannahme entstanden etc.) sowie die Entwicklung der Aussage (wurde diese im Zuge des kommunikativen Prozesses verändert, Aspekte aus Befragungen integriert usw.). Mögliche suggestive Einflüsse sind immer mit der individuellen (personal und situational/kontextbedingten) Suggestibilität in Beziehung zu setzen, da nicht jede Person gleichermaßen und in jeder Situation gleich anfällig für die Übernahme suggestiver Einflüsse ist (vgl. Greuel, 2001) (nur dann sind sie aber letztlich aussagepsychologisch bedeutsam, d.h. wenn sie auch tatsächlich wirksam wurden, ggf. aber nicht, wenn die Aussageperson über ausreichenden Suggestionswiderstand verfügt).

Auch psychologische Besonderheiten im Erleben und Verhalten von Zeug:innen können sich negativ auf die Zuverlässigkeit der Aussage auswirken, z.B. wenn aufgrund von Persönlichkeitsakzentuierungen oder -störungen (z.B. einer Borderline-Persönlichkeitsstörung) Zeug:innen stark zu Aggravierungen oder Dramatisierungen oder gar Umdeutungen bzw. einer verzerrten/überspitzten Wahrnehmung in sozialen Situationen neigen (vgl. Greuel et al., 1998; Steller & Böhm, 2008). Solche akzentuierten, selektiven oder polarisierenden Wahrnehmungs- und Darstellungstendenzen werden dann auch bei Berichten unabhängig vom infrage stehenden Ereignis auftreten und für die Befragenden Hinweis auf mögliche Verzerrungen der Aussage sein.

## 10.6 Polizeiliche Relevanz der Grundkenntnisse der Aussagepsychologie für die Vernehmungsgestaltung

Auch wenn Vernehmende natürlich keine aussagepsychologischen Begutachtungen durchführen (sollen) und das Ziel auch nicht darin besteht, sie dahingehend auszubilden, sind grundlegende Kenntnisse und ein Verständnis der aussagepsychologischen Methodik für eine professionelle Vernehmungsgestaltung von insbesondere Opferzeug:innen sehr wichtig (Niehaus, 2007). Es gibt viele Aspekte, wie durch diese Kenntnis der Anforderungen an eine qualitativ hochwertige Aussage und die Bedingungen, unter denen sie entsteht (oder aber verhindert oder gar zerstört wird) zu deren Gerichtsverwertbarkeit beitragen kann und ggf. ermöglicht, dass die kriminalpolizeiliche Aussage der Zeug:innen im weiteren Verlauf des Ermittlungs- und Gerichtsverfahrens aussagepsychologisch bewertet werden kann. Als Hauptprobleme, die aus der **Unkenntnis der aussagepsychologischen Qualitätsmerkmale** resultieren können, nennt Niehaus (2007), dass diese **nicht zugelassen oder ignoriert** (d.h. nicht erkannt oder notiert) werden oder aber **Misstrauen signalisiert** wird, wenn z.B. originelle Einzelheiten oder Schilderungen seltener Ereignisse nicht den schematypischen Erwartungen entsprechen und ihr Hinweiswert auf einen Erlebnisbezug verkannt wird.

Zunächst muss die Befragungstechnik der Vernehmenden das Auftreten von Qualitätsmerkmalen überhaupt erst einmal ermöglichen (Niehaus, 2007). So wird beispielsweise durch die Aufforderung, „nun berichten Sie bitte chronologisch, was genau passiert ist“ (wie es die Verfasserin schon häufig in Vernehmungsprotokollen vorgefunden hat) oder die Aufforderung „doch mal von Anfang an alles der Reihe nach zu erzählen“ (Niehaus, 2007, S. 335) bereits im Vorfeld das – aussagepsychologisch sehr bedeutsame – Merkmal der Unstrukturiertheit untergraben, da sich der Zeug:innen dadurch möglicherweise bereits im ersten freien Bericht bemühen, ihre Aussage strukturiert und geordnet vorzutragen (Niehaus, 2007), wohingegen gerade das freie Folgen der eigenen Abrufstrategien und assoziativen Verknüpfungen bedeutsam ist, gerade weil es nahezu unmöglich ist, dies in Form einer Falschaussage intern konsistent zu konstruieren (vgl. Greuel et al., 1998). Diese achronologischen Darstellungen müssen auch unbedingt bei der schriftlichen Niederschrift/Protokollierung erhalten bleiben (wenn die Aussage nicht, wie unbedingt zu empfehlen ist, sowieso aufgezeichnet wird) und dürfen keinesfalls „begradigt“ oder zum vermeintlich besseren Verständnis in eine Chronologie gebracht werden (vgl. Volbert, 2017). Auch ein Unterbrechen ausführlich berichtender Zeug:innen verbunden mit dem Hinweis, sich auf das Wesentliche zu konzentrieren (z.B. auch, weil es mangels mitlaufenden Tonbands schwierig ist, alles zu protokollieren) und das resultierende Unterbinden (oder nicht Beachten und protokollieren) von nebensächlichen (scheinbar nicht direkt für das Tatgeschehen relevanten) Details bringt Probleme mit sich, insbesondere im Hinblick auf die Konstanz der Aussage beim Vergleich mit späteren Aussagen, in denen die Details dann (erneut) berichtet (und auch transkribiert/notiert) werden (Niehaus, 2007). Scheinbare Nebensächlichkeiten können gerade dann einen hohen Hinweiswert auf einen Erlebnisbezug haben, wenn sie konstant auch in späteren Aussagen vorgebracht werden. Sie sind für die Aussageperson gerade nicht nebensächlich, sondern haben aufgrund des individuellen Erlebens eine subjektive Bedeutung und Assoziation zum Sachverhalt erlangt. Dies unterstreicht die Notwendigkeit einer (mindestens audio-, besser videografierten) Aufnahme der Aussage und anschließender wörtlicher Transkription (vgl. auch Biedermann & Volbert, 2020; s.a. Kap. 5.3).

Nachhaltigen Effekt hat die Unkenntnis der Qualitätsmerkmale auch dann, wenn Schemaabweichungen (z.B. im Sinne ausgefallener Schilderungen, die dadurch als wenig wahrscheinlich oder plausibel erscheinen) fälschlicherweise als Hinweis auf eine Täuschung wahrgenommen werden, obwohl sie aussagepsychologisch eher für einen Erlebnisbezug und die Individualität und Originalität der Aussage sprechen (vgl. Niehaus, 2007). Dies betrifft auch Abweichungen bezüglich der eigenen (schemakonsistenten) Erwartungen an den

Emotionsausdruck „richtiger" Opferzeug:innen, wenn diese also nicht „betroffen genug" wirken und z.B. nicht weinen, sondern gefasst und sachlich berichten. Ein anschauliches Praxisbeispiel beschreiben Hermanutz et al. (2011) und zeigen auf, wie die Kenntnis und Anwendung der Glaubhaftigkeitsmerkmale entgegen anfänglicher Plausibilitätsüberlegungen und Bewertungen der mangelnden emotionalen Reaktion der mutmaßlich vergewaltigten Opferzeugin zu fundierteren Erkenntnissen führt und wie aufgrund der anfangs gebildeten Hypothese, dass es sich um eine Falschaussage handelt, in den ersten Vernehmungen gar nicht alle relevanten Details ermittelt wurden. Denn solche Fehleinschätzungen beeinflussen die Wahrnehmung, Interpretation und das weitere Vernehmungsverhalten nachhaltig und können eine Kette von weiteren Fehleinschätzungen auslösen (Niehaus, 2007; vgl. auch Posch & Kemme, 2021). Vorsicht ist auch geboten, bei vermeintlichem Fehlen von Glaubhaftigkeitsmerkmalen falsche Rückschlüsse zu ziehen, die dann den weiteren Verlauf der Vernehmung prägen (Kraheck-Brägelmann, 1994) – es sind Positivmerkmale, die bei Vorhandensein auf einen Erlebnisbezug hinweisen können, nicht jedoch bei Abwesenheit mit einer Falschaussage assoziiert werden dürfen, da es viele Gründe dafür geben kann, von denen eine intentionale Lüge nur einer ist.

**Das Wichtigste in Kürze**

**Implikationen für die Vernehmung**

**Auftreten von Qualitätsmerkmalen durch geeignete Befragungsmethode ermöglichen** (vgl. Kap. 4)

- Erst einmal nur den **freien Bericht** mit einer offenen Erzählaufforderung initiieren und dann **trichterförmig** vorgehen
- **Qualitätsmerkmale nicht erfragen** (kein „Abfragen" im Sinne einer Checkliste)
- Nicht dazu auffordern, „chronologisch" zu berichten, sondern **Unstrukturiertheit und achronologische Erzählweise zulassen** und es den Zeug:innen überlassen, in welcher Reihenfolge sie ein Ereignis vorbringen oder mit welchem Aspekt sie starten, d.h. den eigenen Assoziationsketten freien Lauf lassen. Erst wenn der freie Bericht abgeschlossen ist, ggf. die Zeug:innen durch offene Fragen unterstützen, die Ereignisteile zu ordnen oder eine Chronologie herzustellen

**Keine vorschnellen Interpretationen, sondern Reflexion und Kontrolle eigener Erwartungen, Interpretationen und Verhaltensweisen**

- **Kein Misstrauen bei originellen, seltenen Details bzw. Aussagen, die nicht allgemeinen kognitiven Schemata entsprechen** (gerade dies spricht eher für einen Erlebnisbezug!)

- Nachträgliche **Ergänzungen oder Präzisierungen** (Reminiszenzen) **sprechen nicht gegen die Konstanz der Aussage** und sollten nicht Anlass für vorschnelles Misstrauen sein. Vielmehr ist dies genau im Kontext zu betrachten (wann, wie und wodurch sind diese aufgetreten – erst auf Vorhalt, nach Gesprächen mit anderen oder spontan und eigeninitiativ?)
- Keine „Erwartungen" an vermeintlich typische Opferreaktionen oder gezeigte Emotionen stellen und daraus Schlüsse über den Erlebnisbezugs ziehen
- Eine positive (non- oder paraverbale) Verstärkung darf nur inhaltsunabhängig erfolgen, d.h. nur Erinnerungsbemühungen „belohnen" (vgl. auch Köhnken et al., 2008)

**Sorgfältige und genaue Dokumentation der Aussage**

- Vollständige Aufzeichnung und Transkription, da sonst ggf. nebensächliche Details nicht festgehalten werden oder die Struktur der Darstellungen nicht mehr erkennbar ist und keine Konstanzprüfung durch psychologische Sachverständige unter Bezugnahme auf die polizeiliche Vernehmung möglich ist
- Im Falle von Wortprotokollen oder Diktaten auf keinen Fall die Struktur oder Wortwahl begradigen oder die eigene Interpretation niederschreiben. Auch dann sollten Originalwortlaut sowie Frage und Antwort erkennbar sein

# 11. Vernehmungs- und aussagepsychologisch relevante Aspekte bei Personen mit psychischen Störungen und kognitiven Beeinträchtigungen

Opfer und Täter:innen von Straftaten weisen häufig psychische Störungen auf. Auf Opferseite betrifft dies insbesondere posttraumatische Belastungsstörungen (z.B. Dworkin et al., 2020; Dworkin et al., 2017), Depressionen (z.B. Dreßing, Gass et al., 2020; Dworkin et al., 2017; Han et al., 2019; Schnittker, 2019), Angststörungen (z.B. Dreßing, Gass et al., 2020), dissoziative Symptome (z.B. Vonderlin et al., 2018) und Borderline-Persönlichkeitsstörungen (z.B. de Aquino Ferreira et al., 2018; Vanwoerden et al., 2019). Diese können Folge einer Viktimisierung sein. Menschen mit psychischen Störungen weisen aber auch eine erhöhte Vulnerabilität auf, Opfer zu werden (z.B. Schnittker, 2019; Webermann et al., 2021). Auch können Personen mit Behinderungen und Intelligenzminderungen aufgrund ihres höheren Viktimisierungsrisikos (z.B. Codina et al., 2020; Hershkowitz et al., 2007; Schröttle et al., 2012) oftmals in die Lage kommen, (polizeilich) vernommen zu werden.

Auf Täter:innenseite, wo die Befunde allerdings oftmals auf selektiven Stichproben inhaftierter, forensisch begutachteter oder behandelter Täter:innen basieren, die nicht repräsentativ für die Gesamtzahl der Täter:innen sind, dominieren vor allem Persönlichkeitsstörungen (v.a. antisoziale/dissoziale PS[112], Borderline-PS) sowie Alkohol-Missbrauch/Abhängigkeit (z.B. Beaudette & Stewart, 2016; Eher et al., 2019; Gottfried & Christopher, 2017; Nijdam-Jones et al., 2018), aber auch Angst- und affektive Störungen (z.B. Beaudette & Stewart, 2016; Gottfried & Christopher, 2017).

Aus verschiedenen Gründen können psychische Störungen und Beeinträchtigungen in einer Vernehmung relevant werden – z.B. bezüglich möglicher Beeinträchtigungen der Wahrnehmungs-, Erinnerungs- und Ausdrucksfähigkeit zum Tat- und Aussagezeitpunkt, aber auch bezüglich einer erhöhten Suggestibilität, deren mangelnde Beachtung in der Vernehmung weitreichende Konsequenzen haben und bei Beschuldigten (in Abhängigkeit der Befragungsbedingungen) sogar zu einem falschen Geständnis führen kann (vgl. Kap. 8.6).

Natürlich gehört es nicht zum Aufgaben- und Kompetenzbereich der Polizei, Diagnosen zu stellen oder eine fundierte Einschätzung der Vernehmungsfähigkeit, der Aussagetüchtigkeit oder der Glaubhaftigkeit einer Aussage vorzunehmen. Jedoch ist ein Grundwissen darüber, wie sich in diesem Kontext besonders relevante Störungsbilder äußern und bei welchen Stö-

112 Persönlichkeitsstörung.

rungen ggf. mit welchen Beeinträchtigungen gerechnet werden kann (z.B. wenn eine Diagnose bereits vorliegt), welche Kompetenzen wiederum sehr wahrscheinlich weniger betroffen sein werden, hilfreich, um sich bestmöglich auf die Aussageperson einstellen zu können. Dies ermöglicht zudem, Verhaltens- und Reaktionsweisen der zu vernehmenden Person besser einordnen zu können, einem vorschnellen Glaubwürdigkeitsentzug vorzubeugen, Personen mit psychischen Störungen grundsätzlich als Aussagepersonen ernst zu nehmen und ihre Angaben nicht voreilig infrage zu stellen.

Darüber hinaus kann eine solche Kenntnis zur Sicherstellung eines fairen Ermittlungsverfahrens für Beschuldigte beitragen. Hier ist es empfehlenswert, bei Hinweisen auf das Vorliegen einer psychischen Erkrankung von Beschuldigten im Vorfeld einer Vernehmung weiterführende Informationen zu deren psychischem Gesundheitszustand zu recherchieren, damit dies entsprechend berücksichtigt werden kann (Clugston et al., 2019). Internationale Studien weisen darauf hin, dass Polizeibeamt:innen die Vulnerabilität von Beschuldigten mit psychischen Störungen eher unterschätzen und entsprechend nicht auf besondere Schutzmaßnahmen achten bzw. die Vernehmung entsprechend gestalten (z.B. Clugston et al., 2019; Geijsen et al., 2018).

Allerdings wird es nicht immer bereits im Vorfeld der Vernehmung bekannt sein, dass eine beschuldigte Person eine bestimmte psychische Störung aufweist, sondern sich Hinweise auf psychische Auffälligkeiten möglicherweise erst im Verlauf der Vernehmung, z.B. im Rahmen der Kommunikation mit der beschuldigten Person, ergeben (vgl. Artkämper et al., 2021). Hier wäre es hilfreich, dass Vernehmende mögliche Anzeichen für eine psychische Erkrankung erkennen können (ohne dass hier natürlich diagnostische Kenntnisse erwartet werden) und wissen, dass sie es mit einer vulnerablen Personengruppe zu tun haben, um sich bezüglich der Gestaltung der Vernehmung entsprechend darauf einzustellen, z.B. indem im besonderen Maße die erhöhte Suggestibilität beachtet, die Vernehmung aufgezeichnet, Unterstützung bei Fachpersonen, z.B. Polizeipsycholog:innen, gesucht oder sichergestellt wird, dass die Vernehmung in Anwesenheit von Verteidiger:innen stattfindet (Geijsen et al., 2018).

Bei entsprechenden Hinweisen oder sich im Verlauf der Vernehmung ergebenen Verdacht auf eine psychische Erkrankung kann die beschuldigte Person ggf. auch danach gefragt werden – in der Regel wird es ihnen bekannt sein, ob eine psychische Störung vorliegt oder in der Vergangenheit psychische Krisen aufgetreten sind. Um mögliche Ängste vor der Offenbarung und einer Stigmatisierung zu reduzieren, sollte der Hintergrund der Frage unmittelbar damit erläutert werden, dass eine Kenntnis wichtig ist, um dies entsprechend berücksichtigen zu können.

**Hinweise auf das Vorliegen einer psychischen Störung**[113] *könnten* bspw. sein:

- Stark **beeinträchtigte Konzentration und Aufmerksamkeit**, leichte Ablenkbarkeit; **Gedächtnisstörungen**; starke Beschleunigung oder Verlangsamung (z.B. Person braucht lange, um zu antworten) in der Kommunikation
- Beeinträchtigungen oder **Veränderungen des Bewusstseins**
- Stark **erhöhter oder verminderter Aktivierungsgrad**; Erregungszustände; motorische Unruhe oder „Erstarrung"
- **„Extreme" Stimmung** (z.B. stark euphorisch/manisch oder gedrückt/depressiv) sowie **starke Stimmungsschwankungen**, Enthemmung, extreme Ängste, geringe emotionale Schwingungsfähigkeit (d.h. die Person verbleibt unabhängig von Situation oder Gesprächsinhalt in der gleichen Stimmungslage und zeigt keine oder nur geringe emotionale Veränderungen)
- **Formale Denkstörungen** (sprunghafte Gedanken und Ideen, Verhaftung an immer denselben Denkinhalten, Äußerungen ohne Sinnzusammenhang, inhaltlich unpassende Angaben, z.B. indem an den Fragen vorbei geredet wird, Äußerungen keinen „roten Faden" aufweisen, Fragen nicht beantwortet, sondern von einem thematisch unpassenden Gedanken zum nächsten gesprungen wird, nicht auf den Inhalt der Frage reagiert, sondern weitschweifig über etwas thematisch völlig anderes berichtet wird, Gedanken/Themen, die keinen logischen Zusammenhang aufweisen, scheinbar willkürlich aneinandergereiht werden; offenkundig nicht einem Gesprächsablauf folgen können)
- **Wahnhafte Überzeugungen** (d.h. unkorrigierbare, meist mit der „objektiven" Realität nicht übereinstimmende und zum Teil bizarre Überzeugungen, an denen trotz Gegenargumenten festgehalten wird; Personen mit Wahnvorstellungen sind durch Sachargumente oder den Wahninhalt widerlegende „Beweise" nicht von dessen mangelndem Realitätsbezug zu überzeugen. Während z.B. ein religiöser Wahn sehr wahrscheinlich schnell zu erkennen ist, können andere Wahninhalte, z.B. im Hinblick auf Verfolgung, möglicherweise nicht auf den ersten Blick als solche zu identifizieren sein)
- **Wahrnehmungsstörungen** (z.B. Halluzinationen)
- **Desorientierung** (z.B. im Hinblick auf die eigene Person, zeitlich oder räumlich, d.h. die Person weiß z.B. nicht, wo sie ist, wie sie dorthin gekommen ist oder welcher Tag/Tageszeit gerade ist)
- **Suizidalität, selbstschädigendes Verhalten/Selbstverletzungen, Aggressivität**

113 Exemplarische, nicht abschließende Aufzählung; frei zusammengestellt u.a. orientiert an Dreßing und Foerster (2020); Schmalzl (2012); Ventress et al. (2008).

- Auftreten von **Entzugssymptomen**[114] (im Hinblick auf Alkohol beispielsweise u.a. Herzrasen, Schwitzen, Zittern der Hände, Würgen/Erbrechen, Angstzustände, Unruhe, Halluzinationen, Ablenkbarkeit; s. ICD-11: 6C40.4; WHO, 2019).

## 11.1 Vernehmungsfähigkeit, Aussagetüchtigkeit und deren mögliche psychopathologisch bedingte Beeinträchtigung

Im Extremfall können sich schwere psychopathologische Symptomatiken und kognitive Beeinträchtigungen auf die **Vernehmungsfähigkeit**[115] auswirken. Im Unterschied zur Aussagetüchtigkeit, die sich immer auf den Ereignis- *und* den Aussagezeitpunkt bezieht, bedeutet Vernehmungsfähigkeit, dass Beschuldigte oder Zeug:innen die durch die Ermittlungsbeamt:innen (oder das Gericht) gestellten Fragen verstehen und unter Wahrung der freien Willensentschließung inhaltlich passend und verständlich antworten können (Konrad & Opitz-Welke, 2020; Rothschild, 2005; Rothschild et al., 2007; Schneider et al., 2010). Diese bezieht sich also einzig auf den Zustand zum Vernehmungszeitpunkt.

Während die bezüglich der Vernehmungsfähigkeit gestellten Anforderungen bei der Vernehmung von Zeug:innen (oder auch Sachverständigen) mit der beschriebenen Kommunikationsfähigkeit erfüllt sind, sind die Anforderungen bei der Beschuldigtenvernehmung höhere (vgl. Schneider et al., 2010; Schöch, 2011). So muss die Entscheidung der Beschuldigten, eine Aussage zu machen, eine freie Willensentscheidung sein, die nicht durch (erkennbare) Bewusstseinsstörung oder äußere Eingriffe (wie Zuführung von Substanzen) beeinträchtigt ist und diese so weit einsichtsfähig sein, dass sie den Sachverhalt und den Tatvorwurf verstehen und die Bedeutung der eigenen Aussage in ihrer Tragweite erkennen können (darauf zielt nicht zuletzt auch § 136a StPO[116] ab) (Rothschild, 2005; Rothschild et al., 2007; Schneider et al., 2010). Nicht gefordert ist, dass eine Aussageperson sich im Zustand optimaler Konzentration befindet, in der Lage ist, Fangfragen zu erkennen oder eine „stabile Widerstandsfähigkeit gegen Überführungsversuche“ (Konrad & Opitz-Welke, 2020, S. 390) aufweist.

114 Symptome, physiologische Merkmale und/oder Verhaltensweisen, die nach Beendigung oder Reduzierung des Konsums einer Substanz auftreten, für die eine Abhängigkeit besteht bzw. die über einen langen Zeitraum regelmäßig konsumiert wurde (ICD-11: WHO, 2019).

115 Auch wenn die Frage nach psychopathologisch bedingter Vernehmungsunfähigkeit vielmehr eine forensisch-psychiatrische als eine psychologische ist, soll dieser für die polizeiliche Vernehmung relevante Aspekt hier kurz behandelt werden.

116 Verbotene Vernehmungsmethoden.

Von Vernehmungsunfähigkeit ist wiederum auszugehen, „wenn eine einschneidende Beeinträchtigung des Bewusstseins, des Denkens, von Antrieb und Willen oder des Gedächtnisses vorliegt“ (Rothschild et al., 2007, S. 3030). Dies kann insbesondere bei schweren akuten Intoxikationen (Alkohol, Drogen oder Medikamente), Entzugssymptomatiken, schweren akuten Belastungsreaktionen, akuten Psychosen oder sonstiger Desorientierung (bezüglich Zeit, Ort, Person) sowie schweren Intelligenzminderungen der Fall sein, da dann ggf. keine einfache Kommunikationsfähigkeit mehr vorliegt (Rothschild, 2005; Rothschild et al., 2007). Bei schweren Demenzerkrankungen muss aufgrund der massiven kognitiven Beeinträchtigungen und der daraus resultierenden mangelnden Fähigkeit zur inhaltlich geordneten Kommunikation die Vernehmungsfähigkeit gänzlich ausgeschlossen werden (Leygraf, 2010). Unerheblich ist dabei, ob der Zustand krankheits- oder störungsbedingt oder aber durch die Person selbst vorsätzlich herbeigeführt wurde (z.B. durch Drogenkonsum).

In der Praxis obliegt es in der Regel den Vernehmenden, zu entscheiden, ob die zu vernehmende Person vernehmungsfähig ist oder nicht bzw. ob eine Vernehmung durchgeführt wird oder nicht, eher selten werden psychiatrische Sachverständige hinzugezogen (Leygraf, 2010). In einigen Fällen wird dies bei akuter/schwerer Psychopathologie offensichtlich sein. Ein objektives Außenkriterium, das eine Vernehmungsunfähigkeit (und die dabei vorausgesetzte zumindest eingeschränkte Willensfreiheit) eindeutig belegen würde, gibt es jedoch nicht. Zur Einschätzung, ob und wann eine aufgrund der von außen leicht erkennbaren Vernehmungsunfähigkeit vertagte Beschuldigtenvernehmung stattfinden kann, werden in den meisten Fällen die behandelnden Ärzt:innen zurate gezogen (Leygraf, 2010). Bei der am häufigsten auftretenden infrage stehenden Vernehmungsfähigkeit, bei Alkohol- und Drogenintoxikation, -abhängigkeit und -entzug (Leygraf, 2010; Rothschild & Püschel, 2005), kann dies mitunter nicht so eindeutig bzw. einfach zu entscheiden sein. Während bei (schwerer) Intoxikation von Vernehmungsunfähigkeit ausgegangen wird (Leygraf, 2010), kann dies nicht allein an der Promillezahl festgemacht werden, da diese immer auch an die Gewöhnung geknüpft ist und bei alkoholabhängigen Personen nicht notwendigerweise die freie Willensbildung beeinträchtigt (vgl. Müller, 2021, wo entsprechende Urteile referiert werden). Entscheidend ist die *Auswirkung* der Blutalkoholkonzentration, nämlich „ob die kognitive Leistungsfähigkeit stark gemindert oder ob die selbstkritische Verhaltenskontrolle des Betroffenen derart herabgesetzt ist, dass ihn dies in seiner Aussagefreiheit erheblich beeinträchtigt“ (Leygraf, 2010, S. 618).

Während Alkoholkonsum letztlich immer mit Beeinträchtigungen der Entscheidungsfreiheit einhergeht, sind diese im Sinne einer möglichen Vernehmungsunfähigkeit nur bei erheblicher Schwere relevant – nicht, wenn lediglich die Denkfähigkeit etwas beeinträchtigt ist. Vielmehr gilt es hier als erheblich, wenn eine Person aufgrund des Substanzkonsums Einlassungen macht, die sie ansonsten nicht gemacht hätte (Rothschild, 2005). Bei Unsicherheiten im Vorfeld einer Beschuldigtenvernehmung sollten Ärzt:innen (Psychiater:innen) oder Sachverständige zur Beurteilung der Vernehmungsfähigkeit hinzugezogen werden, insbesondere zur Frage, inwieweit die freie Willensbildung der Person beeinträchtigt ist (Müller, 2021). Dies wird allerdings insbesondere bei der Beurteilung einer beginnenden Entzugssymptomatik in der Praxis als schwer umsetzbar erachtet, „weil der hierdurch bedingte zeitliche Verzug der Vernehmung zwangsläufig mit einer Verstärkung der Entzugssymptomatik und der hierdurch bedingten Beeinträchtigung verbunden wäre“ (Leygraf, 2010, S. 619). Vielmehr wird angeraten, dass wenn für eine Blutentnahme oder Prüfung der Gewahrsamsfähigkeit ohnehin Ärzt:innen zurate gezogen werden, diese auch eine Einschätzung der Vernehmungsfähigkeit abgeben zu lassen (Leygraf, 2010).

Es ist in der Phase zwischen letztem Alkoholkonsum und vollständiger Entgiftung nicht per se von Vernehmungsunfähigkeit auszugehen. Dies wird insbesondere bei akuter Entzugssymptomatik der Fall sein, wohingegen (bei Alkoholabhängigen) im subjektiven Normalzustand und bei gerade beginnendem Entzug noch Vernehmungsfähigkeit gegeben sein kann (vgl. Schöch, 2010). Sollten erfahrene Vernehmende dieses Zeitfenster für die Vernehmung nutzen, ist zur Sicherstellung der späteren Verwertbarkeit der Aussage zu empfehlen, den Zustand der tatverdächtigen Person vor, während und nach der Vernehmung genau zu dokumentieren und zudem konkret anzugeben, was zur Entscheidung für die Vernehmungsfähigkeit geführt hat (Leygraf, 2010; Müller, 2021). Das Durchführen einer Vernehmung mit einer Person im Zustand der Vernehmungsunfähigkeit ist rechtlich unzulässig, eine dennoch erzielte Aussage rechtlich unwirksam (Schöch, 2010).

Unter dem Aspekt der **Aussagetüchtigkeit sind bei vorhandener Psychopathologie** verschiedene Konstellationen denkbar (Lau et al., 2008; Volbert, 2010):

- Sie kann **dauerhaft aufgehoben** sein (d.h. eine gerichtlich verwertbare Aussage kann von der Person nicht erhalten werden)
  - *Unabhängig vom konkreten Sachverhalt*: Wenn psychopathologisch bedingte Beeinträchtigungen relevanter Aussagefähigkeiten bei vorherigen Aussagen vorliegen, die auch zukünftig nicht reversibel sind oder remittieren, insbesondere bei schweren geistigen Behinderungen und chronischen organischen Psychosen (Hirnschädigungen durch degenerative Prozesse, wie z.B. im Rahmen von Demenzen)

- *Sachverhaltsspezifisch*: Wenn zum Tat-/Ereigniszeitpunkt eine floride Psychose oder schwere akute Intoxikation (mit ensprechender resultierender Beeinträchtigung, die nicht an der reinen BAK festzumachen ist) vorlag – dann ist (auch wenn dieser Zustand beim Aussagezeitpunkt abgeklungen/remittiert ist) keine unbeeinträchtige Darstellung mehr möglich und die Person somit für diese Tat als nicht aussagetüchtig anzusehen (vgl. Volbert, 2010). Unabhängig davon kann die Person aber für ein anderes Ereignis, bei dessen Erleben keine akute Symptomatik vorlag, aussagetüchtig sein.

- Sie kann demgegenüber nur **vorübergehend aufgehoben** (und somit zu einem späteren Befragungszeitpunkt wieder hergestellt) sein
  - wenn sich eine Person zwar zum Aussagezeitpunkt im Zustand florider Psychose oder massiver Intoxikation befindet (und die Kriterien der oben dargestellten Vernehmungsunfähigkeit erfüllt), jedoch zum Ereigniszeitpunkt keine aktute Symptomatik vorlag. Dann kann die Aussagetüchtigkeit bei abgeklungener (remittierter) Symptomatik wieder vollständig vorliegen (Saimeh, 2014; Volbert, 2010).
- Von **vorhandener Aussagetüchtigkeit** wiederum ist bei nicht psychotischen psychischen Störungen auszugehen, da diesen weniger kategoriale, sondern vielmehr dimensionale Veränderungen auch normalpsychologisch auftretender Wahrnehmungs- und Erlebensweisen zugrunde liegen, ohne dass gravierende kognitive Beeinträchtigungen vorliegen (Volbert, 2010).

## 11.2 Ausgewählte psychische Störungen und deren mögliche Auswirkungen auf die Aussage(tüchtigkeit) und die Vernehmung

### Störungen durch Substanzgebrauch

Störungen durch Alkoholgebrauch (ICD-11: 6C40) – sowohl im Sinne einer akuten Intoxikation (ICD-11: 6C40.3) als auch eines schädlichen Gebrauchs (ICD-11: 6C40.1) oder einer Alkoholabhängigkeit (ICD-11: 6C40.2) – können auf verschiedene Weise für die Vernehmung bzw. die Aussagekraft der Aussage eine Rolle spielen. So kommt es nicht selten vor, dass Täter:innen und/oder Opfer (z.B. Palmer, Flowe et al., 2013) (sowie weitere Tatbeteiligte oder Augenzeug:innen) zum Ereigniszeitpunkt akut intoxikiert sind, sodass sich die Frage stellt, inwiefern von den betreffenden Personen (zuverlässige) Angaben zum Ereignis gemacht werden können. Zum anderen ist es möglich, dass zu vernehmende Personen akut intoxikiert sind oder eine Abhängigkeitserkrankung unterschiedlichen Schweregrades aufweisen. Bezüglich zu vernehmender Personen unter Alkoholeinfluss oder abhängigkeitskranken Personen ist eine differenzierte Betrachtungsweise notwendig. Bei akuter Alkoholintoxikation kann es zu Beeinflussungen der Wahrnehmung, überwiegend im Sinne einer eingeengten Wahrnehmung auf bestimmte Reize, kommen, sodass weniger Details in den Aussagen zu erwarten sind. Auch können sich je nach Schweregrad der Intoxikation (und des damit einhergehenden Alkoholgehalts im Blut, der sich negativ auf die Speicherung im Langzeitgedächtnis auswirkt; vgl. Saimeh, 2014) Gedächtnislücken für bestimmte Episoden ergeben („Filmriss") (Greuel et al., 1998). Diese Informationen sind dann später nicht wiederherstellbar bzw. abrufbar, d.h. dazu können in einer Vernehmung keine Informationen gewonnen werden. Saimeh (2014) weist jedoch darauf hin, dass es bei den Angaben Beschuldigter kritisch zu würdigen sei, wenn diese zwar Angaben zum Ereignis-/tatrelevanten Zeitraum machen können, jedoch vorgeben bezüglich der tatrelevanten Aspekte aufgrund der Alkoholisierung einen „Blackout" („Filmriss") zu haben.

Bei Alkoholabhängigen muss aufgrund der Toleranzentwicklung trotz Nachweises des Alkohols im Blut nicht automatisch eine akute Intoxikation (mit daraus resultierender eingeschränkter Wahrnehmung) vorliegen, sondern es ist durchaus möglich, dass sie in ihren kognitiven Funktionen kaum oder sogar gar nicht beeinträchtigt sind (Greuel et al., 1998; Saimeh, 2014). Vielmehr ist es je nach Trinkverhalten sogar möglich, dass erst das Erreichen eines „subjektiven Normalzustands" (Saimeh, 2014, S. 275) durch Konsum einer bestimmten Menge zur Aussagetüchtigkeit führt, da anderenfalls z.B. Entzugssymptome auftreten. Das bedeutet, dass aus dem Vorliegen einer Alkoholabhängigkeit nicht geschlossen werden darf, eine Person sei nicht in der Lage, eine gerichtsverwertbare Aussage zu machen bzw. zum Erkenntnisgewinn im Rahmen eines Ermittlungsverfahrens beizutragen. Auch ist in Bezug auf mögliche Beeinträchtigungen (z.B. der Aussagetüchtigkeit von Zeug:innen) vor diesem Hintergrund weniger die reine Blutalkoholkonzentration aussagekräftig (die z.B. bei Gewohnheitstrinker:innen zur Überschätzung der resultierenden beeinträchtigten Fähigkeiten führen würde), sondern vielmehr ggf. daraus resultierende psychopathologische Beeinträchtigungen relevant (Steller & Volbert, 1997). Anhaltspunkte über Auswirkungen der Alkoholintoxikation und mögliche Beeinträchtigungen können sich aus den Angaben der Person selbst wie auch anderer Zeug:innen ergeben (vgl. Steller & Volbert, 1997). Eine entsprechende Bewertung derartiger Erkenntnisse ist jedoch nicht für die Ermittelnden, sondern vielmehr im Rahmen einer Begutachtung relevant.

Zu Wahrnehmungsveränderungen wiederum kann es bei Entzug kommen, wenn dieser aufgrund der Schwere anderer körperlicher, neurologischer und psychologischer Begleiterscheinungen für Außenstehende deutlich erkennbar ist. Fehlen derartige psychopathologische Erscheinungsbilder ist nicht von einer veränderten, sondern ebenfalls nur von einer ggf. eingeengten (auf bestimmte Details gerichteten) Wahrnehmung auszugehen (Greuel et al., 1998; Saimeh, 2014).

Langfristig verursacht chronische Alkoholabhängigkeit Schädigungen des Gehirns, die dazu führen, dass die betroffene Person nicht mehr aussagetüchtig ist. Hier sei exemplarisch das Korsakow-Syndrom angeführt, das sich in einer Merkunfähigkeit, Erinnerungsdefekten des Kurz- und Langzeitgedächtnisses, Desorientierung und Konfabulationsneigung äußert (Heilmann & Scherbaum, 2008; Saimeh, 2014). Letztere macht die Betroffenen zudem stark suggestibel, sodass sie, z.B. im Rahmen einer Vernehmung, „durch suggestive Fragen sehr leicht in alle möglichen Richtungen gelenkt werden können" (Saimeh, 2014, S. 277). Anzumerken ist zudem, dass der bei chronischem Alkoholkonsum möglicherweise auftretende Gewebeschwund (Atrophie) des Stirnhirns sich zwar bei Abstinenz zurückbilden kann, die daraus resultierenden Hirnleistungsdefizite aber auch bei Abstinenz noch Jahre später vorliegen können (z.B. Beeinträchtigungen der Konzentration und Aufmerksamkeit sowie der räumlichen Wahrnehmung). So kann es möglicherweise auch bei einer (seit Jahren) abstinenten Aussageperson zu einer reduzierten Aussagequalität kommen (Saimeh, 2014), z.B. indem aufgrund der Aufmerksamkeitsstörung nur wenige Details wahrgenommen und entsprechend erinnert werden können.

Auch bei **anderen psychotropen Substanzen** ist es wichtig zu unterscheiden, ob es sich um einmaligen, episodischen oder kontinuierlichen Konsum bzw. einen schädlichen Gebrauch oder eine Abhängigkeit handelt (Saimeh, 2014; Volbert, 2010). Auch dort führt das Vorliegen einer Abhängigkeit nicht per se zur Beeinträchtigung der Aussagetüchtigkeit, vielmehr ist auch hier der genaue Zustand zum Ereignis- und Aussagezeitpunkt bedeutsam, d.h. ob die Person etwa intoxikiert gewesen ist oder ein Entzugssyndrom vorgelegen hat (Lau et al., 2008). Wie bei Alkohol können z.B. auch Opiate und Sedativa/Barbiturate zu Wahrnehmungseinschränkungen (im Sinne einer eingeengten Wahrnehmung) führen, Halluzinogene und Kokain wiederum können zu Wahrnehmungsverzerrungen oder gar Wahrnehmungen ohne entsprechenden realen Reiz führen (Greuel et al., 1998; Lau et al., 2008; Saimeh, 2014).

### Schizophrenie

Charakteristisch für eine Schizophrenie sind nach ICD-11 (6A20) grundlegende Störungen in der Wahrnehmung (z.B. in Form von Halluzinationen), des Denkens (z.B. Wahnvorstellungen), der Selbsterfahrung (z.B. Gefühle externer Kontrolle der eigenen Gefühle, Gedanken oder des eigenen Verhaltens), der Kognition (z.B. Beeinträchtigung der Aufmerksamkeit), des Affekts (z.B. abgestumpfter Gefühlsausdruck) und des Verhaltens (z.B. bizarres Verhalten, unvorhersehbare emotionale Reaktionen) (WHO, 2019). Ist bei einem Zeugen/einer Zeugin bekannt, dass diese:r eine Schizophrenie hat, ist jedoch keinesfalls von vornherein anzuzweifeln, dass diese:r eine gerichtsverwertbare Aussage machen kann (aussagetüchtig ist). Aufgrund des sehr unterschiedlichen Verlaufs der Erkrankung, der sich z.B. in akuten Schüben mit zwischenzeitlicher Remission (ICD-11: 6A20.1)[117] oder aber auch chronisch bzw. als kontinuierliche Symptomatik (ICD-11: 6A20.2) darstellen kann, ist auch hier insbesondere die Qualität und Intensität der Symptomatik zum Erlebnis- und Aussagezeitpunkt bedeutsam (s.o.). Das heißt, eine akute Psychose (z.B. Wahnvorstellungen und Halluzinationen) – sowohl im Rahmen einer Schizophrenie, aber analog natürlich auch bei anderen psychotischen Störungen, z.B. substanzinduzierten Psychosen[118] oder einer akuten vorübergehenden psychotischen Störung (ICD-11: 6A23) – zum Erlebnis- und/oder Aussagezeitpunkt führt sehr wahrscheinlich zur Aufhebung der Aussagetüchtigkeit (und zum Aussagezeitpunkt ggf. auch zur Vernehmungsunfähigkeit). Eine schizophrene Person, die sich nicht in einer floriden (akut psychotischen) Phase befindet, kann jedoch durchaus gerichtsverwertbare Angaben machen. Das Vorliegen einer Schizophrenie führt nicht per se dazu, dass die Person in einer Vernehmung keine zuverlässige Aussage als Zeuge, Geschädigter oder Beschuldigter machen kann (Greuel et al., 1998; Lau et al., 2008). In symptomfreien Phasen oder bei Vorliegen einer Negativsymptomatik, die nicht zu grundlegenden Beeinträchtigungen der zur Aussagetüchtigkeit zählenden Kompetenzen führt (Lau et al., 2008), können Personen mit einer Schizophrenie im Ermittlungs-/Strafverfahren Angaben zur Sache machen und mit ihrer Aussage zur Sachverhaltsklärung beitragen. Auch können Personen mit einer Schizophrenie gut medikamentös eingestellt sein, sodass die Aussagetüchtigkeit dann ebenfalls nicht wesentlich eingeschränkt sein muss. Es ist dann allerdings wichtig, auch den Zustand zum Ereigniszeitpunkt genau zu rekonstruieren (was ggf. im weiteren Verlauf des Verfahrens durch Sachverständige geschehen muss).

117 D.h. ein zumindest vorübergehendes Nachlassen oder Verschwinden der Symptomatik, ohne dass die Grunderkrankung selbst (d.h. hier die Schizophrenie) geheilt ist.

118 Z.B. psychotische Störung durch Alkohol (ICD-11: 6C40.6).

## Affektive Störungen

### Manische Episode

In einer manischen Episode besteht gemäß ICD-11 (6A60.0)[119] eine stark gehobene, euphorische oder reizbare Stimmung und eine stark gesteigerte Aktivität. Betroffene Personen empfinden subjektiv ein erhöhtes Energieniveau, weisen ein vermindertes Schlafbedürfnis auf und sprechen typischerweise schnell und gedrängt. Auch schnelle Wechsel zwischen verschiedenen Stimmungszuständen zählen zu den Charakteristiken (WHO, 2019). Personen während einer manischen Episode wirken ruhelos, unruhig, hektisch und wenig zielgerichtet – „unter Strom". Weitere Symptome sind ein gesteigertes Selbstwertgefühl und Gefühle eigener Großartigkeit – die eigene Person und die eigenen Fähigkeiten werden überschätzt, bis hin zur wahnhaften Selbstüberschätzung. Die Wahrnehmung und Bewertung von Situationen ist vor dem Hintergrund der gesteigerten Stimmung verändert, die Aufmerksamkeit reduziert (Saimeh, 2014). In der Interaktion verhält sich eine Person in manischer Episode zappelig, unkonzentriert, sprachlich sind sie laut, möglicherweise unterbrechen sie das Gegenüber, sind beleidigend und konfrontierend (Meyer & Bauer, 2011). In ihrem Verhalten können sie verantwortungs- und rücksichtslos, sozial enthemmt, distanzlos und impulsiv sein (Meyer & Bauer, 2011). In diesem Zusammenhang kann auch respektloses oder überhebliches Verhalten gegenüber den Beamt:innen auftreten. Hier ist zu empfehlen, dies vor dem Hintergrund der Störung der Person zu betrachten ohne es persönlich zu nehmen oder darauf einzugehen.

Inwieweit eine Person in manischer Episode aussagetüchtig ist, hängt von den spezifischen Symptomen und deren Ausprägung (zum Ereignis- und Aussagezeitpunkt) ab (Lau et al., 2008). Im Hinblick auf Aussagen wegen möglicher Sexualdelikte kann das Vorliegen einer manischen Episode zum Tatzeitpunkt aufseiten der Belastungszeug:innen nach Saimeh (2014) zudem insofern bedeutsam sein, als dass die damit zusammenhängende sexuelle Enthemmung, das gesteigerte sexuelle Interesse und die Distanzlosigkeit von anderen ausgenutzt worden sein kann. Dabei ist auch möglich, dass das eigene (mitwirkende) Verhalten nach Abklingen der manischen Episode anders bewertet wird (Saimeh, 2014). Es kann also auch zu Umbewertungen von Sexualkontakten durch ehemals manische „Opferzeug:innen" kommen, sodass – z.B. bei bekannter bipolarer Störung – ggf. der Zustand zum Ereigniszeitpunkt genau erfragt werden sollte. Auch können im

---

119 In der ICD-11 werden manische Episoden nicht mehr als eigenständige Diagnose, sondern nur noch im Rahmen einer bipolaren Störung verschlüsselt, entweder als „Bipolare Störung Typ 1, gegenwärtig manische Episode, ohne psychotische Symptome" (6A60.0) oder mit psychotischen Symptomen (6A60.1).

Rahmen einer akuten manischen Episode von den Betroffenen Falschbeschuldigungen geäußert werden, die jedoch schon früh als solche erkennbar werden, da sie im Laufe des Ermittlungsverfahrens sehr wahrscheinlich nicht konstant berichtet (und ggf. auch nicht einmal konsistent vorgetragen) werden können (Lau et al., 2008).

Im Hinblick auf die Vernehmung Beschuldigter und die Frage nach der Vernehmungsfähigkeit wird im Zusammenhang mit manischen Episoden angeführt, dass Betroffene (je nach Symptombild und Ausprägung) möglicherweise die Bedeutsamkeit ihrer Angaben und die resultierenden Konsequenzen nicht überblicken (können). Auch können Impulsivität und Enthemmung dazu führen, dass sie Fragen vorschnell beantworten ohne darüber nachzudenken, die Vernehmung im Zuge von Grandiositätsgefühlen gar nicht ernst nehmen oder vor dem Hintergrund ihres übertriebenen Optimismus die Haltung haben, dass unabhängig davon, was sie sagen, am Ende sowieso „alles gut wird" (Edwards et al., 2021; Ventress et al., 2008).

**Depressive Störungen**

Bei depressiven Störungen (ICD-11: 6A70–73), die durch eine stark gedrückte Stimmung und Aktivitäts- und Interessenverlust gekennzeichnet sind, die von vielfältigen weiteren Symptomen begleitet werden, ist aufgrund der sehr unterschiedlichen Schweregrade und Verläufe eine individuelle Betrachtung notwendig und der Ausprägungsgrad der Symptomatik im relevanten Zeitraum (also Tat- und Aussagezeitpunkt) von Bedeutung. So können depressive Symptomatiken die Aussagetüchtigkeit beeinflussen (ohne sie automatisch vollständig aufzuheben), indem z.B. der Abruf von Informationen aus dem Gedächtnis beeinträchtigt ist (Lau et al., 2008). Während bei leichten und mittelgradigen depressiven Symptomatiken von Aussagetüchtigkeit auszugehen ist (Lau et al., 2008), kann sich dies bei schweren Ausprägungsformen anders darstellen und die Aussagetüchtigkeit vorübergehend erheblich eingeschränkt sein (vgl. Saimeh, 2014). Es sind jedoch auch andere Einflussfaktoren auf die Aussage möglich, z.B. indem diese (auf Ebene der Aussagequalität) einen reduzierten Detailreichtum aufweist (vgl. Lau et al., 2008; Saimeh, 2014). So berichten depressive Personen beim Abruf eines spezifischen Ereignisses weniger Details als nicht-depressive und machen insgesamt kürzere Angaben. Zudem enthalten ihre Aussagen weniger Glaubhaftigkeitsmerkmale als die nicht-depressiver Personen und ähnelten dadurch vielmehr deren erfundenen Aussagen (Volbert & Lau, 2013). Dies wird mit der Unspezifität des autobiografischen Gedächtnisses depressiver Personen erklärt, was in Schwierigkeiten bei der Identifikation und Beschreibung spezifischer Ereignisse resultiert und eher zu summarischen, generalisierenden Angaben führt („das war immer so und so“ anstatt „am Tag X ist das und das passiert“) (Volbert & Lau, 2013). Dies könnte sich auch dahingehend auswirken, dass es depressiven Personen schwerer fällt als nicht-depressiven, einzelne spezifische Vorfälle aus einer Reihe ähnlich ablaufender zu beschreiben (Volbert & Lau, 2013), was bei Deliktbereichen wie häuslicher Gewalt oder sexuellem Missbrauch eine große Rolle spielen könnte, bei denen die Betroffenen zudem häufiger Depressionen als Folgen entwickeln.

### Aufmerksamkeitsdefizit-/Hyperaktivitätsstörung (ADHS)

Bei der Aufmerksamkeitsdefizit-/Hyperaktivitätsstörung (ICD-11: 6A05), die zu den häufigsten psychischen Störungen im Kindes- und Jugendalter zählt, handelt es sich um eine Störung, deren Beginn gemäß ICD-11 überwiegend in der frühen bis mittleren Kindheit (vor dem 12. Lebensjahr) anzusiedeln ist, die jedoch eine hohe Stabilität und dadurch Auftretensrate im Erwachsenenalter aufweist (Döpfner et al., 2015; Petermann & Ruhl, 2011). Jungen sind deutlich häufiger betroffen als Mädchen. Zudem tritt die Störung signifikant häufiger bei Kindern aus sozial benachteiligten Familien auf (Göbel et al., 2018). Das Störungsbild äußert sich insbesondere in Aufmerksamkeitsstörungen (z.B. Schwierigkeiten, die Aufmerksamkeit für eine Aufgabe aufrecht zu erhalten; hohe Ablenkbarkeit und Nichtbeenden von Tätigkeiten und Aufgaben) und Impulsivität (d.h. unmittelbare Handlungstendenz, ohne zu überlegen oder Folgen und Konsequenzen abzuwägen). Ein weiteres Kernsymptom stellt Hyperaktivität dar (d.h. eine übermäßige motorische Aktivität und Schwierigkeit stillzuhalten, insbesondere auch in strukturierten Situationen, in denen Selbstkontrolle erforderlich wäre) (ICD-11: WHO, 2019). Betroffene verlieren schnell das Interesse an einer Tätigkeit oder Aufgabe und wechseln zu etwas anderem. Begleitend treten oft (in 30 bis 50 % der Fälle) aggressiv-dissoziale Verhaltensweisen und oppositionelle Verhaltensstörungen auf (Petermann & Ruhl, 2011).

In einer Vernehmung können diese Charakteristika der Störung relevant sein, indem die betroffene Person[120] nicht gut in der Lage ist, sich zu konzentrieren, still zu sitzen und dadurch der Vernehmungsablauf gestört wird. Möglicherweise bleibt die Person nicht ruhig auf dem Stuhl sitzen, sondern springt mehrfach auf, läuft herum, auch wenn sie explizit aufgefordert wurde, sich zu setzen und sich für einen begrenzten Zeitraum auf die Vernehmung zu konzentrieren. Eventuell sind zudem nur kurze Vernehmungen möglich und

120 Dies betrifft vor allem kindliche Aussagepersonen, da sich das Symptombild im Erwachsenenalter verändert und insbesondere die motorische Hyperaktivität und Impulsivität schon im Jugendalter zurück gehen und nicht mehr im Vordergrund stehen. Unaufmerksamkeit, mangelnde Konzentrationsfähigkeit und leichte Ablenkbarkeit bleiben demgegenüber bestehen. Zudem zählen bei Erwachsenen weitere Symptome wie Stressintoleranz und Probleme in der Affektkontrolle zum Erscheinungsbild der Störung (vgl. Schmidt et al., 2017).

müssen ggf. auf mehrere Termine verteilt werden. Möglich ist auch eine insgesamt schwierige Kommunikation, indem die Person zwar viel redet, jedoch nicht auf die ihr gestellten Fragen wartet, sondern z.B. vorschnell „losplappert“ bevor der/die Fragestellende überhaupt ausgeredet hat.

Von einer Beeinträchtigung der Aussagetüchtigkeit ist nicht auszugehen, auch Personen mit ADHS können eine gerichtsverwertbare Aussage machen, gleichwohl (z.B. durch die mangelnde Konzentrationsfähigkeit) mit Auslassungsfehlern aufgrund einer unvollständigen Wahrnehmung gerechnet werden muss (Saimeh, 2014). In der Vernehmung von Beschuldigten ist die erhöhte Anfälligkeit für falsche Geständnisse zu beachten (Gudjonsson, Sigurdsson et al., 2016; vgl. Kap. 8.6).

#### Demenz

Kennzeichnend für Demenzen (ICD-11: 6D80–85; z.B. durch Alzheimerkrankheit, zerebrovaskuläre Krankheit oder durch andere Krankheiten oder Ursachen) sind ausgeprägte Beeinträchtigungen in mindestens zwei kognitiven Bereichen. Typischerweise treten Gedächtnisstörungen auf, die sich als Abnahme der Gedächtnisleistungen darstellen (z.B. Beeinträchtigungen sowohl bei Aufnahme, Speicherung sowie Wiedergabe neuer Informationen). Weitere mögliche kognitive Beeinträchtigungen betreffen nach ICD-11 u.a. die Aufmerksamkeit, Sprache, soziale Wahrnehmung, Urteilsfähigkeit und die visuell-perzeptiven oder visuell-räumlichen Fähigkeiten. Der Verlauf ist chronisch und fortschreitend, sodass die kognitiven Einbußen immer weiter zunehmen und mit Einschränkungen in der Alltagskompetenz einhergehen. Zusätzlich können im Rahmen von Demenzen vielfältige Verhaltens- oder psychologische Störungen auftreten (ICD-11: 6D86), wie z.B. Stimmungsstörungen, Aggression, Veränderungen des Schlaf-Wach-Rhythmus oder Wahnvorstellungen (WHO, 2019).

Ob eine demenziell erkrankte Person noch in der Lage ist, im Rahmen einer Vernehmung Auskunft zu geben und z.B. zur Erhellung eines Sachverhaltes beizutragen, hängt sehr vom erreichten Demenzstadium ab. Während im fortgeschrittenen Stadium und Endstadium – von außen auch für den Laien leicht erkennbar – alle unter dem Aspekt der Aussagetüchtigkeit relevanten Aspekte (z.B. sprachliches Ausdrucksvermögen, Quellenmonitoring, Suggestionsresistenz) nicht mehr vorliegen, kann diese Feststellung ganz zu Beginn der Erkrankung ggf. nicht so leicht getroffen werden (und bedarf sachverständiger Abklärung), da sich die Symptome schleichend und zu Beginn auch nicht zeitlich überdauernd einstellen (Saimeh, 2014)[121]. Bereits im Anfangs-

121 Vor dem Hintergrund des fortschreitenden Verlaufs der Erkrankung ist es im Hinblick auf die Aussagetüchtigkeit denkbar, dass zum Ereigniszeitpunkt Aussagetüchtigkeit noch gegeben war, bei einem (zeitlich deutlich späteren) Aussagezeitpunkt jedoch nicht mehr.

stadium ist insbesondere das Gedächtnis für neuere Inhalte beeinträchtigt (Kurzzeitgedächtnis), wohingegen früher gelerntes oder frühere autobiografische Erinnerungen (Langzeitgedächtnis) erst in fortgeschrittenen Stadien vom Gedächtnisverlust betroffen sind (Hoff & Saß, 2011) und die Wahrnehmungsfähigkeit und Fähigkeit zum Erkennen und Verständnis komplexer Sachverhalte reduziert ist (Saimeh, 2014).[122] Insbesondere im Anfangsstadium der Demenz können die Betroffenen gereizt reagieren, wenn ihre zunehmenden Defizite (z.B. Erinnerungsunfähigkeit, Wortfindungsstörungen) in der Interaktion offensichtlich zutage treten, sodass hier ein sensibler Umgang mit den Betroffenen gefordert ist.

### Persönlichkeitsstörungen

Charakteristisch für eine Persönlichkeitsstörung (ICD-11: 6D10/11)[123] sind gemäß ICD-11 (WHO, 2019) Funktionsbeeinträchtigungen von Aspekten des Selbst (z.B. Identität, Selbstwert, Selbststeuerung) und/oder Störungen im interpersonellen Bereich (z.B. die Fähigkeit des Aufbaus und Aufrechterhaltens enger Beziehungen, des Einnehmens der Perspektive anderer und der Konfliktbewältigung in Beziehungen). Diese sind nicht nur kurzfristiger Natur, sondern müssen mindestens zwei Jahre bestehen und treten nicht situationsspezifisch auf, sondern in einer Vielzahl persönlicher und sozialer Situationen. Das Erscheinungsbild der Störung besteht in unflexiblen Mustern in den Bereichen Kognition, emotionales Erleben und emotionaler Ausdruck sowie des Verhaltens. Diese Reaktions- und Verhaltensmuster sind entwicklungsmäßig unangemessen und nicht kulturell erklärbar (WHO, 2019; s.a. Hauser et al., 2021). Neben einer Zuordnung des Schweregrades können besonders ausgeprägte Persönlichkeitsmerkmale (auch in Kombination) spezifiziert werden (ICD-11: 6D11). Diese betreffen negative Affektivität, Distanziertheit, Dissozialität, Enthemmung und Anankasmus (Zwanghaftigkeit). Zusätzlich wurde mit dem „Borderline-Muster" (ICD-11: 6D11.5) das Symptombild der emotional-instabilen Persönlichkeitsstörung vom Borderline-Typ der ICD-10 weitgehend beibehalten (Hauser et al., 2021). Eine Persönlichkeitsstörung führt in der Regel zu erheblichen Prob-

122 Eine gute kompakte Übersicht über die eingeschränkten Funktionen in den drei Demenzstadien findet sich bei Saimeh (2014, S. 274/275).

123 Das Konzept der Persönlichkeitsstörungen wurde in der ICD-11 grundlegend verändert, u.a. um dem dimensionalen Charakter der Persönlichkeit und der Variabilität und Heterogenität der Symptomatik stärker Rechnung zu tragen. Eine bedeutsame Änderung betrifft hier, dass das kategoriale Konzept spezifischer Persönlichkeitsstörungen (z.B. dissoziale Persönlichkeitsstörung oder paranoide Persönlichkeitsstörung) aufgegeben wurde und vielmehr auf den Schweregrad der Beeinträchtigung abgestellt wird (dazu z.B. Hauser et al., 2021). Es existiert nur noch eine übergeordnete Diagnose „Persönlichkeitsstörung" (6D10), die dann durch ausgeprägte Persönlichkeitsmerkmale oder -muster (GD11) spezifiziert werden kann (aber nicht muss).

lemen in zwischenmenschlichen Beziehungen. Auch können Charakteristika einiger Störungen (z.B. der dissozialen Persönlichkeitsstörung im kategorialen Modell der ICD-10) bzw. Persönlichkeitsmuster der ICD-11 (z.B. Dissozialität, Enthemmung, negative Affektivität, insbesondere auch in Kombination) das Begehen von (Gewalt-)Straftaten begünstigen, was sich u.a. im hohen Anteil an Persönlichkeitsstörungen unter inhaftierten Straftätern (z.B. 80 %: Dudeck et al., 2009) widerspiegelt. Vor diesem Hintergrund liegt nahe, dass Vernehmende im Rahmen von Beschuldigtenvernehmungen nicht selten auf Betroffene mit einer Persönlichkeitsstörung treffen werden.

Das „Borderline-Muster" (ehemals Borderline-Typ der emotional-instabilen Persönlichkeitsstörung der ICD-10) kann sowohl auf Beschuldigten- als auch Opferzeug:innenseite eine Rolle spielen. Kennzeichnend ist eine Instabilität zwischenmenschlicher Beziehungen, des Selbstbilds und der Affekte sowie Impulsivität (WHO, 2019). Typischerweise haben die Betroffenen eine Neigung zu massiven und wiederkehrenden Streitereien und Konflikten sowie starken Gefühlen von Wut, ohne dass sie zur Kontrolle ihres explosiven und z.T. aggressiven Verhaltens in der Lage sind, sodass sie vor allem bei Aggressions- und Bedrohungsdelikten als Täter:innen (Beschuldigte) in Erscheinung treten (Dreßing, Mokros et al., 2020).

Auch auf Opferseite kommen häufiger Borderline-Persönlichkeitsstörungen (BPS) vor (z.B. de Aquino Ferreira et al., 2018; Vanwoerden et al., 2019). Es wird zudem über eine Zunahme an Begutachtungen von Opferzeuginnen mit einer Persönlichkeitsstörung, insbesondere der BPS berichtet (Böhm & Lau, 2007; Nonhoff & Orth, 2003; Steller & Böhm, 2008). Möglicherweise prädisponieren störungsspezifische Besonderheiten – insbesondere die Neigung zu intensiven, aber unbeständigen Beziehungen und zwischenmenschlichen Krisen sowie die übermäßigen Anstrengungen, nicht verlassen zu werden – dazu, häufiger Opfer zu werden (Steller & Böhm, 2008). Als zusätzlich begünstigend wird eine Tendenz von Personen mit einer BPS „problematische Situationen aufzusuchen oder diese gar zu konfigurieren" (Steller & Böhm, 2008, S. 45) angeführt, z.B. indem sie sich in riskante Situationen begeben oder (z.B. sexuell oder körperlich) grenzverletzendes Verhalten toleriert wird. Auch können sexuelle Kontakte „der Intention der Selbstschädigung entspringen" (Saimeh, 2014, S. 291) und vor diesem Hintergrund eigeninitiativ angebahnt, dann aber nachträglich umbewertet werden (Saimeh, 2014).

Unter dem Gesichtspunkt der Aussagetüchtigkeit sind Persönlichkeitsstörungen in der Regel nicht relevant, da sie nicht mit Beeinträchtigungen kognitiver Leistungsfähigkeiten einhergehen (vgl. Greuel et al., 1998; Saimeh, 2014; Volbert, 2010). In der Fachliteratur wird unter aussagepsychologischen

Aspekten bzw. Auswirkungen auf Aussagetüchtigkeit, -qualität und -validität insbesondere auf die Borderline-Persönlichkeitsstörung Bezug genommen (z.B. Böhm & Lau, 2005; 2007; Daber & Pietrowski, 2017; Nonhoff & Orth, 2003; Rohmann, 2003; Steller & Böhm, 2008). Auch hier ist die Aussagetüchtigkeit in der Regel nicht grundlegend beeinträchtigt, zumindest wenn zu den beiden relevanten Zeitpunkten (Erlebnis- und Aussagezeitpunkt) keine psychotische oder schwere dissoziative Episode vorgelegen hat/vorliegt (Böhm & Lau, 2007). Die Fähigkeit, eine gerichtsverwertbare Aussage zu machen, liegt also in der Regel vor.

Es können sich jedoch vor dem Hintergrund der Charakteristika der Störung mögliche Besonderheiten ergeben, die sich auf die Wahrnehmung und Bewertung sozialer Situationen und eine Aussage zum Frage stehenden Sachverhalt auwirken können (diese sind aussagepsychologisch dann auf der Ebene der Aussagevalidität relevant und können diese erheblich einschränken; vgl. Greuel et al., 1998).

So zeigte sich beispielsweise in einer Studie von Daber und Pietrowski (2017), dass Zeug:innen mit einer BPS im Vergleich zu solchen ohne BPS eine signifikant niedrigere Fähigkeit zur Quellendiskrimination und zur Wirklichkeitskontrolle aufwiesen, d.h. die Abgrenzung zwischen tatsächlichen Erlebnissen und Vorstellungen, Fantasien und Träumen ist beeinträchtigter und „sie sehen selbst häufiger Schwierigkeiten zu unterscheiden, ob etwas wirklich geschehen ist, oder ob sie es sich nur eingebildet haben" (Daber & Pietrowski, 2017, S. 270), was sie anfälliger für auto- und fremdsuggestive Prozesse und die Entstehung von partiellen oder vollständigen Scheinerinnerungen macht (vgl. Steller & Böhm, 2008). Zudem resultiert die eingeschränkte Fähigkeit zur Wirklichkeitskontrolle in einer signifikant schlechteren Aussagequalität bei Zeug:innen mit einer Borderline-Persönlichkeitsstörung, da die Aussagen deutliche Konstanz- und Homogenitätsmängel aufweisen (Daber & Pietrowski, 2017). Demgegenüber verfügten einzelne Zeug:innen mit einer BPS zu intakter Wirklichkeitskontrolle und gaben konstante und homogene Aussagen ab, was nochmals unterstreicht, dass hier eine sehr individuelle Betrachtung notwendig ist (Daber & Pietrowski, 2017) und keinesfalls im Vorfeld nur qua Diagnose Kompetenzen abgesprochen werden dürfen.

In der Interaktion (z.B. in der Vernehmung) können sich die Charakteristiken der Borderline-Persönlichkeitsstörung, z.B. die Neigung zu Extremausprägungen im Erleben und Verhalten in sozialen Beziehungen, auf unterschiedliche Weise niederschlagen, z.B. auch durch eine hohe manipulative Kompetenz, Selbstinszenierung und Dramatisierung gegenüber den Interaktionspartner:innen (hier: den Vernehmenden) (vgl. Steller & Böhm, 2008). Hier ist eine professionelle Distanz gefordert, um der Aussageperson zwar empathisch zu begegnen, sich jedoch nicht emotional verstricken zu lassen. Auch kann es durch die extremen Gefühlsschwankungen und die Instabilität im Selbstbild und in der Wahrnehmung und Bewertung von Personen, Beziehungen und Situationen (was sich auch in Stimmungswechseln in der Interaktion mit den Vernehmenden äußern kann, z.B. indem von gereiztem/beleidigendem/beschimpfendem Verhalten zu devot-schmeichelndem Tenor gewechselt wird) zu Umbewertungen und Uminterpretationen sozialer Beziehungen kommen. Möglich ist in diesem Zusammenhang z.B. auch, dass ein Sexualkontakt zwar zunächst einvernehmlich stattgefunden hat, dann jedoch nachträglich als ungewollt umgedeutet (vgl. Saimeh, 2014; Steller & Böhm, 2008) und „subjektiv ein Übergriff erlebt wird" (Saimeh, 2014, S. 291), was in einer (nicht-intentional falschen) Anzeige wegen Vergewaltigung münden kann. Weitere – nicht-intentional falsche – Angaben können auch auf auto- und fremdsuggestive Prozesse (und resultierende Pseudoerinnerungen) zurückzuführen sein. Ferner sind aufgrund von Wut oder Rachegefühlen, z.B. nach Zurückweisung, vor dem Hintergrund der Störungsbesonderheiten auch intentionale Falschanzeigen möglich, aber auch durch ein Bedürfnis nach Aufmerksamkeit und Zuwendung Dritter (Steller & Böhm, 2008). Auf der anderen Seite haben Personen, insbesondere Frauen, mit einer BPS ein erhöhtes Risiko Opfer zu werden (Vanwoerden et al., 2019), sodass eine bekannte Diagnose bei den Ermittelnden keinesfalls vorschnelles Misstrauen hervorrufen sollte.

Insgesamt kann „das Muster hochgradig instabiler Beziehungen … die Beurteilung von Zeugenaussagen im Kontext der Ermittlung sexueller Gewaltdelikte" (Saimeh, 2014, S. 291) erschweren, was aber natürlich keine polizeiliche, sondern eine anspruchsvolle Aufgabe aussagepsychologischer Sachverständiger ist, deren sich Gerichte bei bekannter Störung im weiteren Verfahrensverlauf bedienen werden (BGH, Az. 5 StR 419/09 – Beschl. v. 28.10.2009; BGH, Az. 2 StR 185/10, Urt. v. 12.08.2010).

So wird – sollten sich (nach Aktenlage/auf Basis von Vorinformationen oder aber im Verlauf der Vernehmung) Anhaltspunkte auf das Vorliegen einer Borderline-Persönlichkeitsstörung ergeben – empfohlen, die Zeug:innen nach bekannten psychologischen oder psychiatrischen Diagnosen zu fragen, damit „Kenntnis darüber für zentrale Belastungszeugen schon in frühen Ermittlungsstadien vorhanden" (Steller & Böhm, 2008, S. 42) ist. Hinweise könnten sich z.B. durch die Angaben anderer vernommener Zeug:innen über wiederkehrende massive Wutausbrüche, extreme Impulsivität, massive emotionale Reaktionen und Schwankungen in Paarbeziehungen, aber auch (mehrfache) Einweisungen wegen Suizidversuchen (in Kombination mit weiteren charakteristischen Auffälligkeiten), selbstschädigendes/-verletzendes Verhalten oder mehrfache Polizeieinsätze wegen eskalierter Beziehungskonflikte sein. Die

Kenntnis einer möglichen Diagnose kann für den weiteren Verfahrensverlauf (z.B. Notwendigkeit der Einholung eines Sachverständigengutachtens) von Bedeutung sein und (spätestens im Rahmen einer aussagepsychologischen Begutachtung) Anlass für entsprechende zu prüfende Hypothesen sein (vgl. Steller & Böhm, 2008). Keinesfalls darf dies jedoch zu einem Glaubwürdigkeitsentzug aufseiten der Vernehmenden führen, vielmehr kann die Information über das Vorliegen einer entsprechenden Störung helfen, das Verhalten der Aussageperson in der Vernehmungssituation besser einordnen zu können. Bei Unsicherheiten ist es ratsam, im Vorfeld fachkundige Beratung und Unterstützung (z.B. von in der Einsatz- und Ermittlungsunterstützung tätigen Polizeipsycholog:innen) zur Vorbereitung der Vernehmung einzuholen.

**Das Wichtigste in Kürze**

**Implikationen für die Vernehmung:**

- Die meisten Menschen mit psychischen Störungen können gerichtsverwertbare Aussagen machen, ggf. ist mit reduzierten Details zu rechnen.
- Einschränkungen im Sinne einer Vernehmungsunfähigkeit oder Aussageuntüchtigkeit ergeben sich vor allem bei schweren akuten Intoxikationen (Alkohol, Drogen oder Medikamente), Entzugssymptomatiken, akuten Psychosen oder schweren/weit fortgeschrittenen Demenzerkrankungen.
- Personen mit psychischen Störungen, z.B. einer Borderline-Persönlichkeitsstörung oder Alkoholabhängigkeit, haben ein erhöhtes Viktimisierungsrisiko, d.h. sie treten ggf. häufiger als Zeug:innen in Erscheinung.
- Wichtig kann es sein, störungsspezifische Besonderheiten zu berücksichtigen, um die Vernehmung günstig zu beeinflussen und vor allem eine ggf. erhöhte Suggestionsanfälligkeit zu beachten.
- Keinesfalls darf aus dem Vorliegen einer psychischen Störung Rückschluss auf eine mangelnde Glaubwürdigkeit der Person gezogen werden. Wichtig ist es, auch bei einer bekannten psychischen Störung vorurteilsfrei an die Vernehmung heranzugehen.
- Eine Beurteilung der Aussage geschieht ggf. an späterer Stelle durch eine Fachperson, z.B. psychologische Sachverständige.
- Eine Alkoholintoxikation zum Tatzeitpunkt oder eine bekannte Alkoholabhängigkeit bedeutet nicht notwendigerweise, dass die Aussage nicht zuverlässig ist, vielmehr ist genau zu prüfen, ob und ggf. welche psychopathologischen Beeinträchtigungen vorliegen.
- Bei bekannten (erheblichen) Störungen ist es ggf. hilfreich, sich bei der Vorbereitung der Vernehmung von einer Fachperson beraten zu lassen.

- Mögliches unangepasstes Verhalten der Betroffenem einem selbst in der Interaktion gegenüber sollte nicht persönlich genommen, sondern als Symptom einer psychischen Störung begriffen werden. Schwierigkeiten in der sozialen Interaktion und im Kontakt können im Rahmen vieler psychischer Störungen auftreten.
- Bei der Vernehmung von Beschuldigten mit psychischen Störungen und kognitiven Beeinträchtigungen ist deren besondere Vulnerabilität zu berücksichtigen und unbedingt darauf zu achten, dass sie ggf. angemessene Unterstützung erhalten und sie ihre Rechte verstehen und in Anspruch nehmen können.

## 11.3 Vernehmung von Menschen mit einer Störung der Intelligenzentwicklung (Intelligenzminderung)

Intelligenz ist ein vielschichtiges Konstrukt, das verschiedene Fertigkeiten und Kompetenzen umfasst, sodass sich auch Störungen der Intelligenzentwicklung (ICD-11: 6A00) sehr unterschiedlich darstellen können. Als solche werden gemäß ICD-11 eine „Gruppe ätiologisch unterschiedlicher Zustände, die während der Entwicklungsperiode entstehen und durch deutlich unterdurchschnittliche intellektuelle Leistungen und adaptives Verhalten gekennzeichnet sind, die etwa zwei oder mehr Standardabweichungen unter dem Mittelwert liegen“ (WHO, 2019[124]) bezeichnet. Der Normalbereich der Intelligenz bewegt sich zwischen 85 und 115 IQ-Punkten (d.h. eine Standardabweichung[125] über und unterhalb von einem IQ von 100). Bei einer weiteren Standardabweichung darunter d.h. in einem Intelligenzbereich von 70 bis 84 (gemessen über einen standardisierten wissenschaftlich anerkannten Intelligenztest) liegt zwar eine unterdurchschnittliche Intelligenz, jedoch keine Intelligenzminderung/geistige Behinderung im klinischen Sinne vor, sondern eine (nicht in der ICD-11 klassifizierte) Lernbehinderung (auch „niedrige Intelligenz“ genannt) (Seifert, 2020). In der ICD-11 werden bei den Störungen der Intelligenzentwicklung in Abhängigkeit des IQ-Bereichs vier Schweregrade unterschieden (Tabelle 11). Dabei wird deutlich, dass mit zunehmendem Schweregrad die eigenen Fä-

124 Deutsche Übersetzung als Entwurfsfassung verfügbar auf der Homepage des Bundesinstituts für Arzneimittel und Medizinprodukte unter https://www.bfarm.de/DE/Kodiersysteme/Klassifikationen/ICD/ICD-11/uebersetzung/_node.html;jsessionid=4CF9473F993DECC05C801C2912B57828.intranet661

125 Maß für die Streubreite der Werte eines Merkmals um dessen Mittelwert. In Bezug auf den IQ entspricht eine Standardabweichung 15 IQ-Punkte.

higkeiten zur Selbstversorgung und die Möglichkeiten einer Teilhabe am sozialen Leben deutlich abnehmen und mit einer zunehmenden Abhängigkeit von der Versorgung und Unterstützung durch andere einhergehen.

**Tabelle 11:** Schweregrade der Störungen der Intelligenzentwicklung und Beeinträchtigungen nach ICD-11 (WHO, 2019)

| **Störung der Intelligenzentwicklung (Schweregrad)** | **IQ** | **Beeinträchtigungen** |
|---|---|---|
| Leichtgradig (6A00.0) | 2 bis 3 Standardabweichungen unter dem Mittelwert (d.h. etwa 55–70) | – Schwierigkeiten beim Erwerb und Verstehen komplexer sprachlicher Konzepte und akademischer Fähigkeiten<br>– i.d.R. grundlegende Aktivitäten zur Selbstversorgung sowie häusliche und praktische Tätigkeiten möglich<br>– als Erwachsene relativ unabhängiges Leben möglich<br>– Nachgehen einer Erwerbstätigkeit möglich, möglicherweise aber angemessene Unterstützung notwendig |
| Mittelgradig (6A00.1) | 3 bis 4 Standardabweichungen unter dem Mittelwert (d.h. etwa 40–54) | – Sprache und Fähigkeit zum Erwerb akademischer Fähigkeiten sind unterschiedlich, beschränken sich im Allgemeinen aber auf Grundfertigkeiten<br>– einige beherrschen grundlegende Selbstversorgungs-, Haushalts- und praktische Tätigkeiten<br>– die meisten Betroffenen benötigen erhebliche und konsequente Unterstützung, um als Erwachsene ein unabhängiges Leben und eine Beschäftigung zu erreichen |
| Schwergradig (6A00.2) | 4 oder mehr Standardabweichungen unter dem Mittelwert (d.h. < 40) | – sehr eingeschränkte Sprache und Fähigkeit zum Erwerb akademischer Fähigkeiten<br>– auch motorische Beeinträchtigungen möglich<br>– benötigen i.d.R. tägliche Unterstützung in einer beaufsichtigten Umgebung<br>– können mit intensivem Training grundlegende Fähigkeiten zur Selbstversorgung erwerben<br>– unterscheidet sich von der tiefgreifenden Störung auf der Grundlage von Unterschieden im Anpassungsverhalten |
| Tiefgreifend (6A00.3) | 4 oder mehr Standardabweichungen unter dem Mittelwert (d.h. < 40) | – sehr eingeschränkte kommunikative Fähigkeiten<br>– eingeschränkte Fähigkeit, akademische Fähigkeiten zu erwerben, nur grundlegende konkrete Fertigkeiten<br>– können gleichzeitig motorische und sensorische Beeinträchtigungen haben<br>– benötigen in der Regel tägliche Unterstützung in einer beaufsichtigten Umgebung |

Bei diesen IQ-Grenzen handelt es sich jedoch eher um theoretische und willkürlich festgelegte Kategorisierungen. Aufgrund der nicht zuverlässigen Messbarkeit und Differenzierung von IQ-Werten unter 50 wurde auch eine Unterscheidung in lediglich leichte (IQ von 50 bis 69) und schwere Intelligenzminderung (IQ unter 50) vorgeschlagen (Deutsche Gesellschaft für Kinder und Jugendpsychiatrie, Psychosomatik und Psychotherapie, 2021). Von Personen der beiden letzten Kategorien (schwergradige und tiefgradige Störung der Intelligenzentwicklung) werden sehr wahrscheinlich keine Aussagen im Rahmen von Ermittlungs- und Strafverfahren getätigt, da die Parameter der Aussagetüchtigkeit bei ihnen so gravierend und überdauernd beeinträchtigt sind, dass keine gerichtsverwertbaren Angaben zu erwarten sind (Niehaus, 2017; Volbert & Lau, 2008). Auch als Beschuldigte von Straftaten werden sie sehr wahrscheinlich nicht in Erscheinung treten, da sie aufgrund ihrer Pflegebedürftigkeit in der Regel z.B. in Pflegeeinrichtungen untergebracht sind und kaum am sozialen/öffentlichen Leben teilnehmen (Konrad et al., 2019).

Insgesamt betrachtet weisen Personen mit Intelligenzminderungen im Vergleich zu normalintelligenten Personen ein deutlich erhöhtes Risiko auf, Opfer einer Straftat zu werden, z.B. als Kinder misshandelt zu werden (z.B. Maclean et al., 2017) oder sexuelle Übergriffe zu erleben (21–43 % vs. 13 % im Bevölkerungsdurchschnitt; Fogden et al., 2016; Schröttle et al., 2012). Als Gründe für das erhöhte sexuelle Viktimisierungsrisiko führt Niehaus (2017) deren beeinträchtigte Möglichkeiten an, einen sexuellen Übergriff erfolgreich im Vorfeld zu erkennen und abzuwehren. Diese ergeben sich insbesondere aus (zusammenfassend Niehaus, 2017, S. 431/432)

- einer unzureichenden sexuellen Aufklärung und wenig sexuellen Erfahrungen (→ erschwert Bedürfnisäußerung)
- einer unzureichenden Fähigkeit soziale Signale rechtzeitig konkret zu deuten und selbst eindeutige Signale zu setzen
- einer starken Abhängigkeit von Zuwendung durch andere Personen und einer verminderten Selbstbestimmung, was Missbrauchssituationen begünstigt
- einem geringen Selbstwertgefühl (→ erschwert Grenzsetzung).

Aus den eingeschränkten kognitiven und sprachlichen Kompetenzen resultiert zudem ein geringeres Entdeckungs- und Verurteilungsrisiko für die Täter:innen, was deren „Attraktivität“ als Opfer aus Täter:innenperspektive möglicherweise erhöht.

Aber auch als Beschuldigte bestimmter Deliktbereiche können Menschen mit intellektuellen Beeinträchtigungen überdurchschnittlich häufig in Erscheinung treten und dadurch in Kontakt mit der Polizei kommen. Während sie bei einigen Straftaten, z.B. solche, die eine gewisse strategische Planungskompetenz oder eine hohe berufliche Position erfordern (z.B. komplexe Betrugsdelikte, Wirtschaftsstraftaten) seltener auftreten, finden sich im Vergleich zur Allgemeinbevölkerung erhöhte Raten bei Delinquenzbereichen wie Diebstahl, Einbruch, Sachbeschädigung oder leichter Körperverletzung (Seifert, 2020). Als Gründe kommen auch hier die mit der intellektuellen Beeinträchtigung einhergehenden Defizite in Frage, z.B. eine leichtere Verführbarkeit zu Handlungen, deren Konsequenzen sie nicht abschätzen können (z.B. indem sie von anderen mit den riskanten, mit einem hohen Entdeckungs- oder Wiedererkennungsrisiko verbundenen Aufgaben bei der gemeinsamen Deliktbegehung betraut werden) (Niehaus, 2017).

Eine weitere Möglichkeit besteht darin, vorschnell im Rahmen der Ermittlungen zur gesuchten „Zielperson" zu werden (z.B. durch Vorurteile oder Bekanntheit als „Sonderling" des Ortes), was in Kombination mit einer darauf folgenden suggestiven Befragung die Gefahr eines falschen Geständnisses birgt (Niehaus, 2017), wie es beispielsweise im Fall des Ulvi K. geschehen ist (vgl. Kap. 8.6). Andererseits können Zahlen, die auf eine relativ erhöhte Auftretensrate als Beschuldigte hinweisen auch verzerrt sein, indem Intelligenzgeminderte eine geringere Kompetenz zur Vertuschung von Straftaten aufweisen (Seifert, 2020).

Insgesamt ist weniger die Intelligenzminderung per se Risikofaktor für das Begehen von Straftaten, sondern insbesondere dann mit einem erhöhten Delinquenzrisiko verbunden, wenn weitere, kriminologisch relevante Risikofaktoren hinzukommen (wie z.B. männliches Geschlecht, hohe psychosoziale Belastung, Arbeitslosigkeit, frühe Verhaltensauffälligkeiten und Viktimisierungen) (Seifert, 2020). Für beide Konstellationen – bei der Vernehmung von Opferzeug:innen wie auch Beschuldigten – ist es elementar, mit den Besonderheiten intelligenzgeminderter Personen vertraut zu sein, um in der Vernehmung auf diese eingehen zu können, Fehler zu vermeiden und ihnen bestmöglich dazu zu verhelfen, eine gerichtsverwertbare Aussage zu machen. Im Bereich der Beschuldigtenvernehmung verhindert eine nicht auf die spezifischen Anforderungen der Intelligenzminderung abgestellte Vernehmung zudem die Sicherung eines fairen Ermittlungsverfahrens, wie der Fall des Ulvi K. eindrücklich zeigen könnte (vgl. Kap. 8.6). Intelligenzminderungen betreffen das Allgemeinwissen, rechnerische Fähigkeiten, die Ausdrucksfähigkeit oder das Abstraktionsvermögen (z.B. Unvermögen, Pläne zu schmieden) sowie eine Verlangsamung der Informationsverarbeitung und des Abrufs von Erinnerungen. In der Interaktion kann sich dies z.B. auch darin äußern, dass die Person mehr Zeit benötigt, um auf eine Frage zu antworten oder diese inhaltlich unpassend beantwortet. Auch ist es wahrscheinlich, dass aufgrund eines eingeschränkten Begriffsverständnisses und Wortschatzes (komplexere) Fragen oder Aussagen nicht, falsch oder nur z.T. verstanden werden. Je nach Grad der Intelligenzminderung werden die Angaben der Betroffenen nur knapp, wenig detailreich und einfach strukturiert sein (vgl. Niehaus, 2017). Zudem können die Aussagen konkretistisch und detailverhaftet ausfallen, d.h. es kann zu einer Überbetonung subjektiv besonderer Einzeldetails kommen (Saimeh, 2014).

Freie Berichte von Intelligenzgeminderten sind weniger vollständig und erfordern mehr Nachfragen (Niehaus, 2017). In Kombination mit der erhöhten Suggestibilität bei Intelligenzminderung (Bruck & Melynk, 2004; Everington & Fulero, 1999; Gudjonsson & Henry, 2003; Klemfuss & Olaguez, 2020), vor allem bei geschlossenen Suggestivfragen (Bruck & Melnyk, 2004), ist die Gefahr der suggestiven Beeinflussung bei dieser Personengruppe besonders hoch, was bei der Vernehmungsgestaltung von sowohl Zeug:innen als auch Beschuldigten unbedingt berücksichtigt werden sollte. Unter geeigneten Befragungsbedingungen wiederum ist aufgrund der geringeren Fähigkeit zur Fantasiebildung mit weniger falschen Ergänzungen zu rechnen als bei Normalintelligenten (Saimeh, 2014).

Weitere vernehmungsrelevante Beeinträchtigungen in Folge von Intelligenzminderungen betreffen die geringere Aufmerksamkeitsspanne, das reduzierte verbale Kurzzeitgedächtnis und die leichtere Ablenkbarkeit, was bei der Pausengestaltung und der Dauer der Vernehmung zu beachten ist (Niehaus, 2017). Auch sollte immer nur eine einfach formulierte Frage auf einmal gestellt und keine langen Vorhalte gemacht werden und die Vernehmung in einer reizarmen Umgebung stattfinden (Niehaus, 2017). Im Rahmen der Belehrung (insbesondere als Beschuldigte) ist auf jeden Fall darauf zu achten, dass diese einfach formuliert und nicht zu lang ist sowie sichergestellt wird, dass sie von der aussagenden Person verstanden wurde. (Niehaus, 2017). Wichtig ist im Umgang mit erwachsenen intelligenzgeminderten Personen zudem, dass man sich zwar sprachlich auf sie einstellen muss (z.B. kurze und einfache Sätze), sie aber keinesfalls wie Kinder behandeln sollte (Niehaus, 2017).

Inwiefern die aus der Intelligenzminderung resultierenden Beeinträchtigungen und Defizite Einfluss auf die Aussagetüchtigkeit der Zeug:innen nehmen oder diese vollständig aufheben, bleibt eine Frage des Einzelfalls und hängt davon ab, welche Leistungsbereiche in welcher Ausprägung und Form betroffen sind (Niehaus, 2017). Grob bleibt jedoch festzuhalten, dass bei schwerer und tiefgreifender Störung der Intelligenzentwicklung (d.h. IQ-Bereich unter 40) die Aussagetüchtigkeit dauerhaft aufgehoben ist, bei mittelgradiger Störung unter geeigneten Befragungsbedingungen noch die Mindestschwelle der Aussagetüchtigkeit gegeben sein kann, bei einer leichten Störung der intellektuellen Entwicklung wiederum mit keinen gravierenden Einschränkungen der Aussagetüchtigkeit zu rechnen ist (Niehaus, 2017).

Aussagepsychologisch kommt den Befragungs- und Aussagebedingungen bei Personen mit Intelligenzminderungen eine zentrale Rolle zu – sowohl unter dem Aspekt der Aussagetüchtigkeit als auch der Aussagequalität (inwiefern ermöglichen und unterstützen diese eine möglichst detailreiche Aussage) als auch der Aussagezuverlässigkeit (insbesondere Vermeidung von Suggestionseinflüssen).

Für eine optimale Vorbereitung der Vernehmung mit einer intelligenzgeminderten Person kann es hilfreich sein, sich im Vorfeld relevante Informationen einzuholen, in welchen Bereichen genau Einschränkungen bestehen und worauf sich die Vernehmenden einstellen bzw. was sie in der Vernehmung beachten müssen. Auch kann es ratsam sein, sich dann bereits im Vorfeld fachkundige Unterstützung zu suchen, z.B. bei polizeiinternen Kriminalpsycholog:innen (in Hamburg beispielsweise beim Fachkommissariat „Kriminalpsychologische Einsatz- und Ermittlungsunterstützung"). Sind diese Möglichkeiten nicht gegeben, sollte spätestens der Erstkontakt mit der Aussageperson dazu genutzt werden, durch wenige gezielte Fragen z.B. zur Schul- und Berufsausbildung, Berufstätigkeit und Lebenssituation Anhaltspunkte zu Beeinträchtigungen und deren Ausmaß zu erhalten (Niehaus, 2017). Im weiteren Verfahrensverlauf werden bei kognitiven Einschränkungen im Rahmen von Lernbehinderungen oder Intelligenzminderung oftmals aussagepsychologische Gutachten in Auftrag gegeben (vgl. Loohs, 2013).

Im Sinne einer möglichst optimalen Befragungssituation ist entscheidend, das Bedürfnis nach Vollständigkeit nicht vorschnell vermeintlich durch eine gezielte spezifische Befragung erreichen zu wollen, sondern sich geduldig auf die Besonderheiten der Person einzulassen und durch offene Anstoßfragen immer wieder (noch so kurze) weiterführende Informationen zu erhalten. Das Einhalten der trichterförmigen Befragung (vgl. Kap. 4.3) ist hier besonders wichtig. Je nach Grad der Intelligenzminderung kann aufgrund der zunehmenden Notwendigkeit spezifischer Hinweisreize für den Abruf „der Grat zwischen Suggestion und lückenhafter Aussage sehr schmal werden" (Niehaus, 2017, S. 438).

Zur Frage, ob Intelligenzgeminderte auf Basis der damit einhergehenden Beeinträchtigungen prinzipiell in der Lage wären, eine intentionale Falschaussage zu machen, weist Niehaus (2017) darauf hin, dass dies ab mittelgradiger Intelligenzminderung nicht zu erwarten sei. Zwar können Betroffene durchaus einfache Falschbehauptungen tätigen oder spontan während der Befragung z.B. einen freiwilligen Sexualkontakt als unfreiwillig vorgeben, jedoch werden sie weder in der Lage sein, komplexere Falschaussagen zu konstruieren noch ihre Angaben im weiteren Vernehmungsverlauf an die spontan getätigten falschen Angaben anzupassen (Niehaus, 2017). Bei geringeren kognitiven Defiziten im Rahmen von Lernbehinderungen oder nur leichten Intelligenzminderungen können Personen zwar durchaus noch in der Lage sein, Angaben zu einem mehr oder weniger komplexen Ereignis zu erfinden, jedoch wird es dann spätestens an der konstanten Wiedergabe im Rahmen einer erneuten Aussage ein paar Wochen oder Monate später scheitern (Berger, 2005; Niehaus, 2017).

**Beispiel**

**Beispiel für die kurzen Passagen und die notwendigen Anschlussfragen: Aussage einer 16-jährigen Zeugin mit leichtgradiger Störung der Intelligenzentwicklung (IQ von 61)**

**V = Vernehmender, Z = Zeugin**

**V:** Wie hat das denn angefangen?

**Z:** Oh, man. Er ist bei uns eingezogen, ja denn kam er hoch, in mein Zimmer, ja furchtbar war das, ekelhaft.

**V:** Versuch mal bitte, mir das zu erzählen. Ich muss das ganz genau wissen, was passiert ist.

**Z:** Wie das angefangen hat. Er kam in mein Zimmer hoch, da haben wir ja noch in XX gewohnt, wie das angefangen hat alles. Und da kam er in mein Zimmer hoch, wir haben ja, meine Mama und X haben ja unten im Schlafzimmer gewohnt. Y, meine Schwes, meine Schwester und ich haben ja oben gewohnt, im Haus. Und da oben, mein dann meine Mama und Mama war ja nicht Zuhause, hat gemolken. Dann hat er ja Zeit gehabt.

**V:** Wann war denn das Melken?

**Z:** Ja, immer um 16 Uhr. Dann kann er ja machen, was er will. Ja und dann hatte er Feierabend, dann kann er ja nach Hause kommen. Der hat ja um 18 Uhr immer Feierabend. Und dann kam er nach Hause und Y war ja draußen noch und ich war drinne. Weil ich keine Lust hatte rauszugehen. Und dann war ich oben in meinem Zimmer und da kam er auch hoch, ja und hat das mit mir gemacht. War ich oben und hat er mein Zimmer oben abgeschlossen. Ich hatte ja einen Schlüssel, meine Schwester hat ja keinen Schlüssel. Ja und dann ja dann hat er es mit mir gemacht.

**V:** Und was ist genau passiert, als er dann ins Zimmer kam?

**Z:** Ja, er hat mich vergewaltigt.

**V:** Versuch mal bitte, mir das so genau wie möglich zu erzählen.

**Z:** Ja, wie?

**V:** Also wie das war. Er ist reingekommen, hat die Tür abgeschlossen.

**Z:** Ja.

**V:** Und dann? Was ist dann genau passiert?

**Z:** Er kam in mein Zimmer rein, er hat meine Tür abgeschlossen, ich sollte mich auf mein Sofa, auf mein Bett setzen, oh man. Okay, mein Bett setzen, oh man. Das ist voll peinlich.

**V:** Ich kann das verstehen, dass das unangenehm ist. Wir müssen das leider ganz genau durchgehen.

**Z:** Ist aber schon gut, ne. Schon gut, ne.

**V:** Lass dir Zeit.

**Z:** Okay. Ich sollte mich auf mein Bett setzen, Hose runter, alles runter, unten ausziehen. Ja und dann hat er es mit mir getan.

**V:** Was heißt mit mir getan?

**Z:** Ja, dann hat er mich vergewaltigt. Fünf Minuten war er fertig, schwuppsdiwupp war er wieder unten.

**V:** Und wie ist das genau abgelaufen, also du solltest die Hose ausziehen?

**Z:** Ja. X., zieh deine Hose aus, Unterhose aus. Hab ich gesagt: Was hast du jetzt vor? Du weiß was ich vor hab. Aber ich will das nicht. Hab ich gesagt. X., wenn du nicht willst. Aber ich will das nicht. Ich hab mich ja versucht zu wehren. Ich versuch mich immer zu wehren. Aber wenn ich das nicht zulasse, dann ist er immer so zickig den Tag.

**Das Wichtigste in Kürze**

**Implikationen für die Vernehmung:**

Erwachsene (und Kinder) mit einer Störung der Intelligenzentwicklung …

- brauchen mehr Zeit …
  - die an sie gestellten Anforderungen zu verstehen,
  - die ihnen gestellten Fragen zu begreifen,
  - über die Frage nachzudenken,
  - Informationen aus dem Gedächtnis abzurufen und
  - diese in Worte zu fassen/sprachlich auszudrücken
  - sich auf eine neue und ungewohnte Situationen sowie eine ihnen unbekannte Befragungsperson einzustellen (Milne & Bull, 1999; 2014) → Wichtig: Vermeidung von (Zeit-)Druck
- können sich schlechter über einen längeren Zeitraum konzentrieren (Milne & Bull, 2014),
- sind leichter ablenkbar und durch ungewohnte Abläufe irritierbar

- weisen eine erhöhte (interrogative) Suggestibilität auf (z.B. Bruck & Melynk, 2004; Everington & Fulero, 1999; Gudjonsson & Henry, 2003; Klemfuss & Olaguez, 2020)
- tendieren dazu, dem zuzustimmen, was Autoritätspersonen ihrer Ansicht nach erwarten oder hören wollen (Compliance) (Milne & Bull, 2014)
- sowie dazu Fragen zu bejahen (z.B. Finlay & Lyons, 2001) und Vorhaltfragen zuzustimmen (Kebbel et al., 2004; Milne & Bull, 2014)

  → Vorhaltfragen bergen die Gefahr, dass die Antwort nicht auf Erinnerungsleistung, sondern auf Compliance beruht (Milne & Bull, 2014)
- haben einen begrenzen Wortschatz und verbale Ausdrucksfähigkeiten, möglicherweise auch Schwierigkeiten, Worte auszusprechen
- haben eine geringere Abstraktionsfähigkeit und ein schlechteres Sprachverständnis

  → Überforderung in Gesprächssituationen, Begünstigung von Missverständnissen (Niehaus, 2017)

Aber:

- Im freien Bericht getätigte Aussagen sind zwar weniger vollständig, aber nicht weniger zuverlässig als bei normalintelligenten Personen!

**Was bedeutet dies konkret für die Vernehmungsgestaltung?** (nach Milne & Bull, 2014; Niehaus, 2017)

| empfehlenswert | zu vermeiden |
|---|---|
| – Schaffung einer angenehmen Atmosphäre (→ kann dazu beitragen, Suggestibilität zu reduzieren)<br>– Zeit nehmen, um Rapport herzustellen – auch, um sich auf die kommunikativen Grundvoraussetzungen besser einstellen zu können<br>– Belehrung sehr einfach und nur die relevanten Teile, Verständnissicherung (nicht nur fragen, ob es verstanden wurde, sondern dies durch Aufforderung, es noch mal in eigenen Worten wiederzugeben, aktiv prüfen)<br>– Ermutigen, bei Unverständnis nachzufragen oder um Wiederholung zu bitten<br>– Auf Normalität von „ich weiß nicht"-Antworten oder Vergessensprozessen hinweisen (ggf. wollen sie nicht zugeben, etwas nicht zu wissen) | – Ja-Nein-Fragen<br>– „Doppelfragen"<br>– Passiv-Formulierungen (z.B. „wurde Alkohol getrunken?" → „Haben X und Y Alkohol getrunken?")<br>– Abstraktionen (z.B. Oberbegriffe)<br>– Fachtermini oder Fremdwörter, komplizierte Begriffe<br>– Fragen mit begrenzten Auswahlmöglichkeiten (→ meist im Sinne der erahnten Erwartungen des Vernehmenden beantwortet)<br>– Fragewiederholungen<br>– Metaphern<br>– (Zeit-)Druck<br>– Vorformulieren oder „in den Mund legen" von Aussagen |

| empfehlenswert | zu vermeiden |
|---|---|
| – Anpassung der Vernehmung an die kommunikativen Fähigkeiten der Aussageperson:<br>– Einfache Sprache<br>– Kurze Sätze und Fragen<br>– Langsames Sprechtempo<br>– Namen konkreter Personen statt Personalpronomen<br>– Themen- oder Szenenwechsel unbedingt ankündigen<br>– offene, suggestionsfreie Befragung<br>– Abwarten von längeren Antwortphasen: Fragen, Angebote oder Instruktionen nicht zu früh abbrechen (→ verzögerte Informationsverarbeitung)<br>– Bei unverständlichen Äußerungen bitten, diese zu wiederholen oder zu erklären (nicht erraten, was gemeint sein *könnte* oder Formulierungen anbieten)<br>– Keine vorherigen Aussagen in längeren Vorhalten vortragen und nur nochmal bestätigen lassen<br>– Durch offene Anschlussfragen zur Weiterführung des freien Berichts anregen, ggf. vorher Gesagtes aufgreifen/daran anknüpfen<br>– Zeitliche Begrenzung der Vernehmung; ggf. Pausen<br>– Möglichst zeitnah zum Ereignis vernehmen<br>– Reizarme Umgebung | |

## 11.4 Vernehmung von Menschen mit Autismus-Spektrum-Störungen

Charakteristisch für Autismus-Spektrum-Störungen (ASS)[126] sind nach ICD-11 (6A02; WHO, 2019), in der sie zu den Neuroentwicklungsstörungen zählen, zeitlich überdauernde Defizite in der wechselseitigen sozialen Interaktion sowie (eindeutig untypische oder exzessive) repetitive, rigide Verhal-

126 Analog zum DSM-5 wird die Autismus-Spektrum-Störung in der ICD-11 nun dimensional erfasst und beinhaltet die vorherigen, in der ICD-10 noch separat erfassten Diagnosen Asperger-Syndrom und Autismus (Freitag, 2021).

tensmuster, Interessen oder Aktivitäten[127]. Die Störung beginnt in der Regel in der frühen Kindheit, wobei sich die Symptomatik in voller Ausprägung auch erst später zeigen kann. Sie resultiert in Beeinträchtigungen in verschiedensten Lebensbereichen (sozial, beruflich, in Bezug auf persönliche Beziehungen etc.), kann bezüglich der intellektuellen Funktionen und Sprachfähigkeiten sehr unterschiedlich ausfallen und mit oder ohne Störung der Intelligenzentwicklung und/oder Beeinträchtigung der funktionellen Sprache auftreten[128] (WHO, 2019[129]). Die Prävalenz von Autismus-Spektrum-Störungen liegt global bei etwa 1 %, wobei Jungen deutlich häufiger betroffen sind als Mädchen. Eine intellektuelle Beeinträchtigung liegt in etwa 33 % der Fälle vor (Zeidan et al., 2022[130]). Menschen mit einer ASS weisen sowohl in der Kindheit als auch im Erwachsenenalter ein erhöhtes Viktimisierungsrisiko auf, z.B. in Bezug auf Sexualdelikte, Kindesmisshandlung und Bullying (z.B. Weiss & Fardella, 2018; Trundle et al., 2022 für ein Review), so dass sie gemessen an der Prävalenzrate von ASS überproportional häufig als potenziell zu vernehmende Geschädigte in Betracht kommen. Auch als Tatverdächtige treten Menschen mit einer ASS bei einer Bandbreite an Delikten in Erscheinung, ob dies jedoch häufiger der Fall ist als bei Menschen gleichen Alters und Geschlechts ohne ASS ist aufgrund der uneinheitlichen Befundlage (resultierend aus selektiven Stichproben, methodischen Problemen und unterschiedlicher Qualität der Untersuchungen) nicht abschließend bewertbar (dazu z.B. Stiller & Niehaus, 2019; Collins et al., 2022[131]).

Für eine Vernehmung von Opfern, Zeug:innen oder Beschuldigten ist das Störungsbild unter verschiedenen Gesichtspunkten relevant. So handelt es sich bei einer Vernehmung um eine (formale) Kommunikationssituation, so dass die charakteristischen Einschränkungen hier sehr wahrscheinlich zu Tage treten werden (vgl. Stiller & Niehaus, 2019), deren mangelnde Kennt-

---

127 Aus Platzgründen kann in diesem Buch nur knapp auf das Thema eingegangen werden. Es konnten lediglich ausgewählte, besonders zentrale Aspekte und deren Relevanz für die Vernehmung behandelt werden. Zur Vertiefung bietet sich z.B. an: Johnson, J.L., Goodman, G.S. & Mundy, P.S. (Eds.). (2018). The Wiley Handbook of Memory, Autism Spectrum Disorder, and the Law.

128 Dies kann in der ICD-11 als 6A02.0 bis 6A02.5 entsprechend als Subdiagnosen kodiert werden (WHO, 2019; Freitag, 2021).

129 Deutsche Entwurfsfassung verfügbar unter: https://www.bfarm.de/DE/Kodiersysteme/Klassifikationen/ICD/ICD-11/uebersetzung/_node.html;jsessionid=8670578710690373C734AC5C3F1B95A3.intranet262 (10.07.2022)

130 Review mit großer Heterogenität der Befunde zwischen den Einzelstudien; die hier berichteten Zahlen beziehen sich auf den Median.

131 Collins et al. (2022) kommen zu dem Schluss, dass auf Basis der selektiven Stichproben die Prävalenzrate von Menschen mit einer ASS als Tatverdächtige etwas höher ist als deren Prävalenz in der Allgemeinbevölkerung, weisen aber gleichzeitig darauf hin, dass die Reliabilität dieser Aussagen aufgrund der methodischen Probleme und der Art der Stichproben (z.B. Personen, die über psychiatrische Einrichtungen rekrutiert wurden) eingeschränkt ist.

nis oder Berücksichtigung jedoch zu einer ungünstigen Behandlung Betroffener, einem ungünstigen Befragungsverhalten und nicht zuletzt zu Fehleinschätzungen führen können (Hepworth, 2017; Stiller & Niehaus, 2019).

So weisen Betroffene bedeutsame Probleme in der wechselseitigen Kommunikation sowie Besonderheiten in ihrer Denkweise auf, z.B. haben sie Schwierigkeiten mit der Perspektivübernahme und ein sehr wörtliches Begriffsverständnis (so dass sie beispielsweise keine Metaphern oder etwas „im übertragenden Sinne“ bzw. die implizite Bedeutung einer Aussage verstehen), was auch in „plump“ anmutenden oder sehr direkten Äußerungen resultieren kann (Murphy, 2018). Dadurch weisen sie – ganz unabhängig von einer begleitenden Intelligenzminderung – kognitive Besonderheiten auf, die eine gelingende soziale Interaktion erschweren und zu Missverständnissen führen können. Darüber hinaus können sie, auch wenn sie sich verbal adäquat artikulieren können, zu einem ungewöhnlichen Sprachgebrauch neigen, monoton und ohne emotionale Schwingung/Intonation sprechen (Murphy, 2018).

Für eine Vernehmung von Bedeutung sind auch Besonderheiten in der Gedächtnisleistung, die Menschen mit einer Autismus-Spektrum-Störung betreffen können: So zeigen Sie zwar oftmals keine Auffälligkeiten im semantischen Gedächtnis (z.B. gelerntes Wissen, vgl. Kap. 2.2), haben jedoch Schwierigkeiten, autobiografische Ereignisse bzw. spezifische Episoden abzurufen (Crane & Maras, 2018; Murphy, 2018), d.h. dieser für eine Vernehmung relevante Teil des autobiografischen Gedächtnisses kann in seiner Funktionsweise beeinträchtigt sein. Dies kann sich darin äußern, dass Personen mit einer ASS länger brauchen, autobiografische Erinnerungen abzurufen oder weniger (spezifische) Details zu einzelnen erlebten Ereignissen erinnern (z.B. Crane & Maras, 2018; Norris et al., 2020) und sie entsprechende Hinweisreize benötigen, um persönlich Erlebtes abzurufen (z.B. Maras et al., 2020; Norris & Maras, 2022; zum Ganzen s.a. Murphy, 2018). Betroffene weisen oftmals Schwierigkeiten mit dem freien Abruf (d.h. ohne entsprechende Hinweisreize) auf (Desaunay et al., 2020 für eine Metaanalyse), so dass die allgemein zu empfehlende offene Erzählaufforderung „Berichten Sie uns alles, was Sie wissen“ Menschen mit ASS vor erhebliche Schwierigkeiten stellen kann. Auch aus Betroffenenperspektive sind (ansonsten grundsätzlich zu empfehlende) offene Fragen für sie am schwierigsten zu beantworten (Norris et al., 2020). In Bezug auf ihre Wiedererkennungsleistungen und den gestützten Abruf weisen sie dagegen keine Beeinträchtigungen auf (Desaunay et al., 2020[132]). Eine weitere kognitive Besonderheit,

132 Es ist allerdings zu berücksichtigen, dass diese Studien oftmals mit Betroffenen des „high functioning“ Autismus, bei dem keine Intelligenzminderung vorliegt, durchgeführt wurden (z.B. Maras et al., 2014), so dass die Befunde nicht auf Menschen des gesamten Spektrums

die sich in den Aussagen von Menschen mit einer ASS widerspiegeln kann, ist eine schwache zentrale Kohärenz, d.h. ein Fokus auf Details (Detailverhaftetheit) und weniger auf den eigentlichen Kern bzw. deren Integration in einen übergeordneten Gesamtzusammenhang (z.B. Booth & Happé, 2010), was sich z.B. darin äußern kann, dass sie dazu neigen, mehr sachverhaltsirrelevante Informationen zu berichten (Murphy, 2018; Norris et al., 2020) als „normalentwickelte" Personen.

Ein weiteres mögliches Charakteristikum von Menschen mit einer ASS, das zu Schwierigkeiten in der sozialen Interaktion und zu entsprechenden Auffälligkeiten in der Aussage Betroffener führen kann, ist die oftmals defizitäre Kompetenz, den Gemütszustand anderer zu erschließen oder deren Intention oder Verhalten vorherzusagen (z.B. anhand von deren verbalen Äußerungen, Gesichtsausdruck, Verhalten oder anderer visueller Informationen) bzw. eine beeinträchtigte/fehlende „Theory of Mind" (vgl. Kap. 7.1.4) (Hepworth, 2017; Murphy, 2018; Souchay et al., 2018). Dies kann zudem dazu führen, dass neue, ungewohnte Situationen, deren Verlauf für sie unvorhersehbar ist oder die von ihren vertrauten Routinen abweichen (wie z.B. auch eine polizeiliche Vernehmung), Personen mit ASS stressen oder verunsichern. Wird dies nicht berücksichtigt, können destruktive Verhaltensweisen begünstigt werden (z.B. aggressive Reaktionen), was wiederum zu einer falschen Beurteilung der betroffenen Person führen kann (Hepworth, 2017). Hier kann es hilfreich sein, die Vernehmungssituation für die betroffene Person (unabhängig davon, ob sie als Beschuldigte oder Zeug:innen vernommen werden) möglichst vorhersehbar und klar zu gestalten, insbesondere indem zu Beginn dargelegt wird, was das Ziel der Vernehmung ist, worum es geht, wie der Ablauf ist, wie lange sie dauert und zudem konkrete Gesprächsregeln festgelegt werden (z.B. auch basale Kommunikationsregeln, wie dass jede Person ihre Redezeit bekommt, keiner den anderen unterbricht usw.; Murphy, 2018). In Bezug auf die Vernehmung von Beschuldigten mit einer ASS kann diese mangelnde Fähigkeit zur Perspektivübernahme noch unter einem anderen Gesichtspunkt sehr bedeutsam sein: So gelingt es einer experimentellen Studie zufolge (Young & Brewer, 2019) zu Unrecht Beschuldigten dadurch schlechter als Menschen ohne ASS, die Polizeibeamt:innen von ihrer Unschuld zu überzeugen und beispielsweise relevante, ihre Unschuld belegende Informationen zu identifizieren und entsprechend vorzubringen. Auch können einige möglicherweise die Ernsthaftigkeit der ihnen vorgeworfenen

autistischer Störungen generalisierbar sind (vgl. dazu auch Stiller & Niehaus, 2019). Auch hier in der Metaanalyse von Desaunay et al. (2020) beziehen sich die Aussagen auf Basis der einbezogenen Primärstudien auf Menschen mit „high functioning" Autismus ohne intellektuelle Beeinträchtigung oder bekannte komorbide Diagnose.

Tat und deren Wirkung auf das Opfer, aber auch die Implikationen ihrer eigenen Einlassungen gar nicht (in Gänze) verstehen (Richards & Milne, 2020).

In der direkten Kommunikation (z.B. auch in der Vernehmung) kann ein reduzierter (vermeidender oder nur flüchtiger) Blickkontakt auffallen (Murphy, 2018), was keinesfalls Nährboden für Fehlinterpretationen sein darf (z.B. die Person lüge, schäme sich, habe Angst oder etwas zu verbergen etc.; z.B. Krackow, 2018; Salerno-Ferraro & Schuller, 2020). Erwähnenswert und für die konkrete Vernehmungsgestaltung zu berücksichtigen ist zudem, dass Menschen mit einer ASS oftmals sensorische Auffälligkeiten aufweisen (American Psychiatric Association, 2013; Baum et al., 2015; Salerno-Ferraro & Schuller, 2020), z.B. im Sinne einer sensorischen Hyper- oder Hyposensitivität (d.h. einer Überempfindlichkeit gegenüber äußeren Reizen oder einer verminderten/fehlenden Reaktion auf Reize, wie z.B. ein reduziertes Schmerzempfinden; Baum et al., 2015). Eine sensorische Überempfindlichkeit kann sich beispielsweise dahingehend äußern, dass Betroffene schon sehr niedrigschwellige, eigentlich harmlose akustische oder visuelle Reize als störend wahrnehmen (z.B. besonders geräuschempfindlich sind), so dass eine reizarme Umgebung von hoher Relevanz ist, um Stressoren zu vermeiden, die ansonsten ggf. ebenfalls Trigger für eine aggressive Reaktion darstellen könnten (Murphy, 2018). Auch die Angaben Betroffener selbst deuten darauf hin, dass eine ungeeignete räumliche Umgebung (z.B. des Vernehmungszimmers) gepaart mit mangelnder Unterstützung und Erklärung zu emotionalem Stress und damit letztlich zu einem Abbruch der Kommunikation führen kann (Crane et al., 2016). Vor dem Hintergrund der fixierten Verhaltensmuster der Betroffenen können zudem aus jeglicher Art von Reizen im Raum Ablenkungen entstehen (z.B. sich widerspiegelndes Licht auf einem PC-Monitor, Geräusch des aufzeichnenden Tonbandgeräts, loses Kabel im Raum), die den Vernehmungsfluss stören. In solchen Fällen kann ggf. schon durch kleine Interventionen (z.B. Veränderung der Sitzordnung, so dass das lose Kabel oder der Monitor nicht mehr im Sichtfeld der Person ist) Abhilfe geschaffen werden (Richards & Milne, 2020). Wichtig ist, dass eine individuelle Lösung gesucht und die zu vernehmende Person mit ihren störungsspezifischen Besonderheiten und Bedürfnissen ernst genommen und respektiert wird.

Eine Schwierigkeit besteht darin, dass gleichwohl es so wichtig ist, über das Vorliegen einer Autismus-Spektrum-Störung Kenntnis zu haben, von Vernehmenden natürlich nicht erwartet werden kann, eine solche direkt zu erkennen. Wichtig wäre also, dass die Betroffenen (oder deren Eltern) dies bestenfalls selbst angeben, was jedoch aus Angst vor einer Stigmatisierung nicht immer passiert (Crane, 2016; Gibbs & Haas, 2020; Hepworth, 2017; Stiller &

Niehaus, 2019). Zentral ist also, dass eine Mentalität geschaffen wird, die es Betroffenen ermöglicht, sich ohne Angst vor Stigmatisierung zu offenbaren (Gibbs & Haas, 2020; Hepworth, 2017), so dass es Polizeibeamt:innen erleichtert wird, sich auf die zu vernehmende Person einzustellen und die Betroffenen auf eine verstärkte Unterstützung vertrauen können.

**Mögliche Hinweise auf das Vorliegen einer Autismus-Spektrum-Störung**

- Atypischer/vermeidender Blickkontakt
- Aversionen gegenüber Geräuschen, physischem Kontakt oder anderen Reizen
- Stereotype, repetitive motorische Bewegungen/selbststimulierendes Verhalten („Stimming"), z.B. ständige Hand- Fuß- oder Fingerbewegungen, den Körper vor und zurück schaukeln (diese stellen für die Betroffenen hilfreiche Selbstregulations- und Bewältigungsstrategien im Umgang mit intensiven Emotionen oder Gedanken dar; Kapp et al., 2019)
- Atypischer Sprachgebrauch (z.B. Stottern, Wiederholen von Worten, monotone Stimmlage)

(Salerno-Ferraro & Schuller, 2020, S. 6[133])

Wenn das Vorliegen der Störung im Vorfeld bekannt ist oder auf Basis von Hinweisen darauf weitere Informationen dazu eingeholt werden können, bietet die Phase der Vorbereitung der Vernehmung (sowohl von Beschuldigten als auch von Zeug:innen) die Möglichkeit, die Vernehmungsgestaltung bereits im Vorfeld entsprechend anzupassen (Hepworth, 2017). Dazu kann auch gehören, bei Bezugspersonen oder Betreuer:innen der betroffenen Person Informationen über konkrete Beeinträchtigungen (u.a. auch das „sensorische Profil"; Murphy, 2018, S. 314; d.h. u.a. mögliche sensorische Überempfindlichkeiten) einzuholen. Darauf basierend können dann ggf. entsprechende Anpassungen der Räumlichkeiten vorgenommen werden (Murphy, 2018) und z.B. von Polizeipsycholog:innen im Vorfeld Tipps zur konkreten Vernehmungsgestaltung erfragt werden. Sollte die Störung bekannt, jedoch kein Vorwissen über mögliche sensorische Überempfindlichkeiten oder Besonderheiten vorhanden sein, wird empfohlen die betroffene Person direkt danach zu fragen, z.B. ob es etwas gibt, das sie im Raum stört bzw. etwas verändert werden sollte, damit sie sich wohl fühlt (z.B. Nebengeräusche im Raum durch Elektrogeräte, offenes Fenster mit Außengeräuschen, Sitzabstand, grelles Licht etc.) (Murphy, 2018). Auch ist im polizeilichen Kontext zu bedenken,

133 Diese Hinweise wurden im Rahmen der Studie von Salerno-Ferraro und Schuller (2020) von den befragten Betroffenen selbst als hilfreiche Auffälligkeiten, die Polizeibeamt:innen das Erkennen einer ASS erleichtern könnten, genannt.

dass laute Geräusche wie das Martinshorn in der Umgebung für Betroffene sehr belastend sein können (Salerno-Ferraro & Schuller, 2020).

Auf Basis der bisherigen Forschung kann davon ausgegangen werden, dass in Bezug auf andere Befragtengruppen zu empfehlende Techniken wie das kognitive Interview (s. Kap. 4.5) bei Kindern und Erwachsenen mit einer ASS nicht ohne Weiteres zu empfehlen sind: So erwies sich insbesondere die (bei anderen Befragtengruppen sehr gewinnbringende) Technik der mentalen Wiederherstellung des Wahrnehmungskontextes bei Betroffenen mit einer ASS als problematisch bzw. nicht geeignet, indem sie die Anzahl richtiger Informationen nicht erhöhte, aber fehlerhafte Informationen zunahmen (Maras & Bowler, 2010; Mattison et al., 2015; 2018[134]). Auch wenn die Technik im Rahmen des Self-administered Interview (SAI, vgl. Kap. 4.5.4), d.h. im Rahmen eines eigenständig auszufüllenden schriftlichen Interviewverfahrens für Augenzeug:innen, bei dem die soziale, interaktive Komponente einer Vernehmung entsprechend wegfällt, durchgeführt wird, resultiert sie bei Menschen mit einer ASS in keiner verbesserten Erinnerungsleistung (Maras et al., 2014). Die Aufforderung im SAI, die Tatszene zu zeichnen, führte hingegen zu einer (statistisch allerdings nicht signifikanten)[135] Erhöhung richtiger (nicht aber falscher) Details (Maras et al., 2014).

Die Befunde zweier Studien von Mattison et al. (2015; 2018) an jeweils 90 Kindern ($n = 45$ Kinder mit ASS, $n = 45$ ohne ASS) deuten ebenfalls darauf hin, dass das Anfertigen einer Zeichnung des Ereignisses/der Tatsituation zur Unterstützung des freien Berichts bzw. zur mentalen Wiederherstellung des Wahrnehmungskontextes[136] für Kinder mit ASS hilfreich sein und zu ähnlich genauen Berichten wie denen normalentwickelter Kinder führen kann, ohne dass dabei fehlerhafte Angaben zunehmen. Die Autor:innen folgern daraus,

---

134 Es wird vermutet, dass dies u.a. mit dem bei Menschen mit ASS fehlenden autonoetischen Bewusstsein und der daraus resultierenden Schwierigkeit „mentaler Zeitreisen" der eigenen Person in vergangene und zukünftige Situationen zusammenhängt (zu möglichen Erklärungen ausführlich z.B. Maras et al., 2018; Richards & Milne, 2018).

135 Lediglich marginal signifikant im Vergleich zur Kontrollbedingung, in der die Tatszene (ebenfalls schriftlich) verbal beschrieben werden sollte, $p = .075$ (Maras et al., 2014, S. 697).

136 In dieser Experimentalbedingung („Sketch reinstatement of context") wurden die Kinder in der Phase des freien Berichts zunächst aufgefordert, so viel sie können aus dem zuvor gezeigten Video zu malen und – sofern sie können – währenddessen zu erzählen, was sie malen (d.h. der mentale Kontext wird hier nicht über eine verbale Instruktion, sich die Situation wieder vor Augen zu führen, sondern über das Malen hergestellt). Nach Beendigung des Malens wurden die Kinder zum freien Bericht über das Video aufgefordert („Ich habe das Video, das Du gesehen hast, nicht gesehen. Deshalb bitte ich Dich, mir alles zu berichten, was darin passiert ist. Berichte mir alles, an das Du dich erinnerst. Wichtig ist, dass Du nicht rätst, sondern nur das berichtest, an das Du dich wirklich erinnerst. Es ist in Ordnung, zu sagen, wenn Du etwas nicht weißt oder dich nicht erinnern kannst" (Mattison et al., 2018, S. 184; eigene Übersetzung).

dass dies eine für Kinder mit ASS geeignete Befragungsstrategie sein kann[137], um den freien Bericht im Kontext strafrechtlicher Ermittlungen zu unterstützen (Mattison et al., 2015). Hier sind jedoch weitere Studien notwendig, um daraus Empfehlungen für die Praxis ableiten zu können (dazu auch Malloy et al., 2018). Die Befunde deuten jedoch darauf hin, dass Kinder mit einer ASS bei „normaler" Befragungstechnik in ihrer Erinnerungsleistung zwar deutlich schlechter (im Sinne der *accuracy*, d.h. dem Verhältnis richtiger und falsch erinnerter Details) abschneiden als normalentwickelte Kinder, jedoch bei für sie geeigneten Befragungsstrategien (hier die Wiederherstellung des Wahrnehmungskontextes durch das Zeichnen des Gesehenen/Erlebten) vergleichbare Leistungen wie normalentwickelte Kinder zeigen können (Mattison et al., 2018; dazu auch Richards & Milne, 2018).

Die Befunde einer Studie von Norris et al. (2020) an Erwachsenen ($N = 60$; $n = 30$ mit einer ASS; $n = 30$ alters- und IQ-gematchte normalentwickelte Personen) deuten darauf hin, dass eine visuell-verbale Abrufhilfe (sog. „visual-verbal prompting")[138] für Menschen mit ASS eine hilfreiche Strategie sein könnte: Bei dieser Experimentalbedingung wurde zunächst die offene Frage/Erzählaufforderung präsentiert und daran direkt die verbalen Hinweisreize, Zeitpunkt, Personen, Handlungen, Ort/Setting des Geschehens und Gegenstände/Objekte, ergänzt (unterstützt durch eine visuelle Hilfe in Form einer Karte mit einem Kreisdiagramm, in dem diese „Schlagworte" nochmals visualisiert sind). Hintergrund ist, den Befragten einen Hinweis zu geben, welche Art von Informationen von Interesse sind und dadurch die für autistische Menschen schwer umsetzbare offene Aufforderung zum freien Bericht direkt im Anschluss zu konkretisieren („Erzählen Sie mir davon, wann das vorgefallen ist, über die Personen, die dabei waren, die Handlungen, die stattgefunden haben, den Ort und die Gegenstände, die da waren. Sie können diese Karte nutzen, um Ihre Antwort zu strukturieren"; Norris et al., 2020, S. 1510; eigene Übersetzung). Diese Technik zeigte sich (u.a. im Vergleich zu offenen Fragen) als überlegen, die Spezifizität der Angaben und den Anteil relevanter

137 Zwar nahmen bei Mattison et al. (2015; 2018) auch bei normalentwickelten Kindern in der Experimentalbedingung, in der das Gesehene zunächst gemalt wurde (*Sketch reinstatement of context*), Erinnerungsfehler und konfabulierte Details nicht zu, sie profitierten aber im Vergleich zu Kindern mit einer ASS weniger davon. So erscheint es unter Berücksichtigung der in Kapitel 7.2.5 diskutierten Aspekte insbesondere für Kinder mit einer ASS eine überlegenswerte Strategie zu sein. Hier ist allerdings zu berücksichtigen, dass in den hier betrachteten Studien die Abrufsituation zeitnah zum Erlebniszeitpunkt (hier: Anschauen des Videos) stattfand, also unbekannt ist, wie sich das Verhältnis richtig erinnerter Details zu Fehlern darstellt, wenn das Ereignis, wie es in der Praxis häufig der Fall sein wird, eine gewisse Zeit zurück liegt (vgl. Befunde von Salmon & Pipe, 2000; Kap. 7.2.5). Hier ist also weitere Forschung notwendig.

138 Orientiert an der „narrativen Elaboration" bzw. Bildkartenmethode (Kap. 7.2.6).

autobiografischer Erinnerungsdetails sowohl bei Menschen mit einer ASS als auch bei normalentwickelten Personen zu erhöhen. Ob sich die Methode tatsächlich (wie von den Autorinnen der Studie resümierend in Aussicht gestellt; Norris et al., 2020) als hilfreich für polizeiliche Vernehmungen erweist, wäre allerdings in weiteren Studien zu prüfen. Denn insbesondere, wenn (wie in es in der Praxis im Gegensatz zum Experiment häufiger der Fall sein wird) gar nicht klar ist, ob die aussagende Person das fragliche Ereignis überhaupt erlebt oder gesehen hat, also überhaupt etwas zu berichten hat, können über offene Erzählaufforderungen hinaus gehende, unmittelbar präsentierte Vorgaben auch problematisch sein und suggestives Potential bergen. Dies illustriert exemplarisch auch die Rückmeldung einer an der Studie von Norris et al. (2020) teilnehmenden Person (mit einer ASS), dass die visuell-verbale Abrufhilfe zwar hilfreich sei, dadurch jedoch auch Druck erzeugt werde, etwas Vollständiges zu liefern und zu jeder Kategorie etwas berichten zu müssen, weil sonst etwas fehlen würde (S. 1514).

Aufgrund der einer ASS inhärenten sozialen Kommunikationsbeeinträchtigung kann sich auch die Herstellung von Rapport, z.B. durch das Besprechen fallneutraler Themen und das Führen von „Smalltalk", zu Beginn der Vernehmung schwierig gestalten (Hepworth, 2017; Krackow, 2018) und die Betroffenen möglicherweise eher überfordern als zu ihrem Wohlbefinden beitragen (Hepworth, 2017) bzw. aufgrund des reduzierten Interesses an sozialer Interaktion auch von geringerer Relevanz sein als bei Menschen ohne ASS (Krackow, 2018). Möglicherweise könnte die Phase der Rapportherstellung mit Menschen mit einer ASS weniger in einem „Smalltalk" als vielmehr darin bestehen, sie zu ihren besonderen Präferenzen zu befragen und gemeinsam herauszufinden, wie die Vernehmungssituation so angenehm wie möglich gestaltet werden kann und worauf die vernehmende Person besonders achten sollte.

Aufgrund der großen Heterogenität der Autismus-Spektrum-Störungen und den sehr unterschiedlichen Beeinträchtigungen in den verschiedenen Bereichen (sowie möglicher komorbider weiterer Auffälligkeiten) ist immer eine sehr individuelle Betrachtung der einzelnen Person notwendig (Murphy, 2018; Salerno-Ferraro & Schuller, 2020).

Wünschenswert wäre hier, dass die Vernehmung von Betroffenen mit ASS, insbesondere von Beschuldigten, für die ein faires Ermittlungsverfahren sichergestellt werden muss, aufgrund der tiefgreifenden Defizite in der sozialen Kommunikation und den damit einhergehenden vielfältigen Möglichkeiten der Fehlinterpretation und Missverständnissen durch eine Fachperson begleitet oder zumindest von speziell geschulten Personen durchgeführt wird (Hepworth, 2017). Um den Besonderheiten der zu vernehmenden Person bestmöglich zu begegnen wäre zudem deren Begutachtung im Vorfeld bezüglich ihrer spezifischen kommunikativen und kognitiven Besonderheiten und entsprechende darauf abgestimmte Instruktionen an die Vernehmungsbeamt:innen eine empfehlenswerte Vorgehensweise (Hepworth, 2017; Murphy, 2018).

Auch vonseiten der Polizei sowie der Opfer und Beschuldigten mit ASS und deren Eltern wird eine unterstützende Vermittlungsperson als hilfreich angesehen (Crane et al., 2016; Stiller & Niehaus, 2019). Private, mit den Betroffenen vertraute Personen können zwar wertvolle Hinweise zu spezifischen Besonderheiten der Person im Vorfeld geben, aber nicht notwendigerweise diese Rolle während der Vernehmung erfüllen, u.a. da sie aufgrund ihrer eigenen Vertrautheit mit dem Kommunikationsstil der Betroffenen möglicherweise nicht immer bemerken, wenn deren Äußerungen durch die Vernehmenden nicht verstanden oder fehlinterpretiert werden (Hepworth, 2017). Bei der Vernehmung von Zeug:innen ist eine Anwesenheit privater Vertrauenspersonen auch unter aussagepsychologischen Gesichtspunkten ungünstig (Stiller & Niehaus, 2019; vgl. Kap. 5.1). In Großbritannien beispielsweise besteht die Möglichkeit, sogenannte „Registered Intermediaries", d.h. Vermittlungspersonen in Form von unparteilichen Kommunikationsspezialisten, die bei der Interaktion zwischen vulnerablen Zeug:innen und der Polizei unterstützen können, einzusetzen (Crane et al., 2016). In Deutschland könnte in Bezug auf die Vernehmung von Opfern (bei entsprechender Qualifikation hinsichtlich der besonderen Bedürfnisse von Menschen mit Beeinträchtigungen, wie Menschen mit einer ASS) möglicherweise die psychosoziale Prozessbegleitung eine geeignete Unterstützung bieten (Behrmann et al., 2022; Stiller & Niehaus, 2019). Zudem können ggf. polizeiinterne (Kriminal-)Psycholog:innen sowohl bei der Vorbereitung als auch der Durchführung der Vernehmung behilflich sein.

**Das Wichtigste in Kürze**

**Implikationen für die Vernehmung:**

- Bei bekannter Diagnose bereits im **Vorfeld Informationen** (z.B. von Betreuer:innen oder Familienmitgliedern) über **etwaige sensorische Besonderheiten** (z.B. sensorische Hypersensitivität) sowie die konkreten Beeinträchtigungen und Präferenzen der Betroffenen einholen oder die Betroffenen selbst direkt zu Beginn der Vernehmung **nach störenden räumlichen Faktoren oder Geräuschen fragen** und die Umgebung entsprechend anpassen (Murphy, 2018).
- Die **Gestaltung und ggf. Anpassung der Räumlichkeit**, in der die Vernehmung stattfindet, ist bei Menschen mit einer ASS ein bedeutsamer Faktor, dessen Nicht-Beachtung eine gelingende Interaktion nochmals erschweren bis unmöglich machen kann.

- **Erläutern der Ziele, Dauer, Struktur und des Ablaufs der Vernehmung** (inklusive basaler Kommunikationsregeln wie z.B. dass abwechselnd gesprochen wird).
- Zu Beginn auf die **Möglichkeit von Pausen** hinweisen und zeitlich mit einplanen.
- Den Betroffenen **Zeit geben zu antworten** – sie brauchen länger um Informationen zu verarbeiten und abzurufen. Das heißt, die Vernehmungen können „schleppend" laufen, es ist Geduld und ausreichend Zeit nötig. Auch kann es notwendig werden, die Vernehmung auf mehr als einen Termin zu verteilen (Murphy, 2018).
- Auf Wortwahl und Formulierungen besonders achten (z.B. keine Metaphern, keine zweideutigen Aussagen, keine sarkastischen Bemerkungen oder Fragen, **alle Äußerungen und Fragen möglichst im „wörtlichen Sinne", kurz und prägnant formulieren** (Murphy, 2018; Salerno-Ferraro & Schuller, 2020).
- Darauf achten, in einer **gleichmäßigen, ruhigen, leisen Stimme** zu sprechen und nicht die Stimme zu erheben oder die Person anzuschreien (Murphy, 2018; Salerno-Ferraro & Schuller, 2020).
- **Vermeidung jeglichen Körperkontakts** (inklusive die Hand geben zur Begrüßung) (Murphy, 2018; Salerno-Ferraro & Schuller, 2020) – es sei denn, die Person bietet eigeninitiativ die Hand an.
- Betroffene haben große **Schwierigkeiten, offene Fragen zu beantworten** und auf eine offene Erzählaufforderung einen freien Bericht zu produzieren – hier sollten die **Erwartungen an ihre freien Berichte**/ihr Antwortverhalten **entsprechend angepasst** und diese Defizite berücksichtigt werden. Es sollte jedoch nicht auf offene Fragen verzichtet werden, vielmehr ist hier besondere Unterstützung, wie ein gestützter Abruf und andere, nicht suggestive Techniken von hoher Relevanz (Krackow, 2018; Malloy et al., 2018).
- Das **kognitive Interview ist für Menschen mit einer ASS keine geeignete Interviewtechnik** (Maras & Bowler, 2010; s.a. Richards & Milne, 2018), insbesondere die (bei anderen Befragtengruppen sehr gewinnbringende) Technik der mentalen Wiederherstellung des Wahrnehmungskontextes ist für Betroffene mit einer ASS problematisch bzw. nicht geeignet, indem sie die Anzahl richtiger Informationen nicht erhöht, aber fehlerhafte Informationen zunehmen (Maras & Bowler, 2010; Maras et al., 2014; Mattison et al., 2015).
- Ein nicht Reagieren auf Fragen oder **fehlende Interaktion nicht als mangelnde Kooperationsbereitschaft missinterpretieren**, sondern berücksichtigen, dass situativer Stress, z.B. im Zusammenhang mit sensorischen Überempfindlichkeiten, die Interaktionsfähigkeit der Betroffenen nochmals erschweren kann (Salerno-Ferraro & Schuller, 2020).

- Die Person **nicht auffordern, ihre repetitiven Verhaltensweisen zu unterlassen**, ruhig auf dem Stuhl zu sitzen oder Blickkontakt herzustellen (Salerno-Ferraro & Schuller, 2020).
- Trotz der Schwierigkeiten im Abruf von autobiografischen Informationen können Menschen mit ASS relevante und zuverlässige Informationen als Zeug:innen liefern, sofern die Befragungsbedingungen adäquat gestaltet sind (und z.B. gezielt und frühzeitig ein gestützter Abruf eingesetzt wird) (Crane & Maras, 2018; Richards & Milne, 2018).
- Es sollte sichergestellt werden, dass Menschen mit einer ASS **nicht allein vernommen**, sondern eine (u.a. das Gelingen der Kommunikation) unterstützende Person anwesend ist.

## 11.5 Dokumentation psychischer Auffälligkeiten im Rahmen von Beschuldigtenvernehmungen

Ein weiterer wichtiger Aspekt der stärkeren Berücksichtigung möglicher psychischer Beeinträchtigungen und Störungen im Rahmen der Vernehmung betrifft bezüglich der **Beschuldigtenvernehmung** die gezielte Dokumentation psychischer Auffälligkeiten im Hinblick auf eine **ggf. später stattfindende Schuldfähigkeitsbegutachtung**. Sauer et al. (2022) heben auf Basis ihrer explorativen Interviewstudie mit forensischen Sachverständigen die Bedeutsamkeit der Wahrnehmungen und entsprechenden Dokumentation der ermittelnden Polizeibeamt:innen hervor, die wesentlich zeitnäher zum Tatgeschehen erfolgt als die der späteren Begutachtenden, wo solche Informationen retrospektiv erhoben werden müssen. Sie arbeiteten auf Basis ihrer Befunde konkret forensisch relevante Verhaltensweisen heraus, auf die bei der Vernehmung von psychisch auffälligen Tatverdächtigen geachtet und die möglichst detailliert dokumentiert werden sollten, um eine fundiertere Grundlage für eine etwaige spätere forensische Begutachtung zu schaffen. Diese beziehen sich auf folgende Aspekte (Sauer et al., 2022, S. 209, Tab. 3; leicht gekürzt):

- Bewegung (z.B. Psychomotorik, Feinmotorik, Stehfähigkeit, Gangart)
- Mimik/Gesichtsausdruck (Pupillen, Gesichtsfarbe)
- Sprache (z.B. lallend, klar, verwaschen, wortkarg, wahnhaft, verwirrt, suizidal, sinnvoll, zusammenhängend, sprunghaft im Denken)

- Kommunikation (z.B. Reaktion auf Aufforderungen oder Fragen, Fähigkeit auf das gesprochene Wort zu reagieren, Möglichkeit eines normalen Gesprächs, Logik der Frage-Antwortabfolge, Antwortverhalten, Antwortlatenz, Blickkontakt)
- Orientierung (z.B. zeitlich: aktuelles Datum, Wochentag, räumlich, situationsbezogen: Verständnis für die Situation, Brüche im Handlungsablauf)
- Affektivität (z.B. Wachheitsgrad, unangepasst, adäquat, euphorisch, tieftraurig, aufgekratzt, aufgebracht, erregt, angespannt, aggressiv, gelassen, ruhig, weinend, lachend)
- Einsichtsfähigkeit (z.B. Nachtatverhalten, Unrechtseinsicht, Tatbegründung).

Darüber hinaus sind Wahrnehmungen zum äußeren Eindruck der Tatverdächtigen hilfreich, d.h. es sollten Auffälligkeiten detailliert dokumentiert werden (z.B. Aspekte wie Zustand der Kleidung, Haare, Zähne, Verwahrlosung, Alkoholgeruch etc.). Ferner sollten Äußerungen des Tatverdächtigen wörtlich (als Zitate) dokumentiert werden. Beispielsweise können sich daraus ggf. Hinweise auf eine akute Psychose ergeben und dadurch (sollte sich die Dokumentation auf einen Zeitraum nah zum Tatzeitpunkt beziehen) unmittelbar relevant für die Rekonstruktion des Zustands des Betroffenen und die Frage der Schuldfähigkeit sein. Weitere wichtige zu erhebende Informationen können mit Hinblick auf eine spätere Begutachtung des Tatverdächtigen Informationen zu dessen Vorgeschichte im Rahmen von Zeugenvernehmungen und ggf. Angaben von Nachbar:innen sein (Sauer et al., 2022).

## Literatur


Abbe, A., & Brandon, S. E. (2014). Building and maintaining rapport in investigative interviews. *Police practice and research, 15*(3), 207–220. https://doi.org/10.1080/15614263.2013.827835

Alexander, K. W., Quas, J. A., Goodman, G. S., Ghetti, S., Edelstein, R. S., Redlich, A. D., Cordon, I. M., & Jones, D. P. (2005). Traumatic impact predicts long-term memory for documented child sexual abuse. *Psychological Science, 16*(1), 33–40. https://doi.org/10.1111/j.0956-7976.2005.00777.x

Alison, L. J., Alison, E., Noone, G., Elntib, S., & Christiansen, P. (2013). Why tough tactics fail and rapport gets results: Observing Rapport-Based Interpersonal Techniques (ORBIT) to generate useful information from terrorists. *Psychology, public policy, and law, 19*(4), 411–431. https://doi.org/10.1037/a0034564

Alogna, V. K., Attaya, M. K., Aucoin, P., Bahník, Š., Birch, S., Birt, A. R., ... & Zwaan, R. A. (2014). Registered replication report: Schooler and engstler-schooler (1990). *Perspectives on Psychological Science*, 9(5), 556-578.

Amado, B. G., Arce, R., & Fariña, F. (2015). Undeutsch hypothesis and Criteria Based Content Analysis: A meta-analytic review. *The European Journal of Psychology Applied to Legal Context, 7*(1), 3–12. https://doi.org/10.1016/j.ejpal.2014.11.002

Amado, B. G., Arce, R., Fariña, F., & Vilariño, M. (2016). Criteria-Based Content Analysis (CBCA) reality criteria in adults: A meta-analytic review. *International Journal of Clinical and Health Psychology, 16*(2), 201–10. https://doi.org/10.1016/j.ijchp.2016.01.002

American Psychiatric Association. (2013). *Diagnostic and statistical manual of mental disorders* (5th ed.). https://doi.org/10.1176/appi.books.9780890425596

Anastasi, J. S., & Rhodes, M. G. (2005). An own-age bias in face recognition for children and older adults. *Psychonomic Bulletin & Review, 12*(6), 1043–1047. https://doi.org/10.3758/BF03206441

Anderson, J. R. (2013). *Kognitive Psychologie* (7. Auflage). Springer VS.

Appleby, S. C., Hasel, L. E., & Kassin, S. M. (2013). Police-induced confessions: An empirical analysis of their content and impact. *Psychology, Crime & Law, 19*(2), 111–128. https://doi.org/10.1080/1068316X.2011.613389

Arndorfer, A., Malloy, L. C., & Cauffman, E. (2015). Interrogations, confessions, and adolescent offenders' perceptions of the legal system. *Law and Human Behavior, 39*(5), 503–513. https://doi.org/10.1037/lhb0000138

Arntzen, F. (1970). *Psychologie der Zeugenaussage. System der Glaubwürdigkeitsmerkmale* (1. Auflage). C.H. Beck.

Arntzen, F. (2011). *Psychologie der Zeugenaussage. System der Glaubwürdigkeitsmerkmale* (5. Auflage). C.H. Beck.

Aronson, E., Akert, R. M., & Wilson, T. D. (2014). *Sozialpsychologie* (8. Auflage). Pearson Deutschland.

Artkämper, H., Floren, T., & Schilling, K. (2021). *Vernehmungen: Taktik, Psychologie, Recht* (6. Auflage). Verlag Deutsche Polizeiliteratur.

Asch, S. E. (1946). Forming Impressions of Personality. *Journal of Abnomal and Social Psychology, 41*(3), 258–290. https://doi.org/10.1037/h0055756

Asendorpf, J. B. (2018). *Persönlichkeit: Was uns ausmacht und warum.* Springer. https://doi.org/10.1007/978-3-662-56106-5

Ask, K., & Granhag, P. A. (2005). Motivational sources of confirmation bias in criminal investigations: The need for cognitive closure. *Journal of investigative psychology and offender profiling, 2*(1), 43–63. https://doi.org/10.1002/jip.19

Atkinson, R. C., & Shiffrin, R. M. (1968). Human memory: a proposed system and its control processes. In K. W. Spence & J. T. Spence (Eds.), *The psychology of learning and motivation: Advances in research and theory* (Vol. 2, pp. 89–195). Academic Press. https://doi.org/10.1016/S0079-7421(08)60422–3

August, C. N., & Henderson, K. S. (2021). Juveniles in the interrogation room: Defense attorneys as a protective factor. *Psychology, Public Policy, and Law, 27*(2), 268–282. https://doi.org/10.1037/law0000294

Baum, S. H., Stevenson, R. A., & Wallace, M. T. (2015). Behavioral, Perceptual, and Neural Alterations in Sensory and Multisensory Function in Autism Spectrum Disorder. *Progress in Neurobiology, 134,* 140–160. https://doi.org/10.1016/j.pneurobio.2015.09.007

Beaudette, J. N., & Stewart, L. A. (2016). National Prevalence of Mental Disorders among Incoming Canadian Male Offenders. *Canadian journal of psychiatry. Revue canadienne de psychiatrie, 61*(10), 624–632. https://doi.org/10.1177/0706743716639929

Bedard-Gilligan, M., & Zoellner, L. A. (2012). Dissociation and memory fragmentation in post-traumatic stress disorder: an evaluation of the dissociative encoding hypothesis. *Memory, 20*(3), 277–299. https://doi.org/10.1080/09658211.2012.655747

Behrmann, A., Riekenbrauk, K. Stahlke, I., & Temme, G. (Eds.). (2022). *Handbuch Psychosoziale Prozessbegleitung* (1st ed.). Verlag Barbara Budrich

Benia, L. R., Hauck-Filho, N., Dillenburg, M., & Stein, L. M. (2015). The NICHD investigative interview protocol: A meta-analytic review. *Journal of Child Sexual Abuse: Research, Treatment, & Program Innovations for Victims, Survivors, & Offenders, 24*(3), 259–279. https://doi.org/10.1080/10538712.2015.1006749

Berger, O. (2005, Mai). *Aspekte der Zeugenkompetenz und Validierung der kriterienorientierten Aussageanalyse von Jugendlichen mit Intelligenzminderung. Längsschnittliche Untersuchungen zur Gedächtnisleistung und Quellendifferenzierung sowie Analyse der aussageimmanenten Qualitätsmerkmale.* [Dissertation, Universität Regensburg]. https://epub.uni-regensburg.de/10348/1/Diss-Berger_gesamt_mit_Anhang_100dpi_Version2.pdf

Bernstein, D. M., & Loftus, E. F. (2009). How to tell if a particular memory is true or false. *Perspectives on Psychological Science, 4*(4), 370–374. https://doi.org/10.1111/j.1745-6924.2009.01140.x

Berntsen, D. (2002). Tunnel memories for autobiographical events: Central details are remembered more frequently from shocking than from happy experiences. *Memory & cognition, 30*(7), 1010–1020. https://doi.org/10.3758/BF03194319

Berresheim, A., & Capellmann, M. (2013). Personen mit und ohne Aussagewiderstand: Taktische Kommunikation im Rahmen der strukturierten Vernehmung. *Kriminalistik, 67*(2), 93–99.

BGH (1996). BGH GSSt 1/96 – Beschluß vom 13.05.1996, HRRS-Datenbank, Rn. X.

Bhuptani, P. H., & Messman, T. L. (2021). Role of blame and rape-related shame in distress among rape victims. *Psychological Trauma: Theory, Research, Practice, and Policy.* Advance online publication. https://doi.org/10.1037/tra0001132

Biedermann, J., & Volbert, R. (2020). Empirische Erkenntnisse zur Reform des Sexualstrafrechts in Bezug auf die §§ 177 und 184i StGB und daraus resultierende Schlussfolgerungen für die Vernehmungsgestaltung. *Monatsschrift für Kriminologie und Strafrechtsreform, 103*(4), 250–268. https://doi.org/10.1515/mks-2020-2058

Bieneck, S., & Krahé, B. (2011). Blaming the victim and exonerating the perpetrator in cases of rape and robbery: Is there a double standard? *Journal of Interpersonal Violence, 26*(9), 1785–1797. https://doi.org/10.1177/0886260510372945

BKA (2022a). *Polizeiliche Kriminalstatistik. Opfer insgesamt nach Alter und Geschlecht* (V1.0). https://www.bka.de/DE/AktuelleInformationen/StatistikenLagebilder/PolizeilicheKriminalstatistik/PKS2021/PKSTabellen/BundOpfertabellen/bundopfertabellen.html?nn=194208

BKA (2022b). *Polizeiliche Kriminalstatistik. Übersicht Summenschlüssel* (V1.0). https://www.bka.de/DE/AktuelleInformationen/StatistikenLagebilder/PolizeilicheKriminalstatistik/PKS2021/Interpretationshilfen/interpretationshilfen.html?nn=194208

BKA (2022c). *Polizeiliche Kriminalstatistik. Opfer insgesamt nach Alter und Geschlecht – erweiterte Altersklassen* (V1.0). https://www.bka.de/DE/AktuelleInformationen/StatistikenLagebilder/PolizeilicheKriminalstatistik/PKS2021/PKSTabellen/BundOpfertabellen/bundopfertabellen.html?nn=194208

BKA (2022d). *Polizeiliche Kriminalstatistik. Tatverdächtige insgesamt nach Alter und Geschlecht* (V1.0). https://www.bka.de/DE/AktuelleInformationen/StatistikenLagebilder/PolizeilicheKriminalstatistik/PKS2021/PKSTabellen/BundTV/bundTV.html?nn=194208

Blagrove, M. (1996). Effects of length of sleep deprivation on interrogative suggestibility. *Journal of Experimental Psychology: Applied, 2*(1), 48–59. https://doi.org/10.1037/1076-898X.2.1.48

Böhm, C., & Lau, S. (2005). Persönlichkeitsstörungen: Entwicklungspsychopathologie und aussagepsychologische Beurteilung. In R. Volbert & K. P. Dahle (Hrsg.), *Entwicklungspsychologische Aspekte der Rechtspsychologie* (1. Aufl., S. 330–343). Hogrefe.

Böhm, D., & Lau, S. (2007). Borderline-Persönlichkeitsstörung und Aussagetüchtigkeit. *Forensische Psychiatrie Psychologie Kriminologie, 1*, 50–58. https://doi.org/10.1007/s11757-006-0007-3

Bollingmo, G. C., Wessel, E. O., Eilertsen, D. E., & Magnussen, S. (2008). Credibility of the Emotional Witness: A Study of Ratings by Police Investigators. *Psychology, Crime & Law, 14*, 29–40. http://dx.doi.org/10.1080/10683160701368412

Bond, C. F., & DePaulo, B. M. (2006). Accuracy of deception judgements. *Personality and Social Psychology Review, 10*(3), 214–234. https://doi.org/10.1207/s15327957pspr1003_2

Bond, C. F., & Fahey, W. E. (1987). False suspicion and the misperception of deceit. *British Journal of Social Psychology, 26*(1), 41–46. https://doi.org/10.1111/j.2044-8309.1987.tb00759.x

Booth, R. & Happé, F. (2010). „Hunting with a knife and … fork“: Examining central coherence in autism, attention deficit/hyperactivity disorder, and typical development with a linguistic task. *J Exp Child Psychol, 107*(4–5), 377–393.

Bourchier, A., & Davis, A. (2000a). Individual and developmental differences in children's understanding of the fantasy-reality distinction. *British Journal of Developmental Psychology, 18*, 353–368.

Bourchier, A., & Davis, A. (2000b). The influence of availability and affect on children's pretence. *British Journal of Developmental Psychology, 18*(1), 137–156. https://doi.org/10.1348/026151000165526

Bowen, C. J., & Howie, P. M. (2002). Context and cue cards in young children's testimony: A comparison of brief narrative elaboration and context reinstatement. *Journal of Applied Psychology, 87*(6), 1077–1085. https://doi.org/10.1037/0021-9010.87.6.1077

Bower, G. H. (1967). A Multicomponent Theory of The Memory Trace. *Psychology of Learning and Motivation, 1*, 229–325. https://doi.org/10.1016/S0079-7421(08)60515–0

Bower, G. H. (1981). Mood and memory. *American Psychologist, 36*(2), 129–148. https://doi.org/10.1037/0003-066X.36.2.129

Bower, G. H., Black, J. B. & Turner, T. J. (1979). Scripts in Memory for Text. *Cognitive Psychology, 11*, 177–220.

Bowers, J. M., & Bekerian, D. A. (1984). When will postevent information distort eyewitness testimony? *Journal of Applied Psychology, 69*(3), 466–472. https://doi.org/10.1037/0021-9010.69.3.466

Brady, M. S., Poole, D. A., Warren, A. R., & Jones, H. R. (1999). Young children's responses to yes-no-questions: Patterns and problems. *Applied Developmental Science, 3*(1), 47–57. https://doi.org/10.1207/s1532480xads0301_6

Brehm, J. W. (1966). *A theory of psychological reactance.* Academic Press.

Brennen, T., & Magnussen, S. (2020). Research on Non-verbal Signs of Lies and Deceit: A Blind Alley. *Frontiers in Psychology, 11*, 613410. https://doi.org/10.3389/fpsyg.2020.613410

Brewin, C. R., & Andrews, B. (2017). Creating Memories for False Autobiographical Events in Childhood: A Systematic Review. *Applied Cognitive Psychology*, 31(1), 2–23. https://doi.org/10.1002/acp.3220

Brockmann, C. (2008). Beschuldigtenvernehmung. In R. Volbert & M. Steller (Hrsg.), *Handbuch der Rechtspsychologie* (1. Aufl., S. 244–252). Hogrefe.

Brockmann, C., & Chedor, R. (1999). *Vernehmung: Hilfen für den Praktiker.* Verlag Deutsche Polizeiliteratur.

Brown, C. L., & Geiselman, R. E. (1990). Eyewitness testimony of mentally retarded: Effect of the cognitive interview. *Journal of Police and Criminal Psychology, 6*(2), 14–22. https://doi.org/10.1007/BF02806593

Brown, D. A. (2011). The use of supplementary techniques in forensic interviews with children. In M. E. Lamb, D. J. La Rooy, L. C. Malloy & C. Katz (Eds.), *Children's testimony: A handbook of psychological research and fo-*

*rensic practice* (2nd ed., pp. 217–249). John Wiley & Sons. https://doi.org/10.1002/9781119998495.ch12

Brown, D. A., & Pipe, M.-E. (2003a). Variations on a technique: Enhancing children's recall using narrative elaboration training. *Applied Cognitive Psychology, 17*(4), 377–399. https://doi.org/10.1002/acp.876

Brown, D. A., & Pipe, M.-E. (2003b). Individual differences in children's event memory reports and the narrative elaboration technique. *Journal of Applied Psychology, 88*(2), 195–206. https://doi.org/10.1037/0021-9010.88.2.195

Brown, R., & Kulik, J. (1977). Flashbulb memories. *Cognition, 5*, 77–93. http://dx.doi.org/10.1016/0010-0277(77)90018-X

Brubacher, S. P., Roberts, K. P., & Powell, M. (2012). Retrieval of episodic versus generic information: Does the order of recall affect the amount and accuracy of details reported by children about repeated events? *Developmental Psychology, 48*(1), 111–122. https://doi.org/10.1037/a0025864

Bruck, M., & Ceci, S. J. (1999). The Suggestibility of Children's Memory. *Annual Review of Psychology, 50*(1), 419–439. https://doi.org/10.1146/annurev.psych.50.1.419

Bruck, M., Ceci, S. J., & Melnyk, L. (1997). External and internal sources of variation in the creation of false reports in children. *Learning and Individual Differences, 9*(4), 289–316. https://doi.org/10.1016/S1041-6080(97)90011-X

Bruck, M., & Melnyk, L. (2004). Individual differences in children's suggestibility: A review and synthesis. *Applied Cognitive Psychology, 18*(8), 947–996. https://doi.org/10.1002/acp.1070

Bruck, M., Melnyk, L., & Ceci, S. J. (2000). Draw it again Sam: The effect of drawing on children's suggestibility and source monitoring ability. *Journal of Experimental Child Psychology, 77*(3), 169–196. https://doi.org/10.1006/jecp.1999.2560

Brusten, M., & Malinowski, P. (1983). Sozialpsychologie der polizeilichen Vernehmung. In F. Lösel (Hrsg.), *Kriminal-Psychologie: Grundlagen und Anwendungsbereiche* (S. 147–161). Beltz.

Bublitz, C. (2020). Gesundheit oder Glaubhaftigkeit? Auswege aus dem traumatherapeutischen Dilemma. *Ethik in der Medizin, 32*(1), 65–82. https://doi.org/10.1007/s00481-019-00560-3

Buckhout, R. (1975). Eyewitness testimony. *Jurimetrics Journal, 15*(3), 171–187. https://doi.org/10.1038/scientificamerican1274-23

Bull, R., & Milne, B. (2004). Attempts to Improve the Police Interviewing of Suspects. In G. D. Lassiter (Ed.), *Interrogations, confessions, and entrap-*

*ment* (pp. 181–196). Kluwer Academic/Plenum Publishers. https://doi.org/10.1007/978-0-387-38598-3_8

Bull, R., Paulo, R., & Albuquerque, P. (2019). The impact of the cognitive interview in the UK and recent research in Portugal. *Evidence-Based Investigative Interviewing,* 29–41. https://doi.org/10.4324/9781315160276-2

Bunce, L., & Harris, M. (2013). „He hasn't got the real toolkit!“ Young children's reasoning about real/not-real status. *Developmental psychology, 49*(8), 1494–1504. https://doi.org/10.1037/a0030608

Bundesregierung (2014). Drucksache 18/1413. Antwort der Bundesregierung auf die Kleine Anfrage der Abgeordneten Martina Renner, Wolfgang Gehrcke, Annette Groth, weiterer Abgeordneter und der Fraktion DIE LINKE. Ausbildung in und Nutzung der Reid-Methode durch deutsche Bundesbehörden. http://dip21.bundestag.de/dip21/btd/18/014/1801413.pdf

Burgoon, J. K. (2018). Microexpressions are not the best way to catch a liar. *Frontiers in psychology, 9*, 1672. https://doi.org/10.3389/fpsyg.2018.01672

Burke, A. (2007). Neutralizing cognitive bias: An invitation to prosecutors. *N.Y.U.J.L. & Liberty, 2*, 512–530.

Burt, M. R. (1980). Cultural Myths and Supports for Rape. *Journal of Personality and Social Psychology, 38*(2), 217–230. https://doi.org/10.1037/0022-3514.38.2.217

Busby Grant, J., & Suddendorf, T. (2009). Preschoolers begin to differentiate the times of events from throughout the lifespan. *European Journal of Developmental Psychology, 6*(6), 746–762. https://doi.org/10.1080/17405620802102947

Butler, S., Gross, J., & Hayne, H. (1995). The effect of drawing on memory performance in young children. *Developmental psychology, 31*(4), 597–608. https://doi.org/10.1037/0012-1649.31.4.597

Calado, B., Otgaar, H., & Muris, P. (2018). Are children better witnesses than adolescents? Developmental trends in different false memory paradigms. *Journal of Child Custody: Research, Issues, and Practices, 15*(4), 330–348. https://doi.org/10.1080/15379418.2019.1568948

Camparo, L. B., Wagner, J. T., & Saywitz, K. J. (2001). Interviewing children about real and fictitious events: Revisiting the narrative elaboration procedure. *Law and Human Behavior, 25*(1), 63–80. https://doi.org/10.1023/A:1005691926064

Canning, H. S., & Peterson, C. (2020). Encouraging more open-ended recall in child interviews. *Psychiatry, Psychology and Law, 27*(1), 81–94. https://doi.org/10.1080/13218719.2019.1687045

Caprin, C., Benedan, L., Ciaccia, D., Mazza, E., Messineo, S., & Piuri, E. (2016). True and false memories in middle childhood: the relationship with cognitive functioning. *Psychology, Crime & Law, 22*(5), 473–494, https://doi.org/10.1080/1068316X.2016.1168420

Capus, N., Stoll, M., & Vieth, M. (2014). Protokolle von Vernehmungen im Vergleich und Rezeptionswirkungen in Strafverfahren. *Zeitschrift für Rechtssoziologie, 34*(1–2), 225–252. https://doi.org/10.1515/zfrs-2014-1-212

Carlson, C. A., Pleasant, W. E., Weatherford, D. R., Carlson, M. A., & Bednarz, J. E. B. E. (2016). The weapon focus effect: Testing an extension of the un-usual-ness hypothesis. *Applied Psychology in Criminal Justice, 12*(2), 87–100.

Carrick, N., & Ramirez, M. (2012). Preschoolers' fantasy – reality distinctions of emotional events. *Journal of Experimental Child Psychology, 112*(4), 467–483. https://doi.org/10.1016/j.jecp.2012.04.010

Casey, B. J., Getz, S., & Galvan, A. (2008). The adolescent brain. *Developmental Review, 28*(1), 62–77. https://doi.org/ 10.1016/j.dr.2007.08.003

Caso, L., Palena, N., Carlessi, E., & Vrij, A. (2019). Police accuracy in truth/lie detection when judging baseline interviews. *Psychiatry, Psychology and Law, 26*(6), 841–850. https://doi.org/10.1080/13218719.2019.1642258

Ceci, S. J., & Friedman, R. D. (2000). The suggestibility of children: Scientific research and legal implications. *Cornell Law Review, 86*(1), 34–108. https://scholarship.law.cornell.edu/clr/vol86/iss1/2/

Ceci, S. J., Kulkofsky, S., Klemfuss, J. Z., Sweeney, C. D., & Bruck, M. (2007). Unwarranted assumptions about children's testimonial accuracy. *Annual Review of Clinical Psychology, 3,* 311–328. https://doi.org/10.1146/annurev.clinpsy.3.022806.091354

Chae, Y., Goodman, G. S., Eisen, M. L., & Qin, E. (2011). Event memory and suggestibility in abused and neglected children: Trauma-related psychopathology and cognitive functioning. *Journal of Experimental Child Psychology, 110*(4), 520–538. https://doi.org/10.1016/j.jecp.2011.05.006

Chein, J., Albert, D., O'Brien, L., Uckert, K., & Steinberg, L. (2011). Peers increase adolescent risk taking by enhancing activity in the brain's reward circuitry. *Developmental Science, 14*(2), 1–10. https://doi.org/10.1111/j.1467-7687.2010.01035.x

Christianson, S. A., Karlsson, I., & Persson, L. G. W. (1998). Police personnel as eyewitnesses to a violent crime. *Legal and Criminological Psychology, 3*(1), 59–72. https://doi.org/10.1111/j.2044-8333.1998.tb00351.x

Chu, J. A., Frey, L. M., Ganzel, B. L., & Matthews, J. A. (1999). Memories of Childhood Abuse: Dissociation, Amnesia, and Corroboration. *The American Journal of Psychiatry, 156*(5), 749–755. https://doi.org/10.1176/ajp.156.5.749

Clarke, C., & Milne, R. (2001). National evaluation of the PEACE Investigative Interviewing Course. PRAS, 149. Home Office.

Clemens, F., Granhag, P. A., & Strömwall, L. A. (2013). Counter-Interrogation Strategies when Anticipating Questions on Intentions. *Journal of Investigative Psychology and Offender Profiling, 10*(1), 125–138. https://doi.org/10.1002/jip.1387

Clemens, F., Knieps, M., & Tekin, S. (2020). Untapped Potential? A Survey Study with German Police Officers into Suspect Interviewing Practices and the Strategic Use of Evidence. *Journal of Forensic Psychology Research and Practice, 20*(1), 53–79. https://doi.org/10.1080/24732850.2019.1684123

Clugstone, B., Green, B., Phillips, J., Samaraweera, Z., Ceron, C., Gardner, C., Meurk, C., & Heffernan, E. (2019). Interviewing persons with mental illness charged with murder or attempted murder: a retrospective review of police interviews. *Psychiatry, Psychology and Law, 26*(6), 904–919. https://doi.org/10.1080/13218719.2019.1642260

Codina, M., Pereda, N., & Guilera, G. (2020). Lifetime Victimization and Poly-Victimization in a Sample of Adults With Intellectual Disabilities. *Journal of Interpersonal Violence, 37*(5–6), 2062–2082. https://doi.org/10.1177/0886260520936372

Cohen, J. (1988). *Statistical power analysis for the behavioral sciences* (2nd ed). L. Erlbaum Associates.

Cohn, E. S., Dupuis, E. C., & Brown, T. M. (2009). In the eye of the beholder: Do behavior and character affect victim and perpetrator responsibility for acquaintance rape? *Journal of Applied Social Psychology, 39*(7), 1513–1535. https://doi.org/10.1111/j.1559-1816.2009.00493.x

Collins, D., & Henry, L. (2016). Eyewitness recall and suggestibility in individuals with Down syndrome. *Journal of Intellectual Disability Research, 60*(12), 1227–1231. https://doi.org/10.1111/jir.12310

Collins, J., Horton, K., Gale-St. Ives, E., Murphy, G., & Barnoux, M. (2022). A Systematic Review of Autistic People and the Criminal Justice System: An Update of King and Murphy (2014). *Journal of Autism and Developmental Disorders.*

Collins, K., & Carthy, N. (2019). No rapport, no comment: The relationship between rapport and communication during investigative interviews with suspects. *Journal of Investigative Psychology and Offender Profiling, 16*(1), 18–31. https://doi.org/10.1002/jip.1517

Collins, R., Lincoln, R., & Frank, M. (2005). *The need for rapport in police interviews.* Humanities & Social Sciences Papers. Bond University.

Collins, R., Lincoln, R., & Frank, M. G. (2002). The effect of rapport in forensic interviewing. *Psychiatry, psychology and law, 9*(1), 69–78. https://doi.org/10.1375/pplt.2002.9.1.69

Connolly, D. A., & Lindsay, D. S. (2001). The influence of suggestions on children's reports of a unique experience versus an instance of a repeated experience. *Applied Cognitive Psychology, 15*(2), 205–223. https://doi.org/10.1002/1099-0720(200103/04)15:2<205::AID-ACP698>3.0.CO;2-F

Convention Against Torture Initiative (2017). CTI Training Tool 1/2017: Die Untersuchende Vernehmungstechnik [Investigative Interviewing for Criminal Cases. Prepared by the Norwegian Center for Human Rights (NCHR) in cooperation with the Norwegian Police University College]. https://cti2024.org/resource/ctitraining-tool-1-2017-investigative-interviewing-for-criminalcases-german-die-untersuchende-vernehmungstechnik/

Crane, L., & Maras, K. (2018). General memory abilities for autobiographical events in adults with autism spectrum disorder. In J. L. Johnson, G. S. Goodman & P. C. Mundy (Eds.), *The Wiley handbook of memory, autism spectrum disorder, and the law* (pp. 146–178). Wiley-Blackwell.

Crane, L., Maras, K., Hawken, T., Mulcahy, S., & Memon, A. (2016). Experiences of Autism spectrum disorder and policing in England and Wales: surveying police and the autism community. *Journal of Autism And Developmental Disorders, 46*(6), 2028–2041.

Crombag, H. F. M., Wagenaar, W. A., & Van Koppen, P. J. (1996). Crashing memories and the problem of ‚source monitoring'. *Applied Cognitive Psychology, 10*(2), 95–104. https://doi.org/10.1002/acp.1779

Crossland, D., Kneller, W., & Wilcock, R. (2016). Intoxicated witnesses: Testing the validity of the Alcohol Myopia Theory. *Applied Cognitive Psychology, 30*(2), 270–281. https://doi.org/10.1002/acp.3209

Curtis, D. A. (2021). Deception detection and emotion recognition: Investigating F.A.C.E. software. *Psychotherapy Research, 31*(6), 802–816. https://doi.org/10.1080/10503307.2020.1836424

Cutler, B. L., & Penrod, S. D. (1990). Faktoren, die die Zuverlässigkeit der Personenidentifizierung beeinflussen. In G. Köhnken & S. L. Sporer (Hrsg.), *Identifizierung von Tatverdächtigen durch Augenzeugen* (S. 25–52). Verlag für Angewandte Psychologie.

Daber, B., & Pietrowsky, R. (2017). Die Fähigkeit zur Wirklichkeitskontrolle und die Aussagequalität bei Zeugen mit einer Borderline-Persönlichkeitsstörung. *Forensische Psychiatrie, Psychologie, Kriminologie, 11*(3), 265–272. https://doi.org/10.1007/s11757-017-0434-3

Dahle, K.-P. (2003). Hat der sogenannte »Lügendetektor« nach veränderter Rechtslage in Deutschland eine Zukunft? *Psychologische Rundschau, 54*(2), 103–111. https://doi.org/10.1026//0033-3042.54.2.103

Dahle, K.-P. (2005). Delinquenzverläufe über die Lebenspanne: Anwendungsperspektiven einer entwicklungspsychologischen Sichtweise. In K.-P. Dahle & R. Volbert (Hrsg.), *Entwicklungspsychologische Aspekte der Rechtspsychologie* (1. Aufl., S. 79–91). Hogrefe.

Dahle, K.-P., & Lehmann, R. (2010). Physiopsychologische Täterschaftsdiagnostik mit dem sogenannten „Lügendetektor". In J. Müller (Hrsg.), *Neurobiologie forensisch-relevanter Störungen: Grundlagen, Störungsbilder, Perspektiven* (S. 274–287). Kohlhammer.

Danby, M. C., Brubacher, S. P., Sharman, S. J., & Powell, M. B. (2017). The effects of one versus two episodically oriented practice narratives on children's reports of a repeated event. *Legal and Criminological Psychology, 22*(2), 442–454. https://doi.org/10.1111/lcrp.12110

Dando, C., Wilcock, R., & Milne, R. (2008). The cognitive interview: Inexperienced police officers' perceptions of their witness/victim interviewing practices. *Legal and Criminological Psychology, 13*(1), 59–70. https://doi.org/10.1348/135532506X162498

Davies, G., & Hine, S. (2007). Change blindness and eyewitness testimony. *The Journal of Psychology, 141*(4), 423–434. https://doi.org/10.3200/JRLP.141.4.423-434

Davies, M., Smith, R., & Rogers, P. (2009). Police perceptions of rape as a function of victim gender and sexuality. *Police Journal, 82*, 4–12. https://doi.org/10.1350/pojo.2009.82.1.466

Davis, M. R., McMahon, M., & Greenwood, K. M. (2005). The efficacy of mnemonic components of the cognitive interview: Towards a shortened variant for time-critical investigations. *Applied Cognitive Psychology, 19*(1), 75–93. https://doi.org/10.1002/acp.1048

Davison, S. E., & Forshaw, D. M. (1993). Retracted confessions: through opiate withdrawal to a new conceptual framework. *Medicine, Science and the Law, 33*(4), 285–290. https://doi.org/10.1177/002580249303300403

De Aquino Ferreira, L. F., Queiroz Pereira, F. H., Neri Benevides, A., & Aguiar Melo, M. C. (2018). Borderline personality disorder and sexual abuse: A systematic review. *Psychiatry Research, 262*, 70–77. https://doi.org/10.1016/j.psychres.2018.01.043

De Lange, F. P., Heilbron, M., & Kok, P. (2018). How do expectations shape perception? *Trends in cognitive sciences, 22*(9), 764–779. https://doi.org/10.1016/j.tics.2018.06.002

De Quervain, D., Schwabe, L., & Roozendaal, B. (2017). Stress, glucocorticoids and memory: implications for treating fear-related disorders. *Nature Reviews Neuroscience, 18*(1), 7–19. https://doi.org/10.1038/nrn.2016.155

Deese, J. (1959). On the prediction of occurrence of particular verbal intrusions in immediate recall. *Journal of Experimental Psychology*, 58(1), 17–22. https://doi.org/10.1037/h0046671

Deffenbacher, K. A., Bornstein, B. H., McGorty, E. K., & Penrod, S. D. (2008). Forgetting the once-seen face: Estimating the strength of an eyewitness's memory representation. *Journal of Experimental Psychology: Applied, 14*(2), 139–150. https://doi.org/10.1037/1076-898X.14.2.139

Denkinger, B., & Kinn, M. (2018). Own-age bias and positivity effects in facial recognition. *Experimental aging research, 44*(5), 411–426. https://doi.org/10.1080/0361073X.2018.1521493

DePaulo, B. M., Lindsay, J. J., Malone, B. E., Muhlenbruck, L., Charlton, K., & Cooper, H. (2003). Cues to deception. *Psychological Bulletin, 129*(1), 74–118. https://doi.org/10.1037/0033-2909.129.1.74

Desaunay, P., Briant, A. R., Bowler, D. M., Ring, M., Gérardin, P., Baleyte, J.-M., Guénolé, F., Eustache, F., Parienti, J.-J., & Guillery-Girard, B. (2020). Memory in autism spectrum disorder: A meta-analysis of experimental studies. *Psychological Bulletin, 146(5)*, 377–410

Deslauriers-Varin, N., Lussier, P. & St-Yves, M. (2011). Confessing their Crime: Factors Influencing the Offender's Decision to Confess to the Police. *Justice Quarterly, 28*(1), 113–145. http://dx.doi.org/10.1080/07418820903218966

Deutsche Gesellschaft für Kinder und Jugendpsychiatrie, Psychosomatik und Psychotherapie (2021). *S2k Praxisleitlinie Intelligenzminderung.* https://www.awmf.org/uploads/tx_szleitlinien/028-042l_S2k_Intelligenzminderung_2021-09.pdf

Dickerson, S. S., & Kemeny, M. E. (2004). Acute stressors and cortisol responses: a theoretical integration and synthesis of laboratory research. *Psychological Bulletin, 130*(3), 335–391. https://doi.org/10.1037/0033-2909.130.3.355

Diekelmann, S. (2018). Gedächtnis. In R. Deinzer & O. von dem Knesebeck (Hrsg.), *Online Lehrbuch der Medizinischen Psychologie und Medizinischen Soziologie* (Band 1, Kapitel 2.2.4.). German Medical Science GMS Publishing House. https://doi.org/10.5680/olmps000010

Diemer, H. (2019). *Karlsruher Kommentar zur Strafprozessordnung* (8. Aufl.). BeckOnline.

Djezzar, S., Richard, N., & Deveaux, M. (2014). Epidemiology of drug-facilitated crimes and drug-facilitated sexual assaults. In P. Kintz (Ed.), *Toxicological Aspects of Drug-Facilitated Crimes* (1st ed., pp. 11–46). Academic Press. https://doi.org/10.1016/B978-0-12-416748-3.00002-5

Dölling, D., & Dreßing, H. (2018). Opferbelastungen in Ermittlungsverfahren. In U. Stein, L. Greco, C. Jäger & J. Wolter (Hrsg.), *Systematik in Strafrechtswissenschaft und Gesetzgebung, Festschrift für Klaus Rogall zum 70. Geburtstag am 10. August 2018*, (Band 330, S. 15–26). Duncker & Humblot.

Dölling, D., & Kunz, A. M. (2017). Strafaktenanalyse. In Weißer Ring (Hrsg.) *Forschungsprojekt Belastungen von Opfern in Ermittlungsverfahren*. Forschungsbericht.

Döpfner, M., Hautmann, C., Görtz-Dorten, A., Klasen, F., Ravens-Sieberer, U., & The BELLA Study Group. (2015). Long-term course of ADHD symptoms from childhood to early adulthood in a community sample. *European Child & Adolescent Psychiatry, 24*(6), 665–673. https://doi.org/10.1007/s00787-014-0634-8

Dorado, J. S., & Saywitz, K. J. (2001). Interviewing Preschoolers From Low- and Middle-SES Communities: A Test of the Narrative Elaboration Recall Improvement Technique, *Journal of Clinical Child Psychology, 30*(4), 568–580. https://doi.org/10.1207/S15374424JCCP3004_12

Dreßing, H. & Foerster, K. (2020). Forensisch-psychiatrische Untersuchung. In H. Dreßing, E. Habermeyer (Hrsg.), *Psychiatrische Begutachtung. Ein praktisches Handbuch für Ärzte und Juristen* (7. Aufl., S. 15-30). Elsevier.

Dreßing, H., Gass, P., Schultz, K., & Kuehner, C. (2020). The Prevalence and Effects of Stalking. *Deutsches Ärzteblatt international, 117*(20), 347–353. https://doi.org/10.3238/arztebl.2020.0347

Dreßing, H., Mokros, A., & Habermeyer, E. (2020). Persönlichkeitsstörungen. In H. Dreßing & E. Habermeyer (Hrsg.), *Psychiatrische Begutachtung. Ein praktisches Handbuch für Ärzte und Juristen* (7. Aufl., S. 320–335). Elsevier.

Drizin, S. A., & Leo, R. A. (2004). The problem of false confessions in the post-DNA world. *North Carolina Law Review, 82*, 891–1007. https://scholarship.law.unc.edu/nclr/vol82/iss3/3

Dudeck, M., Kopp, D., Kuwert, P., Drenkhan, K., Orlob, S., Lüth, H. J., Harald, J. F., & Spitzer, C. (2009). Die Prävalenz psychischer Erkrankungen bei Gefängnisinsassen mit Kurzzeitstrafe. Ergebnisse aus einer norddeutschen Haftanstalt. *Psychiatrische Praxis, 36*(5), 219–224. https://doi.org/10.1055/s-0028-1090217

Dworkin, E. R., (2020). Risk for mental disorders associated with sexual assault: A meta-analysis. *Trauma, Violence, & Abuse, 21*(5), 1011–1028. https://doi.org/10.1177/1524838018813198

Dworkin, E. R., Jaffe, A. E., Bedard-Gilligan, M., & Fitzpatrick, S. (2021). PTSD in the Year Following Sexual Assault: A Meta-Analysis of Prospective Studies. *Trauma, Violence & Abuse.* [epub ahead of print]. https://doi.org/10.1177/15248380211032213

Dworkin, E. R., Menon, S. V., Bystrynski, J., & Allen, N. E. (2017). Sexual assault victimization and psychopathology: A review and meta-analysis. *Clinical psychology review, 56*, 65–81. https://doi.org/10.1016/j.cpr.2017.06.002

Ebbinghaus, H. (1885). *Über das Gedächtnis: Untersuchungen zur experimentellen Psychologie.* Duncker & Humblot.

Eberle, L. (2019). Missbrauchsfall in Lügde: Polizisten wussten nicht, wie man die Opfer befragt. *Spiegel.* https://www.spiegel.de/panorama/justiz/polizeiversagen-in-luegde-ermittler-waren-nicht-ausreichend-ausgebildet-a-1261259.html

Edwards, A., Jackson, S., Rix, K., & Sethi, F. (2021). Fitness to be interviewed: Decision-making in the mental health in-patient setting. *BJPsych Advances, 27*(2), 115–125. https://doi.org/10.1192/bja.2020.49

Eher, R., Rettenberger, M., & Turner, D. (2019). The prevalence of mental disorders in incarcerated contact sexual offenders. *Acta psychiatrica Scandinavia, 139*(6), 572–581. https://doi.org/10.1111/acps.13024

Ehlers, A., Ehring, T., & Kleim, B. (2012). Information processing in posttraumatic stress disorder. In J. G. Beck & D. M. Sloan (Hrsg.) (S. 191–218), *The Oxford handbook of traumatic stress disorders.* Oxford University Press.

Ekman, P. (1985). *Telling Lies: Clues to Deceit in the Marketplace, Politics, and Marriage.* W. W. Norton & Company.

Ekman, P. (2003). Darwin, deception, and facial expression. *Annual New York Academy Science, 1000*, 205–221. https://doi.org/10.1196/annals.1280.010

Ekman, P., & Friesen, W. V. (1969). Nonverbal leakage and clues to deception. *Psychiatry, 32*(1), 88–106. https://doi.org/10.1080/00332747.1969.11023575

Ekman, P., & Friesen, W. V. (1976). Measuring facial movement. *Environmental Psychology and Nonverbal Behavior, 1*(1), 56–75. https://doi.org/10.1007/BF01115465

Ekman, P., & Friesen, W. V. (1978). *Facial Action Coding System: A technique for the measurement of facial movement.* Consulting Psychologists Press, Palo Alto.

Ekman, P., & Friesen, W.V. (2003). *Unmasking the face: A guide to recognizing emotions from facial clues*. Malor Books.

Ekman, P., Friesen, W. V., & O'Sullivan, M. (1988). Smiles when lying. *Journal of Personal and Social Psychology, 54*(3), 414–420. https://doi.org/10.1037/0022-3514.54.3.414

Ekman, P., & O'Sullivan, M. (1991). Who can catch a liar? *American Psychologist, 46*(9), 913–920. https://doi.org/10.1037/0003-066X.46.9.913

Elischberger, H. B., & Roebers, C. M. (2001). Improving young children's free narratives about an observed event: The effects of nonspecific verbal prompts. *International Journal of Behavioural Development, 25*(2), 160–166. https://doi.org/10.1080/01650250042000203

Ellgring, J. H. (2020). Nichtverbale Kommunikation, nonverbale Kommunikation. In M. A. Wirtz (Hrsg.), *Dorsch – Lexikon der Psychologie* (19., aktualisierte Auflage, S. 1249). Hogrefe.

Elsner, E., & Steffen, W. (2005). *Vergewaltigung und sexuelle Nötigung in Bayern* (1. Auflage). Bayerisches Landeskriminalamt.

Epple, F., & Schellong, J. (2018). Psychische Erste Hilfe nach sexualisierter Gewalt: Was können Ersthelfer, was können Angehörige tun? In J. Gysi & P. Rüegger (Hrsg.), *Handbuch sexualisierte Gewalt: Therapie, Prävention und Strafverfolgung* (S. 149–158). Hogrefe Verlag.

Erdmann, K., Volbert, R., & Böhm, C. (2004). Children Report Suggested Events even when Interviewed in a Non-Suggestive Manner: What are its Implications for Credibility Assessment? *Applied Cognitive Psychology, 18*(5), 589–611. https://doi.org/10.1002/acp.1012

Eschenbeck, H., & Knauf, R.-K. (2018). Entwicklungsaufgaben und ihre Bewältigung. In A. Lohaus (Hrsg.), *Entwicklungspsychologie des Jugendalters* (1. Aufl., S. 23–50). Springer.

Evans, A. D., & Lee, K. (2010). Promising to tell the truth makes 8-to 16-year-olds more honest. *Behavioral Sciences & the Law, 28*(6), 801–811. https://doi.org/10.1002/bsl.960

Evans, A. D., & Lee, K. (2013). Emergence of lying in very young children. *Developmental Psychology, 49*(10), 1958–1963. https://doi.org/10.1037/a0031409

Everington, C., & Fulero, S. M. (1999). Competence to confess: Measuring understanding and suggestibility of defendants with mental retardation. *Mental Retardation, 37*(3), 212–220. https://doi.org/10.1352/0047-6765(1999)037<0212:CTCMUA>2.0.CO;2

Fahsing, I., Rachlew, A., & May, L. (2021). Have you considered the opposite? A debiasing strategy for judgment in criminal investigation. *The Police Journal: Theory, Practice and Principles, 0*(0) 1–16. https://doi.org/10.1177/0032258X211038888

Falkai, P., & Wittchen, H.-U. (2020). *Diagnostisches und statistisches Manual psychischer Störungen DSM-5* (2. korr. Auflage). Hogrefe.

Farrugia, L., & Gabbert, F. (2019). The „appropriate adult“: what they do and what they should do in police interviews with mentally disordered suspects. *Criminal Behaviour & Mental Health, 29*(3), 134–141. https://doi.org/10.1002/cbm.2111

Fast, K., & Markowitsch, H.-J. (2004). Neuropsychologie des posttraumatischen Stresssyndroms. In S. Lautenbacher & S. Gauggel (Hrsg.), *Neuropsychologie psychischer Störungen* (1. Aufl., S. 223–248). Springer.

Fawcett, J. M., Peace, K. A., & Greve, A. (2016). Looking down the barrel of a gun: What do we know about the weapon focus effect? *Journal of Applied Research in Memory and Cognition, 5*(3), 257–263. http://dx.doi.org/10.1016/j.jarmac.2016.07.005

Fawcett, J. M., Russell, E. J., Peace, K. A., & Christie, J. (2013). Of guns and geese: A meta-analytic review of the ‚weapon focus‘ literature. *Psychology, Crime & Law, 19*(1), 35–66. https://doi.org/10.1080/1068316X.2011.599325

Fiedler, K. (1999). Gutachterliche Stellungnahme zur wissenschaftlichen Grundlage der Lügendetektion mithilfe sogenannter Polygraphentests. *Praxis der Rechtspsychologie, 9*(2), 5–44.

Fiedler, P. (2013). *Dissoziative Störungen* (2. Auflage). Hogrefe Verlag.

Finlay, W. M., & Lyons, E. (2001). Methodological issues in interviewing and using self-report questionnaires with people with mental retardation. *Psychological assessment, 13*(3), 319–335. https://doi.org/10.1037/1040-3590.13.3.319

Fischer, G. & Riedesser, P. (2009). *Lehrbuch der Psychotraumatologie (4. Aufl.).* UTB.

Fisher, R. P., & Geiselman, R. E. (1992). *Memory-enhancing techniques for investigative interviewing: The cognitive interview.* Charles C. Thomas.

Fisher, R. P., Geiselman, R. E., Raymond, D. S., Jurkevich, L. M. & Warhaftig, M. L. (1987). Enhancing Enhanced Eyewitness Memory: Refining the Cognitive Interview. *Journal of police science and administration, 15*(4), 291–297.

Fisher, R. P., Ross, S. J., & Cahill, B. S. (2010). Interviewing witnesses and victims. In P. A. Granhag (Ed.), *Forensic psychology in context: Nordic and international approaches* (1st ed., pp. 56–74). Willan Publishing.

Fisher, R. P., & Schreiber, N. (2007). Interview protocols to improve eyewitness memory. In M. P. Toglia, J. D. Read, D. F. Ross, & R. C. L. Lindsay (Eds.), *The Handbook of Eyewitness Psychology: Volume I: Memory for Events* (1st ed., pp. 53–80). Lawrence Erlbaum Associates.

Fiske, S. T., & Neuberg, S. L. (1990). A continuum of impression formation, from category-based to individuating processes. In M. P. Zanna (Ed.), *Advances in Experimental Social Psychology* (Vol. 23, pp. 1–74). Academic Press.

Fiske, S. T., & Taylor, S. E. (2020). *Social Cognition: From brains to culture* (4th edition). SAGE.

Fletcher, D. C., & Renninger, L. W. (2013). Effect of decreased lighting on visual acuity in normal subjects. *Investigative Ophtalmology & Visual Science, 54*(15), 2752. https://iovs.arvojournals.org/article.aspx?articleid=2147473

Flexser, A. J., & Tulving, E. (1978). Retrieval independence in recognition and recall. *Psychological Review, 85*(3), 153–171. https://doi.org/10.1037/0033-295X.85.3.153

Flowe, H. D., Carline, A., & Karoğlu, N. (2018). Testing the reflection assumption: A comparison of eyewitness ecology in the laboratory and criminal cases. *The International Journal of Evidence & Proof, 22*(3), 239–261. https://doi.org/10.1177/1365712718782996

Flowe, H. D., Colloff, M. F., Kloft, L., Jores, T., & Stevens, L. M. (2020). Impact of alcohol and other drugs on eyewitness memory. In R. Bull & I. Blandón-Gitlin (Eds.), *The Routledge International Handbook of Legal and Investigative Psychology* (1st ed., pp. 149–162). Routledge. https://doi.org/10.4324/9780429326530

Flowe, H. D., Takarangi, M. K. T., Humphries, J. E., & Wright, D. S. (2016). Alcohol and remembering a hypothetical sexual assault: Can people who were under the influence of alcohol during the event provide accurate testimony? *Memory, 24*(8), 1042–1061, https://doi.org/10.1080/09658211.2015.1064536

Fodgen, B. C., Thomas, S. D. M., Daffern, M., & Ogloff, J. R. P. (2016). Crime and victimisation in people with intellectual disability: a case linkage study. *BMC Psychiatry, 16*(1), 170. https://doi.org/10.1186/s12888-016-0869-7

Forgas, J. P., Baumeister, R. F., & Tice, D. M. (2009). The psychology of self regulation: An introductory review. In J. P. Forgas, R. F. Baumeister & D. M. Tice (Eds.), *Psychology of Self-Regulation: Cognitive, Affective, and Motivational Processes* (1st ed., pp. 1–20). Psychology Press.

Fox, M. L., & Dwyer, D. J. (2000). Reducing stress by increasing control. *Clinical leadership & management review: The journal of CLMA, 14*(3), 114–117.

Frank, M. G., & Ekman, P. (1997). The ability to detect deceit generalizes across different types of high-stake lies. *Journal of Personality and Social Psychology, 72*(6), 1429–1439. https://doi.org/10.1037/0022-3514.72.6.1429

Freitag, C. M. (2021). Von den tiefgreifenden Entwicklungsstörungen in ICD-10 zur Autismus-Spektrum-Störung in ICD-11. *Zeitschrift für Kinder- und Jugendpsychiatrie, 49*(6), 437–441.

Friedman, W. J., & Lyon, T. D. (2005). Development of temporal-reconstructive abilities. *Child Development, 76*(6), 1202–1216. https://doi.org/10.1111/j.1467-8624.2005.00844.x-i1

Friedman, W. J., Reese, E., & Dai, X. (2011). Children's memory for the times of events from the past years. *Applied Cognitive Psychology, 25*(1), 156–165. https://doi.org/10.1002/acp.1656

Friedrichsen, G. (2014). Spektakuläre Irrtümer. *Der Spiegel, 21*, 52–53.

Fröhlich-Weber, B. (2017). Das polizeiliche Ermittlungsverfahren. In F. Fastie (Hrsg.). *Opferschutz im Strafverfahren* (3. Aufl., S. 87–111). Barbara Budrich.

Furl, N., Garrido, L., Dolan, R. J., Driver, J., & Duchaine, B. (2011). Fusiform Gyrus Face Selectivity Relates to Individual Differences in Facial Recognition Ability. *Journal of Cognitive Neuroscience, 23*(7), 1723–1740. https://doi.org/10.1162/jocn.2010.21545

Gabbert, F., Hope, L., & Fisher, R. P. (2009). Protecting eyewitness evidence: Examining the efficacy of a self-administered interview tool. *Law and Human Behavior, 33*(4), 298–307. https://doi.org/10.1007/s10979-008-9146-8

Gabbert, F., Hope, L., Luther, K., Wright, G., Ng, M., & Oxburgh, G. (2021). Exploring the use of rapport in professional information-gathering contexts by systematically mapping the evidence base. *Applied Cognitive Psychology*, 35(2), 329–341. https://doi.org/10.1002/acp.3762

Gagnon, S. A., & Wagner, A. D. (2016). Acute stress and episodic memory retrieval: neurobiological mechanisms and behavioral consequences. *Annals of the New York Academy of Sciences, 1369*(1), 55–75. https://doi.org/10.1111/nyas.12996

Gamer, M., & Vossel, G. (2009). Psychophysiologische Aussagebeurteilung: Aktueller Stand und neuere Entwicklungen. *Zeitschrift für Neuropsychologie 20*(3), 207–218. https://doi.org/10.1024/1016-264X.20.3.207

Garrett, B. L. (2010). The substance of false confessions. *Stanford Law Review, 62*, 1051–1118. https://scholarship.law.duke.edu/faculty_scholarship/3860/

Geijsen, K., de Ruiter, C., & Kop, N. (2018). Identifying psychological vulnerabilities: Studies on police suspects' mental health issues and police officers' views. *Cogent Psychology, 5*(1), 1462133. https://doi.org/10.1080/23311908.2018.1462133

Geiselman, R. E., & Fisher, R. P. (1988). The cognitive interview: An innovative technique for questioning witnesses of crime. *Journal of Police and Criminal Psychology, 4*(2), 2–5. https://doi.org/10.1007/BF02806548

Geiselman, R. E., Fisher, R. P., Firstenberg, I., Hutton, L., Sullivan, S. J., Avetissian, I. V., & Prosk, A. L. (1984). Enhancement of eyewitness memory: An empirical evaluation of the cognitive interview. *Journal of Police and Science Administration, 12*(1), 74–80.

Geiselman, R. E., Fisher, R. P., MacKinnon, D. P., & Holland, H. L. (1986). Enhancement of eyewitness memory with the cognitive interview. *The American Journal of Psychology, 99*(3), 385–401. https://doi.org/10.2307/1422492 X

Gessner, N. (2021, January 25). Polizeieinsatz in Hamburg: Weil er schwarz ist? Lehrer wird für Einbrecher gehalten. *Hamburger Morgenpost.* https://www.mopo.de/hamburg/polizeieinsatz-in-hamburg-weil-er-schwarz-ist-lehrer-wird-fuer-einbrecher-gehalten-37963394/

Gibbs, V., & Hass, K. (2020). Interactions Between the Police and the Autistic Community in Australia: Experiences and Perspectives of Autistic Adults and Parents/Carers. *Journal of Autism and Developmental Disorders, 50,* 4513–4526.

Giger, P., Merten, T., & Merckelbach, H. (2012). Tatbezogene Amnesien - authentisch oder vorgetäuscht? [Crime-related amnesia: real or feigned?]. *Fortschritte der Neurologie-Psychiatrie, 80*(7), 368–381. https://doi.org/10.1055/s-0031-1273221

Ginet, M., & Verkampt, F. (2007). The cognitive interview: Is its benefit affected by the level of witness emotion? *Memory, 15*(4), 450–464. https://doi.org/10.1080/09658210601092670

Giolla, E., M., & Luke, T. J. (2021). Does the cognitive approach to lie detection improve the accuracy of human observers? *Applied Cognitive Psychology, 35*(2), 385–392. https://doi.org/10.1002/acp.3777

Global Deception Research Team. (2006). A world of lies. *Journal of Cross-CulturalPsychology,37*(1),60–74.https://doi.org/10.1177/0022022105282295

Göbel, K., Baumgarten, F., Kuntz, B., Hölling, H., & Schlack, R. (2018). ADHS bei Kindern und Jugendlichen in Deutschland – Querschnittergebnisse aus KiGGS Welle 2 und Trends. *Journal of Health Monitoring, 3*(3), 46–53. https://doi.org/10.17886/RKI-GBE-2018-078

Godden, D. R., & Baddeley, A. D. (1975). Context-dependent memory in two natural environments: On land and underwater. *British Journal of Psychology, 66*(3), 325–331. https://doi.org/10.1111/j.2044-8295.1975.tb01468.x

Golomb, C., & Galasso, L. (1995). Make believe and reality: Explorations of the imaginary realm. *Developmental Psychology, 31*(5), 800–810. https://doi.org/10.1037/0012-1649.31.5.800

Gonsalves, B., Reber; P. J., Gitelman, D. R., Parrish, T. B., Mesulam, M., & Paller, K. A. (2004). Neural evidence that vivid imagining can lead to false remembering. *Psychological Science, 15*(10), 655–660. https://doi.org/10.1111/j.0956-7976.2004.00736.x

Görgen, T. (2009). Viktimologie. In H. L. Kröber, D. Dölling, N. Leygraf & H. Saß (Hrsg.), *Handbuch der forensischen Psychiatrie: Band 4: Kriminologie und forensische Psychiatrie* (1. Aufl., S. 236–265). Steinkopff. https://doi.org/10.1007/978-3-7985-1746-2_6

Gottfried, E. D., & Christopher, S. C. (2017). Mental Disorders Among Criminal Offenders: A Review of the Literature. *Journal of Correctional Health Care, 23*(3) 336–346. https://doi.org/10.1177/1078345817716180

Granhag, P. A., & Hartwig, M. (2015). The strategic use of evidence technique: A conceptual overview. In P. A. Granhag, A. Vrij & B. Verschuere (Eds.), *Detecting deception: Current challenges and cognitve approaches* (pp. 231–251). Wiley Blackwell. https://doi.org/10.1002/9781118510001.ch10

Granhag, P. A., Hartwig, M., Giolla, E. M., & Clemens, F. (2015). Suspects verbal counter interrogation strategies: towards an integrated model. In P. A. Granhag, A. Vrij & B. Verschuere (Eds.), *Detecting deception: Current challenges and cognitve approaches* (pp. 293–313). Wiley Blackwell. https://doi.org/10.1002/9781118510001.ch10

Greuel, L. (2001). *Wirklichkeit – Erinnerung – Aussage* (1. Aufl.). Psychologie Verlags Union.

Greuel, L. (2008). Zeugenvernehmung. In R. Volbert & M. Steller (Hrsg.), *Handbuch der Rechtspsychologie* (1. Aufl., S. 221–231). Hogrefe Verlag.

Greuel, L. (2012). Glaubhaftigkeitsbegutachtung. Methoden und Perspektiven der forensischen Aussagepsychologie. In R. Egg (Hrsg.), *Psychologisch-psychiatrische Begutachtung in der Strafjustiz* (S. 33–67). Kriminologische Zentralstelle.

Greuel, L., Offe, S., Fabian, A., Wetzels, P., Fabian, T., Offe, H., & Stadler, M. (1998). *Glaubhaftigkeit der Zeugenaussage. Theorie und Praxis der forensisch-psychologischen Begutachtung* (1. Aufl.). Beltz.

Griffiths, A., & Milne, R. (2010). The application of cognitive interview techniques as part of an investigation. In C. A. Ireland & M. J. Fisher (Eds.), *Consultancy and Advising in Forensic Practice: Empirical and Practical Guidelines* (pp. 71–90). John Wiley & Sons Ltd.

Gross, J., Hayne, H., & Poole, A. (2006). The use of drawing in interviews with children: A potential pitfall. In J. R. Marrow (Ed.), *Focus on child psychology research* (1st ed., pp. 119–144). Nova Publishers.

Gross, S. R., & Shaffer, M. (2012). *Exonerations in the United States, 1989 through 2012: Report by the National Registry of Exonerations.* University of Michigan Law School. https://www.law.umich.edu/special/exoneration/documents/exonerations_us_1989_2012_full_report.pdf

Grubb, A., & Harrower, J. (2008). Attribution of blame in cases of rape: An analysis of participant gender, type of rape and perceived similarity to the victim. *Aggression and Violent Behavior, 13*(5), 396–405. https://doi.org/10.1080/13552600802641649

Grubb, A., & Turner, E. (2012). Attribution of blame in rape cases: A review of the impact of rape myth acceptance, gender role conformity and substance use on victim blaming. *Aggression and Violent Behavior, 17*(5), 443–452. https://doi.org/10.1016/j.avb.2012.06.002

Gubi-Kelm, S., Grolig, T., Strobel, B., Ohlig, S., & Schmidt, A. F. (2020). When do false accusations lead to false confessions? Preliminary evidence for a potentially overlooked alternative explanation. *Journal of Forensic Psychology Research and Practice, 20*(2), 114–133. https://doi.org/10.1080/24732850.2020.1714388

Gubi-Kelm, S., & Schmidt, A. F. (2018). The role of intonation for interrogative suggestibility. *Applied Cognitive Psychology, 32*(1), 117–128. https://doi.org/ 10.1002/acp.3384

Gudjonsson, G. H. (2003). *The psychology of interrogations and confessions: A handbook.* John Wiley & Sons.

Gudjonsson, G. H. (2010). The psychology of false confessions: A review of the current evidence. In G. D. Lassiter & C. A. Meissner (Eds.), *Police Interrogations and False Confessions: Current research, practice, and policy recommendations* (1st ed., pp. 31–47). American psychological association.

Gudjonsson, G. H. (2021). The Science-Based Pathways to Understanding False Confessions and Wrongful Convictions. *Frontiers in psychology, 12*, 633936. https://doi.org/10.3389/fpsyg.2021.633936

Gudjonsson, G. H., & Clark, N. K. (1986). Suggestibility in police interrogations: A social psychological model. *Social Behaviour, 1*(2), 83–104.

Gudjonsson, G. H., Gonzalez, R., & Young, S. (2019). The Risk of Making False Confessions: The Role of Developmental Disorders, Conduct Disorder, Psychiatric Symptoms, and Compliance. *Journal of attention disorders, 25*(5), 715–723. https://doi.org/10.1177/1087054719833169

Gudjonsson, G. H., & Henry, L. (2003). Child and adult witnesses with intellectual disability: The importance of suggestibility. *Legal and Criminological Psychology, 8*(2), 241–252. https://doi.org/10.1348/135532503322363013

Gudjonsson, G. H., Sigurdsson, J. F., Asgeirsdottir, B. B., & Sigfusdottir, I. D. (2007). Custodial interrogation: What are the background factors associated with claims of false confession to police? *The Journal of Forensic Psychiatry & Psychology, 18*(2), 266–275. https://doi.org/10.1080/14789940701284312

Gudjonsson, G. H., Sigurdsson, J. F., & Sigfusdottir, I. D. (2009). Interrogation and false confessions among adolescents in seven European countries. What background and psychological variables best discriminate between false confessors and non-false confessors? *Psychology, Crime & Law, 15*(8), 711–728. https://doi.org/10.1080/10683160802516257

Gudjonsson, G. H., Sigurdsson, J. F., Sigfusdottir, I. D., Asgeirsdottir, B. B., González, R. A., & Young, S. (2016). A national epidemiological study investigating risk factors for police interrogation and false confession among juveniles and young persons. *Social psychiatry and psychiatric epidemiology, 51*(3), 359–367. https://doi.org/ 10.1007/s00127-015-1145-8.

Gudjonsson, G., Vagni, M., Maiorano, T., & Pajardi, D. (2016). Age and memory related changes in children's immediate and delayed suggestibility using the Gudjonsson Suggestibility Scale. *Personality and Individual Differences, 102*, 25–29. https://doi.org/10.1016/j.paid.2016.06.029

Gulati, G., Kelly, B. D., Cusack, A., Kilcommins, S., & Dunne, C. P. (2020). The experience of law enforcement officers interfacing with suspects who have an intellectual disability – A systematic review. *International Journal of Law and Psychiatry, 72*, 101614. https://doi.org/10.1016/j.ijlp.2020.101614

Gysi, J. (2018). Psychotraumatologie in Sexualstrafverfahren. In J. Gysi & P. Rüegger (Hrsg.), *Handbuch sexualisierte Gewalt: Therapie, Prävention und Strafverfolgung*, (1. Aufl., S. 17–34). Hogrefe Verlag.

Haas, H., & Ill, C. (2013). Gesprächsführungstechniken in der Einvernahme. *Forumpoenale*, 3–27. https://www.zora.uzh.ch/id/eprint/90873/

Habschick, K. (2016). *Erfolgreich vernehmen* (4. Auflage). Kriminalistik.

Hahn, N. (2017). *Kriminalistisch Vernehmen in Theorie und Praxis. Das Eigenständige Vernehmungsprotokoll für Augenzeugen. Vom Verkehrsun-*

*fall zum Attentat: Kann EVA helfen? Eine Feldstudie in der hessischen Schutz- und Kriminalpolizei.* Thoni Verlag.

Hallenberger, F. (2014). Aktives Zuhören. In F. Hallenberger & C. Lorei (Hrsg.), *Grundwissen Kommunikation* (1. Aufl., S. 139–152). Verlag für Polizeiwissenschaft.

Hallenberger, F. & Wagner, M. (2003). Psychologische Aspekte der Beschuldigtenvernehmung, *Polizei & Wissenschaft* (1), 7–17.

Han, K. M., Jee, H. J., An, H., Shin, C., Yoon, H. K., Ko, Y. H., Ham, B. J., Kim, Y. K., & Han, C. (2019). Intimate partner violence and incidence of depression in married women: A longitudinal study of a nationally representative sample. *Journal of affective disorders, 245*, 305–311. https://doi.org/10.1016/j.jad.2018.11.041

Hancock, P. J., Bruce, V. V., & Burton, A. M. (2000). Recognition of unfamiliar faces. *Trends in Cognitive Science, 4*(9), 330–337. https://doi.org/10.1016/s1364-6613(00)01519–9

Hansjakob, T. (2017). Der Umgang mit Opfern im Strafverfahren – Unter Berücksichtigung aussagepsychologischer Erkenntnisse. In R. Ludewig, S. Baumer & D. Tavor (Hrsg.), *Aussagepsychologie für die Rechtspraxis. Zwischen Wahrheit und Lüge* (1. Aufl., S. 161–182). Dike.

Hardt, O., Einarsson, E. O., & Nader, K. (2010). A bridge over troubled water: Reconsolidation as a link between cognitive and neuroscientific memory research traditions. *Annual Review of Psychology, 61*, 141–167. https://doi.org/10.1146/annurev.psych.093008.100455

Hardy, A., Young, K., & Holmes, E. A. (2009). Does trauma memory play a role in the experience of reporting sexual assault during police interviews? An exploratory study. *Memory*, 17(8), 783–788. https://doi.org/10.1080/09658210903081835

Harrison, V., & Hole, G. J. (2009). Evidence for a contact-based explanation of the own-age bias in face recognition. *Psychonomic bulletin & review, 16*(2), 264–269. https://doi.org/10.3758/PBR.16.2.264

Hartwig, M., Granhag, P. A., & Luke, T. (2014). Strategic use of evidence during investigative interviews: The state of the science. In D. C. Raskin, C. R. Honts, & J. C. Kircher (Eds.), *Credibility assessment: Scientific research and applications* (pp. 1–36). Elsevier Academic Press. https://doi.org/10.1016/B978-0-12-394433-7.00001-4

Hartwig, M., Granhag, P. A., & Strömwall, L. A. (2007). Guilty and innocent suspects' strategies during police interrogations. *Psychology, Crime & Law, 13*(2), 213–227. https://doi.org/10.1080/10683160600750264

Hartwig, M., Granhag, P. A., Strömwall, L., Wolf, A. G., Vrij, A., & Hjelmsäter, E. R. A. (2011). Detecting deception in suspects: Verbal cues as a function of interview strategy. *Psychology, Crime & Law, 17*(7), 643–656. https://doi.org/10.1080/10683160903446982

Hartwig, M., Granhag, P. A., Strömwall, L. A., & Vrij, A. (2005). Detecting deception via strategic disclosure of evidence. *Law and Human Behavior, 29*(4), 469–484. https://doi.org/ 10.1007/s10979-005-5521-x

Haupt, H., Weber, U., & Bürner, S. (2003). *Handbuch Opferschutz und Opferhilfe* (2. Auflage). Nomos.

Hauser, N. C., Herpertz, S. C., & Habermeyer, E. (2021). Das überarbeitete Konzept der Persönlichkeitsstörungen nach ICD-11: Neuerungen und mögliche Konsequenzen für die forensisch-psychiatrische Tätigkeit. *Forensische Psychiatrie, Psychologie, Kriminologie, 15*, 30–38. https://doi.org/10.1007/s11757-020-00648-3

Heider, F. (1958). *The Psychology of Interpersonal Relations (1st ed.).* John Wiley & Sons.

Heilmann, M., & Scherbaum, N. (2009). Die Delinquenz von Alkohol- und Drogenkonsumenten aus psychiatrischer Sicht. In H.-L. Kröber, D. Dölling, N. Leygraf & H. Sass (Hrsg.), *Handbuch der Forensischen Psychiatrie. Band 4: Kriminologie und Forensische Psychiatrie* (1. Aufl., S. 547–577). Steinkopff.

Hellmann, D. F. (2014). *Repräsentativbefragung zu Viktimisierungserfahrungen in Deutschland.* Kriminologisches Forschungsinstitut Niedersachen.

Hellmann, D. F., & Memon, A. (2016). Attribution of crime motives biases eyewitnesses' memory and sentencing decisions. *Psychology, Crime & Law, 22*(10), 957–976. https://doi.org/10.1080/1068316X.2016.1207768

Henshaw, M., Spivak, B., & Thomas, S. (2016). Striking the Right Balance: Police Experience, Perceptions and Use of Independent Support Persons During Interviews Involving People with Intellectual Disability. *Journal of Applied Research in Intellectual Disabilities, 31*(2), 201–211. https://doi.org/10.1111/jar.12297

Hepworth, D. (2017). A critical review of current police training and policy for autism spectrum disorder. *Journal of Intellectual Disabilities and Offending Behaviour, 8*(4), 212–222.

Hermanutz, M., Adler, F., & Ruppin, U. (2009). Unterscheidung von „Wahrheit" und „Lüge" durch Berücksichtigung einer Baseline in Vernehmungen. *Polizei & Wissenschaft, 1*, 37–57.

Hermanutz, M., Adler, F., & Schröder, J. (2011). Forschungs- und Anwendungsbereiche von Vernehmungsstrategien und Aussageanalyse in der polizeilichen Ermittlung. *Kriminalistik, 65*(1) 43–47.

Hermanutz, M., Hahn, J., & Jordan, L. (2015) *Leitfaden zur strukturierten Anhörung von Kindern im forensischen Kontext.* Hochschule für Polizei Baden-Württemberg; http://serwiss.bib.hs-hannover.de/frontdoor/index/index/docId/589

Hermanutz, M., & Litzcke, S. (2012). *Vernehmung in Theorie und Praxis. Wahrheit – Irrtum – Lüge* (3. Aufl.). Richard Boorberg Verlag.

Hermanutz, M., Litzcke, S., & Kroll, O. (2018). *Strukturierte Vernehmung und Glaubhaftigkeit* (4. Auflage). Richard Boorberg Verlag.

Hernández-Fernaud, E., & Alonso-Quecuty, M. (1997). The cognitive interview and lie detection: A new magnifying glass for Sherlock Holmes? *Applied Cognitive Psychology, 11*(1), 55–68. https://doi.org/10.1002/(SICI)1099–0720(199702)11:1<55::AID-ACP423>3.0.CO;2-G

Hershkowitz, I., Lamb, M. E., & Horowitz, D. (2007). Victimization of Children With Disabilities. *American Journal of Orthopsychiatry, 77*(4), 629–635. https://doi.org/10.1037/0002-9432.77.4.629

Hershkowitz, I., Lamb, M. E., & Katz, C. (2014). Allegation rates in forensic child abuse investigations: Comparing the revised and standard NICHD protocols. *Psychology, Public Policy, and Law, 20*(3), 336–344. https://doi.org/10.1037/a0037391

Heubrock, D. (2010). Gedächtnispsychologische Grundlagen der Zeugenvernehmung, *Kriminalistik, 2*, 88–94.

Heubrock, D., & Donzelmann, N. (2010). *Psychologie der Vernehmung. Empfehlungen zur Beschuldigten-, Zeugen- und Opferzeugenvernehmung.* Verlag für Polizeiwissenschaft.

Heubrock, D., & Palkies, P. (2008). Der Rapport. Grundlagen und Anwendung eines taktischen Kommunikationsmittels in der Zeugen- und Beschuldigtenvernehmung. *Kriminalistik, 11*, 602–608.

Hill, C., Memon, A., & McGeorge, P. (2008). The role of confirmation bias in suspect interviews: A systematic evaluation. *Legal and Criminological Psychology, 13*(2), 357–371. https://doi.org/10.1348/135532507X238682

Hines, A., Colwell, K., Hiscock-Anisman, C., Garrett, E., Ansarra, R., & Montalvo, L. (2010). Impression management strategies of deceivers and honest reporters in an investigative interview. *European Journal of Psychology Applied to Legal Context, 2*, 73–90.

Hoff, P., & Saß, H. (2011). Psychopathologische Grundlagen der forensischen Psychiatrie. In H.-L. Kröber, D. Dölling, N. Leygraf & H. Saß (Hrsg.), *Handbuch der Forensischen Psychiatrie. Band 2: Psychopathologische Grundlagen und Praxis der forensischen Psychiatrie im Strafrecht* (1. Aufl., S. 1–156). Steinkopff. https://doi.org/10.1007/978-3-7985-1745-5_1

Holliday, R. E., Humphries, J. E., Milne, R., Memon, A., Houlder, L., Lyons, A., & Bull, R. (2012). Reducing misinformation effects in older adults with cognitive interview mnemonics. *Psychology and Aging, 27*(4), 1191–1234. https://doi.org/10.1037/a0022031

Holmberg, U., & Christianson, S. Å. (2002). Murderers' and sexual offenders' experiences of police interviews and their inclination to admit or deny crimes. *Behavioral sciences & the law, 20*(1-2), 31–45. https://doi.org/10.1002/bsl.470

Holzhaider, H. (2012, August 18). Fall Peggy. Der lange Schatten der Ungewissheit. *Süddeutsche Zeitung.* https://www.sueddeutsche.de/bayern/fall-peggy-der-lange-schatten-der-ungewissheit-1.1443538

Hope, L., Gabbert, F., & Fisher, R. P. (2011). From laboratory to the street: Capturing witness memory using the self-administered interview. *Legal and Criminological Psychology, 16*(2), 211–226. https://doi.org/10.1111/j.2044-8333.2011.02015.x

Hope, L., Gabbert, F., Fisher, R. P., & Jamieson, K. (2014). Protecting and enhancing eyewitness memory: The impact of an initial recall attempt on performance in an investigative interview. *Applied Cognitive Psychology, 28*(3), 304–313. https://doi.org/10.1002/acp.2984

Horgan, A. J., Russano, M. B., Meissner, C. A., & Evans, J. R. (2012). Minimization and maximization techniques: Assessing the perceived consequences of confessing and confession diagnosticity. *Psychology, Crime & Law, 18*(1), 65–78. https://doi.org/10.1080/1068316X.2011.561801

Horry, R., Hughes, C., Sharma, A., Gabbert, F., & Hope, L. (2021). A meta-analytic review of the Self-Administered Interview©: Quantity and accuracy of details reported on initial and subsequent retrieval attempts. *Applied Cognitive Psychology, 35*(2), 428–444. https://doi.org/10.1002/acp.3753

Horselenberg, R., Merckelbach, H., & Josephs, S. (2003). Individual differences and false confessions: A conceptual replication of Kassin and Kiechel (1996). *Psychology, Crime & Law, 9*(1), 1–8. https://doi.org/10.1080/10683160308141

Houston, K. A., Meissner, C. A., & Evans, J. R. (2014). Psychological processes underlying true and false confessions. In R. Bull (Ed.), *Investigative interviewing* (pp. 19–34). Springer. https://doi.org/10.1007/978-1-4614-9642-7_2

Howes, C., & Matheson, C. C. (1992). Sequences in the Development of Competent Play With Peers: Social and Social Pretend Play. *Developmental Psychology, 28*(5), 961–974. https://doi.org/10.1037/0012-1649.28.5.961

Howie, P., Nash, L., Kurukulasuriya, N., & Bowman, A. (2012). Children's event reports: Factors affecting responses to repeated questions in vignette scenarios and event recall interviews. *British Journal of Developmental Psychology, 30*(4), 550–568. https://doi.org/10.1111/j.2044-835X.2011.02064.x

Hritz, A. C., Royer, C. E., Helm, R. K., Burd, K. A., Ojeda, K., & Ceci, S. J. (2015). Children's suggestibility research: Things to know before interviewing a child. *Anuario de Psicología Jurídica, 25*(1), 3–12. https://doi.org/10.1016/j.apj.2014.09.002

Hudson, J. (1988). Children's memory for atypical actions in script-based stories: Evidence for a disruption effect. *Journal of Experimental Child Psychology, 46*(2), 159–173. https://doi.org/10.1016/0022-0965(88)90055–0

Hugenberg, K., & Bodenhausen, G. V. (2003). Facing Prejudice: Implicit Prejudice and the Persecption of Facial Threat. *Psychological Science, 14*(6), 640–643. https://doi.org/10.1046/j.0956-7976.2003.psci_1478.x

Hugenberg, K., Young, S. G., Bernstein, M. J., & Sacco, D. F. (2010). The categorization-individuation model: An integrative account of the other-race recognition deficit. *Psychological Review, 117*(4), 1168–1187. https://doi.org/10.1037/a0020463

Hurley, C. M. (2012). Do you see what I see? Learning to detect micro expressions of emotion. *Motivation and Emotion, 36*(3), 371–381. https://doi.org/10.1007/s11031-011-9257-2

Hurley, C. M., Anker, A. E., Frank, M. G., Matsumoto, D., & Hwang, H. C. (2014). Background factors predicting accuracy and improvement in micro expression recognition. *Motivation and Emotion, 38*(5), 700–714. https://doi.org/10.1007/s11031-014-9410-9

Hüttner, S.-M., & Linden, M. (2017). Modification of First Impression Formation and „Personality" by Manipulating Outer Appearance. *Psychopathology, 50*, 141-145.

Inbau, F. E., Reid, J. E., Buckley, J. P., & Jayne, B. C. (2001). *Criminal interrogation and confessions* (4th ed.). Aspen Publishers.

Inbau, F. E., Reid, J. E., Buckley, J. P., & Jayne, B. C. (2013). *Essentials of the Reid technique: Criminal interrogation and confessions* (2nd ed.). Jones & Bartlett Publishers.

Innocence Project (2021). https://innocenceproject.org/exonerations-data/

Jack, F., Leov, J., & Zajac, R. (2014). Age-related differences in the free-recall accounts of child, adolescent, and adult witnesses. *Applied Cognitive Psychology, 28*(1), 30–38. https://doi.org/10.1002/acp.2951

Jäckel, P., & Orth, C. (2021). Zur Aufhebung von Scheinerinnerungen: Neue Befunde von Oeberst et al. (2021) und ihre aktuelle Übertragbarkeit in die forensische Praxis. *Praxis der Rechtspsychologie, 31*(2), 113–139. https://doi.org/10.51625/pdr20210206

Johnson, J. L., Goodman, G. S., & Mundy, P. C. (Eds.). (2018). *The Wiley Handbook of Memory, Autism Spectrum Disorder, and the Law* (S. 245-269). Wiley-Blackwell.

Johnson, M. K., Hashtroudi, S., & Lindsay, D. S. (1993). Source monitoring. *Psychological bulletin 114*(1), 3–28. https://doi.org/10.1037/0033-2909.114.1.3

Jones, E. E., & Nisbett, R. E. (1971). *The actor and the observer: Divergent perceptions of the causes of behavior.* General Learning Press.

Jones, M. V., Paull, G. C., & Erskine, J. (2002). The impact of a team's aggressive reputation on the desicisions of association football references. *Journal of Sports Sciences, 20*(12), 991–1000. https://doi.org/10.1080/026404102321011751

Jordan, S., Brimbal, L., Wallace, D. B., Kassin, S. M., Hartwig, M., & Street, C. N. H. (2019). A test of the micro-expressions training tool: Does it improve lie detection? *Journal of Investigative Psychology and Offender Profiling, 16*(3), 222–235. https://doi.org/10.1002/jip.1532

Jordan, S., Hartwig, M., Wallace, B., Dawson, E., & Xhihani, A. (2012). Early versus late disclosure of evidence: Effects on verbal cues to deception, confessions, and lie catchers' accuracy. *Journal of Investigative Psychology and Offender Profiling, 9*(1), 1–12. https://doi.org/10.1002/jip.1350

Jores, T., Colloff, M. F., Kloft, L., Smailes, H., & Flowe, H. D. (2019). A meta-analysis of the effects of acute alcohol intoxication on witness recall. *Applied Cognitive Psychology, 33*(3), 334–343. https://doi.org/10.1002/acp.3533

Jung, I., & Lemmer, C. (2013). *Der Fall Peggy. Geschichte eines Skandals.* Droemer Knaur.

Kahneman, D., & Tversky, A. (1973). On the psychology of prediction. *Psychological Review, 80*(4), 237–251. https://doi.org/10.1037/h0034747

Kaminski, K. S., & Sporer, S. L. (2016). Sind Polizisten/-innen bessere Augenzeugen/-innen? Ein Vergleich zwischen Polizisten/-innen und Zivilpersonen hinsichtlich Beschreibungen und Identifizierungsaussagen. *Recht und Psychiatrie, 34*(1), 18–26.

Kapitány, R., Nelson, N., Burdett, E. R. R., & Goldstein, T. R. (2020). The child's pantheon: Children's hierarchical belief structure in real and non-real figures. *PLoS ONE 15*(6), e0234142. https://doi.org/10.1371/journal.pone.0234142

Karlén, M. H., Hjelmsäter, E. R. A., Fahlke, C., Granhag, P. A., & Söderpalm-Gordh, A. (2017). To wait or not to wait? Improving results when interviewing intoxicated witnesses to violence. *Scandinavian journal of psychology, 58*(1), 15–22. https://doi.org/10.1111/sjop.12345

Kassin, S. M. (2008a). False confessions: Causes, consequences, and implications for reform. *Current Directions in Psychological Science, 17*(4), 249–253. https://doi.org/10.1111/j.1467-8721.2008.00584.x

Kassin, S. M. (2008b). The psychology of confessions. *Annual Review of Law and Social Science, 4*(1), 193–217. https://doi.org/10.1146/annurev.lawsocsci.4.110707.172410

Kassin, S. M., Drizin, S. A., Grisso, T., Gudjonsson, G. H., Leo, R. A., & Redlich, A. D. (2010). Police-induced confessions: Risk factors and recommendations. *Law and human behavior, 34*(1), 3–38. https://doi.org/10.1007/s10979-009-9188-6

Kassin, S. M., Goldstein, C. J., & Savitsky, K. (2003). Behavioral confirmation in the interrogation room: On the dangers of presuming guilt. *Law and Human Behavior, 27*(2), 187–203. https://doi.org/10.1023/A:1022599230598

Kassin, S. M., Kukucka, J., Lawson, V. Z., & DeCarlo, J. (2014). Does video recording alter the behavior of police during interrogation? A mock crime-and-investigation study. *Law and Human Behavior, 38*(1), 73–83. https://doi.org/10.1037/lhb0000047

Kassin, S. M., & Gudjonsson, G. H. (2004). The psychology of confession evidence: A review of the literature and issues. *Psychological Science in the Public Interest, 5*(2), 33–67. http://dx.doi.org/10.1111/j.1529-1006.2004.00016.x

Kassin, S. M., & McNall, K. (1991). Police interrogations and confessions. *Law and Human Behavior, 15*(3), 233–251. https://doi.org/10.1007/BF01061711

Kassin, S. M., & Wrightsman, L. S. (1985). Confession evidence. In S. M. Kassin & L. S. Wrightsman (Eds.), *The psychology of evidence and trial procedures* (pp. 67–94). Sage.

Kauert, G. F. (2008). Pharmakologisches Knocked Out. Ist das Bewusstlosigkeit oder was? Toxikologische und neurobiologische Grundlagen der kriminellen K.O.-Mittelbeibringung. In F. Pragst & R. Aderjan (Hrsg.), *Tagungsband zum XV. GTFCh–Symposium, 18.–21.04.2007 in Mosbach* (S. 107–110). Aktuelle Beiträge zur Forensischen und Klinischen Toxikologie.

Kebbell, M. R., Hatton, C., & Johnson, S. D. (2004). Witnesses with intellectual disabilities in court: What questions are asked and what influence do they have? *Legal and Criminological Psychology, 9*(1), 23–35. https://doi.org/10.1348/135532504322776834

Kebbell, M., Alison, L., Hurren, E., & Mazerolle, P. (2010). How do sex offenders think the police should interview to elicit confessions from sex offenders? *Psychology, crime & law, 16*(7), 567–584. https://doi.org/10.1080/10683160902971055

Kelly, D. J., Quinn, P. C., Slater, A. M., & Lee, K. (2008). The other-race effect develops during infancy: Evidence of perceptual narrowing. *Psychological Science, 18*(12), 1084–1089. https://doi.org/10.1111/j.1467-9280.2007.02029.x

Kemme, S., & Ehmcke, R. (2021). Der ‚Confirmation Bias' im Rahmen polizeilicher Ermittlungen: Zum Einfluss uneindeutiger Beweise und der Art der Informationsquelle. *Rechtspsychologie, 7*(1), 50–80. https://doi.org/10.5771/2365-1083-2021-1-50

Kessler, R. C, Aguilar-Caxiola, S.. Alonso, J., Benjet, C, Bromet, E. J.. Cardoso, C. et al. (2017). Trauma and PTSD in the WHO World Mental Health Surveys. *European Journal of Psychotraumatology, 8*(5), 1353383. https://doi.org/10.1080/20008198.2017.1353383

Kettinger, N. (2014, April 15). Fall Peggy: Zweifel am Geständnis von Ulvi K. *Abendzeitung.* https://www.abendzeitung-muenchen.de/bayern/fall-peggy-zweifel-am-gestaendnis-von-ulvi-k-art-233841

Kim, J. J., & Diamond, D. M. (2002). The stressed hippocampus, synaptic plasticity and lost memories. *Nature Reviews Neuroscience, 3*(6), 453–462. https://doi.org/10.1038/nrn849

Kim, J. S. C., Vossel, G., & Gamer, M. (2013). Effects of emotional context on memory for details: the role of attention. *PloS one, 8*(10), e77405. https://doi.org/10.1371/journal.pone.0077405

Kleider, H. M., Pezdek, K., Goldinger, S. D., & Kirk, A. (2008). Schema-driven source misattribution errors: Remembering the expected from a witnessed event. *Applied Cognitive Psychology, 22*(1), 1–20. https://doi.org/10.1002/acp.1361

Klein, F., Berresheim, A., & Weber, A. (2005). Aussageverhalten von Beschuldigten und Konsequenzen für die Fortbildung. *Polizei und Wissenschaft, 1*, 2–15.

Klemfuss, J. Z., & Olaguez, A. P. (2020). Individual differences in children's suggestibility: An updated review. *Journal of child sexual abuse, 29*(2), 158–182. https://doi.org/10.1080/10538712.2018.1508108.

Kloft, L., Otgaar, H., Blokland, A., Monds, L. A., Toennes, S. W., Loftus, E. F., & Ramaekers, J. G. (2020). Cannabis increases susceptibility to false memory. *Proceedings of the National Academy of Sciences, 117*(9), 4585–4589. https://doi.org/10.1073/pnas.1920162117

Kocab, K., & Sporer, S. (2016). The weapon focus effect for person identifications and descriptions: A meta-analysis. In M. K. Miller & B. H. Bornstein (Eds.), *Advances in Psychology and Law* (pp. 71–117). Springer International Publishing. https://doi.org/10.1007/978-3-319-29406-3_3

Köhnken, G. (1990). *Glaubwürdigkeit: Untersuchungen zu einem psychologischen Konstrukt.* Psychologie-Verlags-Union.

Köhnken, G. (2003). Suggestion und Suggestibilität. In R. Lempp, G. Schütze, & G. Köhnken (Hrsg.), *Forensische Psychiatrie und Psychologie des Kindes- und Jugendalters* (S. 368–380). Steinkopff. https://doi.org/10.1007/978-3-642-57383-5_30

Köhnken, G., Kraus, U., & vom Schemm, K. (2008). Das kognitive Interview. In R. Volbert & M. Steller (Hrsg.), *Handbuch der Rechtspsychologie* (1. Aufl., S. 232–243). Hogrefe Verlag.

Köhnken, G., Milne, R., Memon, A., & Bull, R. (1999). The cognitive interview: A meta-analysis. *Psychology, Crime and Law, 5*(1–2), 3–27. https://doi.org/10.1080/10683169908414991

Köhnken, G., Thürer, C., & Zoberbier, D. (1994). The cognitive interview: Are the interviewers' memories enhanced, too? *Applied Cognitive Psychology, 8*(1), 13–24. https://doi.org/10.1002/acp.2350080103

Konrad, K., Firk, C., & Uhlhaas, P. J. (2013). Hirnentwicklung in der Adoleszenz: Neurowissenschaftliche Befunde zum Verständnis dieser Entwicklungsphase. *Deutsches Ärzteblatt International, 110*(25), 425–431. https://doi.org/10.3238/arztebl.2013.0425

Konrad, K., & König, J., (2018). Biopsychologische Veränderungen. In A. Lohaus (Hrsg.), *Entwicklungspsychologie des Jugendalters* (1. Aufl., S. 1–21). Springer.

Konrad, N., & Opitz-Welke, A. (2020). Begutachtung der Haft-, Vernehmungs- und Verhandlungsfähigkeit. In H. Dreßing, E. Habermeyer (Hrsg.), *Psychiatrische Begutachtung. Ein praktisches Handbuch für Ärzte und Juristen* (7. Aufl., S. 386–391). Elsevier.

Konrad, N., Huchzermeier, C., & Rasch, W. (2019). *Forensische Psychiatrie und Psychotherapie* (5. Auflage). Kohlhammer.

Koppelaar, L., Lange, A., & Van De Velde, J. W. (1997). The Influence of Positive and Negative Victim Credibility on the Assessment of Rape Victims; An Experimental Study of Expectancy-Confirmation Bias. *International Review of Victimology, 5*(1), 61–85. https://doi.org/10.1177/026975809700500104

Kovacs, S. L., & Newcombe, N. S. (2006). Developments in source monitoring: The role of thinking of others. *Journal of Experimental Child Psychology, 93*(1), 25–44. https://doi.org/10.1016/j.jecp.2005.06.006

Krackow, E. (2018). Clinical and Forensic Interviewing of Children and Adults with Autism Spectrum Disorder: Strategies for Improving Eyewitness Memory Reports. In J. L. Johnson, G. S. Goodman & P. C. Mundy (Eds.), *The Wiley handbook of memory, autism spectrum disorder, and the law* (pp. 311–339). Wiley-Blackwell.

Krahé, B. (2018). Vergewaltigungsmythen & Stigmatisierungen in Justiz, Polizei, Beratung und Therapie. In J. Gysi & P. Rüegger (Hrsg.), *Handbuch sexualisierte Gewalt. Therapie, Prävention und Strafverfolgung* (1. Aufl., S. 45–53). Hogrefe.

Krahé, B., & Scheinberger-Olwig, R. (2002). *Sexuelle Aggression* (1. Aufl.). Hogrefe Verlag.

Kraheck-Brägelmann, S. (1993). Entwicklungspsychologische Grundlagen für die Anhörung von Kindern. In S. Kraheck-Brägelmann (Hrsg.), *Die Anhörung von Kindern als Opfer sexuellen Missbrauchs. Reihe Die Professionalisierung der Vernehmung* (Band 1, S. 33–68). Hanseatischer Fachverlag.

Kraheck-Brägelmann, S. (1994). Psychologische Aspekte der Vernehmung von Opfern sexueller Gewalt. Möglichkeiten einer opferzentrierten Kommunikation. In S. Kraheck-Brägelmann (Hrsg.), *Die Vernehmung von Frauen als Opfer sexueller Gewalt. Reihe Die Professionalisierung der Vernehmung* (Band 2, pp. 59–106). Hanseatischer Fachverlag.

Kraheck-Brägelmann, S. (1997). Geständnisbereitschaft und -motivation jugendlicher Straftäter im Zusammenhang der polizeilichen Vernehmung: Ergebnisse einer Inhaftiertenbefragung. In L. Greuel, T. Fabian & M. Stadler (Hrsg.), *Psychologie der Zeugenaussage. Ergebnisse der rechtspsychologischen Forschung* (S. 287–302). Beltz Verlag.

Krähenbühl, S., Blades, M., & Eiser, C. (2009). The effect of repeated questioning on children's accuracy and consistency in eyewitness testimony. *Legal and Criminological Psychology, 14*(2), 263–278. https://doi.org/10.1348/135532508X3 98549

Kraus, U., Lindner, K., Gritzka, S., Pfundmair, M., Paelecke, M., & Hewig, J. S. (2016). Interrogative Suggestibilität im Kulturvergleich – Eine neue und alte Herausforderung? *Praxis der Rechtspsychologie, 26*, 93–111.

Krauthan, G. (2014). *Psychologisches Grundwissen für die Polizei* (5. Aufl.). Beltz Verlag.

Krix, A. C., & Sauerland, M. (2011). Das eigenständige Vernehmungsprotokoll für Augenzeugen: Ein neues Verfahren, mit dem Zeugen sich selbst vernehmen können. *Polizei und Wissenschaft, 4*, 30–35.

Krix, A. C., & Sauerland, M. (2013). Wie lassen sich Zeugenaussagen verbessern? – Neue Entwicklungen und Methoden. *Praxis der Rechtspsychologie, 23*, 136–150.

Krix, A. C., Sauerland, M., Gabbert, F., & Hope, L. (2014). Providing eyewitnesses with initial retrieval support: What works at immediate and subsequent recall? *Psychology, Crime and Law, 20*(10), 1005–1027. https://doi.org/10.1080/1068316X.2014.902456

Krix, A. C., Sauerland, M., Lorei, C., & Rispens, I. (2015). Consistency across repeated eyewitness interviews: Contrasting police detectives' beliefs with actual eyewitness performance. *PLoS ONE 10*(2), e0118641. https://doi.org/10.1371/journal.pone.0118641

Krüger, A. (2018). Sexualisierte Gewalt gegen Kinder und Jugendliche. In J. Gysi & P. Rüegger (Hrsg.), *Handbuch sexualisierte Gewalt* (1. Aufl., S. 565–584). Hogrefe.

Krüger, J. K. (2019). Polizeiliche Verhaltenserkennung – die Grundlagen. In H. J. Lange, T. Model & M. Wendekamm (Hrsg.), *Zukunft der Polizei. Forum für Verwaltungs- und Polizeiwissenschaft* (S. 189–208). Springer Verlag.

Lamb, M. E., Malloy, L. C., & La Rooy, D. J. (2011). Setting realistic expectations: Developmental characteristics, capacities and limitations. In M. E.

Lamb, D. J. La Rooy, L. C. Malloy & C. Catz (Eds.), *Children's testimony: A handbook of psychological research and forensic practice* (2nd ed., pp. 15–48). Wiley. https://doi.org/10.1002/9781119998495.ch2

Lamb, M. E., Orbach, Y., Hershkowitz, I., Esplin, P. W., & Horowitz, D. (2007). Structured forensic interview protocols improve the quality and informativeness of investigative interviews with children: A review of research using the NICHD Investigative Interview Protocol. *Child abuse & neglect, 31*(11–12), 1201–1231. https://doi.org/10.1016/j.chiabu.2007.03.021

Lamb, M. E., Orbach, Y., Sternberg, K. J., Hershkowitz, I., & Horowitz, D. (2000). Accuray of investigators' verbatim notes of their forensic interviews with alleged child abuse victims. *Law and Human Behavior, 24*(6), 699–708. https://doi.org/10.1023/a:1005556404636

Lamb, M. E., & Sim, M. P. (2013). Developmental factors affecting children in legal contexts. *Youth justice, 13*(2), 131–144. https://doi.org/10.1177/1473225413492055

Lamb, M. E., Sternberg, K. J., Orbach, Y., Esplin, P. W., Stewart, H., & Mitchell, S. (2003). Age differences in young children's responses to open-ended invitations in the course of forensic interviews. *Journal of Consulting and Clinical Psychology, 71*(5), 926–934. https://doi.org/10.1037/0022-006X.71.5.926

Lancaster, G. L., Vrij, A., Hope, L., & Waller, B. (2013). Sorting the liars from the truth tellers: The benefits of asking unanticipated questions on lie detection. *Applied Cognitive Psychology, 27*(1), 107–114. https://doi.org/10.1002/acp.2879

Landwehr, A. C. (o.J.). Viktimisierung. In T. Feltes & H.-J. Kerner (Hrsg.), *Kriminologie-Lexikon Online.* http://www.krimlex.de/suche_artikel.php?KL_ID=202&KL_SUCHE=Viktimisierung&SEARCH_HIT_NUMBER=9&BUCHSTABE=V

Lane, J. D., Ronfard, S., Francioli, S. P., & Harris, P. L. (2016). Children's imagination and belief: Prone to flights of fancy or grounded in reality? *Cognition, 152*, 127–140. https://doi.org/10.1016/j.cognition.2016.03.022

Laney, C., & Takarangi, M. K. (2013). False memories for aggressive acts. *Acta psychologica, 143*(2), 227–234. https://doi.org/10.1016/j.actpsy.2013.04.001

Lau, S., Böhm, C., & Volbert, R. (2008). Psychische Störung und Aussagetüchtigkeit. *Der Nervenarzt, 79*(1), 60–66. https://doi.org/10.1007/s00115-007-2357-2

Launay, C., & Py, J. (2015). Methods and aims of investigative interviewing of adult witnesses: An analysis of professional practices. *Pratiques Psychologiques, 21*(1), 55–70. https://doi.org/10.1016/j.prps.2014.11.001

Lee, K. (2013). Little Liars: Development of Verbal Deception in Children. *Child Development Perspectives, 7*(2), 91–96. https://doi.org/10.1111/cdep.12023

Lee, K., Cameron, C. A., Doucette, J., & Talwar, V. (2002). Phantoms and fabrications: Young children's detection of implausible lies. *Child Development, 73*(6), 1688–1702. https://doi.org/10.1111/1467-8624.t01-1-00499

Lensvelt-Mulders, G., van der Hart, O., van Ochten, J. M., van Son, M. J., Steele, K., & Breeman, L. (2008). Relations among peritraumatic dissociation and posttraumatic stress: A meta-analysis. *Clinical Psychology Review, 28*(7), 1138–1151. https://doi.org/10.1016/j.cpr.2008.03.006

Leo, R. A. (2008). *Police Interrogation and American Justice.* Harvard University Press. https://ssrn.com/abstract=2243909

Leo, R. A. (2019). Police Interrogation and Suspect Confessions. In E. J. Miller & T. R. Lave (Eds.), *The Cambridge Handbook on Policing in the United States* (pp. 178–199). Cambridge University Press. https://doi.org/10.1017/9781108354721

Leo, R. A., & Ofshe, R. J. (2001). The truth about false confessions and advocacy scholarship. *Criminal Law Bulletin, 37*(4), 293–370.

Leuschner, F., Rettenberger, M., & Dessecker, A. (2019). Imprisoned But Innocent: Wrongful Convictions and Imprisonments in Germany, 1990–2016. *Crime & Delinquency, 66*(5), 687–711. https://doi.org/10.1177/0011128719833355

Leygraf, N. (2010). Verhandlungs-, Vernehmungs- und Haftfähigkeit: Anmerkungen aus psychiatrischer Sicht. In H.-L. Kröber, D. Dölling, N. Leygraf & H. Saß (Hrsg.), *Handbuch der Forensischen Psychiatrie. Band 2: Psychopathologische Grundlagen und Praxis der Forensischen Psychiatrie im Strafrecht* (1. Aufl., S. 615–621). Steinkopff.

Linke, M. (2010). Die Opferperspektive in der Berliner Polizei – Zur notwendigen Vernetzung der Akteure der Opferhilfe. In J. Hartmann & ado e.V.

(Hrsg.), *Perspektiven professioneller Opferhilfe – Theorie und Praxis eines interdisziplinären Handlungsfeldes* (1. Aufl., S. 147–152). Springer VS.

Linssen, R. (2012). Soziale Wahrnehmungen bei polizeilichen Vernehmungen – sozialpsychologische und soziologische Perspektive. In M. Hermanutz & S. Litzcke (Hrsg.), *Vernehmung in Theorie und Praxis: Wahrheit, Irrtum, Lüge* (3. Aufl., S. 214–241). Richard Boorberg Verlag.

Lipton, J. P. (1977). On the psychology of eyewitness testimony. *Journal of applied Psychology, 62*, 90–95. https://doi.org/10.1037/0021-9010.62.1.90

Litzcke, S. M., Hermanutz, M., & Klossek, A. (2006). Nonverbale Warnsignale: Glaubhaftigkeitsdiagnostik & Glaubwürdigkeitsattribution. In S. Schwan & S. M. Litzcke (Hrsg.), *Nachrichtendienstpsychologie 4. Schriftenreihe des Fachbereichs Öffentliche Sicherheit* (S. 5–20). Fachhochschule des Bundes für öffentliche Verwaltung.

Loftus, E. F. (1975). Leading questions and the eyewitness report. *Cognitive Psychology, 7*(4), 560–572. https://doi.org/10.1016/0010-0285(75)90023–7

Loftus, E. F. (2005). Planting misinformation in the human mind: A 30-year investigation of the malleability of memory. *Learning and Memory, 12*(4), 361–366. https://doi.org/10.1101/lm.94705

Loftus, E. F. (2019). Eyewitness testimony. *Applied Cognitive Psychology, 33*(4), 498–503. https://doi.org/10.1002/acp.3542

Loftus, E. F., & Loftus, G. R. (1980). On the permanence of information stored in the human brain. *American Psychologist, 35*(5), 409–420. https://doi.org/10.1037/0003-066X.35.5.409

Loftus, E. F., & Palmer, J. C. (1974). Reconstruction of automobile destruction: An example of the interaction between language and memory. *Journal of Verbal Learning and Verbal Behavior, 13*(5), 585–589. https://doi.org/10.1016/S0022-5371(74)80011–3

Loftus, E. F., & Pickrell, J. E. (1995). The formation of false memories. *Psychiatric Annals, 25*, 720–725. https://doi.org/10.3928/0048-5713-19951201-07

Lohaus, A., & Vierhaus, M. (2015). Theorien der Entwicklungspsychologie. In A. Lohaus & M. Vierhaus (Hrsg.), *Entwicklungspsychologie des Kindes- und Jugendalters für Bachelor* (3. Aufl., S. 10–44). Springer.

Lonsway, K. A., Archambault, J., & Berkowitz, A. B. (2007). *False reports: Moving beyond the issue to successfully investigate and prosecute non-stranger sexual assault.* End Violence Against Women International.

Lonsway, K. A., & Fitzgerald, L. F. (1994). Rape myths: In review. *Psychology of Women Quarterly, 18*(2), 133–164. https://doi.org/10.1111/j.1471-6402.1994.tb00448.x

Loohs, S. (2013). Aussagen von Zeugen mit intellektuellen Einschränkungen. *Praxis der Rechtspsychologie, 23*(1), 72–86.

Lopez-Mobilia, G., & Woolley, J. D. (2016). Interactions between knowledge and testimony in children's reality-status judgments. *Journal of Cognition and Development, 17*(3), 486–504. https://doi.org/10.1080/15248372.2015.1061529

Lovett, J., & Kelly, L. (2009). *Different systems, similar outcomes? Tracking attrition in reported rape cases across Europe.* Child & Women Abuse Studies Unit, London Metropolitan University.

Ludewig, R., Tavor, D., & Baumer, S. (2011). Wie können aussagepsychologische Erkenntnisse Richtern, Staatsanwälten und Anwälten helfen? *Aktuelle Juristische Praxis, 11*, 1415–1435.

Luke, T. J. (2020). A meta-analytic review of experimental tests of the interrogation technique of Hanns Joachim Scharff. *Applied Cognitive Psychology, 35*(2), 360–373. https://doi.org/10.1002/acp.3771

Lyon, T. D. (2010). Investigative interviewing of the child. In D. N. Duquette & A. M. Haralambie (Eds.), *Child Welfare Law and Practice* (2nd ed., pp. 87–109). Bradford.

Lyon, T. D. (2011). Assessing the Competency of Child Witnesses: Best Practice Informed by Psychology and Law. In M. E. Lamb, D. J. La Rooy, L. C. Malloy & C. Katz (Eds.), *Children's testimony: A handbook of psychological research and forensic practice* (2nd ed., pp. 69–85). Wiley & Sons. https://doi.org/10.1002/9781119998495.ch4.

Maclean, M. J., Sims, S., Bower, C., Leonard, H., Stanley, F. J., & O'Donnell, M. (2017). Maltreatment risk among children with disabilities. *Pediatrics, 139*(4). https://doi.org/10.1542/peds.2016-1817

Madea, B., & Mußhoff, F. (2009). K.-o.-Mittel: Häufigkeit, Wirkungsweise, Beweismittelsicherung. *Deutsches Ärzteblatt International, 106*(20), 341–347.

Madon, S., Guyll, M., Scherr, K. C., Greathouse, S., & Wells, G. L. (2012). Temporal discounting: The differential effect of proximal and distal consequences on confession decisions. *Law and Human Behavior, 36*(1), 13–20. https://doi.org/10.1037/h0093962

Magnusson, M., Ernberg, E., & Landström, S. (2017). Preschoolers' disclosures of child sexual abuse: Examining corroborated cases from Swedish courts. *Child Abuse & Neglect, 70*, 199–209. https://doi.org/10.1016/j.chiabu.2017.05.018

Malle, B. F. (2006). The Actor–Observer Asymmetry in Attribution: A (Surprising) Meta-Analysis. *Psychological Bulletin, 132(6)*, 895–919.

Malloy, L. C., Mugno, A. P. & Arndorfer, A. (2018). Interviewing Children with Autistic Spectrum Disorder: The NICHD Protocol and Ten-Step Investigative Interview. In J. L. Johnson, G. S. Goodman & P. C. Mundy (Eds.), *The Wiley handbook of memory, autism spectrum disorder, and the law* (pp. 292–310). Wiley-Blackwell.

Mangiulli, I., Otgaar, H., Jelicic, M., & Merckelbach, H. (2022). A Critical Review of Case Studies on Dissociative Amnesia. *Clinical Psychological Science, 10*(2), 191–211. https://doi.org/10.1177/21677026211018194

Mann, S. A., Vrij, A., & Bull, R. (2004). Detecting true lies: Police officers' ability to detect suspects' lies. *Journal of Applied Psychology, 89*(1), 137–149. https://doi.org/10.1037/0021-9010.89.1.137

Mann, S. A., Vrij, A., Fisher, R. P., & Robinson, M. (2008). See no lies, hear no lies: Differences in discrimination accuracy and response bias when watching or listening to police suspect interviews. *Applied Cognitive Psychology, 22*(8), 1062–1071. https://doi.org/10.1002/acp.1406

Manzanero, A. L., Fernández, J., Gómez-Gutiérrez, M., Alvarez, M. A., El-Astel, S., Hemaid, F., & Veronese, G. (2020). Between happiness and sorrow: Phenomenal characteristics of autobiographical memories concerning war episodes and positive events in the Gaza Strip. *Memory Studies, 13*(6), 917–931. https://doi.org/10.1177/1750698018818221

Maragkos, M. (2006). Vernehmung traumatisierter Opfer. *Die Kriminalpolizei, 3*(6), 80–84.

Maras, K. L., & Bowler, D. M. (2010). The Cognitive Interview for Eyewitnesses with Autism Spectrum Disorder. *J Autism Dev Discord, 40,* 1350–1360.

Maras, K. L., Dando, C., Stephenson, H., Lambrechts, A., Anns, S., & Gaigg, S. (2020). The Witness-Aimed First Account (WAFA): A new technique for interviewing autistic witnesses and victims. *Autism, 24*(6), 1449–1467.

Maras, K. L., Mulchay, S., Memon, A., Picariello, F., & Bowler, D. M. (2014). Evaluating the effectiveness of the self-administered interview for witnesses with autism spectrum disorder. *Applied Cognitive Psychology, 28*(5), 693–701.

Marin, M. F., Raymond, C., & Lupien, S. J. (2019). Memory and stress. In G. Fink (Ed.), *Stress: Physiology, Biochemistry, and Pathology* (1st ed., pp. 69–78). Academic Press.

Mattison, M. L. A., Dando, C. J., & Ormerod, T. C. (2015). Sketching to Remember: Episodic Free Recall Task Support for Child Witnesses and Victims with Autism Spectrum Disorder. *J Autism Dev Discord, 45,* 1751–1765.

Mattison, M. L. A., Dando, C. J., & Ormerod, T. C. (2018). Drawing the answers: Sketching to support free and probed recall by child witnesses and victims with autism spectrum disorder. *Autism, 22*(2), 181–194.

May, L. (2017, July). *Eliciting information from sources and suspects* (Doctoral Dissertation, University of Kiel). https://macau.uni-kiel.de/receive/dissertation_diss_00022032

May, L. (2021). Das Risiko unzuverlässiger Informationen in unternehmensinternen Befragungen und Vernehmungen: Eine psychologische Perspektive. In H. Artkämper, T. Floren & K. Schilling (Hrsg.), *Vernehmungen: Taktik – Psychologie – Recht.* (6. Auflage, S. 567–614). Verlag Deutsche Polizeiliteratur.

May, L., Gewehr, E., Zimmermann, J., Raible, Y., & Volbert, R. (2021). How guilty and innocent suspects perceive the police and themselves: Suspect interviews in Germany. *Legal and Criminological Psychology, 26*(1), 42–61. https://doi.org/10.1111/lcrp.12184

May, L., & Granhag, P. A. (2016). Using the Scharff-technique to elicit information: How to effectively establish the „illusion of knowing it all“? *The European Journal of Psychology Applied to Legal Context, 8,* 79–85. https://doi.org/10.1016/j.ejpal.2016.02.001

May, L., Granhag, P. A., & Tekin, S. (2017). Interviewing suspects in denial: On how different evidence disclosure modes affect the elicitation of new critical information. *Frontiers in psychology, 8,* 1154. https://doi.org/10.3389/fpsyg.2017.01154

May, L., Schneider, T., & Okulicz-Kozaryn, M. (2022). Notwendigkeit einer kritischen Prüfung von Methoden zur Lügenerkennung und Vernehmungstaktiken zur Informationsgewinnung von Beschuldigten: ein Positionspapier aus Psychologie und Polizei. *Forensische Psychiatrie, Psychologie, Kriminologie, 16*, 138–143. https://doi.org/10.1007/s11757-021-00703-7

McCann, J. T. (1998). A conceptual framework for identifying various types of confessions. *Behavioral Sciences & the Law, 16*(4), 441–453. https://doi.org/10.1002/(SICI)1099–0798(199823)16:4<441::AID-BSL320>3.0.CO;2-W

McCauley, M. R., & Fisher, R. P. (1995). Facilitating children's eyewitness recall with the revised cognitive interview. *Journal of Applied Psychology, 80*(4), 510–516. https://doi.org/10.1037/0021-9010.80.4.510

McCloskey, M., & Zaragoza, M. (1985). Misleading postevent information and memory for events: Arguments and evidence against memory impairment hypotheses. *Journal of Experimental Psychology: General, 114*(1), 1–16. https://doi.org/10.1037/0096-3445.114.1.1

McKone, E., Wan, L., Pidcock, M., Crookes, K., Reynolds, K., Dawel, A., Kidd, E., & Fiorentin, C. (2019). A critical period for faces: Other-race face recognition is improved by childhood but not adult social contact. *Scientific Reports, 9*, 1–13. https://doi.org/10.1038/s41598-019-49202-0

McMahon, S. (2010). Rape myth beliefs and bystander attitudes among incoming college students. *Journal of American College Health, 59*(1), 3–11. https://doi.org/07448481.2010.483715

McNally, R. J. (2022). Are memories of sexual trauma fragmented?. *Memory, 30(1)*, 26-30.

Mechanic, M. B., Resick, P. A., & Griffin. (1998). A comparison of normal forgetting, psychopathology, and information-processing models of reported amnesia for recent sexual trauma. *Journal of Consulting and Clinical Psychology, 66*(6), 948–957.

Medford, S., Gudjonsson, G. H., & Pearse, J. (2003). The efficacy of the appropriate adult safeguard during police interviewing. *Legal and Criminological Psychology, 8*(2), 253–266. https://doi.org/10.1348/135532503322363022

Megías, J. L., Ryan, E., Vaquero, J. M., & Frese, B. (2007). Comparisons of traumatic and positive memories in people with and without PTSD profile. *Applied Cognitive Psychology, 21*(1), 117–130. https://doi.org/10.1002/ACP.1282

Meissner, C. A., & Brigham, J. C. (2001). A metaanalysis of the verbal overshadowing effect in face identification. *Applied Cognitive Psychology, 15*(6), 603–616. https://doi.org/10.1002/acp.728

Meissner, C. A., Kelly, C. E., & Woestehoff, S. A. (2015). Improving the effectiveness of suspect interrogations. *Annual review of law and social science, 11*(1), 211–233. https://doi.org/10.1146/annurev-lawsocsci-120814-121657

Meissner, C. A., Redlich, A. D., Bhatt, S., & Brandon, S. (2012). Interview and interrogation methods and their effects on true and false. *Campbell Systematic Rewievs, 8*(1), 1–53. https://doi.org/10.4073/csr.2012.13

Meissner, C. A., Redlich, A. D., Michael, S. W., Evans, J. R., Camilletti, C. R., Bhatt, S., & Brandon, S. (2014). Accusatorial and information-gathering interrogation methods and their effects on true and false confessions: A meta-analytic review. *Journal of Experimental Criminology, 10*(4), 459–486. https://doi.org/10.1007/s11292-014-9207-6

Meissner, C. A., Russano, M. B., & Narchet, F. M. (2010). The importance of a laboratory science for improving the diagnostic value of confession evidence. In G. D. Lassiter & C. A. Meissner (Eds.), *Police interrogations and false confessions: Current research, practice, and policy recommendations* (pp. 111–126). American Psychological Association. https://doi.org/10.1037/12085-007

Meister, A-M. (2014, April 11). Fall Peggy. Chef-Ermittler verteidigt die Vernehmung von Ulvi K. *Welt.* https://www.welt.de/vermischtes/article126860061/Chef-Ermittler-verteidigt-die-Vernehmung-von-Ulvi-K.html

Memel, M., Lynch, K., Lafleche, G., & Verfaellie, M. (2021). Autobiographical recall of a stressful negative event in veterans with PTSD. *Memory, 29*(6), 719–728. https://doi.org/10.1080/09658211.2021.1940204

Memon, A., Hope, L., & Bull, R. (2003). Exposure duration: Effects on eyewitness accuracy and confidence. *British Journal of Psychology, 94*(3), 339–354. https://doi.org/10.1348/000712603767876262

Memon, A., Meissner, C. A., & Fraser, J. (2010). The cognitive interview: A meta-analytic review and study space analysis of the past 25 years. *Psychology, Public Policy, and Law, 16*(4), 340–372. https://doi.org/10.1037/a0020518

Meyer, J. R., & Reppucci, N. D. (2007). Police practices and perceptions regarding juvenile interrogation and interrogative suggestibility. *Behavioral Sciences & The Law, 25*(6), 757–780. https://doi.org/10.1002/bsl.774

Meyer, T. D., & Bauer, M. (2011). Bipolare Störungen. In H-U. Wittchen & J. Hoyer (Hrsg.), *Klinische Psychologie & Psychotherapie* (2. Aufl., S. 857–876). Springer-Verlag.

Milne, B., Griffiths, A., Clarke, C., & Dando, C. (2019). *The cognitive interview: A tiered approach in the real world.* In J. J. Dickinson, N. S. Compo, R. N. Carol, B. L. Schwartz & M. R. McCauley (Eds.), *Evidence-Based Investigative Interviewing* (1st ed., pp. 56–73). Routledge.

Milne, R. J., & Bull, R. (1999). *Investigative interviewing: Psychology and practice.* Wiley.

Milne, R. J., & Bull, R. (2002). Back to basics: A componential analysis of the original cognitive interview mnemonics with three age groups. *Applied Cognitive Psychology, 16*(7), 743–753. https://doi.org/10.1002/acp.825

Milne, R. J., & Bull, R. (2003a). *Psychologie der Vernehmung. Die Befragung von Tatverdächtigen, Zeugen und Opfern* (1. Aufl.). Verlag Hans Huber.

Milne, R. J., & Bull, R. (2003b). Does the cognitive interview help children to resist the effects of suggestive questioning? *Legal and Criminological Psychology, 8*(1), 21–38. https://doi.org/10.1348/135532503762871219

Milne, R. J., & Bull, R. (2014). Befragung von Opferzeugen unter besonderer Berücksichtigung von Kindern und Personen mit intellektuellen Defiziten. In R. Deckers & G. Köhnken (Hrsg.), *Die Erhebung und Bewertung von Zeugenaussagen im Strafprozess: Juristische, aussagepsychologische und psychiatrische Aspekte* (2. Aufl., S. 301–322). Berliner Wissenschafts-Verlag.

Moffitt, T. E. (1993). Adolescence-limited and life-course-persistent antisocial behavior: A developmental taxonomy. *Psychological Review, 100*(4), 674–701. https://doi.org/10.1037/0033-295X.100.4.674

Moffitt, T. E. (2006). Life-course-persistent versus adolescence-limited antisocial behavior. In D. Cicchetti & D. J. Cohen (Eds.), *Developmental psychopathology: Risk, disorder, and adaptation* (2nd ed., pp. 570–598). John Wiley & Sons, Inc.

Mogavero, M. C. (2020). An exploratory examination of intellectual disability and mental illness associated with alleged false confessions. *Behavioral Sciences & the Law, 38*(4), 299–316. https://doi.org/10.1002/bsl.2463

Mohr, A. (2003). Beeinträchtigungen der seelischen Gesundheit in Folge einer Viktimisierung durch Gewalt und Aggression. *Journal of Conflict and Violence Research, 5(1)*, 49–69.

Momsen, C. (2018). Die Renaissance des Polygraphen? Wie effektiv lassen sich amerikanische Verteidigungsstrategien im deutschen Strafverfahren nutzen? *KriPoZ, 3*, 142–151.

Moor, A., & Farchi, M. (2011). Is rape-related self blame distinct from other post traumatic attributions of blame? A comparison of severity and implications for treatment. *Women & Therapy, 34*(4), 447–460. https://doi.org/10.1080/02703149.2011.591671

Moore, T. E., & Fitzsimmons, C. L. (2011). Justice imperiled: False confessions and the Reid technique. *Criminal Law Quarterly, 57*(4), 509–542.

Müller, K. (2021). *Polizeibeamte als Zeugen im Strafverfahren* (2. Auflage). Richard Boorberg Verlag.

Müller, U., & Schröttle, M. (2004). Lebenssituation, Sicherheit und Gesundheit von Frauen in Deutschland. Eine repräsentative Untersuchung zu Gewalt gegen Frauen in Deutschland. *IFF Info, Zeitschrift des Interdisziplinären Zentrums für Frauen- und Geschlechterforschung, 21*(28), 95–114.

Müller-Pfeiffer, C. (2018). Opfer: Psychische Reaktionen nach sexueller Gewalt. In J. Gysi & P. Rüegger (Hrsg.), *Handbuch sexualisierter Gewalt: Therapie, Prävention und Strafverfolgung* (1. Aufl., S. 117–123). Hogrefe Verlag.

Murphy, D. (2018). Interviewing individuals with an autism spectrum disorder in forensic settings. *International Journal of Forensic Mental Health, 17*(4), 310–320.

Myers, D. G. (2005). *Psychologie* (1. Aufl.). Springer.

Myers, D. G. (2014). *Psychologie* (3. Aufl.). Springer.

Napier, M. R., & Adams, S. H. (1998). Magic words to obtain confessions. *FBI Law Enforcement Bulletin, 67*(10), 11–15.

Narchet, F. M., Meissner, C. A., & Russano, M. B. (2011). Modelling the influence of investigator bias on the elicitation of true and false confessions. *Law and Human Behavior, 35*(6), 452–265. https://doi.org/10.1007/s10979-010-9257-x

Nauts, S., Langner, O., Huijsmans, I., Vonk, R., & Wigboldus, D. (2014). Forming impressions of personality: A replication and review of Asch's (1946) evidence for a primacy-of-warmth effect in impression formation. *Social Psychology, 45*, 153-163.

Nelson, K. (1989). Remembering: A Functional Developmental Perspective. In: Solomon, P. R., Goethals, G. R., Kelley, C. M., Stephens, B. R. (Eds.), *Memory: Interdisciplinary Approaches.* Springer. https://doi.org/10.1007/978-1-4612-3500-2_7

Nelson, K. (1993). The Psychological and Social Origins of Autobiographical Memory. *Psychological Science, 4*(1), 7–14. https://doi.org/10.1111/j.1467-9280.1993.tb00548.x

Nesbitt, M., & Markham, R. (1999). Improving young children's accuracy of recall for an eyewitness event. *Journal of Applied Developmental Psychology, 20*(3), 449–459. https://doi.org/10.1016/S0193-3973(99)00027–1

Nettelnstroth, W. (2014). Grundlagen der Kommunikation. In F. Hallenberger & C. Lorei (Hrsg.), *Grundwissen Kommunikation* (1. Aufl., S. 5–46). Verlag für Polizeiwissenschaft.

Newberry, J. J., & Stubbs, C. A. (1990). *Advanced interviewing techniques.* Bureau of Alcohol, Tobacco, and Firearms National Academy.

Nickerson, R. S. (1998). Confirmation bias: A ubiquitous phenomenon in many guises. *Review of general psychology, 2*(2), 175–220. https://doi.org/10.1037/1089-2680.2.2.175

Niehaus, S. (2003). Diskriminationsfähigkeit der merkmalsorientierten Inhaltsanalyse bei teilweise erlebnisbasierten Falschaussagen. *Praxis der Rechtspsychologie, 13*, 309–328.

Niehaus, S. (2007). Plädoyer für eine Integration aussagepsychologischer Erkenntnisse in die polizeiliche Vernehmungspraxis. In C. Lorei (Hrsg.), *Polizei und Psychologie* (1. Aufl., S. 325–340). Verlag für Polizeiwissenschaft.

Niehaus, S. (2008). Merkmalsorientierte Inhaltsanalyse. In R. Volbert & M. Steller (Hrsg.), *Handbuch der Rechtspsychologie* (1. Aufl., S. 311–321). Hogrefe Verlag.

Niehaus, S. (2017). Besonderheiten der Einvernahme und Aussagebeurteilung bei Personen mit einer geistigen Behinderung. In R. Ludewig, S. Baumer &

D. Tavor (Hrsg.), *Aussagepsychologie für die Rechtspraxis. Zwischen Wahrheit und Lüge* (1. Ed., S. 427–455). Dike.

Niehaus, S. (2020). Othello-Fehler. In M. A. Wirtz (Hrsg.), *Dorsch – Lexikon der Psychologie* (19., aktualisierte Auflage, S. 1292). Hogrefe.

Niehaus, S., Volbert, R., & Fegert, J. M. (2017). *Entwicklungsgerechte Befragung von Kindern in Strafverfahren.* Springer. https://doi.org/10.1007/978-3-662-53863-0

Nijdam-Jones, A., Rosenfeld, B., Gerbrandij, J., Quick, E., & Galietta, M. (2018). Psychopathology of Stalking Offenders Examining the Clinical, Demographic, and Stalking Characteristics of a Community-Based Sample. *Criminal Justice and Behavior, 45*(5), 712–731. https://doi.org/10.1177/0093854818760643

Nitschke, F. T., McKimmie, B. M., & Vanman, E. J. (2019). A meta-analysis of the emotional victim effect for female adult rape complainants: Does complainant distress influence credibility? *Psychological Bulletin, 145*(10), 953–979. https://doi.org/10.1037/bul0000206

Noeker, M., & Franke, I. (2018). Strukturierte Befragung von Kindern bei Kindeswohlgefährdung: Die deutsche Version des NICHD-Interviewprotokolls in seiner revidierten Fassung. *Bundesgesundheitsblatt – Gesundheitsforschung – Gesundheitsschutz, 61*, 1587–1602. https://doi.org/10.1007/s00103-018-2838-4

Nonhoff, K., & Orth, C. (2003). Als aufgehoben, nahezu unzweifelhaft oder differenziell zu betrachten? Die Frage nach der Aussagetüchtigkeit bei der Borderline-Persönlichkeitsstörung. *Praxis der Rechtspsychologie, 13*, 345–353.

Norris, J. E., & Maras, K. (2022). Supporting autistic adults' episodic memory recall in interviews: The role of executive functions, theory of mind, and language abilities. *Autism, 26*(2), 513–524.

Norris, J. E., Crane, L., & Maras, K. (2020). Interviewing autistic adults: Adaptations to support recall in police, employment, and healthcare interviews. *Autism, 24*(6), 1506-1520.

Nöthen, U. (2018) Vom Spannungsfeld polizeilicher Arbeit zwischen Strafverfolgung und Opferbedürfnissen. In J. Gysi & P. Rüegger (Hrsg.), *Handbuch sexualisierte Gewalt: Therapie, Prävention und Strafverfolgung* (1. Aufl., S. 271–280). Hogrefe Verlag.

Nyman, T. J., Antfolk, J., Lampinen, J. M., Tuomisto, M., Kaakinen, J. K., Korkman, J., & Santtila, P. (2019). A stab in the dark: The distance threshold of target identification in low light. *Cogent Psychology, 6*(1), 1–23. https://doi.org/10.1080/23311908.2019.1632047

Nyman, T. J., Lampinen, J. M., Antfolk, J., Korkman, J., & Santilla, P. (2019). The distance threshold of reliable eyewitness identification. *Law and Human Behavior, 43*(6), 527–541. https://doi.org/10.1037/lhb0000342

O'Connell, M. J., Garmoe, W. & Goldstein, N. E. S. (2005). Miranda Comprehension in Adults with mental retardation and Effects of Feedback Style on Suggestibility. *Law and Human Behavior, 29*(3), 359–369. https://doi.org/10.1007/s10979-005-2965-y

O'Sullivan, M., Frank, M. G., Hurley, C. M., & Tiwana, J. (2009). Police lie detection accuracy: The effect of lie scenario. *Law and Human Behavior, 33*(6), 530–538. https://doi.org/10.1007/s10979-008-9166-4

Oberlader, V. A., Naefgen, C., Koppehele-Gossel, J., Quinten, L., Banse, R., & Schmidt, A. F. (2016). Validity of content-based techniques to distinguish true and fabricated statements: A meta-analysis. *Law and human behavior, 40*(4), 440–457. https://doi.org/10.1037/lhb0000193

Odgen, P., Minton, K., & Pain, C. (2006). *Trauma and the body: A Sensimotor approach to psychotherapy* (1st ed.). W. W. Norton & Company.

Oeberst, A., Wachendörfer, M. M., Imhoff, R., & Blank, H. (2021). Rich false memories of autobiographical events can be reversed. *Proceedings of the National Academy of Sciences, 118*(13), e2026447118. https://doi.org/10.1073/pnas.2026447118

Offe, H., & Offe, S. (2007). The comparison question test: Does it work and if so how? *Law and Human Behavior, 31*(3), 291–303. https://doi.org/10.1007/s10979-006-9059-3

Ofshe, R. J., & Leo, R. A. (1997). The decision to confess falsely: Rational choice and irrational action. *Denv. UL Rev., 74*, 979.

Ohno, A. (2018). Fachgerechtes Vorgehen bei Opfern von Sexualdelikten im Ermittlungsverfahren – Sicht aus der Polizeipraxis. In J. Gysi & P. Rüegger (Hrsg.), *Handbuch sexualisierte Gewalt: Therapie, Prävention und Strafverfolgung* (1. Aufl., S. 255–270). Hogrefe Verlag.

Oleszkiewicz, S., Granhag, P. A., & Cancino Montecinos, S. (2014). The Scharff-technique: Eliciting intelligence from human sources. *Law and human behavior, 38*(5), 478–489. https://doi.org/10.1037/lhb0000085

Oleszkiewicz, S., & Watson, S. J. (2021). A meta-analytic review of the timing for disclosing evidence when interviewing suspects. *Applied Cognitive Psychology, 35*(2), 1–18. https://doi.org/10.1002/acp.3767

Orbach, Y., Hershkowitz, I., Lamb, M. E., Sternberg, K. J., Esplin, P. W., & Horowitz, D. (2000). Assessing the value of structured protocols for forensic interviews of alleged child abuse victims. *Child abuse & neglect, 24*(6), 733–752. https://doi.org/10.1016/s0145-2134(00)00137-x

Ormerod, T. C., & Dando, C. J. (2015). Finding a needle in a haystack: Veracity testing outperforms behaviour observation for aviation security screening. *Journal of Experimental Psychology: General, 144*(1), 76–84. https://doi.org/10.1037/xge0000030

Ornstein, P. A., Merritt, K. A., Baker-Ward, L., Furtado, E., Gordon, B. N., & Principe, G. (1998). Children's knowledge, expectation, and long-term retention. *Applied Cognitive Psychology, 12*(4), 387–405. https://doi.org/10.1002/(SICI)10990720(199808)12:4<387::AID-ACP574>3.0.CO;2–5

Otgaar, H., & Candel, I. (2011). Children's false memories: Different false memory paradigms reveal different results. *Psychology, Crime and Law, 17*(6), 513–528. https://doi.org/10.1080/10683160903373392

Otgaar, H., Candel, I., Merckelbach, H., & Wade, K. A. (2009). Abducted by a UFO: Prevalence information affects young children's false memories for an implausible event. *Applied Cognitive Psychology, 23*(1), 115–125. https://doi.org/10.1002/acp.1445

Otgaar, H., Candel, I., Scoboria, A., & Merckelbach, H. (2010). Script knowledge enhances the development of children's false memories. *Acta Psychologica, 133*, 57–63.

Otgaar, H., Candel, I., Smeets, T., & Merckelbach, H. (2010). ‚You didn't take Lucy's skirt off': The effect of misleading information on omissions and commissions in children's memory reports. *Legal and Criminological Psychology, 15*(2), 229–241. https://doi.org/10.1348/135532509X471951

Otgaar, H., Houben, S., & Howe, M. L. (2018). Methods of Studying False Memory. In: H. Otani & B. L. Schwartz (Eds.), *Research methods in human memory*. Routledge.

Otgaar, H., Howe, M. L., Merckelbach, H., & Muris, P. (2018). Who is the better eyewitness? Sometimes adults but at other times children. *Current Directions in Psychological Science, 27*(5), 378–385. https://doi.org/10.1177/0963721418770998

Otgaar, H., Howe, M. L., & Patihis, L. (2022). What science tells us about false and repressed memories. *Memory, 30*(1), 16–21. https://doi.org/10.1080/09658211.2020.1870699

Otgaar, H., Howe, M. L., Patihis, L., Merckelbach, H., Lynn, S. J., Lilienfeld, S. O., & Loftus, E. F. (2019). The Return of the Repressed: The Persistent and Problematic Claims of Long-Forgotten Trauma. *Perspectives on Psychological Science, 14(6)*, 1072–1095. https://doi: 10.1177/1745691619862306.

Otgaar, H., Schell-Leugers, J. M., Howe, M. L., Vilar, A. D. L. F., Houben, S. T., & Merckelbach, H. (2021). The link between suggestibility, compliance, and false confessions: A review using experimental and field studies. *Applied Cognitive Psychology, 35*(2), 445–455. https://doi.org/ 10.1002/acp.3788

Otgaar, H., van Ansem, R., Pauw, C., & Horselenberg, R. (2016). Improving Children's Interviewing Methods? The Effects of Drawing and Practice on Children's Memories for an Event. *Journal of Police and Criminal Psychology*. https://doi.org/10.1007/s11896-016-9190-0

Otgaar, H., Verschuere, B., Meijer, E. H., & van Oorsouw, K. (2012) The origin of children‘s implanted false memories: Memory traces or compliance? *Acta Psychologica, 139*(3), 397–403. https://doi.org/10.1016/j.actpsy.2012.01.002

Palena, N., Caso, L., Vrij, A., & Orthey, R. (2018). Detecting deception through small talk and comparable truth baselines. *Journal of Investigative Psychology and Offender Profiling, 15*(2), 124–132. https://doi.org/10.1002/jip.1495

Palmer, F. T., Flowe, H. D., Takarangi, M. K. T., & Humphries, J. E. (2013). Intoxicated witnesses and suspects: An archival analysis of their involvement in criminal case processing. *Law and Human Behavior, 37*(1), 54–59. https://doi.org/10.1037/lhb0000010

Palmer, M. A., Brewer, N., Weber, N., & Nagesh, A. (2013). The confidence-accuracy relationship for eyewitness identification decisions: Effects of exposure duration, retention interval, and divided attention. *Journal of Experimental Psychology: Applied, 19*(1), 55–71. https://doi.org/10.1037/a0031602

Panhey, K., Eggert, F., & Bliesener, T. (2006). Gefühlte Glaubhaftigkeit: Der Emotional Truth Bias. *Polizei & Wissenschaft, 1*, 2–10.

Parkhouse, T., & Ormerod, T. C. (2018). Unanticipated questions can yield unanticipated outcomes in investigative interviews. *PloS one, 13*(12), e0208751. https://doi.org/10.1371/journal.pone.0208751

Parkinson, B. (2014). Soziale Wahrnehmung und Attribution. In K. Jonas, W. Stroebe & M. Hewstone (Hrsg.), *Sozialpsychologie* (6. Aufl., S. 65–106). Springer VS.

Pathman, T., Doydum, A., & Bauer, P. J. (2013). Bringing order to life events: Memory for the temporal order of autobiographical events over an extended period in school-aged children and adults. *Journal of Experimental Child Psychology, 115*(2), 309–325. https://doi.org/10.1016/j.jecp.2013.01.011

Paulo, R. M., Albuquerque, P. B., & Bull, R. (2013). The enhanced cognitive interview: Towards a better use and understanding of this procedure. *International Journal of Police Science & Management, 15*(3), 190–199. https://doi.org/10.1350/ijps.2013.15.3.311

Paulo, R. M., Albuquerque, P. B., & Bull, R. (2016). Improving the enhanced cognitive interview with a new interview strategy: Category clustering recall. *Applied Cognitive Psychology, 30*(5), 775–784. https://doi.org/10.1002/acp.3253

Paulo, R. M., Albuquerque, P. B., Vitorino, F., & Bull, R. (2017). Enhancing the cognitive interview with an alternative procedure to witness-compatible questioning: Category clustering recall. *Psychology, Crime & Law, 23*(10), 967–982. https://doi.org/10.1080/1068316X.2017.1351966

Payne, B. K. (2001). Prejudice and perception: the role of automatic and controlled processes in misperceiving a weapon. *Journal of personality and social psychology, 81*(2), 181–192. https://doi.org/10.1037//0022-3514.81.2.181

Peace, K. A., Porter, S., & ten Brinke, L. (2008). Are memories for sexually traumatic events „special"? A within-subjects investigation of trauma and memory in a clinical sample. *Memory, 16*(1), 10–21. https://doi.org/10.1080/09658210701363583

Pendry, L. (2014). Soziale Kognition. In K. Jonas, W. Stroebe & M. Hewstone (Hrsg.), *Sozialpsychologie* (6. Aufl., S. 107–140). Springer VS.

Perillo, J. T., & Kassin, S. M. (2011). Inside interrogation: The lie, the bluff, and false confessions. *Law and Human Behavior, 35*(4), 327–337. https://doi.org/10.1007/s10979-010-9244-2

Perry, N. W., McAuliff, B. D., Tam, P., Claycomb, L., Dostal, C., & Flanagan, C. (1995). When lawyers question children: Is justice served? *Law and Human Behavior, 19*(6), 609–629. https://doi.org/10.1007/BF01499377

Petermann, F., & Ruhl, U. (2011). Aufmerksamkeitsdefizit-/Hyperaktivitätsstörungen (ADHS). In H-U. Wittchen & J. Hoyer (Hrsg.), *Klinische Psychologie & Psychotherapie* (2. Aufl., S. 673–696). Springer-Verlag.

Peterson, C., Pardy, L., Tizzard-Drover, T., & Warren, K. L. (2005). When initial interviews are delayed a year: Effect on children's 2-year recall. *Law and Human Behavior, 29*(5), 527–541. https://doi.org/10.1007/s10979-005-6833-6

Peterson, C., Warren, K. L., & Hayes, A. H. (2013). Revisiting narrative elaboration training with an ecologically relevant event. *Journal of cognition and development, 14*(1), 154–174. https://doi.org/10.1080/15248372.2011.638688

Pezdek, K., Blandon-Gitlin, I., Lam, S., Hart, R. E., & Schooler, J. W. (2006). Is knowing believing? The role of event plausability and background knowledge in planting false beliefs about the past. *Memory & Cognition, 34*(8), 1628–1635. https://doi.org/10.3758/BF03195925

Phelps, K. E., & Woolley, J. D. (1994). The form and function of young children's magical beliefs. *Developmental psychology, 30*(3), 385–394. https://doi.org/10.1037/0012-1649.30.3.385

Pinciotti, C. M., & Orcutt, H. K. (2021). Understanding Gender Differences in Rape Victim Blaming: The Power of Social Influence and Just World Beliefs. *Journal of Interpersonal Violence, 36*(1), 255–275. https://doi.org/10.1177/0886260517725736

Pipe, M. E., & Salmon, K. (2009). Dolls, drawings, body diagrams, and other props: role of props in investigative interviews. In K. Kuehnle & M. Connell (Eds.), *The evaluation of child sexual abuse allegiations* (1st ed., pp. 365–398). Wiley.

Pipe, M.-E., Thierry, K. L., & Lamb, M. E. (2007). *The development of event memory: Implications for child witness testimony.* In M. P. Toglia, J. D. Read, D. F. Ross, & R. C. L. Lindsay (Eds.), *The handbook of eyewitness psychology, Vol. 1. Memory for events* (pp. 453–478). Lawrence Erlbaum Associates Publishers.

Plassmann, R. (2018). Weshalb Opfer sexueller Gewalt manchmal erst spät Anzeige erstatten. In J. Gysi & P. Rüegger (Hrsg.), *Handbuch sexualisierte Gewalt: Therapie, Prävention und Strafverfolgung* (1. Aufl., S. 243–252). Hogrefe Verlag.

Porsch, T., & Werdes, B. (2016). *Polizeipsychologie. Ein Lehrbuch für das Bachelorstudium Polizei* (1. Auflage). Hogrefe Verlag.

Porter, S., & Birt, A. R. (2001). Is traumatic memory special? A comparison of traumatic memory characteristics with memory for other emotional life experiences. *Applied Cognitive Psychology, 15*(7), 101–117. https://doi.org/10.1002/acp.766

Porter, S., McCabe, S., Woodworth, M., & Peace, K. A. (2007). Genius is 1 % inspiration and 99 % perspiration... or is it? An investigation of the impact of motivation and feedback on deception detection. *Legal and Criminological Psychology, 12*(2), 297–309. https://doi.org/10.1348/135532506X143958

Porter, S., & ten Brinke, L. (2008). Reading between the lies: Identifying concealed and falsified emotions in universal facial expressions. *Psychological Science, 19*(5), 508–514. https://doi.org/10.1111/j.1467-9280.2008.02116.x

Porter, S., & ten Brinke, L. (2010). The truth about lies: What works in detecting high-stakes deception? *Legal and Criminological Psychology, 15*(1), 57–75. https://doi.org/10.1348/135532509X433151

Posch, L., & Kemme, S. (2021). Zur Bedeutung von Vorannahmen für die Beurteilung der Glaubhaftigkeit von Zeugenvernehmungen – Ergebnisse eines Experiments mit Kommissaranwärtern und Kommissaranwärterinnen. *Rechtspsychologie, 4*, 515–547. https://doi.org/10.5771/2365-1083-2021-4-515

Principe, G. F., & Smith, E. (2008a). The tooth, the whole tooth and nothing but the tooth: How belief in the tooth fairy can engender false memories. *Applied Cognitive Psychology, 22*(5), 625–642. https://doi.org/ 10.1002/acp.1402

Principe, G. F., & Smith, E. (2008b). Seeing things unseen: Fantasy beliefs and false reports. *Journal of Cognition and Development, 9*(1), 89–111. https://doi.org/10.1080/15248370701836618

Principles on Effective Interviewing for Investigations and Information Gathering (2021). www.interviewingprinciples.com.

Putzke, H. (2011). Entscheidungsbesprechung des BGH-Beschlusses vom 30. November 2010: Untersuchung mittels eines Polygraphen (Lügendetektor) als ungeeignetes Beweismittel. Zeitschrift für das Juristische Studium. *ZJS, 6*, 557–563. http://www.zjs-online.com/dat/artikel/2011_6_504.pdf

Putzke, H., Scheinfeld, J., Klein, G., & Undeutsch, U. (2009). Polygraphische Untersuchungen im Strafprozess. Neues zur faktischen Validität und normativen Zulässigkeit des vom Beschuldigten eingeführten Sachverständigenbeweises. *Praxis der Rechtspsychologie, Sonderheft 1999, BGH-Gutachten Psychophysiologische Aussagebeurteilung, 121*(3), 607–644. https://doi.org/10.1515/ZSTW.2009.607

Redlich, A. D., & Goodman, G. S. (2003). Taking responsibility for an act not committed: The influence of age and suggestibility. *Law and Human Behavior, 27*(2), 141–156. https://doi.org/ 10.1023/a:1022543012851

Reinfried, H.-W. (2017). Beurteilung von Aussagen straffälliger Jugendlicher aus psychologischer Sicht. In R. Ludewig, S. Baumer & D. Tavor (Hrsg.), *Aussagepsychologie für die Rechtspraxis* (1. Aufl., S. 231–250). Dike Verlag.

Reinhard, M.-A., & Sporer, S. L. (2008). Verbal and nonverbal behaviour as a basis for credibility attribution: The impact of task involvement and cognitive capacity. *Journal of Experimental Social Psychology, 44*(3), 477–488. http://doi.org/10.1016/j.jesp.2007.07.012

Reutemann, M. (2015). Der Einfluss von Stress auf die Erinnerungsleistung und Suggestibilität von Kindern. *Praxis der Rechtspsychologie, 25*(1–2), 85–108.

Richards, J., & Milne, R. (2018). The Cognitive Interview and Its Use for People with Autism Spectrum Disorder: Can We Create an ASD Friendly Version?. In J. L. Johnson, G. S. Goodman & P. C. Mundy (Eds.), *The Wiley Handbook of Memory, Autism Spectrum Disorder, and the Law* (S. 245–269). New Jersey: Wiley-Blackwell.

Richards, J., & Milne, R. (2020). Appropriate adults: Their experiences and understanding of Autism Spectrum Disorder. *Research in Developmental Disabilities, 103*, 103675.

Rill, H.-G., Gödert, H. W., & Vossel, G. (2003). Forensische Psychophysiologie (Lügendetektion) – Ein Plädoyer für den Tatwissentest. *Monatsschrift für Kriminologie und Strafrechtsreform, 86*, 165–180.

Rill, H.-G., & Vossel, G. (1998). Psychophysiologische Täterschaftsbeurteilung („Lügendetektion", „Polygraphie"): Eine kritische Analyse aus psychophysiologischer und psychodiagnostischer Sicht. *Neue Zeitschrift für Strafrecht, 18*, 481–486.

Risan, P., Binder, P.-E., & Milne, R. J. (2018). Establishing and maintaining rapport in investigative interviews of traumatized victims: A qualitative study. *Policing: A Journal of Policy and Practice, 12*(4), 372–387. https://doi.org/10.1093/police/pax031

Risan, P., Milne, B., & Binder, P-E. (2020). Trauma narratives: Recommendations for investigative interviewing. *Psychiatry, Psychology and Law, 27(4),* 678–694. https://doi.org/10.1080/13218719.2020.1742237

Roberts, K. P. (2002). Children's ability to distinguish between memories from multiple sources: Implications for the quality and accuracy of eyewitness statements. *Developmental Review, 22*, 403–435. https://doi.org/10.1016/S02732297(02)00005–9

Roberts, K. P., & Powell, M. B. (2001). Describing individual incidents of sexual abuse: A review of research on the effects of multiple sources of information on children's reports. *Child Abuse & Neglect, 25*(12), 1643–1659. https://doi.org/10.1016/S0145-2134(01)00290–3

Roebers, C. M. (2010). Befragung von Kindern im forensischen Kontext. In E. Walther, F. Preckel & S. Mecklenbräuker (Hrsg.), *Befragung von Kindern und Jugendlichen. Grundlagen, Methoden und Anwendungsfelder* (1. Aufl., S. 265–295). Hogrefe.

Roebers, C. M. (2012). Kinder als Zeugen – Bildkartenmethode. In M. Hermanutz & S. Litzcke (Hrsg.), *Vernehmung in Theorie und Praxis. Wahrheit – Irrtum – Lüge* (3. Aufl, S. 181–195). Boorberg.

Roebers, C. M., & Elischberger, H. B. (2002). Autobiographische Erinnerung bei jungen Kindern: Möglichkeiten und Grenzen bei der Verbesserung ihrer freien Berichte. *Zeitschrift für Entwicklungspsychologie und pädagogische Psychologie, 34*(1), 2–10. https://doi.org/10.1026//0049-8637.34.1.2

Roediger, H. L., & McDermott, K. B. (1995). Creating false memories: Remembering words not presented in lists. *Journal of Experimental Psychology: Learning, Memory, and Cognition, 21*(4), 803–814. https://doi.org/10.1037/0278-7393.21.4.803

Rogers, C. (1983). *Die klientenzentrierte Gesprächspsychotherapie* (21. Aufl.). Fischer.

Rohmann, J. (2003). Borderline-Persönlichkeitsstörung und aussagepsychologische Begutachtung. Ein Beitrag zur Diskussion. *Praxis der Rechtspsychologie, 13*, 329–344.

Rönspies-Heitmann, J. (2022). *Kriterienbasierte Inhaltsanalyse von Zeugenaussagen.* Springer. https://doi.org/10.1007/978-3-658-36655-1

Rothschild, M. A. (2005). Gewahrsamstauglichkeit, Vernehmungsfähigkeit, Verhandlungsfähigkeit. *Rechtsmedizin, 15*, 177–189. https://doi.org/10.1007/s00194-005-0313-7

Rothschild, M. A., Erdmann, E., & Parzeller, M. (2007). Der Patient vor Gericht: Verhandlungs- und Vernehmungsfähigkeit. *Deutsches Ärzteblatt, 104*(44), 3029–3033.

Rothschild, M. A., & Püschel, K. (2005). Verhandlungsfähigkeit und Terminsfähigkeit, Vernehmungsfähigkeit und Gewahrsamstauglichkeit. *Rechtsmedizin, 15*, 136–137.

Rubin, D. C., Boals, A., & Berntsen, D. (2008). Memory in posttraumatic stress disorder: properties of voluntary and involuntary, traumatic and nontraumatic autobiographical memories in people with and without posttraumatic stress disorder symptoms. *Journal of Experimental Psychology: General, 137*(4), 591. https://doi.org/10.1037/a0013165

Russano, B. R., Meissner, C. A., Narchet, F. M., & Kassin, S. M. (2005). Investigating true and false confessions within a novel experimental paradigm. *PsychologicalScience,16*(6),481–486.https://doi.org/10.1111/j.0956-7976.2005.01560.x

Russell, R., Duchaine, B., & Nakayama, K. (2009). Super-recognizers: People with extraordinary face recognition ability. *Psychonomic Bulletin & Review, 16*(2), 252–257. https://doi.org/10.3758/PBR.16.2.252

Russo, N., Kaplan-Kahn, E. A., Wilson, J., Criss, A., & Burack, J. A. (2021). Choices, challenges, and constraints: a pragmatic examination of the limits of mental age matching in empirical research. *Development and psychopathology, 33*(2), 727–738. https://doi.org/10.1017/S0954579420001480

Safer, M. A., Christianson, S. Å., Autry, M. W., & Österlund, K. (1998). Tunnel memory for traumatic events. *Applied Cognitive Psychology, 12*(2), 99–117. https://doi.org/10.1002/(SICI)1099–0720(199804)12:2<99::AID-ACP509>3.0.CO;2–7

Saimeh, N. (2014). Können psychische Erkrankungen die Aussagetüchtigkeit bei Sexualdelikten beeinflussen? In R. Deckers & G. Köhnken (Hrsg.), *Die Erhebung und Bewertung von Zeugenaussagen im Strafprozess. Juristische, aussagepsychologische und psychiatrische Aspekte* (2. Aufl., S. 267–294). Berliner Wissenschafts-Verlag.

Salerno-Ferraro, A. & Schuller, R.A. (2020). Perspectives from the ASD community on police interactions: Challenges & recommendations. *Research in Developmental Disabilities, 105.*

Salmon, K., & Pipe, M. E. (2000). Recalling an event one year later: The impact of props, drawing and a prior interview. *Applied Cognitive Psychology, 14*(2), 99–120.

Salmon, K., Pipe, M. E., Malloy, A., & Mackay, K. (2012). Do non-verbal aids increase the effectiveness of ‚best practice' verbal interview techniques? An experimental study. *Applied Cognitive Psychology, 26*(3), 370–380. https://doi.org/10.1002/acp.1835

Salmon, K., Roncolato, W., & Gleitzman, M. (2003). Children's report of emotionally laden events: Adapting the interview to the child. *Applied Cognitive Psychology, 17*(1), 65–79. https://doi.org/10.1002/acp.845

Sangrigoli, S., Pallier, C., Argenti, A. M., Ventureyra, V. A. G., & de Schonen, S. (2005). Reversibility of the other-race effect in face recognition during childhood. *Psychological Science, 16*(6), 440–444. https://doi.org/10.1111/j.0956-7976.2005.01554.x

Sato, W., & Yoshikawa, S. (2013). Recognition memory for faces and scenes. *Journal of General Psychology, 140*(1), 1–15. https://doi.org/10.1080/00221309.2012.710275

Sauer, J., Brewer, N., Zweck, T., & Weber, N. (2010). The effect of retention interval on the confidence–accuracy relationship for eyewitness identification. *Law and Human Behavior, 34*(4), 337–347. https://doi.org/10.1007/s10979-009-9192-x

Sauer, N., Lenz, A., & Kemme, S. (2022). Einbindung polizeilicher Tat- und Täterwahrnehmungen in die forensische Schuldfähigkeitsbegutachtung. *Rechtspsychologie, 2*, 194–216.

Sauerland, M., Holub, F. E., & Sporer, S. L. (2008). Person descriptions and person identifications: Verbal overshadowing or recognition criterion shift. *European Journal of Cognitive Psychology, 20*, 497–528. https://doi.org/10.1080/09541440701728417

Saults, J. S., Cowan, N., Sher, K. J., & Moreno, M. V. (2007). Differential effects of alcohol on working memory: Distinguishing multiple processes. *Experimental and Clinical Psychopharmacology, 15*(6), 576–587. https://doi.org/10.1037/1064-1297.15.6.576

Saussereau, E., Guerbet, M., Anger, J. P., & Goullé, J. P. (2014). Memory impairment after drug-facilitated crimes. In P. Kintz (Ed.), *Toxicological Aspects of Drug-Facilitated Crimes* (1st ed., pp. 121–138). Academic Press.

Saywitz, K. J., & Camparo, L. B. (2014). *Evidence-based Child Forensic Interviewing: The Developmental Narrative Elaboration Interview* (1st ed.). Oxford University Press.

Saywitz, K. J., Lyon, T. D., & Goodman, G. S. (2017). When Interviewing Children: A Review and Update. In J. Conte & B. Klika (Eds.), *APSAC Handbook on Child Maltreatment* (4th ed., pp. 310–329). Sage.

Saywitz, K. J., & Snyder, L. (1996). Narrative elaboration: Test of a new procedure for interviewing children. *Journal of Consulting and Clinical Psychology, 64*(6), 1347–1357. https://doi.org/10.1037/0022-006X.64.6.1347

Saywitz, K. J., Wells, C. R., Larson, R. P., & Hobbs, S. D. (2019). Effects of interviewer support on children's memory and suggestibility: Systematic review and meta-analyses of experimental research. *Trauma, Violence, & Abuse, 20*(1), 22–39. https://doi.org/10.1177/1524838016683457

Schacter, D. L. (2001). *The Seven Sins of Memory: How the Mind Forgets and Remembers. Houghton,* Mifflin and Company.

Schacter, D. L., Koutstaal, W., & Norman, K. A. (1997). False memories and aging. *Trends in Cognitive Sciences, 1*(6), 229–236. https://doi.org/10.1016/S1364-6613(97)01068–1.

Schank, R. C., & Abelson, R. P. (1977). *Scripts, plans, goals, and understanding.* Lawrence Erlbaum Associates.

Scharff, H. J. (1950). *Without torture.* Command and Staff Department, Armored School.

Schary, A., Salize, H. J., & Dreßing, H. (2017). Quantitative Befragung. In Weißer Ring (Hrsg.), *Forschungsprojekt Belastungen von Opfern in Ermittlungsverfahren.* Forschungsbericht.

Schatz, S. J. (2018). Interrogated with intellectual disabilities: The risks of false confession. *Stanford Law Review, 70,* 643–690. https://law.stanford.edu/wp-content/uploads/2018/11/Samson-Schatz-Interrogated-with-Intellectual-Disabilities-The-Risks-of-False-Confession.pdf

Schemmel, J., & Volbert, R. (2021). Therapie oder Glaubhaftigkeit? Psychotherapeutische Behandlung bei laufenden Strafverfahren. *Report Psychologie, 46*(10), 14–24.

Schlumpf, Y., & Jäncke, L. (2018). Opfer: Körperliche Reaktionen nach sexueller Gewalt. In J. Gysi & P. Rüegger (Hrsg.), *Handbuch sexualisierte Gewalt: Therapie, Prävention und Strafverfolgung* (1. Aufl., S. 107–116). Hogrefe Verlag.

Schmalzl, H.-P. (2012). Umgang mit psychisch auffälligen Personen. In H.-P. Schmalzl & M. Hermanutz (Hrsg.), *Moderne Polizeipsychologie in Schlüsselbegriffen* (3. Aufl., S. 347–357). Boorberg.

Schmidt, S., Petermann, F., & Waldmann, H.-C. (2017). Diagnostik der ADHS im Jugend und jungen Erwachsenenalter: Anpassung der Standardisierung des ADHS-Screening für Erwachsene (ADHS-E). *Zeitschrift für Psychiatrie, Psychologie und Psychotherapie, 65*(4), 261–266. https://doi.org/10.1024/1661-4747/a000329

Schneider, D. J. (1973). Implicit Personality Theroy: A Review. *Psychological Bulletin, 79(5),* 294–309.

Schneider, F., Frister, H., & Olzen, D. (Hrsg.). (2010). Verhandlungs-, Vernehmungs- und Haftfähigkeit. In: *Begutachtung psychischer Störungen.* Springer. https://doi.org/10.1007/978-3-540-68656-9_4

Schneider, T., & May, L. (2021). Minimierende und maximierende Vernehmungstaktiken: Risiko falscher Geständnisse und sozialpsychologische Wirkmechanismen. *Forensische Psychiatrie, Psychologie, Kriminologie, 15,* 355–367. https://doi.org/10.1007/s11757-021-00677-6

Schneider, T., & May, L. (2022). Wie kommt es zu vernehmungsbedingten falschen Geständnissen? – Ein psychologischer Überblick über bekannte Risikofaktoren am Fallbeispiel Ulvi K. *Marburg Law Review, 1,* 12–22.

Schnittker, J. (2019). Sexual Violence and Major Depression among Women: Evidence for Reciprocal Relationships. *Social Currents, 6*(6), 575–589. https://doi.org/10.1177/2329496519857095

Schöch, H. (2010). Das Gutachten zur Verhandlungs-, Vernehmungs- und Haftfähigkeit. In H. L. Kröber, D. Dölling, N. Leygraf & H. Saß (Hrsg.), *Handbuch der Forensischen Psychiatrie. Band 2: Psychopathologische Grundlagen und Praxis der Forensischen Psychiatrie im Strafrecht* (1. Aufl., S. 601–621). Steinkopff.

Schönfeld, S., Boss, A., & Müller, J. (2011). Posttraumatische Belastungsstörungen. In H-U. Wittchen & J. Hoyer (Hrsg.), *Klinische Psychologie & Psychotherapie* (2. Aufl., S. 985–1004). Springer-Verlag.

Schooler, J. W., & Engstler-Schooler, T. Y. (1990). Verbal overshadowing of visual memories: Some things are better left unsaid. *Cognitive Psychology, 22*(1), 36–71. https://doi.org/10.1016/0010-0285(90)90003-M

Schoon, W., & Briken, P. (2019). Zur Anwendbarkeit der Glaubhaftigkeitsbegutachtung unter spezifischen Begutachtungsumständen – Eine narrative Übersichtsarbeit. *Forensische Psychiatrie, Psychologie, Kriminologie, 13,* 125–135. https://doi.org/10.1007/s11757-019-00530-x

Schreiber Compo, N., Carol, R. N., Evans, J. R., Pimentel, P., Holness, H., Nichols-Lopez, K., Rose, S., & Furton, K. G. (2017). Witness memory and alcohol: The effects of state-dependent recall. *Law and Human Behavior, 41*(2), 202–215. https://doi.org/10.1037/lhb0000224

Schröttle, M., Hornberg, C., Glammeier, S., Sellach, B., Kavemannm B., Puhe, H., & Zinsmeister, J. (2012). *Lebenssituation und Belastungen von Frauen mit Beeinträchtigungen und Behinderungen in Deutschland – Kurzfassung.* BMFSFJ.

Schuller, R. A., & Stewart, A. (2000). Police responses to sexual assault complaints: The role of perpetrator/complainant intoxication. *Law and Human Behavior, 24*, 535–551. https://doi.org/10.1023/A:1005519028528

Schulz von Thun, F.; (1981; 2014): *Miteinander reden 1: Störungen und Klärungen.* Rowohlt Taschenbuch Verlag.

Schwabe, L., Joëls, M., Roozendaal, B., Wolf, O. T., & Oitzl, M. S. (2012). Stress effects on memory: an update and integration. *Neuroscience & Biobehavioral Reviews, 36*(7), 1740–1749. https://doi.org/10.1016/j.neubiorev.2011.07.002

Scoboria, A., Wade, K. A., Lindsay, D. S., Azad, T., Strange, D., Ost, J., & Hyman, I. E. (2017). A mega-analysis of memory reports from eight peer-reviewed false memory implantation studies. *Memory, 25*(2), 146–163. https://doi.org/10.1080/09658211.2016.1260747

Seifert, D. (2020). Begutachtung und Behandlung von Intelligenzgeminderten. In H. Dreßing, E. Habermeyer (Hrsg.), *Psychiatrische Begutachtung. Ein praktisches Handbuch für Ärzte und Juristen* (7. Aufl., S. 298–317). Elsevier.

Seifert, T. (2009, Juni). *Sexualdelikte in Hamburg. Forensisch-medizinische und kriminologische Aspekte. Eine Auswertung staatsanwaltschaftlicher Verfahrensakten aus dem Jahr 1997.* [Dissertation, Universität Hamburg]. http://ediss.sub.uni-hamburg.de/volltexte/2009/4195/pdf/Dissertation_Tina_Seifert.pdf.

Sharon, T., & Woolley, J. D. (2004). Do monsters dream? Young children's understanding of the fantasy/reality distinction. *British Journal of Developmental Psychology, 22*(2), 293–310. https://doi.org/10.1348/026151004323044627

Shaw, J. (2020). Do False Memories Look Real? Evidence That People Struggle to Identify Rich False Memories of Committing Crime and Other Emotional Events. *Frontiers in Psychology, 11*, 650. https://doi.org/10.3389/fpsyg.2020.00650

Shaw, J., & Porter, S. (2015). Constructing rich false memories of committing crime. *Psychological Science, 26*(3), 291–301. https://doi.org/10.1177/0956797614562862

Siegler, R., Eisenberg, N., DeLoache, J., & Saffran, J. (2016). *Entwicklungspsychologie im Kindes-und Jugendalter* (4. Aufl.). Springer-Verlag. https://doi.org/10.1007/978-3-662-47028-2

Sigurdsson, J. F., & Gudjonsson, G. H. (1996). The psychological characteristics of ‚false confessors'. A study among Icelandic prison inmates and juvenile offenders. *Personality and Individual Differences, 20*(3), 321–329. https://doi.org/10.1016/0191-8869(95)00184–0

Sigurdsson, J. F., & Gudjonsson, G. H. (2001) False confessions: The relative importance of psychological, criminological and substance abuse variables. *Psychology, Crime & Law, 7*(3), 275–289. https://doi.org/10.1080/10683160108401798

Simons, D. J., & Levin, D. T. (1998). Failure to detect changes to people during a real-world interaction. *Psychonomic Bulletin & Review, 5*(4), 644–649. https://doi.org/10.3758/BF03208840

Sjöberg, M., & Sarwar, F. (2020). Who gets blamed for rapes: Effects of immigration status on the attribution of blame toward victims and perpetrators. *Journal of Interpersonal Violence, 35*(13–14), 2446–2463. https://doi.org/10.1177/0886260517703371

Sleath, E., & Bull, R. (2012). Comparing rape victim and perpetrator blaming in a police officer sample: Differences between police officers with and without special training. *Criminal Justice and Behavior, 39*(5), 646–665. https://doi.org/10.1177/0093854811434696

Sleath, E., & Bull, R. (2017). Police perceptions of rape victims and the impact on case decision making: A systematic review. *Aggression and Violent Behavior, 34*, 102–112. https://doi.org/10.1016/j.avb.2017.02.003

Sluzenski, J., Newcombe, N., & Ottinger, W. (2004). Changes in reality monitoring and episodic memory in early childhood. *Developmental Science, 7*(2), 225–245. https://doi.org/10.1111/j.1467-7687.2004.00341.x

Smith, K., & Milne, B. (2018). Witness interview strategy for critical incidents (WISCI). *Journal of Forensic Practice, 20(4), 268–278.* https://doi.org/10.1108/JFP-03-2018-0007

Snyder, M. (1984). When belief creates reality. *Advances in Experimental Social Psychology, 18*, 247–305. https://doi.org/10.1016/S0065-2601(08)60146-X

Solso, R. L. (2005). *Kognitive Psychologie* (6. Aufl.). Springer-Lehrbuch.

Sommer, T., & Gamer, M. (2018). Einfluss traumatischer Ereignisse auf das Gedächnis. *Praxis der Rechtspsychologie, 28*(1), 97–121.

Sonnenmoser, M. (2004). Dissoziative Störungen: Häufig fehlgedeutet. *Deutsches Ärzteblatt, 8.*

Souchay, C., Ohlsson, M. & Zalla, T. (2018). Autobiographical Memory and Theory of Mind in Autism Spectrum Disorder. In J. L. Johnson, G. S. Goodman & P. C. Mundy (Eds.), *The Wiley handbook of memory, autism spectrum disorder, and the law* (pp. 92–106). New Jersey: Wiley-Blackwell.

Spohn, C., & Tellis, K. (2012). The criminal justice system's response to sexual violence. *Violence against Women, 18*(2), 169–192. https://doi.org/10.1177/1077801212440020

Sporer, S. L. (1992). *Das Wiedererkennen von Gesichtern.* Beltz Psychologie Verlags Union.

Sporer, S. L. (2001). Recognizing faces of other ethnic groups: An integration of theories. *Psychology, Public Policy, and Law, 7*(1), 36–97. https://doi.org/10.1037/1076-8971.7.1.36

Sporer, S. L. (2007). Person descriptions as retrieval cues: Do they really help? *Psychology, Crime & Law,* 13(6), 591–609. https://doi.org/10.1080/10683160701253986

Sporer, S. L. (2008). Personenidentifizierung. In R. Volbert & M. Steller (Hrsg.), *Handbuch der Rechtspsychologie* (1. Aufl., S. 387–398). Hogrefe Verlag.

Sporer, S. L., & Köhnken, G. (2008). Nonverbale Indikatoren von Täuschung. In R. Volbert & M. Steller (Hrsg.), *Handbuch der Rechtspsychologie* (1. Aufl., S. 353–363). Hogrefe Verlag.

Sporer, S. L., Gehrke, J., & McClure, K. (2020). Patrolling the borders: Experience with multiple out-group members is associated with the own-ethnicity effect. *Journal of Police and Criminal Psychology.* https://doi.org/10.1007/s11896-020-09387-x

Sporer, S. L., Sauerland, M., & Kocab, K. (2014). Personenidentifizierung. In F. Lösel & G. Köhnken (Eds.), *Lehrbuch der Rechtspsychologie* (1. Aufl., S. 156–182). Hogrefe.

Sporer, S. L., & Schwandt, B. (2006). Paraverbal indicators of deception: A meta-analytic synthesis. *Applied Cognitive Psychology, 20*(4), 421–446. https://doi.org/10.1002/acp.1190

Sporer, S. L., & Schwandt, B. (2007). Moderators of nonverbal indicators of deception: A meta-analytic synthesis. *Psychology, Public Policy, and Law, 13*(1), 1–34. https://doi.org/10.1037/1076-8971.13.1.1

Stadler, L. (2006). *Viktimologie des Stalking. Ergebnisse einer Befragung von Stalking-Opfern zum Einfluss situativer und persönlichkeitspsychologischer Faktoren auf das Anzeigeverhalten.* Shaker Verlag.

Stadler, L., Bieneck, S., & Pfeiffer, C. (2012). *Repräsentativbefragung Sexueller Missbrauch 2011*. Forschungsbericht 118. KFN. https://kfn.de/wp-content/uploads/Forschungsberichte/FB_118.pdf [29.03.2022]

Steblay, N. M. (1992). A meta-analytic review of the weapon focus effect. *Law and Human Behavior, 16*(4), 413–424. https://doi.org/10.1007/BF02352267

Steele, C. M., & Josephs, R. A. (1990). Alcohol myopia: It's prized and dangerous effects. *American Psychologist, 45*(8), 921–933. https://doi.org/10.1037/0003-066X.45.8.921

Stein, L. M., & Memon, A. (2006). Testing the efficacy of the cognitive interview in a developing country. *Applied Cognitive Psychology, 20*(5), 597–605. https://doi.org/10.1002/acp.1211

Steinberg, L. (2007). Risk taking in adolescence: New perspectives from brain and behavioral science. *Current Directions in Psychological Science, 16*(2), 55–59. https://doi.org/10.1111/j.1467-8721.2007.00475.x

Steller, M. (1987). *Psychophysiologische Aussagebeurteilung*. Hogrefe Verlag.

Steller, M. (1997). Psychophysiologische Täterschaftsermittlung („Lügendetektion", „Polygrafie"). In M. Steller & R. Volbert (Hrsg.), *Psychologie im Strafverfahren. Ein Handbuch* (S. 89–104). Verlag Hans Huber.

Steller, M. (2008a). Psychophysiologische Aussagebeurteilung. In R. Volbert & M. Steller (Hrsg.), *Handbuch der Rechtspsychologie* (1. Aufl., pp. 364–375). Hogrefe Verlag.

Steller, M. (2008b). Glaubhaftigkeitsbegutachtung. In R. Volbert & M. Steller (Hrsg.), *Handbuch der Rechtspsychologie* (1. Aufl., S. 300–310). Hogrefe Verlag.

Steller, M., & Böhm, C. (2008). Glaubhaftigkeitsbegutachtung bei Persönlichkeitsstörungen. *Zeitschrift für Psychiatrie, Psychologie und Psychotherapie, 56*(2), 101–109. https://doi.org/10.1024/1661-4747.56.2.101

Steller, M., & Dahle, K.-P. (1999). Wissenschaftliches Gutachten: Grundlagen, Methoden und Anwendungsprobleme physiopsychologischer Aussage- bzw. Täterschaftsbeurteilung („Polygraphie", „Lügendetektion"). *Praxis der Rechtspsychologie, 9*, 127–204.

Steller, M., & Köhnken, G. (1989). Criteria-based statement analysis. In D. C. Raskin (Ed.), *Psychological methods in criminal investigation and evidence* (pp. 217–245). Springer.

Steller, M., & Volbert, R. (1997). Glaubwürdigkeitsbegutachtung. In M. Steller & R. Volbert (Hrsg.), *Psychologie im Strafverfahren. Ein Handbuch* (S. 12–39). Verlag Hans Huber.

Stern, W. (1904). Die Aussage als geistige Leistung und als Verhörsprodukt. *Beiträge zur Psychologie der Aussage, 3*, 1–147.

Sternberg, K. J., Lamb, M. E., Orbach, Y., Esplin, P., & Mitchell, S. (2001). Use of a structured investigative protocol enhances young children's responses to free-recall prompts in the course of forensic interviews. *Journal of Applied Psychology, 86*(5), 997–1005. https://doi.org/10.1037/0021-9010.86.5.997

Sticher, B. (2016). Erwerb und Erhalt von Vernehmungskompetenz während des gesamten Berufslebens. *Kriminalistik, 70*(11), 659–665.

Stiller, A., & Niehaus, S. (2019). Menschen mit einer Autismus-Spektrum-Störung als mögliche Opfer und als Beschuldigte im Strafrechtskontext. *Praxis der Rechtspsychologie 29*(2), 5–32.

Strange, D., Garry, M., & Sutherland, R. (2003). Drawing out children's false memories. *Applied Cognitive Psychology, 17*(5), 607–619. https://doi.org/10.1002/acp.911

Strange, D., Sutherland, R., & Garry, M. (2006). Event plausibility does not determine children's false memories. *Memory, 14*(8), 937–951. https://doi.org/10.1080/09658210600896105

Strömwall, L. A., Hartwig, M., & Granhag, P. A. (2006). To act truthfully: Nonverbal behaviour and strategies during a police interrogation. *Psychology, Crime, and Law, 12*(2), 207–219. https://doi.org/10.1080/10683160512331331328

St-Yves, M., & Deslauriers-Varin, N. (2009). The psychology of suspects' decision-making during interrogation. In R. Bull, T. Valentine & T. Williamson (Eds.), *Handbook of psychology of investigative interviewing: Current developments and future directions* (1st ed., pp. 1–15). Wiley & Sons.

Subbotsky, E. V. (1993). *Foundations of the mind: Children's understanding of reality*. Harvard University Press.

Subbotsky, E.V. (1994). Early rationality and magical thinking in preschoolers: Space and time. *British Journal of Developmental Psychology, 12*(1), 97–108. https://doi.org/10.1111/j.2044-835X.1994.tb00621.x

Sullivan, T. P., Vail, A. W., & Anderson, H. W. (2008). The case for recording police interrogation. *Litigation, 34*(3), 1–8.

Summerfield, C., & Egner, T. (2009). Expectation (and attention) in visual cognition. *Trends in Cognitive Sciences, 13*(9), 403–409. https://doi.org/10.1016/j.tics.2009.06.003

Sutherland, R., & Hayne, H. (2001). Age-related changes in the misinformation effect. *Journal of experimental child psychology, 79*(4), 388–404. https://doi.org/10.1006/jecp.2000.2610

Talwar, V., & Lee, K. (2008). Social and Cognitive Correlates of Children's Lying Behavior Victoria Talwar and McGill University Kang Lee. *Child Development 79*(4), 866–881. https://doi.org/10.1111/j.1467-8624.2008.01164.x

Taubert, J., Apthoro, D., Aagten-Murphy, D., & Alais, D. (2011). The role of holistic processing in face perception: Evidence from the face inversion effect. *Vision Research, 51*(11), 1273–1278. https://doi.org/10.1016/j.visres.2011.04.002

Taubert, F., Rettenberger, M., & Dessecker, A. (2020). Imprisoned but innocent: Wrongful convictions and imprisonments in Germany 1990–2016. *Crime & Delinquency, 66*(5), 687–711. https://doi.org/10.1177/0011128719833355

Teichert, G., & Gölnitz, K. (2009). Wahrnehmung polizeilicher Zeugenvernehmungen bei Opfern von Sexualdelikten. In S. Dauer, R. Doberenz, C. Orth & G. Teichert (Hrsg.), *Rechtspsychologie zwischen Politik, Justiz und Medien* (1. Aufl., S. 216–229). Pabst.

Tekin, S., Granhag, P. A., Strömwall, L. A., Giolla, E. M., Vrij, A., & Hartwig, M. (2015). Interviewing strategically to elicit admissions from guilty suspects. *Law and Human Behavior, 39*(3), 244–252. https://doi.org/10.1037/lhb0000131

Tekin, S., Granhag, P. A., Strömwall, L. A., & Vrij, A. (2016). How to make perpetrators in denial disclose more information about their crimes. *Psychology Crime Law, 22*, 561–580. doi: 10.1080/1068316X.2016.1168425

Thierry, K. L., Lamb, M. E., Orbach, Y., & Pipe, M. E. (2005). Developmental differences in the function and use of anatomical dolls during interviews with alleged sexual abuse victims. *Journal of Consulting and Clinical Psychology, 73*(6), 1125–1134. https://doi.org/10.1037/0022-006X.73.6.1125

Thommen, M. (2018). Darf der Beschuldigte im Strafverfahren lügen? *Sui generis*, 313–326. https://doi.org/10.21257/sg.76

Tickle-Degnen, L., & Rosenthal, R. (1990). The nature of rapport and its nonverbal correlates. *Psychological inquiry, 1*(4), 285–293. https://doi.org/10.1207/s15327965pli0104_1

Toliver, R. (1997). *The interrogator.* Schiffer Publishing.

Tollenaar, M. S., Elzinga, B. M., Spinhoven, P., & Everaerd, W. A. M. (2008). The effects of cortisol increase on long-term memory retrieval during and after acute psychosocial stress. *Acta Psychologica, 127*(3), 542–552. https://doi.org/10.1016/j.actpsy.2007.10.007

Trundle, G., Jones, K. A., Ropar, D., & Egan, V. (2022). Prevalence of victimisation in autistic individuals: a systematic review and meta-analysis. *Trauma, Violence, & Abuse, 0*(0), 1–15.

Tullos, A., & Woolley, J. D. (2009). The development of children's ability to use evidence to infer reality status. *Child development, 80*(1), 101–114. https://doi.org/10.1111/j.1467-8624.2008.01248.x

Tulving, E. (1974). Cue-dependent forgetting. *American Scientist, 62*(1), 74–82.

Tulving, E., & Thomson, D. M. (1973). Encoding specificity and retrieval processes in episodic memory. *Psychological Review, 80*(5), 352–373. https://doi.org/10.1037/h0020071

Tversky, A., & Kahnemann, D. (1973). Availability: A heuristic for judging frequency and probability. *Cognitive Psychology, 5*(2), 207–232. https://doi.org/10.1016/0010-0285(73)90033-9

Uhlig, V. A., & Wirth, I. (2019). Vortäuschung von Vergewaltigungen. *Kriminalistik, 7*, 420–425.

Undeutsch, U. (1967). Beurteilung der Glaubhaftigkeit von Aussagen. In U. Undeutsch (Hrsg.), *Handbuch der Psychologie. Band 11: Forensische Psychologie* (S. 26–181). Hogrefe.

Undeutsch, U. (2003). Ergänzungen zum Artikel von K.-P. Dahle: Hat der sogenannte „Lügendetektor" nach veränderter Rechtslage in Deutschland eine Zukunft? *Psychologische Rundschau, 54*(2), 115–119.

Undeutsch, U., & Klein, G. (1999). Wissenschaftliches Gutachten zum Beweiswert physiopsychologischer Untersuchungen. *Praxis der Rechtspsychologie, 9*, 45–126.

Valentine, T., & Mesout, J. (2009). Eyewitness identification under stress in the London Dungeon. *Applied Cognitive Psychology, 23*(2), 151–161. https://doi.org/10.1002/acp.1463

Vallano, J. O., & Schreiber Compo, N. (2011). A comfortable witness is a good witness: Rapport-building and susceptibility to misinformation in an investigative mock-crime interview. *Applied Cognitive Psychology, 25*(6), 960–970. https://doi.org/10.1002/acp.1789

Van Belle, G., Ramon, M., Lefèvre, P., & Rossion, B. (2010). Fixation patterns during recognition of personally familiar and unfamiliar faces. *Frontiers in Psychology, 1*(20), 1–8. https://doi.org/10.3389/fpsyg.2010.00020

Van Oorsouw, K., & Merckelbach, H. (2012). The effects of alcohol on crime-related memories: A field study. *Applied Cognitive Psychology, 26*(1), 82–90. https://doi.org/10.1002/acp.1799

Vanderhallen, M., Vervaeke, G., & Holmberg, U. (2011). Witness and suspect perceptions of working alliance and interviewing style. *Journal of Investigative Psychology and Offender Profiling, 8*(2), 110–130. https://doi.org/10.1002/jip.138

Vanwoerden, S., Leavitt, J., Gallagher, M. W., Temple, J. R., & Sharp, C. (2019). Dating violence victimization and borderline personality pathology: Temporal associations from late adolescence to early adulthood. *Personality Disorders, 10*(2), 132–142. https://doi.org/10.1037/per0000324.

Ventress, M. A., Rix, K. J. B., & Kent, J. H. (2008). Keeping PACE: fitness to be interviewed by the police. *Advances in Psychiatric Treatment, 14*(5), 369–381. https://doi.org/10.1192/apt.bp.107.004093

Verkampt, F., & Ginet, M. (2010). Variations of the cognitive interview: Which one is the most effective in enhancing children's testimonies? *Applied Cognitive Psychology, 24*(9), 1279–1296. https://doi.org/10.1002/acp.1631

Volbert, R. (1995). Glaubwürdigkeitsbegutachtung bei Verdacht auf sexuellen Mißbrauch von Kindern. *Zeitschrift für Kinder- und Jugendpsychiatrie, 23*, 20–26.

Volbert, R. (1997). Suggestibilität kindlicher Zeugen. In M . Steller & R. Volbert (Hrsg.), *Psychologie im Strafverfahren* (S. 40–62). Hans Huber.

Volbert, R. (2004). *Beurteilung von Aussagen über Traumata. Erinnerungen und ihre psychologische Bewertung*. Verlag Hans Huber.

Volbert, R. (2005). Zur Entwicklung von Aussagefähigkeiten. In K.-P. Dahle & R. Volbert (Hrsg.), *Entwicklungspsychologische Aspekte der Rechtspsychologie* (1. Aufl., S. 241–257). Hogrefe.

Volbert, R. (2008a). Aussagen über Traumata. In R. Volbert & M. Steller (Hrsg.), *Handbuch der Rechtspsychologie* (1. Aufl., S. 342–352). Hogrefe Verlag.

Volbert, R. (2008b). Suggestion. In R. Volbert & M. Steller (Hrsg.), *Handbuch der Rechtspsychologie* (1. Aufl., S. 331–341). Hogrefe Verlag.

Volbert, R. (2008c). Sekundäre Viktimisierung. In R. Volbert & M. Steller (Hrsg.), *Handbuch der Rechtspsychologie* (1. Aufl., S. 198–208). Hogrefe Verlag.

Volbert, R. (2010). Aussagepsychologische Begutachtung. In R. Volbert & K.-P. Dahle (Hrsg.), *Forensisch-psychologische Diagnostik im Strafverfahren* (1. Aufl., S. 18–66). Hogrefe Verlag.

Volbert, R. (2012). Falsche Geständnisse: Häufigkeit. Entstehungsbedingungen. Beurteilung. In R. Egg (Hrsg.), *Psychologisch-psychiatrische Begutachtung in der Strafjustiz* (S. 69–90). Eigenverlag Kriminologischen Zentralstelle.

Volbert, R. (2013). Falsche Geständnisse – Über die möglichen Auswirkungen von Voreinstellung, Vernehmung und Verständigung. *Forensische Psychiatrie, Psychologie, Kriminologie, 7*, 230–239. https://doi.org/10.1007/s11757-013-0233-4

Volbert, R. (2014). Besonderheiten bei der aussagepsychologischen Begutachtung von Kindern. In T. Bliesener, F. Lösel & G. Köhnken (Hrsg.), *Lehrbuch Rechtspsychologie* (S. 408–421). Hogrefe.

Volbert, R. (2017). Wie man schwierige Beurteilungen noch schwerer machen kann: Zur Protokollierung von Zeugenaussagen in Ermittlungsverfahren. *Anwaltsblatt Online*, 741–746.

Volbert, R. (2020). Falschinformationseffekt. In M. A. Wirtz (Hrsg.), *Dorsch – Lexikon der Psychologie* (19., aktualisierte Auflage, S. 583). Hogrefe.

Volbert, R., & Lau, S. (2008). Aussagetüchtigkeit. In R. Volbert & M. Steller (Hrsg.), *Handbuch der Rechtspsychologie* (1. Aufl., S. 289–299). Hogrefe Verlag.

Volbert, R. & Lau, S. (2013). Unspezifität des autobiographischen Gedächtnisses bei Depressiven – Konsequenzen für die Aussagequalität. *Praxis der Rechtspsychologie, 23*, 54–71.

Volbert, R., & May, L. (2016). Falsche Geständnisse in polizeilichen Vernehmungen–Vernehmungsfehler oder immanente Gefahr. *Recht & Psychiatrie, 34*(1), 4–10.

Volbert, R., May, L., Hausam, J., & Lau, S. (2019). Confessions and denials when guilty and innocent: Forensic patients' self-reported behavior during police interviews. *Frontiers in Psychiatry, 10*, 1–10. https://doi.org/10.3389/fpsyt.2019.00168

Volbert, R., & Pieters, V. (1996). Suggestive Beeinflussung von Kinderaussagen. *Psychologische Rundschau, 47*, 183–198.

Volbert, R., Schemmel, J., & Tamm, A. (2019). Die aussagepsychologische Begutachtung: eine verengte Perspektive?. *Forensische Psychiatrie Psychologie Kriminologie, 13*, 108-124.

Volbert, R., & Steller, M. (2014). Is this testimony truthful, fabricated, or based on false memory? Credibility assessment 25 years after Steller and Köhnken (1989). *European Psychologist, 19*(3), 207–220. https://doi.org/10.1027/1016-9040/a000200

Volbert, R., Steller, M., & Galow, A. (2010). Das Glaubhaftigkeitsgutachten. In H.-L. Kröber, D. Dölling, N. Leygraf & H. Saß (Hrsg.), *Handbuch der Forensischen Psychiatrie. Band 2: Psychopathologische Grundlagen und Praxis der forensischen Psychiatrie im Strafrecht* (1. Aufl., S. 623–689). Steinkopff.

vom Schemm, K., & Köhnken, G. (2008). Voreinstellungen und das Testen sozialer Hypothesen im Interview. In R. Volbert & M. Steller (Hrsg.), *Handbuch der Rechtspsychologie* (1. Aufl., S. 322–330). Hogrefe Verlag.

Vonderlin, R., Kleindienst, N., Alpers, G. W., Bohus, M., Lyssenko, L., & Schmahl, C. (2018). Dissociation in victims of childhood abuse or neglect: a meta-analytic review. *Psychological medicine, 48*(15), 2467–2476. https://doi.org/10.1017/S0033291718000740

Vredeveldt, A., Hitch, G. J., & Baddeley, A. D. (2011). Eyeclosure helps memory by reducing cognitive load and enhancing visualisation. *Memory & Cognition, 39*(7), 1253–1263. https://doi.org/10.3758/s13421-011-0098-8

Vrij, A. (2008). Nonverbal dominance versus verbal accuracy in lie detection: A plea to change police practice. *Criminal Justice and Behavior, 35*(10), 1323–1336. https://doi.org/10.1177/0093854808321530

Vrij, A. (2015). A cognitive approach to lie detection. In P. A. Granhag, A. Vrij & B. Verschuere (Eds.), *Detecting deception: Current challenges and cognitive approaches* (pp. 205–229). Wiley Blackwell. https://doi.org/10.1002/9781118510001.ch10

Vrij, A. (2016). Baselining as a lie detection method. *Applied Cognitive Psychology*, 30(6), 1112–1119. https://doi.org/10.1002/acp.3288

Vrij, A., & Granhag, P. A. (2012). Eliciting cues to deception and truth: What matters are the questions asked. *Journal of Applied Research in Memory and Cognition, 1*(2), 110–117. https://doi.org/10.1016/j.jarmac.2012.02.004

Vrij, A., Granhag, P. A., & Porter, S. (2010). Pitfalls and opportunities in nonverbal and verbal lie detection. *Psychological Science in the Public Interest, 11*(3), 89–121. https://doi.org/10.1177/1529100610390861

Vrij, A., Hartwig, M., & Granhag, P. A. (2019). Reading Lies: Nonverbal Communication and Deception. *Annual review of psychology, 70*, 295–317. https://doi.org/10.1146/annurev-psych-010418-103135

Vrij, A., Leal, S., Granhag, P. A., Mann, S., Fisher, R. P., Hillman, J., & Sperry, K. (2009). Outsmarting the liars: The benefit of asking unanticipated questions. *Law and Human Behavior, 33*(2), 159–166. https://doi.org/10.1007/s10979-008-9143-y

Vrij, A., Mann, S., Fisher, S., Leal, S., Milne. R., & Bull, R. (2008). Increasing cognitive load to facilitate lie detection: The benefit of recalling an event in reverse order. *Law and Human Behavior, 32*(2), 253–265. https://doi.org/10.1007/s10979-007-9103-y

Wade, K. A., Garry, M., & Pezdek, K. (2018). Deconstructing rich false memories of committing crime: Commentary on Shaw and Porter (2015). *Psychological Science, 29*(3), 471–476. https://doi.org/10.1177/0956797617703667

Wade, J. A., Garry, M., Read, J. D., & Lindsay, S. (2002). A picture is worth a thousand lies: Using false photographs to create false childhood memories. *Psychonomic Bulletin & Review, 9*(3), 597–603. https://doi.org/10.3758/bf03196318

Walburg, C., & Verneuer, L. M. (2019). Verbreitung von Delinquenz im Altersverlauf. In K. Boers & J. Reinicke (Hrsg.), *Delinquenz im Altersverlauf. Erkenntnisse der Langzeitstudie Kriminalität in der modernen Stadt* (S. 121–144). Waxmann.

Walsh, D., & Bull, R. (2010). What really is effective in interviews with suspects? A study comparing interviewing skills against interviewing outcomes. *Legal and criminological psychology, 15*(2), 305–321. https://doi.org/10.1348/135532509X463356

Walsh, D., & Bull, R. (2012). How do interviewers attempt to overcome suspects' denials? *Psychiatry, Psychology and Law, 19*(2), 151–168. https://doi.org/10.1080/13218719.2010.543756

Wang, H., Wang, Z., Zhou, Y., & Tzvetanov, T. (2021). Moderate Alcohol Intake Changes Visual Perception by Enhancing V1 Inhibitory Surround Interactions. *Frontiers in Neuroscience, 15*, 1–9. https://doi.org/10.3389/fnins.2021.682229

Wang, L., & Wang, Z. (2018). The Modified Temptation Resistance Task: A Paradigm to Elicit Children's Strategic Lie-telling. *Journal of visualized experiments: JoVE*, (134), 57189. https://doi.org/10.3791/57189

Warner, T. C., & Cleary, H. M. D. (2022). Parents' interrogation knowledge and situational decision-making in hypothetical juvenile interrogations. *Psychology, Public Policy, and Law, 28*(1), 78–91. https://doi.org/10.1037/law0000241

Warren, A., Hulse-Trotter, K., & Tubbs, E. C. (1991). Inducing resistance to suggestibility in children. *Law and Human Behavior, 15*(3), 273–285. https://doi.org/10.1007/BF01061713

Webermann, A. R., Brand, B. L., & Kumar, S. A. (2021). Intimate Partner Violence Among Patients With Dissociative Disorders. *Journal of Interpersonal Violence, 36*(3–4), NP1441–1462NP. https://doi.org/10.1177/0886260517746943

Weisberg, D. S. (2013). Distinguishing imagination from reality. In M. Taylor (Ed.), *The Oxford handbook of the development of imagination* (pp. 75–93). Oxford University Press.

Weiss, J. A., & Fardella, M. A. (2018). Victimization and perpetration experiences of adults with autism. *Frontiers in psychiatry, 9*, 203.

Wells, G. L., & Lindsay, R. C. (1980). On estimating the diagnosticity of eyewitness nonidentifications. *Psychological Bulletin, 88*(3), 776–784. https://doi.org/10.1037/0033-2909.88.3.776

Wentz, E., & Archbold, C.A. (2012). Police Perception of Sexual Assault Victims: Exploring the Intra-Female Gender Hostility Thesis. *Police Quarterly, 15*(1), 25–44. https://doi.org/10.1177/1098611111432843

Wesson, M., & Salmon, K. (2001). Drawing and showing: Helping children to report emotionally laden events. *Applied Cognitive Psychology, 15*(3), 301–320. https://doi.org/10.1002/acp.706

Wetherill, R. R., & Fromme, K. (2011). Acute alcohol effects on narrative recall and contextual memory: An examination of fragmentary blackouts. *Addictive behaviors, 36*(8), 886–889. https://doi.org/10.1016/j.addbeh.2011.03.012

Wetherill, R. R., & Fromme, K. (2016). Alcohol-Induced Blackouts: A Review of Recent Clinical Research with Practical Implications and Recommendations for Future Studies. *Alcoholism, clinical and experimental research, 40*(5), 922–935. https://doi.org/10.1111/acer.13051

Wheatcroft, J. M., Wagstaff, G. F., & Russell, K. (2014). Specialist police interviewer perceptions of the enhanced cognitive interview: Usefulness, confidence and witness reliability. *Police Practice and Research, 15*(6), 505–518. https://doi.org/10.1080/15614263.2013.819616

White, A. M. (2003). What Happened? Alcohol, Memory Blackouts, and the Brain. *Alcohol Research & Health, 27*(2), 186–196.

White, A. M., Signer, M. L., Kraus, C. L., & Swartzwelder H. S. (2004). Experiential aspects of alcohol-induced blackouts among college students. *American Journal of Drug and Alcohol Abuse, 30*(1), 205–224. https://doi.org/10.1081/ada-120029874

Wiese, H., Komes, J., & Schweinberger, S. R. (2013). Ageing faces in ageing minds: A review on the own-age bias in face recognition. *Visual Cognition, 21*(9–10), 1337–1363. https://doi.org/10.1080/13506285.2013.823139

Winerdal, U., Cederborg, A., & Lindholm, J. (2019). The quality of question types in Swedish police interviews with young suspects of serious crimes. *The Police Journal: Theory, Practice and Principles, 92*(2) 136–149. https://doi.org/10.1177/0032258X18770915

Wirtz, M. A. (2020a). Hof-Effekt. In M. A. Wirtz (Hrsg.), *Dorsch – Lexikon der Psychologie* (19., aktualisierte Auflage, S. 772). Hogrefe.

Wirtz, M. A. (2020b). Rapport. In M. A. Wirtz (Hrsg.), *Dorsch – Lexikon der Psychologie* (19., aktualisierte Auflage, S. 1471). Hogrefe.

Wirtz, M. A. (2020c). Lüge. In M. A. Wirtz (Hrsg.), *Dorsch – Lexikon der Psychologie* (19., aktualisierte Auflage, S. 1105). Hogrefe.

Wixted, J. T., & Wells, G. L. (2017). The Relationship Between Eyewitness Confidence and Identification Accuracy: A New Synthesis. *Psychological Science in the Public Interest 18*(1), 10–65. https://doi.org/10.1177/1529100616686966

Wixted, J. T., Mickes, L., Clark, S. E., Gronlund, S. D., & Roediger, H. L. (2015). Initial eyewitness confidence reliably predicts eyewitness identification accuracy. *American Psychologist, 70*(6), 515–526. https://doi.org/10.1037/a0039510

Wolfman, M., Brown, D., & Jose, P. (2018). The use of visual aids in forensic interviews with children. *Journal of applied research in memory and cognition, 7*(4), 587–596. https://doi.org/10.1016/j.jarmac.2018.06.004

Woolley, J. D. (1997). Thinking about fantasy: Are children fundamentally different thinkers and believers from adults? *Child Development, 68*(6), 991–1011. https://doi.org/10.2307/1132282

Woolley, J. D., Boerger, E. A., & Markman, A. B. (2004). A visit from the Candy Witch: Factors influencing young children's belief in a novel fantastical being. *Developmental Science, 7*(4), 456–468. https://doi.org/10.1111/j.1467-7687.2004.00366.x

Woolley, J. D., & Ghossainy, M. E. (2013). Revisiting the fantasy-reality distinction: children as naïve skeptics. *Child development, 84*(5), 1496–1510. https://doi.org/10.1111/cdev.12081

Woolley, J. D., & Van Reet, J. (2006). Effects of Context on Judgments Concerning the Reality Status of Novel Entities. *Child Development, 77*(6), 1778–1793. https://doi.org/10.1111/j.1467-8624.2006.00973.x

Woolley, J. D., & Wellman, H. M. (1990). Young children's understanding of realities, nonrealities, and appearances. *Child development, 61*(4), 946–961. https://doi.org/10.2307/1130867

World Health Organization. (2016). *International statistical classification of diseases and related health problems* (10th ed.). https://icd.who.int/browse10/2016/en

World Health Organization. (2019). *International statistical classification of diseases and related health problems* (11th ed.). https://icd.who.int/

Wright, A. M., & Holliday, R. E. (2007). Interviewing cognitively impaired older adults: How useful is a cognitive interview? *Memory, 15*(1), 17–33. https://doi.org/10.1080/09658210601047351

Wright, D. B., & Stroud, J. N. (2002). Age differences in lineup identification accuracy: People are better with their own age. *Law and human behavior, 26*(6), 641–654. https://doi.org/10.1023/A:1020981501383

Yang, Y., Madon, S., & Guyll, M. (2015). Short-sighted confession decisions: The role of uncertain and delayed consequences. *Law and Human Behavior, 39*(1), 44–52. https://doi.org/10.1037/lhb0000100

Young, R. L., & Brewer, N. (2019). Brief report: Perspective taking deficits, autism spectrum disorder, and allaying police officers' suspicions about criminal involvement. *Journal of Autism and Developmental Disorders*, 1–6.

Yuille, J. C., & Cutshall, J. L. (1986). A case study of eyewitness memory of a crime. *Journal of Applied Psychology, 71*(2), 291–301. https://doi.org/10.1037/0021-9010.71.2.291

Zebrowitz, L. A., & Montepare, J. M. (2008). First impressions from facial appearance cues. In N. Ambady & J. J. Skowronski (Eds.), *First impressions* (pp. 171–204). Guilford Publications.

Zeidan, J., Fombonne, E., Scorah, J., Ibrahim, A., Durkin, M. S., Saxena, S., Yusuf, A., Shih, A., & Elsabbagh, M. (2022). Global prevalence of autism: a systematic review update. *Autism Research, 15*(5), 778-790.

Zimbardo, P. G., & Gerrig, R. J. (2004). *Psychologie* (16., aktualisierte Auflage). Pearson.

Zimmermann, L. (2004). *The influence of guided memory and structured interview techniques on eyewitness verbal descriptions after short and long delays.* [Master Thesis, The University of Texas at El Paso].

Zuckerman, M., DePaulo, B. M., & Rosenthal, R. (1981). Verbal and nonverbal communication of deception. In L. Berkowitz (Ed.), *Advances in Experimental Social Psychology* (Vol. 14, pp. 1–59). Academic Press. https://doi.org/10.1016/S0065-2601(08)60369-X

Zvi, L. (2021). Police Perception of Sex-worker Rape Victims and Their Offenders: A Vignette Study. *Journal of Interpersonal Violence*, 8862605211005140. Advance online publication. https://doi.org/10.1177/08862605211005140

# Glossar

| | |
|---|---|
| **Abrufreiz (retrieval cue)** | Reiz in der Umwelt, der den Abruf einer Erinnerung erleichtert |
| **Accuracy** | Rate der richtig erinnerten Details relativ zu den insgesamt erinnerten Details |
| **ADHS** | Aufmerksamkeitsdefizit-/Hyperaktivitätsstörung; neuronale Entwicklungsstörung, die sich insbesondere in Aufmerksamkeitsstörungen (z.B. hohe Ablenkbarkeit, Nichtbeenden von Tätigkeiten), Impulsivität und Hyperaktivität äußert (ICD-11) |
| **Affektive Störungen** | Gruppe psychischer Störungen, deren Kernsymptom eine stark veränderte (z.B. gedrückte oder euphorisch überhöhte) Stimmung/Affektivität ist (z.B. Depression, Manie, bipolare Störungen) |
| **Aktives Zuhören** | personenzentrierte Gesprächsführung; Grundhaltung: sich auf die Gesprächspartner:innen konzentrieren, eine positive und wertschätzende Haltung einnehmen, sich für die Person und das, was sie sagen will interessieren und sich bemühen, sie und ihre Beweggründe bestmöglich zu verstehen, sowie nonverbale positive Zuwendung |
| **Amygdala** | mandelförmige subkortikale Struktur; Teil des limbischen Systems (System im Gehirn, welches das emotionale Verhalten steuert); spielt z.B. bei der Encodierung emotional bedeutsamer Ereignisse eine wichtige Rolle |
| **Anterograde Amnesie** | Erinnerungsverlust für alle neuen Eindrücke |
| **Apathie** | Zustand der inneren Antriebslosigkeit bzw. mangelnden Aktivierbarkeit durch äußere emotionale anregende oder motivational bedeutsame Reize |

| | |
|---|---|
| **Assoziation** | Verknüpfung von Inhalten, die sich darin zeigt, dass das Auftreten des einen das Bewusstwerden des anderen (mit ihm Assoziierten) nach sich zieht oder wenigstens begünstigt |
| **Attribution** | Zuschreibung einer Eigenschaft |
| **Internale Attribution** | Begründung in Eigenschaften der Person |
| **Externale Attribution** | Begründung in „äußeren" Begebenheiten (z.B. Situation, Einwirken anderer, etc.) |
| **Kausalattribution** | Subjektive Ursachenzuschreibung von Ereignissen oder Verhaltensweisen von Personen |
| **Fundamentaler Attributionsfehler** | das Verhalten anderer Personen wird eher auf deren Persönlichkeit als auf die situativen Umstände zurückgeführt |
| **Atrophie** | Gewebeschwund im Gehirn |
| **Aussagetüchtigkeit** | umfasst den infrage stehenden Sachverhalt zuverlässig wahrzunehmen, ihn im Zeitraum zwischen dem Ereignis und der Befragung im Gedächtnis zu bewahren, über ausreichendes Sprachverständnis für die Befragung und Ausdrucksfähigkeit für die Darstellung des Ereignisses zu verfügen und selbst Erlebtes von anders generierten Vorstellungen unterscheiden zu können |
| **Aussagevalidität** | bezieht sich auf die Frage, ob eine Aussage, deren Qualität im Abgleich mit den individuellen Leistungsbesonderheiten des/der Zeug:in auf einen Erlebnisbezug hinweist, auch als zuverlässig angesehen werden kann, also ob (unbewusste) Verzerrungen/Verfälschungen vorliegen |
| **Change Blindness** | Unfähigkeit, Veränderungen in der Umgebung wahrzunehmen |
| **Compliance** | Zustimmungsbereitschaft; Regelbefolgung; Folgsamkeit |
| **Confirmation Bias** | kognitive Verzerrung, bei der Informationen (oder Beweise) so gesucht oder in einer Weise interpretiert werden, dass die eigenen Annahmen, Überzeugungen, Erwartungen oder bereits gebildete Hypothesen belegt werden |

| | |
|---|---|
| **Cortisol** | in der Nebennierenrinde produziertes Glukokortiko(stero)id (Hormon); Konfrontation mit Stressoren führt zu erhöhter Ausschüttung („Stresshormon") |
| **Counter-interrogation strategy** | von Beschuldigten eingesetzte Gegenstrategie/Aussagestrategie, um der Vernehmung standzuhalten und überzeugend zu wirken |
| **Cross Race Effect** | Personen eines anderen Kulturkreises werden sehr viel schlechter wiedererkannt bzw. identifiziert als Personen des eigenen Kulturkreises |
| **Cued invitations** | Erzählaufforderungen, die an vorher Gesagtes anknüpfen |
| **Cued recall** | Vorgabe von Abrufreizen, die die Erinnerung und damit den Inhalt des Berichtes lenken |
| **Desorientierung** | Fehlen der Orientierung, Verwirrtheit, Teilsymptom aller Bewusstseinsstörungen mit Ausfällen der zeitlichen, örtlichen oder sonst situationsangepassten Orientierung |
| **Diagnostizität** | im Kontext von Gegenüberstellungsverfahren: Die Wahrscheinlichkeit, dass die im Gegenüberstellungsverfahren identifizierte Person auch die beobachtete Person ist;<br>im Kontext falscher Geständnisse: Verhältnis von wahren zu falschen Geständnissen |
| **dimensional** | Beschreibung entlang eines Kontinuums, z.B. in Bezug auf ein Persönlichkeitsmerkmal (→ Quantifizierung des Ausprägungsgrades) |
| **Disposition** | Fähigkeit/Bereitschaft für das Erleben bestimmter Gefühle, Gedanken oder Zeigen bestimmter Verhaltensweisen → Ursache für interindividuelle Unterschiede im Erleben und Verhalten |
| **Dissoziation** | Unterbrechung normalerweise integrierter psychischer Funktionen (Wahrnehmung, Bewusstsein, Gedächtnis); Schutzmechanismus im Umgang mit überwältigenden Gefühlen; Äußert sich z.B. in „Weggetreten" sein |
| **dyadisch** | zwei Personen betreffend |

| | |
|---|---|
| **Early disclosure technique** | die Offenlegung der (belastenden) Beweise erfolgt direkt zu Beginn der Vernehmung gefolgt von der offenen Aufforderung, diese zu erklären |
| **Emotional Truth Bias** | Aussagen/Erzählungen werden als glaubwürdiger bewertet, wenn die Person während des Erzählens die Emotion zeigt, die der/die Beurteiler:in erwartet/für passend hält |
| **Encodierung** | sensorische Aufnahme und Einspeicherung von Informationen in Gedächtniskomponenten |
| **Experimentelle Studie** | Studie, deren Erkenntnisse auf einem Experiment (also der systematischen Veränderungen von Variablen um deren Auswirkung auf [vermutete] abhängige Variablen zu untersuchen) beruhen |
| **Falschinformationseffekt** | verzerrende Wirkung nachträglicher (d.h. zwischen dem Encodieren und dem Abruf), falscher Informationen auf die Erinnerung an ein (tatsächlich erlebtes) Ereignis |
| **Freier Bericht** | Bericht, der selbstständig und „frei“ ohne Nachfragen der Befragenden von der befragten Person produziert wird |
| **Fusiformes Gesichtsareal** | Areal im Gehirn, das auf die Wahrnehmung von Gesichtern „spezialisiert“ ist |
| **Halo Effekt** | bestimmte Eigenschaften einer Person „überstrahlen“ den Gesamteindruck |
| **Hippocampus** | zentral an der Bildung von Erinnerungen beteiligtes Gehirnareal (Bildung von Engrammen bzw. Gedächtnisspuren) |
| **Hyperaktivität** | mangelhaft regulierte überschießende motorische Aktivität und Ruhelosigkeit |
| **Hyperarousal** | Übererregung |
| **Hypoarousal** | Untererregung |

| | |
|---|---|
| **ICD-11** | International Classification of Diseases, 11. Auflage. Von der Weltgesundheitsorganisation (WHO) herausgegebenes Klassifikationssystem für Krankheiten, u.a. auch psychische Störungen. Wird im deutschen Gesundheitssystem benutzt |
| **Induktion** | „künstliches" Herstellen eines Zustandes in einer Studie |
| **Infantile Amnesie** | Unfähigkeit, sich an die Erlebnisse der ersten (ungefähr drei) Lebensjahre zu erinnern |
| **Informationssammelnde Vernehmungsansätze** | ausführliche Rapport-Herstellung, möglichst geringe Konfrontation, eine strategische Darbietung von Beweisen und eine Atmosphäre, die geeignet ist Kooperation und Offenheit zu begünstigen; Ziel ist das Gewinnen zuverlässiger Informationen |
| **kategorial** | Zuordnung erfolgt zu Kategorien |
| **Kausale Schemata** | Wissensstrukturen, die Vorstellungen darüber beinhalten, wie Effekte zustande kommen bzw. wie bestimmte Ursachen zu bestimmten Wirkungen führen |
| **kognitiv** | den Erkenntnisprozess (d.h. mentale Prozesse wie Wahrnehmung und Denken) betreffend |
| **Kognitives Interview** | Auf gedächtnispsychologischen Erkenntnissen basierende Befragungsmethode, die Zeug:innen in Vernehmungen mithilfe kognitiver Techniken unterstützen soll, sich bestmöglich zu erinnern ohne dabei das Risiko falscher Angaben zu erhöhen. Kernprinzip des Kognitiven Interviews ist ein unterstützter Abruf, der Zeug:innen helfen soll, prinzipiell gespeicherte, aber nicht unmittelbar erinnerbare Details abrufen zu können |

| | |
|---|---|
| **Konfrontativ-geständnisorientierte Vernehmungsansätze** | bemühen sich typischerweise nicht um eine Herstellung von Rapport und Kooperation, sondern arbeiten vielmehr mit emotionaler Provokation, Konfrontation und einer Atmosphäre der Einschüchterung und Isolation; Zielen auf den Erhalt eines Geständnis ab |
| **Konsolidierung** | Festigung encodierter Informationen; „Überspielen“ der Information vom Kurzzeit- ins Langzeitgedächtnis, wo sie langfristig gespeichert wird |
| **Kontextuelle Information** | Informationen, die aus dem Kontext der Situation ableitbar sind |
| **Maximierungstechnik** | konfrontative Vernehmungstechnik, die Beschuldigte einschüchtern und die Ernsthaftigkeit der Situation betonen bzw. übertreiben soll; es werden harte Konsequenzen für das weitere Leugnen aufgezeigt, um ein Geständnis zu begünstigen |
| **Mentales Alter** | bezieht sich nicht auf das chronologische Alter in Jahren, sondern die kognitive Entwicklung bzw. Leistungsfähigkeit: d.h. in welcher Altersgruppe würde das kognitive Leistungsvermögen der Person (z.B. der in einem normierten Intelligenztest erzielte Rohwert) der Norm entsprechen? |
| **Metaanalyse** | eine Form der Übersichtsarbeit, die darauf ausgerichtet ist, die Ergebnisse aus unterschiedlichen Studien zu einem bestimmten Thema (z.B. der Wirksamkeit einer Methode oder Intervention) unter Verwendung statistischer Verfahren zu integrieren (standardisierte Zusammenfassung von Studienergebnissen mittels Effektgrößenberechnung) |
| **Minimierungstechniken** | manipulative Vernehmungstechnik, bei der die Konsequenzen eines Geständnisses „minimiert“ werden |
| **Moderatorvariable** | Variable, die den Zusammenhang zwischen zwei anderen Variablen beeinflusst |

| | |
|---|---|
| **Negativsymptomatik der Schizophrenie** | Symptomgruppe im Rahmen einer Schizophrenie, die durch eine Verarmung des emotionalen Erlebens (z.B. Affektverflachung), des Antriebs, der Psychomotorik (z.B. langsame Bewegungen) und sozialen Rückzug gekennzeichnet ist |
| **Othello-Effekt/-Fehler** | spezifischer Fehler in der Vernehmungsgestaltung: die Demonstration von Skepsis und Misstrauen gegenüber der Aussageperson führt dazu, dass diese (aufgrund des dadurch erst erzeugten Stresses) Verhaltensweisen wie Nervosität oder eine Veränderung im Aussageverhalten zeigt, was wiederum als Beleg für die eigene Fehlannahme einer Falschaussage interpretiert wird |
| **Paraverbale Merkmale** | betreffen den verbalen Ausdruck, nicht aber den Inhalt des Gesagten (z.B. erhöhte stimmliche Anspannung und Stimmhöhe, mehr Wort- und Satzwiederholungen etc.) |
| **PEACE-Modell** | Informationssammelnder, nicht-konfrontativer Vernehmungsansatz aus Großbritannien. PEACE steht für die Phasen der Vernehmung („**P**reparation and Planning", „**E**ngageand Explain", „**A**ccount", „**C**losure" und „**E**valuation") |
| **Positivsymptomatik der Schizophrenie** | Symptomgruppe im Rahmen einer Schizophrenie, die insbesondere durch produktive Symptome (z.B. Wahnvorstellungen, Halluzinationen, Ich-Störungen) gekennzeichnet ist |
| **Primacy Effekt** | früher dargebotene Informationen beeinflussen die Wahrnehmung und Interpretation stärker als spätere |
| **Priming** | Beeinflussung der Informationsverarbeitung durch kürzlich zuvor aktivierte Schemata |
| **Prosopagnosie** | selektiver Verlust der Fähigkeit, bekannte Gesichter trotz (ausreichend) erhaltener Sehfunktionen visuell wiederzuerkennen |

| | |
|---|---|
| **Pseudoerinnerungen** | „Erinnerungen" an Ereignisse, die nicht tatsächlich stattgefunden haben, insbes. nach fremdsuggestiver Einflussnahme oder durch Autosuggestion |
| **Psychisches Trauma** | Diskrepanz zwischen bedrohlichen Situationsfaktoren und den individuellen Bewältigungsmöglichkeiten, die zum Erleben von Hilf- und Schutzlosigkeit führt und eine dauerhafte Erschütterung von Selbst- und Weltverständnis bewirken kann |
| **Quellenamnesie/ Quellen-Fehlattribution/ Quellenverwechslungsfehler** | ein Erlebnis, etwas Vorgestelltes, Gehörtes oder Gesehenes wird einer falschen Quelle zugeordnet (z.B. meint man, etwas selbst erlebt zu haben, obwohl man es nur von jemandem gehört oder sich vorgestellt hat) |
| **Rapport** | (französisch: Beziehung) beschreibt die Beziehung oder das vertrauensvolle, aufeinander bezogene Verhältnis zwischen zwei Menschen (hier: für die Vernehmungsperson angenehme Gesprächsatmosphäre) |
| **Reaktanzeffekte** | menschliche Reaktion auf eine subjektiv erlebte Freiheitseinschränkung, z.B. durch Wegfall von Handlungsalternativen |
| **Remission** | zumindest vorübergehendes Nachlassen oder Verschwinden der Symptomatik, ohne dass die Grunderkrankung selbst geheilt ist |
| **Schemata** | in der Sozialpsychologie Bezeichnung für kognitive Strukturen, die auf Basis von Erfahrungen Wissen über Objekte, Menschen oder Ereignisse enthalten. Sie stellen dadurch sozusagen Erwartungen dar, wie jemand einer bestimmten Gruppe ist oder wie bestimmte Ereignisse ablaufen (z.B. schemabasierte Vorstellung einer Vergewaltigung) |
| **Personenschemata** | beziehen sich auf Personen (z.B. in Form von Stereotypen zu bestimmten Personengruppen) |

| | |
|---|---|
| **Rollenschemata** | beziehen sich auf berufliche Tätigkeiten, Aufgaben, die Menschen ausführen oder soziale Rollen |
| **Ereignisschemata** | strukturieren das Wissen über den typischen Ablauf spezifischer Ereignisse |
| **Second order information** | in der Gesichtserkennung: Information die über das Erkennen der typischen Merkmale (Augen, Nase, Mund) hinausgehen und Unterscheidungen ermöglichen (z.B. individuelle Unterschiede in der Anordnung wie Abstände zwischen den Augen, Form der Nase, etc.) |
| **Sekundäre Viktimisierung** | Belastungen und Folgen für das Opfer, die nicht unmittelbar durch die Straftat selbst, sondern durch nachfolgendes unangemessenes Verhalten anderer Beteiligter (Strafverfolgungsbehörde, Medien, soziales Umfeld, etc.) entstehen |
| **Sich selbst erfüllende Prophezeiung** | es bestätigt sich die ursprünglich falsche Einschätzung oder Erwartung an eine Person selbst, da die eigene Annahme über eine Person und das daraus resultierende ihr gegenüber gezeigte Verhalten bewirkt, dass sie sich letztlich erwartungskonform verhält und sich die Annahme scheinbar bestätigt |
| **Skript** | in Skripts ist abgespeichert, wie bestimmte Ereignisse normalerweise ablaufen (z.B. ein Restaurantbesuch oder ein Banküberfall); generische Erinnerungen = es fließen Details aus mehreren Einzelvorfällen zu einem gut erinnerbaren Ereignis zusammen, was zu einem Verlust ereignisspezifischer Details führt |
| **Somatisierung** | Symptome ohne nachweisbare körperliche Ursachen. Es können alle Körperteile und -systeme betroffen sein, wobei Schmerz, gastrointestinale Beschwerden, pseudoneurolog. und sex. Symptome besonders häufig sind |
| **Spiegeleffekt** | Unbewusste Nachahmung von Körpersprache; erzeugt Nähe |

| | |
|---|---|
| **Standardabweichung** | beschreibt die Streuung in einer Verteilung. Standardisierte Angabe der durchschnittlichen Abweichung vom Mittelwert in einer Stichprobe |
| **Strategic Use of Evidence (SUE)** | Strategische Beweispräsentation. Vernehmungstechnik, mit der durch strategische und planvolle Strukturierung der Vernehmung und Darbietung von Informationen und Beweisen u.a. versucht wird, verbale Hinweise auf Lügen der beschuldigten Person in Form von Diskrepanzen zur bekannten Informations- und Beweislage zu „produzieren“ |
| **Suggestibilität** | Empfänglichkeit für suggestive Einflüsse, d.h. Ausmaß, in dem Personen in einer sozialen Situation beeinflussbar sind und ihr Verhalten/ ihre Angaben an (implizit) Vorgegebenes/Erwartetes anpassen |
| **Suggestion** | Beeinflussung im Interaktionskontext, die zur Veränderung von Gedächtnisinhalten führen kann |
| **Sympathisches Nervensystem** | Untergruppe des autonomen (vegetativen) Nervensystems; beschleunigt den Herzschlag (Herzfrequenz), verengt die Blutgefäße, hemmt die Darmtätigkeit, schafft die Voraussetzungen für (sofortige) gesteigerte Leistung |
| **Temptation-Resistance Paradigma** | Kinder werden gebeten etwas Spannendes nicht zu tun während sie sich unbeobachtet fühlen → Bereitschaft zur Regelmissachtung und anschließendes Lügen/Beichten kann untersucht werden |
| **Theory of Mind (ToM)** | Erkenntnis, dass sich die Wahrnehmung und das innere Erleben von der anderer Personen unterscheidet; entwickelt sich zwischen 3 und 5 Jahren |

| | |
|---|---|
| **Traumatisches Ereignis** | das eigene Erleben von tatsächlichem oder angedrohtem Tod, ernsthafter Körperverletzung oder sexueller Gewalt; deren Beobachtung bei einer anderen Person (direkte Zeugenschaft); der Bericht über ein traumatisches Ereignis eines nahestehenden Menschen oder die wiederholte oder extreme Konfrontation mit aversiven Details (z.B. Einsammeln von Leichenteilen) (gemäß DSM-5) |
| **Trigger** | Reize (auditiv, visuell, Themen etc.) die Traumaerinnerungen auslösen und so zu plötzlichen psychischen Reaktionen (z.B. Panik, Erregungszuständen) führen können |
| **Urteilsheuristiken** | „Daumenregel", die genutzt wird, wenn ohne vollständige Informationsgrundlage Entscheidungen bzw. Einschätzungen getroffen werden müssen |
| **Variable** | veränderliche Größe. Repräsentiert ein Merkmal, bzgl. dessen unterschiedliche Ausprägungen existieren |
| **Verbal overshadowing effect** | verbale Beschreibungen eines Gesichtes beeinträchtigen das spätere visuelle Wiedererkennen dieses Gesichtes |
| **Vernehmungsfähigkeit** | die vernommene Person kann die in der Vernehmung gestellten Fragen verstehen und unter Wahrung der freien Willensentschließung inhaltlich passend und verständlich antworten |
| **vulnerabel** | empfindlich, verletzlich; anfällig; im Vernehmungskontext z.B. bezüglich der Anfälligkeit ein falsches Geständnis abzulegen, die Rechte nicht zu verstehen oder in Anspruch nehmen zu können oder suggestiven Einflüssen nachzugeben (z.B. aufgrund jungen Alters; Intelligenzminderung; psychischer Störungen) |

Die Definitionen stammen aus dem Text (mit der dortigen genannten Quelle) oder wurden erstellt unter Rückgriff auf: Wirtz, M. A. (Hrsg.) (2021). Dorsch. Psychologisches Wörterbuch (20., überarb. Aufl.). Hogrefe.

POSCH
Polizeirelevante psychische Störungen
Kompaktwissen für Polizeistudium und -praxis
BOORBERG